LES

CONGRÉGATIONS RELIGIEUSES

EN FRANCE

LEURS ŒUVRES ET LEURS SERVICES

LES
CONGRÉGATIONS RELIGIEUSES
EN FRANCE

LEURS ŒUVRES ET LEURS SERVICES

PRÉCÉDÉ

D'UNE INTRODUCTION

PAR ÉMILE KELLER

DÉPUTÉ

PARIS

LIBRAIRIE POUSSIELGUE FRÈRES

RUE CASSETTE, 15

1880

INTRODUCTION

Aujourd'hui que les congrégations religieuses sont l'objet des attaques les plus violentes et des plus grossières calomnies, il importe de faire connaître leur situation vraie, le nombre des enfants qu'elles instruisent, des pauvres, des malades et des vieillards qu'elles secourent, les preuves de patriotisme qu'elles ont données pendant la dernière guerre, le concours puissant que la France trouve en elles dans ses colonies et à l'étranger; en un mot, les services éminents qu'elles rendent au pays. Sur la demande de la Chambre des députés, le gouvernement a dressé la statistique numérique des congrégations; ce document aride a besoin d'être complété par l'exposé des œuvres auxquelles elles se consacrent. Loin d'être un sujet d'épouvante, les chiffres ainsi publiés deviennent profondément consolants; car ils prouvent que le dévouement catholique a proportionné ses sacrifices aux misères qu'il fallait soulager, et qu'il a organisé partout le service gratuit du peuple et de tous ceux qui souffrent. C'est là pour la France, au milieu de ses malheurs, une gloire qui lui assure le premier rang dans le monde, pour quiconque met les splendeurs de la grandeur morale au-dessus des triomphes de la force brutale.

Les congrégations ne datent pas de notre temps. Les ordres religieux sont aussi anciens que le christianisme, et, dès les premiers jours, il se trouva des âmes d'élite qui, ayant soif de la perfection, renoncèrent aux jouissances de la fortune, de la famille et du pouvoir, et firent le triple vœu de pauvreté, de chasteté et d'obéissance pour se donner à Dieu sans réserve. Les uns entrèrent dans le sacerdoce, les autres en furent les auxiliaires et comme le complément nécessaire. De même que l'Église est toujours indispensable pour relever et soutenir les peuples chrétiens, et les préserver de la contagion persistante des vices païens, de même, dans cette lutte séculaire, l'Église à son tour a besoin d'une avant-garde généreuse, encourageant l'armée des fidèles par le spectacle de sacrifices héroïques, entraînant les autres à la pratique des vertus ordinaires par l'exemple de vertus plus difficiles et plus parfaites. Toutes les fois que les persécutions ont cessé, on a vu surgir des légions de martyrs volontaires continuant ce grand et vivifiant enseignement de la souffrance librement acceptée, du dévouement absolu au service de Dieu et des hommes; et c'est par cet élan incessant vers la perfection que la société chrétienne a échappé aux dangers de la paix et de la prospérité et à l'influence néfaste qui, après quelques jours d'élan, conduit toutes les choses humaines à une inévitable décadence.

Cette grande institution s'est développée au milieu des luttes et des difficultés.

Au dedans, ce n'est que par des efforts de tous les instants et des réformes périodiques que les familles religieuses ont entretenu et renouvelé leur ferveur, leur esprit surnaturel, et vaincu la mollesse, la routine, la tiédeur, la lassitude, le goût secret de la richesse et du pouvoir, qui se glissent à certains jours dans les plus belles âmes. Malheur à celles qui se contenteraient de vertus faciles, et qui s'endormiraient dans une trompeuse quiétude !

Au dehors, elles se sont trouvées aux prises, dès leur fondation, avec les railleries, les haines, les violences de nombreux ennemis acharnés à faire disparaître ces types de vie surnaturelle. Au iv⁰ siècle, les philosophes Eunapius et Libanius dénonçaient déjà « ces hommes noirs exerçant une autorité tyrannique et menant une vie criminelle ». Depuis cette époque, leurs injures n'ont pas cessé d'être répétées par les hérétiques et les impies de tous les temps, et quand ils ont été les maîtres, leur premier acte a été de détruire les couvents.

Soumis au choc permanent de ces attaques salutaires, les ordres religieux sont condamnés à périr le jour où ils manqueraient à leur mission; mais avec eux disparaîtrait bientôt la Foi, dont ils sont les apôtres et la démonstration vivante.

Ce sont ces religieux calomniés, raillés, persécutés, décimés, qui ont fait l'éducation des peuples modernes.

Librement attachés à la terre qu'ils défrichaient, les moines ont peu à peu fait disparaître l'esclavage, remis le travail en honneur, et appris à l'homme que, pour être digne de lui, la fortune doit être le fruit de ses sueurs et non de ses rapines. En dépit d'une apparente contradiction, la pauvreté volontaire a ainsi engendré la richesse.

De même le célibat a frayé la route au mariage chrétien, aux vertus domestiques et aux familles nombreuses qui ont couvert l'Europe. Alors que l'empire romain se dépeuplait à vue d'œil, et que les philosophes du temps reprochaient aux vierges des cloîtres de ne pas lui donner d'enfants, saint Ambroise leur répondait victorieusement en leur prouvant que les familles s'épanouissaient, et que la population croissait partout où la Foi régnait et faisait germer des vocations religieuses. Les choses n'ont pas changé, et aujourd'hui encore, la statistique à la main, il est facile d'établir que les départements qui donnent le plus de frères ou de sœurs à nos congrégations, sont précisément ceux qui augmentent le nombre de leurs habitants.

Enfin l'obéissance monacale, l'amour scrupuleux de la règle, la soumission aux supérieurs ont appris aux hommes à respecter les lois et les pouvoirs établis, et les ont rendus capables d'indépendance. Sous cette influence salutaire, le monde s'est peuplé de corporations, de communes et de républiques se gouvernant elles-mêmes et triomphant des violences de la féodalité. Les religieux, qu'on accuse d'être des esclaves, ont été et sont encore les maîtres qui enseignent la vraie liberté.

En vain les nations modernes voudraient-elles s'affranchir de cet apostolat et rejeter le christianisme tout en conservant les biens qu'il leur a procurés. Partout où son action s'affaiblit, on voit reparaître, en pleine prospérité, le paupérisme, la misère, l'exploitation du pauvre et de l'ouvrier, le divorce et la dépopulation, l'anarchie et le despotisme, c'est-à-dire les plaies honteuses du monde païen. Quels que soient les progrès de la science et de la richesse, quelque ingénieuses que soient les formules qui répartissent le bien-être et la liberté, la lutte des passions se poursuit, les plus forts exercent leur domination sur les plus faibles, et grand est le nombre de ceux qui, victimes de leurs propres fautes ou des vices des autres, broyés ou rejetés par la société, sont réduits à attendre que des mains généreuses s'ouvrent pour les secourir.

Aujourd'hui, comme il y a mille ans, la civilisation ne vit que par l'Église, et l'Église ne se soutient que par les vertus de ceux qui ont fait vœu de pauvreté, de chasteté et d'obéissance pour mieux la servir. Aussi le nombre des vocations religieuses est le plus sûr thermomètre de sa puissance. Quand elles diminuent, qu'elles s'affaiblissent, ou que les abus envahissent, comme l'ivraie, le champ sacré du cloître, on peut être certain que la Foi baisse et que de grandes calamités se préparent. Au contraire, quand les couvents s'épurent et se multiplient, il est permis de se réjouir et de saluer l'aurore d'une renaissance religieuse.

On sait quel fut leur éclat au moyen âge. Après avoir défriché l'Europe et lui avoir conservé au milieu du déluge de la barbarie le trésor des lettres et des sciences antiques, les moines restèrent partout à la tête de la civilisation et de l'enseignement.

Dans cette société, qui était entièrement chrétienne, la vie religieuse se prolongeait jusque dans la famille par les tiers ordres et les confréries, et assurait partout aux malheureux le service de la charité. Y avait-il un orphelin, un enfant trouvé, le curé l'annonçait en chaire, et quelques braves gens se disputaient l'honneur d'adopter le petit abandonné. Les femmes pieuses s'associaient pour se succéder au chevet des malades. Les pauvres étaient assistés par tous les habitants de la paroisse, comme cela se pratique encore dans certaines de nos campagnes.

L'instruction était donnée gratuitement à tous les degrés. Dans chaque village, des maîtres et des maîtresses choisis par le curé enseignaient aux enfants la lecture, l'écriture, le catéchisme, l'histoire sainte. Dans les villes, les corporations ouvrières avaient chacune leur école professionnelle, et les cathédrales gothiques élevées dans tout l'Occident prouvent à quel degré de perfection l'architecture, la sculpture, la peinture en étaient venues. Les enfants les plus intelligents trouvaient, dans les couvents ou dans les écoles épiscopales, ce que l'on appelle aujourd'hui l'instruction secondaire. Enfin les universités ouvraient à d'innombrables étudiants les secrets des arts libéraux, et au lieu des droits d'inscription et d'examen que prélève brutalement le fisc, des collèges créés par de généreux fondateurs assuraient le vivre et le couvert aux jeunes gens pauvres.

Les grands ordres religieux, bénédictins, dominicains, franciscains, rivalisaient de zèle et d'éloquence pour distribuer à la jeunesse ce haut enseignement dont aucun pouvoir temporel ne limitait l'indépendance. C'était le temps des saint Bernard, des Albert le Grand, des Bonaventure, des Thomas d'Aquin.

Pendant que les peuples vivaient ainsi dans une merveilleuse unité morale qui coordonnait toutes leurs forces, un grand nombre d'âmes cédaient à l'attrait supérieur de fuir le monde et d'honorer Dieu par la prière et par la contemplation. Des centaines de religieux, réunis dans une seule abbaye, célébraient jour et nuit ses louanges par le chant de l'office perpétuel.

Sous prétexte de réforme, le protestantisme, avide comme tous les faiseurs de révolution, se hâta de confisquer les biens des pauvres et des écoles. L'Europe se couvrit de ruines, et, quand la paix se fit, non seulement toutes les œuvres étaient à recommencer, mais la vie chrétienne était profondément atteinte dans sa source; la société n'offrait plus qu'un mélange d'éléments confus, tous plus ou moins en révolte contre la Foi. Aussi, pour continuer sa mission, l'Église fut obligée de former ses prêtres dans des séminaires séparés des universités, et de créer, pour ses œuvres de charité et d'enseignement, des congrégations ayant chacune leur règle, leurs vœux plus ou moins longs et leurs supérieurs. La vie contemplative devint alors l'exception, et pendant que quelques âmes ardentes cherchaient encore dans la solitude de la Trappe ou du Carmel à s'isoler de tout, excepté du Dieu qui suffisait à leur amour, les vocations se portèrent surtout vers la prédication, l'éducation de la jeunesse et le soin des pauvres.

On vit à ce moment surgir tout un essaim de congrégations, d'ordres nouveaux, répondant aux besoins d'une société malade que l'hérésie avait ravagée, et qui était en proie à toutes les misères que l'ignorance et l'impiété traînent à leur suite.

Saint Ignace disciplina, pour combattre le protestantisme par la parole et par l'enseignement, cette forte milice des Jésuites, les plus calomniés et les plus persécutés parce qu'ils sont au premier rang pour défendre et propager la vérité. Proscrits par le parlement de Paris, mais défendus et rappelés par Henri IV, ils couvrirent bientôt la France de leurs collèges, qui comptèrent jusqu'à quatre-vingt mille élèves, pendant que leurs missionnaires, suivant la trace de saint François Xavier, évangélisaient le Japon et la Chine.

Sur un plan analogue se formèrent les Liguoriens, apôtres des campagnes et des ouvriers, et les Oratoriens, dont les collèges rivalisèrent avec ceux des Jésuites. En même temps, les frères de Saint-Jean-de-Dieu, venus d'Espagne, soignaient dans les hôpitaux les malades, les lépreux et les fous.

Au milieu de cette légion de bienfaiteurs de notre pays, la figure la plus aimable, la plus douce et la plus puissante est peut-être celle de saint Vincent de Paul, dont le nom, effacé par nos édiles parisiens, n'en restera pas moins à jamais gravé dans tous les cœurs français. Rien de plus attachant que la vie de ce petit berger des Pyrénées qui, à douze ans, donnait à un pauvre passant son trésor de trente sous.

Il devient prêtre; mais, victime des pirateries qui, à la honte des peuples chrétiens, désolaient encore les côtes de la Méditerranée, il est pris en allant de Narbonne à Marseille et mené comme esclave en Algérie. Vendu et revendu, il tombe aux mains d'un renégat de Nice, convertit sa femme musulmane, le touche lui-même, et s'embarque avec eux pour regagner la Provence.

Épris d'un amour de prédilection pour ses frères de servitude, l'ancien esclave se fait nommer aumônier des galériens, et va visiter à Paris, à Marseille, à Bordeaux, les malheureux

Lorrains ou autres que la politique encore plus que la justice enlève à leurs familles. Il obtient des lits et des soins pour les malades, les console tous, et traite comme des hommes ceux que le pouvoir traitait en bêtes de somme.

Mais il lui faut des auxiliaires pour compléter et continuer sa tâche, et il fonde cette congrégation des Lazaristes, modeste et bienfaisante comme lui, qui, de son vivant même, évangélise les faubourgs de Paris, les campagnes les plus pauvres et, de préférence, les provinces ravagées par la guerre; au dehors l'Irlande et les Hébrides, opprimées par l'Angleterre, la Pologne, oubliée par la France, déchirée par le schisme et par l'hérésie, enfin les colonies que Richelieu néglige de conquérir, la Corse, rebelle au joug des Génois, Tunis, Alger et Madagascar, décimés par d'affreuses contagions.

Toutefois, si dévoués que soient ces humbles missionnaires, ils ne suffisent pas à la tendresse toute maternelle de Vincent pour les pauvres. Il veut donner à chacun d'eux les doux soins d'une sœur. De là les Filles de la Charité, réalisant le vœu de saint François de Sales, visitant librement les malheureux et les suivant partout sans autre voile que leurs vertus, sans autre clôture que les limites mêmes de la misère. La première, Mme Legras, fille et veuve de deux serviteurs de Marie de Médicis proscrits par Richelieu, se venge de ses disgrâces en arrachant des milliers de victimes à l'infortune. L'été, elle parcourt les environs de Paris, dressant de bonnes filles au service des pauvres; l'hiver, elle les conduit dans les hôpitaux et dans les réduits les plus délaissés. Bientôt quatre d'entre elles se chargent de diriger à l'Hôtel-Dieu les deux cents dames nobles qui viennent encore soigner les malades, et se préparent à recueillir cet héritage que les plaisirs et le luxe de la capitale ne tarderont pas à rendre vacant; d'autres recueillent les orphelins ou les enfants trouvés que les bourgeois ne se disputent plus; d'autres enfin vont à l'armée, à l'hôpital des galériens, en Pologne, ou suivent les missionnaires au delà des mers.

Mais l'Église ne connaît pas le joug monotone et avilissant de la centralisation, et, pendant que saint Vincent de Paul faisait tant de merveilles, de tous côtés des âmes indépendantes de lui suivaient une voie semblable, fondaient des œuvres analogues et défrichaient quelque coin du champ sans bornes de la charité. Je n'en prendrai que quelques exemples entre mille.

Dans la première moitié du xviie siècle, il s'établit en France environ trois cents maisons d'Ursulines ou, comme on les appelait alors, d'Ursules, c'est-à-dire de religieuses ayant pris pour patronne sainte Ursule et les vierges martyres ses compagnes, et se consacrant sans bruit au soin des malades et à l'éducation des petites filles pauvres. En Bourgogne, l'œuvre fut établie, en 1606, par Mlle Anne de Xainctonge, fille d'un conseiller au parlement de Dijon. A vingt ans elle renonça au mariage, et préféra seconder une vieille maîtresse d'école ou dans ses récréations visiter les malades des hôpitaux; son père lui reprochait amèrement d'aller ramasser les petites mendiantes à travers les carrefours et de s'en faire la domestique. Après neuf années d'épreuves et de travaux, elle prononça ses vœux avec six de ses compagnes. « Leur but était non seulement d'assurer leur propre salut, mais de travailler à celui des autres femmes, et d'enseigner les petites filles à lire, écrire et besogner en plusieurs et divers ouvrages, sans en prétendre aucun salaire en terre, attendant la récompense de leur labeur de l'infinie libéralité de Jésus-Christ. » Point de clôture, pas d'autre costume que celui des veuves ou des personnes pieuses du temps. L'école était partagée en six classes, conduisant les élèves de l'alphabet et du *Pater* jusqu'à de sérieux exercices de style que pourraient envier nos modernes pédagogues. « Les dimanches et fêtes, on s'employait à enseigner les servantes et

autres qui n'avaient pas le temps d'aller tous les jours en classe. »
Anne de Xainctonge, considérée comme une sainte, mourut
en 1621, après avoir par humilité brûlé ses écrits. Plus durables, ses œuvres ont survécu à nos révolutions.

Vers la même époque, dans un autre coin de la France, la fille
d'un avocat à la sénéchaussée du Puy, Mlle Martel, touchée de la
misère qui, depuis les guerres de religion, désolait les montagnes
des Cévennes, commençait l'œuvre des Demoiselles de l'Instruction. Elle aussi avait d'abord visité les malades des hôpitaux et
réuni, pour les conduire à l'église, les petits vagabonds qui erraient dans les rues de la ville. Deux folles furieuses, qui avaient
reçu ses soins, avaient été désarmées et charmées par sa douceur. Les veilles des grandes fêtes, elle entretenait les femmes
des environs, qui passaient la nuit sous le porche de l'église,
et, le matin venu, elle aidait les servantes à puiser de l'eau
avant l'heure des offices. Ses compagnes voulurent comme
elle instruire les paysannes; de là leur nom de Demoiselles
de l'Instruction. Visitant successivement les innombrables
hameaux du pays, et ne pouvant y demeurer, elles formèrent des maîtresses pour enseigner aux jeunes filles la
lecture et le travail de la dentelle. Ce fut un immense bienfait pour cette population dispersée dans un pays de montagnes, où les communications sont difficiles et les hivers fort
rigoureux. Bientôt il y eut pour chaque groupe de maisons
une pieuse fille devenue la providence de ces familles abandonnées.

Dès le matin, à sept heures en été, à huit heures en hiver,
la cloche convoque les enfants du village. Chaque petite fille
apporte son livre, son cahier et son carreau pour faire de la
dentelle; leur instruction primaire terminée, elles continuent
à venir comme ouvrières. Les petits garçons sont rangés dans
une partie spéciale de la salle d'assemblée, où on leur fait
aussi la classe. A dix heures, la cloche avertit au loin les mères

de famille qu'il est temps de préparer le dîner, à onze heures et demie qu'il faut le porter dans les champs. Pendant ce temps-là, les écoliers font une lecture suivie d'une demi-heure de silence, et l'on sort à midi. A une heure, la classe et le travail recommencent. Enfin, ce sont les femmes qui viennent à la veillée. Groupées par cinq autour de petites lampes, dont la lumière est concentrée sur leurs mains par des boules de verre, elles récitent leur chapelet, chantent des cantiques, écoutent un pieux récit et travaillent ainsi jusqu'à onze heures du soir.

Dans la journée, l'institutrice, qui a fait une partie de son noviciat dans un hôpital, visite les malades, assiste et console les mourants. Le dimanche, si la neige encombre les sentiers, c'est elle qui réunit les fidèles, leur fait une lecture et récite avec eux le Chemin de la Croix.

Telles sont les Béates de la Haute-Loire. Elles ont fait l'admiration de tous ceux qui les ont connues, sans en excepter les grands fonctionnaires de l'Université. Qui aurait pu prévoir qu'il se trouverait un jour un ministre capable de les tourner en ridicule?

En 1651, un jeune avocat au parlement de Metz, Joseph Chauvenel, ne vivant que pour les malheureux, et passant ses jours et ses nuits à les secourir, mourait en soignant les pestiférés de Toul. Son testament constituait les pauvres ses seuls héritiers, et donnait pouvoir à son père de fonder pour eux un hôpital. De là naquirent, l'année suivante, les sœurs de Saint-Charles de Nancy.

L'hôpital général de Bourges était, en 1657, le berceau des hospitalières et des institutrices de Marie-Immaculée, qui lui consacraient leur fortune et leur vie.

En 1666 commençaient à Sotteville les petites écoles tenues par les Sœurs de la Providence. De ce village elles se propagèrent à Rouen. On recevait les petites filles le matin de neuf à onze heures, le soir de deux à cinq heures, les grandes de midi à deux heures. Dans l'intervalle, on allait dans les maisons instruire les ignorants et les disposer à recevoir les sacrements. Quand vint la Révolution, il y avait deux cents sœurs dirigeant cent vingt écoles.

En 1680, un promoteur de l'archevêché de Lyon, affligé de l'ignorance dans laquelle végétaient les enfants de cette grande ville, consacra tout ce qu'il possédait à leur créer des classes gratuites. Pour instruire les petites filles, il réunit quelques personnes pieuses, assemblées en communauté sous le nom de Sœurs de Saint-Charles. En peu de temps elles s'établirent dans toutes les paroisses et dans les faubourgs. Il en fut de même à Reims pour les Sœurs de l'Enfant-Jésus.

On le voit, rien de plus spontané, de plus varié, de plus général que les œuvres destinées, dès le xviie siècle, non seulement à secourir les pauvres, mais encore à rétablir et à développer l'instruction gratuite des jeunes filles. Toutefois les petits garçons devaient aussi avoir leur apôtre, et avant la fin du siècle le bienheureux Jean de la Salle avait fondé cette grande congrégation des Frères Ignorantins, ayant pour but, suivant la parole d'un pape, « de combattre l'ignorance, source de tous les maux. »

Jean de la Salle, né à Reims en 1651, appartenait encore à une famille de magistrats et était fils d'un conseiller au présidial. Il fonda ses premières écoles en 1681, souleva une violente opposition de la part des maîtres d'école, qui lui intentèrent des procès, et fut, comme les Jésuites, chassé de Paris. Dans un style simple et touchant, il traça la règle des frères, « qui ne peuvent être prêtres ni prétendre à aucune fonction dans l'Église, mais qui sont tout entiers à leur vocation d'enseigner gratuitement les enfants, sans rien recevoir d'eux ni de leurs parents, et témoignent une affection égale pour tous, plus même pour les pauvres que pour les riches, parce qu'ils sont beaucoup plus chargés par leur institut des uns que des autres. »

Voici ce qu'en disait naguère, sur la tombe d'un élève de Fontainebleau, un général protestant, dont le témoignage a plus de valeur que les accusations d'ennemis sans pudeur : « Élevé dès l'enfance par les Frères de la doctrine chrétienne, vrais soutiens de ceux qui n'en ont plus, et dont le sublime dévouement est au-dessus de tout éloge, Gabriel Bontemps était parvenu par son énergie, sa droiture et la justesse de ses sentiments au rang qu'il occupait parmi nous. Il était estimé de ses chefs, et profondément aimé de tous ses camarades. Je remercie les hommes capables de former de si belles natures. »

Les Frères avaient complété le faisceau des forces religieuses nécessaires pour réparer les maux de la Réforme. L'enseignement était de nouveau assuré à tous les degrés, et des secours préparés pour toutes les misères. Heureuse la France si elle eût possédé alors un gouvernement capable de seconder ces efforts et de développer ces richesses morales au lieu de les dissiper follement!

Il n'en fut rien. C'est en vain qu'au temps de Louis XIV l'Église ranime les forces intimes de notre pays, et le replace au premier rang dans le monde en lui rendant des caractères, des intelligences, des hommes de génie. Peu à peu ces biens sont compromis et minés par les faiblesses d'un pouvoir enivré de sa toute-puissance. A la fin, la victoire reste au mal, et, pendant tout le règne de Louis XV, la France roule sur la pente de la décadence. Le scepticisme envahit les âmes, une stérilité complète succède à l'épanouissement des fondations charitables du XVIIe siècle. Religieux et religieuses abandonnent les cloîtres du moyen âge, font badigeonner leurs vieilles églises, et se construisent des demeures plus confortables, où le bien-être et l'inaction remplacent l'austérité du passé.

Les puissances catholiques semblent prendre à tâche de

creuser l'abîme prêt à les engloutir. Il n'y a plus d'honneurs ni de popularité que pour Voltaire, qui glorifie la Prusse et insulte aux défaites de la France, et pour Rousseau, qui prélude par ses consultations au partage de la Pologne. Les Jésuites sont chassés et supprimés. A leur place s'installent les loges de la franc-maçonnerie, qui préparent la Révolution et condamnent d'avance à mort le roi Louis XVI. Sous des cérémonies grotesques qui donnent la mesure de la sottise humaine, cette institution nouvelle cache à la foule le but qu'elle poursuit. Ce but, c'est de détruire l'Église et de remplacer les ordres religieux par une société d'avancement mutuel, qui s'emparera du pouvoir et exploitera le peuple au lieu de le servir. De là le caractère essentiellement bourgeois et égoïste des réformes qui s'élaborent.

Sur ces entrefaites la Révolution éclate, prétendant, à son tour, supprimer l'ignorance et la misère, et pour commencer cette belle œuvre confisquant les biens destinés aux pauvres et à l'enseignement. On va faire sans religion et sans autorité le bonheur du genre humain. Il suffira de lâcher la bride à la nature trop longtemps opprimée et contenue. Plus ce système est stupide, plus il flatte l'orgueil de l'homme. Il y a là pour les charlatans politiques une recette grâce à laquelle ils pourront longtemps rester les maîtres, et tenir sous leur domination les masses auxquelles ils promettent une félicité chimérique. Le peuple est souverain, c'est au nom du peuple que ses prétendus représentants décrètent toutes les folies : que peut-il demander de plus à ses libérateurs?

Pendant la tourmente, les religieux sont pourchassés comme des bêtes fauves, guillotinés, noyés, fusillés. Les cloîtres sont transformés en casernes ou en prisons, les églises en musées ou en magasins. Il semble que la ruine soit à jamais consommée.

Mais il n'en est rien. Pendant que les prêtres qu'épargne

la mort vont de cachette en cachette célébrer les saints mystères et soutenir la foi des fidèles, les religieuses dispersées sont partout les complices de ce périlleux apostolat. Quoi de plus émouvant que la résistance de ces femmes, décimées par la persécution, chassées de leurs maisons, dépouillées de leur habit, mais protestant au nom de la plus sainte des libertés, celle de faire le bien, ne connaissant d'autres armes que la prière et la charité, et continuant leurs œuvres dans le silence et dans la misère en attendant des jours meilleurs?

Voici avec quelle éloquente simplicité la supérieure des Filles du Saint-Esprit de Saint-Brieuc répondait à un arrêté de proscription du 2 janvier 1793 :

« Le but de notre société, volontaire et non forcée, a été d'instruire les enfants de notre sexe dans les campagnes et d'y soulager les pauvres malades par nos soins, par des remèdes et par tous les secours que nous pourrions leur procurer. Nous avons rempli ces devoirs avec exactitude et constance, nous en appelons au témoignage des municipalités dans le ressort desquelles nos maisons sont situées, et des citoyens parmi lesquels nous avons exercé les fonctions prescrites par la règle que nous nous étions tracée. Notre maison principale de Plérin et toutes nos autres maisons établies dans la ci-devant province de Bretagne, sont des maisons de charité où nos sœurs se consacrent aux mêmes devoirs et s'efforcent tous les jours de secourir les pauvres malades dans la misère des villages.

« L'article 2 de la loi du 18 août 1792, portant la suppression des congrégations religieuses, excepte formellement les établissements de charité tels que les nôtres. L'humanité et la compassion pour les maux des pauvres des campagnes réclament sans doute encore plus fortement en faveur de notre conservation. L'arrêté du département qui veut nous chasser de nos maisons a donc d'autres motifs que l'exécution de la loi et l'amour du bien public. Quels qu'ils soient, nous sommes forcées d'obéir à sa volonté; mais nous déclarons ne quitter notre maison que contraintes par la force majeure qui nous y oblige, et sous toutes protestations et réservations de droit. »

A Château-Thierry, dès le 26 août 1792, l'Hôtel-Dieu était envahi par des forcenés qui, après s'être répandus dans toute la maison à la recherche des religieuses, finirent par les trouver au chœur, où elles chantaient vêpres. Sans s'effrayer, les chanoinesses de Saint-Augustin continuaient l'office. Les révolutionnaires se mettent à jurer en disant qu'il n'y a plus de Dieu, qu'ils n'ont plus besoin de prières, mais qu'il leur faut des serments civiques. Les religieuses persistent à chanter comme si on ne leur parlait pas. Furieux, les impies lèvent sur elles leurs mains armées de sabres. Ces saintes filles se mettent à genoux, croyant toucher à leur dernier moment. Alors la prieure, Mme de la Garde, s'approche d'eux: « Est-ce ma vie que vous demandez? dit-elle, la voici; il y a longtemps que j'en ai fait le sacrifice à Dieu; mais je vous défends de toucher à mes filles. » Cette tranquillité d'âme et cette fermeté héroïque désarmèrent les bandits qui se retirèrent.

Toutefois ce répit fut de courte durée. Le 6 septembre, les officiers municipaux se transportaient à l'Hôtel-Dieu et exigeaient des religieuses le serment. Elles eurent le courage de le refuser, et le jour même on les expulsa. Elles furent remplacées, pendant toute la période révolutionnaire, par des citoyennes assermentées.

Mais une postulante, nommée Anne Déou, se résigna à rester comme pharmacienne, chargée du linge et des malades. Elle réussit à sauver du pillage et à cacher au péril de sa vie tout ce qui reste aujourd'hui d'ornements, de vases sacrés et d'objets d'art. Dieu la protégea visiblement, et elle eut l'immense joie de recevoir, en 1801, ses sœurs rappelées par le vœu des malades et de la ville, et de les remettre en possession de leur chère maison. Peu de temps après, elle prit l'habit et prononça ses vœux sous le nom de sœur Saint-Augustin.

A Nancy, les Sœurs de Saint-Charles qui dirigeaient quinze hospices en furent brutalement chassées. Les unes furent emprisonnées, les autres, retirées dans les campagnes, y continuèrent leur mission auprès des pauvres.

A Bollène, treize religieuses du Saint-Sacrement portèrent leur tête sur l'échafaud.

A Bourges, plusieurs des Sœurs de Charité sont mortes dans les cachots; celles qui étaient libres, bien qu'aux prises avec un extrême dénuement, ne cessèrent pas de secourir les malades pauvres et d'instruire les enfants.

A Clermont-Ferrand, les Sœurs de Saint-Joseph-du-Bon-Pasteur restèrent sous les verrous jusqu'à la mort de Robespierre, et n'en sortirent que pour fonder deux pensionnats et reprendre leurs œuvres.

A Lyon et dans les villages voisins, les Sœurs de Saint-Charles, dispersées par la tourmente, tenaient chacune en habit laïque une classe de petites filles. Dès 1802, le maire de la ville les priait de se réunir et de rétablir dans tous les quartiers leurs écoles gratuites.

Une partie des Sœurs de Saint-Paul de Chartres demeurèrent dans leurs maisons, persistant à quêter pour les pauvres malades et à diriger leurs petites écoles.

On n'en finirait pas si l'on citait tous les traits du même genre. A part quelques apostasies isolées, les religieuses demeurèrent fidèles à leurs vœux et à leur mission de charité, et se rassemblèrent autour de leurs supérieures dès que la rigueur de la persécution diminua.

Par un contraste curieux, pendant qu'en France toute manifestation religieuse était un crime puni de mort, en Orient les représentants de la Convention, reconnaissant que la vie du catholicisme était liée à celle de leur patrie, allaient assister en bonnet rouge aux fêtes pieuses des Lazaristes.

Le concordat signé, Napoléon Ier ne s'en tint pas au texte des articles organiques, qui paraissaient supprimer toutes les congrégations, et sentit la nécessité de réclamer officiellement leur concours pour la direction des écoles et des hôpitaux. Les Frères des Écoles chrétiennes obtinrent les premiers la reconnaissance légale afin de faire partie de la nouvelle Université. La même faveur fut successivement accordée aux Sœurs qui étaient déjà rentrées dans un grand nombre d'hospices abandonnés, et qui y avaient repris auprès des malheureux leur vie de dévouement et d'abnégation.

Depuis ce moment, la Foi que l'on croyait morte, étouffée dans le sang et sous les ruines, jette partout de nouvelles racines et s'épanouit dans une floraison d'œuvres plus fécondes encore et plus belles que celles qui ont signalé la renaissance religieuse du xviie siècle. C'est l'arbre que les vents d'hiver ont dépouillé de ses branches et de ses feuilles mortes, et qui reverdit au soleil du printemps.

Les richesses accumulées par la piété des siècles ont disparu ; mais le zèle épuré par l'adversité, la foi retrempée par la persécution valent mieux que l'or. Les misères à soulager ont décuplé, la charité va décupler ses efforts. Partout où il y a des pauvres à secourir, des malades à soigner, des enfants à instruire, des âmes généreuses se réunissent pour venir à leur secours, tantôt en petites communautés indépendantes, comme celles du diocèse de Rodez, tantôt en grandes congrégations répandant leurs bienfaits sur toute une partie de la France, et souvent bien au delà de nos frontières.

A côté des anciennes institutions qui renaissent de leurs cendres, il s'en forme de nouvelles, rivalisant avec elles de dévouement pour vaincre la misère et l'ignorance, fruit de dix années de crimes et de folies.

Chose extraordinaire, les premières fleurs de cette jeune moisson avaient déjà paru pendant la Terreur. Le vendredi saint, 6 avril 1792, avait lieu au petit village de Fontenelles (Doubs) la première prise d'habit des Sœurs de la Retraite-Chrétienne, établies par un vicaire de l'endroit pour l'éducation des jeunes filles. Quelques mois plus tard, la maison était envahie, et les religieuses mises en demeure de choisir entre l'apostasie et la mort. Par grâce, on leur permit de passer la frontière, et elles conservèrent leur habit et leur vie commune à l'étranger jusqu'en 1803, époque de leur retour en France.

Peu après, le 21 novembre 1796, Marie Rivier commençait à Bourg-Saint-Andéol (Ardèche) l'institut de la Présentation de Marie, destiné à l'instruction des enfants du peuple, à l'éducation des orphelines, que la fondatrice elle-même reçut déjà au nombre de plus de cinq cents, et au soin des malades, auxquels elle portait des secours et des remèdes. Notre grand pontife Pie IX l'a déclarée vénérable, et a rendu un solennel hommage « à cette vierge intrépide qui, animée de l'esprit de Dieu, consacra ses efforts avec une persévérance et un courage étonnants à défendre la religion et à procurer le salut des âmes, alors qu'en France tout ordre était troublé et détruit, et que les prêtres étaient exilés ou conduits à la mort ».

La Révolution à peine terminée, quelques femmes pieuses de Besançon, frappées de l'état d'abandon dans lequel se trouvent les enfants, se réunissent sous le nom de Sœurs de la Sainte-Famille, pour tenir des écoles de filles où elles enseignent la lecture, le catéchisme et les travaux à l'aiguille. L'œuvre a grandi et compte aujourd'hui de nombreux établissements. Souvent, à la campagne, la sœur institutrice prend sur son modeste traitement de 400 francs de quoi nourrir une petite orpheline. Quand il y en a plusieurs, on les réunit dans des pensionnats où elles sont admises et élevées gratuitement.

Enfin, lorsque la commune donne à la sœur 700 francs comme à une institutrice laïque, une seconde religieuse s'adjoint à elle pour soigner les malades.

En 1805, Mlle Duplex, émue du triste état des prisonniers, fonde avec quelques pieuses compagnes, à Lyon d'abord, puis au Dorat (Haute-Vienne), l'œuvre de Marie-Joseph, destinée à la visite des prisons. Ne s'arrêtant ni aux injures ni aux menaces, elles finissent par apprivoiser ces âmes abruties par le vice et aigries par le malheur. L'administration elle-même, constatant leur bienfaisante influence, leur confie le soin de ses maisons de détention, et les appelle à Fontevrault, à Montpellier, à Tours, à Châlons-sur-Marne, à Arras, etc.

Leur sollicitude se porte surtout sur les jeunes filles qui n'ont reçu aucune instruction ou qui ont tout oublié. On réveille en elles l'amour de la famille; on leur enseigne leurs devoirs envers Dieu et envers la société. Les unes rentrent au foyer paternel, qu'elles avaient fui et qu'elles consolent par une vie exemplaire; les autres, se sentant seules au monde et trop faibles pour se conduire elles-mêmes, demandent un asile aux maisons de refuge établies pour les recevoir.

Que de larmes essuyées dans les prisons! que de désespoirs calmés! que de suicides empêchés! Quelle tendresse fraternelle témoignée à des malheureux dont chacun s'éloigne et que la société repousse comme des parias!

Un jour, une jeune sœur retient par ses vêtements une détenue qui se jetait par la fenêtre, et elle meurt elle-même peu après brisée par cet effort. En 1849, le choléra éclate au pénitencier de Tours. Les sœurs prodiguent leurs soins aux malades, et deux d'entre elles succombent victimes de leur dévouement. En 1856, lors du grand débordement de la Loire, la même maison est envahie par les eaux, et c'est par la fenêtre du premier étage qu'il faut monter en bateau et fuir le danger. La supérieure dirige le sauvetage de ses détenues, puis celui des religieuses, et sort la dernière comme le capitaine du vaisseau qui fait naufrage.

En 1806, le curé de Reuillé-sur-Loire, voyant avec douleur qu'une partie de ses paroissiens, fort éloignés du bourg, ne pouvaient ni faire instruire leurs enfants ni être secourus dans leurs maladies, fit appel pour leur venir en aide à deux braves filles dont il avait éprouvé la charité, et leur bâtit une petite maison dans une lande inculte pour y faire la classe et aller de là visiter les pauvres. Aujourd'hui cette congrégation de la Providence compte neuf cent dix-huit sœurs et cent quatre-vingt-treize maisons.

A Beignon (Morbihan), le curé forme en 1807 les Sœurs de l'Instruction-Chrétienne de Saint-Gildas-des-Bois. Il commence par une seule institutrice, qu'il envoie se perfectionner dans un pensionnat de Vannes et qu'il met ensuite à la tête de son école. Il lui trouve des compagnes, et, comme le soin des malades paraît inséparable de l'éducation des enfants, il les charge de porter des secours et des médicaments à domicile ou de diriger de petits hôpitaux. Ces sœurs rayonnèrent bientôt dans les diocèses de Nantes, d'Angers et de Rennes, où elles se multiplièrent au milieu des plus rudes privations, ne recevant presque jamais ni traitement, ni subvention de leurs élèves.

Non loin de là, dans le diocèse de Luçon, débutaient les Filles de la Sagesse, bien connues en Vendée et dans les contrées voisines. La Bretagne admira leur dévouement lors du choléra de 1832.

Rouen a ses huit cents sœurs du Sacré-Cœur de Jésus, fondées en 1818 par une jeune fille d'un village voisin. Elle aussi répondit humblement à l'appel de son curé, et réunit dans un grenier, qui lui servait de dortoir et où la neige tombait sur les lits, quelques amies animées du même zèle, se condamnant comme elle à se nourrir au début de pain sec et d'eau. Le jour elles faisaient l'école, la nuit elles travaillaient pour vivre, sans se douter que Dieu allait développer cette petite semence ignorée.

En 1823, c'est un bon curé des environs d'Angers qui paye dans sa paroisse une classe tenue par une pauvre fille, et commence, sans le savoir, les Sœurs de la Charité du Sacré-Cœur de Jésus. L'œuvre qui, à sa naissance, ne possédait rien, pas même un logement, ouvre bientôt à ses frais des écoles et des salles d'asile. Aujourd'hui elle en compte près de deux cents, et partout une de ses religieuses est chargée de visiter les pauvres et de soigner les malades. Lors du choléra de 1849, elles firent preuve d'un courage intrépide.

Mlle de Murinais établit à Grenoble, en 1833, les Sœurs de Notre-Dame de la Croix, destinées aux plus âpres montagnes. Beaucoup des premières moururent de privations et de fatigues, dans les cabanes étroites et humides où elles s'étaient installées. Mais ces vides n'empêchèrent pas la famille de se développer. Chaque maison possède une petite pharmacie et a le devoir de visiter, de secourir et de consoler les pauvres et les malades de l'endroit, pendant le temps laissé libre par les classes. Quand les sœurs n'ont plus rien pour les malheureux, elles se font mendiantes elles-mêmes pour eux et vont implorer la générosité des gens aisés du pays.

A côté des hôpitaux et des écoles gratuites qui renaissent de toutes parts, on voit s'ouvrir des maisons de préservation ou de réhabilitation pour les jeunes filles que le vice a attirées dans ses pièges, et qu'il menace de perdre à tout jamais.

Les Sœurs de Sainte-Élisabeth établissent à Lyon, en 1827, leur grand refuge de Notre-Dame de Compassion, où plus de trois mille pauvres filles sont successivement venues expier leurs fautes et apprendre le chemin d'une vie honnête et laborieuse.

En 1829 commence dans le même but le Bon-Pasteur d'Angers, qui compte aujourd'hui trente-cinq maisons en France ou en Algérie, et quatre-vingts à l'étranger. Sauf le prix d'un trousseau à l'entrée, l'œuvre est gratuite, et les jeunes filles sont si attachées à leurs mères adoptives qu'à Nancy, après une épidémie de choléra qui les avait dispersées, elles sont toutes revenues d'elles-mêmes au bercail.

Voici ce que disait, en 1836, le célèbre médecin Parent du Châtelet, du refuge de Notre-Dame de la Miséricorde à Laval : « Cette maison est pour moi l'idéal. La population y est de deux cent soixante personnes, et l'on n'y compte que sept à huit décès par année. Cependant on y reçoit à tout âge et malgré des infirmités graves. Les travaux des pénitentes sont variés et simplement interrompus par quelques chants; les exercices religieux courts, la nourriture bonne et substantielle; le plus ordinairement les filles viennent s'y présenter d'elles-mêmes, et il est rare qu'elles demandent à en sortir; elles s'y trouvent si bien et s'y modifient d'une manière si heureuse, qu'il arrive que les parents les reprennent contre leur volonté, et l'on en compte un grand nombre qui font la consolation de leur famille. Aujourd'hui la maison en contient plus de soixante qui y sont depuis douze à quinze ans. La plupart de celles qui sont mortes y avaient séjourné le même espace de temps.

« Cet établissement, remarquable sous une foule de rapports, a été fondé par une simple repasseuse, qui, à mon avis, doit être considérée moins comme une personne de mérite que comme une femme de génie. Elle a commencé sa maison avec deux filles qu'elle accueillit par charité et qui successivement en amenèrent plusieurs autres. Toutes les malades sont soignées par des médecins du dehors; la directrice préside à tous les exercices, répartit les travaux suivant les forces et la capacité de chacune, et montre dans toute cette administration une merveilleuse sagacité. Ainsi, avec les seules ressources que fournit le travail des filles valides, cette femme admirable trouve le moyen de vêtir, de loger et d'entretenir jusqu'à la fin de leurs jours et, qui plus est, de rendre à la vertu une population tout entière, dont le sort inévitable était de mourir de faim et de misère. Elle opère un tel changement sur l'esprit de ces malheureuses que beaucoup d'entre elles, arrachées, pour ainsi dire, de leur asile par leurs père et mère, en deviennent le soutien et la consolation.

« Mettant de côté toute idée religieuse, et n'envisageant l'établissement dont je parle que sous le rapport matériel, ne reste-t-on pas confondu par de semblables résultats? Compte-t-on, parmi ceux qui passent pour les bienfaiteurs de l'espèce humaine, beaucoup d'êtres aussi méritants que la vénérable fondatrice dont il vient d'être question? J'aime à croire que l'exemple qu'elle a donné au monde ne sera pas perdu, et que cette maison servira de modèle à toutes celles qui pourront s'établir dans la suite. »

Ce vœu a été largement exaucé, et l'on pourrait citer aujourd'hui une centaine de refuges qui peuvent rivaliser avec celui de Laval.

Puis voici venir, en 1840, les Petites Sœurs des Pauvres, qui, avec leurs vingt mille vieillards, nourris et soignés par elles sans l'aide d'aucun serviteur, méritent bien une mention spéciale.

Un vicaire de Saint-Servan, l'abbé le Pailleur, avait remarqué deux jeunes ouvrières de seize à dix-huit ans qui désiraient se dévouer à Dieu et à ses pauvres. Il leur donna une petite règle qu'elles allaient méditer ensemble le dimanche dans un creux de rocher au bord de la mer; il leur recommandait surtout d'agir avec bonté envers les pauvres vieillards infirmes et malades.

Une ancienne servante, qui avait économisé 600 francs, les reçut bientôt dans sa mansarde, où l'on apporta par surcroît un aveugle de quatre-vingts ans. Quelques mois plus tard, on installait douze lits et douze vieillards dans une salle enfumée qui avait servi de cabaret. Les bonnes filles allaient mendier des vivres pour nourrir la petite famille, et, bien malgré elles, le bruit en vint jusqu'aux oreilles de l'Académie française, qui les couronna.

D'après leur constitution et leur vœu d'hospitalité, les Petites Sœurs pourvoient avant tout aux besoins de leurs vieillards, et ne mangent qu'après avoir servi leurs hôtes. Plus d'une fois elles ont senti la faim, et des vivres envoyés par le bon Dieu, qui n'oublie pas ses enfants, sont venus au moment où il ne restait pour toute la communauté qu'un morceau de pain.

Néanmoins l'œuvre grandissait. Un premier essaim s'établit à Rennes, où les soldats de la garnison se disputèrent l'honneur de porter les vieillards jusqu'au seuil de leur asile. Un second essaim partit pour Dinan, un troisième pour Tours. L'élan était donné, et bientôt Paris, Lyon, Marseille et toutes nos grandes villes se disputent les Petites Sœurs, qui, avec les miettes du repas des riches, les marcs de café, les légumes recueillis dans les marchés, les soupes données dans les casernes, nourrissent des milliers de vieillards, condamnés auparavant à finir leurs jours dans l'abandon et la détresse.

Aujourd'hui elles ont quatre-vingt-treize maisons en France, seize dans les Iles-Britanniques, dix en Belgique, dix-sept en Espagne, dix-neuf en Amérique, une en Afrique, une en Italie. Elles en avaient une en Suisse, que nos modernes persécuteurs ont eu le cynisme de fermer. Que faire de ces malheureux qu'on avait recueillis, et qu'on ne pouvait se décider à remettre sur le pavé? « Nos pauvres, dit le supérieur, sont nos trésors, nous les garderons. » Pendant qu'au nom de la liberté moderne on mettait sous le séquestre les deux vaches, l'âne, les couchettes et la batterie de cuisine de l'asile, les sœurs partaient sans bruit avec leurs vieux enfants, et les emmenaient dans leurs maisons de France. Puissent nos treize mille vieillards n'avoir pas ainsi bientôt à chercher un abri loin de leur pays natal!

Après 1840, les fondations continuent. Sous peine d'être monotone, il faut abréger et effleurer à peine ces chefs-d'œuvre de charité qui sont souvent pour une province entière un inappréciable bienfait.

Les Franciscaines de Saint-Philbert de Grandlieu commencent en 1841. Ce sont d'abord quatre pauvres ouvrières vivant de leur travail, maniant l'aiguille autour d'une chandelle de résine fichée dans une pomme de terre. Elles visitent les pauvres, se chargent des épileptiques, pansent les plaies, les ulcères, et bravent les épidémies.

En 1854, un curé du pays de Nancy donne le nom de Sœurs de la Compassion aux garde-malades qui soignent les cholériques de sa paroisse. Les débuts sont rudes. Au printemps on mange les légumes abandonnés dans les champs avant l'hiver, et jusqu'aux pousses des orties. Cependant on bâtissait un hôpital de cinquante lits; de leurs mains les religieuses creusaient les fondations, brouettaient la terre, les pierres et les tuiles. Non seulement les sœurs recueillent les infirmes et les malades des environs, mais elles enseignent la couture aux jeunes filles, gardent les petits enfants pendant la moisson, et secourent un grand nombre de malheureux à domicile, faisant le ménage, levant et habillant les enfants quand la mère de famille est dans son lit.

A côté de cette petite œuvre locale remarquable par sa tendresse pour ceux qui souffrent, en voici une qui leur vient en aide par toute la France et jusqu'en Algérie : ce sont les Sœurs de Bon-Secours de Troyes. Chaque année, elles passent environ cent cinquante mille nuits au chevet des malades. Dix-sept médailles leur ont été décernées pour les soins courageux donnés pendant les épidémies de croup, de typhus, de petite vérole et de choléra, qui ont fait parmi elles un grand nombre de victimes. Le 19 septembre 1877, la sœur Simplice, chargée de promener des enfants convalescents, voit venir un chien enragé : pour laisser à sa petite couvée le temps de fuir, elle se précipite au-devant de lui, le saisit, le retient et reçoit des morsures qui lui coûtent la vie.

Le choléra mit également à l'épreuve le dévouement des Sœurs de Charité de Besançon, des Filles du Saint-Esprit de Saint-Brieuc, des Sœurs de la Présentation de Tours, et de cent autres communautés, qui envoyèrent des religieuses dans les villages envahis par la contagion, pendant que les hospitalières se prodiguaient dans leurs salles devenues des foyers d'épidémie.

Les congrégations d'hommes sont moins nombreuses. Alors que la France possède environ cent vingt-huit mille religieuses, elle n'a que trente mille religieux. Ajoutés à nos quarante-cinq mille prêtres séculiers, ils forment un total de soixante-quinze mille hommes, presque exclusivement consacrés au ministère paroissial, à la prédication et à l'enseignement. Sauf les Frères de Saint-Jean-de-Dieu, qui tiennent quelques hôpitaux, ce sont les femmes qui ont le privilège de soigner les malades, les infirmes, les petits enfants et les vieillards; elles ont évidemment reçu de Dieu un don spécial pour adoucir et soulager toutes les souffrances.

On a vu que les Frères des Écoles chrétiennes ont été rétablis et reconnus par Napoléon Ier. Depuis cette époque, ils n'ont pas cessé de grandir; ils comptent aujourd'hui environ neuf mille frères pour la France et ses colonies, et deux mille à l'étranger, assurant le bienfait d'une éducation chrétienne à quatre cent mille enfants.

Nos plus grandes villes les ont appelés à diriger une partie de leurs écoles. Leurs succès incontestés dans les concours n'ont pas cessé de prouver la supériorité de leur méthode, et ont excité parmi les instituteurs laïques une salutaire émulation. Loin de se nuire, ces deux branches du personnel enseignant se sont ainsi rendu de mutuels services, tant qu'on a considéré la religion comme une partie essentielle de l'instruction des enfants, au lieu de la proscrire comme un élément inutile et malfaisant.

Sur un plan analogue se sont successivement formés les Clercs de Saint-Viateur de Lyon, qui n'étaient primitivement qu'une association d'instituteurs laïques chrétiens, et qui vont seuls tenir les classes des plus pauvres communes; les Frères de la Doctrine chrétienne de Nancy, dont les pensionnats ont inauguré l'enseignement secondaire spécial ou professionnel; les Petits-Frères de Marie, avec leurs cent mille élèves et leurs écoles répandues en Belgique, en Angleterre, en Autriche et jusqu'en Nouvelle-Calédonie; les Frères agriculteurs du Puy, les Frères de Saint-François-d'Assise de la Rochelle, et la congrégation de Sainte-Croix de Paris, s'occupant spécialement de la direction des orphelinats et des fermes-écoles, de l'enseignement agricole, commercial et industriel; les Frères de la Miséricorde de Coutances soignant les aliénés; les Frères de Cîteaux, institués par l'abbé Rey et tenant un pénitencier modèle. Tous ces établissements se sont distingués par leurs succès scolaires; ils ont reçu de l'État, des départements, des communes et des comices agricoles des encouragements et des récompenses qui attestent leur valeur.

Les ordres contemplatifs ne restent pas étrangers à ce grand effort fait pour l'instruction de la jeunesse. Les moines de la Grande-Chartreuse ouvrent à leurs portes une maison d'éducation pour les sourds-muets, et plusieurs maisons de Trappistes dirigent avec dévouement des pénitenciers agricoles pour les jeunes détenus.

A côté des Frères qui donnent l'enseignement primaire, les congrégations de prêtres ont doté le pays d'un enseignement secondaire remarquable, qui a partout relevé les études et tiré les lycées de l'Université de l'inertie à laquelle les condamnait le monopole. Ce mouvement date de la célèbre et bienfaisante loi de 1850. A ce moment, les représentants du pays, effrayés des progrès que faisaient dans les masses les doctrines révolutionnaires, avaient compris qu'il était urgent de rendre à l'Église et à ses institutions la liberté de l'enseignement à tous les degrés. De là l'essor rapide qu'ont pris, à côté des écoles des Frères, les collèges fondés par les Jésuites, les Dominicains, les Oratoriens, les Frères de Marie et un certain nombre de congrégations diocésaines. Vingt mille familles leur confient leurs enfants, certaines qu'on en fera de bons chrétiens et de bons Français.

Inutile de relever ici les calomnies accumulées contre ces maîtres dévoués avec lesquels on trouve dangereux de lutter, et qu'on préfère écraser par une loi de proscription. Plus concluante que tous les discours, la grande et redoutable épreuve de la guerre est venue prouver, en 1870, que dans les cœurs des maîtres comme dans ceux de leurs élèves l'amour de Dieu n'avait pas étouffé l'amour de la patrie. On sait avec quelle ardeur les uns ont suivi nos soldats sur tous les champs de bataille, et les ont soignés dans les hôpitaux ou dans leurs propres maisons changées en ambulances, avec quel joyeux courage les autres ont marché au feu et versé leur sang pour leur pays.

A Paris, personne n'a oublié nos Frères des écoles changés en brancardiers. Au premier appel qui leur est adressé par leur supérieur général, le frère Philippe, presque tous répondent avec un généreux empressement. « Nos braves soldats, écrit l'un, donnent leur vie pour la patrie; j'offre volontiers la mienne pour leur venir en aide. » — « Quoique faible de santé et timide de caractère, écrit un autre, je m'offre pour aller sur le champ de bataille. J'espère que mon courage soutiendra mes forces. » — « Sans me dissimuler le danger, écrit un troisième, je vous demande la faveur d'aller sur le champ de bataille remplir notre mission chrétienne. » Cette mission dura autant que nos combats. Elle s'étendit à toute la France et même à la Belgique.

La guerre finie, l'Académie française fut chargée par les Américains de Boston de décerner un prix au plus bel acte de dévouement patriotique.

Le choix était difficile ; mais, guidée par le sentiment public, l'Académie n'hésita point, et voici comment elle s'exprime par la bouche de son rapporteur : « Nous avons donné ce prix à un corps entier, aussi modeste qu'il est utile, que tout le monde connaît, que tout le monde estime, et qui, dans ces temps malheureux, s'est acquis une véritable gloire par son dévouement. Nous voulons parler des Frères des Écoles chrétiennes.

« Quand on leur offrit d'être brancardiers sur les champs de bataille, ou infirmiers dans les ambulances, ils acceptèrent avec enthousiasme. Ils fournirent cinq à six cents des leurs, qui furent constamment et gratuitement occupés à ces deux services. Il faut ajouter que leurs écoles ne furent jamais fermées ni leurs classes interrompues pendant toute la durée du siège. Ils suffirent à tout : à l'enseignement scolaire, aux ambulances intérieures et aux combats. Ils se dédoublaient; chaque frère marchait à son tour. Un jour il faisait la classe, l'autre jour il allait au feu. Ils étaient en concurrence entre eux pour partir. Le jour où le frère Néthelme fut tué à la bataille du Bourget, ce n'était pas à lui de marcher.

« C'est ainsi qu'ils eurent sans cesse leurs places et sur les remparts et dans les batailles qui se livrèrent devant nos murs : la bataille de Champigny, celle du Bourget, celle de Buzenval et l'attaque de Montretout.

« Ces jours-là, on les voyait de grand matin, par un froid

rigoureux, traverser Paris au nombre de trois à quatre cents, salués par la population, le frère Philippe en tête, malgré ses quatre-vingts ans, et les envoyant au combat où il ne pouvait les suivre. Quant aux Frères, ils affrontaient le feu comme s'ils n'avaient fait que cela toute leur vie, admirables par leur discipline et leur ardeur. C'est ce que tout le monde a proclamé. Ils étaient réunis par escouades de dix, un médecin avec eux, et ils marchaient comme un régiment. Arrivés au combat, les reins ceints d'une corde, et s'avançant deux par deux avec un brancard, ils se répandaient courant toujours du côté du feu, relevant les blessés, les portant avec soin jusqu'au médecin et aux voitures d'ambulance. Pour chaque bataille, il y aurait une foule de traits à signaler : « Mes frères, leur criait un « jour un de nos généraux, l'humanité et la charité n'exigent « pas qu'on aille si loin. » Un autre chef descend de cheval et embrasse l'un d'eux sous le feu du canon en lui disant : « Vous « êtes admirables, vous et les vôtres ! »

« C'est qu'en effet, dans le plus fort de la mêlée, ils couraient à nos blessés sous les balles et la mitraille, mêlés cordialement avec nos soldats, qui les regardaient comme des camarades. Ils marchaient de concert : l'un, comme on l'a remarqué, portait l'épée qui tue; l'autre, la croix qui sauve. Puis, le lendemain des batailles, ils ensevelissaient les morts. Eux-mêmes eurent à pleurer deux des leurs qui furent tués; plusieurs furent blessés, et dix-huit périrent par suite de maladies contractées près des blessés et des malades. Ces soldats pacifiques se retrouvaient ensuite, soit paisiblement au milieu de leurs enfants à l'école, soit doux et affectueux, auprès des malades qu'ils soignaient.

« Mais ce ne fut pas Paris seul qui fut témoin de ce dévouement que la charité chrétienne inspire. Dès l'origine de la guerre ils sollicitèrent dans toutes les provinces les emplois les plus pénibles et les plus dangereux. Ils demandèrent à faire partie de l'armée du Rhin. Leurs établissements devinrent des casernes; ils organisèrent partout de nombreuses ambulances pour nos soldats ou pour nos mobiles, pour nos recrues ou pour nos blessés. Tout cela est constaté par des correspondances multipliées, par des remerciements de maires ou d'officiers.

« De même qu'à Paris, les Frères parurent sur tous les champs de bataille de province, allant toujours au milieu du feu, le plus loin possible, pour ramener nos blessés. C'est attesté par tout le monde. Que de faits il y aurait à citer, que d'épisodes à raconter !

« Ce que j'ai dit suffit à justifier le choix que nous avons fait de cet institut des Frères des Écoles chrétiennes pour lui décerner le prix si honorable de la ville de Boston. Les Frères sont presque tous enfants du peuple, et tous dévoués à l'éducation et au bien du peuple. Que toute justice leur soit rendue ! L'Académie sera heureuse de la leur rendre, et ce prix qu'elle va leur donner sera comme la croix d'honneur attachée au drapeau du régiment. »

Tous les ordres religieux avaient fait de même, et pour n'en citer qu'un exemple, à la frontière de l'Est, à Metz, le collège des Jésuites, qui comptait tant de jeunes guerriers dans notre armée, était devenu un vaste hôpital où nos soldats recevaient les soins les plus touchants. Ne pouvant décorer tous les Pères, le président de la République envoya la croix au père Stumpf, leur supérieur, qui était Alsacien de naissance, Lorrain d'adoption, et qui n'a pas survécu longtemps aux douleurs de l'annexion.

Pendant cette guerre, qui n'a été pour nous qu'une longue série de malheurs, les femmes ne le cèdent pas aux hommes en courage et en générosité, et dans tous les couvents, même les plus sévèrement cloîtrés, règne une noble émulation de patriotisme.

C'est à qui prendra soin de nos soldats malades ou blessés, et, de la frontière envahie jusqu'aux Pyrénées, s'étend peu à peu le réseau d'ambulances improvisées pour les secourir.

En 1813, les Sœurs de Sainte-Chrétienne de Longuyon avaient déjà, au péril de leur vie, soigné nos soldats revenant de Russie et décimés par le typhus. En 1870 elles se prodiguent, et Dieu seul peut savoir ce qu'ont fait et souffert à l'heure des désastres les huit cents religieuses échelonnées de Bitche à Paris, sur les deux lignes de l'Est et des Ardennes. Soixante-deux de leurs maisons deviennent des ambulances. Les sœurs se transforment toutes en infirmières chez elles et au dehors. Cinq maisons sont détruites par le bombardement. Partout des centaines de blessés sauvés de la mort, sauvés de l'exil, sauvés des horreurs de la faim.

A Metz et dans les dix-huit maisons de la Lorraine, les sœurs ont souffert plus que partout ailleurs. Pendant le blocus de Metz, cent cinquante-six religieuses ont desservi quatorze ambulances de quinze cents lits, et reçu chez elles autant de blessés qu'en pouvaient contenir leurs différentes maisons. « Mais, disent-elles avec une touchante simplicité, ces journées terribles ne furent que les avant-coureurs du malheur incomparable de l'annexion. »

A Longwy (Meurthe-et-Moselle), une vaste maison s'achevait, elle devient ambulance et caserne.

A Carignan (Ardennes), ambulance considérable chez les sœurs après la bataille de Beaumont.

A Beaumont, les sœurs soignent des centaines de blessés sous les balles qui sifflent dans leur maison percée à jour.

A Bazeilles, incendie complet de tout le village, ce qui n'empêche pas les sœurs de se consacrer, et cela pendant deux ans, dans un pauvre local des environs au soin des blessés d'abord, et ensuite à celui des malheureux habitants de la commune détruite par les flammes.

A Sedan, souffrances et dévouement que l'on ne peut redire.

A Donchery et à Vendresse, M. de Bismark lui-même ne peut retenir un cri d'admiration pour les sœurs.

Au Chesne (Ardennes), même témoignage du maréchal de Mac-Mahon, peu avant la bataille de Sedan.

A Mézières, maison vaste et neuve transformée en ambulance, puis bombardée pendant trente heures, brûlée, renversée. Les blessés, sauvés comme par miracle dans les caves avec leurs bienfaitrices, sont ensuite transportés et soignés dans un autre local.

A Rethel et dans les maisons voisines on recueille et on nourrit comme ailleurs grand nombre de soldats français.

Sur la ligne de l'Est, les quatre maisons d'Épernay et celle de Dormans se sont distinguées par les bons soins donnés aux malades de l'armée; mais là pas de désastre, si ce n'est le grand désastre commun.

Non contentes de ce qu'elles pouvaient faire à Nancy, les Sœurs de Saint-Charles allèrent jusqu'en Allemagne porter des vêtements et des secours à nos prisonniers.

A Besançon, les Sœurs de la Charité et celles de la Sainte-Famille soignent les soldats atteints de la petite vérole noire. Plusieurs d'entre elles succombent.

Les Dominicaines cloîtrées de Langres transforment leurs parloirs et leurs plus grandes salles en réfectoires pour la troupe. A certains jours, les convives se succédaient de neuf heures du matin à neuf heures du soir, au nombre de quatre à cinq cents. Dix-huit sœurs apprêtaient et servaient les repas, pendant que les autres lavaient le linge, réparaient les vêtements ou faisaient des cartouches.

Les Sœurs de Bon-Secours de Troyes ont tenu quarante ambulances; elles donnaient du linge propre aux soldats de passage, qui laissaient le leur en échange. Le lendemain on le faisait blanchir pour ceux qui les suivaient.

La Présentation de Tours a fait le service de quatre-vingt-quatorze ambulances et de vingt mille sept cent cinquante et un blessés ou malades.

A Château-Gonthier, les Hospitalières de la Miséricorde de Jésus donnent aux varioleux qui affluent leur réfectoire, leur chapelle, enfin jusqu'à leurs propres lits, et vont coucher sur la paille dans un grenier.

Les Franciscaines de Calais ont été panser les blessés sur le champ de bataille de Villers-Bretonneux.

Les Sœurs de Notre-Dame de Chartres ont fait de leur couvent une ambulance de quarante-cinq lits, et ont obtenu à diverses reprises, par leurs instances, la grâce d'hommes soupçonnés d'avoir tiré sur l'ennemi qui allaient être fusillés.

A Nevers, à Clamecy, au Mans, à Angers, à Nantes, à Saint-Brieuc, partout, en un mot, les religieuses se disputent le soin des malades et sont décimées par la contagion. Le gouvernement de la Défense nationale leur prodigue les éloges, les médailles. On n'a pas assez d'admiration ni de reconnaissance pour ces saintes femmes qui, l'heure du danger passée, seront traitées avec tant de dédain, de fiel et d'ingratitude.

Çà et là, dans l'antiquité païenne, on cite le courage stoïque de quelque citoyenne isolée qui a su aimer son pays. Mais quel peuple a jamais compté autant de femmes héroïques, se dévouant sans bruit, sans ostentation, avec une magnanime simplicité, au salut de la patrie? L'histoire ne saura pas même leur nom; cependant leurs humbles vertus, qui pèsent dans la balance de nos destinées, nous assurent que, malgré ses défaites et ses égarements, notre chère France se relèvera et reprendra sa place dans le monde.

C'est un caractère propre aux œuvres catholiques françaises qu'elles tendent à se répandre jusqu'aux extrémités de la terre, et qu'elles apportent à la conquête des âmes et à la propagation de la vérité l'ardeur que d'autres races mettent à grossir leurs richesses ou leur domination. Presque toutes les congrégations d'hommes ou de femmes ont leurs apôtres lointains, qui vont du pôle nord au pôle sud apprendre à connaître, à aimer la France en même temps que l'Église. Les Jésuites partagent avec les prêtres des Missions étrangères ce vaste champ des Indes et de la Chine que leur a jadis légué saint François Xavier; les Dominicains évangélisent la Mésopotamie et les Antilles; les Pères de Picpus l'Océanie; les prêtres du Sacré-Cœur de Jésus de Bétharram ont suivi les Basques sur les bords de la Plata, où ils ont bâti pour eux des églises, des écoles et un grand collège.

Les prêtres de Notre-Dame-d'Afrique, qu'a fondés Mgr Lavigerie, archevêque d'Alger, font bénir le nom français par les orphelins arabes qu'ils ont adoptés pendant la famine, et qui forment aujourd'hui des villages chrétiens, par les Kabyles qu'ils soignent dans leurs maladies, par les musulmans de Tunis, de Jérusalem et du Sahara tripolitain. Bravant la mort qui a frappé leurs premiers explorateurs, ils pénètrent en ce moment au cœur même de l'Afrique centrale.

Le congrégation du Saint-Esprit et du Saint-Cœur de Marie a été établie pour l'évangélisation des pauvres, et spécialement des nègres. Elle a des collèges français en Irlande, au Portugal, à l'île Maurice, à Haïti. Dans nos colonies, elle a préparé par son apostolat l'émancipation des esclaves qui, grâce à elle, s'est effectuée à l'île de la Réunion sans le moindre trouble.

Elle a repris les missions d'Afrique complètement abandonnées depuis la Révolution, et elle possède aujourd'hui des établissements à Sierra-Leone, au Gabon, au Congo, dans l'Afrique centrale, au Zanguebar, enfin au Sénégal, qui lui doit en partie d'être redevenu français au siècle dernier. En effet, deux de ses religieux, ayant fait naufrage au cap Blanc, furent vendus comme esclaves à Saint-Louis, et profitèrent de leur séjour dans le pays pour réveiller parmi les habitants le désir d'être Français. Après leur délivrance, ils rendirent compte de l'état du pays au ministre de la marine, et ce fut d'après leurs indications qu'on organisa l'expédition qui reprit possession de cette colonie.

A Zanzibar, qui est le point de départ des caravanes organisées pour l'exploration de l'Afrique centrale, les Pères du Saint-Esprit ont fondé un hôpital qui a déjà sauvé la vie à un grand nombre d'Européens.

Par contre, les maladies des pays tropicaux font parmi ces courageux missionnaires de cruels ravages. Sur les sept premiers partis en 1845, six succombèrent presque en arrivant, et, malgré l'expérience acquise, il en meurt encore chaque année quelques-uns. Plusieurs d'entre eux ont été emportés l'année dernière au Sénégal, en soignant les malades de la fièvre jaune.

Dans nos colonies, les Pères du Saint-Esprit sont secondés par les Frères de Ploërmel, qui, par un touchant contraste, font bénir le nom de Lamennais, leur fondateur, frère du malheureux prêtre dont la chute a tant contristé l'Église. Datant de 1819, cet institut compte aujourd'hui environ quinze cents religieux et quatre-vingt-deux mille élèves, dont près de moitié au delà des mers. Dans les Antilles ils ont, bien avant l'émancipation des noirs, travaillé à délivrer leurs âmes de l'ignorance et de la barbarie. Pendant qu'un des Frères faisait la classe dans les écoles, un autre partait à la pointe du jour pour visiter les habitations les plus éloignées. Il catéchisait les nègres avant leur travail, ou bien en plein champ pendant les courts instants de repos que laissait une avide exploitation.

Bientôt les rôles changèrent, et ce fut aux maîtres d'être protégés par les religieux contre la colère et les vengeances de leurs esclaves soulevés. En 1848, les nègres veulent partout exterminer les blancs. A la Martinique, le frère Arthur leur prêche le pardon des injures, les désarme et les ramène au travail. A la Guadeloupe, le frère Hyacinthe a le même succès, et le sous-secrétaire d'État de la marine, M. Schœlcher lui-même, leur témoigne son admiration et sa reconnaissance. En 1852 éclate une terrible épidémie qui désorganise tout. Les Frères se multiplient pour visiter les malades et pour ramener au travail et aux écoles une population affolée.

Les congrégations de femmes ont aussi leurs missionnaires qui étonnent le monde entier par les merveilles de la charité française.

Le Canada, qu'un siècle de domination anglaise n'a pas détaché de nous, a été en grande partie colonisé par nos religieux, et, pour n'en citer qu'un exemple, la congrégation de Notre-Dame, établie en 1632 par les Augustins de Paris, y possède aujourd'hui quatre-vingts établissements, où l'on instruit plus de seize mille enfants.

Les Sœurs de Saint-Joseph de Chambéry ont un hôpital à Copenhague et des maisons de charité en Suède et au Brésil.

Les Trinitaires de Valence ont trois cents sœurs et trente-deux maisons en Algérie, où elles se sont plus d'une fois dévouées au service des cholériques.

Les Sœurs de Saint-Paul de Chartres tiennent quarante et un hôpitaux à l'étranger. Elles vivent sous le soleil meurtrier de Cayenne depuis 1727, à la Martinique, à la Guadeloupe, en Cochinchine, en Chine, au Japon.

Les religieuses de Nazareth de Montmirail dirigent en Syrie cinq maisons d'éducation avec dispensaire pour les malades.

Les Dominicaines de Saint-Nicolas (Haut-Rhin) ont dans les Antilles, à Trinitad, une léproserie où elles pansent tous les jours des plaies affreuses et bravent les ravages de la fièvre jaune.

Saint-Joseph de Cluny compte sept cent quatre-vingt-neuf sœurs tenant des écoles ou des hospices dans les pays d'outre-mer, dans les colonies françaises et anglaises, au Pérou, à Haïti et jusqu'à Madagascar. Leur œuvre de prédilection est de s'occuper des nègres. Elles la commencèrent à l'île Bourbon en 1816, et au Sénégal en 1822. Vainement tentèrent-elles d'amener en France de jeunes noirs pour les instruire et en faire plus tard les apôtres de leurs compatriotes. Ces enfants ne résistaient pas à notre climat, et leurs mères adoptives comprirent que c'était à elles de s'exposer à la mort pour les élever dans leur propre pays.

Un peu plus tard, en 1835, le gouvernement français confia à la supérieure, la mère Javouhez, dont il connaissait le dévouement, le soin de préparer à la liberté cinq à six cents noirs capturés. Elle les réunit sur les bords de la Mana (Guyane française), et là, grâce à son intelligence et à sa charité, se fit sans trouble et sans désordre leur complète émancipation, qui précéda de plusieurs années l'abolition de l'esclavage dans nos colonies. Le quartier de Mana, formé de ces noirs libérés, présente après Cayenne la population la plus compacte et la plus nombreuse de la Guyane française. Non contente de cette grande œuvre, qui suffirait à faire bénir sa mémoire, la révérende mère se consacra aussi au soulagement des lépreux de la colonie, qu'elle réunit au nombre de plus de quatre-vingts sur les bords de l'Accarouany, affluent de la Mana, pour leur faire donner par ses filles des soins dont ils n'avaient même pas la notion. Depuis sa fondation, qui remonte à 1833, cette léproserie a toujours été sous la direction des Sœurs de Saint-Joseph.

Sur la côte occidentale d'Afrique, les Sœurs de l'Immaculée-Conception de Castres ont trois maisons, où les petites négresses sont instruites, les malades pansés, les vieilles esclaves recueillies et soignées.

Mais, parmi ces grandes œuvres de bienfaisance et d'enseignement chrétien qui sont partout l'honneur et la gloire de la France, la palme appartient sans contestation à ces Filles de la Charité de Saint-Vincent-de-Paul, dont nous avons déjà signalé la rapide expansion au xviie siècle. Leur fondateur leur a imprimé un cachet de simplicité qui leur donne un charme tout particulier. Il leur a interdit de jamais prétendre s'assimiler aux ordres monastiques : « Vous n'êtes pas des religieuses, leur disait-il, mais des filles de paroisse, vivant ensemble sous une règle commune que vous vous engagez à observer pour un an seulement. » Et de fait, le 25 mars de chaque année, elles sont toutes libres de renouveler leurs engagements ou de rentrer dans le monde.

Les Filles de la Charité ne publient ni compte rendu ni statistique, et elles vivent au service des pauvres sans savoir le bien qu'elles font. Mais on peut estimer qu'elles sont vingt-cinq à trente mille, en grande majorité françaises. Elles ont le bonheur d'être dirigées par les Pères Lazaristes, fidèles gardiens des traditions de saint Vincent de Paul, modestes et infatigables continuateurs de son apostolat. Leurs maisons embrassent tous les âges, tous les besoins, toutes les misères : crèches pour les nouveau-nés et hospices pour les vieillards; asiles pour les enfants trouvés, les orphelins, les aveugles, les sourds-muets, les aliénés, les épileptiques; écoles d'enfants et de jeunes filles, ouvroirs et patronages, dispensaires et fourneaux économiques, prisons, dépôts de mendicité, hôpitaux civils et militaires. Depuis qu'elles existent elles ont une prédilection pour nos soldats, qu'elles suivent et qu'elles soignent jusque sur les champs de bataille. Le soldat le leur rend bien, car il sent que la Sœur de Charité est aussi française que lui, et qu'elle travaille autant que lui à l'honneur du nom français.

Du vivant de saint Vincent de Paul, ses filles étaient allées en Pologne. Au xvɪɪɪ⁰ siècle, elles s'établirent dans toute l'Italie et en Espagne.

De notre temps, elles ont successivement occupé la Suisse, la Belgique, les provinces Rhénanes, l'Autriche, la Turquie d'Europe et d'Asie, la Grèce, l'Égypte, la Perse, la Chine, les deux Amériques et l'Angleterre elle-même, vaincue la dernière par leur charme auquel personne n'a résisté.

Dans tout l'Orient, à Constantinople, à Smyrne, à Alexandrie, à Beyrouth, à Damas, leurs écoles reçoivent, outre les petites catholiques, des musulmanes, des juives, des Arméniennes et des Bulgares schismatiques. Tous ces enfants parlent le français, et, grâce à cet enseignement populaire, c'est notre langue, au lieu de l'italien, qui domine aujourd'hui sur les rives du Bosphore et de l'Archipel. Dans les hôpitaux et dans les dispensaires, après les Français, les sœurs acceptent indistinctement les malades de toute race et de toute religion. Aussi sont-elles bénies des Turcs, qui ont pour elles le plus profond respect et ne souffriraient pas que personne y manquât. Lors de la grande épidémie de choléra à Constantinople, le sultan Abdul-Medjid est venu en personne à l'hôpital les remercier solennellement des services rendus par elles à ses malheureux sujets.

Pendant la guerre de Crimée, trente sœurs sont mortes dans les hôpitaux et dans les ambulances où elles soignaient nos blessés. Elles ont inspiré une si grande admiration aux Anglais qu'ils leur ont depuis ce moment ouvert leur pays. La cornette blanche de Saint-Vincent-de-Paul est le seul costume religieux admis à y circuler librement.

Vers la même époque, le Brésil les appela et leur confia le grand hôpital de la Miséricorde à Rio-Janeiro. La fièvre jaune y arrive en même temps qu'elles, et six sœurs en quelques jours payent au fléau une terrible bienvenue. « Vive la croix ! écrivent-elles à leur supérieure de Paris, vive la belle mission de Rio-Janeiro! où l'on gagne sitôt la couronne de la vie éternelle. Six de vos filles, ma bonne mère, ont déjà reçu la récompense de leur dévouement; une septième est à la porte du paradis, et probablement, avant le départ de notre lettre, nous aurons à vous dire qu'elle a rejoint ses compagnes. » On veut les forcer à quitter l'hôpital, à se retirer à la campagne; toutes répondent qu'elles veulent tomber les armes à la main et mourir avec honneur sur le champ de bataille. On insiste, alors elles invoquent le traité qui leur accorde quatre mois pour exécuter leur retraite après la signification donnée, et, à la faveur de cet engagement, elles réclament le droit de succomber à leur poste.

Tout récemment, il en est mort six de la fièvre jaune à la Nouvelle-Orléans, treize à Constantinople dans les ambulances où elles soignaient les malheureux Turcs fuyant devant les armées russes. C'est partout le même héroïsme avec la même simplicité. Le monde les admire, le monde nous les envie, et il se trouve des gens pour dire qu'elles ne sont pas Françaises parce qu'elles obéissent comme les autres catholiques au Pape, au vicaire de Jésus-Christ, au chef suprême de l'Église! Ont-ils un cœur français ceux qui tiennent un pareil langage?

Dans ce tableau si restreint pour contenir tant de choses, on a vu les congrégations religieuses au service du pauvre et de l'enfant, au service du peuple et de la France, sur tout notre sol, dans nos colonies, à l'étranger. On les a vues secourant des millions de malheureux et de malades, élevant des millions d'enfants, créant des ouvroirs, des orphelinats, des maisons de préservation, des asiles pour les vieillards, des hospices pour les aveugles, les sourds-muets, les aliénés, soignant nos soldats dans les hôpitaux et sous le feu de l'ennemi, portant le nom de la France avec la lumière de l'Évangile jusqu'aux extrémités du monde. Ces œuvres parlent assez haut, et mieux que tous les discours font justice des injures et des calomnies qu'on adresse aux religieux.

En effet, quels sont leurs crimes?

On accuse la paresse des religieux, qui, dit-on, restent étrangers à leur temps et inutiles à la société. Il est vrai qu'on ne les voit point mêlés à l'assaut qui se livre pour arriver à la fortune, au plaisir et au pouvoir. Ils pourraient, comme tant d'autres, essayer de s'élever et réclamer leur place au soleil. Ils préfèrent y renoncer et aider les autres à parvenir, ou consoler les victimes du sort, les blessés de la lutte, les malheureux, les disgraciés, les désespérés qui ne manquent pas dans l'État le mieux organisé. Leur travail qui profite aux autres est le plus désintéressé et le plus utile qui se puisse imaginer.

Mais, dit-on, ils entassent des trésors, qui échappent ainsi au commerce et à l'industrie, et qui deviennent stériles entre leurs mains. Ces richesses que l'on grossit à plaisir sont loin de suffire aux besoins des pauvres, si bien que presque toutes les œuvres vivent au jour le jour d'appels faits à la charité chrétienne. Elles n'ont plus les revenus qui, du temps de nos pères, assuraient l'avenir de leurs fondations, et que la Révolution a confisqués, et elles sont obligées de tendre la main pour leurs pauvres. Le conseil d'État, appelé à discuter et à approuver la plupart des donations faites aux congrégations, a officiellement constaté qu'elles servaient presque toujours à établir des écoles gratuites ou de nouveaux lits dans les hôpitaux. Les sommes qui sont ainsi consacrées au bien public ne sont rien comparées à celles qu'emportent chaque année la fumée du tabac et le torrent du luxe, de la débauche et des dépenses improductives.

Peu soucieux de contredire ceux qui vantent l'opulence des couvents, d'autres leur reprochent de travailler à vil prix et de faire baisser les salaires. Mais ce n'est pas la richesse, c'est la misère qui développe cette triste concurrence; ce sont les pauvres, les veuves chargées d'enfants, les orphelins abandonnés, les vieillards sans ressources qui subissent la loi du plus fort pour ne pas mourir de faim. L'asile qui les recueille, et qui leur procure en partie le vivre et le couvert, les place et se trouve lui-même dans une situation beaucoup moins défavorable pour discuter les conditions de leur travail. Bien loin de créer l'avilissement des salaires, la charité l'atténue ainsi dans une large mesure.

Enfin, s'écrie-t-on, la charité déshonore l'indigent. C'est à la société de lui assurer tous les secours dont il a besoin, et il ne faut pas qu'il ait à tendre la main pour recevoir ce qui lui est dû. L'Angleterre a fait l'essai de cette utopie. La Réforme, comme la Révolution, avait prétendu supprimer les pauvres, et avait commencé par pendre les mendiants ou par les envoyer aux galères après avoir confisqué les biens des couvents qui les nourrissaient. La violence n'y pouvant rien et la misère ne faisant qu'augmenter, on établit la taxe des pauvres, et l'on construisit pour les enfermer et les nourrir ces *worckhouses*, célèbres par les abominables tortures, physiques et morales, qu'on y supportait. Aujourd'hui la charité légale coûte encore 200 millions par an à l'Angleterre, et il est permis d'affirmer que ses institutions de bienfaisance ne soutiennent pas la comparaison avec les nôtres, que chez nous le pauvre est moins malheureux et beaucoup mieux secouru.

L'Amérique, de son côté, dépense chaque année près de 500 millions pour ses écoles, et pourtant le niveau moral, intellectuel et artistique est plus élevé en France que chez elle, et, à côté de ses établissements publics si largement dotés, elle s'estime heureuse de pouvoir donner l'hospitalité aux écoles, aux collèges et aux universités qu'y établissent librement nos congrégations religieuses.

C'est que l'enfant, comme le pauvre, comme le malade, a

besoin avant tout de dévouement. Ce n'est pas assez pour lui d'un maître savant; il lui faut dans ce maître un cœur qui s'ouvre à son cœur, une intelligence qui consente à descendre et à se faire petite pour parler à la sienne, une âme d'où la foi religieuse déborde, et qui ne se lasse point d'apprendre aux plus ignorants, aux moins bien doués à aimer Dieu, à connaître sa loi, à balbutier ses louanges, en même temps qu'à épeler les lettres de l'alphabet. Et cet apostolat, qui recommence tous les jours, doit se continuer pendant vingt-cinq à trente ans avec des natures souvent rebelles, qui, à peine dégrossies, sont remplacées par d'autres non moins difficiles à former.

Rien de plus facile en apparence, pour une société qui roule sur les milliards, que de voter tous les ans 200 à 300 millions de plus pour la bienfaisance et l'instruction officielles, que d'élever partout des palais pour les enfants et pour les pauvres, et que de payer largement les maîtres et les garde-malades chargés de les soigner. Mais tous les trésors de la terre ne sauraient payer ni remplacer la générosité des cœurs qui se donnent sans réserve, la vigilance du maître qui étudie et redresse le caractère de ses élèves, la tendresse de la sœur de Charité qui sourit aux petits enfants, aux malheureux et aux mourants.

Où est donc le secret des haines farouches, des colères implacables qu'excitent les œuvres de l'Église? Ce secret, le voici: l'Église aime le peuple et le sert. La Révolution se sert de lui comme d'un instrument, et, incapable de faire son bonheur, elle est profondément jalouse des merveilles de dévouement qu'elle sent ne pouvoir imiter. Pour dominer le peuple et l'exploiter librement, la Révolution écarte de lui la religion qui l'instruirait et lui garderait le sentiment de sa dignité, de ses devoirs et de sa véritable indépendance. Ainsi se continue la tradition essentiellement égoïste et bourgeoise des loges maçonniques, qui prétendent régner sur la foule.

Du temps de Voltaire et de Rousseau, on trouvait plus commode de maintenir le paysan et l'ouvrier dans l'ignorance ; on reprochait amèrement aux Frères des Écoles chrétiennes de vouloir les éclairer. Aujourd'hui qu'on a besoin des dernières couches sociales pour prendre et pour garder le pouvoir, et qu'on ne peut plus leur refuser l'instruction que l'Église a de tout temps réclamée et organisée pour elles, on veut du moins les égarer et les aveugler par un enseignement sans Dieu, par un enseignement menteur. On leur apprend à lire, mais on les inonde de publications obscènes ou impies. On leur prend la Foi qui les soutenait, les consolait et en faisait des chrétiens égaux à leurs frères, les vertus de famille qui leur assuraient un foyer pur, digne et heureux, le repos du dimanche qui leur permettait de lever la tête vers le ciel, de se voir, de s'entendre et d'être des hommes libres. On en fait des esclaves lettrés.

On parle beaucoup de liberté et d'égalité. Des mots, rien que des mots, qui aboutissent trop souvent à l'égalité dans la misère et à la liberté de mourir de faim. Or, pour un esprit de bonne foi et qui veut des réalités, y a-t-il au monde une liberté plus sacrée, plus utile, plus respectable que celle de se dévouer à ceux qui souffrent, de partager sa fortune avec ceux qui n'en ont pas, et d'affranchir par ses dons ceux qui sont les esclaves du besoin ? Y a-t-il une égalité plus vraie que celle que professent des personnes de tout rang et de toute condition, vivant sous une règle commune, sous des supérieurs librement élus, se faisant non seulement les égaux, mais les serviteurs des pauvres ? Et c'est là ce qu'on voudrait détruire !

La Révolution a excité sans les satisfaire les convoitises des classes laborieuses, et il n'est pas d'homme sensé qui ne soit aujourd'hui préoccupé des progrès du paupérisme et de la nécessité de résoudre la question sociale. Comment faire cesser la guerre chaque jour plus âpre du capital et du travail ? Comment donner à l'ouvrier, pour qu'il soit un citoyen digne de ce nom, un patrimoine individuel et un patrimoine collectif lui assurant la sécurité du lendemain ? Comment avec des prolétaires qui n'ont rien, et qui vivent au jour le jour de leurs sueurs, refaire des corporations, des associations puissantes administrant leurs biens, possédant des ateliers, des usines, créant leurs églises, leurs écoles et leurs hôpitaux ? Il n'y a pour réaliser ce rêve qu'un moyen, un seul : c'est la religion donnant à un certain nombre d'ouvriers l'esprit d'économie, de confraternité et d'abnégation qui fait la corporation, inspirant à quelques riches le généreux orgueil d'être leurs bienfaiteurs, leurs frères aînés, enfin formant des religieux et des religieuses qui se dévoueront absolument à cette famille ouvrière, qui consacreront leur fortune, leur temps et leur cœur à en servir les enfants, les malades et les vieillards. En dehors de là il n'y a que des phrases creuses, des violences faisant fuir ou détruisant le capital, des fantaisies tyranniques de l'État versant inutilement l'eau de la richesse publique dans le tonneau des Danaïdes.

Au milieu des tristesses et des périls de l'heure présente, ayons confiance. La Révolution est convaincue d'impuissance, et l'avenir appartient à l'Église. Alors que tout s'effondre dans notre société pulvérisée, que les caractères brisés par tant d'épreuves s'affaissent et restent sans ressort, et que l'impiété redouble d'efforts pour déraciner dans les âmes la Foi qui peut seule les ranimer, c'est un gage de résurrection pour la France que l'admirable renaissance religieuse dont nous sommes les témoins. Rien dans l'histoire, rien dans le monde n'est plus pur et plus glorieux que ce nouvel essor de la charité chrétienne. A la fin du xviiie siècle, en face de l'incrédulité triomphante et de la Foi condamnée à la stérilité, il fallait s'attendre à de grands malheurs, et il était permis de se demander si la France et la religion se relèveraient d'une pareille décadence. Mais aujourd'hui l'Église est plus jeune, plus vivante, plus féconde que jamais, groupée autour de son chef dans une inébranlable unité, et la France reste sa fille aînée, la première nation catholique, incomparable dans tout ce qui est acte de dévouement.

Aussi ne craignons rien. Les œuvres catholiques sortiront de cette épreuve qui retrempe leur vigueur, qui purifie leur vertu comme l'or sort du creuset, et avec elles la patrie raffermie revivra et verra des jours meilleurs.

NOTE

Avant de placer sous les yeux du lecteur les tableaux où nous avons mis en lumière au moyen, soit de chiffres, soit de faits, les services rendus à la France par les Congrégations religieuses, il nous semble nécessaire de donner quelques explications sur la marche que nous avons suivie et sur la classification que nous avons adoptée.

Il s'agissait avant tout d'être clair pour faciliter les recherches, et d'être complet en évitant les doubles emplois.

Pour être clair, nous avons adopté la classification par diocèse, qui nous semblait toute naturelle en cette matière ; pour éviter les doubles emplois, nous avons reporté à la maison mère tous les renseignements émanant des établissements particuliers qui appartiennent à une même Congrégation. Ce système a, sans doute, ses inconvénients, dont le plus grave à nos yeux est de présenter inexactement la situation respective de chaque diocèse au point de vue des œuvres d'enseignement et de charité.

Cette considération, toutefois, ne nous a pas arrêté : notre but était de retracer la physionomie de la France catholique, et non pas de comparer les circonscriptions diocésaines entre elles, afin de leur assigner un rang dans la hiérarchie du dévouement et de la charité. La France catholique, nous l'espérons, se reconnaîtra dans ce livre.

Cependant nous ne considérons pas notre travail comme terminé. Un certain nombre d'erreurs ont pu se glisser, soit dans les chiffres des enfants instruits et des personnes assistées, soit dans les dates de fondation ou d'autorisation, soit dans le nombre des établissements et des membres des Communautés et Congrégations, soit enfin dans la qualification que nous leur avons attribuée.

De plus, sur certains points, les renseignements et les chiffres nous ont manqué ; mais c'est à la modestie de certaines Congrégations ou Communautés et à leur répugnance instinctive à parler d'elles-mêmes qu'il faut faire remonter la responsabilité de ces lacunes. Nous comptons sur la complaisance de nos lecteurs pour nous aider à faire disparaître ces défauts inséparables d'une première édition.

Tels qu'ils sont, nous livrons ces tableaux à la publicité. La guerre se poursuit sans trêve ni merci contre les Congrégations religieuses; il importe que leurs amis aient sous la main des armes pour les défendre. C'est à eux que nous offrons ce travail : s'il peut leur servir, nous ne nous plaindrons pas de la peine et du temps qu'il nous a coûtés, et nous remercierons Dieu de nous avoir permis de le mener à bonne fin.

E. P.

ÉTAT STATISTIQUE

ET PAR DIOCÈSE

DES

CONGRÉGATIONS RELIGIEUSES

EN FRANCE

DIOCÈSE D'AGEN

DATE DE LA FONDATION	CONGRÉGATIONS ou COMMUNAUTÉS	ENFANTS INSTRUITS	PERSONNES ASSISTÉES					TOTAL	SERVICES A L'ÉTRANGER et DANS LES COLONIES
			Hôpitaux et Hospices.	Orphelinats et Ouvroirs.	Maisons de refuge, de préservation et de correction.	Asiles d'aliénés et de sourds-muets.		
1816	**Filles de Marie.** Congrég. à sup. gén., autorisée le 23 mars 1828. Maison mère à Agen. 229 memb.	1.600		40			40	
1826	**Sœurs de Sainte-Anne.** Congrégation non autorisée. Maison mère à Feugarolles. 20 maisons.	?	?	?				
XVIIe siècle	**Filles de la Croix d'Aiguillon.** Comm. indépendante, autorisée le 22 avril 1827. 20 membres.	120						
1849	**Filles de la Croix de Casseneuil.** Comm. indépendante, autorisée le 26 avril 1858. 14 membres.	100						
	Sœurs de la Croix. Villeneuve-d'Agen. Commun. indép., autorisée le 22 avril 1827. 28 membres.	?						
	A reporter...	1.820		40			40	

LOT-ET-GARONNE

SERVICES PENDANT LA GUERRE DE 1870-71	HISTORIQUE — FAITS PARTICULIERS OBSERVATIONS
La communauté d'Arbois (Jura) a logé et soigné pendant quelques jours 3.000 prisonniers français.	150 à 200 enfants sont élevées gratuitement, et 150 à 200 vieillards assistés par des secours réguliers.
Les sœurs ont soigné de nombreux mobiles et envoyé du linge pour les blessés.	La congrégation reçoit et instruit gratuitement, dans toutes ses maisons, les enfants pauvres sans en limiter le nombre. Elle dessert trois hospices.
La communauté a donné, tant en linge et en habits qu'en argent, la valeur de 2.000 fr.: elle a prêté 30 lits et travaillé pendant 4 mois au linge destiné aux soldats.	50 enfants sont instruites gratuitement. Les anciennes religieuses instruisaient les femmes du peuple et leur faisaient des conférences.
La communauté a soigné avec dévouement les malades et les blessés qui lui ont été envoyés. En retour, elle a reçu d'eux des lettres qui témoignaient de leur reconnaissance.	Fondées par le curé de Casseneuil pour l'instruction des jeunes filles pauvres, les Filles de la Croix, bien qu'elles ne reçoivent aucune subvention, admettent gratuitement dans leurs écoles tous les enfants pauvres qui leur sont présentés, même ceux des communes voisines. Depuis la fondation, un grand nombre d'élèves ont obtenu le brevet de capacité, dont deux au mois de mars 1879. En 1867, M. Duruy, ministre de l'Instruction publique, décerna une mention honorable à la directrice du pensionnat. A l'époque de la guerre de Crimée, la communauté fut changée en atelier pour confectionner des compresses, des bandes et des chemises : plusieurs ballots furent expédiés à Sébastopol. Les élèves firent le sacrifice de leurs prix pour en envoyer la valeur à l'armée d'Orient.
	Pensionnat et école gratuite de jeunes filles.

Diocèse d'Agen (suite).

DATE DE LA FONDATION	CONGRÉGATIONS ou COMMUNAUTÉS	ENFANTS INSTRUITS	PERSONNES ASSISTÉES				TOTAL	SERVICES A L'ÉTRANGER et DANS LES COLONIES
			Hôpitaux et Hospices.	Orphelinats et Ouvroirs.	Maisons de refuge, de préservation et de correction.	Asiles d'aliénés et de sourds-muets.		
	Report...	1.820		40			40	
	Sœurs de la Croix. Villeréal. Commun. indép., autorisée le 22 avril 1827. 24 membres.	?						
	Sœurs de l'Annonciade. Villeneuve-d'Agen. Commun. indép., autorisée le 23 mars 1828. 27 membres.	?						
	Filles de la Croix. Monsenpron. Commun. indép., autorisée le 18 juin 1870. 10 membres.	50						
	Sœurs de Notre-Dame de la Compassion. Marmande. Commun. indép., autorisée le 14 août 1877. 12 membres.							
1802	**Carmélites. Notre-Dame d'Agen.** Commun. indép., non autorisée. 23 membres.							
	Total...	1.870		40			40	

SERVICES PENDANT LA GUERRE DE 1870-71	HISTORIQUE — FAITS PARTICULIERS OBSERVATIONS
	Pensionnat et école gratuite de jeunes filles.
	Vie contemplative.
	École de jeunes filles.
	Pensionnat de jeunes filles. La communauté entretient en outre à ses frais une école gratuite et un ouvroir. Les sœurs ont aussi installé une salle de pansement pour les pauvres : tous les malades peuvent s'y présenter toujours.
	Vie de travail et de prière.

Lot-et-Garonne.

DIOCÈSE D'AIRE

DATE DE LA FONDATION	CONGRÉGATIONS ou COMMUNAUTÉS	ENFANTS INSTRUITS	Hôpitaux et Hospices.	Orphelinats et Ouvroirs.	Maisons de refuge, de préservation et de correction.	Asiles d'aliénés et de sourds-muets.	TOTAL	SERVICES A L'ÉTRANGER et DANS LES COLONIES
1797	**Ursulines, d'Aire.** Comm. indépend., autorisée le 23 juillet 1826. 39 membres.	120						
1634	**Ursulines, de Saint-Sever.** Comm. indépend., autorisée le 23 juillet 1826. 25 membres.	160						
1780	**Ursulines, de Tartas.** Communauté indépendante, autorisée le 17 septembre 1831. 35 membres.	170						A diverses reprises, des secours abondants ont été envoyés aux victimes des inondations, des tremblements de terre, de la famine en Algérie, dans l'Inde et en Chine.
1853	**Carmélites, à Aire.** Communauté indépendante non autorisée. 22 membres.							
1863	**Dominicaines, à Dax.** Communauté indépendante non autorisée. 40 membres.							
	TOTAL...	450						

LANDES

SERVICES PENDANT LA GUERRE DE 1870-71	HISTORIQUE — FAITS PARTICULIERS OBSERVATIONS
	Fondées par deux Ursulines de Saint-Sever, que la Révolution avait chassées de leur couvent, les Ursulines d'Aire vécurent pendant les premières années dans un état voisin de la misère. Si pauvres fussent-elles des biens de la terre, elles ne cessèrent d'ailleurs jamais de partager avec les pauvres. Cinq à six cents francs par an sont aujourd'hui distribués en vêtements, bois de chauffage, argent même, pour aider au payement des termes en retard. Tous les dimanches, les sœurs reçoivent les jeunes filles et les femmes de la paroisse, et consacrent deux heures à les instruire de leurs devoirs de chrétiennes. 50 à 60 enfants pauvres sont instruites gratuitement.
Envoi d'argent pour les malades et les blessés.	60 à 65 enfants pauvres sont instruites gratuitement, et reçoivent en même temps des secours en vivres et en vêtements. La communauté distribue chaque semaine, en moyenne, 85 kilog. de pain aux indigents.
Dix soldats blessés ont été nourris, logés, soignés, munis de linge. La petite vérole, apportée par eux, fit deux victimes parmi les sœurs.	Une centaine d'enfants indigentes sont instruites gratuitement. Tous les dimanches, les servantes et autres jeunes filles de la ville reçoivent, dans une des salles de la communauté, des instructions et des conseils appropriés à leurs besoins. De nombreux secours sont distribués en argent, linge, vivres, aux pauvres et aux malades de la ville. A deux époques différentes, le couvent a servi d'asile aux personnes qui fuyaient devant l'invasion ennemie (en 1814) ou qu'une inondation terrible avait laissées sans abri. Dans cette dernière circonstance, les sœurs ont envoyé aux pauvres tout le pain dont elles pouvaient disposer, et mis au service de la ville la boulangerie du couvent.
	Vie contemplative.
	Vie contemplative.

DIOCÈSE D'AIX

DATE DE LA FONDATION	CONGRÉGATIONS ou COMMUNAUTÉS	ENFANTS INSTRUITS	PERSONNES ASSISTÉES					TOTAL	SERVICES A L'ÉTRANGER et DANS LES COLONIES
			Hôpitaux et Hospices.	Orphelinats et Ouvroirs.	Maisons de refuge, de préservation et de correction.	Asiles d'aliénés et de sourds-muets.		
1789	**Pères de la Retraite.** Congrégation non autorisée. Maison mère à Aix. 49 membres.	130		20			20	
1862	**Prémontrés de la primitive observance,** à St-Michel, près Tarascon. Congrégation non autorisée. 63 membres.							
1787	**Sœurs de la Retraite chrétienne.** Congrégation autorisée le 23 mars 1806. Maison mère à Aix. 13 maisons.	2.000						1 maison d'éducation en Angleterre, à Londres.
	A reporter. . . .	2.130		20			20	

BOUCHES-DU-RHONE (moins l'arrondissement de Marseille).

SERVICES PENDANT LA GUERRE DE 1870-71	HISTORIQUE — FAITS PARTICULIERS OBSERVATIONS
La communauté a donné une généreuse hospitalité pendant plusieurs jours à cent francs-tireurs. Elle a aussi logé et soigné pendant six mois une trentaine d'orphelins, qui avaient dû évacuer l'hôpital d'Aix pour laisser leurs places aux soldats blessés.	Cette association, fondée par un prêtre de Besançon en 1789, établie à Aix en 1803, a donné gratuitement, depuis sa fondation, l'éducation chrétienne à une multitude d'enfants. Elle a fait sa spécialité de l'éducation des enfants incorrigibles. Ses membres, *quoiqu'ils ne se lient par aucun vœu*, pratiquent la pauvreté religieuse : ne recevant aucune subvention officielle, ils vivent des pensions très modiques payées par leurs élèves, et en emploient le surplus, s'il y en a, en œuvres de charité. Leurs vingt orphelins sont élevés et instruits gratuitement. De plus, un grand nombre de pauvres sont assistés par la communauté.
	Ministère ecclésiastique et prédication.
Trois maisons ont servi d'ambulance pendant plusieurs mois ; quelques sœurs sont mortes victimes de leur dévouement pour les blessés. Une communauté a sacrifié une grande partie de son linge pour le mettre en charpie. La maison de Blamont a été occupée pendant 24 jours par plus de 1,000 hommes, auxquels six sœurs faisaient la cuisine. Cette communauté a fait d'immenses sacrifices pour l'armée, et a reçu, en compensation, une indemnité de 378 fr. A Fontenelle, 5 à 600 soldats de l'armée de Bourbaki ont été hébergés à deux reprises. Plusieurs maisons ont beaucoup souffert de la Commune, et n'ont pas reçu d'indemnité.	La moitié au moins des enfants qui fréquentent les écoles sont instruites gratuitement, et les sœurs, dans plusieurs de leurs établissements, ne recevant de subvention de personne, sont réduites à vivre de leur travail manuel. Un grand nombre d'orphelins sont assistés ou même élevés gratuitement. Les membres de cette congrégation ne sont liées par aucun vœu, et l'on n'exige pas de dot à l'entrée. Fondée en 1787, par un prêtre de Besançon, qui consacra tout son patrimoine à élever le premier établissement aux Fontenelles (Doubs), la congrégation fut dispersée et chassée de France en 1792 : les sœurs, au nombre de 72, n'échappèrent même que par miracle à la mort : elles allaient être fusillées, quand la population, accourue en foule, parvint, à force de supplications et de larmes, à détourner de leurs têtes le coup qui les menaçait. Elles partirent pour l'exil, et on les vit errer à l'étranger, en Suisse, en Allemagne, dans la Croatie, la Dalmatie, la Prusse, l'Autriche et l'Italie, vivant du travail de leurs mains, ouvrant des écoles, accueillant les enfants pauvres, et continuant, malgré leur dénuement, l'exercice de leurs œuvres de charité. Après la Révolution, les sœurs de la Retraite ont transporté à Aix leur principal établissement.

Diocèse d'Aix (suite)

DATE DE LA FONDATION	CONGRÉGATIONS ou COMMUNAUTÉS	ENFANTS INSTRUITS	PERSONNES ASSISTÉES				TOTAL	SERVICES A L'ÉTRANGER et DANS LES COLONIES
			Hôpitaux et Hospices.	Orphelinats et Ouvroirs.	Maisons de refuge, de préservation et de correction.	Asiles d'aliénés et de sourds-muets.		
	Report...	2.130		20			20	
1804	Sœurs de Saint-Thomas de Villeneuve de N.-D. de Grâce. Congr. à sup. générale, autorisée le 23 avril 1807. Maison mère à Aix. 500 membres.	5.000	2.500	700			3.200	
	Ursulines, à Aix. Commun. indépendante, autorisée le 23 juillet 1826. 37 membres.	?						
	Sœurs du Saint-Sacrement. Aix. Commun. indépendante, autorisée le 22 avril 1827. 42 membres.	?						
	Sœurs de la Visitation Ste-Marie. Tarascon. Commun. indépendante, autorisée le 1er fév. 1854. 48 membres.	?						
1822	Carmélites. Aix. Communauté indépendante non autorisée. 27 membres.							
1827	Capucines. Aix. Communauté indépendante non autorisée. 25 membres.							
	A reporter....	7.130	2.500	720			3.220	

Bouches-du-Rhône (moins l'arrondissement de Marseille). 11

SERVICES PENDANT LA GUERRE DE 1870-71	HISTORIQUE — FAITS PARTICULIERS OBSERVATIONS
Dans tous leurs hôpitaux, les sœurs ont soigné les blessés. En outre, la maison mère d'Aix a réservé une partie de son bâtiment pour une ambulance, dans laquelle il y a eu cinquante blessés pendant six mois.	Cette congrégation est une branche détachée de l'institut de Saint-Thomas de Villeneuve, qui existait à Paris dès avant la révolution. Elle tient des écoles, salles d'asile, orphelinats, ouvroirs, refuges, hôpitaux, asiles de vieillards et d'aliénés.
	Communauté enseignante.
	Communauté enseignante.
	Communauté enseignante.
	Vie contemplative.
	Vie contemplative.

Diocèse d'Aix (suite).

DATE DE LA FONDATION	CONGRÉGATIONS ou COMMUNAUTÉS	ENFANTS INSTRUITS	PERSONNES ASSISTÉES				TOTAL	SERVICES A L'ÉTRANGER et DANS LES COLONIES
			Hôpitaux et Hospices.	Orphelinats et Ouvroirs.	Maisons de refuge, de préservation et de correction.	Asiles d'aliénés et de sourds-muets.		
	Report...	7.130	2.500	720			3.220	
1868	Sœurs du Sacré-Cœur de Jésus, à Cabot. Commun. indép. non autorisée. 40 membres.				?			
1877	Filles du Cœur de Jésus. Aix. Commun. indép. non autorisée. 12 membres.							
1823	Religieuses de N.-D. du Mont-Carmel. Arles. Commun. indép. non autorisée. 20 membres.							
1840	Sœurs Trinitaires déchaussées, à Ste-Marthe. Congrég. non autorisée. 95 membres. 3 maisons.	?						
1862	Sœurs de la Visitation. Aix. Communauté indépendante non autorisée. 30 membres.	?						
	Total...	7.130	2.500	720			3.220	

Bouches-du-Rhône (moins l'arrondissement de Marseille).

SERVICES PENDANT LA GUERRE DE 1870-71	HISTORIQUE — FAITS PARTICULIERS OBSERVATIONS
	Éducation des repenties.
	Vie contemplative.
	Travail et prière.
	Enseignement et soins aux malades à domicile.
	Enseignement.

DIOCÈSE D'AJACCIO

DATE DE LA FONDATION	CONGRÉGATIONS ou COMMUNAUTÉS	ENFANTS INSTRUITS	PERSONNES ASSISTÉES				TOTAL	SERVICES A L'ÉTRANGER et DANS LES COLONIES
			Hôpitaux et Hospices.	Orphelinats et Ouvroirs.	Maisons de refuge, de préservation et de correction.	Asiles d'aliénés et de sourds-muets.		
1851	Sœurs de Sainte-Claire. Bastia. Commun. indép. non autorisée. 23 membres.							

N.B. Il y a en outre dans le diocèse 48 communautés d'hommes ou de femmes, relevant de maisons mères situées en dehors du diocèse.

DIOCÈSE D'ALBI

DATE DE LA FONDATION	CONGRÉGATIONS ou COMMUNAUTÉS	ENFANTS INSTRUITS	Hôpitaux et Hospices.	Orphelinats et Ouvroirs.	Maisons de refuge, de préservation et de correction.	Asiles d'aliénés et de sourds-muets.	TOTAL	SERVICES A L'ÉTRANGER et DANS LES COLONIES
1806	**RR. PP. du tiers ordre de S.-François-d'Assise.** Congrégat. non autorisée.—N.-D. de la Drèche et Ambialet. 8 membres.							
1836	**Sœurs de l'Immaculée-Conception.** Congrégation à supérieure générale, autorisée le 13 septembre 1852. Maison mère à Castres. 172 membres.	2.180			100		100	La congrégation possède trois maisons sur la côte occidentale d'Afrique. Dans les possessions anglaises, les protestants leur ont toujours témoigné beaucoup de déférence et de respect. Les sœurs s'y emploient à civiliser et à instruire les petites négresses, à qui elles apprennent à travailler ; à panser chaque jour les plaies si communes dans les pays chauds ; à visiter les malades à do-

CORSE

SERVICES PENDANT LA GUERRE DE 1870-71	HISTORIQUE — FAITS PARTICULIERS OBSERVATIONS
	Vie contemplative.

TARN

SERVICES PENDANT LA GUERRE DE 1870-71	HISTORIQUE — FAITS PARTICULIERS OBSERVATIONS
	Prédication. Missions diocésaines.
Une ambulance fut installée à la maison mère, où 80 à 100 malades furent soignés par les sœurs, et en partie à leurs frais pendant quatre mois.	Un certain nombre de jeunes filles sont instruites gratuitement. Les 100 personnes assistées par les sœurs de l'Immaculée-Conception se divisent en deux classes : les filles repenties et les enfants de la préservation. Ces dernières, au nombre de 50, sont presque entièrement à la charge de la congrégation. Fondée, par Mlle de Villeneuve, fille du comte de Villeneuve, ancien maire de Castres, la congrégation embrassa dès son origine un grand nombre d'œuvres de charité, dont les principales furent : 1° l'œuvre de la préservation des jeunes filles pauvres ; 2° la visite, l'instruction religieuse, la préparation de la nourriture et le blanchissage des prisonniers ; 3° l'œuvre du refuge ; 4° l'éducation des enfants de la classe bourgeoise, moyennant une pension très modique ; 5° les écoles gratuites et salles d'asiles, les orphelinats et ouvroirs ; 6° l'œuvre des missions, en Sénégambie et au Gabon.

Diocèse d'Albi (suite).

DATE DE LA FONDATION	CONGRÉGATIONS ou COMMUNAUTÉS	ENFANTS INSTRUITS	PERSONNES ASSISTÉES					TOTAL	SERVICES A L'ÉTRANGER et DANS LES COLONIES
			Hôpitaux et Hospices.	Orphelinats et Ouvroirs.	Maisons de refuge, de préservation et de correction.	Asiles d'aliénés et de sourds-muets.		
	Report...	2.180			100		100	
	Sœurs de l'Immaculée-Conception. (Suite.)							micile et à distribuer des remèdes; à rechercher et à recueillir les vieilles esclaves abandonnées ou rejetées, pour les soigner, les instruire et les baptiser. On marie les jeunes filles aux jeunes hommes élevés par les missionnaires. Le zèle et le courage des sœurs augmentent avec le danger; c'est ainsi que lors de la dernière épidémie de fièvre jaune au Sénégal, trois sœurs ont été victimes de leur dévouement. Chaque année, d'ailleurs, les fièvres qui ne cessent de régner sous ce climat brûlant, font dans leurs rangs quelques vides.
1670	**Filles de la Croix.** Congrég. à supérieure générale, autorisée le 14 décembre 1852. Maison mère à Lavaur. 150 membres.	3.514	20				20	
	A reporter...	5.694	20		100		120	

SERVICES pendant la guerre de 1870-71	HISTORIQUE — FAITS PARTICULIERS OBSERVATIONS
Les sœurs furent chargées des ambulances établies dans les localités qu'elles habitaient, et leurs maisons furent partout le centre des lingeries destinées à fournir le linge et la charpie nécessaires aux malades et blessés.	Les Filles de la Croix tiennent des écoles communales et des écoles libres. Elles ont soin d'établir des écoles gratuites dans les quartiers ou dans les localités qui n'ont pas d'école communale. Outre les 20 malades ou vieillards qu'elles soignent dans un hospice, les sœurs se tiennent toujours à la disposition des curés et des bureaux de bienfaisance pour visiter les malades à domicile et leur prodiguer les soins et les secours que leur état

Diocèse d'Albi (suite).

DATE DE LA FONDATION	CONGRÉGATIONS ou COMMUNAUTÉS	ENFANTS INSTRUITS	PERSONNES ASSISTÉES				TOTAL	SERVICES A L'ÉTRANGER et DANS LES COLONIES
			Hôpitaux et Hospices.	Orphelinats et Ouvroirs.	Maisons de refuge, de préservation et de correction.	Asiles d'aliénés et de sourds-muets.		
	Report...	5.694	20		100		120	
	Filles de la Croix. (Suite.)							
1755	Sœurs de la Présentation de Notre-Dame. Congrégation à supérieure générale, autorisée le 5 janvier 1853. Maison mère à Castres. 89 membres.	3.963	?	115			115	
1824	Sœurs de Saint-Joseph. Congrégation à supérieure générale, autorisée le 19 août 1853. Maison mère à Oulias, près Brassac. 32 maisons. 263 membres.	4.213		78			78	
	A reporter...	13.870	20	193	100		313	

Tarn. 19

SERVICES PENDANT LA GUERRE DE 1870-71	HISTORIQUE — FAITS PARTICULIERS OBSERVATIONS
	requiert. Les sœurs ont montré en tout temps un grand dévouement dans les épidémies ou calamités publiques. C'est ainsi qu'en 1854, le choléra ayant fondu sur le Languedoc, elles se vouèrent nuit et jour au soin des cholériques; quelques-unes furent frappées par le fléau, mais leur mort ne ralentit pas le zèle de leurs compagnes, qui ne connurent de repos que lorsqu'il n'y eut plus de malades à soigner.
La maison mère a ouvert une ambulance où les soldats malades ou blessés ont été soignés par les sœurs pendant trois mois.	A la maison mère, il y a une école spéciale où les élèves sont instruites et soignées gratuitement. Les sœurs de la Présentation tiennent deux hôpitaux. En outre, partout où elles sont établies, elles soignent gratuitement les malades à domicile. Les 115 orphelins recueillis par la congrégation, dans ses deux orphelinats, sont entièrement à sa charge. Dans les temps d'épidémie, notamment en 1854, les sœurs de la Présentation ont volé au secours des cholériques, dans les village où ne se trouvait pas de maisons de charité pour leur venir en aide.
Les sœurs se sont occupées de confectionner des costumes militaires; de plus, elles ont donné des couvertures, du linge pour les blessés, et prêté leur concours à une loterie organisée en leur faveur.	Un certain nombre de classes externes sont gratuites. Les orphelinats sont gratuits. La congrégation assiste habituellement une cinquantaine de familles. En outre, les sœurs visitent les malades à domicile. Cette congrégation est une branche détachée de la congrégation des sœurs de Saint-Joseph du Puy. Elle embrasse tous les exercices de charité et de miséricorde, tels que le soin des malades dans les hôpitaux, l'instruction et l'éducation sous toutes ses formes dans les orphelinats, ouvroirs, salles d'asiles, externats, pensionnats; le soin de la lingerie, de l'infirmerie et de la cuisine dans les lycées, collèges; la visite des pauvres et des malades, etc. Dans une circonstance, le choléra faisait de grands ravages dans une localité située à l'extrémité du diocèse; deux sœurs se dévouèrent, au péril de leur vie, à soigner jour et nuit les cholériques. La maison mère, isolée dans les montagnes du Tarn, dans un pays dénué de ressources, est devenue, à force de courage et de dévouement, la providence de ces lieux. Les pauvres, les malades, les enfants, les ouvriers sans travail, y trouvent toujours des secours de toute nature.

Diocèse d'Albi (suite).

DATE DE LA FONDATION	CONGRÉGATIONS ou COMMUNAUTÉS	ENFANTS INSTRUITS	PERSONNES ASSISTÉES					SERVICES A L'ÉTRANGER et DANS LES COLONIES
			Hôpitaux et Hospices.	Orphelinats et Ouvroirs.	Maisons de refuge, de préservation et de correction.	Asiles d'aliénés et de sourds-muets.	TOTAL	
	Report...	13.870	20	193	100		313	
1830	Sœurs du Sacré-Cœur de Jésus. Congr. à sup. générale, autor. le 18 septemb. 1856. Maison mère à Valence d'Albigeois. 13 écoles publiq. et 3 lib. 61 membres.	1.225						
	Sœurs du tiers-ordre de Saint Dominique. Congrég. diocés. autor. le 10 mai 1872. Maison mère à Albi. 100 membres.							
1854	Filles de Jésus. Congrég. diocésaine autorisée le 1er mai 1874. Maison mère à Moissac.	3.000	68	160			228	
	Sœurs de Sainte-Claire, à Lavaur. Comm. indép., autor. le 22 avril 1827. 50 membres.	?						
	A reporter...	18.095	88	353	100		541	

SERVICES PENDANT LA GUERRE DE 1870-71	HISTORIQUE — FAITS PARTICULIERS OBSERVATIONS
Les sœurs se concertèrent avec les dames de Valence, et, par leurs soins, des ballots de linge et de charpie, et plusieurs douzaines de gilets et de bas furent confectionnés et envoyés aux soldats malades et blessés.	Au pensionnat, six orphelines sont élevées et entretenues gratuitement. Une quinzaine de vieillards ou d'infirmes sont, chaque année, nourris, soignés et entretenus par les différentes maisons. Les sœurs visitent gratuitement les pauvres et les malades à domicile.
	Sœurs garde-malades.
	La fondation de cette congrégation est due à un respectable ecclésiastique, qui réunit dans une pauvre étable trois jeunes filles ne sachant ni lire ni écrire. Son but était de donner aux jeunes filles pauvres la facilité d'entrer en religion, et aux paroisses pauvres le moyen d'avoir des sœurs pour l'éducation de la jeunesse et le soin des malades. La fille de l'ouvrier est reçue sans dot dans la congrégation. Faire beaucoup avec peu, tel est le trait caractéristique des Filles de Jésus; telle est aussi l'explication de l'acharnement qu'on a mis à leur susciter des difficultés nombreuses et à diriger contre elles des persécutions toujours renaissantes. Orphelinats, écoles professionnelles, hôpitaux, écoles gratuites, tels sont les principaux théâtres où s'exerce leur dévouement, et elles se contentent toujours de la nourriture et du vêtement qu'on veut bien leur donner, sans réclamer aucun autre traitement. Elles ont en outre fondé l'*Œuvre des Servantes,* qui a pour but de préparer, dans une maison professionnelle, les jeunes filles au service, de les placer dans de bonnes maisons, de leur conserver leurs gages, de leur faire une dot, selon leurs mérites, si elles veulent s'établir; et, dans le cas contraire, de leur donner un asile pour la vieillesse.
	Communauté enseignante.

Diocèse d'Albi (suite).

DATE DE LA FONDATION	CONGRÉGATIONS ou COMMUNAUTÉS	ENFANTS INSTRUITS	PERSONNES ASSISTÉES					SERVICES A L'ÉTRANGER et DANS LES COLONIES
			Hôpitaux et Hospices.	Orphelinats et Ouvroirs.	Maisons de refuge, de préservation et de correction.	Asiles d'aliénés et de sourds-muets.	TOTAL	
	Report...	18.095	88	353	100		541	
1827	Sœurs de Notre-Dame, d'Albi. Comm. indépendante, autorisée le 24 juin 1827. 46 membres.	470		56			56	
	Sœurs de Notre-Dame, de Lautrec. Comm. indép., autor. le 21 juillet 1827. 35 memb.	?						
1863	Sœurs de la Ste-Agonie, à Mazamet. Congrégation non autorisée. 25 membres.			?			?	
1842	Carmélites, à Albi. Comm. indép., non autorisée. 30 membres.							
1866	Carmélites, à Castres. Comm. indép., non autorisée. 20 membres.							
	TOTAL...	18.565	88	409	100		597	

Tarn. 23

SERVICES PENDANT LA GUERRE DE 1870-71	HISTORIQUE — FAITS PARTICULIERS OBSERVATIONS
La communauté envoya des secours en argent aux blessés, et s'employa à leur confectionner des vêtements. Pendant tout le temps de la guerre, les sœurs se privaient d'une partie de la nourriture réglementaire, pour pouvoir envoyer aux blessés et aux malades des secours plus abondants et plus nombreux.	Sur les 470 élèves, les classes absolument gratuites comprennent 150 ; de plus, dans les deux pensionnats pour les jeunes filles, soit des classes aisées, soit des classes ouvrières, quelques enfants sont admises gratuitement, et, pour un assez grand nombre d'autres, on accorde des diminutions sur les prix de pension déjà bien modiques. Pour l'orphelinat et l'ouvroir, qui comprennent ensemble 56 enfants pensionnaires, les sœurs y admettent gratuitement un aussi grand nombre d'enfants que leurs ressources peuvent le leur permettre. Multiples sont les œuvres auxquelles se dévoue la communauté de Notre-Dame : classes gratuites, où l'on garde 150 enfants toute la journée, et où on leur distribue chaque jour gratuitement la soupe ; ouvroir où l'on forme des couturières, des repasseuses, des femmes de chambre ; orphelinat où l'on élève les enfants abandonnées, en attendant qu'elles puissent apprendre un état à l'ouvroir : en récompense de leurs services, le conseil municipal d'Albi a supprimé en 1871 la somme de 800 francs qui leur était allouée, et vota une subvention beaucoup plus forte pour l'installation et l'entretien d'une école laïque.
	Communauté enseignante.
	Visite et soin des malades ; éducation des orphelines.
	Travail et prière.
	Travail et prière.

DIOCÈSE D'AMIENS

DATE DE LA FONDATION	CONGRÉGATIONS ou COMMUNAUTÉS	ENFANTS INSTRUITS	Hôpitaux et Hospices.	Orphelinats ou Ouvroirs.	Maisons de refuge, de préservation et de correction.	Asiles d'aliénés et de sourds-muets.	TOTAL	SERVICES A L'ÉTRANGER et DANS LES COLONIES
	Frères de Saint-Joseph, à Saint-Fuscien. Congr. aut. le 3 déc. 1823. 14 membres.	?						
1817	**Sœurs de la Ste-Famille.** Congr. à sup. gén., autorisée le 19 juin 1837. Maison mère à Amiens. 246 écoles publiques. 92 écoles libres. 810 membres.	28.000		100			100	
1833	**Sœurs de Saint-Joseph.** Congr. à sup. gén., autorisée le 14 nov. 1856. Maison mère à Abbeville. 100 membres.	2.000	100	50			150	
XIIe siècle	**Sœurs Augustines, d'Abbeville.** Congr. diocésaine, autorisée le 17 décemb. 1872. 70 membres.	860	270	60			330	
XVIIIe siècle	**Filles des Sacrés-Cœurs de Jésus et de Marie, dites de Louvencourt, à Amiens.** Congrég. diocésaine, autorisée le 8 avril 1876. 87 membres.	495		135			135	
	A reporter...	31.355	370	345			715	

SOMME

SERVICES PENDANT LA GUERRE DE 1870-71	HISTORIQUE — FAITS PARTICULIERS OBSERVATIONS
	Congrégation enseignante.
Partout ces sœurs se firent infirmières, et leurs écoles furent transformées en ambulances. Soigner les blessés, consoler les mourants, nourrir, héberger les pauvres soldats, telles furent leurs principales œuvres pendant la guerre. Un jour, l'une d'elles eut le courage de solliciter et le bonheur d'obtenir la grâce d'un villageois que les Prussiens emmenaient prisonnier.	Dans beaucoup d'écoles communales, le traitement des sœurs institutrices est inférieur au minimum légal. La plupart des écoles libres, fondées par la charité, n'ont que de médiocres revenus. Quelques écoles sont à la charge complète de la communauté. En outre, dans un grand nombre d'établissements, les sœurs reçoivent gratuitement et assistent quelques enfants pauvres. Branche détachée de la Sainte-Famille de Besançon, la Sainte-Famille d'Amiens eut des commencements très difficiles. Aucune dot n'étant exigée à l'entrée, la congrégation se trouvait à peu près sans ressource. Elle ne laissa pas de fonder, au prix de mille sacrifices, beaucoup d'écoles dans les campagnes, qui, depuis la révolution, croupissaient dans l'ignorance. Un certain nombre de sœurs payèrent de leur vie ces labeurs excessifs des premières années. Le relèvement et le développement de l'instruction en Picardie sont, en grande partie, leur ouvrage. Les chasser aujourd'hui des écoles serait leur ravir la consolation de moissonner ce qu'elles ont si péniblement semé.
Soins aux malades et blessés.	Outre les écoles et les asiles pour les enfants, les sœurs tiennent des ateliers de couture et des écoles d'adultes ou d'apprenties. Elles ont aussi des réunions dominicales pour les jeunes ouvrières.
Les sœurs ont desservi deux ambulances; dans leurs hôpitaux, le personnel des malades a été doublé.	La congrégation des Augustines remonte au XIIe siècle; elle n'a cessé depuis lors, sinon pendant la révolution, de vaquer à ses œuvres de charité. Plusieurs des hôpitaux desservis par les sœurs n'ont d'autres dotations ou fondations que celles que l'État leur a confisquées; elles y sont rentrées, mais elles n'y possèdent plus rien.
	Les externes instruites gratuitement par les sœurs sont au nombre de 125; quelques pensionnaires sont gratuites. 60 familles pauvres sont secourues et assistées dans tous leurs besoins par les anciennes élèves des sœurs, formant une congrégation d'Enfants de Marie. Dans le principe, la congrégation avait pour but de visiter les pauvres et les malades à domicile, et de visiter les incurables. La révolution, en spoliant les religieuses, les a mises dans l'impossibilité de continuer, comme elles l'auraient voulu, l'exercice de ces œuvres de charité.

Diocèse d'Amiens (suite).

DATE DE LA FONDATION	CONGRÉGATIONS ou COMMUNAUTÉS	ENFANTS INSTRUITS	PERSONNES ASSISTÉES					SERVICES A L'ÉTRANGER et DANS LES COLONIES
			Hôpitaux et Hospices.	Orphelinats et Ouvroirs.	Maisons de refuge, de préservation et de correction.	Asiles d'aliénés et de sourds-muets.	TOTAL	
	Report...	31.355	370	345			715	
1640	Sœurs de la Visitation, à Amiens. Comm. indép., autorisée.	50						
	Sœurs Hospitalières, à Corbie. Comm. indép., autor. le 2 nov. 1810. 7 membres.							
	Sœurs Hospitalières, à Moreuil. Comm. indép., autor. le 2 nov. 1810. 9 membres.							
	Sœurs Hospitalières, à Péronne. Comm. indép., autor. le 7 juillet 1811. 10 membres.							
1616	Ursulines, à Amiens. Comm. indép., autorisée le 7 juin 1826. 60 membres.	260						
1615	Ursulines, à Abbeville. Comm. indép., autorisée le 19 juillet 1826. 45 membres.	200						
	A reporter...	31.865	370	345			715	

SERVICES PENDANT LA GUERRE DE 1870-71	HISTORIQUE — FAITS PARTICULIERS OBSERVATIONS
	Quelques pensionnaires reçoivent gratuitement l'éducation. Plusieurs familles pauvres sont assistées à domicile : une distribution se fait chaque semaine aux Petites-Sœurs des Pauvres ; enfin, tous les jours, un certain nombre de pauvres viennent recevoir la soupe à la porte du monastère. Pendant la peste qui sévit à Amiens en 1719, de nombreux secours furent donnés par les sœurs aux malheureux. Déjà, pendant la disette de 1691, elles avaient distribué 300 pains par semaine aux pauvres.
	Communauté hospitalière.
	Communauté hospitalière.
	Communauté hospitalière.
Fourni linge, chaussettes et objets de literie.	Un externat gratuit, existant depuis 1817, reçoit de 30 à 40 élèves. La communauté s'est toujours fait un devoir d'assister largement les pauvres de la ville, et de prendre part à toutes les œuvres de charité.
Le pensionnat a été transformé en ambulance, et malades et blessés y ont reçu des soins dévoués. La mère supérieure est morte de la petite vérole contractée en soignant les soldats.	

Diocèse d'Amiens (suite).

DATE DE LA FONDATION	CONGRÉGATIONS ou COMMUNAUTÉS	ENFANTS INSTRUITS	PERSONNES ASSISTÉES					TOTAL	SERVICES A L'ÉTRANGER et DANS LES COLONIES
			Hôpitaux et Hospices.	Orphelinats et Ouvroirs.	Maisons de refuge, de préservation et de correction.	Asiles d'aliénés et de sourds-muets.		
	Report...	31.865	370	345			715	
XVIIe siècle	**Carmélites, à Abbeville.** Comm. indép., autor. le 22 avril 1827. 16 membres.							
1606	**Carmélites, à Amiens.** Comm. indép., autor. le 22 avril 1827. 15 membres.							
1845	**Sœurs Clarisses, à Amiens.** Comm. indép., non autorisée. 38 membres.							
1482	**Sœurs Clarisses, à Péronne.** Comm. indép., non autorisée. 28 membres.							
1855	**Sœurs de St-François d'Assise, à Amiens.** Comm. indép., non autorisée. 11 membres.							
	Total...	31.865	370	345			715	

DIOCÈSE D'ANGERS

DATE DE LA FONDATION	CONGRÉGATIONS ou COMMUNAUTÉS	ENFANTS INSTRUITS	Hôpitaux et Hospices.	Orphelinats et Ouvroirs.	Maisons de refuge	Asiles	TOTAL	SERVICES
	Sœurs de Saint-Charles. Congr. à sup. gén., autorisée le 15 nov. 1810. Maison mère à Angers. 487 membres.	?	?					

Somme.

SERVICES PENDANT LA GUERRE DE 1870-71	HISTORIQUE — FAITS PARTICULIERS OBSERVATIONS
	Vie de pénitence et de prière.
Fourni de la nourriture, des médicaments, des vêtements, du linge, et surtout beaucoup de charpie pour les blessés.	La communauté a été fondée sur la demande des habitants d'Amiens. Les sœurs vivent de leur travail et font d'abondantes aumônes.
	Vie de pénitence et de prière.
	Vie de pénitence et de prière.
	Soins aux malades à domicile.

MAINE-ET-LOIRE

	Hospitalière et enseignante, cette congrégation dirige des pensionnats, écoles, salles d'asile, dispensaires et maisons de charité.

Diocèse d'Angers (suite).

DATE DE LA FONDATION	CONGRÉGATIONS ou COMMUNAUTÉS	ENFANTS INSTRUITS	PERSONNES ASSISTÉES					SERVICES A L'ÉTRANGER et DANS LES COLONIES
			Hôpitaux et Hospices	Orphelinats et Ouvroirs	Maisons de refuge, de préservation et de correction	Asiles d'aliénés et de sourds-muets.	TOTAL	
	Report...							
	Filles de la Charité de Ste-Marie. Congr. à sup. gén., autorisée le 15 nov. 1810. Maison mère à Angers. 307 membres.	?	?			?		
	Sœurs de Sainte-Anne de la Providence. Congr. à sup. gén., autorisée les 14 déc. 1810, 19 avr. 1854, et 30 déc. 1862. Maison mère à Saumur. 390 membres.	?	?					
	Religieuses de la Retraite, dites de la Société de Marie. Congr. à sup. gén., autorisée les 17 janv. 1827 et 8 févr. 1854. Maison mère à Angers. 126 membres.	?						
	Sœurs de Marie-Joseph. Congr. à sup. gén., autorisée le 25 mars 1852. Maison mère à la Pommeraye. 257 membres.	?	?					
	Sœurs de Sainte-Marie. Congr. à sup. gén., autorisé le 4 mai 1852. Maison mère à Torfou. 225 membres.	?						
	A reporter...							

Maine-et-Loire.

SERVICES PENDANT LA GUERRE DE 1870-71	HISTORIQUE — FAITS PARTICULIERS OBSERVATIONS
	Les Filles de la Charité de Sainte-Marie d'Angers sont à la fois institutrices et hospitalières. Elles desservent une institution de sourds-muets, un asile d'aliénés, une providence, quelques hôpitaux, et dirigent un certain nombre d'écoles.
	Cette congrégation dirige une providence, divers hôpitaux, et des écoles, ouvroirs, salles d'asile, etc. Elle est à la fois hospitalière et enseignante.
	Cette congrégation tient des pensionnats pour les jeunes personnes, des écoles gratuites pour les pauvres, et organise plusieurs fois par an des retraites pour les personnes du sexe.
	Hospitalière et enseignante, cette congrégation dirige des écoles primaires, des salles d'asiles, des dispensaires et des ouvroirs.
	Les sœurs de Sainte-Marie dirigent un grand nombre d'écoles et de salles d'asiles.

Diocèse d'Angers (suite).

DATE DE LA FONDATION	CONGRÉGATIONS ou COMMUNAUTÉS	ENFANTS INSTRUITS	PERSONNES ASSISTÉES					TOTAL	SERVICES A L'ÉTRANGER et DANS LES COLONIES
			Hôpitaux et Hospices.	Orphelinats et Ouvroirs.	Maisons de refuge, de préservation et de correction.	Asiles d'aliénés et de sourds-muets.		
	Report...	20.000						
1821	**Sœurs de la Charité du Sacré-Cœur de Jésus.** Congr. à sup. gén., autorisée le 2 avril 1852. Maison mère à la Salle-de-Vihiers. 200 écoles. 460 membres.							
1829	**Sœurs de Notre-Dame de Charité du B.-Pasteur.** Congr. à sup. gén., autorisée le 13 sept. 1852. Maison mère à Angers. 3.000 membres. 130 monastères, dont 33 en France.				3.600		3.600	3 maisons en Algérie, qui n'ont guère d'autres ressources que le travail de l'agriculture, le travail manuel et les dons de la *Propa-*
	A reporter...	20.000			3.600		3.600	

Maine-et-Loire.

SERVICES PENDANT LA GUERRE DE 1870-71	HISTORIQUE — FAITS PARTICULIERS OBSERVATIONS
La congrégation a mis tous ses établissements et tous ses membres à la disposition des comités pour les blessés. Plusieurs sœurs sont mortes en soignant les varioleux. De plus, pendant toute la durée de la guerre, à la maison mère comme dans les obédiences, les sœurs étaient occupées à recueillir et à préparer du linge et de la charpie, à tricoter des bas, à confectionner des gilets de flanelle, et des vêtements de toutes sortes pour les blessés.	Quelques écoles sont gratuites. La congrégation dessert plusieurs hospices; en outre, dans chacune des 200 communes où elle possède des écoles, une sœur est chargée spécialement de visiter les pauvres et de prendre soin des malades, d'assister les orphelins et les vieillards. La maison de la Miséricorde, à Angers, reçoit, pour une faible indemnité, les domestiques du sexe momentanément sans place. Cette congrégation a été fondée par le curé de la Salle-de-Vihiers, M. Catroux. Voulant établir une école de filles dans sa paroisse, et ne possédant aucune ressource, il fut obligé de former et d'instruire lui-même une jeune fille pauvre de sa paroisse, et avec elle il ouvrit l'école en 1823. De nombreuses recrues étant venues bientôt se joindre à cette première institutrice, M. Catroux put étendre son œuvre, et de 1833 à 1863, époque de sa mort, il fonda 134 écoles en 10 départements. Aujourd'hui, la congrégation dirige 200 écoles. L'ordre, l'économie, la discipline y règnent. Généralement, les élèves obtiennent des succès dans les concours pour les certificats d'études primaires; plusieurs se sont présentées devant des commissions d'examen pour le brevet de capacité, et elles ont été reçues avec honneur. Un grand nombre de sœurs institutrices ont obtenu des médailles. Les débuts de la congrégation ont été particulièrement difficiles. Depuis qu'elle est sortie de la gêne, elle a dépensé toutes ses ressources en œuvres de charité. En maints endroits, elle a aidé les communes à établir des écoles; elle en a fondé elle-même, à ses frais, dans des localités pauvres, en particulier dans un faubourg de Nantes et dans un quartier misérable d'Angers, où elle a établi et entretient une salle d'asile. De tout temps les sœurs se sont distinguées dans l'exercice des diverses œuvres de charité. En 1849, l'une d'elles recevait une médaille pour son dévouement à soigner les cholériques.
Les sœurs du Bon-Pasteur ont établi plusieurs ambulances; celle d'Orléans, seule, a recueilli et soigné 1,200 blessés. Elles ont aussi fourni de la charpie et confectionné du linge et des vêtements pour les blessés et les prisonniers français.	Le *Bon-Pasteur* poursuit un triple but : 1° recueillir dans des orphelinats ou classes de préservation les jeunes filles orphelines ou délaissées par leurs parents, qui n'ont pas donné de scandale, mais qui, faute d'appui et de soins, et en raison des mauvaises influences qui les entourent, seraient exposées soit à se perdre, soit à mourir de faim; 2° offrir un asile aux jeunes filles que le repentir a visitées après la chute, et leur faciliter le retour au bien; 3° enfin, ouvrir l'accès de la vie religieuse

Diocèse d'Angers (suite).

DATE DE LA FONDATION	CONGRÉGATIONS ou COMMUNAUTÉS	ENFANTS INSTRUITS	PERSONNES ASSISTÉES					TOTAL	SERVICES A L'ÉTRANGER et DANS LES COLONIES
			Hôpitaux et Hospices.	Orphelinats et Ouvroirs.	Maisons de refuge, de préservation et de correction.	Asiles d'aliénés et de sourds-muets.		
	Report...	20.000			3.600		3.600	
	Sœurs de Notre-Dame de Charité du Bon-Pasteur. (Suite).							gation de la Foi. Jusqu'en 1871, le *Bon-Pasteur* d'Alger, qui a à sa charge près de 200 jeunes filles, recevait une subvention annuelle du département de 12,000 fr.; ce secours a été supprimé en 1871 par le conseil général. Le *Bon-Pasteur* compte à l'étranger environ 90 établissements, et y recueille plus de 15,000 enfants.
	A reporter...	20.000			3.600		3.600	

	Maine-et-Loire.	35
SERVICES PENDANT LA GUERRE DE 1870-71	HISTORIQUE — FAITS PARTICULIERS OBSERVATIONS	

aux Madeleines repenties qui désirent se réhabiliter aux yeux de Dieu et expier les scandales de leur vie passée par la pratique des trois vœux de religion. La retraite et le silence, le travail et la prière, tels sont les moyens employés pour réaliser cette œuvre difficile. En dehors des éléments de la religion, on s'attache surtout à donner, soit aux enfants, soit aux jeunes filles, une instruction professionnelle qui les mette en état de gagner honorablement leur vie. On forme ainsi des couturières, des servantes, des filles de ferme, familières avec tous les travaux manuels qui conviennent à leur situation. Le *Bon-Pasteur* recueille aussi les sourdes-muettes, aveugles, idiotes et autres disgraciées de la nature, que leur état physique mettrait hors d'état de pouvoir faire face à leurs besoins. Ces diverses catégories sont d'ailleurs séparées les unes des autres avec le plus grand soin : chacune d'elles occupe des bâtiments distincts; des cours et des jardins spéciaux leur sont assignés pour les récréations et les promenades. L'action bienfaisante du *Bon-Pasteur* s'exerce, tant en France qu'à l'étranger, par le moyen de 3,000 religieuses, dans 130 établissements, sur 20,000 protégées. C'est à leur travail personnel et à celui de leurs orphelines et de leurs pénitentes, que les sœurs du Bon-Pasteur demandent à peu près exclusivement les ressources nécessaires pour suffire à tant de bonnes œuvres ; elles comptent aussi sur la charité pour combler les déficits de leur budget. Nulle part, en effet, les sœurs du Bon-Pasteur ne sont rétribuées; seulement, l'État leur alloue 0,60 c. par jour pour chacune des enfants qu'il leur confie. Quant aux autres enfants qui leur sont amenées par les familles, et qu'elles gardent jusqu'à 21 ans, des personnes charitables ou les parents eux-mêmes, quand ils le peuvent, fournissent pour leur admission un droit d'entrée qui ne dépasse guère en moyenne la modique somme de 150 francs. Aux trois vœux ordinaires de religion, les sœurs du Bon-Pasteur en ajoutent un quatrième, par lequel elles promettent à Dieu de consacrer leur vie à la conversion des filles et des femmes tombées qui viennent leur demander asile. En retour de tant de bienfaits, leurs protégées leur témoignent en général beaucoup d'attachement et de reconnaissance. C'est ainsi qu'en 1855, le choléra ayant éclaté à Nancy, on prit la résolution d'évacuer le Refuge et de confier momentanément les pauvres pensionnaires aux personnes charitables qui voudraient bien s'en charger : sur 180 jeunes filles, 30 refusèrent de se séparer des sœurs, et, six semaines plus tard, toutes revinrent joyeusement reprendre leur place à la maison, à l'exception d'une seule, qui avait

Diocèse d'Angers (suite).

DATE DE LA FONDATION	CONGRÉGATIONS ou COMMUNAUTÉS	ENFANTS INSTRUITS	PERSONNES ASSISTÉES				TOTAL	SERVICES A L'ÉTRANGER et DANS LES COLONIES
			Hôpitaux et Hospices.	Orphelinats et Ouvroirs.	Maisons de refuge, de préservation et de correction.	Asiles d'aliénés et de sourds-muets.		
	Report...	20.000			3.600		3.600	
	Sœurs de Notre-Dame de Charité du Bon-Pasteur. (Suite.)							
	Sœurs hospitalières, à **Martigné-Briant**. Comm. indép., autor. le 2 novembre 1810.		?					
	Petites Sœurs de St-François d'Assise, Angers. Congr. dioc., autor. le 16 juil. 1875. 26 membres.							
	Sœurs hospitalières de **Saint-Nicolas, Doué**. Comm. indép., autor. le 2 nov. 1810. 30 membres.	?	?					
	Sœurs hospitalières de **St-Joseph, Beaufort**. Comm. indép., autor. le 15 nov. 1810. 30 membres.		?					
	Sœurs hospitalières, **Puy-Notre-Dame**. Comm. indép., autor. le 15 nov. 1810. 3 membres.		?					
	A reporter...	20.000			3.600		3.600	

| Maine-et-Loire. | 37 |

SERVICES PENDANT LA GUERRE DE 1870-71	HISTORIQUE — FAITS PARTICULIERS OBSERVATIONS
	été retenue par sa famille. On trouve au *Bon-Pasteur* des orphelines et des pénitentes qui y habitent depuis 20, 30 et 35 ans. Que leurs protégées soient infirmes ou bien portantes, que les ressources manquent ou qu'elles abondent, les sœurs ne renvoient personne, et se dévouent à soigner jusqu'à leur dernier jour celles qui veulent bien rester avec elles.
	Communauté hospitalière.
	Sœurs garde-malades.
	Les sœurs de Doué desservent un hôpital, et tiennent des classes gratuites et des salles d'asile.
	Communauté hospitalière.
	Communauté hospitalière.

Diocèse d'Angers (suite).

DATE DE LA FONDATION	CONGRÉGATIONS ou COMMUNAUTÉS	ENFANTS INSTRUITS	PERSONNES ASSISTÉES					TOTAL	SERVICES A L'ÉTRANGER et DANS LES COLONIES
			Hôpitaux et Hospices.	Orphelinats et Ouvroirs.	Maisons de refuge, de préservation et de correction.	Asiles d'aliénés et de sourds-muets.		
	Report...	20.000			3.600		3.600	
	Sœurs de Saint-Joseph, Baugé. Comm. indép., autor. le 25 nov. 1810. 41 membres.	?	?					
	Religieuses cloîtrées du Sacré-Cœur de Marie, Baugé. Comm. indép., autor. le 25 nov. 1810. 41 membres.		?					
	Ursulines, Angers. Comm. indép., autor. le 30 juil. 1826. 30 membres.	?						
	Sœurs de Ste-Marie-de-Fontevrault, à Chemillé. Comm. indép., autor. le 17 janv. 1827. 29 membres.	?						
	Sœurs de St-Joseph, St-Martin de Beaupreau. Comm. indép., autor. le 20 oct. 1852. 7 membres.		?					
	Dames Augustines du Saint-Cœur de Marie, Angers. Comm. indép., autor. le 10 janv. 1853. 40 membres.	?						
	Sœurs de St-François-des-Récollets, Doué. Comm. indép., autor. le 13 déc. 1854. 28 membres.	?	?					
	A reporter...	20.000			3.600		3.600	

Maine-et-Loire. 39

SERVICES PENDANT LA GUERRE DE 1870-71	HISTORIQUE — FAITS PARTICULIERS OBSERVATIONS
	Communauté hospitalière et enseignante.
	Maison d'incurables et pension pour les personnes qui veulent se retirer du monde.
	Pensionnat et écoles pour les petites filles pauvres.
	Communauté enseignante.
	Communauté hospitalière.
	Communauté enseignante.
	Asile pour les personnes âgées ou infirmes. Pensionnat et externat de jeunes filles.

Diocèse d'Angers (suite).

DATE DE LA FONDATION	CONGRÉGATIONS ou COMMUNAUTÉS	ENFANTS INSTRUITS	PERSONNES ASSISTÉES				TOTAL	SERVICES A L'ÉTRANGER et DANS LES COLONIES
			Hôpitaux et Hospices.	Orphelinats et Ouvroirs.	Maisons de refuge, de préservation et de correction.	Asiles d'aliénés et de sourds-muets.		
	Report...	20.000			3.600		3.600	
	Trappistines, à Notre-Dame-des-Gardes. Comm. indép., autor. le 23 déc. 1854. 88 membres.	?						
1852	**Carmélites, Angers.** Comm. indép. non autorisée. 22 membres.							
1871	**Sœurs de Sainte-Marie-des-Anges.** Congr. non autorisée. Maison mère à Angers.	?		?				
1871	**Sœurs de Notre-Dame-du-Rosaire, Chaudron.** Comm. indép. non autorisée. 6 membres.							
1858	**Servantes du Saint-Sacrement.** Congr. non autorisée. Maison mère à Angers.							
1871	**Servantes des Pauvres.** Congr. non autorisée. Maison mère à Angers.							
1863	**Sœurs de la Visitation, Angers.** Comm. indép. non autorisée. 25 membres.							
	A reporter...	20.000			3.600		3.600	

Maine-et-Loire. 41

SERVICES PENDANT LA GUERRE DE 1870-71	HISTORIQUE — FAITS PARTICULIERS OBSERVATIONS
	Communauté enseignante.
	Vie contemplative.
	Pensionnat pour les jeunes filles, asile pour les orphelines de la guerre.
	Secours aux vieillards et infirmes.
	Vie contemplative.
	Service gratuit à domicile des malades indigents.
	Communauté enseignante.

Diocèse d'Angers (suite).

DATE DE LA FONDATION	CONGRÉGATIONS ou COMMUNAUTÉS	ENFANTS INSTRUITS	PERSONNES ASSISTÉES					TOTAL	SERVICES A L'ÉTRANGER et DANS LES COLONIES
			Hôpitaux et Hospices	Orphelinats et Ouvroirs	Maisons de refuge, de préservation et de correction	Asiles d'aliénés et de sourds-muets		
	Report...	20.000					3.600	
1621	**Bénédictines du Calvaire, Angers.** Comm. indép., non autorisée.	?						
	Total...	20.000					3.600	

DIOCÈSE D'ANGOULÊME

1645	**Filles de Sainte-Marthe.** Congr. à sup. gén., aut. les 15 nov. 1810 et 25 janv. 1860. Maison mère à Angoulême. 148 membres.	900	500		500		1.000	
1836	**Sœurs de Notre-Dame-des-Anges, à Puyperoux.** Congrég. diocésaine, autorisée le 19 nov. 1875. 71 membres.	1.200						
1854	**Carmélites, Angoulême.** Comm. indép., non autorisée. 20 membres.							
	Total...	2.100	500		500		1.000	

Maine-et-Loire. 43

SERVICES PENDANT LA GUERRE DE 1870-71	HISTORIQUE — FAITS PARTICULIERS OBSERVATIONS
	Pensionnat de jeunes filles.

CHARENTE

Desservi six ambulances, dont une établie à la maison mère.	Les Filles de Sainte-Marthe desservent des hôpitaux et asiles d'aliénés, dirigent des salles d'asile, des ouvroirs, des classes pauvres, et visitent les pauvres à domicile.
	La congrégation dirige 14 écoles, dont 8 communales et 8 salles d'asile libres. 600 de leurs élèves reçoivent gratuitement l'instruction. Toutes les titulaires des écoles, sauf deux, et cinq directrices de salles d'asile, sont munies de leur brevet de capacité. La congrégation ne possède encore ni hôpitaux ni orphelinats; mais dans chacun de ses établissements il y a une sœur chargée spécialement de la visite des malades, des vieillards et des pauvres. En outre, deux fondations sont munies chacune d'une pharmacie rurale.
	Vie contemplative.

DIOCÈSE D'ANNECY

DATE DE LA FONDATION	CONGRÉGATIONS ou COMMUNAUTÉS	ENFANTS INSTRUITS	PERSONNES ASSISTÉES				TOTAL	SERVICES A L'ÉTRANGER et DANS LES COLONIES
			Hôpitaux et Hospices.	Orphelinats et Ouvroirs.	Maisons de refuge, de préservation et de correction.	Asiles d'aliénés et de sourds-muets.		
XIXᵉ siècle	**Missionnaires de Saint-François de Sales, à Annecy.** Congr. autorisée par le roi Charles-Albert, le 29 septembre 1838.	290						Depuis 1845, la congrégation a une mission très importante dans l'Hindoustan : les Pères y entretiennent des milliers d'orphelins, et s'y dévouent à la conversion et au soulagement des pauvres païens. Les Pères possèdent aussi 2 stations en Angleterre, dans le diocèse de Clifton.
1650	**Sœurs de Saint-Joseph.** Congr. à sup. gén., autorisée le 23 sept. 1823. Maison mère à Annecy. 254 membres.	4.555	60	12			72	La congrégation possède à l'étranger 9 établissements d'enseignement et de charité ; 3 en Angleterre, 6 dans l'Hindoustan.
XIXᵉ siècle	**Sœurs de la Charité.** Congr. à sup. gén., autorisée le 8 fév. 1875. Maison mère à la Roche-sur-Foron. 470 membres.	6.509	768	319		2.200	3.287	Nombreux établissements en Italie, à Malte et en Suisse. Les Français y sont toujours assistés de préférence.
	Report...	11.354	828	331		2.200	3.359	

HAUTE-SAVOIE

SERVICES PENDANT DA GUERRE DE 1870-71	HISTORIQUE — FAITS PARTICULIERS OBSERVATIONS
La maison d'Annecy a organisé une ambulance de quinze lits.	Missions dans le diocèse et à l'étranger; instruction secondaire des jeunes gens au collège libre d'Évian et au petit séminaire de Melan.
Les sœurs ont confectionné pour les soldats des vêtements, bas, sarraux de toile, ceintures, flanelles, et préparé de la charpie, des bandes et des ligatures pour les blessés.	Les sœurs de Saint-Joseph dirigent 31 écoles communales, 4 salles d'asile, 6 écoles libres, 3 pensionnats. Pendant vingt ans, elles ont fourni, sans indemnité aucune, le local de l'école communale et de la salle d'asile à Annecy, et ont dû, malgré leur pauvreté, pourvoir à tout le matériel scolaire. La ville d'Évian a été aussi, pendant longtemps, de leur part, l'objet d'une générosité analogue. La congrégation dessert un orphelinat et trois hôpitaux ou hospices; en outre, elle visite les malades à domicile. A Évian, elle possède une pharmacie qui a rendu de très grands services à l'époque où il n'existait dans la ville aucun établissement de ce genre.
Au moment du passage en Suisse de l'armée de Bourbaki, les sœurs rendirent de grands services aux soldats fatigués, malades ou blessés. Plusieurs moururent en soignant des varioleux.	Les Sœurs de la Charité de la Roche dirigent quelques pensionnats, 10 salles d'asiles et 70 écoles communales. 16 hôpitaux et hospices, 3 asiles d'aliénés, 5 orphelinats sont desservis par cette congrégation, qui donne aussi son assistance aux voyageurs et aux pèlerins. La fondation de cet institut s'est faite à Besançon : elle fut inspirée par le désir de parer à l'extrême besoin où se trouvait alors la France d'institutrices pour ses écoles et d'infirmières pour ses hôpitaux.

Diocèse d'Annecy (suite).

DATE DE LA FONDATION	CONGRÉGATIONS ou COMMUNAUTÉS	ENFANTS INSTRUITS	PERSONNES ASSISTÉES					SERVICES A L'ÉTRANGER et DANS LES COLONIES
			Hôpitaux et Hospices.	Orphelinats et Ouvroirs.	Maisons de refuge, de préservation et de correction.	Asiles d'aliénés et de sourds-muets.	TOTAL	
	A reporter...	11.354	828	331		2.200	3.359	
	Sœurs de la Visitation, Annecy. Comm. indép., autor. le 4 janv. 1828. 54 membres.	?						
	Sœurs de la Visitation, Thonon. Comm. indép., autor. le 21 mars 1837. 32 membres.	?						
1875	Sœurs de Sainte-Claire, à Évian-les-Bains. Comm. indép. non autorisée. 7 membres.							
	Sœurs de la Croix, de Chavanol. Congr. non autorisée.	3.000		10			10	
1876	Sœurs Franciscaines du Sacré-Cœur, de Metz, près Annecy. Congr. non autorisée. 15 membres.			14		26	40	
1869	Sœurs Pie de l'Immaculée-Conception, d'Annecy. Comm. indép. non autorisée. 7 membres.							
1875	Filles de Jésus, à Étrembières. Comm. indép. non autorisée.	120						
	TOTAL...	14.474	828	355		2.226	3.409	

Haute-Savoie. 47

SERVICES PENDANT LA GUERRE DE 1870-71	HISTORIQUE — FAITS PARTICULIERS OBSERVATIONS
	Éducation des jeunes filles.
	Éducation des jeunes filles.
	Vie de prière et de travail.
Assistance et soins aux blessés.	Les sœurs institutrices possèdent les diplômes exigés par la loi. Les sœurs vont soigner les malades toutes les fois qu'elles sont demandées; elles distribuent de nombreux secours.
	Cette congrégation a pour but spécial l'instruction et l'éducation des orphelines et des sourdes-muettes. Bien qu'elle ne reçoive aucune subvention, elle admet gratuitement les enfants des familles pauvres, comptant toujours sur l'aide de la charité.
	Vie contemplative.
	Bannies de Carouge, en Suisse, où elles étaient établies depuis 1832, les Filles de Jésus tiennent en France un pensionnat et un ouvroir. Au pensionnat elles admettent, moyennant une pension très minime, et souvent même gratuitement, les jeunes filles appartenant à des familles honorables tombées dans le malheur; à l'ouvroir, les jeunes filles pauvres sont logées et nourries gratuitement.

DIOCÈSE D'ARRAS

DATE DE LA FONDATION	CONGRÉGATIONS ou COMMUNAUTÉS	ENFANTS INSTRUITS	PERSONNES ASSISTÉES				TOTAL	SERVICES A L'ÉTRANGER et DANS LES COLONIES
			Hôpitaux et Hospices.	Orphelinats et Ouvroirs.	Maisons de refuge, de préservation et de correction.	Asiles d'aliénés et de sourds-muets		
1852	**Franciscaines, de Calais.** Congr. à sup. gén., aut. le 10 avril 1854. Maison mère à Calais. 472 memb.	2.562	1.235	500		86	1.821	Établissements hospitaliers et orphelinats en Belgique et en Portugal.
1255	**Sœurs Augustines.** Congr. à sup. gén., autorisée les 22 avril 1827 et 21 juillet 1855. Maison mère à Arras. 130 membres.	1.725	1.284	55			1.339	
1852	**Sœurs de la Providence.** Congr. à sup. gén., autorisée le 10 janvier 1854. Maison mère à Arras. 102 membres.	3.240	?					
1624	**Sœurs de Sainte-Agnès, d'Arras.** Congrégation autorisée le 14 décembre 1810.	1.467		82			82	
	A reporter...	8.994	2.519	637		86	3.242	

PAS-DE-CALAIS

SERVICES PENDANT LA GUERRE DE 1870-71	HISTORIQUE — FAITS PARTICULIERS OBSERVATIONS
Les Franciscaines ont organisé et desservi un grand nombre d'ambulances. A Villers-Bretonneux, elles sont allées recueillir et consoler les pauvres blessés jusque sous le feu de l'ennemi. Plusieurs sont mortes de fatigue dans l'exercice de leur pénible mission.	La congrégation, dans sa forme actuelle, date de 1852, époque à laquelle s'opéra, sous les ordres de l'évêque d'Arras, la fusion de 7 maisons de Franciscaines existant dans le diocèse. Depuis cette époque, les Franciscaines ont fondé en France 25 établissements, dont plusieurs sont entièrement à leur charge, et n'ont d'autres ressources que la charité publique, qui ne leur fait, du reste, jamais défaut. Ce sont des maisons de garde-malades, des hospices civils et militaires, des asiles pour la vieillesse, des écoles, salles d'asile, orphelinats et ouvroirs, un hospice pour le traitement des enfants scrofuleux, une providence pour les sourds-muets des deux sexes. Partout où elles sont établies, les sœurs donnent gratuitement leurs soins aux malades pauvres.
Les Augustines ont dirigé trois ambulances.	Les sœurs Augustines d'Arras desservent 9 hôpitaux ou hospices, 2 orphelinats, une crèche, 4 écoles communales, 3 asiles communaux, 3 pensionnats et un externat. L'un des orphelinats est entièrement gratuit. A Boulogne, elles fournissent gratuitement à la ville les locaux des classes et de la salle d'asile. Grand dévouement dans les temps d'épidémie : lors de la dernière invasion du choléra à Arras, le tiers de la communauté a péri victime du fléau en soignant les malades. A Boulogne, les sœurs reçoivent tous les soirs les apprenties, et s'emploient soit à les instruire, soit à leur procurer des récréations honnêtes.
La communauté d'Arras a ouvert une ambulance. Les sœurs ont en outre, au prix de très grandes privations, procuré des secours de toutes sortes aux soldats mourant de faim et de froid.	Outre l'instruction qu'elles donnent dans 34 écoles, les sœurs de la Providence se dévouent à soigner les malades, tant à domicile que dans les hôpitaux. Dans les localités privées de médecin surtout, elles rendent d'importants services en prodiguant les premiers soins aux malades et aux ouvriers blessés par suite d'accident, en attendant l'arrivée du médecin. A l'époque des épidémies et des maladies contagieuses, elles ont rendu aux populations du Pas-de-Calais d'inappréciables services.
Soigné les blessés durant 6 mois. La ville d'Arras a délivré aux sœurs un diplôme en témoignage de reconnaissance.	Les sœurs de Sainte-Agnès furent fondées au XVIIe siècle, pour venir en aide à de nombreux enfants que la guerre et divers accidents avaient laissés orphelins. La révolution les ayant dépouillées de tous leurs biens et envoyées en exil, confia leurs orphelines à des femmes mercenaires et sans mœurs. Elles revinrent après la révolution, pour reprendre, malgré leur dénuement, leurs anciennes œuvres de charité. Les sœurs de Sainte-Agnès dirigent aujourd'hui un orphelinat, un externat pour les jeunes filles indigentes, un ouvroir, 4 salles d'asile communales et 2 libres.

Diocèse d'Arras (suite).

DATE DE LA FONDATION	CONGRÉGATIONS ou COMMUNAUTÉS	ENFANTS INSTRUITS	PERSONNES ASSISTÉES				TOTAL	SERVICES A L'ÉTRANGER et DANS LES COLONIES
			Hôpitaux et Hospices.	Orphelinats et Ouvroirs.	Maisons de refuge, de préservation et de correction.	Asiles d'aliénés et de sourds-muets.		
	Report...	8.994	2.519	637		86	3.242	
1808	**Ursulines, d'Arras.** Congr. dioc., autor. le 25 oct. 1871. 128 membres.	400						
	Sœurs hospitalières, à Saint-Omer. Comm. indép., autor. le 15 nov. 1810. 12 membres.		?					
1664	**Ursulines, de Boulogne.** Comm. indép., autorisée le 19 juillet 1826. 65 membres.	210						Les Ursulines de Boulogne ont fondé 2 communautés de leur ordre en Amérique. Elles élèvent à Boulogne bon nombre d'Anglaises et de créoles, à qui elles font connaître et aimer la France.
1626	**Ursulines, de St-Omer.** Comm. indép., autor. le 19 juil. 1826. 40 membres.	216						
1808	**Ursulines, d'Aire-sur-la-Lys.** Comm. indép., autor. le 27 août 1826. 17 membres.	170						
1637	**Sœurs Annonciades, de Boulogne-sur-Mer.** Comm. indép., autor. le 17 janv. 1827. 21 membres.	60						
	A reporter...	10.050	2 519	637		86	3 242	

Pas-de-Calais.

SERVICES PENDANT LA GUERRE DE 1870-71	HISTORIQUE — FAITS PARTICULIERS OBSERVATIONS
Soigné 25 blessés pendant trois mois.	Les enfants pauvres sont toujours instruites gratuitement, bien que les Ursulines ne reçoivent pas de subvention.
	Communauté hospitalière.
Envois de linge, charpie, secours en argent aux blessés. Assistance et distribution de secours aux soldats de passage.	L'ordre des Ursulines a été fondé en 1534, par sainte Angèle Mérici, à Brescia (Italie). La communauté de Boulogne date de 1664. Au moment de la révolution, toutes les sœurs, ayant refusé le serment à la constitution civile du clergé, furent contraintes de se disperser, et plusieurs subirent les rigueurs d'une cruelle prison. Aujourd'hui, outre le pensionnat et l'externat payant, les Ursulines de Boulogne tiennent une école gratuite où 100 jeunes filles reçoivent l'instruction. De plus, quelques pensionnaires orphelines ou appartenant à des familles honorables qui ont subi des revers de fortune, sont admises et élevées gratuitement. Les pauvres non plus ne sont pas oubliés. Deux fois par semaine on leur fait une distribution de pain ; chaque jour on donne la soupe à plusieurs d'entre eux, on secourt les nécessiteux qui se présentent journellement. Enfin, deux fois par an, la communauté habille un grand nombre d'enfants pauvres.
Secours en argent.	80 enfants pauvres sont reçues et instruites dans l'école gratuite.
Envois de charpie, de linge et d'argent.	60 enfants pauvres sont instruites gratuitement ; 10 d'entre elles sont nourries presque entièrement tous les jours.
Secours de diverses natures, fourniture de literie et de charpie.	Cette communauté appartient à l'ordre fondé par sainte Jeanne de Valois.

Diocèse d'Arras (suite).

DATE DE LA FONDATION	CONGRÉGATIONS ou COMMUNAUTÉS	ENFANTS INSTRUITS	PERSONNES ASSISTÉES				TOTAL	SERVICES A L'ÉTRANGER et DANS LES COLONIES
			Hôpitaux et Hospices.	Orphelinats et Ouvroirs.	Maisons de refuge, de préservation et de correction.	Asiles d'aliénés et de sourds-muets.		
	Report...	10.050	2.519	637		86	3.242	
	Bénédictines du Saint-Sacrement, à Arras. Comm. indép., autor. le 17 janv. 1827. 55 membres.	130						
	Bénédictines du St-Sacrement, à Longuenesse. Comm. indép., autorisée les 15 déc. 1855 et 1er juillet 1862. 35 membres.	20						
	Dames de Saint-Benoît, sous l'invocation de N.-D. de la Paix, à Calais. Comm. indép., autor. le 17 janv. 1827. 7 membres.	?						
	Clarisses, Saint-Omer. Comm. indép., autor. le 22 avril 1827. 23 membres.	?						
1841	**Sœurs de la Visitation Ste-Marie, à Marquesta, près Boulogne.** Comm. indép., autor. le 2 juin 1855. 31 membres.	?						
	Sœurs de l'Immaculé-Cœur de Marie, Boulogne. Comm. indép., autor. le 18 juil. 1866. 16 membres.	?		?		.		
	A reporter...	10.200	2.519	637		86	3.242	

Pas-de-Calais. 53

SERVICES PENDANT LA GUERRE DE 1870-71	HISTORIQUE — FAITS PARTICULIERS OBSERVATIONS
Dévouement aux blessés : un diplôme signé du maire d'Arras en rend témoignage.	L'institut a été fondé en 1654. L'adoration perpétuelle du saint Sacrement et l'éducation des jeunes filles, tel est le double but des Bénédictines du Saint-Sacrement.
Secours en argent.	Même but. Six jeunes filles sont élevées gratuitement au pensionnat.
	Communauté enseignante.
	Enseignement et prière.
La communauté a établi à ses frais une ambulance, où elle a soigné les blessés pendant dix mois. De plus, elle a recueilli un pensionnat fuyant l'invasion.	Cette communauté, établie à Paris depuis 1460, a été transférée à Boulogne en 1841. Elle élève et instruit les jeunes personnes, recueille des orphelines, et assiste les indigents et les malades dans la mesure de ses ressources.
	Pensionnat, externat et ouvroir.

Diocèse d'Arras (suite).

DATE DE LA FONDATION	CONGRÉGATIONS ou COMMUNAUTÉS	ENFANTS INSTRUITS	PERSONNES ASSISTÉES				TOTAL	SERVICES A L'ÉTRANGER et DANS LES COLONIES
			Hôpitaux et Hospices.	Orphelinats et Ouvroirs.	Maisons de refuge, de préservation et de correction.	Asiles d'aliénés et de sourds-muets.		
	Report...	10.200	2.519	637		86	3.242	
1459	**Sœurs Clarisses, à Arras.** Comm. indép. non autorisée. 26 membres.							
1871	**Religieuses de N.-D. de Sion, à Saint-Omer.** Comm. indép. non autorisée. 18 membres.	80		130			130	
	TOTAL...	10.280	2.519	667		86	3.372	

DIOCÈSE D'AUCH

	Filles de Marie (Tiers ordre). Congr. à sup. gén., autorisée les 16 fév. 1856 et 11 nov. 1865. Maison mère à Auch. 115 membres.	2.000	20			?	20	
1821	**Sœurs de Notre-Dame, à Masseube.** Communauté indépendante, autorisée le 19 novembre 1826. 30 membres.	160						
	Report...	2.160	20				20	

Pas-de-Calais.

SERVICES PENDANT LA GUERRE DE 1870-71	HISTORIQUE — FAITS PARTICULIERS OBSERVATIONS
	Vie contemplative.
	Les 130 enfants assistées par les religieuses de Notre-Dame de Sion sont réparties en deux catégories : 40 à l'orphelinat, dont 20 entièrement gratuites, et 90 à l'ouvroir. De plus, les mêmes religieuses ont la direction de deux patronages, où elles prodiguent leurs soins et leurs secours à 160 enfants pauvres.

GERS

	Les Filles de Marie donnent leurs soins aux aliénés de l'asile départemental.
La communauté a fourni bon nombre de lits et objets de literie aux mobiles. Des religieuses se sont même privées de leurs couvertures pour les leur prêter.	On peut évaluer à plus de 50 le nombre des pauvres assistés chaque semaine par la communauté.

Diocèse d'Auch (suite).

DATE DE LA FONDATION	CONGRÉGATIONS ou COMMUNAUTÉS	ENFANTS INSTRUITS	Hôpitaux et Hospices.	Orphelinats et Ouvroirs.	Maisons de refuge, de préservation et de correction.	Asiles d'aliénés et de sourds-muets.	TOTAL	SERVICES A L'ÉTRANGER et DANS LES COLONIES
	Report...	2.160	20				20	
1623	**Ursulines du Prieuré, à Auch.** Comm. indép., autor. le 18 sept. 1838. 47 membres.	250						La communauté a fourni des sujets aux missions d'Amérique (Louisiane et Texas) et de la Grèce (île de Ténos).
	Carmélites, à Lectoure. Comm. indép., autor. le 29 juillet 1827. 18 membres.							
1826	**Ursulines du Sacré-Cœur, à Auch.** Comm. indép., autor. le 20 juin 1827. 47 membres.	150						
1807	**Ursulines, à Condom.** Comm. indép., autor. le 30 mars 1839. 35 membres.	160						
XIIe siècle	**Sœurs de Ste-Marie (ordre de Fontevrault), à Boulaur.** Comm. indép., autor. le 15 mai 1847. 22 membres.	28						
1833	**Sœurs de Notre-Dame, à l'Isle-Jourdain.** Comm. indép., autor. le 12 mars 1856. 14 membres.	105						
	A reporter....	2.853	20				20	

Gers.

SERVICES PENDANT LA GUERRE DE 1870-71	HISTORIQUE — FAITS PARTICULIERS OBSERVATIONS
	La communauté ne reçoit aucune subvention. Elle entretient à ses frais une école gratuite fréquentée par 100 jeunes filles pauvres.
	Vie contemplative.
	La classe gratuite entretenue par les Ursulines reçoit à peu près 75 enfants. Outre l'instruction, les sœurs leur distribuent des secours matériels, et s'occupent, au sortir de l'école, de leur procurer de bonnes places, comme ouvrières ou comme domestiques.
	60 enfants sont instruites gratuitement. Plusieurs d'entre elles sont nourries et vêtues aux frais du monastère. Outre les classes, les sœurs ont créé un patronage où elles réunissent le dimanche, de 4 à 7 heures du soir, 75 à 80 jeunes ouvrières, auxquelles elles font des cours de français, de calcul, en même temps qu'elles les instruisent de leur religion et leur procurent des délassements honnêtes. Deux fois par semaine une distribution de pain est faite aux pauvres, à la porte du couvent.
Envois de secours en argent et fourniture de linge, couvertures, etc.	Les sœurs admettent toujours gratuitement les jeunes filles pauvres à leur école. Elles portent aux malades et aux pauvres de la localité des secours de toutes sortes, en argent, vivres, remèdes, linge, vêtements, etc.
Confectionné des vêtements pour les soldats, et envoyé du linge pour les blessés.	Jusqu'en 1878, les sœurs de Notre-Dame recevaient de la commune une subvention de 400 fr. pour l'école gratuite, habituellement fréquentée par 40 jeunes filles. Cette subvention a été supprimée par le conseil municipal.

Diocèse d'Auch (suite).

DATE DE LA FONDATION	CONGRÉGATIONS ou COMMUNAUTÉS	ENFANTS INSTRUITS	PERSONNES ASSISTÉES					SERVICES A L'ÉTRANGER et DANS LES COLONIES
			Hôpitaux et Hospices	Orphelinats et Ouvroirs	Maisons de refuge, de préservation et de correction	Asiles d'aliénés et de sourds-muets	TOTAL	
	Report...	2.853	20				20	
1831	Carmélites, à Auch. Communauté indépendante non autorisée.							
	Total...	2.853	20				20	

DIOCÈSE D'AUTUN

1762	Sœurs du St-Sacrement. Congr. à sup. gén., autor. les 26 déc. 1810 et 30 sept. 1837. Maison mère à Autun. 74 écoles, 27 hôpitaux et un certain nombre de salles d'asile.	7.550	1.500	180			1.680	
1846	Sœurs de l'Instruction de l'Enfant-Jésus. Congr. diocésaine, autorisée le 25 janv. 1865. Maison mère à Chauffailles. 331 membres. (117 écoles et 2 hôpitaux.)	12.000	160				160	En 1877, 4 religieuses ont été envoyées au Japon, où elles s'occupent spécialement de recueillir les enfants abandonnés, et de donner asile aux vieillards.
	Sœurs hospitalières, de Louhans. Comm. indép., autor. le 5 juin 1810. 13 membres.		73				73	
	A reporter...	19.550	1.733	180			1.913	

Gers.

SERVICES PENDANT LA GUERRE DE 1870-71	HISTORIQUE — FAITS PARTICULIERS OBSERVATIONS
	Vie contemplative.

SAONE-ET-LOIRE

La maison mère seule a soigné 1,564 soldats blessés ou malades, dont 400 varioleux.	Pendant la révolution, les sœurs du Saint-Sacrement furent dispersées et dépouillées de tous leurs biens. Mais, ardemment dévouées aux pauvres et aux malades, dont elles s'étaient faites les servantes, elles se soumirent aux plus dures privations plutôt que de les abandonner.
Plusieurs établissements ont été transformés en ambulances. Une vingtaine de maisons ont logé et nourri des soldats.	Les sœurs emploient les loisirs que leur laisse la direction des écoles, à visiter les malades et à leur rendre les divers services dont ils peuvent avoir besoin. Plusieurs établissements possèdent une pharmacie, qui distribue des médicaments gratuits aux indigents.
Soigné 352 soldats malades ou blessés.	Les sœurs ne reçoivent aucun traitement; elles sont seulement nourries. Elles soignent les malades et les vieillards.

Diocèse d'Autun (suite).

DATE DE LA FONDATION	CONGRÉGATIONS ou COMMUNAUTÉS	ENFANTS INSTRUITS	PERSONNES ASSISTÉES				TOTAL	SERVICES A L'ÉTRANGER et DANS LES COLONIES
			Hôpitaux et Hospices.	Orphelinats et Ouvroirs.	Maisons de refuge, de préservation et de correction.	Asiles d'aliénés et de sourds-muets.		
	Report...	19.550	1.733	180			1.913	
	Sœurs hospitalières, de **Paray-le-Monial**. Comm. indép., autor. le 16 juil. 1810. 9 membres.		?				?	
	Sœurs hospitalières, de **Cuiseaux**. Comm. indép., autor. le 2 nov. 1810. 5 membres.		?				?	
	Sœurs de Ste-Marthe, de **Cluny**. Comm. indép., autor. le 2 nov. 1810. 13 membres.		?				?	
	Sœurs hospitalières, de **Chagny**. Comm. indép., autor. le 15 nov. 1810. 6 membres.		?				?	
	Sœurs hospitalières, de **Mâcon**. Comm. indép., autor. le 26 déc. 1810. 20 membres.		?				?	
	Sœurs de Ste-Marthe, à **Châlon-sur-Saône**. Comm. indép., autor. le 27 fév. 1811. 24 membres.		?				?	
	Sœurs de la Visitation, à **Mâcon**. Comm. indép., autor. le 26 nov. 1816. 29 membres.	?						
	A reporter...	19.550	1.733	180			1.913	

Saône-et-Loire. 61

SERVICES PENDANT LA GUERRE DE 1870-71	HISTORIQUE — FAITS PARTICULIERS OBSERVATIONS
	Communauté hospitalière.
	Communauté hospitalière.
	Communauté hospitalière.
	Communauté hospitalière.
	Communauté hospitalière.
	Communauté hospitalière.
	Communauté enseignante.

Diocèse d'Autun (suite).

DATE DE LA FONDATION	CONGRÉGATIONS ou COMMUNAUTÉS	ENFANTS INSTRUITS	PERSONNES ASSISTÉES					SERVICES A L'ÉTRANGER et DANS LES COLONIES
			Hôpitaux et Hospices.	Orphelinats et Ouvroirs.	Maisons de refuge, de préservation et de correction.	Asiles d'aliénés et de sourds-muets.	TOTAL	
	Report...	19.500	1.733	180			1.913	
	Sœurs de la Visitation, à Paray-le-Monial. Comm. indép., autor. le 3 nov. 1825. 41 membres.	?						
	Carmélites, à Châlon-sur-Saône. Comm. indép., autor. le 22 avril 1827. 20 membres.							
	Sœurs de St-Dominique, à Châlon-sur-Saône. Comm. indép., autor. le 22 avril 1827. 51 membres.	?						
	Sœurs de la Visitation, à Autun. Comm. indép., autor. le 3 août 1853. 36 membres.	?						
1844	Sœurs des Sts-Anges, à Mâcon. Comm. indép. non aut. 25 membres.	?						
1838	Carmélites, à Autun. Comm. indép. non aut. 17 membres.							
1875	Cisterciennes, à St-Clément-lez-Mâcon. Comm. indép. non aut. 19 membres.							
	A reporter...	19.550	1.733	180			1.913	

SERVICES PENDANT LA GUERRE DE 1870-71	HISTORIQUE — FAITS PARTICULIERS OBSERVATIONS
	Communauté enseignante.
	Vie contemplative.
	Communauté enseignante.
	Communauté enseignante.
	Communauté enseignante.
	Vie contemplative.
	Travaux agricoles.

Diocèse d'Autun (suite).

DATE DE LA FONDATION	CONGRÉGATIONS ou COMMUNAUTÉS	ENFANTS INSTRUITS	PERSONNES ASSISTÉES				TOTAL	SERVICES A L'ÉTRANGER et DANS LES COLONIES
			Hôpitaux et Hospices.	Orphelinats et Ouvroirs.	Maisons de refuge, de préservation et de correction.	Asiles d'aliénés et de sourds-muets.		
	Report...	19.550	1.733	180			1.913	
1865	Franciscaines, à Sennecé-lez-Mâcon. Comm. indép. non aut. 4 membres.							
1856	Sœurs de St-François-Régis, au Méplier. Comm. indép. non aut. 11 membres.		?					
	Sœurs de Ste-Marthe, à Conches-les-Mines. Comm. indép. non aut. 4 membres.		?					
1674	Sœurs de Ste-Marthe, à Tournus. Communauté indépendante non autorisée. 10 membres.		33				33	
1866	Tiers ordre régulier du Mont-Carmel, à Autun. Congrég. non autorisée. 23 membres.	?	?				?	
	Total...	19.550	1.766	180			1.946	

Saône-et-Loire. 65

SERVICES PENDANT LA GUERRE DE 1870-71	HISTORIQUE — FAITS PARTICULIERS OBSERVATIONS
	Vie de travail et de prière.
	Asile pour les jeunes détenus.
	Soins aux malades.
En dehors de l'hôpital de Tournus, qui compte pour la durée de la guerre 3.000 journées de malades, les sœurs ont prodigué leurs soins à 1.500 malades ou blessés. Elles se sont imposé à cette époque des sacrifices personnels considérables.	Les sœurs hospitalières de Tournus ne reçoivent aucun traitement ni indemnité quelconque. Leur concours est absolument gratuit.
	Enseignement et soins aux malades.

DIOCÈSE D'AVIGNON

DATE DE LA FONDATION	CONGRÉGATIONS ou COMMUNAUTÉS	ENFANTS INSTRUITS	PERSONNES ASSISTÉES					TOTAL	SERVICES A L'ÉTRANGER et DANS LES COLONIES
			Hôpitaux et Hospices.	Orphelinats et Ouvroirs.	Maisons de refuge, de préservation et de correction.	Asiles d'aliénés et de sourds-muets.		
1854	**Cisterciens,** à l'abbaye de N.-Dame de Senanque. Comm. indép. non autorisée. 21 membres.							
1859	**Prêtres missionnaires** de N.-D. de Ste-Garde, à Orange. Comm. indép. non autorisée. 10 membres.							
1808	**Filles de l'Immaculée-Conception.** Congr. à sup. gén., aut. le 28 mai 1826. Maison mère à Avignon. 169 membres.	3.000	60				60	
XIXe siècle	**Pauvres Sœurs** de St-François-d'Assise. Congr. à sup. gén., autorisée le 8 déc. 1853. Maison mère à Avignon. 63 membr.	240	40				40	
1672	**Hospitalières** de St-Joseph, à Avignon. Communauté indépendante, autorisée le 14 décembre 1810. 41 membres.		?					
	A reporter...	3.240	100				100	

VAUCLUSE

SERVICES PENDANT LA GUERRE DE 1870-71	HISTORIQUE — FAITS PARTICULIERS OBSERVATIONS
	Travaux agricoles.
	Ministère ecclésiastique.
Les Filles de l'Immaculée-Conception ont desservi deux ambulances.	Dans la plupart des écoles communales, à côté de l'institutrice titulaire, une ou plusieurs sœurs prêtent un concours gratuit.
	Les pauvres sont toujours soignés gratuitement. Des médailles et des mentions honorables décernées par le gouvernement témoignent d'ailleurs du dévouement de ces religieuses. Plusieurs sont mortes en soignant les cholériques.
Durant la guerre, les sœurs ont soigné 2.005 malades et blessés, parmi lesquels 300 varioleux dont les plaies rongées de vers ne purent décourager le dévouement des sœurs, « trop heureuses de se sacrifier pour les défenseurs de la patrie. »	Les Hospitalières de Saint-Joseph ont largement contribué à la construction de l'hôpital qu'elles desservent. Chaque fois que le choléra a fait invasion à Avignon, elles ont déployé le plus grand courage. En 1854, elles furent les seules à oser le braver, les infirmiers, démoralisés, refusant tout service. Elles prodiguent leurs soins, en moyenne, à 1.800 malades chaque année.

Diocèse d'Avignon (suite).

DATE DE LA FONDATION	CONGRÉGATIONS ou COMMUNAUTÉS	ENFANTS INSTRUITS	PERSONNES ASSISTÉES				TOTAL	SERVICES A L'ÉTRANGER et DANS LES COLONIES
			Hôpitaux et Hospices.	Orphelinats et Ouvroirs.	Maisons de refuge, de préservation et de correction.	Asiles d'aliénés et de sourds-muets.		
	Report...	3.240	100				100	
1594	**Ursulines, à Avignon.** Communauté indépendante, autorisée le 24 décembre 1826. 15 membres.	65						
XIXᵉ siècle	**Sœurs de l'Adoration perpétuelle du T.-S.-Sacrement, à Avignon.** Comm. indép., autor. le 22 avril 1827. 40 membres.	38						
1725	**Sœurs de l'Adoration perpétuelle du Très-Saint-Sacrement, à Bollène.** Comm. indép., autor. le 22 avril 1827.	10		7			7	
1764	**Augustines, à Carpentras.** Comm. indép., autor. le 22 avril 1827. 30 membres.		60				60	
	A reporter...	3.353	160	7			167	

Vaucluse. 69

SERVICES PENDANT LA GUERRE DE 1870-71	HISTORIQUE — FAITS PARTICULIERS OBSERVATIONS
Envoyé du linge et des vêtements, logé des mobiles et des soldats qui ont montré beaucoup de reconnaissance pour les soins qui leur ont été prodigués.	Outre les trois vœux ordinaires de religion, les Ursulines promettent spécialement, par un quatrième vœu, de se consacrer à l'éducation gratuite des jeunes filles pauvres. Aussi, parmi leurs 65 élèves, compte-t-on 25 externes et quelques pensionnaires gratuites. L'ordre de Sainte-Ursule de Jésus a été fondé par sainte Angèle Mérici, en 1533. Avant la Révolution, Avignon possédait trois monastères florissants d'Ursulines, tous trois détruits alors. Après la Révolution, l'un d'eux put être relevé, à force de privations et de sacrifices, par un certain nombre de religieuses, au nombre desquelles on comptait Mlle *d'Assas*. Les sœurs passaient la nuit soit à travailler, pour subvenir à leurs besoins, soit à préparer pour le lendemain les matériaux pour les maçons. Elles sont arrivées ainsi à procurer aux élèves un bâtiment gracieux et commode. Pour elles, le bâtiment qu'elles occupent est si humide et si mal éclairé, que l'inspecteur des contributions directes disait, en le parcourant : « Ce bâtiment ne se louerait pas ; il ne peut être occupé que par des religieuses. »
Les sœurs ont logé des mobiles, fourni des lits, préparé du linge et de la charpie pour les blessés.	Communauté fondée pour combler les lacunes créées par la Révolution dans l'enseignement. Education des jeunes filles, et prière de jour et de nuit devant le saint Sacrement, tel est son double but.
Au prix de grandes privations, les sœurs ont pu faire quatre envois d'argent et fournir à diverses reprises du linge et de la charpie.	De 1725 à la Révolution, les sœurs se dévouèrent à l'enseignement gratuit des pauvres. En récompense, treize d'entre elles furent guillotinées, après condamnation du tribunal révolutionnaire d'Orange. Le couvent de Bollène, malgré l'exiguïté de ses ressources, élève toujours gratuitement sept ou huit orphelines pauvres. Chaque semaine, 42 pains sont régulièrement distribués aux pauvres. Les sœurs donnent en outre, ou font porter aux pauvres, du linge, des vêtements, de la nourriture, procurent du travail aux ouvriers sans ressources, et ne refusent jamais leurs secours aux indigents qui se présentent.
Soigné constamment 100 malades et blessés durant six mois.	Onze sœurs consacrent tous leurs soins aux pauvres malades, moyennant une indemnité totale de 900 francs.

Diocèse d'Avignon (suite).

DATE DE LA FONDATION	CONGRÉGATIONS ou COMMUNAUTÉS	ENFANTS INSTRUITS	PERSONNES ASSISTÉES				TOTAL	SERVICES A L'ÉTRANGER et DANS LES COLONIES
			Hôpitaux et Hospices.	Orphelinats et Ouvroirs.	Maisons de refuge, de préservation et de correction.	Asiles d'aliénés et de sourds-muets.		
	Report...	3.353	160	7			167	
1817	Sœurs de l'Adoration perpétuelle du Saint-Sacrement, à Carpentras. Comm. indép., autorisée le 22 avril 1827.	30						
	Ursulines, à Valréas. Comm. indép. autor. le 9 mars 1828. 20 membres.	?						
1838	Sœurs de Notre-Dame, à Cavaillon. Comm. indép. autor. le 24 déc. 1840. 44 membres.	250						
	Carmélites, à Avignon. Comm. indép. non aut. 15 membres.							
1810	Carmélites, à Carpentras. Comm. indép. non aut. 17 membres.							
1670	Dames de St-Eutrope. Comm. indép. non aut. 16 membres.	?						
1624	Sœurs de la Visitation, à Avignon. Comm. indép. non aut. 30 membres.	?						
	TOTAL...	3.633	160	7			167	

Vaucluse.

SERVICES PENDANT LA GUERRE DE 1870-71	HISTORIQUE — FAITS PARTICULIERS OBSERVATIONS
Envois d'argent, de linge et de charpie.	Condamnée à mort comme religieuse, Mme de la Fare fut sauvée par la mort de Robespierre. Aussitôt elle s'occupa de fonder avec sa fortune personnelle deux maisons de l'Adoration perpétuelle à Avignon et à Carpentras. Depuis ce moment, que de malades soulagés, de pauvres secourus, d'orphelines élevées, de jeunes filles à qui on a préparé un avenir honorable !
	Communauté enseignante.
Envois d'argent et de vêtements.	Appelées en 1838 par les autorités municipales, les sœurs de Notre-Dame fondèrent leur établissement avec leurs seules ressources. Pendant quelques années elles ont reçu une légère indemnité pour leur école gratuite : cette subvention vient de leur être enlevée. Elles assistent tous les pauvres, voyageurs et ouvriers qui se présentent à la porte du couvent.
	Vie contemplative.
	Vie contemplative.
	Éducation des jeunes filles.
	Éducation des jeunes filles.

DIOCÈSE DE BAYEUX

DATE DE LA FONDATION	CONGRÉGATIONS ou COMMUNAUTÉS	ENFANTS INSTRUITS	PERSONNES ASSISTÉES					TOTAL	SERVICES A L'ÉTRANGER et DANS LES COLONIES
			Hôpitaux et Hospices.	Orphelinats et Ouvroirs.	Maisons de refuge, de préservation et de correction.	Asiles d'aliénés et de sourds-muets.		
1862	**Chanoines Augustins de l'ordre des Prémontrés**, à Juaye-Mondaye. Congrég. non autorisée.							
XVIIIe siècle	**Sœurs de Notre-Dame de Charité**. Congrég. à sup. gén., autorisée le 22 oct. 1810. Maison mère à Lisieux. 30 membres.		330	125			455	
1683	**Sœurs de la Providence**. Congrégation à supérieure générale, autorisée le 30 septembre 1811. Maison mère à Lisieux. 364 membres.	6.000	20	20			40	
1720	**Sœurs du Bon-Sauveur**. Congrégation à supérieure générale, autorisée les 22 avril 1827 et 16 mars 1834. Maison mère à Caen. 269 membres.	528	25	64		1.744	1.833	La Congrégation envoie de nombreux secours aux orphelinats de l'Algérie.
	A reporter...	6.528	375	209		1.744	2.328	

CALVADOS

SERVICES PENDANT LA GUERRE DE 1870-71	HISTORIQUE — FAITS PARTICULIERS OBSERVATIONS
	Prédication.
Outre l'hôpital, les sœurs ont desservi deux ambulances.	Les sœurs de Notre-Dame de Charité ne reçoivent aucun traitement. Bien au contraire, elles viennent très souvent en aide aux malades sur leurs ressources personnelles. Une ancienne supérieure générale a constamment employé à cet effet 2.000 francs du revenu de son patrimoine : toutes les religieuses riches imitent cet exemple, et la Congrégation peut ainsi soigner, instruire et nourrir beaucoup d'orphelines.
Pendant la guerre, les sœurs faisaient à leurs frais la cuisine des malades et des blessés. Elles blanchissaient aussi et raccommodaient le linge des soldats, et leur faisaient des dons nombreux en vivres et en linge.	A la maison mère, 150 enfants sont instruites, nourries et vêtues gratuitement. Tous les jours on fait aux pauvres des distributions considérables de vivres et de vêtements. Partout où les sœurs sont établies, elles visitent à domicile, dans leurs moments de loisir, les pauvres et les malades. De plus, elles dirigent un cours normal, où les jeunes filles qui désirent devenir institutrices sont instruites dans des conditions très modiques.
Les sœurs du Bon-Sauveur ont organisé et entretenu pendant toute la durée de la guerre, à leurs frais, une ambulance de 40 lits. Elles ont aussi donné du linge, des lits, fait de la charpie, et confectionné des vêtements pour les soldats.	166 sourds-muets, orphelins ou malades pauvres sont instruits et entretenus à la maison mère, aux frais de la Congrégation. Un certain nombre d'aliénés sont aussi reçus gratuitement. Dispersées par la Révolution et restées sans asile, les sœurs du Bon-Sauveur n'en continuèrent pas moins à soigner les femmes aliénées recueillies par elles, et cela pendant 13 ans. Après la Révolution, elles surent, sans le secours de personne, fonder de grands établissements pour les aliénés et les sourds-muets. Elles se font un devoir d'aller partout soigner les malades et consoler les pauvres.

Diocèse de Bayeux (suite).

DATE DE LA FONDATION	CONGRÉGATIONS ou COMMUNAUTÉS	ENFANTS INSTRUITS	PERSONNES ASSISTÉES					TOTAL	SERVICES A L'ÉTRANGER et DANS LES COLONIES
			Hôpitaux et Hospices.	Orphelinats et Ouvroirs.	Maisons de refuge, de préservation et de correction.	Asiles d'aliénés et de sourds-muets.		
	Report...	6.528	375	209		1.744	2.328	
1842	Sœurs de la Miséricorde du St-Cœur de Marie. Congrég. à sup. gén., autorisée les 10 mars 1852 et 5 août 1853. Maison mère à Blon. 41 maisons. 142 membres.	3.000	28	65			93	
1843	Sœurs de la Miséricorde. Congr. à sup. gén., autor. le 8 nov. 1852. Maison mère à Caen. 63 membres.	350	30	25			55	
	Sœurs hospitalières, de Falaise. Communauté indépendante, autorisée le 22 octobre 1810. 10 membres.		200	60			260	
	Sœurs hospitalières de Caen (Hôpital St-Louis). Comm. indép., autor. le 15 nov. 1810. 26 membres.		?					
	Sœurs hospitalières, de Bayeux. Comm. indép., autor. le 25 nov. 1810. 54 membres.	?	?				?	
	A reporter...	9.878	633	359		1.744	2.736	

Calvados.

SERVICES PENDANT LA GUERRE DE 1870-71	HISTORIQUE — FAITS PARTICULIERS OBSERVATIONS
Fourni des lits et confectionné des vêtements. Tous les mobiles qui se présentaient étaient nourris, vêtus et chaussés aux frais de la Congrégation. En outre, les sœurs ont recueilli les enfants des familles chassées par l'invasion.	Les sœurs vont visiter les malades à domicile. Elles ont organisé une œuvre des retraites pour les institutrices laïques.
Les sœurs de la Miséricorde ont desservi 7 ambulances.	Les sœurs de la Miséricorde ont toujours montré le plus grand dévouement dans les épidémies. Elles passent par an 4,262 jours et 4.930 nuits au chevet des malades, distribuent par jour 1.200 portions aux fourneaux économiques, et tiennent un lavoir des pauvres, dont profitent plus de 500 familles pauvres.
Pendant la guerre, les sœurs de Falaise ont soigné jusqu'à 500 malades par jour. De plus, elles distribuaient des vivres en moyenne à 30 soldats, tous les jours, et elles faisaient la cuisine pour une ambulance voisine. En retour, une médaille d'honneur a été décernée à la supérieure.	Les sœurs ne reçoivent aucun traitement.
	Communauté hospitalière.
	Communauté hospitalière et enseignante.

Diocèse de Bayeux (suite).

DATE DE LA FONDATION	CONGRÉGATIONS ou COMMUNAUTÉS	ENFANTS INSTRUITS	PERSONNES ASSISTÉES				TOTAL	SERVICES A L'ÉTRANGER et DANS LES COLONIES
			Hôpitaux et Hospices.	Orphelinats et Ouvroirs.	Maisons de refuge, de préservation et de correction.	Asiles d'aliénés et de sourds-muets.		
	Report...	9.878	633	359		1.744	2.736	
1662	Religieuses Augustines hospitalières, de l'Hôtel-Dieu de Vire. Communauté indépendante, autorisée le 14 décembre 1810. 15 membres.	30	25				25	
1629	Sœurs hospitalières, de l'Hôtel-Dieu de Caen. Comm. indép., autor. le 26 décembre 1810. 42 membres.		500				500	
	Sœurs du Refuge, à Caen. Comm. indép., autor. le 29 juin 1811. 61 membres.				?			
XIᵉ siècle	Bénédictines du Sᵗ-Désir, de Lisieux. Comm. indép., autor. le 11 sept. 1816. 41 membres.	110						
1631	Sœurs de la Visitation Sᵗᵉ-Marie, de Caen. Comm. indép., autor. le 22 fév. 1826. 42 membres.	40						
	A reporter...	10.058	1.158	359		1.744	3.261	

SERVICES PENDANT LA GUERRE DE 1870-71	HISTORIQUE — FAITS PARTICULIERS OBSERVATIONS
Les sœurs ont envoyé à l'armée 200 kilog. de linge, beaucoup de couvertures, bas, vêtements, etc. Elles ont, en outre, soigné beaucoup de malades et de blessés, et abandonné en leur faveur la rente de 1.000 francs que leur fait la ville. Enfin, elles ont logé et nourri à leurs frais un grand nombre de mobiles.	
Les sœurs de l'Hôtel-Dieu de Caen ont soigné 5.400 malades et blessés. Elles avaient été autorisées à sortir de leur clôture pour aller soigner les malades au dehors de l'Hôtel-Dieu.	
	Asile de filles repenties.
Confectionné des vêtements, du linge, de la charpie; logé, soigné, nourri jusqu'à 40 et 60 soldats à la fois.	Pensionnat de jeunes filles et éducation gratuite des jeunes filles pauvres. Les sœurs distribuent gratuitement des médicaments aux pauvres malades. Elles assistent en outre environ 30 familles pauvres.
Desservi une ambulance; confectionné des vêtements.	Une partie des pensionnaires est élevée gratuitement.

Diocèse de Bayeux (suite).

DATE DE LA FONDATION	CONGRÉGATIONS ou COMMUNAUTÉS	ENFANTS INSTRUITS	PERSONNES ASSISTÉES					SERVICES A L'ÉTRANGER et DANS LES COLONIES
			Hôpitaux et Hospices.	Orphelinats et Ouvroirs.	Maisons de refuge, de préservation et de correction.	Asiles d'aliénés et de sourds-muets.	TOTAL	
	Report...	10.058	1.158	359		1.744	3.261	
1630	Ursulines, de Caen. Comm. indép., autor. le 19 février 1820. 35 membres.	170						
1623	Ursulines, de Bayeux. Comm. indép., autorisée le 23 juillet 1826. 29 membres.	100		15			15	
XIX° siècle	Augustines, à Orbec. Comm. indép., autorisée le 19 novembre 1826. 36 membres.	230		20			20	
	Sœurs de Notre-Dame de Charité, à St-Vigor-le-Grand. Comm. indép., autor. les 19 nov. 1826 et 7 déc. 1859. 27 membres.	?	?					
1151	Sœurs de Notre-Dame, à Honfleur. Comm. indép., aut. le 14 janvier 1827. 26 membres.	240		60			60	
	Bénédictines du Saint-Sacrement, à Bayeux. Comm. indép., autor. le 17 janv. 1827. 62 membres.	50						
	A reporter...	10.848	1.158	454		1.744	3.356	

Calvados.

SERVICES PENDANT LA GUERRE DE 1870-71	HISTORIQUE — FAITS PARTICULIERS OBSERVATIONS
Confectionné des vêtements et de la charpie.	L'instruction gratuite des jeunes filles pauvres est l'objet d'un vœu spécial. Quelques pensionnaires sont admises gratuitement; les externes sont instruites sans rétribution aucune, et les sœurs donnent souvent à celles qui sont dans le besoin des secours en vivres et en vêtements.
Les sœurs ont envoyé à l'hospice, pour les blessés, leurs lits, leurs draps, leurs couvertures, leur linge et leurs aumônes.	15 orphelines et 10 pensionnaires sont élevées gratuitement. Les Ursulines de Bayeux n'ont jamais interrompu leurs bonnes œuvres, pas même durant la Terreur, quoiqu'elles vécussent alors isolées les unes des autres.
Les Augustines d'Orbec ont reçu et entretenu les jeunes filles qui avaient leurs pères sous les drapeaux; elles ont ensuite recueilli les orphelines de la guerre.	Depuis 80 ans, les sœurs Augustines d'Orbec ont instruit gratuitement et sans subvention de personne plus de 8.000 enfants pauvres, auxquelles elles ont fourni souvent des vêtements, du linge, des livres, etc.
	Communauté hospitalière et enseignante.
	120 externes sont instruites gratuitement.
	Outre les élèves, les Bénédictines de Bayeux reçoivent un certain nombre de dames, la plupart infirmes et malades.

Diocèse de Bayeux (suite).

DATE DE LA FONDATION	CONGRÉGATIONS ou COMMUNAUTÉS	ENFANTS INSTRUITS	PERSONNES ASSISTÉES					SERVICES A L'ÉTRANGER et DANS LES COLONIES
			Hôpitaux et Hospices.	Orphelinats et Ouvroirs.	Maisons de refuge, de préservation et de correction.	Asiles d'aliénés et de sourds-muets.	TOTAL	
	Report...	10.848	1.158	454		1.744	3.356	
	Benédictines du Saint-Sacrement, à Caen. Comm. indép., autor. le 17 janv. 1827, 61 membres.	?						
	Sœurs de Notre-Dame de la Charité, de Pont-l'Évêque. Comm. indép., autor. le 22 avril 1827. 15 membres.	110	70				70	
	Sœurs de la Charité, à la Délivrande (Commune de Douvres). Comm. indép., autor. le 7 juill. 1853. 69 membres.	?	?					
1644	**Sœurs de la Miséricorde de Jésus, de l'ordre de St-Augustin, à Isigny.** Comm. indép., autorisée le 17 janvier 1853.	70	47				47	
1807	**Sœurs de Saint-Louis, de Vire.** Communauté indépendante, autorisée le 27 juillet 1850. 10 membres.		105	30			135	
	Sœurs Augustines, à Condé-sur-Noireau. Comm. indép., autor. le 3 mai 1860. 28 membres.	110						
	A reporter...	11.138	1.380	484		1.744	3.608	

Calvados.

SERVICES PENDANT LA GUERRE DE 1870-71	HISTORIQUE — FAITS PARTICULIERS OBSERVATIONS
	Communauté enseignante.
Soins aux malades et aux blessés. Une médaille de bronze a été décernée à la supérieure.	Les sœurs ne reçoivent aucune rétribution pour soigner les malades de l'hospice. Elles sont simplement nourries.
	Communauté hospitalière et enseignante.
Soigné plus de 130 blessés et malades durant 6 mois. En outre, préparé la nourriture et les médicaments pour une ambulance en ville.	Les sœurs de la Miséricorde ont toujours montré un grand dévouement dans les épidémies, qui ont maintes fois fait parmi elles plusieurs victimes.
Envoi de secours en argent, linge, vêtements, etc. Soigné 150 blessés ou malades pendant 4 mois. Une sœur est morte victime de son dévouement pour les varioleux.	
	L'école gratuite, tenue par les sœurs à leurs frais, reçoit une soixantaine d'enfants.

Diocèse de Bayeux (suite).

DATE DE LA FONDATION	CONGRÉGATIONS ou COMMUNAUTÉS	ENFANTS INSTRUITS	Hôpitaux et Hospices.	Orphelinats et Ouvroirs.	Maisons de refuge, de préservation et de correction.	Asiles d'aliénés et de sourds-muets.	TOTAL	SERVICES A L'ÉTRANGER et DANS LES COLONIES
	Report...	11.138	1.380	484		1.744	3.608	
1868	**Carmélites, de Caen.** Comm. indép. non aut. 20 membres.							
1838	**Carmélites, de Lisieux.** Comm. indép. non aut. 25 membres.							
1832	**Filles de la Ste-Famille, à la Délivrande.** Comm. indép. non aut. 27 membres.							
1663	**Sœurs de Saint-Louis, de Caen.** Comm. indép. non aut. 24 membres.	?						
	Total...	11.138	1.380	484		1.744	3.608	

DIOCÈSE DE BAYONNE

	Bénédictins, à la Bastide-le-Clairence Comm. indép. non aut.							
1841	**Prêtres auxiliaires du Sacré Cœur de Jésus, de Bétharram.** Congrég. non autorisée. 4 établissements. 55 membres.	700						20 prêtres du Sacré-Cœur sont allés se fixer dans l'Uruguay et sur les bords de la Plata, au milieu

Calvados. 83

SERVICES PENDANT LA GUERRE DE 1870-71	HISTORIQUE — FAITS PARTICULIERS OBSERVATIONS
	Vie contemplative.
	Vie contemplative.
	Maison de retraite pour les personnes du monde. Patronage pour les jeunes filles.
	Soins donnés aux vieillards et aux enfants pauvres.

BASSES-PYRÉNÉES

	Missions.
	La maison de Bétharram élève et entretient complètement à ses frais 30 enfants. De plus elle nourrit au moins 20 pauvres par jour.

Diocèse de Bayonne (suite).

DATE DE LA FONDATION	CONGRÉGATIONS ou COMMUNAUTÉS	ENFANTS INSTRUITS	PERSONNES ASSISTÉES				TOTAL	SERVICES A L'ÉTRANGER et DANS LES COLONIES
			Hôpitaux et Hospices.	Orphelinats et Ouvroirs.	Maisons de refuge, de préservation et de correction.	Asiles d'aliénés et de sourds-muets		
	Prêtres auxiliaires du Sacré-Cœur de Jésus. (Suite.)	700						des Basques et des Béarnais émigrés. La congrégation possède aussi un collège à Buénos-Ayres, et une école à Montévidéo : 400 élèves y sont instruits dans l'amour de la France.
1836	**Servantes de Marie.** Congrégation à supérieure générale, autorisée le 14 décembre 1852. 1.000 membres. 165 maisons.	8.250		160	170		330	
XIXᵉ siècle	**Ursulines, à Pau.** Comm. indép., aut. le 27 nov. 1816. 58 membres.	302		20			20	
	Dominicaines, à Nay. Comm. indép., aut. le 22 avril 1816. 58 membres.							
1852	**Carmélites, à Pau.** Comm. indép. non aut. 16 membres.							
	A reporter...	9.252		180	170		350	

Basses-Pyrénées.

SERVICES pendant la guerre de 1870-71	HISTORIQUE — FAITS PARTICULIERS OBSERVATIONS
Les Servantes de Marie ont desservi un certain nombre d'ambulances avec le plus grand dévouement.	Fondées en 1836, par un pauvre prêtre sans ressources, les Servantes de Marie ont pris aujourd'hui une grande extension. Direction d'orphelinats, de refuges et de maisons de préservation, d'écoles, d'asiles, de crèches, d'hôpitaux et hospices, soins des malades à domicile, elles se livrent à toutes les bonnes œuvres avec un égal dévouement. Toutes les repenties et la plupart des orphelins et malades sont reçus, soignés et entretenus sans rétribution. On vit de son travail. Dans les écoles communales, trois sœurs, d'ordinaire, vivent sur le traitement de la titulaire. Dans les intervalles des classes, les sœurs s'occupent à visiter les malades à domicile, et à leur porter les secours et les consolations dont ils peuvent avoir besoin.
	Plus de 100 élèves sont instruites gratuitement. De tout temps, la communauté élève et entretient sans rétribution vingt orphelines.
	Communauté enseignante.
	Vie contemplative.

Diocèse de Bayonne (suite).

DATE DE LA FONDATION	CONGRÉGATIONS ou COMMUNAUTÉS	ENFANTS INSTRUITS	PERSONNES ASSISTÉES				TOTAL	SERVICES A L'ÉTRANGER et DANS LES COLONIES
			Hôpitaux et Hospices.	Orphelinats et Ouvroirs.	Maisons de refuge, de préservation et de correction.	Asiles d'aliénés et de sourds-muets.		
	Report...	9.252	180	170			350	
1858	Carmélites, à Bayonne. Comm. indép. non aut. 22 membres.							
1833	Carmélites, à Oloron-Sainte-Marie. Comm. indép. non aut. 18 membres.							
1875	Clarisses, à Orthez. Comm. indép. non aut. 17 membres.							
1857	Dominicaines, à Mauléon. Comm. indép. non aut. 57 membres.							
	Total...	9.252	180	170			350	

DIOCÈSE DE BEAUVAIS

DATE DE LA FONDATION	CONGRÉGATIONS ou COMMUNAUTÉS	ENFANTS INSTRUITS	Hôpitaux et Hospices.	Orphelinats et Ouvroirs.	Maisons de refuge, de préservation et de correction.	Asiles d'aliénés et de sourds-muets.	TOTAL	SERVICES A L'ÉTRANGER et DANS LES COLONIES
1854	Sœurs de la Compassion, Servantes du Seigneur. Congr. à sup. gén., aut. les 29 août 1855 et 7 décembre 1859. Maison mère à Domfront (Oise). 150 membres.	850	156	25			181	La congrégation possède un hospice à Bruxelles, où l'on a soigné, pendant la guerre, avec un grand dévouement, les blessés français. Une sœur est morte en soignant les varioleux.

Basses-Pyrénées.

SERVICES PENDANT LA GUERRE DE 1870-71	HISTORIQUE — FAITS PARTICULIERS OBSERVATIONS
	Vie contemplative.
	Vie contemplative.
	Vie contemplative.
	Prière et travail.

OISE

Six soldats blessés ont été soignés gratuitement pendant trois mois.	L'hospice de Domfront a reçu depuis sa fondation 1.500 personnes, tant pensionnaires que vieillards et enfants; 406 malades et 134 vieillards ont été admis gratuitement; 253 enfants, la plupart orphelines, ont été recueillies et élevées jusqu'à l'âge de 15 ou 18 ans, et même 21 ans. Les Sœurs de la Compassion ont montré un grand dévouement dans les épidémies : plusieurs sont mortes victimes de leur dévouement.

Diocèse de Beauvais (suite).

DATE DE LA FONDATION	CONGRÉGATIONS ou COMMUNAUTÉS	ENFANTS INSTRUITS	PERSONNES ASSISTÉES					TOTAL	SERVICES A L'ÉTRANGER et DANS LES COLONIES
			Hôpitaux et Hospices.	Orphelinats et Ouvroirs.	Maisons de refuge, de préservation et de correction.	Asiles d'aliénés et de sourds-muets.			
	Report...	850	156	25				181	
1855	**Petites Servantes de Marie-Immaculée.** Congrégation à supérieure générale, autorisée le 9 août 1856. Maison mère à Gaudechart. 80 membres.	680		50				50	
1867	**Carmélites, à Compiègne.** Comm. indép. non aut. 18 membres.								
	Total...	1.530	156	75				231	

DIOCÈSE DE BELLEY

	Frères de la Croix-de-Jésus. Congr. aut. le 4 mai 1854. Maison mère à Menestruel. 29 écoles. 131 membres.	4.315	16	14				30	
	Frères de la Ste-Famille. Congr. autor. le 10 janv. 1874. Maison mère à Belley. 53 écoles, 3 orphelinats. 248 membres.	4.800		100				100	
	A reporter...	9.115	16	114				130	

Oise. 89

SERVICES PENDANT LA GUERRE DE 1870-71	HISTORIQUE — FAITS PARTICULIERS OBSERVATIONS
	Cette congrégation a été fondée par le curé de Gaudechart, pour porter remède à l'épouvantable misère dans laquelle était plongée sa paroisse. Sur 500 habitants, 130 étaient sans travail et privés de tout moyen de subsistance, et se trouvaient dans l'obligation de mendier. Aujourd'hui, grâce aux Petites Servantes de Marie, la misère a cessé, et le pays autrefois si pauvre jouit maintenant d'une certaine aisance : les mendiants ont complètement disparu. Les Sœurs procurent de l'ouvrage à plus de 100 ouvrières, jeunes personnes ou mères de famille, et leur ouvroir compte plus de soixante personnes étrangères à la commune. En outre, les sœurs visitent les malades dans les paroisses où elles sont envoyées : elles entretiennent quelques vieillards pauvres, élèvent un certain nombre d'orphelines jusqu'à leur majorité, et leur procurent alors des emplois avantageux.
	Vie contemplative.

AIN

Préparé de la charpie, fourni du linge, des objets de literie et des ustensiles de ménage.	Les Frères entretiennent à leurs frais 16 vieillards et 14 orphelins.
Établi une ambulance, et fourni des brancardiers à l'armée de Paris.	

Diocèse de Belley (suite).

DATE DE LA FONDATION	CONGRÉGATIONS ou COMMUNAUTÉS	ENFANTS INSTRUITS	PERSONNES ASSISTÉES				TOTAL	SERVICES A L'ÉTRANGER et DANS LES COLONIES
			Hôpitaux et Hospices.	Orphelinats et Ouvroirs.	Maisons de refuge, de préservation et de correction.	Asiles d'aliénés et de sourds-muets.		
	A reporter...	9.115	16	114			130	
	Sœurs de Saint-Joseph. Congr. à sup. gén., autor. le 31 août 1828. Maison mère à Bourg. 223 écoles, dont 74 libres. 1.625 membres.	?						
	Sœurs maristes. Congr. à sup. gén., autor. le 11 déc. 1858. Maison mère à Belley. 6 établissements. 114 membres.	?						
	Sœurs de Ste-Marthe, à Bagé-le-Châtel. Comm. indép., autor. le 25 nov. 1810. 4 membres.		?					
	Sœurs de Ste-Marthe, à Châtillon-sur-Chalaronne. Comm. indép., autor. le 25 nov. 1810. 8 membres.		?					
	Sœurs de Ste-Marthe, à Pont-de-Vaux. Comm. indép., autor. le 25 nov. 1810. 12 membres.		?					
	Sœurs de Ste-Marthe, à Thoissey. Comm. indép., autor. le 25 nov. 1810. 12 membres.		?					
	Report...	9.115	16	114			130	

Ain. 91

SERVICES PENDANT LA GUERRE DE 1870-71	HISTORIQUE — FAITS PARTICULIERS OBSERVATIONS
	Les Sœurs de Saint-Joseph tiennent une école normale d'institutrices. Leurs écoles ont remporté de nombreux succès dans les examens et les concours.
	Communauté enseignante.
	Communauté hospitalière.
	Communauté hospitalière.
	Communauté hospitalière.
	Communauté hospitalière.

Diocèse de Belley (suite).

DATE DE LA FONDATION	CONGRÉGATIONS ou COMMUNAUTÉS	ENFANTS INSTRUITS	PERSONNES ASSISTÉES					TOTAL	SERVICES A L'ÉTRANGER et DANS LES COLONIES
			Hôpitaux et Hospices.	Orphelinats et Ouvroirs.	Maisons de refuge, de préservation et de correction.	Asiles d'aliénés et de sourds-muets.		
	A reporter...	9.115	16	114			130	
	Visitation, à Bourg. Comm. indép., autor. le 22 févr. 1826. 51 membres.	?						
	Visitation, à Gex. Comm. indép., autor. le 22 févr. 1826. 34 membres.	?						
	Visitation, à Montluel. Comm. indép., autor. le 22 févr. 1826. 46 membres.	?						
	Ursulines, à Thoissey. Comm. indép., autor. le 29 juil. 1827. 21 membres.	?						
	Bernardines, à Belley. Comm. indép., autor. le 13 févr. 1843. 25 membres.	?						
	Ursulines, à Trévoux. Comm. indép., autor. le 12 mars 1873. 29 membres.	?						
1874	**Carmélites, à Trévoux.** Comm. indép. non aut. 9 membres.							
1832	**Sœurs de la Croix-de-Jésus, à Groissiat.** Congr. non aut. 85 memb.	?	?					
	Total...	9.115	16	114			130	

Ain. 93

SERVICES PENDANT LA GUERRE DE 1870-71	HISTORIQUE — FAITS PARTICULIERS OBSERVATIONS
	Communauté enseignante.
	Communauté enseignante.
	Communauté enseignante.
	Communauté enseignante.
	Communauté enseignante.
	Communauté enseignante.
	Vie contemplative.
	Soins aux malades, direction d'écoles et de salles d'asile.

Diocèse de Belley (suite).

DATE DE LA FONDATION	CONGRÉGATIONS ou COMMUNAUTÉS	ENFANTS INSTRUITS	PERSONNES ASSISTÉES				TOTAL	SERVICES A L'ÉTRANGER et DANS LES COLONIES
			Hôpitaux et Hospices.	Orphelinats et Ouvroirs.	Maisons de refuge, de préservation et de correction.	Asiles d'aliénés et de sourds-muets.		
	Report...	9.115	16	114			130	
1860	Dominicaines, à Bourg. Comm. indép. non aut. 33 membres.		?					
1707	Sœurs de Ste-Marthe, à Pont-de-Veyle. Comm. indép. non aut. 4 membres.		?					
1853	Sœurs de Ste-Marthe, à Dommartin. Comm. indép. non aut. 5 membres.		?					
1850	Sœurs de Ste-Marthe, à Montmerle. Comm. indép. non aut. 4 membres.		?					
	Total...	9.115	16	114			130	

DIOCÈSE DE BESANÇON

DATE DE LA FONDATION	CONGRÉGATIONS ou COMMUNAUTÉS	ENFANTS INSTRUITS	PERSONNES ASSISTÉES				TOTAL	SERVICES A L'ÉTRANGER et DANS LES COLONIES
	Bénédictins, à Delle. Belfort. Comm. indép. non aut. 6 membres.	?						

Ain.

SERVICES PENDANT LA GUERRE DE 1870-71	HISTORIQUE — FAITS PARTICULIERS OBSERVATIONS
	Soins à domicile aux malades indigents.
	Soins aux malades.
	Soins aux malades.
	Soins aux malades.

DOUBS, HAUTE-SAONE ET TERRITOIRE DE BELFORT

	Communauté enseignante.

Diocèse de Besançon (suite).

DATE DE LA FONDATION	CONGRÉGATIONS ou COMMUNAUTÉS	ENFANTS INSTRUITS	PERSONNES ASSISTÉES				TOTAL	SERVICES A L'ÉTRANGER et DANS LES COLONIES
			Hôpitaux et Hospices.	Orphelinats et Ouvroirs.	Maisons de refuge, de préservation et de correction.	Asiles d'aliénés et de sourds-muets.		
	Report...	24.150	300	300		1.200	1.800	
1799	**Sœurs de la Charité.** Congrégation à supérieure générale, autorisée le 28 août 1810. Maison mère à Besançon. 50 salles d'asile, 200 écoles communales, 42 écoles libres ou pensionnats. 1.150 membres.							La Congrégation possède 5 établissements en Suisse.
	Sœurs de St-Jacques. Congr. à sup. gén., aut. le 15 nov. 1810. Maison mère à Besançon. 113 membres.		?					
1780	**Sœurs de la Divine-Providence.** Haute-Saône. Congr. à sup. gén., aut. les 15 juin 1812 et 28 octobre 1873. Maison mère à Frasne-le-Château. 63 écoles communales et 25 écoles libres. 234 membres.	8.000		8	320		328	La Congrégation dirige et entretient à ses frais, en Algérie, deux orphelinats comprenant, l'un 140 garçons, l'autre 130 jeunes filles, et 2 écoles libres.
	A reporter...	32.150	300	308	320	1.200	2.128	

SERVICES PENDANT LA GUERRE DE 1870-71	HISTORIQUE — FAITS PARTICULIERS OBSERVATIONS
Durant tout le temps de la guerre, les Sœurs de la Charité de Besançon ont tenu 118 ambulances. Un grand nombre de sœurs sont mortes en soignant les malades atteints de la petite vérole noire ; d'autres ont contracté au chevet des mourants des maladies incurables.	Les Sœurs de la Charité de Besançon pratiquent la charité sous toutes ses formes : elles assistent les malades dans les hôpitaux et les asiles d'aliénés, les visitent à domicile, distribuent des secours aux indigents, dirigent des écoles pour les jeunes filles pauvres, des salles d'asile, des ouvroirs; tiennent des fourneaux économiques, etc. Aux trois vœux ordinaires de religion, les Sœurs en ajoutent un quatrième, par lequel elles se consacrent spécialement au service des pauvres et à l'instruction des jeunes filles indigentes. En maintes occasions elles ont déployé un grand dévouement et un grand courage. C'est ainsi qu'en 1854 et 1855, le choléra sévissant dans les départements du Doubs, du Jura, et surtout de la Haute-Saône, 200 sœurs furent disséminées dans plus de 70 communes, où le fléau exerçait ses ravages. Partout on les reçut comme des anges consolateurs, même chez les protestants. A mesure que la mort les moissonnait, leurs compagnes demandaient comme une grâce d'aller remplacer auprès des cholériques, de sorte que le service des malades ne souffrit aucune interruption. Dès que le fléau eut cessé, les Sœurs de la Charité rentrèrent dans leurs fonctions ordinaires. C'est dans ces circonstances que le cardinal Matthieu, archevêque de Besançon, permit d'accepter deux médailles, qui devaient être conservées comme un souvenir du dévouement de la communauté; mais, appréciant la nécessité d'entretenir parmi ses membres l'esprit de simplicité et d'humilité, il refusa d'autres récompenses honorifiques qu'offrait le gouvernement.
	Congrégation hospitalière.
Les sœurs se sont montrées pendant la dernière guerre admirables de dévouement pour les blessés. 12 d'entre elles sont mortes en soignant ces pauvres soldats ; d'autres ont contracté alors des infirmités dont elles souffrent encore, et qui les mettent hors d'état de travailler.	Établies autrefois en Alsace, les Sœurs de la Providence se sont réfugiées en France après l'annexion. Elles s'occupent surtout d'instruction, et leurs élèves obtiennent de grands succès aux examens; dans quelques localités les Sœurs visitent les malades à domicile.

Diocèse de Besançon (suite).

DATE DE LA FONDATION	CONGRÉGATIONS ou COMMUNAUTÉS	ENFANTS INSTRUITS	PERSONNES ASSISTÉES					SERVICES A L'ÉTRANGER et DANS LES COLONIES
			Hôpitaux et Hospices	Orphelinats et Ouvroirs	Maisons de refuge, de préservation et de correction	Asiles d'aliénés et desourds-muets	TOTAL	
	Report...	32.150	300	308	320	1.200	2.128	
1826	Sœurs de la Ste-Famille. Congrégation à supérieure générale, autorisée le 28 mai 1826. Maison mère à Besançon. 132 établissements. 350 membres.	15.000	?	?				
1790	Sœurs de la Compassion. Congr. à sup. gén., aut. le 26 août 1843. Maison mère à l'Hermitage (Haute-Saône). 72 écoles. 200 membres.	3.800		35			35	
1838	Ursulines, de Montmartin (Doubs). Congrég. diocés., autor. le 25 août 1867. 2 établis. (Montmartin et Baume-les-Dames.)	487		3			3	
	A reporter...	51.437	300	346	320	1.200	2.166	

Doubs, Haute-Saône et territoire de Belfort.

SERVICES PENDANT LA GUERRE DE 1870-71	HISTORIQUE — FAITS PARTICULIERS — OBSERVATIONS
Les sœurs ont desservi plusieurs ambulances et déployé dans le soin des blessés un dévouement auquel le maire de la ville de Besançon a rendu lui-même hommage.	La congrégation est née d'une pensée de charité. On était à la fin de la Révolution. Les écoles n'étaient pas régulièrement suivies, surtout par les enfants pauvres, qui restaient ainsi exposées aux dangers de l'ignorance et de l'oisiveté. Une femme charitable s'adjoint quelques compagnes dévouées, réunit toutes les enfants abandonnées à elles-mêmes, les instruit, les initie aux travaux de couture, leur apprend le catéchisme et les mène aux offices de la paroisse. Tel est encore le but de cette humble Congrégation, qui a toujours pour les enfants pauvres une particulière prédilection. En effet, malgré le traitement très faible donné par les communes aux religieuses institutrices, elle admet gratuitement dans ses pensionnats, alimentés par les enfants d'ouvriers, d'artisans, de petits cultivateurs, un grand nombre de pensionnaires orphelines. Une institutrice de campagne trouve le moyen, avec son traitement de 400 ou 500 francs, de prendre avec elle une petite orpheline qu'elle instruit, nourrit et entretient gratuitement. Avec un traitement de 700 francs, donné à la titulaire de Verle, deux religieuses trouvent le moyen de vivre, l'une instruisant les enfants, l'autre soignant les malades.
Cette Congrégation s'est signalée par son dévouement après la bataille de Villersexel; elle a recueilli alors et soigné pendant 3 mois 180 soldats français. Malgré sa pauvreté, elle a contracté, pour venir en aide aux blessés, une dette de 20,000 francs; en retour, l'État lui a alloué une indemnité s'élevant à peine à 6,000 francs.	Chaque religieuse institutrice a auprès d'elle une compagne qui soigne les malades et ne reçoit aucun traitement. En 1815, au moment d'une épidémie, et en 1854, quand sévissait le choléra, les Sœurs de la Compassion ont soigné les malades avec un grand dévouement.
Les sœurs des deux maisons de Montmartin et de Baume-les-Dames ont logé et soigné 500 malades pendant 3 mois. De plus, après la bataille de Villersexel, elles ont donné asile à 1.700 soldats, dont 200 au	Les Ursulines de Montmartin nourrissent trois familles pauvres tous les jours; elles visitent en outre les malades et distribuent de nombreux secours. A Montmartin, l'école communale est entièrement à leurs frais; la commune, qui est riche en bois, leur fournit, pour tout traitement, trois stères de bois chaque année. Aux examens, les élèves des Ursulines obtiennent de brillants succès. En 1879, quatre se sont présentées

Diocèse de Besançon (suite).

DATE DE LA FONDATION	CONGRÉGATIONS ou COMMUNAUTÉS	ENFANTS INSTRUITS	PERSONNES ASSISTÉES					SERVICES A L'ÉTRANGER et DANS LES COLONIES
			Hôpitaux et Hospices.	Orphelinats et Ouvroirs.	Maisons de refuge, de préservation et de correction.	Asiles d'aliénés et de sourds-muets.	TOTAL	
	Report...	51.437	300	346	320	1.200	2.166	
	Ursulines de Montmartin. (Suite.)							
	Sœurs hospitalières, à **Gray**. Comm. indép. aut. le 22 oct. 1810. 22 membres.		?					
	Sœurs hospitalières, à **Belfort**. Comm. indép. aut. le 13 nov. 1810. 4 membres.		?					
	Ursulines, à **Orchamps-Vennes** (Doubs). Comm. indép. aut. le 31 janv. 1839. 9 membres.	?						
1839	Sœurs de Notre-Dame-de-Charité, du Refuge. Besançon. Comm. indép. autor. le 27 juil. 1856. 35 membres.			50	110		160	
	A reporter...	51.437	300	396	430	1.200	2.326	

Doubs, Haute-Saône et territoire de Belfort.

SERVICES PENDANT LA GUERRE DE 1870-71	HISTORIQUE — FAITS PARTICULIERS OBSERVATIONS
moins ont été nourris aux frais de la Congrégation. En retour, le ministre a donné spontanément à la supérieure de Baume-les-Dames une médaille d'argent.	pour obtenir le brevet de capacité, et ont été reçues aux premiers rangs sur 60 aspirantes.
	Communauté hospitalière.
	Communauté hospitalière.
	Communauté enseignante.
	Les Sœurs de Notre-Dame du Refuge de Besançon tiennent un refuge, une maison de préservation, un orphelinat et un ouvroir.

Diocèse de Besançon (suite).

DATE DE LA FONDATION	CONGRÉGATIONS ou COMMUNAUTES	ENFANTS INSTRUITS	PERSONNES ASSISTÉES				TOTAL	SERVICES A L'ÉTRANGER et DANS LES COLONIES
			Hôpitaux et Hospices.	Orphelinats et Ouvroirs.	Maisons de refuge, de préservation et de correction.	Asiles d'aliénés et de sourds-muets.		
	Report...	51.437	300	396	430	1.200	2.326	
1841	**Bernardines de l'Adoration perpétuelle du St-Sacrt., à Besançon.** Comm. indép. non aut. 39 membres.	?						
1843	**Carmélites, à Besançon.** Comm. indép. non aut. 19 membres.							
1843	**Sœurs du Saint-Nom de Jésus.** Congr. non aut. Maison mère à Grand'Fontaine (Doubs). 14 établissements. 58 membres.						?	
	Sœurs ursulines, à Maîche. (Doubs). Comm. indép. non aut. 26 membres.	?						
1838	**Sœurs de la Visitation, à Ornans (Doubs).** Communauté indépendante non autorisée. 42 membres.	30						
	A reporter...	51.467	300	396	430	1.200	2.326	

Doubs, Haute-Saône et territoire de Belfort. 103

SERVICES pendant la guerre de 1870-71	HISTORIQUE — FAITS PARTICULIERS OBSERVATIONS
	Adoration et enseignement.
	Vie contemplative.
Desservi plusieurs ambulances.	Les Sœurs du Saint-Nom de Jésus gardent et soignent les malades à domicile, sans exiger aucune rétribution ; elles acceptent seulement ce que les personnes aisées veulent bien leur donner à titre d'aumône. La maison mère a été fondée par un pauvre curé de campagne sans aucune ressource, sans quête, sans dot de la part des sœurs, sans don de personne.
	Communauté enseignante.
Les sœurs ont fourni du linge et de la charpie pour les blessés ; elles préparaient aussi les remèdes et la nourriture dont ils avaient besoin, lavaient et raccommodaient leur linge et leurs habits. Mais c'est surtout au moment de la retraite de Bourbaki en Suisse qu'elles ont montré un dévouement vraiment admirable. Elles se privaient de pain pour en don-	Les Sœurs de la Visitation donnent aux pauvres et aux malades de nombreux secours en vivres, vêtements, argent.

Diocèse de Besançon (suite).

DATE DE LA FONDATION	CONGRÉGATIONS ou COMMUNAUTÉS	ENFANTS INSTRUITS	PERSONNES ASSISTÉES				TOTAL	SERVICES A L'ÉTRANGER et DANS LES COLONIES
			Hôpitaux et Hospices.	Orphelinats et Ouvroirs.	Maisons de refuge, de préservation et de correction.	Asiles d'aliénés et de sourds-muets.		
	Report...	51.467	300	396	430	1.200	2.326	
	Sœurs de la Visitation, à Ornans (Suite).							
1861	Sœurs de Notre-Dame, chanoinesses régulières de Saint-Augustin, à Gray (Haute-Saône). Comm. indép. non aut. 15 membres.	50						
1866	Dominicaines de Béthanie, à Mons (Doubs). Comm. indép. non aut. 66 membres.				51		51	
1858	Sœurs de Ste-Catherine de Sienne, du tiers ordre de Saint-Dominique, à St-Nicolas et à Delle (Territoire de Belfort). Congrég. non autorisée.	78	118	160			278	A Trinidad (Antilles anglaises) les sœurs soignent les lépreux et élèvent des orphelins et orphelines créoles, nègres et blancs.
	A reporter...	51.595	418	556	481	1.200	2.655	

Doubs, Haute-Saône et territoire de Belfort.   105

SERVICES pendant la guerre de 1870-71	HISTORIQUE — FAITS PARTICULIERS OBSERVATIONS
ner aux soldats; passaient leurs journées à leur préparer la nourriture et à les servir, leur cédant tout ce qu'elles avaient en linge et envêtements chauds, maintes fois même se déchaussaient pour donner leurs bas de laine à ces malheureux transis de froid. Puis, quand les Prussiens sont venus, elles ont fait évader les convalescents, et ont pu soustraire aux recherches de l'ennemi les armes et les uniformes laissés par les blessés français.	
Les sœurs ont desservi pendant 7 mois une ambulance établie dans leur maison.	
Les sœurs ont quitté leur clôture et desservi l'ambulance du Musée, à Besançon.	Les Sœurs dominicaines de Béthanie se dévouent à la réhabilitation des pauvres libérées. Elles les reçoivent sans rétribution, bien qu'elles n'aient pas d'autres ressources que leur travail.
	Les Sœurs de Sainte-Catherine tiennent des orphelinats, ouvroirs, asiles, hôpitaux, patronages; elles visitent les malades. Toutes ces œuvres sont faites gratuitement.

Diocèse de Besançon (suite).

DATE DE LA FONDATION	CONGRÉGATIONS ou COMMUNAUTÉS	ENFANTS INSTRUITS	PERSONNES ASSISTÉES				TOTAL	SERVICES A L'ÉTRANGER et DANS LES COLONIES
			Hôpitaux et Hospices.	Orphelinats et Ouvroirs.	Maisons de refuge, de préservation et de correction.	Asiles d'aliénés et de sourds-muets.		
	Report...	51.595	418	556	481	1.200	2.655	
1663	Religieuses hospitalières, Filles de Notre-Dame des Sept-Douleurs. Congrég. non autorisée.		391	117			508	3 hôpitaux en Suisse.
	TOTAL...	51.595	809	673	481	1.200	3.163	

DIOCÈSE DE BLOIS

	Dames de l'Instruction chrétienne, à Vendôme. Congr. diocés., autor. le 15 janv. 1870. 9 membres.	?						
1829	Sœurs de Notre-Dame de la Providence des orphelines, à Blois. Congrégation diocésaine, autorisée le 23 février 1870. 48 membres.			185			185	
1846	Sœurs du Saint-Cœur de Marie, à Vendôme. Comm. indép., autor. le 6 janv. 1863. 27 membres.	?	80	35			115	
	A reporter....		80	220			300	

SERVICES PENDANT LA GUERRE DE 1870-71	HISTORIQUE — FAITS PARTICULIERS OBSERVATIONS
Soigné plus de 600 blessés et malades pendant 6 mois. Le nombre de journées de malades militaires, pour le seul hôpital de Besançon, a été : En 1870, de 76.238 En 1871, de 106.911 Total : 183.149 Les sœurs ont, en outre, enseveli en 3 mois 1,484 morts.	Les sœurs ne reçoivent pas de traitement ; chacune s'entretient à ses frais, car il n'y a pas de bien de communauté. Elles ont fondé à leurs frais un orphelinat comptant 45 enfants. De plus, elles sont chargées du soin des 617 enfants assistés du département.

LOIR-ET-CHER

	Congrégation enseignante.
Les sœurs soignaient les blessés, raccommodaient leur linge, tandis que les élèves préparaient de la charpie, et confectionnaient des tentes et autres objets nécessaires aux soldats.	L'œuvre principale de l'Institut est d'offrir un asile aux pauvres orphelines ; mais quand des circonstances douloureuses se présentent, les sœurs savent multiplier les témoignages de leur dévouement. C'est ainsi qu'en 1846, 1856 et 1866, lors des inondations de la Loire, leur établissement recueillit un bon nombre de familles pauvres. De plus, deux sœurs se rendaient chaque jour à l'évêché pour servir les malheureux inondés qui s'y trouvaient logés, et préparer leur nourriture. En ces temps de misère publique, elles ont aussi reçu gratuitement plusieurs orphelines.
La maison a servi d'ambulance pendant près de 5 mois.	Outre les malades, vieillards et orphelines de l'asile et de l'orphelinat, les sœurs assistent nuit et jour les malades à domicile, et secourent régulièrement 50 familles pauvres.

Diocèse de Blois (suite).

DATE DE LA FONDATION	CONGRÉGATIONS ou COMMUNAUTÉS	ENFANTS INSTRUITS	PERSONNES ASSISTÉES					SERVICES A L'ÉTRANGER et DANS LES COLONIES
			Hôpitaux et Hospices.	Orphelinats et Ouvroirs.	Maisons de refuge, de préservation et de correction.	Asiles d'aliénés et de sourds-muets.	TOTAL	
	Report...		80	220			300	
1836	Sœurs de N.-D. de Charité, du Refuge, à Blois. Comm. indép. autor. le 26 déc. 1863. 20 membres.			45	60		105	
1854	Servantes de Marie, à Blois. Congrégation non autorisée. 7 établissements.		?					
1625	Bénédictines de N.-D. du Calvaire, à Vendôme. Comm. indép. non aut.	50						
	Ursulines, à Blois. Comm. indép. non aut.	?						
	Carmélites, à Blois. Comm. indép. non aut.							
	TOTAL...	50	80	265	60		405	

Loir-et-Cher.

SERVICES pendant la guerre de 1870-71	HISTORIQUE — FAITS PARTICULIERS OBSERVATIONS
Envoi de secours en linge et en vivres. Assistance aux malades et blessés.	Les sœurs tiennent à la fois à Blois une maison de préservation pour les enfants et un refuge pour les repenties. Ces dernières restent dans la maison aussi longtemps qu'elles le veulent. 35 orphelines sont entretenues sans rétribution, avec les seules ressources de la charité.
Desservi plusieurs ambulances.	Les Servantes de Marie, du tiers ordre de Saint-François, ont été fondées par une humble et pauvre servante. Le but premier de l'œuvre est de recueillir les domestiques sans travail et sans place, de tâcher de les placer convenablement, et plus tard de leur offrir un asile lorsque, par suite de l'âge ou des infirmités, elles ne peuvent plus servir. La seule maison de Blois reçoit en moyenne, par an, de 100 à 150 domestiques. Tandis que ces pauvres filles sont à la maison, on s'applique à les instruire des vérités de la religion et de leurs devoirs professionnels. Outre cette œuvre qui prime les autres, les Servantes de Marie visitent et soignent les malades, de préférence dans les familles pauvres ou peu aisées. De plus, elles tiennent une maison d'incurables.
Une partie de la maison a servi d'ambulance pendant 5 mois.	Institution libre d'enseignement pour les jeunes filles.
	Communauté enseignante. Pensionnat, externat et classes gratuites.
	Vie contemplative.

DIOCÈSE DE BORDEAUX

DATE DE LA FONDATION	CONGRÉGATIONS ou COMMUNAUTÉS	ENFANTS INSTRUITS	PERSONNES ASSISTÉES				TOTAL	SERVICES A L'ÉTRANGER et DANS LES COLONIES
			Hôpitaux et Hospices.	Orphelinats et Ouvroirs.	Maisons de refuge, de préservation et de correction.	Asiles d'aliénés et de sourds-muets.		
	Carmes déchaussés. Congrégat. non autor. Maison mère au Broussey.							
1847	**Pères du Saint-Cœur de Marie, à Bordeaux.** Comm. indép. non aut.							
1790	**Sœurs de la Réunion au Sacré-Cœur de Jésus.** Congrég. à sup. gén., aut. le 28 mai 1826. Maison mère à Bordeaux. 6 établissements. 128 membres.	650						En Afrique et en Amérique, les sœurs se vouent, de même qu'en France, à l'instruction de la jeunesse.
1814	**Sœurs de la doctrine chrétienne.** Congr. à sup. gén., aut. le 28 mai 1826. Maison mère à Bordeaux. 246 membres.	5.245	100	180			280	
	Sœurs de l'Instruction chrétienne, dites du Sacré-Cœur de Jésus. Congr. à sup. gén., aut. le 7 juin 1826. Maison mère à Bordeaux. 112 membres.	?						
	A reporter...	5.895	100	180			280	

GIRONDE

SERVICES PENDANT LA GUERRE DE 1870-71	HISTORIQUE — FAITS PARTICULIERS OBSERVATIONS
	Prédication.
	Ministère ecclésiastique.
Soins donnés aux blessés dans plusieurs ambulances.	L'Institut a pour objet l'enseignement de la jeunesse appartenant à toutes les classes de la société. Chaque maison comprend un pensionnat, un externat, si les besoins de la localité le demandent, et partout une classe gratuite avec ouvroir. Le conseil municipal de Bordeaux a supprimé depuis quelques années la subvention accordée autrefois à l'école des petites filles pauvres, tenue par les sœurs.
Soins gratuits à 970 malades ou blessés.	L'instruction gratuite des enfants et des jeunes filles adultes de la classe indigente, tel est le but de cet institut fondé par quatre pauvres ouvrières, sous l'inspiration et la direction d'un éminent et saint religieux. Mais, outre cette œuvre, les sœurs tiennent des ateliers préparatoires aux divers états, dirigent des orphelinats, soignent les malades et les vieillards dans les hospices, et, dans les campagnes, les visitent et les assistent à domicile. En 1876, deux sœurs se sont noyées en voulant sauver un enfant.
	Congrégation enseignante.

Diocèse de Bordeaux (suite).

DATE DE LA FONDATION	CONGRÉGATIONS ou COMMUNAUTÉS	ENFANTS INSTRUITS	PERSONNES ASSISTÉES				TOTAL	SERVICES A L'ÉTRANGER et DANS LES COLONIES
			Hôpitaux et Hospices.	Orphelinats et Ouvroirs.	Maisons de refuge, de préservation et de correction.	Asiles d'aliénés et de sourds-muets.		
	Report...	5.895	100	180			280	
	Sœurs de Notre-Dame de Lorette. Congr. à sup. gén. aut. le 7 juin 1826. Maison mère à Bordeaux. 63 membres.	?						
1820	Sœurs de la Ste-Famille, ou de l'Immaculée-Conception. Congr. à sup. gén., autor. le 7 juin 1826. Maison mère à Bordeaux. 780 membres.	32.000	?	840			840	Cette congrégation dirige des établissements, soit hospitaliers, soit scolaires, dans tous les pays de l'Europe et dans diverses contrées de l'Asie et de l'Afrique.
	Sœurs de Marie-Thérèse, dites Servantes de Jésus. Congrég. à supér. gén., autor. le 17 janvier 1827. Maison mère à Bordeaux. 48 membres.	?	?					
	Sœurs de Saint-Joseph. Congr. à sup. gén., aut. le 23 oct. 1852. Maison mère à Bordeaux. 215 membres.	?	?					
	Sœurs du Bon-Pasteur, de Caudéran. Congr. diocés., autor. le 13 août 1867. 56 membres.	?	?					
	A reporter...	37.895	100	1.020			1.120	

Gironde. 113

SERVICES PENDANT LA GUERRE DE 1870-71	HISTORIQUE — FAITS PARTICULIERS OBSERVATIONS
	Congrégation enseignante.
Presque toutes les maisons de la Congrégation ont été transformées en ambulances. Plusieurs sœurs sont allées sur le champ de bataille pour relever et soigner les blessés.	La Congrégation a des pensionnats payants, des jardins d'enfants, des salles d'asile, des crèches, des écoles gratuites, des orphelinats gratuits, et elle soigne les malades à domicile et dans les hôpitaux. Le nombre des malades soignés et assistés par elle peut être évalué, au minimum, à 30,000 par an.
	Congrégation hospitalière et enseignante.
	Congrégation hospitalière et enseignante.
	Établissements d'instruction et asile pour les vieillards infirmes.

Diocèse de Bordeaux (suite).

DATE DE LA FONDATION	CONGRÉGATIONS ou COMMUNAUTÉS	ENFANTS INSTRUITS	PERSONNES ASSISTÉES					TOTAL	SERVICES A L'ÉTRANGER et DANS LES COLONIES
			Hôpitaux et Hospices.	Orphelinats et Ouvroirs.	Maisons de refuge, de préservation et de correction.	Asiles d'aliénés et de sourds-muets.		
	Report...	37.895	100	1.020			1.120	
	Ursulines, à Bordeaux. Comm. indép., autor. le 25 févr. 1827. 46 membres.	?						
1632	**Ursulines, à Bazas.** Comm. indép., autor. le 26 mars 1843. 23 membres.	180						
1678	**Ursulines, à Langon.** Comm. indép., autor. le 21 juillet 1843. 27 membres.	180						
	Sœurs de la Miséricorde, à Bordeaux. Comm. indép., autor. le 17 févr. 1872. 27 membres.				?			
1607	**Sœurs de Notre-Dame. à Bordeaux.** Comm. indép. non autor.	150						
1849	**Sœurs de la Ste-Agonie.** Congrégat. non autor. Maison mère à Bordeaux.	?	?					
1604	**Carmélites, à Bordeaux.** Comm. indép. non aut. 25 membres.							
	A reporter...	38.405	100	1.020			1.120	

Gironde. 115

SERVICES PENDANT LA GUERRE DE 1870-71	HISTORIQUE — FAITS PARTICULIERS OBSERVATIONS
	Communauté enseignante.
Fourni des lits et envoyé des secours.	80 à 100 élèves sont instruites gratuitement par les Ursulines de Bazas.
	100 externes et quelques pensionnaires sont reçues gratuitement.
	Refuge pour les repenties.
Les sœurs ont procuré à leurs frais des logements aux soldats, leur ont donné des secours en argent et ont confectionné pour eux des vêtements chauds.	Le but de l'institution est l'instruction des enfants pauvres. 60 jeunes filles sont instruites gratuitement.
	Enseignement et asile pour les malades.
	Vie contemplative.

Diocèse de Bordeaux (suite).

DATE DE LA FONDATION	CONGRÉGATIONS ou COMMUNAUTÉS	ENFANTS INSTRUITS	PERSONNES ASSISTÉES					TOTAL	SERVICES A L'ÉTRANGER et DANS LES COLONIES
			Hôpitaux et Hospices.	Orphelinats et Ouvroirs.	Maisons de refuge, de préservation et de correction.	Asiles d'aliénés et de sourds-muets.		
	Report...	38.405	100	1.020			1.120	
1835	Carmélites, à Libourne. Comm. indép. non aut. 20 membres.							
	Sœurs de l'Espérance. Congrég. non autorisée. 80 membres. Maison mère à Bordeaux.							
1859	Sœurs du tiers ordre de St-François, dites Servantes de Jésus, à Portets. Comm. indép. non aut. 10 membres.			?				
1840	Sœurs de Sainte-Marie de la Sainte-Famille. Congrég. non autorisée. Maison mère à Bordeaux.	?						
1853	Sœurs de N.-D. du Calvaire, à St-Morillon. Comm. indép. non aut.							
	Sœurs agricoles. Congrég. non autorisée. 5 maisons. Maison mère à Martillac.	?						
	Total...	38.405	100	1 020			1.120	

Gironde. 117

SERVICES PENDANT LA GUERRE DE 1870-71	HISTORIQUE — FAITS PARTICULIERS OBSERVATIONS
	Vie contemplative.
	Garde-malades à domicile.
	Asile pour les enfants délaissés des deux sexes.
	Enseignement et visite des malades.
	Enseignement et visite des malades.
	Enseignement primaire et agricole.

DIOCÈSE DE BOURGES

DATE DE LA FONDATION	CONGRÉGATIONS ou COMMUNAUTÉS	ENFANTS INSTRUITS	PERSONNES ASSISTÉES					TOTAL	SERVICES A L'ÉTRANGER et DANS LES COLONIES
			Hôpitaux et Hospices.	Orphelinats et Ouvroirs.	Maisons de refuge, de préservation et de correction.	Asiles d'aliénés et de sourds-muets.		
1855	**Pères du Sacré-Cœur, à Issoudun.** Congr. indép. non aut.	210						
1662	**Sœurs de la Charité.** Congrégation à supérieure générale, autorisée le 10 février 1811. Maison mère à Bourges. 140 établissements. 758 membres.	19.773	5.464	500	?	?	5.964	
1657	**Religieuses de Marie-Immaculée.** Congr. à sup. gén., autor. le 18 mai 1867. Maison mère à Bourges. 140 membres.	3.500	?	250			250	
1835	**Sœurs de l'Immaculée-Conception,** à Buzançais (Indre). Congr. diocés., autor. le 16 juin 1875. 90 membres.	612	398	14			412	
	A reporter...	24.095	5.862	764			6.626	

CHER ET INDRE

SERVICES PENDANT LA GUERRE DE 1870-71	HISTORIQUE — FAITS PARTICULIERS OBSERVATIONS
Une ambulance a été établie dans le couvent.	Prédication et instruction de la jeunesse.
Les salles des classes ont partout été transformées en ambulances. A Bourges seulement, les sœurs ont desservi jusqu'à 10 ambulances. Bon nombre de sœurs sont mortes victimes de leur dévouement. Des médailles décernées par le gouvernement rendent témoignage de ces services.	Cette Congrégation embrasse toutes les œuvres de charité, tant spirituelles que temporelles : service des hôpitaux, des maisons d'aliénés, des dépôts de mendicité, des prisons ; secours à domicile dans les villes et les campagnes ; écoles publiques et libres ; salles d'asile, orphelinats, ouvroirs, réunions de persévérance les dimanches et fêtes, cours d'adultes, cours normal d'institutrices laïques. Aussi, peu après le rétablissement de la Congrégation après la Révolution, Napoléon, pour reconnaître les services rendus par la communauté de Bourges, lui accorda, en 1807, une subvention annuelle de 4.000 fr., malheureusement réduite depuis à 2.500 fr. Aujourd'hui, partout où les sœurs institutrices reçoivent le traitement légal, la Congrégation leur adjoint une ou plusieurs sœurs chargées de visiter gratuitement les malades, et qui vivent sur le traitement de l'institutrice. Aussi le nombre des malades visités et secourus chaque année est-il incalculable. Les ouvroirs et orphelinats sont entièrement à la charge de la Congrégation, et n'ont d'autres ressources que leur travail et celui des enfants.
Soigné de très nombreux blessés.	L'hôpital de Bourges est le berceau de la Congrégation. Les fondatrices firent abandon de leurs biens aux pauvres en se consacrant à leur service. Cela n'empêcha pas d'ailleurs la Révolution d'expulser les sœurs. Rétablie depuis lors, la Congrégation dessert des hôpitaux, visite les malades à domicile, dirige des écoles, des asiles et des ouvroirs.
Les sœurs ont tenu 4 ambulances. Elles ont subi, par le fait de la guerre, pour 24.000 francs de dégâts. Elles n'ont reçu qu'une indemnité de 5.000 francs.	Fondées par le curé de Buzançais, pour l'instruction des jeunes filles de sa paroisse, les Sœurs de l'Immaculée-Conception visitent les malades à domicile, assistent et soignent 24 familles pauvres tous les jours.

Diocèse de Bourges (suite).

DATE DE LA FONDATION	CONGRÉGATIONS ou COMMUNAUTÉS	ENFANTS INSTRUITS	PERSONNES ASSISTÉES				TOTAL	SERVICES A L'ÉTRANGER et DANS LES COLONIES
			Hôpitaux et Hospices.	Orphelinats et Ouvroirs.	Maisons de refuge, de préservation et de correction.	Asiles d'aliénés et de sourds-muets.		
	Report...	24.095	5.862	764			6.626	
1631	Ursulines, à Bourges. Comm. indép. autor. le 13 août 1820. 45 membres.	250						
XIXᵉ siècle	Bénédictines du Sᵗ-Sacrement, dites de Saint-Laurent, à Bourges. Comm. indép. autor. le 18 mars 1827. 40 membres.	80						
1852	Sœurs du Verbe-Incarné, à Sᵗ-Benoît-du-Sault (Indre). Comm. indép. autor. le 26 août 1865. 16 membres.	165						
1874	Sœurs du Verbe-Incarné, à Sancerre (Cher). Comm. indép. non aut.	50						
1827	Sœurs de Jésus-Christ Bon-Pasteur et de Marie-Immaculée. Congrégation non autorisée. Maison mère à Bourges.			?	?			
	A reporter...	24.640	5.862	764			6.626	

Cher et Indre.

SERVICES PENDANT LA GUERRE DE 1870-71	HISTORIQUE — FAITS PARTICULIERS OBSERVATIONS
Établi une ambulance et soigné des blessés.	100 externes sont instruites gratuitement, et les plus pauvres sont en outre nourries et vêtues. Les Ursulines de Bourges obtiennent de grands succès aux examens. En 11 années, elles ont présenté 91 élèves aux brevets ; 71 ont été reçues, dont 10 au brevet supérieur.
Une ambulance a été établie dans le monastère ; les sœurs s'y sont dévouées au soin des malades et des blessés. En retour, la supérieure a reçu une médaille de la Société de secours aux blessés.	L'ancienne abbaye de Saint-Laurent remonte à Charlemagne : elle fut fondée pour l'éducation des jeunes Saxonnes que le grand empereur avait fait venir à Bourges.
Les Sœurs de Saint-Benoît ont fait beaucoup de charpie, préparé du linge et tricoté une grande quantité de chaussettes pour les blessés.	Les Sœurs du Verbe-Incarné instruisent gratuitement toutes les jeunes filles pauvres qui se présentent. De plus, elles visitent les malades pauvres et leur portent des secours de toute espèce. Deux sœurs sont spécialement chargées de cette bonne œuvre. Elles vont voir les malades, font leur lit, nettoient leurs appartements, les soignent avec le plus grand dévouement, et font la quête en ville pour eux.
	Comme celles de Saint-Benoît-du-Sault, les sœurs du Verbe-Incarné donnent leurs soins gratuitement aux malades.
	La Congrégation dirige à la fois des maisons de préservation et des refuges. Qu'il s'agisse d'enfants à préserver ou de jeunes filles à ramener au devoir, les sœurs les reçoivent toujours sans argent, sans linge, sans vêtement, supportent leur incapacité ou leur aversion pour le travail, et s'efforcent de les ramener au bien. Aussi la plupart, gagnées par tant de dévouement, s'attachent aux sœurs et ne veulent plus les quitter. Il en est qui sont dans les établissements depuis 15, 20, 25 et 40 ans, et qui se dévouent comme les sœurs elles-mêmes à soigner leurs jeunes compagnes avec un admirable dévouement.

Diocèse de Bourges (suite).

DATE DE LA FONDATION	CONGRÉGATIONS ou COMMUNAUTÉS	ENFANTS INSTRUITS	PERSONNES ASSISTÉES					TOTAL	SERVICES A L'ÉTRANGER et DANS LES COLONIES
			Hôpitaux et Hospices.	Orphelinats et Ouvroirs.	Maisons de refuge, de préservation et de correction.	Asiles d'aliénés et de sourds-muets.		
	Report...	24.640	5.862	764			6.626	
1617	Carmélites, à Bourges. Comm. indép. non aut. 25 membres.							
1865	Sœurs de Ste-Claire, à Châteauroux. Comm. indép. non aut. 18 membres.							
1874	Religieuses du Sacré-Cœur, à Issoudun (Indre). Comm. indép. non aut. 6 membres.							
	Total...	24.640	5.862	764			6.626	

DIOCÈSE DE CAHORS

1814	Sœurs de la Miséricorde. Congrégation à supérieure générale, autorisée le 11 juillet 1846. Maison mère à Moncucq. 101 membres.	2.000	105	12			117	

Cher et Indre.

SERVICES PENDANT LA GUERRE DE 1870-71	HISTORIQUE — FAITS PARTICULIERS OBSERVATIONS
	Vie de prière et de pénitence.
	Vie de prière et de pénitence.
	Les sœurs reçoivent les dames qui viennent au pèlerinage de Notre-Dame du Sacré-Cœur.

LOT

Recueilli et soigné environ 200 malades et blessés.	Cette Congrégation est l'œuvre d'une noble demoiselle du Quercy, Mlle de Lavolvène, qui, émue des ruines que la Révolution avait faites dans les champs de l'instruction et de la charité, résolut d'employer sa vie et sa fortune (elle avait environ 100,000 fr.) à l'instruction des jeunes filles pauvres et au soulagement des malheureux. Les Sœurs de la Miséricorde de Jésus n'ont jamais cessé depuis lors de suivre ce noble exemple. Hôpitaux, salles d'asile, bureaux de bienfaisance, écoles, tels sont les principaux théâtres où s'exercent leur dévouement et leur charité. Elles visitent aussi et soignent les malades à domicile. En général, dans les communes rurales, elles envoient trois sœurs, dont une seule est rétribuée; la seconde sert d'adjointe non rétribuée; la troisième s'occupe de la visite et du soin des malades.

Diocèse de Cahors (suite).

DATE DE LA FONDATION	CONGRÉGATIONS ou COMMUNAUTÉS	ENFANTS INSTRUITS	PERSONNES ASSISTÉES				TOTAL	SERVICES A L'ÉTRANGER et DANS LES COLONIES
			Hôpitaux et Hospices.	Orphelinats et Ouvroirs.	Maisons de refuge, de préservation et de correction.	Asiles d'aliénés et de sourds-muets.		
	Report...	2.000	105	12			117	
1820	**Filles de Jésus.** Congrég. à supér. gén., autorisée le 10 nov. 1853. Maison mère à Vaylats. 125 écoles. 453 membres.	5.360						
1833	**Sœurs de Notre-Dame du Calvaire.** Congrég. à supér. gén., autor. le 8 décembre 1852. Maison mère à Gramat. 500 membres.	4.000	2.500	100		?	2.600	
XIXᵉ siècle	**Sœurs de Saint-Joseph, dites de l'Union.** Congrégation autorisée le 15 mars 1854. Maison mère à Sᵗᵉ-Colombe.	410						
1823	**Ursulines, à Sousceyrac.** Communauté indépendante, autorisée le 30 juillet 1826. 34 membres.	180						
	Sœurs de Sᵗᵉ-Claire, à Gourdon. Comm. indép., aut. le 22 avril 1827. 27 membres.	?						
	A reporter...	11.950	2.605	112			2.717	

SERVICES PENDANT LA GUERRE DE 1870-71	HISTORIQUE — FAITS PARTICULIERS OBSERVATIONS
Envoyé 4 religieuses à l'ambulance de Cahors, et fourni 50 lits.	La Congrégation dirige 125 écoles, dont 67 lui appartiennent et ont été fondées à ses frais. Un bon nombre de religieuses sont munies du brevet de capacité. Dans la plupart des établissements, quelques jeunes filles sont nourries et élevées gratuitement. Partout les sœurs visitent gratuitement les malades, les soignent et leur portent des secours.
Deux ambulances ont été ouvertes en partie aux frais de la Congrégation.	Les Sœurs de Notre-Dame du Calvaire s'occupent du soin des malades et vieillards dans les hospices et hôpitaux, dans les bureaux de bienfaisance et à domicile ; du soin des aliénés, de l'éducation des orphelines, et spécialement des sourdes-muettes ; enfin de l'éducation des jeunes filles de toutes les classes de la société, soit dans les écoles communales, soit dans les écoles libres. Les enfants pauvres sont partout instruites gratuitement.
Envois d'argent et de linge.	Fondée au commencement de ce siècle, par un pauvre curé de campagne, avec ses seules ressources, la Congrégation des Sœurs de Saint-Joseph s'occupe de l'instruction des enfants pauvres, et visite les malades et les vieillards. Dans les écoles communales, la titulaire seule reçoit un traitement ; les adjointes se dévouent sans rétribution à l'enseignement des pauvres et aux œuvres de charité.
Envois considérables de linge.	L'instruction donnée par les Ursulines de Sousceyrac est essentiellement gratuite : chaque sœur s'engage, par un vœu spécial, à consacrer sa vie à l'instruction gratuite des jeunes filles. Depuis 50 ans, Sourceyrac n'a pas eu d'autres institutrices. Cette communauté vient d'élever une maison, à la construction de laquelle elle a employé tous les ouvriers de la commune depuis plus de 5 ans. L'enseignement gratuit n'est pas d'ailleurs la seule œuvre des Ursulines ; elles assistent tous les jours de nombreux mendiants, et envoient des secours à domicile aux malades, aux infirmes et aux pauvres honteux.
	Communauté enseignante.

Diocèse de Cahors (suite).

DATE DE LA FONDATION	CONGRÉGATIONS ou COMMUNAUTÉS	ENFANTS INSTRUITS	PERSONNES ASSISTÉES					TOTAL	SERVICES A L'ÉTRANGER et DANS LES COLONIES
			Hôpitaux et Hospices.	Orphelinats et Ouvroirs.	Maisons de refuge, de préservation et de correction.	Asiles d'aliénés et de sourds-muets.		
	Report...	11.950	2.605	112			2.717	
	Sœurs de la Visitation, à Saint-Céré. Comm. indép. aut. le 22 avril 1827. 38 membres.	?						
	Dames de la Miséricorde du Refuge, à Cahors. Comm. indép. autor. le 6 janv. 1869. 12 membres.				?			
	Bénédictines du Calvaire, à la Capelle-Marival. Commun. indépendante autorisée le 8 mai 1845.	?			?			
	Dames de la Réparation, à Cahors. Comm. indép. autor. le 23 janv. 1873. 8 membres.		?					
1824	Carmélites, à Cahors. Commun. indép. non autorisée. 21 membres.						-	
1833	Carmélites, à Figeac. Commun. indép. non autorisée. 24 membres.							
	Total...	11.950	2.605	112			2.717	

SERVICES PENDANT LA GUERRE DE 1870-71	HISTORIQUE — FAITS PARTICULIERS OBSERVATIONS
	Communauté enseignante.
	Maison de préservation et refuge pour les repenties.
	Communauté enseignante.
	Communauté hospitalière.
	Vie contemplative.
	Vie contemplative.

DIOCÈSE DE CAMBRAI

DATE DE LA FONDATION	CONGRÉGATIONS ou COMMUNAUTÉS	ENFANTS INSTRUITS	PERSONNES ASSISTÉES				TOTAL	SERVICES A L'ÉTRANGER et DANS LES COLONIES
			Hôpitaux et Hospices.	Orphelinats et Ouvroirs.	Maisons de refuge, de préservation et de correction.	Asiles d'aliénés et de sourds-muets.		
1818	**Bénédictins anglais, à Douai.** Comm. indép., non aut. 21 membres.	?						
1858	**Religieux de la Sainte-Union des Sacrés-Cœurs.** Congrégation non autorisée. Maison mère à Douai.	100	?	40			40	Les religieux de la Sainte-Union, de Douai, dirigent, à N.-D. de la Tombe, près de Tournay, un collège instruisant près de 300 pensionnaires.
	Religieuses de Saint-Augustin. Congrégation à supérieure générale, autorisée les 22 novembre 1810 et 14 janvier 1853. Maison mère à Cambrai. 150 membres. 16 établissements.	1.600						
	A reporter...	1.700		40			40	

NORD

SERVICES PENDANT LA GUERRE DE 1870-71	HISTORIQUE — FAITS PARTICULIERS OBSERVATIONS
	Enseignement et prédication pour les catholiques anglais. Le but spécial de l'établissement est de fournir des missionnaires catholiques aux colonies anglaises. A cette heure l'Angleterre compte 113 prêtres élevés dans cette maison. Élèves ou religieux ont sauvé la vie à plus de 20 personnes qui se noyaient et n'ont jamais reçu de médaille; c'est là, dit-on, qu'a été faite la première expérience de l'extraction du sucre de betterave.
	Congrégation enseignante.
Les Augustines de Cambrai ont desservi un grand nombre d'ambulances, traversant au besoin les lignes ennemies pour aller dans les villes assiégées soigner les blessés de l'armée française. Sur les 150 sœurs dont se composait la Congrégation, 100 se dévouèrent à cette œuvre de charité depuis le commencement de la guerre jusqu'au mois de juin 1871. Les sœurs allaient en outre attendre les soldats au passage dans les gares, les pansaient et leur distribuaient des vivres, du tabac, en un mot, tout ce dont ils pouvaient avoir besoin.	Les religieuses Augustines, dont l'origine remonte au IV° siècle, s'établirent dans le diocèse de Cambrai dans la période qui s'étend du XI° au XIV° siècle. Elles se consacrent, dans les hôpitaux et hospices, au service des malades, des vieillards, des orphelins et orphelines, donnent des soins aux malades à domicile, s'emploient à l'instruction et à l'éducation des jeunes filles, dirigent des salles d'asile, des crèches, tiennent des écoles dominicales et des ouvroirs. On peut évaluer à 6.000 ou 8.000 par an le nombre des malades qu'elles soignent chaque année dans leurs établissements hospitaliers. En maintes occasions, les Augustines de Cambrai ont fait preuve d'un grand dévouement. En 1849 et en 1856, elles soignèrent les cholériques dans un quartier de la maison mère transformé en ambulance, et répondirent à l'appel des communes voisines. Trois sœurs moururent dans l'exercice de leur mission de charité. En 1866, nouvelle invasion du choléra : les Augustines se dispersèrent dans les divers arrondissements pour aller partout soigner les malades. Une d'elles mourut à la tâche. Telle était l'horreur qu'inspirait le fléau, que les habitants, dominés par la frayeur, n'osaient même plus toucher leurs malades ni leurs morts, et les sœurs durent plus d'une fois aider à porter les morts au cimetière.

Diocèse de Cambrai (suite).

DATE DE LA FONDATION	CONGRÉGATIONS ou COMMUNAUTÉS	ENFANTS INSTRUITS	PERSONNES ASSISTÉES				TOTAL	SERVICES A L'ÉTRANGER et DANS LES COLONIES
			Hôpitaux et Hospices.	Orphelinats et Ouvroirs.	Maisons de refuge, de préservation et de correction.	Asiles d'aliénés et de sourds-muets.		
	Report...	1.700		40			40	
1822	Sœurs de Notre-Dame, au Cateau. Congrég. autor. les 19 nov. 1826 et 17 août 1853. 31 membres.	631						
	Filles de la Providence, dites de Ste-Thérèse. Congrégation à supérieure générale, autorisée les 22 avril 1827 et 14 décembre 1851. Maison mère à Avesnes. 34 établissements. 189 membres.	7.852	153	54			207	En 1868, la congrégation a, moyennant 2,000 fr., fondé un lit dans l'hospice d'Alger; de plus, depuis 1869, la congrégation n'a cessé d'entretenir un orphelin de la même ville.
1827	Dames Bernardines. Congr. à sup. gén., aut. les 22 avril 1827 et 9 janv. 1854. Maison mère à Esquermes. 154 membres.	980						
1824	Filles de l'Enfant-Jésus. Congr. à sup. gén., aut. les 22 avril 1827 et 27 août 1852. Maison mère à Lille. 85 établissements. 613 membres.	12.140	2.900	1.065	160	1.610	5.735	La congrégation dirige 2 établissements dans le diocèse de Tournai, et un dans celui de Bruges.
XIXe siècle	Dames de la Ste-Union des Sacrés-Cœurs. Congr. à sup. gén., aut. les 13 avril 1850 et 30 nov. 1862. Maison mère à Sin. 213 établissements. 1,000 religieuses.	30.000						La congrégation dirige 39 établissements en Belgique, 3 en Angleterre, et 2 en Irlande.
	Total...	53.303	3.053	1.159	160	1.610	5.982	

SERVICES PENDANT LA GUERRE DE 1870-71	HISTORIQUE — FAITS PARTICULIERS OBSERVATIONS
Reçu, nourri et vêtu un grand nombre de soldats de passage.	Les Sœurs de Notre-Dame appartiennent à la congrégation fondée en 1599 par le bienheureux Pierre Fourier. Dans leurs deux établissements du Cateau et de Solesmes, la moitié des élèves environ sont instruites gratuitement. De plus, les sœurs font, le dimanche, des cours gratuits pour les jeunes filles adultes.
Du mois de septembre 1870 au mois de mars 1871, reçu et soigné 72 blessés. Les frais d'infirmerie, de pharmacie, blanchissage, nourriture, sont restés entièrement à la charge de la Congrégation, qui a aussi fourni des vêtements, des chaussures, et payé divers frais de voyage.	Les Sœurs de Sainte-Thérèse se consacrent à l'instruction et à l'éducation des jeunes personnes, et au soin des vieillards et des orphelins dans les hospices. Elles tiennent aussi des écoles dominicales. Dans la plupart des écoles, la titulaire est seule rétribuée; les sœurs adjointes ne reçoivent aucun traitement. A Avesnes, les sœurs ont acheté de leurs deniers un terrain pour la construction de l'école publique, et le mobilier ainsi que le chauffage de l'école sont entièrement à leur charge.
Une ambulance aux frais de la Congrégation.	Les Dames Bernardines donnent à leurs frais l'instruction gratuite à 500 jeunes filles; de plus, elles font des cours gratuits, le dimanche, à plus de 200 jeunes filles adultes : elles distribuent annuellement aux pauvres, en vêtements et en nourriture, une somme qui peut être évaluée en moyenne à 5.000 fr.
Soigné les blessés dans les ambulances et les hôpitaux.	La Congrégation a été fondée par une humble fille de la campagne, pour l'instruction des jeunes filles pauvres. Aujourd'hui sa sollicitude s'étend à tous les malheureux, malades, vieillards, orphelines, aliénées, prisonnières, détenues libérées. Elle visite aussi les pauvres à domicile pour les bureaux de bienfaisance, et tient des classes et des asiles pour les enfants pauvres.
Plusieurs ambulances ont été entretenues aux frais de la Congrégation, qui a consacré en outre des sommes importantes à des dons de toute nature, pour les blessés, les malades, les prisonniers.	L'unique but de la Congrégation de l'Union des Sacrés-Cœurs est l'éducation chrétienne de la jeunesse. Elle fait souvent des sacrifices considérables pour faciliter aux communes l'établissement d'écoles gratuites.

Diocèse de Cambrai (suite).

DATE DE LA FONDATION	CONGRÉGATIONS ou COMMUNAUTÉS	ENFANTS INSTRUITS	PERSONNES ASSISTÉES				TOTAL	SERVICES A L'ÉTRANGER et DANS LES COLONIES
			Hôpitaux et Hospices.	Orphelinats et Ouvroirs.	Maisons de refuge, de préservation et de correction.	Asiles d'aliénés et de sourds-muets.		
	Report...	53.303	3.053	1.159	160	1.610	5.982	
1827	**Religieuses Franciscaines, dites de N.-D. des Anges.** Congr. à sup. gén., aut. le 19 août 1854. Maison mère à Lille. 7 établissements. 50 membres.	1.140	12				12	
	Sœurs de Notre-Dame de la Treille. Congrég. à supér. gén., autorisée le 13 mars 1858. Maison mère à Lille. 100 religieuses.	?	?					
1844	**Sœurs de St-Joseph de Nazareth, à Valenciennes.** Congr. diocés., autor. les 22 oct. 1852 et 22 nov. 1876. 33 membres.	340		38			38	
	Sœurs Augustines, dites Sœurs Noires, à Bailleul. Congr. diocés., autor. le 4 déc. 1876. 3 maisons. 30 membres.							
1825	**Sœurs de Sainte-Marie, dites de St-François, à Douai.** Comm. indép., aut. le 25 déc. 1825. 28 membres.		20				20	
	A reporter...	54.783	3.085	1.197	160	1.610	6.052	

SERVICES PENDANT LA GUERRE DE 1870-71	HISTORIQUE — FAITS PARTICULIERS OBSERVATIONS
Une décoration obtenue témoigne du dévouement des sœurs aux malades et blessés.	Les Filles de Notre-Dame des Anges se vouent à l'instruction des enfants dans les asiles, et à l'éducation des jeunes filles dans les pensionnats et les externats. Beaucoup d'élèves sont reçues gratuitement. Les sœurs ont de plus, le dimanche, des cours qui réunissent 440 jeunes filles adultes.
	Congrégation hospitalière et enseignante. Les Sœurs de Notre-Dame de la Treille visitent les malades à domicile et dirigent l'*Œuvre des plaies*, pour le pansement des pauvres.
	Les Sœurs de Saint-Joseph tiennent des classes gratuites, des classes payantes, un orphelinat, un patronage et un ouvroir. Elles ont aussi des écoles dominicales pour les ouvrières et les domestiques.
Soins aux blessés.	Les Sœurs Augustines de Bailleul soignent les malades à domicile. Des religieuses sont spécialement chargées du soin des malades indigents.
20 soldats malades ont été logés, nourris et soignés pendant plusieurs mois dans la maison.	Cette communauté a pour objet : 1° de procurer des gardes aux malades de la ville et du dehors ; 2° de donner asile à des personnes âgées et infirmes, de famille honnête et n'ayant pas toujours connu la misère.

Diocèse de Cambrai (suite).

DATE DE LA FONDATION	CONGRÉGATIONS ou COMMUNAUTÉS	ENFANTS INSTRUITS	PERSONNES ASSISTÉES				TOTAL	SERVICES A L'ÉTRANGER et DANS LES COLONIES
			Hôpitaux et Hospices.	Orphelinats et Ouvroirs.	Maisons de refuge, de préservation et de correction.	Asiles d'aliénés et de sourds-muets		
	Report...	54.783	3.085	1.197	160	1.610	6.052	
1654	**Ursulines, à St-Saulve.** Comm. indép., aut. les 23 juil. 1826 et 29 janv. 1845. 52 membres.	290						
1819	**Bénédictines, à Estaires.** Commun. indép., aut. le 17 janv. 1827. 18 membres.	165						
1234	**Religieuses de l'ancienne abbaye de Flines, à Douai.** Communauté indépendante, autorisée le 17 janvier 1827. 55 membres.	536						
	Dames Franciscaines, dites Capucines de la Pénitence, à Bourbourg. Comm. indép., autor. le 17 janv. 1827. 20 membres.	?						
	Carmélites, à Lille. Comm. indép., autor. le 22 avril 1827. 19 membres.	?						
	A reporter...	55.774	3.085	1.197	160	1.610	6.052	

Nord.

SERVICES PENDANT LA GUERRE DE 1870-71	HISTORIQUE — FAITS PARTICULIERS OBSERVATIONS
Préparé les aliments et les médicaments pour une ambulance.	Communauté enseignante. Pensionnat et école communale. En vertu de leur règle, les Ursulines instruisent gratuitement les enfants pauvres. Une sœur est toujours à la disposition des personnes qui sollicitent des soins pour des blessures, des plaies, etc., et elle donne gratuitement ses soins et des médicaments.
	Les Sœurs Bénédictines d'Estaires instruisent des enfants pauvres et des jeunes filles travaillant aux fabriques. Elles prêtent gratuitement les locaux servant de classe.
Une ambulance fut établie dans la communauté. Les sœurs soignaient et nourrissaient les blessés, et travaillaient pour leur fournir des vêtements.	L'abbaye de Flines remontait au XIIIe siècle. Avant leur dispersion, à l'époque révolutionnaire, les religieuses nourrissaient tous les pauvres de Flines. Rétablies à Douai avec une annexe à Flines, la communauté dirige dans des locaux qui lui appartiennent, et qu'elle a acquis à grand'peine, une école communale gratuite, un cours normal d'institutrices, un pensionnat, un externat payant. Un certain nombre d'orphelines y sont toujours élevées et entretenues gratuitement, et les externes pauvres reçoivent gratuitement les fournitures classiques et même des vêtements. De plus, les sœurs nourrissent tous les jours deux vieillards et dix pauvres au moins.
	Communauté enseignante.
	Communauté enseignante.

Diocèse de Cambrai (suite).

DATE DE LA FONDATION	CONGRÉGATIONS ou COMMUNAUTÉS	ENFANTS INSTRUITS	PERSONNES ASSISTÉES				TOTAL	SERVICES A L'ÉTRANGER et DANS LES COLONIES
			Hôpitaux et Hospices.	Orphelinats et Ouvroirs.	Maisons de refuge, de préservation et de correction.	Asiles d'aliénés et de sourds-muets.		
	Report...	55.774	3.085	1.197	160	1.610	6.052	
	Sœurs de Sainte-Claire, à Cambrai. Comm. indép., autor. le 22 avril 1827. 36 membres.							
XVIIᵉ siècle	**Sœurs de la Providence du Bon-Pasteur, à Douai.** Comm. indép., autor. le 22 avril 1827. 26 membres.	1.600						
	Carmélites, à Douai. Comm. indép., autor. le 26 avril 1829. 19 membres.	?						
1830	**Carmélites, à Roubaix.** Commun. indép., autorisée le 25 octobre 1829. 25 membres.	1.100						
1836	**Ursulines, à Gravelines.** Communauté indépendante, autorisée le 12 juin 1858. 56 membres.	420						
1630	**Franciscaines de N.-D. des Anges, à Tourcoing.** Communauté indépendante, autorisée le 2 septembre 1850. 62 membres.	630						
	A reporter...	59.524	3.085	1.197	160	1.610	6.052	

SERVICES PENDANT LA GUERRE DE 1870-71	HISTORIQUE — FAITS PARTICULIERS OBSERVATIONS
	Vie contemplative.
Les sœurs ont logé des soldats, dont elles réparaient les vêtements et préparaient la nourriture.	Les Sœurs de la Providence de Douai tiennent des écoles et des salles d'asile communales. De plus, elles instruisent gratuitement les adultes, et dirigent un ouvroir et une école dominicale.
	Communauté enseignante.
	Communauté enseignante, fondée par la marquise de Reverseau, pour l'instruction des pauvres. Outre l'école primaire, les sœurs donnent l'instruction à 200 jeunes filles de fabrique et à 300 jeunes filles qui fréquentent l'école dominicale.
Envois de secours en argent, vivres et linge aux blessés et aux prisonniers.	La Communauté fournit le local de l'école communale, et a à sa charge le chauffage, le mobilier et les fournitures classiques aux indigentes; en compensation, elle reçoit de la commune, pour 180 élèves instruites par trois religieuses, une indemnité annuelle s'élevant à 600 fr. Les Ursulines tiennent en outre à leurs frais un ouvroir gratuit, et distribuent annuellement, en secours aux pauvres de la ville, une somme d'environ 2.000 fr.
	Jusqu'en 1850, cette communauté fut exclusivement hospitalière; aujourd'hui, elle est exclusivement enseignante. Elle tient un externat, un pensionnat, un asile payant et deux classes d'enfants pauvres qui sont entièrement à ses frais. Les sœurs distribuent des vêtements à leurs élèves pauvres. Le soir, elles instruisent les jeunes filles de fabrique. Les élèves pensionnaires et les anciennes élèves forment une association qui se réunit chaque semaine pour confectionner des vêtements pour les pauvres. On distribue ainsi chaque année 1.200 vêtements confectionnés.

138 — Diocèse de Cambrai (suite).

DATE DE LA FONDATION	CONGRÉGATIONS ou COMMUNAUTÉS	ENFANTS INSTRUITS	Hôpitaux et Hospices.	Orphelinats et Ouvroirs.	Maisons de refuge, de préservation et de correction.	Asiles d'aliénés et de sourds-muets.	TOTAL	SERVICES A L'ÉTRANGER et DANS LES COLONIES
	Report...	59.524	3.085	1.197	160	1.610	6.052	
	Sœurs de la Visitation, à Roubaix. Comm. indép., autor. le 21 nov. 1877. 7 membres.	?						
1866	**Sœurs Clarisses, à Lille.** Comm. indép. non aut. 20 membres.							
1875	**Sœurs Rédemptoristes, à Saint-Amand.** Comm. indép. non aut. 12 membres.							
	Total...	59.524	3.085	1.197	160	1.610	6.052	

DIOCÈSE DE CARCASSONNE

DATE DE LA FONDATION	CONGRÉGATIONS ou COMMUNAUTÉS	ENFANTS INSTRUITS	Hôpitaux et Hospices.	Orphelinats et Ouvroirs.	Maisons de refuge, de préservation et de correction.	Asiles d'aliénés et de sourds-muets.	TOTAL	SERVICES A L'ÉTRANGER et DANS LES COLONIES
	Bernardins de l'Immaculée-Conception, à Font-Froide. Comm. indép. non aut. 18 membres.							
	Sœurs de la Ste-Famille. Congr. à sup. gén., aut. le 3 janv. 1853. Maison mère à Pezens. 64 établissements. 234 membres.	6.000						
	A reporter...	6.000						

SERVICES PENDANT LA GUERRE DE 1870-71	HISTORIQUE — FAITS PARTICULIERS OBSERVATIONS
	Communauté enseignante.
	Vie contemplative.
	Vie contemplative.

AUDE

	Ministère ecclésiastique et travaux agricoles.
	Cette congrégation, fondée par un prêtre sans fortune, est vouée à l'instruction des enfants pauvres et au soin des malades.

Diocèse de Carcassonne (suite).

DATE DE LA FONDATION	CONGRÉGATIONS ou COMMUNAUTÉS	ENFANTS INSTRUITS	PERSONNES ASSISTÉES				TOTAL	SERVICES A L'ÉTRANGER et DANS LES COLONIES
			Hôpitaux et Hospices.	Orphelinats et Ouvroirs.	Maisons de refuge, de préservation et de correction.	Asiles d'aliénés et de sourds-muets.		
	Report...	6.000						
	Sœurs de Saint-Joseph. Congr. à sup. gén., aut. le 25 juin 1856. Maison mère à Maillhac. 46 membres.	1.800						
1821	**Sœurs de Notre-Dame, à Carcassonne.** Communauté indépendante, autorisée le 11 février 1827. 72 membres.	520						
1823	**Sœurs de Notre-Dame, à Narbonne.** Commun. indép., autor. le 11 fév. 1827. 57 membres.	250						
	Sœurs de Notre-Dame, à Castelnaudary. Comm. indép., autor. le 15 mars 1854. 44 membres.	?						
	Sœurs de N.-D. du Refuge, à Narbonne. Comm. indép., autor. le 15 mars 1854. 12 membres.				?	?		
1825	**Carmélites, à Carcassonne.** Comm. indép. non aut. 21 membres.							
1867	**Carmélites, à Narbonne.** Comm. indép. non autor. 21 membres.							
	TOTAL...	8.570						

Aude.

SERVICES PENDANT LA GUERRE DE 1870-71	HISTORIQUE — FAITS PARTICULIERS OBSERVATIONS
	Direction d'écoles et soin des malades à la campagne.
Fourni du linge, des matelas, des couvertures, et fait de la charpie pour les blessés.	La communauté de Notre-Dame, à Carcassonne, a été fondée sur la demande du conseil général du département et du conseil municipal de la ville. Elle dirige un pensionnat, un cours normal, un externat payant et trois classes gratuites. Au début, le conseil municipal lui avait alloué, pour les classes gratuites, une subvention de 1.500 fr., abaissée aujourd'hui à 500 francs, bien que ces classes soient fréquentées par 200 élèves.
Fourni du linge, des matelas et des couvertures; préparé de la charpie pour les blessés.	Fondée et autorisée sur la demande du conseil municipal de la ville, cette communauté ne reçoit d'ailleurs aucune subvention pour son école gratuite, fréquentée par 90 enfants.
	Communauté enseignante. Pensionnat et école gratuite.
	Refuge pour les repenties.
	Vie contemplative.
	Vie contemplative.

DIOCÈSE DE CHALONS-SUR-MARNE

DATE DE LA FONDATION	CONGRÉGATIONS ou COMMUNAUTÉS	ENFANTS INSTRUITS	PERSONNES ASSISTÉES					SERVICES A L'ÉTRANGER et DANS LES COLONIES
			Hôpitaux et Hospices.	Orphelinats et Ouvroirs.	Maisons de refuge, de préservation et de correction.	Asiles d'aliénés et de sourds-muets.	TOTAL	
1820	**Dames de Nazareth.** Congrégation à supérieure générale, autorisée le 17 janvier 1827. Maison mère à Montmirail. 181 membres.	?						La congrégation possède en Syrie 5 maisons de mission, dont 4 avec un dispensaire, où se présentent, pendant plusieurs mois de l'année, jusqu'à 100 malades par jour, auxquels on distribue des remèdes gratuits, au nom de la France. Les écoles de ces maisons sont fréquentées par 1.500 enfants, dont quelques-unes sont soignées et entretenues dans les mêmes conditions. — Depuis la fin de 1866, les sœurs ont ouvert à Beyrouth un établissement essentiellement français, destiné à donner aux jeunes filles de la classe élevée du Levant une éducation et une instruction en rapport avec leurs besoins.
1613	**Sœurs de Notre-Dame, à Châlons.** Comm. indép., autor. le 23 mars 1828. 47 membres.	300						
	Total...	300						

MARNE (moins l'arrondissement de Reims.)

SERVICES PENDANT LA GUERRE DE 1870-71	HISTORIQUE — FAITS PARTICULIERS OBSERVATIONS
La communauté de Montmirail a donné asile à des familles qui fuyaient devant l'invasion.	L'œuvre principale de la congrégation est celle des pensionnats pour les jeunes filles de la classe aisée; mais elle se consacre aussi à l'éducation gratuite des jeunes filles pauvres, partout où ses ressources le lui permettent.
La communauté a distribué de nombreux secours aux militaires de passage, abrité 150 personnes, et soigné 30 blessés à ses frais pendant 2 mois.	La communauté de Notre-Dame instruit gratuitement 300 jeunes filles, sans recevoir aucune subvention. Elle tient aussi un ouvroir gratuit, et elle assiste journellement de nombreux indigents.

DIOCÈSE DE CHAMBÉRY

DATE DE LA FONDATION	CONGRÉGATIONS ou COMMUNAUTÉS	ENFANTS INSTRUITS	PERSONNES ASSISTÉES				TOTAL	SERVICES A L'ÉTRANGER et DANS LES COLONIES
			Hôpitaux et Hospices.	Orphelinats et Ouvroirs.	Maisons de refuge, de préservation et de correction.	Asiles d'aliénés et de sourds-muets.		
	Capucins, à Chambéry. Comm. indép., autor. le 1er oct. 1818. 35 membres.							
	Capucins, à Yenne. Commun. indép., autor. en 1823. 10 membres.							
	Cisterciens, à l'abbaye d'Hautecombe. Commun. indép., autor. le 7 août 1826. 27 membres.							
1812	**Sœurs de Saint-Joseph, à Chambéry.** Congrégation diocésaine, autorisée le 14 avril 1866. 306 membres.	6.260	100	160			260	Établissements en Italie, au Brésil, dans les États scandinaves et le Danemark. A Copenhague, en 1872, la congrégation a ouvert un hôpital catholique, où les nationaux peu fortunés sont reçus gratuitement. Ces divers établissements ont contribué à développer l'influence française à l'étranger, en généralisant la langue. A Saint-Paul (Brésil), les sœurs ont soigné, pendant 15 mois, de nombreux varioleux dans un lazaret.
	A reporter...	6.260	100	160			260	

SAVOIE (arrondissement de Chambéry et quelques paroisses de celui d'Albertville, plus un certain nombre de paroisses de la Haute-Savoie).

SERVICES PENDANT LA GUERRE DE 1870-71	HISTORIQUE — FAITS PARTICULIERS OBSERVATIONS
	Ministère ecclésiastique et prédication.
	Ministère ecclésiastique et prédication.
	Ministère ecclésiastique et prédication.
Outre une ambulance de 100 lits, établie dans une maison de la congrégation et desservie par elles durant six mois, les sœurs ont soigné dans deux hôpitaux 3,500 malades ou blessés.	Les Sœurs de Saint-Joseph entretiennent à leurs frais un orphelinat et plusieurs écoles gratuites. Elles soignent les malades à domicile, et, outre leur hospice, qui contient 100 vieillards, elles desservent un hôpital où sont soignés tous les ans 1.000 à 1.200 malades. En 1854 et en 1867, époque où sévit le choléra, elles ont montré un grand dévouement.

Diocèse de Chambéry (suite).

DATE DE LA FONDATION	CONGRÉGATIONS ou COMMUNAUTÉS	ENFANTS INSTRUITS	PERSONNES ASSISTÉES				TOTAL	SERVICES A L'ÉTRANGER et DANS LES COLONIES
			Hôpitaux et Hospices.	Orphelinats et Ouvroirs.	Maisons de refuge, de préservation et de correction.	Asiles d'aliénés et de sourds-muets.		
	Report...	6.260	100	160			260	
1624	**Sœurs de la Visitation, à Chambéry.** Communauté indépendante, autorisée les 5 novembre 1816 et 8 avril 1824.	40						
1818	**Religieuses Augustines, à Pont-de-Beauvoisin.** Comm. indép., autor. le 11 févr. 1823. 25 membres.	165						
	Carmélites, à Chambéry. Comm. indép., autor. le 2 août 1825. 20 membres.							
1826	**Sœurs de l'Immaculée-Conception, de Ruffieux.** Congrég. non autorisée.	320						
	Total...	6.785	100	160			260	

Savoie.

SERVICES PENDANT LA GUERRE DE 1870-71	HISTORIQUE — FAITS PARTICULIERS OBSERVATIONS
Confectionné des capotes et des chaussettes pour les soldats; préparé de la charpie pour les blessés et raccommodé leur linge; envoyé des secours aux prisonniers et aux malades et blessés.	La communauté assiste journellement 40 à 50 pauvres. Elle élève et nourrit gratuitement une enfant sur 10 pensionnaires.
Logé de nombreux soldats, soigné les blessés, confectionné des vêtements et fourni du linge aux ambulances.	Durant 40 ans, la communauté n'a cessé d'instruire gratuitement toutes les jeunes filles pauvres de la commune. Depuis quelques années seulement elle reçoit une subvention. Les sœurs soignent aussi les malades.
	Vie contemplative.
	La Congrégation, fondée par un curé de campagne, a pour but l'instruction des enfants pauvres, la visite des malades et l'assistance aux funérailles des pauvres. La maison mère élève toujours à ses frais quelques orphelines. Chaque année des élèves se présentent soit au brevet de capacité, soit au certificat d'études. Toutes les institutrices titulaires sont munies du brevet : la lettre d'obédience n'existe pas pour la Congrégation. En 1873, deux médailles ont été obtenues à l'exposition des travaux scolaires à Chambéry.

DIOCÈSE DE CHARTRES

DATE DE LA FONDATION	CONGRÉGATIONS ou COMMUNAUTÉS	ENFANTS INSTRUITS	PERSONNES ASSISTÉES				TOTAL	SERVICES A L'ÉTRANGER et DANS LES COLONIES
			Hôpitaux et Hospices.	Orphelinats et Ouvroirs.	Maisons de refuge, de préservation et de correction.	Asiles d'aliénés et de sourds-muets.		
1696	**Sœurs de Saint-Paul, dites de St-Maurice.** Congrégation à supérieure générale, autorisée le 23 juillet 1811. Maison mère à Chartres. 166 écoles. 57 salles d'asile. 14 orphelinats libres. 10 bureaux de bienfaisance. 40 hôpitaux ou hospices. 2 asiles d'aliénés. 1.119 membres.	20.000	3.800	?		?	3.800	La congrégation dessert 41 établissements hospitaliers : à Cayenne, à la Martinique, à la Guadeloupe, en Chine, en Cochinchine et au Japon. De plus, il existe en Alsace et en Angleterre deux congrégations, branches détachées de celle de Saint-Paul de Chartres.
	Sœurs de l'Immaculée-Conception. Congrég. à supér. gén., autor. les 17 janv. 1827 et 16 sept. 1859. Maison mère à Nogent-le-Rotrou. 120 membres.	?				?		
	Sœurs de la Providence de Saint-Remi. Congr. à sup. gén., aut. le 13 août 1856. Maison mère à Chartres. 100 membres.	?						
	A reporter...	20.000	3.800				3.800	

EURE-ET-LOIR

SERVICES PENDANT LA GUERRE DE 1870-71	HISTORIQUE — FAITS PARTICULIERS OBSERVATIONS
Soigné de nombreux blessés. Plusieurs sœurs sont mortes par suite de fatigues excessives.	Cette Congrégation importante a été fondée par un modeste curé de campagne, pour l'instruction des enfants pauvres. Aujourd'hui, les sœurs soignent aussi les malades, soit dans les hôpitaux, soit à domicile, et tiennent des crèches pour les petits enfants. La simplicité fait leur principal caractère ; rien ne les désigne à l'attention. Point d'autres austérités que leurs fatigues incessantes et leur dévouement jusqu'à la mort. On en a vu, atteintes de maladies de poitrine ou autres, dépenser leur reste de forces au service du Seigneur et de ses membres, et venir prendre le lit à la maison mère pour y mourir huit jours après ; d'autres braver la peste, et mourir à la place de ceux qu'elles étaient venues sauver ; d'autres s'offrir d'elles-mêmes pour aller se dévouer sous un climat meurtrier, chacune faisant des instances pour obtenir le poste qui présentait le plus de danger ; toutes enfin, s'usant dans un cercle d'occupations invariablement les mêmes, et priant en travaillant, afin d'avoir plus de temps à consacrer au soulagement de toutes les misères humaines. De 1793 à 1803, que dura la dispersion des sœurs, plusieurs restèrent dans leurs établissements, quêtant même pour leurs pauvres, malades et infirmes, dépourvues de tout secours. Quelques-unes tinrent des petites écoles, se tenant prêtes pour le jour de leur rétablissement. Plusieurs furent mises en prison et ne recouvrèrent la liberté qu'à la veille de monter à l'échafaud.
	Écoles pour les enfants pauvres et établissements pour les sourds-muets.
	Les Sœurs de la Providence de Saint-Remi, dites aussi Sœurs de Bon-Secours, sont à la fois institutrices et garde-malades.

Diocèse de Chartres (suite).

DATE DE LA FONDATION	CONGRÉGATIONS ou COMMUNAUTÉS	ENFANTS INSTRUITS	PERSONNES ASSISTÉES				TOTAL	SERVICES A L'ÉTRANGER et DANS LES COLONIES
			Hôpitaux et Hospices.	Orphelinats et Ouvroirs.	Maisons de refuge, de préservation et de correction.	Asiles d'aliénés et de sourds-muets.		
	Report...	20.000	3.800				3.800	
1853	**Sœurs de Notre-Dame de Chartres.** Congrégation à supérieure générale, autorisée les 23 mars 1857 et 25 octobre 1862. 57 membres.	1.400						
	A reporter...	21.400	3.800				3.800	

Eure-et-Loir. 151

SERVICES	HISTORIQUE — FAITS PARTICULIERS
pendant la guerre de 1870-71	OBSERVATIONS

Les sœurs ont ouvert une ambulance dans leur maison conventuelle, et y ont soigné à leurs frais 45 blessés, depuis la bataille de Loigny jusqu'après le traité de paix. Toutes les autres communautés se sont aussi dévouées à la même œuvre, dans les ambulances établies dans leurs localités. Un établissement libre a été saccagé par l'ennemi, tandis que les sœurs prêtaient leur concours à l'ambulance de Chartres. Plusieurs fois les sœurs, à force d'instances auprès des chefs allemands, ont obtenu la liberté d'un certain nombre d'hommes devant être fusillés par l'ennemi pour avoir tiré sur les troupes. Une fois, *entre autres*, une sœur a suivi les troupes allemandes pendant près d'un kilomètre, conjurant le commandant de relâcher une dizaine de pères de famille de sa localité, qu'on emmenait prisonniers, et dont les familles étaient affolées de désespoir. Le commandant a fini par céder, embarrassé des poursuites de la sœur, que les armes ne faisaient pas reculer.

Les Sœurs de Notre-Dame de Chartres se dévouent à l'instruction des jeunes filles, et donnent des soins gratuits aux malades des campagnes. Elles soignent ainsi chaque année 2 à 3.000 malades, et leur font 15 à 16.000 visites à pied, par toutes les saisons. Elles tiennent aussi de petites pharmacies pour les pauvres, et s'efforcent de leur procurer, en intéressant en leur faveur des familles aisées, le linge, les vêtements, et même les secours du médecin, les aliments et adoucissements nécessaires à leur état. La Congrégation, établie d'abord à Berchères-l'Évêque, fut installée à Chartres en 1858. Le départ de Berchères fut un jour de deuil pour les habitants, car plusieurs fois des épidémies ayant sévi, toutes les sœurs s'étaient dévouées à les soigner avec le zèle qu'inspire la charité de Jésus-Christ. Pour les consoler, on leur laissa deux sœurs, l'une pour la classe des petites filles, l'autre pour les malades. Plus tard, ils reconnurent l'école communale, et s'estimaient heureux de posséder des sœurs, quand, l'an dernier, il prit envie au maire et à plusieurs conseillers d'échanger les sœurs contre une institutrice laïque. Après avoir vu leur demande rejetée par le préfet d'alors, ils la renouvelèrent sous le préfet actuel, et obtinrent gain de cause, malgré les pétitions de la majorité des familles, restées attachées aux sœurs. Le tribunal de Chartres ayant accordé 3 mois de délai aux sœurs pour se pourvoir d'une habitation (*mais sans faire l'école, remise à la commune*), le maire les assigna en cour d'appel, où elles perdirent leur procès. Dans le cours de l'instance, M. le préfet ayant fait signifier aux sœurs d'avoir à rendre les clefs de l'habitation, les sœurs refusèrent, s'appuyant sur le délai accordé par le tribunal, et la sœur institutrice communale fut révoquée. Sur une seconde réquisition, les sœurs remirent les clefs en protestant qu'elles cédaient à la violence et réservaient leurs droits. Une école libre fut ouverte après 3 mois et demi d'opposition, mais par une autre sœur que l'ex-titulaire de l'école communale remplacée par une laïque.

Les 22 autres établissements, jusqu'ici, n'ont pas été persécutés ouvertement. Dernièrement on a amené un père de famille, ayant sa fille religieuse dans la Congrégation, à signer une pétition contre les sœurs, ce qu'il regrette extrêmement. Cette anomalie s'explique : on présente à la signature des habitants une pétition relative à sept ou huit questions différentes, et il suffit que la dernière réclamation portée sur la pétition soit fondée pour que tout le monde signe, sans savoir si la signature s'applique à toutes les affaires, ou seulement à la dernière relatée dans la pétition.

Diocèse de Chartres (suite).

DATE DE LA FONDATION	CONGRÉGATIONS ou COMMUNAUTÉS	ENFANTS INSTRUITS	PERSONNES ASSISTÉES					TOTAL	SERVICES A L'ÉTRANGER et DANS LES COLONIES
			Hôpitaux et Hospices.	Orphelinats et Ouvroirs.	Maisons de refuge, de préservation et de correction.	Asiles d'aliénés et de sourds-muets.		
	Report...	21.400	3.800				3.800	
	Sœurs de la Providence, à Chartres. Comm. indép., autor. le 20 nov. 1816. 28 membres.	?		?			?	
	Sœurs du Saint-Cœur de Marie, à Chartres. Comm. indép., autor. le 25 août 1867. 32 membres.	?						
1620	Carmélites, à Chartres. Comm. indép. non autor. 24 membres.							
1845	Trappistines, à Boissy-le-Sec. Comm. indép. non autor. 50 membres.							
1647	Sœurs de la Visitation, à Chartres. Commun. indép. non aut. 27 membres.							
1860	Sœurs de la Visitation, à Dreux. Commun. indép. non aut. 18 membres.							
	TOTAL...	21.400	3.800				3.800	

SERVICES PENDANT LA GUERRE DE 1870-71	HISTORIQUE — FAITS PARTICULIERS OBSERVATIONS
	Ecole pour les pauvres, orphelinat et pensionnat de jeunes filles.
	Communauté enseignante.
	Vie contemplative.
	Vie contemplative.
	Vie contemplative.
	Communauté enseignante. Pensionnat.

DIOCÈSE DE CLERMONT-FERRAND

DATE DE LA FONDATION	CONGRÉGATIONS ou COMMUNAUTÉS	ENFANTS INSTRUITS	PERSONNES ASSISTÉES					TOTAL	SERVICES A L'ÉTRANGER et DANS LES COLONIES
			Hôpitaux et Hospices.	Orphelinats et Ouvroirs.	Maisons de refuge, de préservation et de correction.	Asiles d'aliénés et de sourds-muets.		
1822	**Pères de l'Assomption, à Clermont.** Congrég. non autorisée. 30 membres.					?		
1806	**Sœurs de la Miséricorde.** Congrégation à supérieure générale, autorisée les 14 décembre 1810 et 14 janvier 1853. Maison mère à Billom. 58 établissements. 405 membres.	6.000	?	120			120	
	A reporter...	6.000		120			120	

PUY-DE-DOME

SERVICES PENDANT LA GUERRE DE 1870-71	HISTORIQUE — FAITS PARTICULIERS OBSERVATIONS
	Soins aux aliénés. La Congrégation possède aujourd'hui 5 établissements à Clermont, à Privas, au Puy, à la Cellette (Corrèze) et à Nice. Elle donne toujours son concours gratuitement à l'œuvre pour laquelle elle a été fondée.
Le pensionnat de Billom a été transformé en une ambulance, où les Sœurs de la Miséricorde ont soigné de nombreux malades et blessés. Tous les établissements ont fait, en outre, des envois considérables en argent, linge, vêtements, etc.	La Congrégation de la Miséricorde est vouée, d'après ses constitutions, 1° à l'éducation de la jeunesse; 2° à l'instruction gratuite des enfants pauvres; 3° au soin des malades pauvres à domicile; 4° au soin des prisonniers. De plus, elle dessert des hospices et hôpitaux, et dirige des salles d'asile et des orphelinats. Outre l'instruction gratuite qu'elle donne aux enfants pauvres, chaque communauté recueille quelques orphelines. Dans toutes les localités où les sœurs sont établies, une d'entre elles est spécialement chargée de visiter et de soigner les malades pauvres, les infirmes et les vieillards, et de leur porter des secours. Cette congrégation fut fondée au commencement de ce siècle, par six jeunes filles de Billom, pour remédier à l'état de misère et d'ignorance dans lequel la Révolution avait laissé les classes inférieures de la société. Dès son début, cette Congrégation fit beaucoup de bien avec des ressources très modestes. Sans parler des nombreuses enfants instruites et des malades soignés par elle, on peut citer deux faits qui témoignent du dévouement et de la générosité de la Congrégation naissante. En l'année 1816, les céréales ayant manqué dans une partie de l'Auvergne, la disette se fit sentir surtout dans les campagnes. Moissat, près Billom, où se trouvaient établies les sœurs, eut beaucoup à souffrir. Les pauvres assiégeaient la communauté en demandant du pain. Les sœurs, émues de pitié, donnèrent tout et se réduisirent elles-mêmes au besoin, partageant avec les malheureux une nourriture grossière et insipide. Cette épreuve avait à peine cessé, qu'une fièvre pestilentielle se déclara à Moissat et à Billom. Les sœurs se multiplièrent pour porter des secours aux nombreux malades atteints par le fléau. Deux d'entre elles moururent victimes de leur charité, la supérieure générale et une jeune sœur, sur laquelle reposaient de grandes espérances.

Diocèse de Clermont-Ferrand (suite).

DATE DE LA FONDATION	CONGRÉGATIONS ou COMMUNAUTÉS	ENFANTS INSTRUITS	PERSONNES ASSISTÉES				TOTAL	SERVICES A L'ÉTRANGER et DANS LES COLONIES
			Hôpitaux et Hospices.	Orphelinats et Ouvroirs.	Maisons de refuge, de préservation et de correction.	Asiles d'aliénés et de sourds-muets.		
	Report...	6.000		120			120	
1723	Sœurs de St-Joseph, dites du Bon-Pasteur. Congrégation à supérieure générale, autorisée le 9 avril 1811. Maison mère à Clermont. 76 écoles. 13 salles d'asile. 1 école de sourdes-muettes. 2 ouvroirs. 4 orphelinats. 1 maison de refuge. 15 hôpitaux. 600 membres.	9.600	?	200	40	?	240	
	Sœurs du tiers ordre de St-Dominique. Congr. à sup. gén., aut. les 12 mars 1856 et 27 nov. 1864. Maison mère à Ambert. 54 membres.	?		?				
	Sœurs de Notre-Dame de Bon-Secours. Congr. à sup. gén., aut. le 7 août 1856. Maison mère à Clermont. 29 membres.							
	A reporter...	15.600		320	40		360	

SERVICES PENDANT LA GUERRE DE 1870-71	HISTORIQUE — FAITS PARTICULIERS OBSERVATIONS
Les Sœurs de Saint-Joseph ont soigné, dans diverses ambulances, 2.500 à 3.000 malades et blessés. De plus, elles ont confectionné des vêtements et se sont imposé des privations pour envoyer à l'armée du linge et des secours en argent.	La règle des Sœurs de Saint-Joseph leur impose *toutes les œuvres de miséricorde spirituelle et corporelle dont leur sexe est capable*. Elles se sont toujours fait un devoir de se conformer scrupuleusement à ce précepte. C'est ainsi qu'avec de très faibles ressources elles donnent chaque année leurs soins, en moyenne, à 3.000 malades et à 350 vieillards. Pendant très longtemps, la plupart des écoles ont instruit gratuitement les enfants pauvres, sans recevoir aucune rétribution. Depuis quelques années seulement, un certain nombre d'entre elles reçoivent des subventions des communes pour les aider dans leur œuvre de charité. Dans toutes les maisons, une religieuse est spécialement chargée de soigner gratuitement les malades à domicile et de leur porter des secours, souvent à des distances très considérables, à travers la neige et par les temps les plus rigoureux. Il est facile d'apprécier de quelle valeur sont de pareils secours pour les villageois des montagnes de l'Auvergne, que leur pauvreté empêche de recourir souvent au médecin. La Congrégation met un grand soin à former ses institutrices. Ainsi toutes les jeunes religieuses, même celles qui ont leur diplôme, sont soumises à des examens annuels, dont le programme leur est envoyé au commencement du cours scolaire. Ces examens sont subis pendant les vacances, à la maison mère. Ils produisent les meilleurs résultats.
	Congrégation hospitalière et enseignante.
	Garde-malades à domicile.

Diocèse de Clermont-Ferrand (suite).

DATE DE LA FONDATION	CONGRÉGATIONS ou COMMUNAUTÉS	ENFANTS INSTRUITS	PERSONNES ASSISTÉES					SERVICES A L'ÉTRANGER et DANS LES COLONIES
			Hôpitaux et Hospices.	Orphelinats et Ouvroirs.	Maisons de refuge, de préservation et de correction.	Asiles d'aliénés et de sourds-muets.	TOTAL	
	Report...	15.600		320	40		360	
	Sœurs de Notre-Dame, à La Montgie. Congrégation diocésaine, autorisée le 3 août 1867.	?	?					
	Sœurs de la Visitation, à Riom. Comm. indép., autor. le 21 juin 1806. 41 membres.	?						
	Ursulines, à Ambert. Comm. indép., autor. le 22 avril 1827. 37 membres.	?						
	Sœurs de la Miséricorde, à Montaigut. Commun. indép., autor. le 27 oct. 1827. 7 membres.		?					
	Sœurs de la Visitation, à Clermont. Commun. indép., autorisée le 21 septembre 1846.	?						
	Augustines, à Mozat. Commun. indép., autor. le 29 nov. 1853. 7 membres.	?						
1836	**Sœurs de Ste-Marie de l'Assomption, de Clermont (Bois de Cros).** Congrég. non autorisée. 100 membres.					?		
	A reporter...	15.600		320	40		360	

SERVICES PENDANT LA GUERRE DE 1870-71	HISTORIQUE — FAITS PARTICULIERS OBSERVATIONS
	Congrégation hospitalière et enseignante.
	Communauté enseignante.
	Communauté enseignante.
	Communauté hospitalière.
	Communauté enseignante.
	Communauté hospitalière.
	Soins aux aliénés.

Diocèse de Clermont-Ferrand (suite).

DATE DE LA FONDATION	CONGRÉGATIONS ou COMMUNAUTÉS	ENFANTS INSTRUITS	PERSONNES ASSISTÉES				TOTAL	SERVICES A L'ÉTRANGER et DANS LES COLONIES
			Hôpitaux et Hospices.	Orphelinats et Ouvroirs.	Maisons de refuge, de préservation et de correction.	Asiles d'aliénés et de sourds-muets.		
	Report...	15.600		320	40		360	
1818	**Carmélites, à Riom.** Comm. indép. non autor. 20 membres.							
	Tertiaires Franciscaines, à Bussières et à Prans. Comm. indép. non autor.			?				
	TOTAL...	15.600		320	40		360	

DIOCÈSE DE COUTANCES

1842	**Frères des écoles chrétiennes de la Miséricorde.** Congr. aut. le 4 sept. 1856. Maison mère à Montebourg. 21 écoles. 114 membres.	2.000		30		300	330	
1802	**Sœurs des écoles chrétiennes de la Miséricorde.** Congrégation à supérieure générale, autorisée les 13 octobre 1838 et 30 avril 1851. Maison mère à Saint-Sauveur-le-Vicomte. 121 écoles, 42 salles d'asile, 3 petits hospices, 2 orphelinats. 1.000 membres.	15.000	90	200			290	
	A reporter....	17.000	90	230		300	620	

SERVICES pendant la guerre de 1870-71	HISTORIQUE — FAITS PARTICULIERS OBSERVATIONS
	Vie contemplative.
	Ouvroir, enseignement des travaux à l'aiguille.

MANCHE

Une ambulance a été établie dans la maison mère. Les frères y ont soigné plus de 200 malades pendant plus de deux mois.	Les Frères de la Miséricorde ne reçoivent aucun traitement, et n'ont d'autres ressources que leur travail. Fondée en 1842 par M. l'abbé Delamarre, mort depuis archevêque d'Auch, alors vicaire général de Coutances, pour l'éducation de la jeunesse, le soin des orphelins et des aliénés, cette Congrégation a grandi au milieu des épreuves et de la pauvreté.
Desservi plusieurs ambulances. A la maison mère seulement, les sœurs ont soigné 398 malades et blessés.	La fondatrice de cette Congrégation importante, Catherine Postel, avait pour devise : *Faire le plus de bien possible en se cachant le plus possible*. Telle est aussi la règle de conduite de celles qui continuent aujourd'hui son œuvre. Éducation des enfants pauvres, direction des ouvroirs, des salles d'asile, des crèches, des orphelinats; soin des malades, soit à domicile, soit dans les hospices et hôpitaux, les Sœurs de la Miséricorde pratiquent la charité sous toutes ses formes. 100 orphelines sont complètement à leur charge. Il n'est presque pas un seul de leurs établissements qui ne possède un cours d'adultes. A Paris, elles dirigent une œuvre très intéressante, sous le nom d'*Œuvre du Saint-Cœur de Marie*. Dans cet établissement, 500 jeunes filles d'ouvriers, de petits employés et de petits rentiers reçoivent une instruction religieuse, et apprennent non seulement les travaux d'aiguille, le blanchissage, le repassage, mais encore tout ce qui peut leur procurer pour l'avenir des moyens d'existence et faire d'elles d'excellentes ouvrières, de bonnes mères de famille.

Diocèse de Coutances (suite).

DATE DE LA FONDATION	CONGRÉGATIONS ou COMMUNAUTÉS	ENFANTS INSTRUITS	PERSONNES ASSISTÉES				TOTAL	SERVICES A L'ÉTRANGER et DANS LES COLONIES
			Hôpitaux et Hospices.	Orphelinats et Ouvroirs.	Maisons de refuge, de préservation et de correction.	Asiles d'aliénés et de sourds-muets.		
	Report...	17.000	90	230		300	620	
	Sœurs de la Charité des Saints-Cœurs de Jésus et de Marie. Congr. à sup. gén., autor. les 8 janv. 1839 et 29 juillet 1854. Maison mère à Cherbourg. 91 membres.	?	?					
1652	**Sœurs du Sacré-Cœur de Jésus.** Congr. à sup. gén., autor. les 9 avril 1846 et 15 nov. 1858. Maison mère à Coutances. 69 écoles, 22 salles d'asile, 5 orphelinats, un cours normal, 6 hospices ou hôpitaux, une prison, 6 maisons de garde-malades. 500 membres.	8.090	90	100			190	
1686	**Sœurs du tiers ordre de Notre-Dame du Mont-Carmel.** Congrégation à supérieure générale, autorisée le 23 octobre 1852. Maison mère à Avranches. 330 écoles. 514 membres.	20.000						
	A reporter...	45.090	180	330		300	810	

SERVICES PENDANT LA GUERRE DE 1870-71	HISTORIQUE — FAITS PARTICULIERS OBSERVATIONS
	Congrégation hospitalière et enseignante.
Desservi des ambulances. Dans tous les établissements de la congrégation on s'est occupé de confectionner des vêtements pour les soldats.	Les Sœurs du Sacré-Cœur de Jésus soignent, chaque année, dans les hôpitaux qu'elles desservent, environ 1.500 malades. Le cours normal qu'elles dirigent a obtenu de grands succès. Depuis 1844, 300 élèves-maîtresses, sorties du cours normal, ont obtenu le brevet de capacité. 170 religieuses ont aussi leur brevet. De plus, un grand nombre de directrices d'écoles ont obtenu des récompenses honorifiques du ministre de l'instruction publique. Enfin, plus de 200 jeunes filles élevées par elles ont également subi avec succès les épreuves de l'un ou l'autre brevet.
Les sœurs ont établi à leurs frais et desservi 2 ambulances.	Cette Congrégation, fondée par Mgr Froulay de Tessé, évêque d'Avranches, dirigea, dès son début, une école, où elle instruisait plus de 200 enfants. Aujourd'hui, elle comprend à la fois des institutrices et des garde-malades. Les garde-malades soignent à peu près 1,000 malades par an. La plupart des institutrices, d'ailleurs, donnent gratuitement des soins aux malades, dans l'intervalle des classes. *Toutes* les sœurs institutrices sont pourvues du brevet de capacité. Cette Congrégation présente un caractère particulier : le vœu de pauvreté n'existe pas chez elle. Chaque sœur garde son revenu personnel ou son traitement ; seulement, elle en verse le vingtième à la Congrégation pour subvenir à son entretien, contribuer aux frais d'administration et venir en aide aux sœurs dans le besoin. A toutes les époques, les Sœurs du Mont-Carmel se sont distinguées par leur dévouement. Un grand nombre ont mérité et obtenu des distinctions honorifiques. En 1866, lors de l'inondation de la Loire, la sœur Clouart, institutrice à Bréhémont (Indre-et-Loire), a été décorée pour un sauvetage accompli au péril de sa vie. Une autre, à Saint-Georges-de-Reintembault (Ille-et-Vilaine), a obtenu le prix Montyon pour une vie toute de bonnes œuvres.

Diocèse de Coutances (suite).

DATE DE LA FONDATION	CONGRÉGATIONS ou COMMUNAUTÉS	ENFANTS INSTRUITS	PERSONNES ASSISTÉES					SERVICES A L'ÉTRANGER et DANS LES COLONIES
			Hôpitaux et Hospices.	Orphelinats et Ouvroirs.	Maisons de refuge, de préservation et de correction.	Asiles d'aliénés et de sourds-muets.	TOTAL	
	Report...	45.000	180	330		300	810	
XVIIIe siècle	**Sœurs trinitaires,** à St-James et à Ducey. Congrégation autorisée le 22 avril 1827. 81 membres.	240						
1805	**Ursulines,** à **Avranches**. Commun. indép., autor. le 23 juil. 1826. 51 membres.	400						
1820	**Ursulines, à Mortain.** Commun. autorisée le 23 juillet 1826. 36 membres.	200						
1644	**Augustines de N.-D.,** à **Carentan**. Communauté indépendante, autorisée le 19 novembre 1826. 55 membres.	200						
	A reporter...	46.040	180	330		300	810	

SERVICES PENDANT LA GUERRE DE 1870-71	HISTORIQUE — FAITS PARTICULIERS OBSERVATIONS
Logé, soigné et nourri de nombreux malades et blessés. De plus, les sœurs passaient les nuits à laver et à raccommoder les vêtements des militaires de passage.	Cette Congrégation, fondée en réparation des injures faites à la sainte Trinité, durant la période révolutionnaire, visite les pauvres et les malades à domicile, et leur procure de nombreux secours, tant en vêtements qu'en nourriture. Elle se dévoue aussi à l'instruction de la jeunesse ; le tiers de ses élèves sont instruites gratuitement. Les sœurs Trinitaires ne reçoivent ni traitement ni subvention : en tout leur concours est gratuit.
Plusieurs envois d'argent, linge et charpie pour les blessés.	Les Ursulines d'Avranches ne reçoivent aucun traitement ; elles n'en donnent pas moins l'instruction gratuite à plus de 100 enfants, qu'elles assistent en même temps par de nombreux secours. Elles consacrent une somme considérable en aumônes aux pauvres et en offrandes au bureau de bienfaisance.
Envoi d'argent, linge et vêtements.	Les Ursulines de Mortain instruisent gratuitement 80 enfants, qui sont presque entièrement nourries dans la maison ; de plus, la communauté achète pour ces pauvres enfants des étoffes, avec lesquelles on leur apprend à confectionner des vêtements qui leur sont donnés à la fin de l'année classique, à titre de récompense. Parmi les élèves du pensionnat et de l'externat payant, il en est quelques-unes, chaque année, qui subissent avec succès les épreuves du brevet.
Confectionné des vêtements et préparé de la charpie. Logé et nourri constamment de nombreux soldats, au prix de grands sacrifices.	L'externat reçoit plus de 50 enfants gratuitement, et les sœurs distribuent aux plus pauvres des fournitures classiques, des vêtements et de la nourriture. Toutes les maîtresses ont leur brevet, à l'externat comme au pensionnat. Fondée par Mme d'Auxais, cette communauté a, jusqu'en 1792, instruit, seule et gratuitement, toutes les jeunes filles de la ville, riches ou pauvres. Chassées et dépouillées de leur maison et de tous leurs biens, au moment de la Révolution, les sœurs continuèrent séparément de se dévouer, dans diverses localités, à l'éducation de la jeunesse. La communauté put se reconstituer en 1818. Chaque année elle présente avec succès des élèves aux examens des deux brevets.

Diocèse de Coutances (suite).

DATE DE LA FONDATION	CONGRÉGATIONS ou COMMUNAUTÉS	ENFANTS INSTRUITS	PERSONNES ASSISTÉES					SERVICES A L'ÉTRANGER et DANS LES COLONIES
			Hôpitaux et Hospices.	Orphelinats et Ouvroirs.	Maisons de refuge, de préservation et de correction.	Asiles d'aliénés et de sourds-muets.	TOTAL	
	Report...	46.040	180	330		300	810	
1810	**Augustines de N.-D., à Valognes.** Communauté indépendante, autorisée le 19 novembre 1826. 58 membres.	250		1			1	La communauté a fait gratuitement l'éducation de trois Polonaises exilées.
1623	**Bénédictines, à Valognes.** Communauté indépendante, autorisée le 17 janvier 1827. 49 membres.	50		8			8	
1691	**Augustines, à Barenton.** Communauté indépendante, autorisée le 22 avril 1827. 43 membres.	155	35	20			55	
1643	**Augustines, à Coutances.** Comm. indép., autor. le 22 avril 1827. 68 membres.	60	100	30			130	
	A reporter...	46.555	315	389		300	1.004	

SERVICES PENDANT LA GUERRE DE 1870-71	HISTORIQUE — FAITS PARTICULIERS OBSERVATIONS
La communauté a logé jusqu'à 150 soldats à la fois ; elle leur fournissait le potage, le cidre et la literie. Elle a aussi confectionné beaucoup de vêtements, chemises, bas, et fourni aux malades et blessés du linge, de la charpie, des couvertures, des matelas, etc.	100 élèves pauvres reçoivent gratuitement l'instruction, un repas par jour, les fournitures classiques, et un vêtement complet par an. Une orpheline est en outre élevée et entretenue gratuitement. De plus, les sœurs Augustines tiennent à Valognes un ouvroir gratuit, où les jeunes filles sont formées aux divers travaux de leur sexe et de leur condition. Pour aucune de ces œuvres la communauté ne reçoit de subvention.
La communauté, étant cloîtrée, a procuré à ses frais le logement et en partie la nourriture à 40 soldats pendant toute la durée de la guerre, en même temps que les secours et les soins dont ils pouvaient avoir besoin.	La communauté a adopté 3 jeunes Alsaciennes et 5 jeunes filles pauvres, qui sont entièrement à sa charge. En outre, elle assiste secrètement 50 pauvres familles. Dès les premières années de son existence, la communauté a d'ailleurs rendu de grands services au pays, tant par l'instruction gratuite, l'assistance aux pauvres et les aumônes versées libéralement entre leurs mains, que par l'hospitalité accordée généreusement aux veuves et aux orphelines sans ressources. Tant de bienfaits ne la mirent pas à l'abri de la tourmente révolutionnaire, qui chassa les sœurs, mais ne put les empêcher de se réunir dans une maison séculière, pour y continuer à vivre en communauté.
Soins et hospitalité aux soldats.	Fondée par Pierre Cretey, curé de Barenton, cette communauté, jusqu'à la Révolution, donna gratuitement ses soins aux orphelines, aux malades, aux pauvres vieillards et aux enfants de la paroisse. En 1703, les sœurs avaient donné la moitié de leurs biens aux pauvres. Elles continuèrent pour la plupart à donner leurs soins aux malades pendant la période révolutionnaire. Depuis cette époque, elles ont dépensé pour leurs pauvres plus de 20.000 fr.
Soigné de nombreux malades et blessés. La communauté a reçu, en retour, un diplôme de la Société des secours aux malades et blessés.	Fondée par Mgr de Matignon, évêque de Coutances, cette communauté a beaucoup souffert de la Révolution, qui jeta la plupart de ses membres en prison. Deux fois les sœurs ont rompu leur clôture, pour aller soigner au dehors des malades que tout le monde abandonnait.

Diocèse de Coutances (suite).

DATE DE LA FONDATION	CONGRÉGATIONS ou COMMUNAUTÉS	ENFANTS INSTRUITS	PERSONNES ASSISTÉES					SERVICES A L'ÉTRANGER et DANS LES COLONIES
			Hôpitaux et Hospices.	Orphelinats et Ouvroirs.	Maisons de refuge, de préservation et de correction.	Asiles d'aliénés et de sourds-muets.	TOTAL	
	Report...	46.555	315	389		300	1.004	
1712	Sœurs du Bon-Sauveur, à Saint-Lo. Communauté indépend., autorisée le 22 avril 1827. 103 membres.	485				350	350	
1826	Augustines de N.-D., à St-Pierre-Église. Commun. autorisée les 1er août 1827 et 6 mars 1846. 65 membres.	255		30			30	
1866	Carmélites, à Coutances. Commun. indépend. non autorisée. 13 membres.							
	TOTAL...	47.295	315	419		650	1.384	

DIOCÈSE DE DIGNE

DATE DE LA FONDATION	CONGRÉGATIONS ou COMMUNAUTÉS	ENFANTS INSTRUITS	Hôpitaux et Hospices.	Orphelinats et Ouvroirs.	Maisons de refuge, de préservation et de correction.	Asiles d'aliénés et de sourds-muets.	TOTAL	SERVICES A L'ÉTRANGER et DANS LES COLONIES
XIXe siècle	Sœurs de la Doctrine chrétienne, dites de la Ste-Enfance. Congrégation à supérieure générale, autorisée le 9 mars 1854. Maison mère à Digne. 150 membres.	3.000	50	10			60	

Manche. 169

SERVICES PENDANT LA GUERRE DE 1870-71	HISTORIQUE — FAITS PARTICULIERS OBSERVATIONS
	Cette communauté a été fondée par Mlle Élisabeth de Surville. Elle ne possédait presque aucune ressource au début ; elle se proposait : 1° l'instruction chrétienne des enfants, surtout des pauvres ; 2° la visite et l'assistance des pauvres à domicile ; 3° la visite des prisonniers. Cette dernière œuvre a été interdite par l'administration, en 1830 ; elle est remplacée par l'*Œuvre des femmes aliénées*.
Envois de secours abondants en nature, linge, vêtements, etc.	Le but de la communauté est l'instruction gratuite de la jeunesse. En 1870, un incendie a détruit le monastère. Les sœurs n'en ont pas moins conservé leurs orphelines, partageant avec elles le pain de la charité. Elles ont aussi continué à donner l'instruction aux élèves de l'externat. A force de sacrifices, elles ont pu reconstruire leur pensionnat, qui obtient chaque année de réels succès aux examens des deux brevets.
	Vie contemplative.

BASSES-ALPES

Distribué des vêtements chauds, et fourni des objets de literie aux blessés et aux varioleux. Les sœurs les ont soignés, nourris, et leur ont même donné des secours en argent. La plupart des religieuses avaient signé une touchante pétition, à l'effet d'obtenir des supérieurs généraux l'autorisation d'aller soigner les blessés sur le champ de bataille.	La Congrégation a été fondée pour l'instruction des jeunes filles pauvres et le soin des malades dans les hôpitaux. En 1854, les religieuses se sont dévouées au service des cholériques, exposant leur vie pour assister les mourants et ensevelir les morts, abandonnés même de leurs proches. Le gouvernement décerna alors des mentions honorables à 15 infirmières.

Diocèse de Digne (suite).

DATE DE LA FONDATION	CONGRÉGATIONS ou COMMUNAUTÉS	ENFANTS INSTRUITS	PERSONNES ASSISTÉES				TOTAL	SERVICES A L'ÉTRANGER et DANS LES COLONIES
			Hôpitaux et Hospices.	Orphelinats et Ouvroirs.	Maisons de refuge, de préservation et de correction.	Asiles d'aliénés et de sourds-muets.		
	Report...	3.000	50	10			60	
1818	**Sœurs de Notre-Dame de la Présentation.** Congr. à sup. gén., autor. le 7 juin 1827. Maison mère à Manosque. 70 membres.	100		2			2	
1829	**Ursulines, à Digne.** Comm. indép., aut. le 27 août 1826. 43 membres.	170						
1841	**Sœurs de Saint-Martin, à Digne.** Comm. indép., aut. les 16 janv. 1846, 2 août 1853 et 22 nov. 1863. 18 membres.			60			60	
1827	**Sœurs Cisterciennes, à Reillaune.** Comm. indép. non autor.							
	Total...	3.270	50	72			122	

DIOCÈSE DE DIJON

| 1835 | **Frères de St-Joseph, à Cîteaux.** Congrégation non autorisée. Maison mère à Cîteaux. | | | | 1.290 | | 1.290 | |

Basses-Alpes.

SERVICES PENDANT LA GUERRE DE 1870-71	HISTORIQUE — FAITS PARTICULIERS OBSERVATIONS
	Les Sœurs de Notre-Dame de la Présentation ne reçoivent pour leurs écoles ni traitement ni subvention, et font des sacrifices pécuniaires proportionnés aux besoins des familles qui leur confient leurs enfants. Elles distribuent chaque jour la nourriture aux pauvres et aux enfants.
	Les Ursulines de Digne ont à leur charge une école gratuite, où elles instruisent 100 petites filles pauvres.
	Les Sœurs de Saint-Martin se dévouent gratuitement à l'éducation des orphelines pauvres.
	Vie contemplative.

COTE-D'OR

Plus de 200 enfants de la colonie de Cîteaux s'engagèrent et firent bravement leur devoir. Une compagnie de francs-tireurs fut formée à Cîteaux. Le comité de défense refusa obstinément son concours, *parce qu'ils sortaient d'un établissement pénitentiaire dirigé par des prêtres,*	L'Œuvre de Saint-Joseph a été fondée en 1835 à Oullins (Rhône), par l'abbé Rey, décédé en 1874. Son but spécial est l'éducation des jeunes détenus et des enfants vagabonds ou indisciplinés. Elle s'occupe aussi des enfants pauvres ou orphelins, dont une centaine sont élevés gratuitement aux frais de l'Œuvre. La Congrégation se compose de prêtres et de frères. Des religieuses, appelées *Sœurs de Saint-Joseph,* s'occupent des plus jeunes enfants. Les enfants reçoivent, dans les trois maisons dirigées par la

DATE DE LA FONDATION	CONGRÉGATIONS ou COMMUNAUTÉS	ENFANTS INSTRUITS	PERSONNES ASSISTÉES					TOTAL	SERVICES A L'ÉTRANGER et DANS LES COLONIES
			Hôpitaux et Hospices.	Orphelinats et Ouvroirs.	Maisons de refuge, de préservation et de correction.	Asiles d'aliénés et de sourds-muets.		
	Frères de Saint-Joseph, à Cîteaux. (Suite.)				1.290		1.290	
1824	Sœurs hospitalières de l'instruction chrétienne, dites de la Providence. Congrégation à supérieure générale, autorisée le 21 septembre 1846. Maison mère à Cîteaux. 462 membres.	11.500	125	80			205	
	A reporter...	11.500	125	80	1.290		1.495	

SERVICES PENDANT LA GUERRE DE 1870-71	HISTORIQUE — FAITS PARTICULIERS OBSERVATIONS
et qu'on suspectait leur patriotisme. La colonie fut, à plusieurs reprises, envahie et pillée par les Prussiens; en revanche, elle fut heureuse de recevoir, de nourrir, de loger des détachements français, dont le contingent total dépasse 5.000 soldats. 40 Français malades y furent successivement soignés. Plus de 300 d'entre eux reçurent des vêtements, du linge, des gilets de laine, des effets d'équipement militaire préparés pour les francs-tireurs de la colonie. Tout cela n'empêcha pas un journal lyonnais de se faire, contre la colonie, l'écho des plus stupides calomnies.	Congrégation, l'enseignement religieux, scolaire et professionnel. Ils apprennent, selon leurs goûts et leurs aptitudes, l'agriculture, le jardinage, les divers métiers qui se rattachent à l'agriculture, ou une profession industrielle. Des exercices militaires les préparent à la vie du soldat. L'Œuvre de Saint-Joseph rend chaque année à la société environ 300 élèves, qui presque tous persévèrent dans le bien; beaucoup entrent dans l'armée, et, grâce à l'enseignement militaire qui leur a été donné, avancent très rapidement en grade. Les jeunes cultivateurs sont demandés avec tant d'empressement, qu'il est facile aux frères de leur procurer des places sûres et avantageuses. L'apprentissage d'un métier se faisant d'une manière bien complète, les enfants trouvent sans peine, à leur sortie, des moyens d'existence. Tant de dévouement et d'aussi beaux résultats obtenus n'ont pas préservé les frères de Saint-Joseph de la haine révolutionnaire. En 1848, la populace se rua sur la colonie d'Oullins, dévasta les jardins et les cultures, brisa les métiers, incendia les bâtiments. Les dommages furent évalués à plus de 400.000 fr. Tous les enfants abandonnés, tous les pauvres orphelins qu'Oullins avait recueillis se retrouvèrent sur le pavé, livrés à la mendicité et au vagabondage : les pères et les frères étaient ruinés, et restaient sans ressources et sans abri. A ce moment même l'abbé Rey s'occupait à fonder un établissement à Cîteaux. Au 4 septembre, le conseil général de la Côte-d'Or supprima une subvention de 2,000 fr. allouée jusque-là à la colonie de Cîteaux. La colonie n'en continua pas moins à élever gratuitement 25 orphelins du département; depuis lors, ce nombre a été même augmenté de dix et porté à 35. C'est ainsi que les frères de Saint-Joseph se sont vengés.
Les sœurs établirent à leurs frais et desservirent plusieurs ambulances. Elles soignèrent en outre les malades et blessés dans plus de 100 localités. Elles allaient ramasser les blessés jusque sur le champ de bataille, au milieu des balles et des boulets.	Cette Congrégation est une branche détachée de la Congrégation de la Providence de Portieux (Vosges). Elle s'occupe : 1° de l'éducation des enfants pauvres dans les écoles, les orphelinats, les salles d'asile; 2° de l'éducation des enfants de familles aisées dans les pensionnats et les externats; 3° de l'exercice de la charité chrétienne sous toutes ses formes : soin gratuit des malades à domicile dans 270 localités; assistance aux malades dans les hôpitaux, aux prisonniers, etc. Plusieurs sœurs sont mortes en soignant les malades dans diverses épidémies. Un certain nombre d'élèves subissent chaque année avec succès les épreuves du brevet ou du certificat d'étude. Des distinctions honorifiques sont venues souvent récompenser le zèle des maîtresses.

Diocèse de Dijon (suite).

DATE DE LA FONDATION	CONGRÉGATIONS ou COMMUNAUTÉS	ENFANTS INSTRUITS	PERSONNES ASSISTÉES				TOTAL	SERVICES A L'ÉTRANGER et DANS LES COLONIES
			Hôpitaux et Hospices.	Orphelinats et Ouvroirs.	Maisons de refuge, de préservation et de correction.	Asiles d'aliénés et de sourds-muets.		
	Report...	11.500	125	80	1.290		1.495	
	Ursulines, à Dijon. Cong. à sup. gén., autor. les 15 juin 1854 et 5 nov. 1877. Maison mère à Dijon.	397						
1683	**Sœurs de Notre-Dame de la Charité, à Dijon.** Communauté indépendante, autorisée le 2 novembre 1810. 30 membres.		400				400	
1628	**Sœurs de Ste-Marthe, à Dijon.** Comm. indép., autor. le 2 nov. 1810. 14 membres.		?					
	Sœurs hospitalières, à Nuits. Comm. indép., autor. le 13 nov. 1810. 10 membres.		?					
	Sœurs hospitalières, à Arnay-sur-Arroux. Comm. indép., autor. le 15 nov. 1810. 4 membres.		?					
	Sœurs hospitalières, à Nolay. Comm. indép., autor. le 15 nov. 1810. 3 membres.		?					
	A reporter...	11.897	525	80	1.290		1.895	

Côte-d'Or.

SERVICES PENDANT LA GUERRE DE 1870-71	HISTORIQUE — FAITS PARTICULIERS OBSERVATIONS
	La maison mère de cette Congrégation fut fixée d'abord à Orgelet (Jura); elle a été transférée, il y a deux ans, à Dijon. A Semur, 160 enfants sont instruites gratuitement, aux frais de la Congrégation.
Les sœurs, à Dijon, ont soigné pendant la guerre 6.392 malades ou blessés, qui représentent 78.862 journées.	La Congrégation de Notre-Dame de la Charité doit sa fondation à l'abbé Joly : elle a pour but le soin des malades, vieillards, incurables et orphelins. Les sœurs, à Dijon, ne reçoivent aucun traitement de l'hôpital qu'elles desservent. Émues du nombre toujours croissant d'incurables qui ne pouvaient trouver place à l'hôpital, elles ont fondé, il y a quelques années, à leurs frais, en faveur des femmes incurables, un établissement connu sous le nom de *Nazareth*. Elles ne font des vœux que pour le temps qu'elles restent dans la communauté.
Soigné les blessés dans deux ambulances, dont une établie dans le couvent.	Communauté hospitalière. Les sœurs de Sainte-Marthe soignent gratuitement les malades pauvres, pansent leurs plaies, soit à domicile, soit au couvent, et distribuent des remèdes gratuits aux indigents dans une salle destinée à cet effet.
	Communauté hospitalière.
	Communauté hospitalière.
	Communauté hospitalière.

Diocèse de Dijon (suite).

DATE DE LA FONDATION	CONGRÉGATIONS ou COMMUNAUTÉS	ENFANTS INSTRUITS	PERSONNES ASSISTÉES				TOTAL	SERVICES A L'ÉTRANGER et DANS LES COLONIES
			Hôpitaux et Hospices.	Orphelinats et Ouvroirs.	Maisons de refuge, de préservation et de correction.	Asiles d'aliénés et de sourds-muets.		
	Report...	11.897	525	80	1 290		1.895	
1296	Sœurs hospitalières, à Auxonne. Communauté indépendante, autorisée le 14 décembre 1810. 12 membres.		181				181	
	Sœurs de Notre-Dame des Sept-Douleurs, à Semur. Comm. indép., autor. le 14 décembre 1810. 10 membres.		?					
1452	Sœurs hospitalières, à Beaune. Comm. indép. autor. le 26 déc. 1810. 26 membres.		124				124	
1704	Sœurs de Notre-Dame de la Charité, à Châtillon-sur-Seine. Comm. indép., autor. le 29 janv. 1811. 8 membres.		80	30			110	
1658	Sœurs hospitalières, à Saint-Jean-de-Losne. Comm. indép., autor. le 9 avril 1811. 6 membres.		42	1			43	
	A reporter...	11.897	952	111	1.290		2.353	

Côte-d'Or.

SERVICES PENDANT LA GUERRE DE 1870-71	HISTORIQUE — FAITS PARTICULIERS OBSERVATIONS
Soigné 200 malades et blessés à l'hôpital, et préparé les remèdes et aliments pour l'ambulance de la ville.	Les sœurs d'Auxonne ont montré un admirable dévouement lors des guerres du premier empire, des campagnes d'Afrique, de Crimée, d'Italie, et en 1854, à l'époque du choléra. Il y aurait à signaler des faits héroïques que la modestie des sœurs s'est fait un devoir de laisser dans l'ombre. Les sœurs hospitalières d'Auxonne ne reçoivent d'ailleurs aucun traitement; leurs soins sont entièrement gratuits.
Soigné un nombre considérable de malades et de blessés.	Les sœurs de Notre-Dame des Sept-Douleurs se dévouent au soin des malades, à quelque religion qu'ils appartiennent. En 1878, elles ont passé près d'eux 11.645 journées. Elles ont aussi une fondation d'incurables qui compte 17 vieillards, et représente, pour l'année 1878, 5.650 journées de malades. Bien loin de recevoir aucun traitement, les sœurs viennent en aide à l'hospice qu'elles desservent, dans la mesure de leurs ressources. Elles veillent et ensevelissent les morts.
Recueilli et soigné jusqu'à 210 malades et blessés par jour.	Les sœurs de l'hôtel-Dieu de Beaune prennent le titre de *Servantes des Pauvres*, et reçoivent en cette considération chacune trois francs par an. Elles jouissent de leur patrimoine et s'entretiennent à leurs frais. Elles sont seulement logées et nourries par l'administration. En maintes occasions elles ont montré un grand dévouement, notamment à l'époque du choléra, en 1849.
Soigné de nombreux malades et blessés; préparé la nourriture des soldats.	Les sœurs ne reçoivent aucun traitement; chacune s'entretient sur ses ressources personnelles. Elles se dévouent au soin des malades, des vieillards et des orphelins.
Soigné de très nombreux malades et blessés.	Soin des malades et des vieillards.

Diocèse de Dijon (suite).

DATE DE LA FONDATION	CONGRÉGATIONS ou COMMUNAUTÉS	ENFANTS INSTRUITS	PERSONNES ASSISTÉES				TOTAL	SERVICES A L'ÉTRANGER et DANS LES COLONIES
			Hôpitaux et Hospices.	Orphelinats et Ouvroirs.	Maisons de refuge, de préservation et de correction.	Asiles d'aliénés et de sourds-muets.		
	Report...	11.897	952	111	1.290		2.353	
	Sœurs hospitalières, à Seurre. Comm. indép., autor. le 9 avril 1811. 10 membres.		?					
1645	**Sœurs de la Charité, à Beaune.** Communauté indépendante, autorisée le 18 février 1812. 15 membres.		20	63			83	
	Sœurs de la Visitation, à Dijon. Comm. indép., autor. le 22 févr. 1826. 29 membres.	?						
1647	**Ursulines, à Montbard.** Comm. indép., autor. le 1er oct. 1826. 30 membres.	200						
	Ursulines cloîtrées, à Flavigny. Comm. indép., autor. le 22 mars 1829. 44 membres.	140						
	A reporter...	12.237	972	174	1.290		2.436	

Côte-d'Or. 179

SERVICES PENDANT LA GUERRE DE 1870-71	HISTORIQUE — FAITS PARTICULIERS OBSERVATIONS
	Communauté hospitalière.
Logé à la fois jusqu'à 160 soldats, auxquels on fournissait du pain. Soigné des soldats malades ; recueilli, nourri et soigné 17 vieillards de l'Hôtel-Dieu, qui avaient laissé leur place aux soldats blessés.	Cette communauté a été fondée pour recueillir les nombreux orphelins que l'invasion de diverses maladies contagieuses avait laissés sans appui. Le concours des sœurs est gratuit ; elles s'entretiennent à leurs frais, n'acceptant de l'administration que le logement, la nourriture et le chauffage. Elles ont même fourni depuis peu, pour diverses réparations à l'hospice, une somme de 30 à 40.000 francs. Dépouillées par la Révolution de presque tous leurs biens, les sœurs n'abandonnèrent pas pour cela les malheureux, dont elles étaient l'unique appui : après avoir épuisé toutes leurs ressources, elles se firent mendiantes ; la ville et les campagnes les virent, comme aujourd'hui les *Petites Sœurs des Pauvres*, cherchant de quoi nourrir leurs orphelins et leurs vieillards. Outre les soins journaliers et ordinaires, les sœurs raccommodent et confectionnent elles-mêmes les vêtements des orphelins, ainsi que leurs petits trousseaux quand ils quittent la maison. Leurs vœux sont temporaires, et limités à la durée de leur séjour dans l'établissement.
	Communauté enseignante.
	La communauté entretient à ses frais deux classes gratuites fréquentées par 60 élèves.
Externat transformé en ambulance.	Toutes les élèves externes, au nombre de 60 à 70, sont instruites gratuitement, aux frais de la communauté.

Diocèse de Dijon (suite).

DATE DE LA FONDATION	CONGRÉGATIONS ou COMMUNAUTÉS	ENFANTS INSTRUITS	PERSONNES ASSISTÉES				TOTAL	SERVICES A L'ÉTRANGER et DANS LES COLONIES
			Hôpitaux et Hospices.	Orphelinats et Ouvroirs.	Maisons de refuge, de préservation et de correction.	Asiles d'aliénés et de sourds-muets.		
	Report...	12.237	972	174	1.290		2.436	
1828	Ursulines, à Montigny-sur-Vingeanne. Communauté indépendante, autorisée le 6 septembre 1829. 45 membres.	105						Des sœurs de la communauté ont fondé en Grèce 2 maisons pour l'instruction des jeunes filles, où l'on entretient gratuitement de nombreuses orphelines.
1838	Sœurs du Bon-Pasteur, à Dijon. Comm. indépend., autor. le 23 octobre 1856. 11 membres.			50	43		93	
1783	Sœurs de Notre-Dame de la Charité, à Vitteaux. Comm. indép. non aut.		19				19	
1857	Sœurs du Saint-Cœur de Marie, à Beaune. Comm. indép. non autorisée.	50						
1865	Carmélites, à Dijon. Comm. indép. non autorisée. 12 membres.							
	Carmélites, à Beaune. Comm. indép. non autorisée. 25 membres.							
	A reporter...	12.392	991	224	1.333		2.548	

SERVICES PENDANT LA GUERRE DE 1870-71	HISTORIQUE — FAITS PARTICULIERS OBSERVATIONS
La communauté a beaucoup souffert de l'invasion prussienne.	L'externat et la salle d'asile sont gratuits et entièrement aux frais de la communauté; de plus, une pensionnaire sur 10 est élevée gratuitement. A l'époque du choléra, les sœurs, autorisées par l'évêque, ont quitté leur clôture pour aller soigner les malheureux atteints par le fléau. En 1848, pour augmenter leurs ressources et faire plus de bien, elles se sont livrées à l'éducation du ver à soie et ont obtenu les meilleurs résultats, constatés à l'exposition de 1867. Une filature à vapeur, établie par elles, a rendu les plus grands services aux éducateurs de la Côte-d'Or et de la Haute-Saône.
	La communauté, primitivement fondée au XVIIe siècle par le vénérable Bénigne Joly, fut restaurée en 1838 par les religieuses hospitalières de Dijon. Elle comprend un orphelinat et un refuge. Une quarantaine d'enfants et de pénitentes payent une minime pension de 6 à 12 francs par mois; les autres sont à la charge de la communauté.
Soigné des blessés pendant 7 mois.	La communauté soigne les vieillards indigents et donne l'hospitalité aux voyageurs pauvres. Les sœurs ne reçoivent aucun traitement, et viennent même souvent en aide aux malades sur leurs propres ressources.
Logé pendant toute la durée de la guerre, continuellement, 2, 3 et 400 soldats; soigné les malades et les blessés.	Pensionnat de jeunes filles.
	Vie contemplative.
	Vie contemplative.

Diocèse de Dijon (suite).

DATE DE LA FONDATION	CONGRÉGATIONS ou COMMUNAUTÉS	ENFANTS INSTRUITS	PERSONNES ASSISTÉES				TOTAL	SERVICES A L'ÉTRANGER et DANS LES COLONIES
			Hôpitaux et Hospices.	Orphelinats et Ouvroirs.	Maisons de refuge de préservation et de correction.	Asiles d'aliénés et de sourds-muets.		
	Report...	12.392	991	224	1.333		2.548	
1876	Dominicaines, à Beaune. Comm. indép. non autor.		?					
	Total...	12.392	991	224	1.333		2.548	

DIOCÈSE D'ÉVREUX

1702	Sœurs de la Providence. Congrégation à supérieure générale, autorisée le 2 novembre 1810. Maison mère à Évreux. 289 membres.	5.830	470	50			520	
1695	Augustines de la Miséricorde de Jésus, à Harcourt. Communauté indépendante autorisée le 22 octobre 1810. 22 membres.	50	70	30			100	
1607	Sœurs de la Miséricorde, à Louviers. Comm. indép. autor. le 22 oct. 1810. 4 membres.	50						
	A reporter...	5.930	540	80			620	

Côte-d'Or. 183

SERVICES PENDANT LA GUERRE DE 1870-71	HISTORIQUE — FAITS PARTICULIERS OBSERVATIONS
	Soins aux malades pauvres.

EURE

Soigné de nombreux malades et blessés.	Sept pauvres filles se réunirent en 1702, sous l'inspiration de leur charité, dans le but de se consacrer à l'instruction des enfants et au soulagement des malades pauvres. Le premier théâtre de leur zèle fut la paroisse de Caër, près d'Évreux. La petite association prospéra et fut érigée en 1719 en congrégation. En 1768 et 1769, plusieurs paroisses du diocèse furent envahies par une maladie contagieuse, qui fit de très grands ravages. Les médecins eux-mêmes n'osaient approcher des villages atteints par le fléau. Les Sœurs de la Providence se dévouèrent nuit et jour pour soigner et consoler les pauvres abandonnés. Plusieurs périrent elles-mêmes victimes de l'épidémie. Aujourd'hui, les Sœurs de la Providence tiennent des écoles, des asiles, des orphelinats, des ouvroirs, desservent des hospices et des hôpitaux, et soignent les malades à domicile.
Soigné 600 soldats malades. Deux sœurs sont mortes victimes de leur dévouement.	Communauté fondée par la princesse d'Harcourt, pour l'instruction des enfants pauvres et le soulagement des malades, vieillards et orphelins. Au moment de la Révolution, la Communauté possédait 10.000 francs de rente pour faire face aux nombreuses obligations charitables qui lui incombaient. En 1802, les sœurs acceptèrent comme compensation de la spoliation dont elles avaient été l'objet une modique rente de 2.000 fr.
Logé et soigné les soldats de passage.	En 1607, des dames pieuses et charitables de Louviers s'associèrent pour faire l'école aux pauvres petites filles de la ville; puis elles visitèrent les pauvres, les malades, les soignant et pansant leurs plaies. Avec le temps, la pieuse association s'érigea en communauté, les sœurs prirent un habit religieux et firent des vœux annuels. Dans plusieurs épidémies elles furent

Diocèse d'Évreux (suite).

DATE DE LA FONDATION	CONGRÉGATIONS ou COMMUNAUTÉS	ENFANTS INSTRUITS	PERSONNES ASSISTÉES					TOTAL	SERVICES A L'ÉTRANGER et DANS LES COLONIES
			Hôpitaux et Hospices.	Orphelinats et Ouvroirs.	Maisons de refuge, de préservation et de correction.	Asiles d'aliénés et de sourds-muets.			
	Report...	5.930	540	80				620	
	Sœurs de la Miséricorde, à Louviers. (Suite.)								
1627	Bénédictines de Saint-Nicolas, de Verneuil. Comm. indép., autor. le 14 déc. 1810. 57 membres.	115							
1623	Ursulines, à Évreux. Communauté indépendante, autorisée le 23 juillet 1826. 25 membres.	160							
	Carmélites, à Gravigny. Comm. indép., aut. les 28 oct. 1827 et 16 avr. 1856. 14 membres.								
	Bénédictines de l'Immaculée-Conception, à Igoville. Comm. indép. non autorisée. 26 membres.	118							
	A reporter...	6.323	540	80				620	

SERVICES PENDANT LA GUERRE DE 1870-71	HISTORIQUE — FAITS PARTICULIERS OBSERVATIONS
	héroïques de dévouement. Aujourd'hui, les Sœurs de Louviers sont fidèles à leurs traditions charitables. Elles tiennent une lingerie, une pharmacie, une crèche, une école et un vestiaire; elles visitent et assistent les pauvres à domicile, soignent et pansent les malades et les voyageurs. Pour aucune de ces œuvres, d'ailleurs, elles ne reçoivent de traitement. Plusieurs médailles d'honneur témoignent du dévouement qu'elles ont déployé à l'époque du choléra. Leur dernière supérieure, la sœur Levasseur, était si populaire et si aimée à Louviers, qu'on ne l'appelait que *la Mère des pauvres*. Une société d'encouragement au bien lui décerna en 1878 une médaille d'honneur, qu'elle accompagna d'une généreuse gratification.
Ambulance où furent soignés 399 malades et blessés.	Cette communauté, fondée par la veuve de messire Pierre de Rouxel de Medavy, s'est toujours signalée par une grande charité envers les pauvres. L'externat est gratuit et aux frais de la communauté. Les pensionnaires seules payent une rétribution.
	Cette communauté doit sa fondation à Mgr de Péricard, évêque d'Évreux. Les sœurs, outre les trois vœux ordinaires de religion, promettent, par un quatrième vœu, de se consacrer à l'instruction des jeunes filles. Aussi instruisent-elles gratuitement une soixantaine d'enfants; elles fournissent même à un certain nombre la nourriture et le vêtement. Distribution de secours considérables en vivres et en argent à la porte du couvent.
	Vie contemplative.
	La communauté se dévoue à l'instruction des jeunes filles et distribue de nombreuses aumônes.

Diocèse d'Évreux (suite).

DATE DE LA FONDATION	CONGRÉGATIONS ou COMMUNAUTÉS	ENFANTS INSTRUITS	PERSONNES ASSISTÉES					SERVICES A L'ÉTRANGER et DANS LES COLONIES
			Hôpitaux et Hospices.	Orphelinats et Ouvroirs.	Maisons de refuge, de préservation et de correction.	Asiles d'aliénés et de sourds-muets	TOTAL	
	Report...	6.323	540	80			620	
1859	Sœurs du St-Sacrement, à Bernay. Comm. indép. non autor. 13 membres.	51						
	Total...	6.374	540	80			620	

DIOCÈSE DE FRÉJUS

1870	Prêtres de l'Oratoire de St-Philippe-de-Néri, à Draguignan. Congrégation non autorisée. 7 membres.							
	Sœurs de l'Enfance de Jésus et de Marie. Congr. à sup. gén., autor. le 29 avr. 1853. Maison mère à Draguignan. 123 membr.	?	?					
1838	Sœurs de Notre-Dame de la Miséricorde du Bon-Pasteur. Congrégation non autorisée. Maison mère à Draguignan.	1.613	250				250	
1831	Sœurs de Ste-Marthe. Congrégation autorisée. Maison mère à Grasse.	1.500	150				150	
	A reporter...	3.113	400				400	

SERVICES PENDANT LA GUERRE DE 1870-71	HISTORIQUE — FAITS PARTICULIERS OBSERVATIONS
	Un certain nombre d'élèves ont passé avec succès les examens du brevet. La communauté fait le sacrifice de 2.000 fr. par année pour admettre des jeunes filles qui ne pourraient payer la totalité de la pension.
	VAR et arrondissement de Grasse.
	Prédication et ministère ecclésiastique.
	Congrégation hospitalière et enseignante.
Desservi une ambulance. Plusieurs médailles de bronze ont été décernées aux sœurs.	Les Sœurs de Notre-Dame de la Miséricorde se consacrent à l'éducation de la jeunesse et au soin des malades. Les conseils municipaux ont supprimé récemment les subventions accordées aux écoles gratuites. Les sœurs n'en continuent pas moins à diriger ces écoles, qui sont maintenant entièrement à leur charge. En 1853 et 1860, elles se dévouèrent pour soigner les cholériques ; plusieurs sœurs obtinrent des médailles d'argent en récompense de leur charitable concours.
Desservi une ambulance.	Les Sœurs de Sainte-Marthe tiennent des orphelinats, des hospices, des écoles et des salles d'asile. Elles ont rendu de grands services en 1835, à l'époque du choléra.

Diocèse de Fréjus (suite).

DATE DE LA FONDATION	CONGRÉGATIONS ou COMMUNAUTÉS	ENFANTS INSTRUITS	PERSONNES ASSISTÉES					SERVICES A L'ÉTRANGER et DANS LES COLONIES
			Hôpitaux et Hospices.	Orphelinats et Ouvroirs.	Maisons de refuge, de préservation et de correction.	Asiles d'aliénés et de sourds-muets.	TOTAL	
	Report...	3.113	400				400	
	Sœurs de la Présentation. Congrég. non autorisée. Maison mère à Lorgues.	?						
	Sœurs hospitalières, à Lorgues. Comm. indép., autor. le 22 oct. 1810. 7 membres.							
	Ursulines, à Brignoles. Comm. indép., autor. le 10 juillet 1837. 28 membres.	?						
1856	**Religieuses Capucines, à Lorgues.** Comm. indép. non autor. 20 membres.							
1860	**Carmélites, à Draguignan.** Comm. indép. non autor. 11 membres.							
1832	**Carmélites, à Toulon.** Comm. indép. non autor. 20 membres.							
1869	**Dominicaines, à Saint-Maximin.** Comm. indép. non autor. 23 membres.							
	A reporter...	3.113	400				400	

Var et arrondissement de Grasse. 189

SERVICES PENDANT LA GUERRE DE 1870-71	HISTORIQUE — FAITS PARTICULIERS OBSERVATIONS
	Congrégation enseignante.
	Communauté hospitalière.
	Communauté enseignante.
	Vie contemplative.
	Vie contemplative.
	Vie contemplative.
	Maison de retraite.

Diocèse de Fréjus (suite).

DATE DE LA FONDATION	CONGRÉGATIONS ou COMMUNAUTÉS	ENFANTS INSTRUITS	PERSONNES ASSISTÉES					SERVICES A L'ÉTRANGER et DANS LES COLONIES
			Hôpitaux et Hospices.	Orphelinats et Ouvroirs.	Maisons de refuge, de préservation et de correction.	Asiles d'aliénés et de sourds-muets.	TOTAL	
	Report...	3.113	400				400	
1634	Sœurs de la Visitation, à Grasse. Comm. indép. non autor. 45 membres.	?						
	TOTAL...	3.113	400				400	

DIOCÈSE DE GAP

1825	Sœurs de la Providence. Congr. à sup. gén., autor. le 21 janvier 1841. Maison mère à Gap. 271 écoles. 635 membres.	12.629		80		9	89	
1837	Sœurs de Saint-Joseph. Congr. à sup. gén., aut. le 30 avr. 1853. Maison mère à Gap. Une école normale, 22 écoles, 2 salles d'asile, 4 hôpitaux et hospices. 154 membres.	2.857						
1835	Sœurs du Saint-Cœur de Marie. Congr. à sup. gén., aut. le 29 septemb. 1855. Maison mère à Gap. 2 établissements. 73 membres.	125						
	TOTAL...	15.611		80		9	89	

SERVICES PENDANT LA GUERRE DE 1870-71	HISTORIQUE — FAITS PARTICULIERS OBSERVATIONS
	Communauté enseignante.

HAUTES-ALPES

	Cette congrégation se dévoue à l'instruction des enfants et au soin des malades. On peut évaluer à 620 le nombre des pauvres et malades visités, secourus, soignés par les sœurs. Les Sœurs de la Providence ont deux noviciats : l'un à Gap, l'autre à Lectoure (Gers).
	Congrégation enseignante et hospitalière.
	Congrégation enseignante.

DIOCÈSE DE GRENOBLE

DATE DE LA FONDATION	CONGRÉGATIONS ou COMMUNAUTÉS	ENFANTS INSTRUITS	PERSONNES ASSISTÉES					TOTAL	SERVICES A L'ÉTRANGER et DANS LES COLONIES
			Hôpitaux et Hospices.	Orphelinats et Ouvroirs.	Maisons de refuge, de préservation et de correction.	Asiles d'aliénés et de sourds-muets.		
1084	**Chartreux.** Congrégation non autorisée. Maison mère à la Grande-Chartreuse. 11 maisons.		?			40	40	
1852	**Missionnaires diocésains de la Salette.** Congrégation non autorisée. Maison mère à Grenoble.	50						
	A reporter...	50				40	40	

ISÈRE

SERVICES PENDANT LA GUERRE DE 1870-71	HISTORIQUE — FAITS PARTICULIERS OBSERVATIONS
Les Chartreux ont reçu dans leur hôpital et dans plusieurs de leurs maisons des malades et des blessés, et ont fait parvenir au loin des secours en argent et en nature. Ils ont offert 100,000 fr. pour la libération du territoire.	Travaux agricoles. L'établissement de la Grande-Chartreuse a été l'objet d'une affectation domaniale concédée en sa faveur à titre de maison de retraite, par ordonnance du 27 avril 1816 et par décret du 6 juin 1857. Les Chartreux, fondés par saint Bruno, n'ont jamais été réformés, parce qu'ils n'ont jamais eu besoin de réforme. Vivant pauvrement et austèrement, ils ont trouvé dans la fabrication de leur liqueur bien connue le moyen de couvrir le diocèse de Grenoble de leurs bienfaits. On leur doit, entre autres fondations : un hôpital gratuit à la Courrerie, où l'on admet tous les hommes qui se présentent ; une hôtellerie où l'on reçoit tous les jours, gratuitement, en même temps qu'on les assiste par des secours, 15, 20, 30 voyageurs pauvres et souvent davantage ; un établissement de 40 sourds-muets, élevés gratuitement à Carrière, près Saint-Laurent-du-Pont. Que d'autres bienfaits dont les Chartreux ne parlent jamais, mais que la voix publique proclame! Qu'il suffise de rappeler un don de 100.000 fr. et plus à la commune de Voiron, pour la construction de sa nouvelle église ; 100.000 fr. donnés à la ville de Grenoble pour la construction de l'église Saint-Bruno, nouvelle paroisse créée dans le quartier de la gare. Les Chartreux ont construit à eux seuls la nouvelle église de Saint-Laurent-du-Pont, pour laquelle ils ont donné plus de 400.000 fr. ; ils ont rebâti toutes les églises paroissiales autour de leur maison conventuelle. Il n'est peut-être pas de paroisse ou de commune dans le département qui n'ait reçu leurs dons, pour construction d'églises, de presbytères, d'écoles, ou à l'occasion de quelque désastre, inondation, incendie, etc. Des villages entiers ont été rebâtis par eux. Et il y a 800 ans qu'ils répandent ainsi leurs bienfaits sur les populations qui entourent leurs divers monastères.
Deux Pères ont accompagné, comme aumôniers, les mobilisés de l'Isère.	Les Pères de la Salette desservent le pèlerinage, que visitent chaque année de 25 à 30,000 pèlerins. Ils se consacrent aussi aux prédications et aux retraites dans les paroisses. Les pauvres qui visitent le pèlerinage sont hébergés gratuitement pendant deux ou trois jours. En outre, les Pères élèvent gratuitement 50 enfants qui se destinent aux missions.

Diocèse de Grenoble (suite).

DATE DE LA FONDATION	CONGRÉGATIONS ou COMMUNAUTÉS	ENFANTS INSTRUITS	PERSONNES ASSISTÉES				TOTAL	SERVICES A L'ÉTRANGER et DANS LES COLONIES
			Hôpitaux et Hospices.	Orphelinats et Ouvroirs.	Maisons de refuge, de préservation et de correction.	Asiles d'aliénés et de sourds-muets.		
	Report...	50				40	40	
1821	**Sœurs de la Providence.** Congrég. à sup. gén., autorisée les 28 mai 1826 et 31 oct. 1842. Maison mère à Corenc. 132 écoles. 660 membres.	11.990	40	18			58	
1832	**Sœurs de Notre-Dame de la Croix.** Congrégation à supérieure générale, autorisée le 27 novembre 1859. Maison mère à Murinais. 228 membres.	3.400	20				20	
	A reporter...	15.440	60	18		40	118	

SERVICES PENDANT LA GUERRE DE 1870-71	HISTORIQUE — FAITS PARTICULIERS OBSERVATIONS
Deux ambulances ont été desservies par les sœurs. La maison mère a fourni des objets de literie pour diverses ambulances.	Cette congrégation a été fondée spécialement pour l'instruction des jeunes filles pauvres. Un orphelinat et une école gratuite sont à la charge de la Congrégation. Dans plusieurs établissements, une sœur est chargée uniquement du soin des malades; ailleurs, les sœurs d'école ont à visiter les malades, en dehors de leur classe. Jusqu'en 1860, chaque école tenue par des Sœurs de la Providence donnait l'instruction gratuite aux enfants pauvres. Depuis, la gratuité est en général à la charge des communes. L'institut reçoit sans dot, sans pension et même sans trousseau les jeunes filles pauvres qui ont la vocation religieuse et des aptitudes pour l'enseignement.
Soigné quelques blessés. Envoyé plusieurs balles de linge, bandes, compresses, charpie, tricots, chaussettes, gilets, mancherons, cache-nez et objets divers nécessaires aux pansements.	La Congrégation a un double but : 1° l'éducation des jeunes filles pauvres, pour lesquelles elle s'impose de sérieux sacrifices; 2° la visite et le soin gratuit des pauvres et des malades. Chaque maison de l'ordre a le devoir de visiter, secourir et consoler ceux de sa localité. Les sœurs emploient à cette œuvre tout le temps laissé libre par les exigences de l'enseignement. Chaque maison est pourvue d'une petite pharmacie, où les pauvres trouvent les médicaments d'un emploi facile et usuel; des fleurs et des simples, cueillis par les religieuses, sont encaissés en vue de venir en aide à l'incurie imprévoyante des pauvres gens des campagnes, et leur sont distribués dans le besoin. La fondatrice de cette humble congrégation avait manifesté le désir que les sœurs, pauvres elles-mêmes, pussent aller partout où il y avait beaucoup de pauvres à soulager et un peu de bien à faire; aussi quand l'œuvre, patronnée par Mgr de Bruillard, évêque de Grenoble, dut s'étendre dans le diocèse, les premières fondations furent-elles éminemment pauvres. Appelées dans plusieurs communes dépourvues d'école, mais aussi de toutes ressources, les sœurs, logées dans d'étroits et humides locaux, y éprouvèrent toutes les privations de l'indigence; les élèves étaient pauvres, en partie gratuites; la rétribution des plus aisées était modique. Écrasées par les labeurs d'un enseignement ingrat, dépourvues même parfois du nécessaire, obligées de venir en aide à plus pauvres qu'elles, bon nombre de religieuses succombèrent à la fleur de l'âge, victimes de leur dévouement. En face des vides multipliés que la mort faisait dans les rangs de la communauté naissante, les premières mères en vinrent à douter de son avenir; mais, fidèles jusqu'au bout au but qui avait inspiré sa fondation, elles ne refusèrent point aux pauvres localités le concours de leur zèle et de leur charité. La position pécuniaire des diverses fondations s'est améliorée

Diocèse de Grenoble (suite).

DATE DE LA FONDATION	CONGRÉGATIONS ou COMMUNAUTÉS	ENFANTS INSTRUITS	PERSONNES ASSISTÉES				TOTAL	SERVICES A L'ÉTRANGER et DANS LES COLONIES
			Hôpitaux et Hospices.	Orphelinats et Ouvroirs.	Maisons de refuge, de préservation et de correction.	Asiles d'aliénés et de sourds-muets.		
	Report...	15.440	60	18		40	118	
	Sœurs de Notre-Dame-de-la-Croix. (Suite.)							
1831	**Sœurs de N.-D. du Saint-Rosaire, à Pont-de-Beauvoisin.** Congr. à sup. gén., autorisée le 23 janvier 1873. 13 écoles. Une salle d'asile. 94 membres.	896	3				3	
1822	**Ursulines, à Grenoble.** Commun. indépend., autorisée le 19 juillet 1826. 25 membres.	100						La Communauté a fait parvenir des secours au Canada et à la Louisiane, à l'occasion des malheurs qui ont frappé ces contrées.
1818	**Ursulines, à Tullins.** Communauté indépendante, autorisée le 19 juillet 1826. 25 membres.	200						
	A reporter...	16.636	63	18		40	121	

Isère.

SERVICES PENDANT LA GUERRE DE 1870-71	HISTORIQUE — FAITS PARTICULIERS OBSERVATIONS
	avec le temps; mais il n'en reste pas moins vrai que partout les sœurs doivent encore donner beaucoup du leur et s'imposer de sérieux sacrifices pour remplir leur mission. Bien que cette Congrégation n'existe que depuis 46 ans, usées de bonne heure par le travail et le dévouement, toutes les premières mères ont succombé à la tâche, emportées par une mort prématurée, laissant à leurs survivantes les traditions de charité qui ont présidé à la fondation de l'œuvre; traditions que les leçons et les exemples des premières fondatrices rendent chères à toute la congrégation, qui s'efforce de les suivre et les conserve comme un précieux héritage.
Soigné des varioleux. Une sœur est morte victime de son dévouement.	Fondée par une pauvre fille, cette Congrégation vit dans une très grande pauvreté. Après avoir consacré la journée à instruire les enfants pauvres et à soigner les malades, les sœurs sont contraintes, pour pourvoir à leurs besoins, de filer du chanvre la nuit. Malgré cela, le pain a manqué plus d'une fois; dans une circonstance, il a manqué trois jours. La supérieure essaya même de manger de la terre, afin de réserver le plus possible pour ses sœurs. Depuis lors les Pères Chartreux, qui ont fait bâtir 7 des écoles tenues par les sœurs, les aident par d'abondantes aumônes.
Envoyé du linge et de la charpie pour les blessés.	Quelques pensionnaires sont admises gratuitement. L'école gratuite est entièrement à la charge de la Communauté; plusieurs enfants sont même nourries et habillées à ses frais. La communauté distribue en outre, à la porte du couvent, de nombreux secours et d'abondantes aumônes.
Envoi de linge.	La Communauté se dévoue à l'instruction gratuite des jeunes filles, et prête aussi son concours à toutes les œuvres paroissiales. De nombreux secours sont distribués à la porte du monastère.

Diocèse de Grenoble (suite).

DATE DE LA FONDATION	CONGRÉGATIONS ou COMMUNAUTÉS	ENFANTS INSTRUITS	PERSONNES ASSISTÉES				TOTAL	SERVICES A L'ÉTRANGER et DANS LES COLONIES
			Hôpitaux et Hospices.	Orphelinats et Ouvroirs.	Maisons de refuge, de préservation et de correction.	Asiles d'aliénés et de sourds-muets.		
	Report...	16.636	63	18		40	121	
1633	**Ursulines, à Crémieu.** Communauté indépendante, autorisée le 26 juillet 1826. 25 membres.	200						
	Chartreuses, à Beauregard. Comm. indép., autor. le 17 janv. 1827. 30 membres.	?						
	Sœurs de Notre-Dame, à Vienne. Communauté indépendante, autorisée les 24 juin 1827 et 17 novembre 1838. 25 membres.	80						
1823	**Ursulines, à St-Jean-de-Bournay.** Comm. indép., autor. le 6 déc. 1827. 25 membres.	366						
1805	**Sœurs de Notre-Dame de Sainte-Marie, à Grenoble.** Communauté indépendante, autorisée le 20 mars 1828. 10 membres.			60			60	
	A reporter...	17.282	63	78		40	181	

SERVICES PENDANT LA GUERRE DE 1870-71	HISTORIQUE — FAITS PARTICULIERS OBSERVATIONS
Les élèves ont fait en faveur de l'armée le sacrifice de leurs récompenses classiques, représentant une somme de 220 fr.	Des 200 élèves qui fréquentent les classes dirigées par les Ursulines, à Crémieu, 80 environ sont instruites gratuitement. Les sœurs fournissent annuellement, de leurs propres deniers, 1.500 fr. pour l'entretien des classes gratuites. Des aliments et des vêtements sont distribués aux indigents. Plusieurs élèves pauvres sont nourries par les sœurs.
	Communauté enseignante.
	La communauté de Notre-Dame, de Vienne, est une branche détachée de la congrégation de la Nativité, de Valence, affiliée à l'ordre de Notre-Dame, fondé en 1607 à Bordeaux, par la vénérable mère de Lestonnac, pour l'éducation des jeunes personnes. Cette Communauté entretient à ses frais une école gratuite, et assiste en moyenne une quarantaine de pauvres par jour.
Envoi de linge et de charpie.	Un certain nombre d'élèves pauvres sont nourries par la Communauté, qui a toujours une ou deux orphelines entièrement à sa charge.
Confectionné des vêtements et préparé de la charpie.	Les religieuses de Notre-Dame, appelées vulgairement *Sœurs des Orphelines*, se dévouent à l'éducation des pauvres orphelines et travaillent « à les former à l'amour de la religion, du travail et des bonnes mœurs ». Pour 60 orphelines, elles reçoivent, soit du département, soit de l'État, une subvention annuelle de 1.000 fr. Cette communauté est l'œuvre d'un curé de la paroisse Notre-Dame, M. d'Oudart de Lagrée. Elle se recrute exclusivement parmi les orphelines élevées par elle.

Diocèse de Grenoble (suite).

DATE DE LA FONDATION	CONGRÉGATIONS ou COMMUNAUTÉS	ENFANTS INSTRUITS	PERSONNES ASSISTÉES					SERVICES A L'ÉTRANGER et DANS LES COLONIES
			Hôpitaux et Hospices.	Orphelinats et Ouvroirs.	Maisons de refuge, de préservation et de correction.	Asiles d'aliénés et de sourds-muets.	TOTAL	
	Report...	17.282	63	78		40	181	
1807	**Sœurs de Notre-Dame, à Saint-Antoine.** Comm. indép., autor. le 21. déc. 1828. 10 membres.	180	8				8	
1807	**Sœurs de la Visitation, à la Côte-St-André.** Comm. indép., autor. le 11 mai 1842. 25 membres.	40						
1645	**Sœurs de la Visitation, à Saint-Marcellin.** Communauté indépendante, autorisée le 31 août 1843.	25						
1683	**Sœurs de St-Joseph, à Bougé-Chambalud.** Comm. indép., autor. le 24 nov. 1856. 10 membres.	70		5			5	
	Sœurs de la Visitation, à Voiron. Comm. indép., autor. le 23 août 1858. 25 membres.	40						
	A reporter...	17.637	71	83		40	194	

Isère. 201

SERVICES PENDANT LA GUERRE DE 1870-71	HISTORIQUE — FAITS PARTICULIERS OBSERVATIONS
Confectionné des chemises de flanelle et envoyé du linge pour les blessés.	Outre l'école communale, pour laquelle elles reçoivent un traitement, les sœurs font gratuitement : 1° la visite à domicile des malades pauvres; 2° le service de l'hospice; 3° la classe du dimanche pour les jeunes filles.
Envoyé des secours en argent, linge, etc.; fourni des matelas pour les ambulances.	Une trentaine de pauvres sont assistés chaque jour. De plus, les sœurs font porter des aumônes aux malades à domicile.
Soigné des blessés et envoyé des secours à l'armée.	La Communauté nourrit 14 familles pauvres, et assiste en moyenne 25 personnes par jour. Quelques pensionnaires sont élevées gratuitement. Pendant 40 ans, c'est-à-dire jusqu'à l'établissement des écoles communales, elle a dirigé et entretenu à ses frais une école gratuite. Les sœurs tourières ont déployé un dévouement admirable au service des pauvres, des malades et des prisonniers.
La Communauté a recueilli plusieurs malades et blessés, et fait des sacrifices d'argent et de linge pour leur venir en aide.	L'éducation des orphelines, la visite et le soin des malades à domicile, l'instruction des enfants pauvres, telles sont les principales œuvres auxquelles les Sœurs de Saint-Joseph se dévouent gratuitement à Bougé.
La Communauté a donné de 4 à 5.000 francs pour venir en aide aux blessés.	Outre quelques pensionnaires qui sont instruites et élevées gratuitement, la Communauté assiste un certain nombre de familles indigentes de la ville. Elle aide autant que possible les malades pauvres à domicile, donne tous les jours à manger à 15, 20 ou 25 pauvres, prend part à toutes les bonnes œuvres de la ville, et donne encore, tous les ans, 200 fr. au dépôt de mendicité.

Diocèse de Grenoble (suite).

DATE DE LA FONDATION	CONGRÉGATIONS ou COMMUNAUTÉS	ENFANTS INSTRUITS	PERSONNES ASSISTÉES					SERVICES A L'ÉTRANGER et DANS LES COLONIES
			Hôpitaux et Hospices.	Orphelinats et Ouvroirs.	Maisons de refuge, de préservation et de correction.	Asiles d'aliénés et de sourds-muets.	TOTAL	
	Report...	17.637	71	83		40	194	
1849	**Ursulines,** à **Pont-de-Beauvoisin.** Communauté indépendante, autorisée le 26 septembre 1860. 25 membres.	120						
1837	**Ursulines, à Viriville.** Comm. indép., autor. le 1er août 1854. 25 membres.	110						
XIXe siècle	**Sœurs de l'Immaculée-Conception, à Auberive.** Congrégation non autorisée. Deux établissements.	60		40			40	
1843	**Carmélites de la Réforme de Sainte-Thérèse, à la Tronche, près Grenoble.** Comm. indép. non autor. 22 membres.							La Communauté, malgré sa pauvreté, a fait parvenir des secours aux affamés de l'Inde.
1865	**Carmélites, à Vienne.** Comm. indép. non autor. 12 membres.							
	A reporter...	17.927	71	123		40	234	

Isère.

SERVICES PENDANT LA GUERRE DE 1870-71	HISTORIQUE — FAITS PARTICULIERS OBSERVATIONS
Envoyé du linge et de la charpie; logé, nourri et soigné plusieurs fois plusieurs soldats de passage.	Les Ursulines promettent, au jour de leur profession religieuse, de se dévouer toute leur vie à l'enseignement. Une trentaine d'enfants qui fréquentent leur école sont instruites gratuitement. Ce nombre était triple avant l'établissement de l'école communale, dirigée depuis quelques années par les religieuses du Rosaire. Quelques élèves subissent avec succès chaque année les épreuves de l'un ou de l'autre brevet. Les pauvres et les malades sont visités et assistés à domicile.
	Des classes gratuites, fréquentées par 80 enfants pauvres, sont entièrement à la charge de la Communauté. Les malades sont visités à domicile.
Envoyé de l'argent et beaucoup de linge.	La fondation est due au zèle et à la charité de M. Ferroy, curé d'Auberive, qui a consacré à cette œuvre à la fois son temps, sa peine et son argent. Les Sœurs de l'Immaculée-Conception élèvent les orphelines, instruisent les petites filles et visitent les malades à domicile. Dix des orphelines sont entièrement à leur charge. Pour les autres, elles sont aidées par la charité. Il y a quelques années, elles n'ont pas hésité à dépenser, pour mettre leur orphelinat sur un bon pied, leurs économies de 35 ans.
Envoi de secours pour les blessés.	La Communauté vit maintenant dans la prière et le travail; mais pendant 30 ans, c'est-à-dire jusqu'à l'établissement d'une école communale, elle a tenu une école gratuite pour les jeunes filles. Elle fait encore d'abondantes aumônes.
	Vie de travail et de prière. La Communauté, malgré son dénuement, distribue des secours aux pauvres ou, tout au moins, partage avec eux son pain.

Diocèse de Grenoble (suite).

DATE DE LA FONDATION	CONGRÉGATIONS ou COMMUNAUTÉS	ENFANTS INSTRUITS	PERSONNES ASSISTÉES				TOTAL	SERVICES A L'ÉTRANGER et DANS LES COLONIES
			Hôpitaux et Hospices.	Orphelinats et Ouvroirs.	Maisons de refuge de préservation et de correction.	Asiles d'aliénés et de sourds-muets.		
	Report...	17.927	71	123		40	234	
1847	**Dominicaines,** à Maubec et à Biviers. Communauté indépendante non autorisée.	45						
1845	**Sœurs de Notre-Dame des-Victoires,** à **Voiron.** Congr. indép. non autor. 25 membres.	130		?				
XIXᵉ siècle	**Sœurs de Sainte-Philomène,** à **Saint-Marcellin.** Congrégation non autorisée.		?	50			50	
	Sœurs de Notre-Dame de la Salette, à **Grenoble.** Congrégation non autor. 40 membres.			7		53	60	
1853	**Servantes du Sacré-Cœur de Jésus,** à **Avenières.** Comm. indép. non autor. 10 membres.							
	Total...	18.102	71	180		93	344	

Isère. 205

SERVICES PENDANT LA GUERRE DE 1870-71	HISTORIQUE — FAITS PARTICULIERS OBSERVATIONS
Préparé du linge, de la charpie, des bandes, des compresses pour les blessés ; tricoté des bas et des chaussettes pour les soldats. Les sœurs se sont imposé des privations pour venir en aide à l'armée.	Les sœurs ont à leur charge plusieurs orphelines. Elles visitent et soignent gratuitement les malades à domicile, et leur fournissent des remèdes. Leur fondation remonte au Père Lacordaire.
Confectionné des vêtements, préparé de la charpie, des bandages, des compresses.	Cette Congrégation instruit les jeunes filles dans deux pensionnats et une école gratuite, assiste les orphelines pauvres et visite les malades et les indigents.
	La Congrégation a pour but : 1° le soin des malades à domicile, surtout des pauvres et des ouvriers, dans 9 communes ; 2° la visite et le soin des pauvres dans 5 communes ; 3° le soin des malades et des vieillards dans 5 hôpitaux et hospices ; 4° la direction de deux ouvroirs ; 5° la direction morale et religieuse des ouvrières dans 3 fabriques. Il y a 40 ans qu'elle exerce sur ces divers théâtres son ministère de charité.
	Les Sœurs de Notre-Dame de la Salette tiennent un asile pour les jeunes filles idiotes et un orphelinat, dirigent l'*Œuvre des Retraites*, et donnent l'hospitalité aux pèlerins ; les pauvres sont hébergés et soignés gratuitement. L'orphelinat est exclusivement à la charge de la Congrégation.
	Vie contemplative et travail manuel.

DIOCÈSE DE LANGRES

DATE DE LA FONDATION	CONGRÉGATIONS ou COMMUNAUTÉS	ENFANTS INSTRUITS	PERSONNES ASSISTÉES				TOTAL	SERVICES A L'ÉTRANGER et DANS LES COLONIES
			Hôpitaux et Hospices.	Orphelinats et Ouvroirs.	Maisons de refuge, de préservation et de correction.	Asiles d'aliénés et de sourds-muets.		
1802	**Sœurs de la Providence.** Congrégation à supérieure générale, autorisée le 28 mai 1827. Maison mère à Langres. 606 membres.	15.540	?	250			250	
1838	**Sœurs du Cœur-Immaculé de Marie.** Congrégation à supérieure générale, autorisée le 1er février 1853. Maison mère à Saint-Loup. 60 membres.	150		130			130	
1622	**Religieuses Dominicaines, à Langres.** Communauté indépendante, autorisée le 22 avril 1827. 41 membres.	60		22			22	
	A reporter...	15.750		402			402	

HAUTE-MARNE

SERVICES PENDANT LA GUERRE DE 1870-71	HISTORIQUE — FAITS PARTICULIERS OBSERVATIONS
A la maison mère, les sœurs ont soigné plus de 500 malades, logé et nourri plus de 600 mobiles, et donné des soins en même temps que préparé la nourriture à plus de 1.200 malades recueillis dans d'autres ambulances. A Chaumont, elles ont donné l'hospitalité à 5.000 soldats de passage. Presque tous les établissements tenus par les sœurs ont été transformés en ambulances.	Fondée par un pauvre prêtre sans ressources, cette Congrégation a pour but : 1° l'éducation et l'instruction des enfants du peuple, dans les villes et dans les campagnes ; 2° le soin des malades à domicile et dans quelques hôpitaux ; 3° la direction de salles d'asile, ouvroirs, orphelinats et bureaux de bienfaisance. Dès les premiers jours de leur établissement, les sœurs ont donné à Langres l'instruction gratuite à 300 enfants pauvres, et jusqu'en 1840 elles n'ont reçu aucune subvention de la ville. Aujourd'hui, elles visitent et assistent par année 6 à 7.000 malades. Dans diverses épidémies, les sœurs ont montré un grand zèle : des médailles d'argent et de bronze, décernées à bon nombre d'entre elles, en sont le témoignage.
	La Congrégation dirige 3 pensionnats, où les élèves payent 1 fr. 15 c. par jour, et un orphelinat agricole, qui a élevé, depuis 1856, 406 orphelines. Ces orphelines sont gardées à l'orphelinat depuis l'âge de 3 ans jusqu'à 17 ans révolus. Le département et divers bienfaiteurs payent pour elles une pension qui peut être évaluée de 0,25 à 0,30 c. par jour. Un certain nombre sont reçues gratuitement.
La Communauté a établi à ses frais une ambulance de 32 lits; de plus, on nourrissait dans le couvent de 4 à 500 hommes par jour. De neuf heures du matin à neuf heures du soir, 18 sœurs étaient constamment occupées à préparer leur nourriture et à les servir. Les autres passaient leur journée à éplucher les légumes, à confectionner des cartouches, et à raccommoder et blanchir le linge des blessés. Par suite de ces bonnes œuvres, accomplies	La Communauté s'occupe de l'éducation des jeunes filles et dirige l'association des *Jeunes Économes,* pour le patronage des enfants pauvres. Un certain nombre de pensionnaires sont élevées gratuitement.

Diocèse de Langres (suite).

DATE DE LA FONDATION	CONGRÉGATIONS ou COMMUNAUTÉS	ENFANTS INSTRUITS	PERSONNES ASSISTÉES					TOTAL	SERVICES A L'ÉTRANGER et DANS LES COLONIES
			Hôpitaux et Hospices.	Orphelinats et Ouvroirs.	Maisons de refuge, de préservation et de correction.	Asiles d'aliénés et de sourds-muets.		
	Report...	15.750		402			402	
	Religieuses Dominicaines, à Langres. (Suite).							
	Sœurs Annonciades, à Langres. Comm. indép., autor. le 22 mars 1828. 27 membres.							
	Annonciades célestes, à Joinville. Comm. indép. non autor. 22 membres.							
	Sœurs de la Réparation, à Saint-Dizier. Comm. indép. non autor. 24 membres.							
	TOTAL...	15.750		402			402	

DIOCÈSE DE LAVAL

DATE DE LA FONDATION	CONGRÉGATIONS ou COMMUNAUTÉS	ENFANTS INSTRUITS	Hôpitaux et Hospices.	Orphelinats et Ouvroirs.	Maisons de refuge, de préservation et de correction.	Asiles d'aliénés et de sourds-muets.	TOTAL	SERVICES A L'ÉTRANGER et DANS LES COLONIES
1682	**Sœurs de la Charité de Notre-Dame.** Congr. à sup. gén., aut. le 13 nov. 1810. Maison mère à Évreux. 310 écoles, 43 hospices, 2 maisons d'aliénés, 2 prisons, plusieurs orphel. et ouvr. 176 memb.	32.449	2.200	367	?	?	2.567	
	A reporter...	32.449	2.200	267			2.567	

Haute-Marne.

SERVICES PENDANT LA GUERRE DE 1870-71	HISTORIQUE — FAITS PARTICULIERS OBSERVATIONS
pendant la guerre, une dépense de 9.822 fr. est restée définitivement à la charge de la Communauté.	
	Vie contemplative.
	Vie contemplative.
	Vie contemplative.

MAYENNE

A la maison mère, 4 à 500 mobiles ont été hébergés pendant 2 mois. Presque toutes les maisons de la congrégation ont été transformées en ambulances. 73 sœurs ont été victimes de leur dévouement.	Cette Congrégation fut fondée par la dame veuve Thulard, pour porter remède à l'ignorance des enfants de la campagne et à l'abandon où se trouvaient les pauvres malades. L'instruction et l'éducation des jeunes filles, le soin des pauvres malades, des vieillards et des infirmes, tel est encore le but qu'elle poursuit aujourd'hui.

Diocèse de Laval (suite).

DATE DE LA FONDATION	CONGRÉGATIONS ou COMMUNAUTÉS	ENFANTS INSTRUITS	Hôpitaux et Hospices.	Orphelinats et Ouvroirs.	Maisons de refuge, de préservation et de correction.	Asiles d'aliénés et de sourds-muets.	TOTAL	SERVICES A L'ÉTRANGER et DANS LES COLONIES
	Report...	32.449	2.200	367			2.567	
1818	**Sœurs de Notre-Dame de la Miséricorde, à Laval.** Congrégation autorisée le 29 janvier 1826. 3 maisons. 49 membres.			?	646		646	
	Sœurs de la Miséricorde (Hôpital Saint-Joseph), à Château-Gontier. Comm. indép., autor. le 13 août 1810. 45 membres.	130	160	73			233	
1674	**Sœurs hospitalières de la Miséricorde de Jésus, de l'ordre de St-Augustin (Hôtel-Dieu de St-Julien), à Château-Gontier.** Communauté indépendante, aut. le 28 août 1810.		100				100	
	A reporter...	32.579	2.460	440	646		3.546	

Mayenne.

SERVICES PENDANT LA GUERRE DE 1870-71	HISTORIQUE — FAITS PARTICULIERS OBSERVATIONS
Travaux d'aiguille pour l'habillement des soldats ; ambulance gratuite pendant 5 mois dans la plus grande salle de la maison de Laval.	La Congrégation a pour but unique de fournir un asile aux malheureuses victimes du désordre et de travailler à leur réformation. Les sœurs ne reçoivent ni ne retiennent personne par contrainte. On s'en retourne librement, comme on est entré. Cependant, grâce à l'esprit de famille, qui est et doit être l'âme de ces refuges, les sœurs ont la consolation de voir un grand nombre de pénitentes persévérer 20, 30, 40 et 50 ans au milieu d'elles ; beaucoup même y restent jusqu'à la mort. Les pénitentes, une fois admises, sont distribuées, suivant leurs aptitudes, dans des classes séparées les unes des autres, et formant pour chaque maison comme autant de familles parfaitement distinctes. Les sœurs ont, dans chacun de leurs établissements, une catégorie spéciale, destinée à recueillir les pauvres enfants que leur misère ou leurs vices empêcheraient d'entrer dans les orphelinats. Les divers établissements ne reçoivent aucune subvention : sœurs et pénitentes vivent de leur travail et de la charité. Cette œuvre a été fondée par une pauvre ouvrière, sans aucune ressource, âgée de 25 ans, Thérèse-Agathe Rondeau, connue depuis sous le nom de *bonne mère Thérèse*. Elle a grandi dans le dévouement, au milieu des épreuves, des contradictions et des persécutions de tout genre, et, dès 1836, M. Parent-Duchâtelet, médecin en chef de la Pitié, à Paris, lui rendit le plus magnifique témoignage.
Soigné 270 blessés. Une croix de bronze et un diplôme ont été attribués à la Communauté.	Cette Communauté hospitalière soigne les orphelines, les incurables et les vieillards. Les sœurs tiennent, en outre, une salle d'asile et une salle de maternité.
A la fin de la guerre, des troupes nombreuses traversant le pays, et les malades affluant, les sœurs les installèrent dans leur réfectoire et dans leur chapelle, jusqu'au pied de l'autel. Elles leur cédèrent leurs lits, se contentent pour elles-mêmes d'un peu de paille. L'hôpital a aussi reçu 840 malades ou blessés, représentant 11.299 journées.	Les sœurs de l'Hôtel-Dieu de Château-Gontier ajoutent aux trois vœux ordinaires de religion celui de servir les pauvres malades tous les jours de leur vie. Elles ne reçoivent aucun traitement ; elles n'en ont pas moins fait de réels sacrifices pour l'amélioration ou l'agrandissement de l'Hôtel-Dieu. On peut évaluer à 80.000 fr. les dons faits dans ce but par les religieuses ou par de pieuses familles, à leur considération.

… Diocèse de Laval (suite).

DATE DE LA FONDATION	CONGRÉGATIONS ou COMMUNAUTÉS	ENFANTS INSTRUITS	PERSONNES ASSISTÉES				TOTAL	SERVICES A L'ÉTRANGER et DANS LES COLONIES
			Hôpitaux et Hospices.	Orphelinats et Ouvroirs.	Maisons de refuge, de préservation et de correction.	Asiles d'aliénés et de sourds-muets.		
	Report...	32.579	2.460	440	646		3.546	
1650	**Religieuses hospitalières de Saint-Joseph, à Laval.** Comm. indép., autor. le 25 nov. 1810. 44 membres.		300				300	
1630	**Ursulines, à Château-Gontier.** Communauté indépendante, autorisée le 10 janvier 1827. 44 membres.	235						
1829	**Bénédictines de l'Adoration perpétuelle, à Craon.** Communauté indépendante, autorisée le 5 août 1829. 55 membres.	165						
	A reporter...	32.979	2.760	440	646		3.846	

SERVICES PENDANT LA GUERRE DE 1870-71	HISTORIQUE — FAITS PARTICULIERS OBSERVATIONS
Les sœurs ont soigné les blessés avec un dévouement vraiment héroïque, retenant à l'envi pour leurs salles les blessures et les maladies les plus horribles comme les plus dangereuses à soigner.	La Communauté ne reçoit aucun traitement; elle se loge, se nourrit et s'entretient à ses frais. Les sœurs s'engagent d'une façon spéciale à servir les pauvres malades toute leur vie.
Logé, nourri et blanchi constamment 4 à 6 mobiles pendant plusieurs mois. Les sœurs ont en outre logé à plusieurs reprises, durant plusieurs jours, 30, 50 et 60 soldats, auxquels elles donnaient tous les soins que réclamait leur état d'épuisement et de souffrance.	Pendant plus de 200 ans, les Ursulines ont instruit constamment et formé au travail en moyenne 300 enfants, donnant un repas par jour aux enfants pauvres, et les gratifiant d'un vêtement par hiver. Aujourd'hui encore elles continuent les mêmes œuvres : elles dirigent un externat gratuit, une salle d'asile, un pensionnat, et une classe d'adultes pour les jeunes filles de la classe ouvrière. Chaque année quelques élèves subissent avec succès les épreuves des brevets.
Logé jusqu'à 56 soldats à la fois, dont les sœurs préparaient la nourriture, lavaient et raccommodaient le linge. Les élèves s'employaient, dans leurs moments de loisir, à faire de la charpie et à coudre des toiles pour les manteaux et les tentes.	Le but essentiel de l'Institut est l'adoration et la réparation par la prière, la pénitence et le sacrifice. Il y joint l'éducation des enfants pour rendre service aux familles, et aussi aider à soutenir l'existence de la maison. Les pauvres sont continuellement et largement assistés en vêtements, nourriture, bois, etc. Une famille entière est, en outre, nourrie chaque jour. Aumônes à domicile, secours distribués en secret, familles nécessiteuses aidées, apprentissages facilités, enfants exposées placées en des refuges ou des maisons sûres, telles sont les principales œuvres charitables pratiquées par les Bénédictines de Craon. En outre, elles donnent l'instruction gratuite à 45 enfants pauvres, auxquelles elles fournissent tous les objets classiques et des vêtements, couvertures, etc. Ces enfants sont surtout formées au travail manuel, et sont ainsi rendues aptes à trouver des places au sortir de l'école. Quelques pensionnaires sont aussi admises et élevées gratuitement, bien que la maison ne soit subventionnée par personne. Cette Communauté a été fondée par la famille de Cossé-Brissac.

Diocèse de Laval (suite).

DATE DE LA FONDATION	CONGRÉGATIONS ou COMMUNAUTÉS	ENFANTS INSTRUITS	PERSONNES ASSISTÉES				TOTAL	SERVICES A L'ÉTRANGER et DANS LES COLONIES
			Hôpitaux et Hospices.	Orphelinats et Ouvroirs.	Maisons de refuge, de préservation et de correction.	Asiles d'aliénés et de sourds-muets.		
	Report...	32.979	2.760	440	646		3.846	
1840	Sœurs de l'Immaculée-Conception de Marie, à Saint-Fraimbault-de-Prières. Communauté indépendante non autorisée. 40 membres.	36	160	20			180	
1866	Sœurs de la Providence, à Mayenne. Comm. indép. non autorisée. 13 membres.							
1816	Trappistines, à Laval. Comm. indép. non autorisée. 89 membres.							
	Carmélites, à Laval. Comm. indép. non autorisée.							
	Sœurs de la Visitation, à Mayenne. Comm. indép. non autorisée.	?						
	TOTAL...	33.015	2.920	460	646		4.026	

Mayenne.

SERVICES PENDANT LA GUERRE DE 1870-71	HISTORIQUE — FAITS PARTICULIERS OBSERVATIONS
Soigné 161 malades. Un diplôme avec médaille en bronze a été attribué à la supérieure.	Cette Communauté est l'œuvre d'un pauvre curé. Ses ressources sont très minimes, car elle ne reçoit aucun traitement. Les sœurs cultivent elles-mêmes dix hectares de terre avec un succès qui fait l'étonnement de tous ceux qui les voient à l'œuvre. Elles vivent au jour le jour, sans rentes ni fondations, ne recevant que 1 fr. par jour pour chaque malade pauvre, et les pensions des personnes aisées de la maison de retraite. Elles tiennent un hospice et une maison de retraite, une école libre, un orphelinat et un ouvroir.
	Soins aux malades.
	Vie contemplative et travaux agricoles.
	Vie contemplative.
	Communauté enseignante.

DIOCÈSE DE LIMOGES

DATE DE LA FONDATION	CONGRÉGATIONS ou COMMUNAUTÉS	ENFANTS INSTRUITS	PERSONNES ASSISTÉES					SERVICES A L'ÉTRANGER et DANS LES COLONIES
			Hôpitaux et Hospices.	Orphelinats et Ouvroirs.	Maisons de refuge, de préservation et de correction.	Asiles d'aliénés et de sourds-muets.	TOTAL	
1802	**Sœurs de Saint-Roch.** Congr. à sup. gén., autorisée les 1er juin 1807 et 5 août 1853. Maison mère à Felletin (Creuse). 50 membres.	150	15				15	
XVIIe siècle	**Filles de la Croix.** Congr. à sup. gén., aut. le 7 juin 1826. Maison mère à Limoges. 27 établissements. 131 membres.	?		40			40	
1834	**Sœurs du St-Sauveur et de la Sainte-Vierge.** Congrégation à supérieure générale, autorisée les 23 décembre 1838 et 1er août 1852. Maison mère à la Souterraine (Creuse). 70 établissements. 555 membres.	6.780	150	20			170	
1841	**Sœurs de Marie-Joseph.** Cong. à sup. gén., aut. le 28 janv. 1852. Maison mère au Dorat (Haute-Vienne). 469 membres.			430	1.020		1.450	
	A reporter...	6.930	165	490	1.020		1.675	

HAUTE-VIENNE ET CREUSE

SERVICES PENDANT LA GUERRE DE 1870-71	HISTORIQUE — FAITS PARTICULIERS OBSERVATIONS
Soins donnés aux blessés. Confection, par les élèves et les sœurs, de vêtements pour les soldats. Les élèves ont en outre fait, en faveur de l'armée, l'abandon de leurs récompenses scolaires.	Cette Congrégation a été fondée en 1802 par des religieuses que la Révolution avait chassées de leur couvent. Elle a pour but le soin des malades dans les hospices et l'instruction des enfants dans les salles d'asile et les écoles primaires.
	Congrégation fondée par Mme de Villeneuve. Son but est l'instruction des jeunes filles, la direction des salles d'asile, la visite des malades dans les campagnes. Dans chaque établissement il y a toujours une classe gratuite.
Soigné de nombreux blessés. Confectionné des vêtements et de la charpie.	Instruction donnée à toutes les classes de la société dans des établissements divers : école normale, pensionnat, externats, classes d'adultes, salles d'asile, orphelinats, ouvroirs ; soins aux malades dans les hospices et à domicile ; distribution de secours à domicile, direction et patronages de jeunes filles, telles sont les principales œuvres auxquelles les Sœurs du Saint-Sauveur de la Souterraine consacrent leur vie. La moitié des enfants des externats, et presque tous ceux qui fréquentent les salles d'asile sont reçus gratuitement. Dans les écoles communales (15 à 20), il y a toujours deux institutrices, bien qu'une seule soit rétribuée. Cette Congrégation doit son existence au zèle et à la charité de Mlle Joséphine du Bourg, qui créa spécialement, en outre, pour les écoles des campagnes, les *Petites-Sœurs enseignantes*. Elle mourut à 74 ans, en odeur de sainteté, après avoir fondé 40 maisons de son ordre.
	Quatre œuvres de charité sollicitent spécialement le dévouement des sœurs de Marie-Joseph : 1° la surveillance morale, l'instruction élémentaire et professionnelle des femmes détenues dans 5 maisons centrales et 23 prisons départementales de la France et de l'Algérie ; 2° la direction de 7 maisons de refuge, fondées par les sœurs, au prix de grands sacrifices, pour y recueillir gratuitement les filles et femmes libérées qui, au sortir

Diocèse de Limoges (suite).

DATE DE LA FONDATION	CONGRÉGATIONS ou COMMUNAUTÉS	ENFANTS INSTRUITS	PERSONNES ASSISTÉES				TOTAL	SERVICES A L'ÉTRANGER et DANS LES COLONIES
			Hôpitaux et Hospices.	Orphelinats et Ouvroirs.	Maisons de refuge, de préservation et de correction.	Asiles d'aliénés et de sourds-muets.		
	Report...	6.930	165	490	1.020		1.675	
	Sœurs de Marie-Joseph. (Suite.)							
	A reporter...	6.930	165	490	1.020		1.675	

SERVICES	HISTORIQUE — FAITS PARTICULIERS
pendant la guerre de 1870-71	OBSERVATIONS

de prison, manquent d'asile et de ressources, et sont exposées à la rechute. Aux libérées sont venues s'adjoindre de pauvres filles tombées ou exposées à se perdre, qui, tantôt sont confiées aux sœurs par leurs parents, et tantôt viennent d'elles-mêmes demander un abri contre leur faiblesse et contre les dangers qui les environnent; 3° la direction de deux quartiers correctionnels pour les jeunes filles, et la surveillance de deux quartiers semblables relevant de l'administration; 4° la direction de diverses œuvres qui, sous les noms d'Ouvroirs, de Providence, de Préservation, accueillent comme internes de nombreuses jeunes filles pour les former à la piété, au travail, aux bonnes mœurs. On leur donne en même temps l'instruction élémentaire. A plusieurs des refuges se trouve annexée une Préservation, ce qui permet aux mères détenues d'avoir leurs enfants près d'elles, et leur épargne la douleur de les abandonner seuls ou de les laisser entre des mains suspectes. Les sœurs employées dans les refuges et les maisons de préservation ne reçoivent aucun traitement.

Appelée par la Providence à une vie d'humilité, de dévouement et de sacrifice, la Congrégation de Marie-Joseph prit naissance dans l'obscurité. Une prison fut son berceau. Le 15 octobre 1805, Mlle Élisabeth Duplex, de Lyon, touchée de l'état déplorable où se trouvaient les malheureux prisonniers, commença à leur faire des visites régulières, à leur porter des secours matériels et des paroles de consolation. Bientôt quelques pieuses compagnes se joignirent à elle, et peu à peu il se forma une petite société, qui voulut avoir son règlement particulier et un costume uniforme.

L'œuvre naissante rencontra bien des difficultés; plus d'une fois les charitables visiteuses furent accueillies par des injures et des menaces; mais insensiblement l'ascendant de leur vertu adoucit ces pauvres âmes, abruties par le vice ou aigries par le malheur. D'un autre côté, l'administration des prisons, bien disposée à améliorer le sort des détenus, favorisait de tout son pouvoir Mlle Duplex et ses compagnes. Un logement leur fut offert dans l'enceinte même de la prison, et dès lors elles purent la nuit et le jour poursuivre leur mission de dévouement. Les prisonniers malades étaient l'objet de leurs soins particuliers.

Ces pieuses personnes ne tardèrent pas à s'affilier aux *Sœurs de Saint-Joseph*. Mais à la longue, on comprit qu'une œuvre spécialement vouée au service des prisons devait former une congrégation distincte, ayant son noviciat, ses règles, son organisation et son mode de gouvernement particuliers.

En vertu de l'autorisation de l'archevêque de Lyon, la sœur

Diocèse de Limoges (suite).

DATE DE LA FONDATION	CONGRÉGATIONS ou COMMUNAUTÉS	ENFANTS INSTRUITS	PERSONNES ASSISTÉES				TOTAL	SERVICES A L'ÉTRANGER et DANS LES COLONIES
			Hôpitaux et Hospices.	Orphelinats et Ouvroirs.	Maisons de refuge, de préservation et de correction.	Asiles d'aliénés et de sourds-muets.		
	Report...	6.930	165	490	1.020		1.675	
	Sœurs de Marie-Joseph. (Suite.)							
	A reporter...	6.930	165	490	1.020		1.675	

SERVICES	HISTORIQUE — FAITS PARTICULIERS
PENDANT LA GUERRE DE 1870-71	OBSERVATIONS

Saint-Augustin, suivie d'environ quatre-vingts professes, novices et postulantes, vint, au mois de février 1841, s'établir au Dorat, petite ville du diocèse de Limoges, où elles furent accueillies avec bonté par le vénérable évêque, Mgr de Tournefort.

Les sœurs qui avaient été précédemment envoyées à Montpellier et à Fontevrault leur restèrent unies, ainsi que celles qui étaient attachées à la prison de Montbrison, en sorte que la nouvelle Congrégation se trouva composée tout d'abord de 134 membres.

En quittant la ville de Lyon pour leur nouvelle résidence, les sœurs des prisons prirent le nom de *Congrégation de Marie-Joseph*, et modifièrent leur habit et leurs statuts.

Signalons quelques-uns des nombreux traits de dévouement accomplis par les Sœurs de Marie-Joseph.

Au mois de juillet 1849, le choléra sévit à la prison de Tours; dès le premier jour, il y eut 16 cas, et le fléau continua ses ravages avec tant de fureur, que l'on dut évacuer le pénitencier. Les sœurs prodiguèrent leurs soins à tous les malades, et deux d'entre elles succombèrent victimes de leur dévouement. La ville de Tours, reconnaissante, concéda gratuitement et à perpétuité le terrain du cimetière dans lequel elles furent inhumées.

De son côté, le président de la république, par décret du 26 décembre 1849, décernait à la communauté de Tours une médaille d'argent, en récompense du zèle et du dévouement dont elle avait fait preuve.

En 1856, au moment du grand débordement de la Loire, la prison de Tours se trouva complètement envahie par les eaux, qui arrivaient au niveau du premier étage. Une barque de sauvetage se présente vers l'une des fenêtres; la supérieure y fait monter une partie des prisonnières, sous la surveillance de quelques sœurs; elle en fait autant au second voyage de la barque, et ne se décide à y monter elle-même qu'après s'être assurée qu'il ne reste pas une détenue au pénitencier. L'heure était solennelle; le danger pressant, mais la bonne sœur veillait à la sureté de son troupeau, décidée à périr plutôt que d'exposer une seule des âmes qui lui étaient confiées.

Que de larmes les sœurs ont essuyées dans les prisons! Que de désespoirs elles ont calmés! Que de suicides elles ont empêchés, quelquefois même aux dépens de leur vie. N'a-t-on pas vu une jeune sœur surprenant une détenue au moment où elle se précipitait par la fenêtre, la retenant par ses vêtements avec un effort suprême, et mourant peu de temps après. Elle avait dû se faire une lésion intérieure. Ce fait a passé inaperçu.

Diocèse de Limoges (suite).

DATE DE LA FONDATION	CONGRÉGATIONS ou COMMUNAUTÉS	ENFANTS INSTRUITS	PERSONNES ASSISTÉES					TOTAL	SERVICES A L'ÉTRANGER et DANS LES COLONIES
			Hôpitaux et Hospices.	Orphelinats et Ouvroirs.	Maisons de refuge, de préservation et de correction.	Asiles d'aliénés et de sourds-muets.		
	Report...	6.930	165	490	1.020		1.675	
1659	**Sœurs de St-Alexis.** Congrégation autorisée le 11 janvier 1811. Maison mère à Limoges. 3 établissements. 54 membres.	130	710	230			940	
	Sœurs du Verbe-Incarné, à St-Yrieix. Comm. indép., autor. les 23 juill. 1811 et 5 septembre 1836. 20 membres.	?	?					
1651	**Sœurs de la Providence, à Limoges.** Comm. indép., autor. le 28 sept. 1813. 33 membres.	75		70			70	
	A reporter...	7.135	875	790	1.020		2.685	

Haute-Vienne et Creuse.

SERVICES PENDANT LA GUERRE DE 1870-71	HISTORIQUE — FAITS PARTICULIERS OBSERVATIONS
Soigné constamment 150 malades et blessés pendant toute la durée de la guerre.	Cette Congrégation a été fondée spécialement pour desservir l'hôpital de Limoges. Aujourd'hui elle dessert aussi les hôpitaux de Saint-Léonard et de Saint-Junien. A l'hospice de Limoges, les religieuses ne reçoivent aucun traitement de l'administration de ce grand établissement, qui comprend : les malades militaires et civils des deux sexes, les vieillards, les incurables, le refuge, la crèche et les enfants abandonnés. Les sœurs sont logées et nourries à leurs frais, dans un local qui leur appartient et qui est leur maison mère. Chacune doit apporter une dot suffisante pour fournir à ses besoins. 220 ans de services gratuits se sont accomplis au prix de sacrifices continuels. Pendant le cours de ces deux siècles, dès qu'une période de calme et de tranquillité permettait qu'à l'aide des dots reçues on arrivât à un état de finances meilleur, cette situation plus aisée était bientôt suivie d'un bouleversement politique, qui ramenait la souffrance et la gêne, par les pertes que causaient ces secousses. Néanmoins la Congrégation s'est maintenue à son poste de charité et n'a reculé devant aucun sacrifice, pour être fidèle à son esprit de dévouement et de charité. En 1791, des filles salariées à 400 fr. par an furent momentanément substituées aux religieuses; mais ces mercenaires qui coûtaient si cher ne furent pas à la hauteur de leur tâche, et les sœurs furent presque aussitôt redemandées et rendues à leurs malades. Elles n'avaient pas quitté leur Communauté; cependant il avait fallu se résigner à porter l'habit séculier, et elles ne purent reprendre leur costume religieux qu'en l'année 1804.
	Communauté hospitalière et enseignante.
Envoi de secours en argent, linge, tricots, charpie, etc.	Fondée par une pieuse veuve, pour l'éducation gratuite des pauvres orphelines, cette Communauté, fidèle à ses traditions, ne reçoit aucun traitement.

Diocèse de Limoges (suite).

DATE DE LA FONDATION	CONGRÉGATIONS ou COMMUNAUTÉS	ENFANTS INSTRUITS	PERSONNES ASSISTÉES					TOTAL	SERVICES A L'ÉTRANGER et DANS LES COLONIES
			Hôpitaux et Hospices.	Orphelinats et Ouvroirs.	Maisons de refuge, de préservation et de correction.	Asiles d'aliénés et de sourds-muets.		
	Report...	7.135	875	790	1.020		2.685	
	Petites Ursulines de Ste-Claire, à Limoges. Comm. indép., autor. le 22 avril 1825. 15 membres.	?						
	Sœurs de la Visitation, à Limoges. Comm. indép., autor. le 5 mars 1826. 36 membres.	?						
	Sœurs de Notre-Dame, à Limoges. Comm. indép., autor. le 15 nov. 1826. 31 membres.	?						
	Sœurs du Verbe-Incarné, à Évaux (Creuse). Comm. indép., autor. le 20 juin 1827. 16 membres.	?	?					
	Carmélites, à Limoges. Comm. indép., autor. le 4 avril 1830. 20 membres.							
	Sœurs de Marie-Thérèse, à Limoges. Comm. indép., autor. les 20 nov. 1834 et 20 mars 1851. 30 membres.	?	?					
	A reporter...	7.135	875	790	1.020		2.685	

Haute-Vienne et Creuse.

SERVICES PENDANT LA GUERRE DE 1870-71	HISTORIQUE — FAITS PARTICULIERS OBSERVATIONS
	Communauté enseignante.
	Communauté enseignante.
	Communauté enseignante.
	Communauté hospitalière et enseignante.
	Vie contemplative.
	Communauté hospitalière et enseignante.

Diocèse de Limoges (suite).

DATE DE LA FONDATION	CONGRÉGATIONS ou COMMUNAUTÉS	ENFANTS INSTRUITS	PERSONNES ASSISTÉES					SERVICES A L'ÉTRANGER et DANS LES COLONIES
			Hôpitaux et Hospices.	Orphelinats et Ouvroirs.	Maisons de refuge, de préservation et de correction.	Asiles d'aliénés et de sourds-muets.	TOTAL	
	Report...	7.135	875	790	1.020		2.685	
	Sœurs du Verbe-Incarné, à St-Junien (Creuse). Comm. indép., autor. le 21 oct. 1835. 26 membres.	?	?					
	Sœurs de Saint-Joseph dites de l'Union, à Guéret. Comm. indép., autor. le 2 oct. 1838. 36 membres.	?						
	Sœurs de Notre-Dame, à Saint-Léonard (Haute-Vienne). Comm. indép., autor. le 10 nov. 1854. 29 membres.	?						
	Sœurs du Verbe-Incarné, à Châtelus-Malvalein (Creuse). Comm. indép., autor. le 29 août 1863. 7 membres.	?	?					
	Sœurs du Verbe-Incarné, à Azérables (Creuse). Comm. indép., autor. le 6 avril. 1867. 20 membres.	?						
1856	**Carmélites, au Dorat (Haute-Vienne).** Comm. indép. non aut. 18 membres.							
	A reporter...	7.135	875	790	1.020		2.685	

Haute-Vienne et Creuse.

SERVICES PENDANT LA GUERRE DE 1870-71	HISTORIQUE — FAITS PARTICULIERS OBSERVATIONS
	Communauté hospitalière et enseignante.
	Communauté enseignante.
	Communauté enseignante.
	Communauté hospitalière et enseignante.
	Communauté hospitalière et enseignante.
	Vie contemplative.

Diocèse de Limoges (suite).

DATE DE LA FONDATION	CONGRÉGATIONS ou COMMUNAUTÉS	ENFANTS INSTRUITS	PERSONNES ASSISTÉES				TOTAL	SERVICES A L'ÉTRANGER et DANS LES COLONIES
			Hôpitaux et Hospices.	Orphelinats et Ouvroirs.	Maisons de refuge, de préservation et de correction.	Asiles d'aliénés et de sourds-muets.		
	Report...	7.135	875	790	1.020		2.685	
1858	**Franciscaines de N.-D. du Temple, au Dorat.** Comm. indép. non aut. 55 membres.		?					
	Total...	7.135	875	790	1.020		2.685	

DIOCÈSE DE LUÇON

	Frères de l'Instruction chrétienne de Saint-Gabriel. Congr. autor. les 11 sept. 1823 et 3 mars 1853. Maison mère à Saint-Laurent-sur-Sèvre. 135 établissements. 791 membres.	?						
	Prêtres missionnaires de la compagnie de Marie. Congr. non autorisée. Maison mère à St-Laurent-sur-Sèvre. 58 membres.	?						Une mission à Haïti (grandes Antilles.)
	Enfants de Marie-Immaculée. Congrég. non autorisée. Maison mère à Chavagnes-en-Paillers. 64 membres.	?						Deux missions, dans l'île de la Dominique et dans l'île Sainte-Lucie (Antilles anglaises).
	A reporter...							

SERVICES PENDANT LA GUERRE DE 1870-71	HISTORIQUE — FAITS PARTICULIERS OBSERVATIONS
	Hospitalité aux ecclésiastiques malades.
	VENDÉE
	L'origine de cette Congrégation remonte au vénérable Père de Montfort. Mais ce ne fut qu'en 1821, époque où elle vit s'affilier à elle une association du même genre, fondée en 1816 en Bretagne, qu'elle commença à prendre du développement. Aujourd'hui, elle dirige 122 écoles primaires, 3 pensionnats, 8 écoles de sourds-muets et 2 écoles d'aveugles, dans 23 diocèses de France.
	Les prêtres missionnaires de la Compagnie de Marie et les frères coadjuteurs de la même société ont été fondés par le vénérable Louis-Marie Grignon de Montfort, au commencement du XVIIIe siècle. Ils se dévouent au ministère ecclésiastique, et dirigent un grand séminaire et une école apostolique.
	Fondée par le vénérable Louis-Marie Baudouin, mort en 1835, la Congrégation des Enfants de Marie-Immaculée se dévoue au ministère ecclésiastique, et dirige deux petits séminaires.

Diocèse de Luçon (suite).

DATE DE LA FONDATION	CONGRÉGATIONS ou COMMUNAUTÉS	ENFANTS INSTRUITS	PERSONNES ASSISTÉES				TOTAL	SERVICES A L'ÉTRANGER et DANS LES COLONIES
			Hôpitaux et Hospices.	Orphelinats et Ouvroirs.	Maisons de refuge, de préservation et de correction.	Asiles d'aliénés et de sourds-muets.		
	Report...	53.000	15000	?	?	?	15.000	
1703	**Filles de la Sagesse.** Congrégation à supérieure générale, autorisée le 27 février 1811. Maison mère à Saint-Laurent-sur-Sèvre. 3.600 membres. 271 maisons en France.							6 maisons en Belgique, 3 à Haïti.
1802	**Ursulines de Jésus.** Congrégation à supérieure générale, autorisée le 28 mai 1826. Maison mère à Chavagnes. 45 établissements. 1.002 membres.	8.300	50	30			80	Les sœurs ont, à Swansea, au pays de Galles (Angleterre), une maison qui comprend : un pensionnat comptant 40 à 50 élèves, un asile et une école gouvernementale où sont élevés 795 enfants, enfin un cours d'adultes.
1818	**Sœurs des Sacrés-Cœurs de Jésus et de Marie.** Cong. à sup. gén., aut. les 5 sept. et 13 nov. 1859. Maison mère à Mormaison. 115 établis. 612 religieuses.	11.500						
	A reporter...	72.800	15050	30			15.080	

Vendée.

SERVICES PENDANT LA GUERRE DE 1870-71	HISTORIQUE — FAITS PARTICULIERS OBSERVATIONS
Les Sœurs de la Sagesse ont soigné les blessés dans plus de 300 ambulances. Ces services ont été reconnus par le gouvernement, qui, en retour, a décerné aux sœurs un grand nombre de médailles.	Cet Institut fut fondé en 1703 par le vénérable P. de Montfort, prêtre, missionnaire apostolique. Il embrasse aujourd'hui toutes les œuvres d'enseignement et de charité, et dirige 193 écoles primaires, 2 écoles normales, 7 institutions de sourdes-muettes et d'aveugles, 130 salles d'asile, 50 ouvroirs, 5 crèches, 5 maisons de retraites spirituelles ; il dessert, en outre, 95 hôpitaux maritimes, militaires et civils, 6 asiles publics d'aliénés, 2 maisons centrales, 2 maisons d'arrêt, 130 bureaux de bienfaisance. Dans plusieurs épidémies, les Filles de la Sagesse ont fait preuve d'un grand dévouement. En tout temps elles visitent les malades à domicile et distribuent de très nombreux secours : pour ne citer qu'un exemple, la seule maison de Guingamp assiste environ 400 familles, auxquelles elle donne des vêtements et du pain, des médicaments et du linge, le tout gratuitement. Les beaux succès obtenus par leurs écoles ont valu aux Filles de la Sagesse de nombreuses récompenses.
Un certain nombre d'ambulances ont été établies aux frais de la Congrégation. Plusieurs sœurs ont reçu des médailles d'honneur en témoignage de leur dévouement aux malades et blessés.	Les Ursulines de Jésus ont été fondées par le vénérable Louis-Marie Baudouin. Elles dirigent ou desservent 45 maisons d'éducation, pensionnats, externats et classes gratuites, écoles normales, orphelinats, asiles et hospices. En outre, elles assistent les malades à domicile et font des cours aux adultes. Les sœurs ne reçoivent rien pour leurs classes gratuites, qui sont précisément les plus nombreuses.
Plusieurs établissements ont été transformés en ambulances.	Les Sœurs des Sacrés-Cœurs de Jésus et de Marie ont été fondées par M. Monnereau, curé des Brouzils. Cette Congrégation se dévoue à l'instruction des enfants de la campagne, dans des écoles, salles d'asile, orphelinats, écoles de manufactures, et au soin gratuit des malades à domicile. Elle visite, en moyenne, 1.500 à 2.000 malades par an. La Congrégation a toujours été pauvre ; cependant elle soutient de nombreux établissements au prix de très grands sacrifices.

Diocèse de Luçon (suite).

DATE DE LA FONDATION	CONGRÉGATIONS ou COMMUNAUTÉS	ENFANTS INSTRUITS	PERSONNES ASSISTÉES				TOTAL	SERVICES A L'ÉTRANGER et DANS LES COLONIES
			Hôpitaux et Hospices.	Orphelinats et Ouvroirs.	Maisons de refuge, de préservation et de correction.	Asiles d'aliénés et de sourds-muets.		
	Report...	72.800	15050	30			15 080	
1682	**Sœurs de l'Union chrétienne.** Congrégat. diocésaine, autorisée le 15 oct. 1872. Maison mère à Fontenay. 15 établissements. 104 membres.	1.350						
1847	**Carmélites, à Luçon.** Comm. indép. non aut. 22 membres.							
	Total...	74.150	15050	30			15.080	

DIOCÈSE DE LYON

DATE DE LA FONDATION	CONGRÉGATIONS ou COMMUNAUTÉS	ENFANTS INSTRUITS	PERSONNES ASSISTÉES				TOTAL	SERVICES A L'ÉTRANGER et DANS LES COLONIES
			Hôpitaux et Hospices.	Orphelinats et Ouvroirs.	Maisons de refuge, de préservation et de correction.	Asiles d'aliénés et de sourds-muets.		
XIXe siècle	**Clercs de Saint-Viateur.** Congrégation autorisée le 10 juin 1830. Maison mère à Vourles. 132 écoles. 400 membres.	13.888		50			50	A l'étranger, la Congrégation possède 24 maisons, dont 20 au Canada et 4 aux États-Unis. 3.200 élèves reçoivent, dans ces écoles ou collèges, le bienfait de l'instruction ou de l'éducation. Les frères s'efforcent surtout de leur inculquer l'amour de la France.

Vendée.

SERVICES PENDANT LA GUERRE DE 1870-71	HISTORIQUE — FAITS PARTICULIERS OBSERVATIONS
Envoi de secours en argent et en nature. Plusieurs établissements ont été transformés en ambulances desservies par les sœurs.	Cette Congrégation diocésaine est une branche détachée de la Congrégation de l'Union chrétienne, fondée à Paris en 1650 par Mme Marie Lamargue. Elle donne l'instruction aux jeunes filles de toutes classes, et visite gratuitement les malades à domicile : environ 1.200 par année. Les enfants pauvres sont toujours instruites gratuitement dans leurs écoles.
	Vie contemplative.

RHONE ET LOIRE

Plusieurs maisons ont été mises à la disposition de l'autorité militaire pour loger des troupes.	Le but de l'Institut comprend la tenue et la direction des écoles publiques ou libres, des orphelinats, des institutions de sourds-muets, l'œuvre des patronages de la jeunesse, etc. La moitié des enfants admis dans les écoles sont instruits gratuitement; les 50 orphelins sont à peu près entièrement à la charge de l'Institut. A l'origine, la Congrégation n'était qu'une société d'instituteurs laïques chrétiens qui se réunissaient, pendant les vacances, chez M. l'abbé Querbes, curé de Vourles. Celui-ci leur faisait des conférences sur la religion, les sciences et la pédagogie. Ces instituteurs, satisfaits de la direction de M. Querbes, le prièrent de les organiser en congrégation religieuse. Il hésita d'abord; l'entreprise lui paraissait au-dessus de ses forces. Enfin le désir du bien à faire l'emporta ; il se mit tout de suite à l'œuvre. La Congrégation prit des développements rapides, et elle n'a cessé depuis lors d'inculquer aux enfants l'amour de la religion et de la patrie, et de réagir autant que possible contre la désertion des campagnes.

Diocèse de Lyon (suite).

DATE DE LA FONDATION	CONGRÉGATIONS ou COMMUNAUTÉS	ENFANTS INSTRUITS	PERSONNES ASSISTEES				TOTAL	SERVICES A L'ÉTRANGER et DANS LES COLONIES
			Hôpitaux et Hospices.	Orphelinats et Ouvroirs.	Maisons de refuge, de préservation et de correction.	Asiles d'aliénés et de sourds-muets.		
	Report...	13.888	50				50	
1817	**Petits Frères de Marie.** Congrégation autorisée les 20 juin 1851 et 12 novembre 1868. Maison mère à Saint-Genis-Laval. 550 établissements. 3.600 membres.	80.000	230				230	Les Frères dirigent à la Nouvelle-Calédonie 6 écoles, dont 4 entretenues par l'administration coloniale, et 2 par l'*Œuvre des Missions catholiques*. A l'étranger (Belgique, Angleterre, Cap de Bonne-Espérance, Australie et Nouvelle-Zélande), ils ont 33 écoles.
1816	**Prêtres de St-Irénée, à Lyon.** (**Missionnaires diocésains.**) Congrég. non autorisée.	?						
1824	**Frères hospitaliers de Saint-Jean-de-Dieu.** Congrég. non autorisée. Maison mère à Lyon.		?			?		
1836	**Pères Maristes.** Congrég. non autorisée. Maison mère à Lyon.	1.200						1 collège à Londres, 2 en Irlande et 1 en Amérique. Mission en Océanie.
1856	**Prêtres des missions africaines, à Lyon.** Congrég. non autorisée.							
	A reporter...	95.088	280				280	

Rhône et Loire. 235

SERVICES PENDANT LA GUERRE DE 1870-71	HISTORIQUE — FAITS PARTICULIERS OBSERVATIONS
Toutes les maisons de la congrégation furent mises à la disposition du gouvernement pour servir d'ambulances; *tous* les frères s'offrirent pour infirmiers. La maison mère fut occupée pendant 5 mois par 2,500 hommes, qui ne laissèrent en la quittant que les quatre murs tout dégradés. Les malades et blessés furent partout soignés avec le plus grand dévouement.	La Congrégation a été fondée par M. l'abbé Champagnat, simple vicaire à Lavalla, près Saint-Chamond (Loire), et sans autres ressources que son modeste traitement et la charité chrétienne, pour l'instruction des enfants de la campagne. Cette œuvre, née dans la pauvreté, n'a jamais reçu aucun secours de l'administration. Aujourd'hui encore, elle ne possède aucune rente, aucune fondation importante, et ne vit que du fruit de son travail, des épargnes et même des privations de ses membres.
	Ministère ecclésiastique et enseignement.
	Soins aux malades et direction d'asiles d'aliénés.
	Ministère ecclésiastique et enseignement. 6 collèges et 4 séminaires en France.
	Missions.

Diocèse de Lyon (suite).

DATE DE LA FONDATION	CONGRÉGATIONS ou COMMUNAUTÉS	ENFANTS INSTRUITS	Hôpitaux et Hospices	Orphelinats et Ouvroirs	Maisons de refuge, de préservation et de correction	Asiles d'aliénés et de sourds-muets	TOTAL	SERVICES A L'ÉTRANGER et DANS LES COLONIES
	Report...	95.088		280			280	
	Frères hospitaliers des hôpitaux de Lyon. Congrég. non autorisée.		?					
1873	**Prêtres du Très-Saint-Sacrement,** à **Noiretable (Loire).** Comm. indép. non autor.		?					
1680	**Sœurs de Saint-Charles.** Congrégation à supérieure générale autorisée les 22 octobre 1810 et 12 janvier 1813. Maison mère à Lyon. 224 établissements. 2.226 membres.	39.750	680	500		1.305	2.485	
1650	**Sœurs de Saint-Joseph.** Congr. à sup. gén. aut. le 23 mars 1828. Maison mère à Lyon. 359 établis. sur lesquels 287 écoles, dont 90 libres. 2.520 membres.	44.400	?	1.620	?	?	1.620	Une petite colonie partie de Lyon en 1836, pour l'Amérique, s'est tellement développée, qu'elle compte aujourd'hui 1.500 religieuses, distribuées dans 15
	A reporter...	179.238	680	2.400		1.305	4.385	

Rhône et Loire. 237

SERVICES PENDANT LA GUERRE DE 1870-71	HISTORIQUE — FAITS PARTICULIERS OBSERVATIONS
	Les Frères hospitaliers desservent à Lyon 5 hôpitaux.
	Maison de retraite.
Desservi plusieurs ambulances.	Les œuvres principales dont s'occupe la Congrégation sont : 1° l'instruction des enfants pauvres, dans les salles d'asile, écoles primaires, orphelinats, classes d'adultes, institutions de sourdes-muettes ; asile dit de Saint-Maurice, pour les jeunes filles de soldats ; 2° le soin des aliénés, des malades et des vieillards dans les hôpitaux et hospices ; la visite des malades et des pauvres à domicile. Cette Congrégation a été fondée en 1680 par l'abbé Demia, promoteur du diocèse ; les premières écoles furent ouvertes à ses frais. Dispersées en 1791, les Sœurs de Saint-Charles continuèrent individuellement à instruire les enfants. En 1870, expulsées encore des écoles par le *Comité de salut public*, elles ouvrirent des écoles libres, où presque toutes leurs élèves les suivirent, malgré les avantages offerts par la municipalité aux élèves des écoles laïques. En 1835, à Marseille, lors du choléra, et en 1846, à Roanne, lors des inondations de la Loire, les Sœurs de Saint-Charles montrèrent un grand dévouement ; elles transformèrent leurs écoles en ambulances, soignèrent les cholériques, distribuèrent des vêtements et des secours aux inondés, et donnèrent asile chez elles à de nombreuses familles.
Soigné 2.980 malades et blessés ; logé et soigné 1.150 mobiles. Confectionné des vêtements, et envoyé des secours en argent. Plusieurs sœurs ont reçu des médailles.	Les principales œuvres auxquelles se dévoue la Congrégation de Saint-Joseph sont : le soin des malades dans les hôpitaux, la surveillance dans les dépôts de mendicité, la direction des hospices d'aliénés, d'incurables et de vieillards, des refuges et des maisons de correction pour les jeunes filles ; la surveillance des ouvrières dans les fabriques ; la direction des crèches, salles d'asile, ouvroirs, providences, établissements de sourdes-muettes, écoles communales, écoles libres, écoles d'adultes, pensionnats, écoles normales. A toutes ces œuvres les sœurs joignent la visite et l'assistance des malades à domicile dans

Diocèse de Lyon (suite).

DATE DE LA FONDATION	CONGRÉGATIONS ou COMMUNAUTÉS	ENFANTS INSTRUITS	PERSONNES ASSISTÉES				TOTAL	SERVICES A L'ÉTRANGER et DANS LES COLONIES
			Hôpitaux et Hospices.	Orphelinats et Ouvroirs.	Maisons de refuge, de préservation et de correction.	Asiles d'aliénés et de sourds-muets.		
	Report...	179.238	680	2.400		1.395	4.385	
	Sœurs de Saint-Joseph. (Suite.)							diocèses, où elles sont chargées de l'éducation de l'enfance, du soin des malades, de la direction des hospices, des asiles et des refuges.
1838	Sœurs de St-François-d'Assise. Congr. à sup. gén., aut. le 8 déc. 1853. Maison mère à Lyon. 40 établissements. 120 membres.	2.000		?				
1800	Sœurs de la Ste-Trinité. Congr. à sup. gén., autor. le 19 nov. 1855. Maison mère à Saint-Martin-en-Haut. 7 maisons. 32 memb.	244						
1825	Sœurs de la Sainte-Famille. Congr. à sup. gén., aut. le 11 novembre 1856. Maison mère à Lyon. 39 établissements. 360 membres.	1.650		100			100	
	A reporter...	183.132	680	2.500		1.305	4.485	

Rhône et Loire.

SERVICES PENDANT LA GUERRE DE 1870-71	HISTORIQUE — FAITS PARTICULIERS OBSERVATIONS
	toutes les localités où elles sont établies. Le nombre des malades ainsi assistés s'élève à 20.000 par an. Cette Congrégation a été fondée au Puy, en 1650, par Mgr de Maupas. Elle eut des développements rapides. Dispersée par la Révolution, elle se reconstitua à Lyon au commencement de ce siècle. Elle compte aujourd'hui 359 établissements. Une sœur a reçu une croix d'honneur pour sauvetage, lors des inondations de la Loire en 1856; des médailles d'argent ont été attribuées à deux communautés, pour soins dévoués prodigués aux cholériques en 1854; la supérieure des sœurs du lycée de Lyon a reçu en 1875 les palmes d'officier d'académie, pour la durée de ses services et les soins intelligents donnés aux élèves durant une épidémie de fièvre typhoïde. Outre ces récompenses particulières, un grand nombre de sœurs ont reçu de l'État des médailles d'or, d'argent, de bronze et des mentions honorables pour leur dévouement et leurs succès dans les classes ou dans les différentes œuvres où elles sont employées.
La maison mère a logé 400 mobiles, et est restée tout le temps de la guerre à la disposition de la ville.	Cette Congrégation, fondée par de pieuses ouvrières, se consacre à l'instruction et à l'éducation des jeunes filles. En 1856, la maison mère a donné asile pendant 3 semaines à 500 inondés, auxquels les sœurs ont prodigué des soins dévoués.
Envois d'argent et de linge.	Cette Congrégation, fondée par le curé de Saint-Martin-en-Haut, pour combattre dans sa paroisse l'ignorance, qui était le résultat des destructions révolutionnaires, se dévoue à l'instruction de la jeunesse et visite les malades à domicile. Elle distribue chaque jour des aliments aux pauvres.
Assisté 300 malades et blessés. Logé de nombreux soldats.	Cette Congrégation dirige des orphelinats, des ouvroirs, des écoles, des salles d'asile, des pensionnats; en outre, elle surveille les ouvrières (environ 1.800) dans les usines, et visite les malades à domicile. Les orphelines sont toutes à la charge de la Congrégation. Fondées par le curé de Saint-Bruno-les-Chartreux, à Lyon, les Sœurs de la Sainte-Famille se dévouent spécialement au bien de la classe ouvrière. Les premières sœurs ont fait dans ce but de grands sacrifices, renonçant à un brillant avenir et employant leur fortune à la fondation de modestes orphelinats.

Diocèse de Lyon (suite).

DATE DE LA FONDATION	CONGRÉGATIONS ou COMMUNAUTÉS	ENFANTS INSTRUITS	PERSONNES ASSISTÉES				TOTAL	SERVICES A L'ÉTRANGER et DANS LES COLONIES
			Hôpitaux et Hospices.	Orphelinats et Ouvroirs.	Maisons de refuge, de préservation et de correction.	Asiles d'aliénés et de sourds-muets.		
	Report...	183.132	680	2.500		1.305	4.485	
1822	**Religieuses de Nazareth.** Congrégation autorisée. Maison mère à Oullins. 200 membres.	260		?				Pensionnat à Beyrouth (60 élèves), écoles gratuites (1.500 enfants) et orphelinat en Syrie; 4 dispensaires en Galilée, où l'on soigne jusqu'à 100 malades par jour.
1820	**Sœurs de l'adoration perpétuelle du Sacré-Cœur.** Congr. à sup. gén., autor. le 3 décembre 1856. Maison mère à Lyon. 2 maisons. 130 membres.	?						
1830	**Sœurs de l'Enfant-Jésus.** Congr. à sup. gén., aut. le 17 février 1858. Maison mère à Claveizolles (Rhône). 92 établissements. 233 membres.	5.000		?				
1809	**Augustines, à Saint-Chamond.** Comm. indép., autor. le 8 nov. 1810. 20 membres.		?					
1682	**Augustines, à Montbrison.** Comm. indép., aut. le 8 nov. 1810. 14 membres.		?					
	A reporter...	187.192	680	2.500		1.305	4.485	

Rhône et Loire.

SERVICES PENDANT LA GUERRE DE 1870-71	HISTORIQUE — FAITS PARTICULIERS OBSERVATIONS
Soigné de nombreux malades et blessés. Logé de nombreux soldats.	Congrégation fondée à Montmirail, Marne — (Voyez le diocèse de Châlons), par la duchesse de la Rochefoucauld-Doudeauville, et transférée à Oullins, Rhône, en 1854. Pensionnats, orphelinats, écoles gratuites.
Logé à Lyon 300 mobiles et fait pour eux de nombreuses dépenses.	Congrégation adoratrice et enseignante.
Envoi de linge, de charpie, de bas, de flanelle, etc.	Cette Congrégation fut fondée par Mlle du Sablon, qui commença par ouvrir dans son château même une école gratuite de filles. En 1837, l'Académie décerna à la fondatrice une médaille d'argent qui fit beaucoup souffrir son humilité. Dans tous les établissements de la Congrégation les enfants pauvres sont admises gratuitement. Les sœurs assistent aussi sans rétribution les malades à domicile.
	Communauté hospitalière.
	Communauté hospitalière.

Diocèse de Lyon (suite).

DATE DE LA FONDATION	CONGRÉGATIONS ou COMMUNAUTÉS	ENFANTS INSTRUITS	PERSONNES ASSISTÉES					TOTAL	SERVICES A L'ÉTRANGER et DANS LES COLONIES
			Hôpitaux et Hospices.	Orphelinats et Ouvroirs.	Maisons de refuge, de préservation et de correction.	Asiles d'aliénés et de sourds-muets.		
	Report...	188.392	680	2.500		1.305	4.485	
1719	**Augustines, à Roanne.** Comm. indép., autor. le 8 nov. 1810. 10 membres.		?					
1704	**Sœurs de Ste-Marthe, à Beaujeu.** Comm. indép., autor. le 25 nov. 1810. 18 membres.		?					
1733	**Sœurs de Ste-Marthe, à Belleville.** Comm. indép., autor. le 25 nov. 1810. 12 membres.		?					
1259	**Sœurs de Ste-Marthe, à Charlieu (Loire).** Comm. indép., autor. le 25 nov. 1810. 8 membres.		?					
1666	**Sœurs de Ste-Marthe, à Villefranche.** Comm. indép., autor. le 25 nov. 1810. 24 membres.		?					
	Sœurs de N.-D. de Charité, du Refuge Saint-Michel, à Lyon (Saint-Irénée). Communauté indépendante, autorisée le 20 janvier 1811. 58 membres.				60	160	220	
	A reporter...	188.392	680	2.560	160	1.305	4.705	

| SERVICES | HISTORIQUE — FAITS PARTICULIERS |
pendant la guerre de 1870-71	OBSERVATIONS
	Communauté hospitalière.
	Communauté hospitalière.
	Communauté hospitalière.
	Communauté hospitalière.
	Communauté hospitalière.
Pendant 7 mois, 20 lits ont été constamment occupés dans la maison par 20 malades ou blessés que soignaient les sœurs.	Cette maison offre un asile aux jeunes filles tombées que tout le monde repousse. Elle est aussi destinée à recevoir, sur la demande des parents, les jeunes filles qui manifestent des inclinations vicieuses. Indépendamment de sa destination légale, elle reçoit aussi des jeunes enfants pauvres, délaissées ou orphelines, qui dans leur abandon deviendraient inévitablement la proie du vice. Enfin, elle ouvre une classe de persévérance aux jeunes filles de ces différentes catégories qui ont déjà donné des gages sérieux de retour au bien, et qui, cependant, à cause de la faiblesse de leur santé ou de l'inconstance de leur volonté, ne se sentent pas le courage d'affronter les luttes de la vie.

244 Diocèse de Lyon (suite).

DATE DE LA FONDATION	CONGRÉGATIONS ou COMMUNAUTÉS	ENFANTS INSTRUITS	PERSONNES ASSISTÉES					SERVICES A L'ÉTRANGER et DANS LES COLONIES
			Hôpitaux et Hospices.	Orphelinats et Ouvroirs.	Maisons de refuge, de préservation et de correction.	Asiles d'aliénés, et de sourds-muets.	TOTAL	
	Report...	188.392	680	2.560	160	1.305	4.705	
1620	Sœurs Ursulines, à Lyon (Saint-Irénée). Communauté indépendante, autorisée le 23 juillet 1826. 36 membres.	65						
1638	Sœurs Ursulines, à Bourg-Argental (Loire). Communauté indépendante, autorisée le 26 juillet 1826. 36 membres.	200						
1613	Sœurs Ursulines, à Saint-Chamond. Comm. indép., aut. le 6 sept. 1826. 33 membres.	200						
	Sœurs Ursulines, à St-Cyr, au Mont-d'Or. Communauté indépendante, autorisée les 15 octobre 1826 et 26 avril 1858. 18 membres.	60						
1630	Ursulines, à l'Arbresle. Communauté indépendante, autorisée les 31 déc. 1840 et 20 déc. 1850. 15 membres.	165						
	A reporter...	189.082	680	2.560	160	1.305	4.705	

SERVICES PENDANT LA GUERRE DE 1870-71	HISTORIQUE — FAITS PARTICULIERS OBSERVATIONS
Logé plus de 1.000 soldats pendant 3 semaines; soigné 25 malades et blessés pendant 2 mois. Tout cela a occasionné pour la Communauté des dépenses considérables.	Quelques pensionnaires sont toujours élevées gratuitement. La Communauté distribue en bonnes œuvres tous les bénéfices que le pensionnat peut lui rapporter.
Envoyé des secours divers aux soldats et aux prisonniers. La Communauté a en outre offert au préfet d'ouvrir un orphelinat pour 20 enfants que le départ de leurs pères pour l'armée avait laissées sans ressources. Cette proposition n'a pas été accueillie.	Les sœurs Ursulines de Bourg-Argental ont deux classes gratuites, dont les élèves sont non seulement instruites par elles, mais, pour la plupart, nourries et habillées à leurs frais. En outre, toutes les œuvres utiles ont toujours trouvé dans la Communauté le concours le plus dévoué. Il y a quelques années, elle cédait un terrain et abandonnait 500 fr. pour un chemin public; maintes fois elles ont fait des dons pour les classes communales, les fontaines, etc.; mais elles n'arrivent à faire tant de bien qu'en pratiquant la plus stricte pauvreté.
Confectionné de la charpie et des chaussettes.	Jusqu'à la Révolution, cette Communauté a été la seule communauté enseignante de la ville. Quoiqu'elle ait toujours eu à lutter contre la pauvreté, elle n'a jamais cessé de secourir à domicile un certain nombre de pauvres, et de distribuer des secours à la porte du couvent.
Soigné tous les malades du bataillon campé au mont Cindre.	Cette Communauté, établie d'abord à Saint-Symphorien d'Ozon (Isère), en 1809, s'est transportée en 1850 à Saint-Cyr. Pendant plus de 40 ans, la Communauté a donné gratuitement l'instruction, à Saint-Symphorien, à 50, 60 et même 80 enfants pauvres. En partant, la Communauté a laissé des fonds aux Sœurs de la Providence pour continuer cette œuvre.
Une ambulance a été établie dans la maison, et des sœurs y ont soigné les blessés.	Les Ursulines de l'Arbresle tiennent un pensionnat, un externat et une salle d'asile. Les enfants pauvres sont reçues gratuitement à l'externat; de plus, des secours sont portés aux pauvres, et les malades visités par les sœurs tourières.

Diocèse de Lyon (suite).

DATE DE LA FONDATION	CONGRÉGATIONS ou COMMUNAUTÉS	ENFANTS INSTRUITS	PERSONNES ASSISTÉES					SERVICES A L'ÉTRANGER et DANS LES COLONIES
			Hôpitaux et Hospices.	Orphelinats et Ouvroirs.	Maisons de refuge, de préservation et de correction.	Asiles d'aliénés et de sourds-muets.	TOTAL	
	Report...	189.082	680	2.560	160	1.305	4.705	
1827	Sœurs de Ste-Élisabeth du Refuge de Notre-Dame-de-Compassion. Communauté indépendante, autorisée le 12 mars 1856. 45 membres.				200		200	
1627	Sœurs du Verbe-Incarné, à Lyon. Comm. indép., autor. le 26 avril 1858. 38 membres.	?						
1819	Ursulines, à Beaujeu. Communauté indépendante, autorisée le 17 janvier 1867. 17 membres.	170						La Communauté a envoyé une trentaine de sujets aux missions d'Amérique.
	A reporter...	189.252	680	2.560	360	1.305	4.905	

SERVICES PENDANT LA GUERRE DE 1870-71	HISTORIQUE — FAITS PARTICULIERS OBSERVATIONS
Fourni pour l'armée des objets de literie, tels que paillasses, traversins, couvertures, etc.	Le but de cette Communauté est d'offrir *gratuitement* un asile aux femmes tombées qui, après avoir vécu dans le désordre, la dégradation et le vice, se déterminent à embrasser une vie régulière et chrétienne. Le refuge est libre ; les personnes qui le composent y sont admises sur leur demande volontaire, sans autre condition de leur part que de se soumettre au règlement de la maison. On les forme au travail en leur donnant une instruction chrétienne. Au refuge proprement dit est jointe, sous le nom de *providence*, une classe pour les jeunes filles dont la conduite ou le mauvais entourage exige une sévère surveillance. Enfin, il y a une section spéciale pour les *Madeleines*, c'est-à-dire celles des pénitentes qui embrassent la vie religieuse et passent le reste de leurs jours dans la retraite, le travail et la prière. Depuis la création de ce refuge, plus de 3.500 repenties sont venues se réfugier à son ombre bénie ; un grand nombre ont été rendues à leur famille, converties et sincèrement revenues de leurs égarements, d'autres, plus nombreuses, ont repris une place honorable dans la société, où leur persévérance dans le bien est assurée ; d'autres encore ont fait des mariages honnêtes, et sont devenues de fidèles épouses et des mères dévouées ; un certain nombre demeurent sincèrement attachées à la maison qui les reçoit et les accueille si maternellement, et y finissent leurs jours dans la paix et dans la joie, délivrées de toute inquiétude et de tout remords. Les Sœurs de Sainte-Élisabeth du Refuge ne reçoivent aucune espèce de traitement ; leur concours est absolument gratuit.
	Communauté enseignante.
Établi une ambulance dans le couvent.	Fondée par une ancienne Ursuline que la Révolution avait chassée de son couvent, cette Communauté a, jusqu'en 1852, instruit gratuitement toutes les enfants pauvres de la ville. Depuis cette époque, elle reçoit de la commune une indemnité annuelle de 200 fr. pour 50 élèves gratuites, auxquelles elle fournit livres, papier, etc., et dont la plupart sont vêtues et nourries à ses frais.

Diocèse de Lyon (suite).

DATE DE LA FONDATION	CONGRÉGATIONS ou COMMUNAUTÉS	ENFANTS INSTRUITS	PERSONNES ASSISTÉES				TOTAL	SERVICES A L'ÉTRANGER et DANS LES COLONIES
			Hôpitaux et Hospices.	Orphelinats et Ouvroirs.	Maisons de refuge, de préservation et de correction.	Asiles d'Aliénés et de sourds-muets.		
	Report...	189.252	680	2.560	360	1.305	4.905	
	Sœurs de N.-D. de Fourvières, à Lyon. Comm. indép., aut. le 22 avril 1874. 24 membres.	?						
1820	Sœurs de l'Adoration perpétuelle des Sacrés-Cœurs de Jésus et de Marie. Congr. non aut. Maison mère à Larajasse (Rhône). 2 maisons. 51 membres.	80		50			50	
	Sœurs de l'Adoration-réparatrice, à Lyon (Saint-Irénée). Comm. indép. non autor. 15 membres.							
1824	Bénédictines, sous le vocable du Très-Saint-Cœur de Marie, à Cuire. Communauté indépendante non autorisée.	50	45	35			80	
1816	Carmélites, à Lyon. Comm. indép. non autor. 18 membres.							
1806	Sœurs de Ste-Claire, à Lyon. Comm. indép. non aut. 42 membres.							
	A reporter...	189.382	725	2.645	360	1.305	5.035	

Rhône et Loire. 249

SERVICES PENDANT LA GUERRE DE 1870-71	HISTORIQUE — FAITS PARTIGULIERS OBSERVATIONS
	Communauté enseignante.
Fait de la charpie, donné des matelas, des draps, des couvertures, des tricots. Deux sœurs ont en outre soigné les blessés dans une ambulance.	Cette Congrégation est l'œuvre du curé de Larajasse; elle est à la fois adoratrice et enseignante, et dirige une école et un orphelinat. Elle ne reçoit aucune subvention.
	Vie contemplative.
Logé pendant 4 mois jusqu'à 5, 6 et 700 mobiles à la fois. Les malades ont été pendant tout ce temps soignés par les sœurs.	Le monastère des Bénédictines de Cuire a été fondé par 7 anciennes Bénédictines chassées de leur couvent par la Révolution. Il comprend aujourd'hui : un pensionnat, un orphelinat et une maison pour les vieillards infirmes. Pour ces deux dernières œuvres, les sœurs ne reçoivent aucun traitement; la commune leur fournit seulement du pain et du charbon, pour les infirmes qu'elles admettent toujours gratuitement, quand ils sont du pays.
	Vie contemplative.
	Vie contemplative.

Diocèse de Lyon (suite).

DATE DE LA FONDATION	CONGRÉGATIONS ou COMMUNAUTÉS	ENFANTS INSTRUITS	PERSONNES ASSISTÉES					SERVICES A L'ÉTRANGER et DANS LES COLONIES
			Hôpitaux et Hospices	Orphelinats et Ouvroirs	Maisons de refuge, de préservation et de correction	Asiles d'aliénés et de sourds-muets	TOTAL	
	Report...	189.332	725	2.645	360	1.305	5.035	
1859	Dames du Cœur-de-Jésus agonisant, à Villeurbane. Comm. indép. non aut. 33 membres.							
	Religieuses Dominicaines, à Villeurbane. Comm. indép. non aut. 10 membres.	?						
1868	Religieuses du second ordre de St-Dominique, à Oullins. Comm. indép. non aut. 30 membres.	?						
1869	Religieuses du troisième ordre de Saint-Dominique, à Vernaison. Comm. indép. non aut. 13 membres.	?		35			35	
	Sœurs Franciscaines, à Monplaisir, près Lyon. Comm. indép. non aut.			?				
1845	Sœurs Franciscaines de Saint-Joseph, à Belleville. Comm. indép. non aut. 12 membres.	150		30			30	
	A reporter...	189.532	725	2.710	360	1.305	5.100	

Rhône et Loire.

SERVICES PENDANT LA GUERRE DE 1870-71	HISTORIQUE — FAITS PARTICULIERS OBSERVATIONS
	Visites aux malades.
	Communauté enseignante.
	Communauté enseignante.
Logé de nombreux soldats.	Éducation, aux frais de la Communauté, des jeunes orphelines de la classe indigente.
	Éducation des orphelines.
Tenu deux ambulances, dont l'une spéciale pour les varioleux.	La Communauté s'occupe de la salle d'asile, d'un orphelinat et de la visite des malades pauvres à domicile. Ces deux dernières œuvres sont entièrement gratuites. En 1860, la sœur Élisabeth a mérité le prix Montyon pour son dévouement aux malheureux.

Diocèse de Lyon (suite).

DATE DE LA FONDATION	CONGRÉGATIONS ou COMMUNAUTÉS	ENFANTS INSTRUITS	PERSONNES ASSISTÉES				TOTAL	SERVICES A L'ÉTRANGER et DANS LES COLONIES
			Hôpitaux et Hospices.	Orphelinats et Ouvroirs.	Maisons de refuge, de préservation et de correction.	Asiles d'aliénés et de sourds-muets.		
	A reporter...	189.532	725	2.710	360	1.305	5.100	
1862	Sœurs Franciscaines de N.-D.-des-Anges, à Condrieu. Comm. indép. non aut. 17 membres.			?				
1836	Religieuses Franciscaines de la Propagation de la Foi. Congrég. non autorisée. Maison mère à Couzon.	35	33	40			73	Missions en Afrique.
1827	Religieuses Franciscaines du Sacré-Cœur. Congrég. non autorisée. Maison mère à Lyon.	?						
1842	Sœurs de St-François-Régis. Comm. indép. non aut. 20 membres.							
1820	Sœurs Hospitalières des hôpitaux de Lyon. Congrég. non autorisée. 6 hôpitaux. 200 membres.		?					
1818	Sœurs de Jésus-Marie. Congrégation non autorisée. 2 maisons en France. 26 membres.	300						La Congrégation possède en Amérique, en Angleterre, en Espagne et dans l'Inde
	Report...	189.867	758	2.750	360	1.305	5.173	

Rhône et Loire.

SERVICES PENDANT LA GUERRE DE 1870-71	HISTORIQUE — FAITS PARTICULIERS OBSERVATIONS
	Éducation des orphelines.
Soigné les malades et les blessés. Deux sœurs ont été récompensées de leurs soins par une médaille.	Cette Congrégation se dévoue, en France, au soin des incurables, des idiotes et des orphelines; à l'étranger, au soin des malades et à l'enseignement.
	Congrégation enseignante.
	Maison de retraite.
	Congrégation hospitalière formée par la réunion de diverses communautés hospitalières dont la fondation remonte à des dates très diverses.
Les sœurs ont ouvert à Lyon, dans leur maison, une ambulance de 60 lits, où ont été soignés environ 600 blessés.	Les Sœurs de Jésus-Marie ne reçoivent aucune rétribution pour l'instruction des enfants pauvres. Dans le principe, elles avaient établi à Lyon une *providence* pour les enfants d'ouvriers. On leur apprenait la couture, le dévidage, le tissage des soies; on leur enseignait, en un mot, à gagner honnêtement

Diosèse de Lyon (suite).

DATE DE LA FONDATION	CONGRÉGATIONS ou COMMUNAUTÉS	ENFANTS INSTRUITS	PERSONNES ASSISTÉES				TOTAL	SERVICES A L'ÉTRANGER et DANS LES COLONIES
			Hôpitaux et Hospices.	Orphelinats et Ouvroirs.	Maisons de refuge, de préservation et de correction.	Asiles d'aliénés et de sourds-muets.		
	Report...	189.867	758	2.750	360	1.305	5.173	
	Sœurs de Jésus-Marie. (Suite.)							des établissements où sont élevés 1.650 orphelins, et où l'on donne en outre l'instruction à 3.300 enfants. On y distribue des remèdes aux malades pauvres, et dans les temps d'épidémie ou de famine, on y donne asile aux enfants et aux femmes sans ressources.
1815	Religieuses de Marie-Thérèse, à Lyon. Congrég. non autorisée.	?						
1861	Religieuses de Notre-Dame-des-Missions, à Lyon. Congrégation non autorisée.	435		50			50	Missions dans l'Océanie, où les sœurs élèvent 60 orphelines et instruisent 750 enfants.
1742	Sœurs de Notre-Dame, à Lyon. Congrég. non autorisée. 7 maisons.	?	?					
	A reporter...	190.302	758	2.800	360	1.305	5.223	

SERVICES PENDANT LA GUERRE DE 1870-71	HISTORIQUE — FAITS PARTICULIERS OBSERVATIONS
	leur vie. A cette œuvre, toute de charité, les sœurs joignaient un pensionnat pour les jeunes filles des classes aisées. En 1848, les émeutiers se portèrent en foule sur la maison des enfants pauvres; ils cassèrent et brûlèrent tous les métiers et les mécaniques; il y avait alors dans la maison une centaine d'enfants, la plupart orphelines. Depuis lors, les sœurs n'ont pu rétablir en France une maison de ce genre, et la Congrégation s'est portée de plus en plus vers les missions. Dès 1842, elle avait semé des établissements dans le vicariat apostolique du Thibet; en 1850, elle s'établit en Espagne; en 1854, au Canada; en 1860, en Angleterre, et la mission de l'Inde reçut une nouvelle extension : aux établissements de la province d'Agra, elle en ajouta d'autres dans celle de Bombay.
	Pensionnat et *providence*. Les élèves consacrent chaque semaine leur travail d'un jour au vestiaire des pauvres, et tous les ans elles habillent des enfants pauvres pour la première communion.
Pendant neuf mois, les sœurs ont eu dans leur maison de Lyon une ambulance où ont été constamment soignés 375 malades ou blessés. La moitié des frais d'entretien de cette ambulance sont restés à la charge de la Congrégation.	A côté de leurs pensionnats, les sœurs ont presque toujours un orphelinat, une école libre pour les enfants pauvres et un patronage pour les jeunes filles. Elles ne reçoivent pour ces œuvres de charité aucune rétribution. Elles visitent aussi et soignent gratuitement les malades pauvres à domicile.
	Congrégation hospitalière et enseignante. Direction d'écoles et d'orphelinats.

Diocèse de Lyon (suite).

DATE DE LA FONDATION	CONGRÉGATIONS ou COMMUNAUTÉS	ENFANTS INSTRUITS	PERSONNES ASSISTÉES				TOTAL	SERVICES A L'ÉTRANGER et DANS LES COLONIES
			Hôpitaux et Hospices.	Orphelinats et Ouvroirs.	Maisons de refuge, de préservation et de correction.	Asiles d'aliénés et de sourds-muets.		
	Report...	190.302	758	2.800	360	1.305	5.223	
1835	Sœurs de Notre-Dame de Bon-Secours. Congrég. non autorisée. 4 maisons. 68 membres.							
1873	Petites Servantes des pauvres malades, à Lyon. Comm. indép. non aut. 17 membres.							
1847	Petites-Sœurs de l'Enfant-Jésus. Congrégation non autorisée. Maison mère à Saint-Sorlin (Rhône).			230		200	430	
1608	Sœurs du tiers ordre de St-François, dites de Sainte-Élisabeth, à Lyon. Communauté indépendante non autorisée. 50 membres.	30						
	A reporter...	190.532	758	3.030	360	1.505	5.653	

SERVICES PENDANT LA GUERRE DE 1870-71	HISTORIQUE — FAITS PARTICULIERS OBSERVATIONS
Soigné les blessés sur le champ de bataille, logé plusieurs légions, tenu une ambulance.	Les Sœurs de Bon-Secours soignent les malades à domicile; elles n'exigent aucune rétribution des malades pauvres.
	Soins aux malades.
Admis un certain nombre d'orphelines de la guerre.	La Congrégation des Petites Sœurs de Jésus Franciscaines a pour but principal de recueillir les orphelines et orphelins les plus délaissés, les pauvres filles idiotes et les sourdes-muettes pauvres. Elles n'ont, pour soutenir ces œuvres, d'autres ressources que leur travail et les secours de la charité. Cette Congrégation est l'œuvre de deux pauvres ouvrières, qui commencèrent à recueillir dans la propre maison de l'une d'elles de pauvres orphelines. Aujourd'hui, toute orpheline qui se présente est admise, pourvu qu'il reste un coin où l'on puisse dresser un lit. Les pauvres enfants recueillies par les sœurs leur sont très attachées, et c'est un très grand chagrin quand le moment vient de se séparer de cette famille adoptive. Placées à Lyon dans des ateliers choisis, les pauvres orphelines sont visitées souvent par les sœurs, et quand elles sont malades, l'orphelinat s'ouvre toujours pour les recevoir et remplacer les soins et l'affection de la famille perdue.
Envois de linge, charpie, vêtements et secours de toutes sortes aux soldats de l'armée, aux malades et aux prisonniers.	Le but de l'Institut étant la prière et l'instruction de la jeunesse, les sœurs ne contribuent aux autres œuvres que par leur travail, tel que la confection du linge, et leurs aumônes; elles y consacrent chaque année une somme de 750 fr. En outre, elles assistent quelques familles pauvres et élèvent toujours gratuitement à leur pensionnat quelques orphelines.

Diocèse de Lyon (suite).

DATE DE LA FONDATION	CONGRÉGATIONS ou COMMUNAUTÉS	ENFANTS INSTRUITS	PERSONNES ASSISTÉES				TOTAL	SERVICES A L'ÉTRANGER et DANS LES COLONIES
			Hôpitaux et Hospices	Orphelinats et Ouvroirs	Maisons de refuge, de préservation et de correction	Asiles d'aliénés et de sourds-muets		
	Report...	190.532	758	3.030	360	1.505	5.653	
1845	Sœurs de la Réparation, à **Lyon**. Comm. indép. non aut. 20 membres.							
1820	Sœurs Trappistines, à **Lyon** (**Vaise**). Comm. indép. non aut.	?						
1617	Sœurs de la Visitation, à **Lyon** (St-Just). Communauté indépendante non autorisée. 45 membres.	60						
1630	Sœurs de la Visitation, à **Condrieu**. Comm. indép. non aut.	30						
1860	**Religieuses tertiaires de N.-D. de la Salette, Auxiliatrices des âmes du purgatoire.** Congrégation non autorisée.		35				35	
	A reporter...	190.622	793	3.030	360	1.505	5.688	

Rhône et Loire. 259

SERVICES pendant la guerre de 1870-71	HISTORIQUE — FAITS PARTICULIERS OBSERVATIONS
	Vie contemplative.
	Communauté contemplative et enseignante.
Les élèves passèrent le temps de leurs récréations à faire de la charpie pour les blessés. Elles firent, en faveur de l'armée, le sacrifice de leurs récompenses classiques. Les sœurs ont tenu dans le couvent, pendant 6 mois, une ambulance de 60 lits, dont l'entretien a définitivement laissé à leur charge une dépense de 15.000 fr.	Les Sœurs de la Visitation prennent part à toutes les œuvres pieuses et charitables établies à Lyon, et y consacrent annuellement une somme de 1.500 à 2.000 fr. Elles assistent journellement plusieurs familles pauvres, et, jusqu'à la fin de l'année 1878, elles ont fait chaque semaine une distribution de pain à plus de 80 indigents. Cette distribution a été supprimée sur la demande de la police, à cause des ouvriers paresseux qui se mêlaient aux pauvres et prenaient leur part de secours qui ne leur étaient pas destinés. Un certain nombre de pensionnaires sont toujours élevées gratuitement.
Envois de secours en argent.	Éducation des jeunes filles.
	Cette Congrégation a pour but de donner un asile et des soins à cette classe d'ouvrières célibataires, pauvres et âgées, dont la conduite a toujours été irréprochable, mais qui, par suite de longues maladies, de quelques revers ou de sacrifices pour soutenir leur famille, se trouvent à la fin de leur vie privées de ressources et dans l'isolement, et qui cependant, à cause d'une certaine délicatesse d'éducation et même de position sociale, seraient déplacées dans les hospices abritant ordinairement la vieillesse. Cette œuvre est à peu près entièrement gratuite. Les sœurs vivent de leur travail, de la charité et des modiques sommes qu'apportent quelques-unes des vieilles ouvrières recueillies par elles.

Diocèse de Lyon (suite).

DATE DE LA FONDATION	CONGRÉGATIONS ou COMMUNAUTÉS	ENFANTS INSTRUITS	PERSONNES ASSISTÉES				TOTAL	SERVICES A L'ÉTRANGER et DANS LES COLONIES
			Hôpitaux et Hospices.	Orphelinats et Ouvroirs.	Maisons de refuge, de préservation et de correction.	Asiles d'aliénés et de sourds-muets.		
	Report...	190.622	793	3.030	360	1.505	5.688	
1634	**Ursulines, à Villefranche.** Communauté indépendante non autorisée.	140						Aumônes annuelles pour les écoles d'Orient, l'orphelinat de Tenos (Grèce), les orphelines arabes recueillies par l'archevêque d'Alger.
1840	**Sœurs de la Sainte-Enfance.** Congrégation non autorisée. Maison mère à Lavalla (Loire). 14 établissements.	1.500						
	Sœurs de la Croix. Dix communautés indépendantes non autorisées.	500	?	?				
	A reporter...	192.762	793	3.030	360	1.505	5.688	

SERVICES PENDANT LA GUERRE DE 1870-71	HISTORIQUE — FAITS PARTICULIERS OBSERVATIONS
Soigné de nombreux blessés et logé de nombreux soldats. Pendant 3 mois, tout le matériel et tout le personnel de la maison furent au service des soldats ; le soin des malades, la préparation des vivres, le blanchissage du linge, devinrent l'occupation quotidienne des religieuses. Les soldats, Alsaciens pour la plupart, ont témoigné beaucoup de reconnaissance pour les bons soins des religieuses.	Les Ursulines, à Villefranche, tiennent à leurs frais, depuis 1818, une école gratuite fréquentée par 70 enfants. Elles distribuent des vêtements aux enfants et des layettes pour les nouveau-nés des familles pauvres. A la fin de l'année, elles donnent en récompense aux élèves des classes gratuites des livrets de caisse d'épargne. Elles prêtent en outre leur concours à toutes les œuvres charitables de la ville, envoient des secours mensuels au bureau de bienfaisance, des secours hebdomadaires aux Petites Sœurs des Pauvres et à deux *providences*, des secours quotidiens à quelques personnes âgées ou infirmes, ou à des familles indigentes.
	Cette Congrégation a un triple but : l'instruction des enfants dans les campagnes et hameaux, le soin des malades à domicile, la surveillance et l'instruction des ouvrières dans les fabriques. Elle a été fondée par le curé de Lavalla, pour suppléer au manque d'écoles dans les hameaux éloignés de sa commune. Les sœurs ont, tous les dimanches soir, 4 à 6 kilom. à parcourir pour se rendre aux postes qu'elles doivent occuper durant la semaine. Elles font ce trajet dans toutes les saisons et par tous les temps. Elles reçoivent pour cette œuvre pénible une rétribution qui, dans les hameaux, n'a jamais atteint 200 fr.
	Les Sœurs de la Croix, établies dans le diocèse de Lyon, sont venues du Puy, de 1830 à 1845. Elles instruisent les enfants, recueillent et élèvent les orphelines et les enfants abandonnées, soignent dans les paroisses où elles sont fixées tous les malades et les vieillards, quelle que soit leur religion ; enseignent gratuitement aux jeunes filles la couture et la fabrication de la dentelle, distribuent de nombreuses aumônes. Toutes ces œuvres, à l'exception de la première, sont faites gratuitement. Dans les montagnes du Forez, ces sœurs rendent d'inappréciables services.

Diocèse de Lyon (suite).

DATE DE LA FONDATION	CONGRÉGATIONS ou COMMUNAUTÉS	ENFANTS INSTRUITS	PERSONNES ASSISTÉES				TOTAL	SERVICES A L'ÉTRANGER et DANS LES COLONIES
			Hôpitaux et Hospices.	Orphelinats et Ouvroirs.	Maisons de refuge, de préservation et de correction.	Asiles d'aliénés et de sourds-muets.		
	Report...	192.762	793	3.030	360	1.505	5.688	
1845	Religieuses de N.-D.-des-Victoires, à Lyon. Congrégation non autorisée.	130	?					
1804	Bénédictines, à Pradines (Loire). Communauté indépendante non autorisée.	80						
1862	Carmélites, à Saint-Chamond. Comm. indép. non aut. 20 membres.							
1500	Clarisses, à Montbrison. Comm. indép. non aut. 24 membres.							
1747	Filles du Sacré-Cœur, à St-Sauveur (Loire). Congrég. non autorisée. 9 maisons.	?						
	A reporter...	192.972	793	3.030	360	1.505	5.688	

SERVICES PENDANT LA GUERRE DE 1870-71	HISTORIQUE — FAITS PARTICULIERS OBSERVATIONS
Confectionné des vêtements, préparé de la charpie, des bandages, des compresses pour les blessés, soigné les malades et les blessés. Le gouvernement a reconnu les services des Sœurs de la Croix en leur accordant une médaille d'honneur.	Le siège de cette Congrégation, fixé d'abord à Voiron, a été transféré à Lyon en 1863. Les Sœurs de Notre-Dame-des-Victoires instruisent les jeunes filles dans deux pensionnats et une école gratuite, assistent les orphelines pauvres, et visitent les malades et les indigents.
Soigné pendant 6 semaines 12 soldats malades. Envoyé du linge et des vêtements aux prisonniers; donné une somme d'argent pour les ouvriers sans travail.	Les Bénédictines tiennent à Pradines un pensionnat où quelques jeunes filles sont toujours élevées gratuitement. Jusqu'en 1853, époque de la création d'une école communale, elles ont en outre dirigé une école gratuite pour les enfants pauvres. La Communauté nourrit 14 familles du voisinage; elle donne, par an, 6.250 kilogr. de pain aux pauvres, et tous les dimanches elle fait une distribution de viande. Des vêtements de tout genre sont distribués aux malheureux; l'aumône n'est jamais refusée aux passants, et des remèdes sont donnés aux malades indigents.
	Communauté contemplative, établie d'abord à Oullins, et transférée à Châlon en 1869.
	Vie contemplative.
	Congrégation enseignante.

Diocèse de Lyon (suite).

DATE DE LA FONDATION	CONGRÉGATIONS ou COMMUNAUTÉS	ENFANTS INSTRUITS	PERSONNES ASSISTÉES				TOTAL	SERVICES A L'ÉTRANGER et DANS LES COLONIES
			Hôpitaux et Hospices.	Orphelinats et Ouvroirs.	Maisons de refuge, de préservation et de correction.	Asiles d'aliénés et de sourds-muets.		
	Report...	192.972	793	3.030	360	1.505	5.688	
1732	Sœurs de Notre-Dame, à Chambriac (Loire). Communauté indépendante non autorisée. 14 membres.	80	?	20			20	
	Sœurs de St-François, à Pélussin (Loire). Comm. indép. non aut. 6 membres.			?				
1816	Sœurs de St-Genis, à St-Genis (Terrenoire). Comm. indép. non aut. 6 membres.	?						
1853	Sœurs de la Providence, à Montbrison. Comm. indép. non aut. 18 membres.							
1632	Ursulines, à Charlieu (Loire). Comm. indép. non aut. 20 membres.	219						Dix sœurs parties de la Communauté s'occupent, en Amérique, de l'instruction des jeunes filles.
	A reporter...	193.271	793	3.050	360	1.505	5.708	

Rhône et Loire. 265

SERVICES PENDANT LA GUERRE DE 1870-71	HISTORIQUE — FAITS PARTICULIERS OBSERVATIONS
Envois de secours en argent.	Cette Communauté se dévoue à l'enseignement des enfants pauvres : instruction primaire, ouvrages manuels, couture, coupe et façon de linge et étoffes, raccommodage, tricot, broderie, dentelle, tapisserie, tels sont les travaux auxquels elles s'efforcent de former les jeunes filles, afin de les mettre à même de se rendre utiles plus tard à la société et à leur famille. Les sœurs visitent en outre les malades à domicile, recueillent et soignent les vieillards et les orphelines. Ces diverses œuvres de charité sont toutes gratuites.
	Éducation des orphelines.
	Communauté enseignante.
	Vie contemplative.
	Cette Communauté a été rétablie après la Révolution, avec les ressources personnelles d'une religieuse de l'ancien couvent. Elle comprend : une école gratuite (72 élèves), un externat payant et un pensionnat. Les élèves pauvres sont nourries et vêtues gratuitement.

Diocèse de Lyon (suite).

DATE DE LA FONDATION	CONGRÉGATIONS ou COMMUNAUTÉS	ENFANTS INSTRUITS	PERSONNES ASSISTÉES					SERVICES A L'ÉTRANGER et DANS LES COLONIES
			Hôpitaux et Hospices.	Orphelinats et Ouvroirs.	Maisons de refuge, de préservation et de correction.	Asiles d'aliénés et de sourds-muets.	TOTAL	
	Report...	193.271	793	3.050	360	1.505	5.708	
1806	Ursulines, à Rive-de-Gier. Communauté indépendante non autorisée. 26 membres.	340						
	Sœurs du Verbe-Incarné, à Belmont (Loire). Communauté indépendante non autorisée.	350						Envoyé des sœurs pour les établissements d'instruction tenus en Amérique par les Sœurs du Verbe-Incarné.
1622	Sœurs de la Visitation, à Saint-Étienne. Communauté indépendante non autorisée.	40						
1860	Sœurs du tiers ordre de Saint-Dominique, à Firminy. Congrég. non autorisée. 2 maisons.							
	TOTAL...	194.001	793	3.050	360	1.505	5.708	

DIOCÈSE DU MANS

DATE DE LA FONDATION	CONGRÉGATIONS ou COMMUNAUTÉS	ENFANTS INSTRUITS	Hôpitaux et Hospices.	Orphelinats et Ouvroirs.	Maisons de refuge, de préservation et de correction.	Asiles d'aliénés et de sourds-muets.	TOTAL	SERVICES A L'ÉTRANGER et DANS LES COLONIES
1833	Bénédictins. Congrég. non autorisée. Maison mère à Solesmes. 5 maisons. 108 membres.							

Rhône et Loire.

SERVICES PENDANT LA GUERRE DE 1870-71	HISTORIQUE — FAITS PARTICULIERS OBSERVATIONS
Soigné des blessés.	Une sœur instruit gratuitement 80 enfants. Avant la création des écoles laïques, en 1878, les Ursulines avaient beaucoup plus d'élèves : les primes de fin d'année, la gratuité des fournitures classiques ont séduit un grand nombre de familles, qui ont placé leurs enfants aux écoles laïques. Pendant 30 ans, les Ursulines ont, en outre, dirigé gratuitement un orphelinat.
	Les Sœurs du Verbe-Incarné dirigent, à Belmont : un pensionnat et un demi-pensionnat, une école libre et une salle d'asile. Elles ne reçoivent aucune subvention pour leurs classes gratuites, fréquentées par plus de 150 enfants, dont 50 au moins sont nourries et vêtues aux frais de la Communauté.
Les sœurs ont eu une ambulance de 20 à 25 lits pendant 3 mois.	Quelques jeunes filles sont toujours élevées gratuitement dans le pensionnat. Le chiffre des aumônes annuelles varie de 1.500 à 2.000 fr., selon le degré de prospérité de l'établissement.
	Soins aux malades à domicile.

SARTHE

	Ministère ecclésiastique et travaux d'érudition.

Diocèse du Mans (suite).

DATE DE LA FONDATION	CONGRÉGATIONS ou COMMUNAUTÉS	ENFANTS INSTRUITS	PERSONNES ASSISTÉES				TOTAL	SERVICES A L'ÉTRANGER et DANS LES COLONIES
			Hôpitaux et Hospices.	Orphelinats et Ouvroirs.	Maisons de refuge, de préservation et de correction.	Asiles d'aliénés et de sourds-muets.		
1856	**Prêtres missionnaires de la Chapelle-du-Chêne, à Vion.** Comm. indép. non aut. 9 membres.							
1806	**Sœurs de la Charité de la Providence.** Congrégation à supérieure générale, autorisée le 19 novembre 1826. Maison mère à Ruillé-sur-Loir. 193 établissements. 918 membres.	16.000	?	?				Plusieurs maisons ont été fondées au Canada par des religieuses de cette Congrégation.
	Sœurs Hospitalières, à Mamers. Comm. indép., autor. le 22 oct. 1810. 7 membres.		?					
	Sœurs Hospitalières, à la Ferté-Bernard. Comm. indép., autor. le 15 nov. 1810. 8 membres.		?					
1622	**Sœurs de St-Joseph, à la Flèche.** Comm. indép., autor. le 9 déc. 1810. 37 membres.		?					
	A reporter...	16.000						

Sarthe.

SERVICES PENDANT LA GUERRE DE 1870-71	HISTORIQUE — FAITS PARTICULIERS — OBSERVATIONS
	Ministère ecclésiastique et prédication.
Les établissements de la Congrégation ont été partout transformés en ambulances ; plusieurs sœurs sont mortes victimes de leur dévouement à soigner les malades et les blessés. C'est surtout aux Aydes, après la bataille d'Orléans, que les sœurs ont fait des prodiges de charité. Literie, linge, provisions de toutes sortes, elles ont tout donné à l'armée, sans recevoir jamais aucune indemnité. Elles ont en outre soigné dans leur maison des blessés pendant cinq mois.	Les œuvres de cette Congrégation sont : 1° l'éducation chrétienne de la jeunesse dans les pensionnats, les écoles primaires, les asiles pour les jeunes enfants, les ouvroirs pour les jeunes filles ; 2° le soin des malades et le soulagement des malheureux, dans les hôpitaux, les asiles de vieillards, les bureaux de bienfaisance et les prisons. Le nombre des orphelins, malades ou vieillards assistés chaque année dans les divers établissements hospitaliers de la Congrégation est d'environ 15.000. Cette Congrégation fut fondée par l'abbé Dujarie, curé de Ruillé-sur-Loir, pour l'instruction de la jeunesse pauvre, que la Révolution avait laissée sans écoles, et le soin des malades indigents.
	Communauté hospitalière.
	Communauté hospitalière.
	Communauté hospitalière.

Diocèse du Mans (suite).

DATE DE LA FONDATION	CONGRÉGATIONS ou COMMUNAUTÉS	ENFANTS INSTRUITS	PERSONNES ASSISTÉES				TOTAL	SERVICES A L'ÉTRANGER et DANS LES COLONIES
			Hôpitaux et Hospices	Orphelinats et Ouvroirs	Maisons de refuge, de préservation et de correction	Asiles d'aliénés et de sourds-muets		
	Report...	16.000					.	
1636	Religieuses de N.-D., à la Flèche. Comm. indép., autor. le 18 sept. 1816. 50 membres.	?						
1806	Sœurs du Très-Saint-Cœur de Marie ou de la Providence, à la Flèche. Comm. indép., autor. le 23 mars 1828. 49 membres.	?	?					
1833	Sœurs de Notre-Dame de Charité du Bon-Pasteur, au Mans. Comm. indép., autor. le 16 mars 1852. 44 membres.				?			
1834	Sœurs de l'Enfant-Jésus, à Neufchâtel. Comm. indép., autor. le 19 mars 1864. 36 membres.	?	?					
1836	Franciscaines de l'Immaculée-Conception, à Champfleurs. Comm. indép., autor. le 5 mars 1868. 25 membres.	?	?					
1867	Bénédictines, à Solesmes. Comm. indép. non aut. 30 membres.							
	A reporter...	16.000						

Sarthe.

SERVICES PENDANT LA GUERRE DE 1870-71	HISTORIQUE — FAITS PARTICULIERS OBSERVATIONS
	Communauté enseignante.
	Communauté hospitalière et enseignante.
	Refuge pour les repenties.
	Communauté hospitalière et enseignante.
	Communauté hospitalière et enseignante.
	Vie contemplative.

272   Diocèse du Mans (suite).

DATE DE LA FONDATION	CONGRÉGATIONS ou COMMUNAUTÉS	ENFANTS INSTRUITS	PERSONNES ASSISTÉES					TOTAL	SERVICES A L'ÉTRANGER et DANS LES COLONIES
			Hôpitaux et Hospices.	Orphelinats et Ouvroirs.	Maisons de refuge, de préservation et de correction.	Asiles d'aliénés et de sourds-muets.		
	Report...	16.000						
1830	Carmélites, au Mans. Comm. indép. non aut. 32 membres.							
1841	Sœurs Marianites de N.-D. de Ste-Croix. Congr. non autor. Maison mère au Mans. 4 établissements. 53 membres.	?	?					
1871	Sœurs passionistes, à Mamers. Comm. indép. non aut. 13 membres.							
1854	Petites Sœurs de Jésus, à Précigné. Comm. indép. non aut. 10 membres.			?				
1820	Sœurs de la Visitation, au Mans. Comm. indép. non aut. 31 membres.	?						
	TOTAL...	16.000						

ARRONDISSEMENT DE MARSEILLE

	Frères de St-Pierre-ès-Liens, Marseille et Beaurecueil. Congrég. non autorisée. 3 maisons. 41 membres.			?	?			

Sarthe. 273

SERVICES PENDANT LA GUERRE DE 1870-71	HISTORIQUE — FAITS PARTICULIERS OBSERVATIONS
	Vie contemplative.
	Enseignement et soins aux malades.
	Vie contemplative.
	Direction d'un orphelinat.
	Communauté enseignante.

DIOCÈSE DE MARSEILLE

	Éducation correctionnelle et soin des orphelins.

Diocèse de Marseille (suite).

DATE DE LA FONDATION	CONGRÉGATIONS ou COMMUNAUTÉS	ENFANTS INSTRUITS	PERSONNES ASSISTÉES				TOTAL	SERVICES A L'ÉTRANGER et DANS LES COLONIES
			Hôpitaux et Hospices.	Orphelinats et Ouvroirs.	Maisons de refuge, de préservation et de correction.	Asiles d'aliénés, Maisons d'aveugles et de sourds-muets.		
	Report...							
	Sœurs de St-Joseph de l'Apparition. Congr. à sup. gén., aut. le 17 oct. 1855. Maison mère à Marseille. 411 membres.	?	?					
	Sœurs de Notre-Dame de la Compassion. Congr. à sup. gén., aut. le 22 janv. 1857. Maison mère à Marseille. 136 membres.	?	?					
	Sœurs de Marie-Immaculée, à Marseille. Congr. diocés., autor. le 6 juillet 1870. 31 membres.	?	?				?	
	Sœurs hospitalières de St-Augustin, à Marseille. Congr. autor. le 14 déc. 1810. 147 membres.		?				?	
	Sœurs de la Visitation, à Marseille. 2 Comm. indép., aut. les 5 août 1829 et 13 août 1867.	?						
	Capucines, à Marseille. Comm. indép., autor. le 14 févr. 1830. 30 membres.	?						
	A reporter...							

Arrondissement de Marseille. 275

SERVICES PENDANT LA GUERRE DE 1870-71	HISTORIQUE — FAITS PARTICULIERS OBSERVATIONS
	Congrégation hospitalière et enseignante.
	Congrégation hospitalière et enseignante.
	Congrégation hospitalière et enseignante. Éducation de jeunes filles aveugles et de sourdes-muettes.
	Congrégation hospitalière. Soin des malades et des aliénés.
	Éducation des jeunes filles.
	Communauté enseignante.

Diocèse de Marseille (suite).

DATE DE LA FONDATION	CONGRÉGATIONS ou COMMUNAUTÉS	ENFANTS INSTRUITS	PERSONNES ASSISTÉES					TOTAL	SERVICES A L'ÉTRANGER et DANS LES COLONIES
			Hôpitaux et Hospices.	Orphelinats et Ouvroirs.	Maisons de refuge, de préservation et de correction.	Asiles d'aliénés, Maisons d'aveugles et de sourds-muets.			
	Report...								
	Clarisses, à Marseille. Comm. indép., autor. le 7 mars 1830. 36 membres.	?							
	Sœurs de Notre-Dame de Charité. Comm. indép., aut. le 31 août 1843. 25 membres.				?				
	Sœurs de l'Adoration perpétuelle, à Marseille. Comm. indép., aut. le 27 mai 1865. 44 membres.	?							
1876	**Ursulines, à Marseille.** Comm. indép. non aut. 18 membres.	?							
1832 et 1849	**Carmélites, à Marseille.** 2 Comm. indép. non aut. 35 membres.								
1876	**Sœurs de l'Intérieur de Jésus et de Marie.** Comm. indép. non aut. 20 membres.	?							
1826	**Sœurs des Saints-Noms de Jésus et de Marie.** Congrég. non autorisée. Maison mère à Marseille. 187 membres.	?							
	A reporter...								

Arrondissement de Marseille.

SERVICES PENDANT LA GUERRE DE 1870-71	HISTORIQUE — FAITS PARTICULIERS OBSERVATIONS
	Communauté enseignante.
	Direction d'un refuge pour les repenties.
	Communauté enseignante.
	Communauté enseignante.
	Vie contemplative.
	Communauté enseignante.
	Congrégation enseignante.

Diocèse de Marseille (suite).

DATE DE LA FONDATION	CONGRÉGATIONS ou COMMUNAUTÉS	ENFANTS INSTRUITS	PERSONNES ASSISTÉES					TOTAL	SERVICES A L'ÉTRANGER et DANS LES COLONIES
			Hôpitaux et Hospices.	Orphelinats et Ouvroirs.	Maisons de refuge, de préservation et de correction.	Asiles d'aliénés, Maisons d'aveugles et de sourds-muets.			
	Report.. .								
1852	**Sœurs du saint Nom de Jésus.** Congrég. non autorisée. Maison mère à la Ciotat. 53 membres.	?							
1837	**Dames de Nazareth, à Marseille.** Comm. indép. non aut. 15 membres.	?							
1860	**Sœurs du St-Sacrement, à Marseille.** Comm. indép. non aut. 44 membres.	?							
1838	**Sœurs du tiers ordre, à Marseille. (Rue de Paradis).** Comm. indép. non aut. 11 membres.								
1840	**Sœurs Trinitaires déchaussées.** Congrég. non autorisée. Maison mère à Ste-Marthe. 95 membres.	?							
1842	**Victimes du Sacré-Cœur de Jésus.** Comm. indép. non aut. 32 membres.								
	TOTAL. . .								

Arrondissement de Marseille.

SERVICES PENDANT LA GUERRE DE 1870-71	HISTORIQUE — FAITS PARTICULIERS OBSERVATIONS
	Congrégation enseignante.
	Éducation des enfants indigents.
	Communauté enseignante.
	Travaux manuels.
	Enseignement et soins aux malades à domicile.
	Travail et prière.

DIOCÈSE DE MEAUX

DATE DE LA FONDATION	CONGRÉGATIONS ou COMMUNAUTÉS	ENFANTS INSTRUITS	PERSONNES ASSISTÉES					SERVICES A L'ÉTRANGER et DANS LES COLONIES
			Hôpitaux et Hospices.	Orphelinats et Ouvroirs.	Maisons de refuge, de préservation et de correction.	Asiles d'aliénés et de sourds-muets.	TOTAL	
	Sœurs Augustines. Congr. à sup. gén., aut. les 14 décembre 1810 et 19 août 1854. Maison mère à Meaux. 6 maisons. 83 membres.	760						
1839	**Dames Célestines.** Congr. à sup. gén., aut. le 17 août 1853. Maison mère à Provins. 17 maisons. 126 membres.	1.100		60			60	
1841	**Dames de Saint-Louis.** Congr. à sup. gén., aut. le 25 mai 1859. Maison mère à Juilly. 10 maisons. 88 membres.	805		50			50	Des sœurs, envoyées de Juilly en 1859, ont fondé trois institutions en Irlande.
1731	**Sœurs de la Visitation, à Meaux.** Comm. indép., autor. le 23 janv. 1873. 40 membres.	30						
1837	**Bénédictines du Saint-Cœur de Marie, à Jouarre.** Comm. indép. non aut. 70 membres.	65						
	A reporter...	2.760		110			110	

SEINE-ET-MARNE

SERVICES PENDANT LA GUERRE DE 1870-71	HISTORIQUE — FAITS PARTICULIERS OBSERVATIONS
Soigné les blessés dans plusieurs ambulances.	Les Augustines instruisent les enfants et soignent les malades à domicile.
Soigné les blessés dans plusieurs ambulances. Une récompense honorifique fut accordée, pour leur dévouement, à chacune des sœurs d'une Communauté, par les ministres de la guerre et de la marine.	La congrégation des Célestines s'occupe tout spécialement de l'éducation des enfants. Elle compte 7 pensionnats, 2 orphelinats, 6 écoles communales, 3 asiles et une crèche. Elle visite en outre les malades, particulièrement à la campagne : enfin, dans plusieurs localités, elle dirige l'*Œuvre des fourneaux économiques*, et distribue ainsi chaque hiver de la nourriture à environ 750 pauvres, enfants et vieillards. Elle ne reçoit de subvention que pour 3 écoles communales ; toutes ses autres œuvres sont gratuites.
La maison mère a eu une ambulance à ses frais pendant 7 mois. Plusieurs autres maisons ont été transformées en ambulances. Celle de Paris a mérité trois médailles.	Les Dames de Saint-Louis donnent aux jeunes filles l'enseignement, soit primaire, soit secondaire, dans 3 pensionnats, 7 écoles et un cours normal d'institutrices ; elles dirigent 4 salles d'asile et un orphelinat ou ouvroir, visitent les malades pauvres à domicile et les prisonniers, ensevelissent les morts pauvres. Cette Congrégation a été fondée par M. l'abbé Bautain.
Donné l'hospitalité à de pauvres paysans qui fuyaient l'invasion.	Communauté contemplative et enseignante.
	Communauté contemplative et enseignante. Quatre jeunes filles sont élevées gratuitement.

Diocèse de Meaux (suite).

DATE DE LA FONDATION	CONGRÉGATIONS ou COMMUNAUTÉS	ENFANTS INSTRUITS	Hôpitaux et Hospices	Orphelinats et Ouvroirs	Maisons de refuge, de préservation et de correction	Asiles d'aliénés et de sourds-muets	TOTAL	SERVICES A L'ÉTRANGER et DANS LES COLONIES
	Report...	2.760		110			110	
1860	**Carmélites, à Meaux.** Comm. indép. non aut. 13 membres.							
1875	**Carmélites, à Fontainebleau.** Comm. indép. non aut. 12 membres.							
	Total...	2.760		110			110	

DIOCÈSE DE MENDE

DATE DE LA FONDATION	CONGRÉGATIONS ou COMMUNAUTÉS	ENFANTS INSTRUITS	Hôpitaux et Hospices	Orphelinats et Ouvroirs	Maisons de refuge, de préservation et de correction	Asiles d'aliénés et de sourds-muets	TOTAL	SERVICES A L'ÉTRANGER et DANS LES COLONIES
	Ursulines, à Ispagnac. Comm. indép., autor. les 30 août 1826 et 3 mai 1845. 36 membres.	200						
	Ursulines, à Chirac. Comm. indép., autorisée le 24 septembre 1826.	200						
	Sœurs de Notre-Dame, à Langogne. Comm. indép., autor. le 19 nov. 1826. 52 membres.	?						
	Sœurs de l'Union chrétienne, à Mende. Comm. indép., autor. le 27 janv. 1869. 24 membres.	250		12			12	
	A reporter...	650		12			12	

Seine-et-Marne. 283

SERVICES PENDANT LA GUERRE DE 1870-71	HISTORIQUE — FAITS PARTICULIERS OBSERVATIONS
	Vie contemplative.
	Vie contemplative.

LOZÈRE

	Instruction des jeunes filles.
	Instruction des jeunes filles.
	Communauté enseignante.
	Instruction des jeunes filles, direction d'une école normale et d'un orphelinat de jeunes protestantes converties.

Diocèse de Mende (suite).

DATE DE LA FONDATION	CONGRÉGATIONS ou COMMUNAUTÉS	ENFANTS INSTRUITS	Hôpitaux et Hospices.	Orphelinats et Ouvroirs.	Maisons de refuge, de préservation et de correction.	Asiles d'aliénés et de sourds-muets.	TOTAL	SERVICES A L'ÉTRANGER et DANS LES COLONIES
	Report...	650	12				12	
	Sœurs de la Providence, à Mende. Comm. indép., autor. le 15 janv. 1870. 14 membres.			50			50	
	Sœurs du tiers ordre de Saint-Dominique, à Marvejols. Comm. indép., autorisée le 24 juillet 1872.		?					
	Sœurs du Sacré-Cœur de Jésus. Congrégat. non autor. Maison mère à St-Georges.	450		10			10	
1837	**Sœurs de la Doctrine chrétienne.** Congrég. non autorisée. Maison mère à Meyrueis.	300						
1808	**Sœurs Unies, à Mende.** Comm. indép. non aut. 29 membres.	40						
1816	**Sœurs Unies, à Marvejols.** Comm. indép. non aut. 30 membres.	40						
1818	**Sœurs Unies, à Chirac.** Comm. indép. non aut. 16 membres.	40						
	A reporter...	1.520	72				72	

SERVICES PENDANT LA GUERRE DE 1870-71	HISTORIQUE — FAITS PARTICULIERS OBSERVATIONS
	Orphelinat de jeunes filles.
	Communauté hospitalière.
	Instruction des jeunes filles et direction d'un orphelinat.
	Instruction des jeunes filles.
	Communauté enseignante.
	Communauté enseignante.
	Communauté enseignante.

Diocèse de Mende (suite).

DATE DE LA FONDATION	CONGRÉGATIONS ou COMMUNAUTÉS	ENFANTS INSTRUITS	PERSONNES ASSISTÉES					TOTAL	SERVICES A L'ÉTRANGER et DANS LES COLONIES
			Hôpitaux et Hospices.	Orphelinats et Ouvroirs.	Maisons de refuge, de préservation et de correction.	Asiles d'aliénés et de sourds-muets.		
	Report...	1.520	72				72	
1834	Sœurs Unies, à Badaroux. Comm. indép. non aut. 13 membres.	40						
1834	Sœurs Unies, à Chanac. Comm. indép. non aut. 12 membres.	40						
1816	Ursulines, à Quézac. Comm. indép. non aut. 12 membres.	?						
1820	Ursulines, à Serverette. Comm. indép. non aut. 15 membres.	?						
1806	Sœurs de la Visitation, à Marvejols. Comm. indép. non aut. 41 membres.	60						
1809	Sœurs de la Visitation, à Langogne. Comm. indép. non aut. 45 membres.	?						
	Total...	1.660	72				72	

Lozère. 287

SERVICES PENDANT LA GUERRE DE 1870-71	HISTORIQUE — FAITS PARTICULIERS OBSERVATIONS
	Communauté enseignante.
	Communauté enseignante.
	Communauté enseignante.
	Communauté enseignante.
	Communauté enseignante.
	Communauté enseignante.

DIOCÈSE DE MONTAUBAN

DATE DE LA FONDATION	CONGRÉGATIONS ou COMMUNAUTÉS	ENFANTS INSTRUITS	PERSONNES ASSISTÉES				TOTAL	SERVICES A L'ÉTRANGER et DANS LES COLONIES
			Hôpitaux et Hospices	Orphelinats et Ouvroirs	Maisons de refuge, de préservation et de correction	Asiles d'aliénés et de sourds-muets		
1804	**Sœurs de la Miséricorde.** Congrégation à supérieure générale, autorisée le 17 janvier 1827. Maison mère à Moissac. 8 maisons. 151 membres.	1.280	72				72	
1839	**Sœurs de l'Ange-Gardien.** Congrégation à supérieure générale, autorisée le 21 février 1859. Maison mère à Montauban. 45 écoles. 160 membres.	?						Cette Congrégation possède 4 établissements en Espagne.
1804	**Ursulines Augustines, à Montauban.** Commun. indép., aut. le 22 avril 1827. 45 membres.	140						
1631	**Ursulines, à Montpezat.** Communauté autorisée le 22 avril 1827. 35 membres.	100						
	A reporter...	1.520	72				72	

TARN-ET-GARONNE

SERVICES PENDANT LA GUERRE DE 1870-71	HISTORIQUE — FAITS PARTICULIERS OBSERVATIONS
Soigné les blessés.	Les sœurs de la Miséricorde élèvent des orphelines pauvres, soignent les malades pauvres et pansent leurs plaies, instruisent les jeunes filles. A l'exception de 3 écoles communales, où les sœurs reçoivent le traitement ordinaire des institutrices, le concours de cette Congrégation aux diverses œuvres de charité est absolument gratuit : toutes les orphelines élevées dans ses diverses maisons sont entièrement à sa charge. La fondation des sœurs de la Miséricorde est due à une pieuse veuve, qui consacra toute sa fortune à établir des œuvres gratuites dans la ville de Moissac.
Desservi trois ambulances.	Cette Congrégation a été établie d'abord à Quillon (Aude); son siège fut transféré en 1852 à Lamotte, près Montauban. Les sœurs de l'Enfant-Jésus se dévouent à l'instruction des enfants dans les campagnes. En 1854, elles déployèrent un courage héroïque dans le soin des cholériques, parcourant les montagnes à la recherche des villages les plus délaissés des hommes, en même temps que les plus éprouvés par le fléau. En tout temps elles visitent les malades et prennent soin des orphelines.
Envoyé de nombreux secours, soit en argent, soit en vêtements.	50 enfants sont instruites gratuitement par la Communauté, qui distribue de nombreuses aumônes, soit en nature (1.690 kilogr. de pain par an), soit en argent.
Envois de linge, couvertures, charpie.	La Communauté instruit gratuitement les enfants pauvres, et assiste environ 12 indigents chaque jour par des secours en nature ou en argent. La fondation de ce monastère remonte à 1631. Elle fut faite par Susanne de Grammont, marquise de Montpezat, qui y consacra environ 20.000 livres. Pendant plus de deux siècles, les sœurs ont instruit gratuitement d'innombrables jeunes filles; elles ont été la providence du pays, auquel elles ont rendu d'éminents services. Les lignes suivantes, extraites des délibérations de la municipalité de Montpezat, en sont des preuves irrécusables : *Du 9 janvier* 1776. — ... « Vu le grand avantage que la « présente ville et les environs retirent de l'établissement des

Diocèse de Montauban (suite).

DATE DE LA FONDATION	CONGRÉGATIONS ou COMMUNAUTÉS	ENFANTS INSTRUITS	PERSONNES ASSISTÉES				TOTAL	SERVICES A L'ÉTRANGER et DANS LES COLONIES
			Hôpitaux et Hospices.	Orphelinats et Ouvroirs.	Maisons de refuge, de préservation et de correction.	Asiles d'aliénés et de sourds-muets.		
	Report...	1.520		72			72	
	Ursulines à Montpezat. (Suite.)							
	A reporter...	1.520		72			72	

SERVICES	HISTORIQUE — FAITS PARTICULIERS
pendant la guerre de 1870-71	OBSERVATIONS

« dames religieuses, tant par rapport à l'honnête éducation
« que les jeunes demoiselles trouvent dans leur pensionnat et
« à l'instruction gratuite que les filles de l'endroit et du voisi-
« nage retirent des classes qui leur sont ouvertes chaque jour
« chez ces dames....., et aux secours assidus qu'elles donnent
« aux pauvres malades, Sa Majesté sera très humblement sup-
« pliée de vouloir assurer à cette ville de si grands avantages,
« en confirmant par des lettres patentes une Communauté qui
« lui est à tous égards si utile; ainsy a été unanimement déli-
« béré, etc. »

Délibération du 2 septembre 1790. — « Le département du
« Lot va bientôt tenir ses assises; il s'occupera bientôt de la
« réduction des maisons religieuses enclavées dans son ressort.
« Quelle perte ne ferait pas cette ville si le monastère des dames
« Ursulines était supprimé! Il est donc, Messieurs, de la plus
« grande conséquence pour cette ville de conserver cette mai-
« son...
« ... Sur quoy a été unanimement délibéré qu'il convient de
« prendre tous les moyens pour la conservation de ce monas-
« tère. »
(*Suivent les signatures.*)

Délibération du 12 floréal an X. — ... « La séance a été ou-
« verte sous la présidence de M. Xavier Depeyre, maire; il a
« dit :... Il existait à Montpezat un couvent fondé en 1631. Son
« objet était l'éducation des jeunes personnes du sexe féminin. La
« Révolution fit disparaître cet établissement comme tous ceux
« de ce genre. Mais, grâce au zèle des ex-religieuses Lacoste,
« Agar, Bellefond et Vizarine, l'instruction de la jeunesse ne
« fut point interrompu... Elles ont surmonté les obstacles in-
« vincibles que paraissaient présenter les opinions, le défaut
« de local, le manque absolu de tous moyens ; enfin, avec la
« constance et le travail, elles ont créé un pensionnat assez
« nombreux. Vous êtes journellement témoins des avantages
« précieux qui en résultent pour la société...
« ... Le Conseil, délibérant sur les propositions ci-dessus...,
« reconnaît que l'établissement fondé dans cette ville par les
« religieuses Lacoste, etc., a rendu et rend journellement de
« très grands services à la société en instruisant et élevant les
« jeunes personnes du sexe non seulement de cette commune,
« mais encore de tout le département et des départements
« environnants..., approuve les plans présentés par M. le
« maire, etc. »
(*Suivent les signatures.*)

Diocèse de Montauban (suite).

DATE DE LA FONDATION	CONGRÉGATIONS ou COMMUNAUTÉS	ENFANTS INSTRUITS	PERSONNES ASSISTÉES					SERVICES A L'ÉTRANGER et DANS LES COLONIES
			Hôpitaux et Hospices.	Orphelinats et Ouvroirs.	Maisons de refuge, de préservation et de correction.	Asiles d'aliénés et de sourds-muets.	TOTAL	
	Report...	1.520		72			72	
1827	**Ursulines, à Auvillars.** Comm. indép., autor. le 3 mai 1829. 30 membres.	90						
1836	**Sœurs de Notre-Dame de Charité du Refuge, à Montauban.** Comm. indép., autor. le 4 mars 1838. 32 membres.				150		150	
1817	**Sœurs de Notre-Dame de la Compassion, à Castelsarrasin.** Comm. indép., autor. le 26 juil. 1853. 35 membres.	165						
	Sœurs de Notre-Dame, à Grisolles. Comm. indép., autor. le 9 janv. 1856. 6 membres.	?						
	Filles de l'Oratoire de Marie-Immaculée, sous le vocable de Petites Sœurs des Champs, à Gandalou. Comm. indép., autor. le 30 déc. 1868. 30 membres.	20	3	8			11	
1810	**Carmélites, à Montauban.** Comm. indép. non aut. 21 membres.	—						
	A reporter...	1.795	3	80	150		233	

Tarn-et-Garonne.

SERVICES PENDANT LA GUERRE DE 1870-71	HISTORIQUE — FAITS PARTICULIERS OBSERVATIONS
Envois de secours en argent et de vêtements confectionnés par les sœurs.	La Communauté élève gratuitement 30 jeunes filles.
Secours en argent pour les blessés.	L'établissement comprend à la fois un refuge et une maison de préservation.
Envois de secours.	La Communauté instruit, habille et nourrit à ses frais les 40 élèves de son école gratuite, et distribue en moyenne 70 layettes par an.
	Communauté enseignante.
	Cette Communauté a été fondée par le curé de Gandalou, aidé de deux pauvres bergères. Son but est le soin et la visite des malades, l'instruction et la garde des petits enfants pendant que les parents sont au travail. Les sœurs aident le pauvre dans ses travaux, soit à la maison, soit aux champs, et soignent toujours quelques vieillards et quelques orphelins. La dépense personnelle de chaque sœur ne dépasse pas 250 francs par an.
	Vie contemplative.

Diocèse de Montauban (suite).

DATE DE LA FONDATION	CONGRÉGATIONS ou COMMUNAUTÉS	ENFANTS INSTRUITS	PERSONNES ASSISTÉES				TOTAL	SERVICES A L'ÉTRANGER et DANS LES COLONIES
			Hôpitaux et Hospices.	Orphelinats et Ouvroirs.	Maisons de refuge, de préservation et de correction.	Asiles d'aliénés et de sourds-muets.		
	Report...	1.795	3	80	150		233	
1826	**Carmélites, à Moissac.** Commun. indép. non aut. 19 membres.							
1858	**Chartreusines, à la Bastide-St-Pierre.** Comm. indép. non aut. 30 membres.							
1836	**Sœurs de Notre-Dame, à Beaumont.** Communauté indépendante non autorisée.	135						
	Total...	1.930	3	80	150		233	

DIOCÈSE DE MONTPELLIER

	Sœurs de St-Joseph. Congr. à sup. gén., aut. le 29 sept. 1853. Maison mère à Saint-Gervais-sur-Marc. 552 membres.	?	?					
	Sœurs du Très-Saint-Cœur de Marie-Immaculée. Congrég. à supér. gén., autorisée le 19 août 1856. Maison mère à Béziers.	?	?					Cette Congrégation possède des établissements, soit scolaires, soit hospitaliers, en Angleterre, en Irlande, en Amérique et en Portugal.
	A reporter...							

Tarn-et-Garonne. 295

SERVICES PENDANT LA GUERRE DE 1870-71	HISTORIQUE — FAITS PARTICULIERS OBSERVATIONS
	Vie contemplative.
	Vie contemplative.
Confectionné des vêtements et envoyé des caisses de linge et de charpie.	Enseignement de la jeunesse et direction gratuite d'un ouvroir. La classe gratuite comprend 40 élèves. La Communauté distribue chaque année de nombreux secours aux pauvres. En 1875, elle donne 400 fr. pour les inondés de Toulouse, plus une somme de 1.500 fr., produit d'une loterie organisée par ses soins.

HÉRAULT

	Congrégation hospitalière et enseignante.
	Cette Congrégation, fondée par M. l'abbé Gailhac, se dévoue à l'éducation des enfants et au soin des malades, et dirige plusieurs orphelinats agricoles.

Diocèse de Montpellier (suite).

DATE DE LA FONDATION	CONGRÉGATIONS ou COMMUNAUTÉS	ENFANTS INSTRUITS	PERSONNES ASSISTÉES				TOTAL	SERVICES A L'ÉTRANGER et DANS LES COLONIES
			Hôpitaux et Hospices.	Orphelinats et Ouvroirs.	Maisons de refuge, de préservation et de correction.	Asiles d'aliénés et de sourds-muets.		
	Report...							
	Sœurs de Notre-Dame Auxiliatrice. Congr. à sup. gén., aut. le 2 mai 1858. Maison mère à Montpellier. 428 membr.							
	Franciscaines, à Saint-Chinian. Congrég. diocés., autor. le 8 avril 1876. 50 membres.	?	?					
	Sœurs de la Charité de Notre-Dame, à Clermont-l'Hérault. Comm. indép., autor. le 5 mars 1826. 15 membres.		?					
	Sœurs de la Charité de Notre-Dame, à Béziers. Comm. indép., aut. le 14 déc. 1827. 11 membres.		?	.				
	Ursulines, à Pézenas. Comm. indép., aut. le 30 juillet 1837. 17 membres.	?						
	Sœurs de Notre-Dame du Refuge, à Montpellier. Comm. indép., aut. le 13 août 1864. 28 membres.				?			
	A reporter...							

Hérault.   297

SERVICES PENDANT LA GUERRE DE 1870-71	HISTORIQUE — FAITS PARTICULIERS OBSERVATIONS
	Cette Congrégation, exclusivement vouée au soin des malades à domicile et à la direction des crèches, a été fondée par l'abbé Soulas, de sainte mémoire.
	Congrégation hospitalière et enseignante.
	Communauté hospitalière.
	Communauté hospitalière.
	Communauté enseignante.
	Refuge pour les repenties.

Diocèse de Montpellier (suite).

DATE DE LA FONDATION	CONGRÉGATIONS ou COMMUNAUTÉS	ENFANTS INSTRUITS	Hôpitaux et Hospices.	Orphelinats et Ouvroirs.	Maisons de refuge, de préservation et de correction.	Asiles d'aliénés et de sourds-muets.	TOTAL	SERVICES A L'ÉTRANGER et DANS LES COLONIES
	Report...							
1838	**Carmélites, à Montpellier.** Comm. indép. non aut. 18 membres.							
1856	**Carmélites, à Bédarieux.** Comm. indép. non aut. 10 membres.							
1819	**Sœurs de Ste-Claire, à Béziers.** Comm. indép. non aut. 28 membres.							
1853	**Sœurs de la Doctrine chrétienne.** Congrég. non autorisée. Maison mère à Ceilhes. 44 membres.	?						
1855	**Dominicaines.** Congr. non aut. Maison mère à Cette. 100 membres.	?						
1635	**Sœurs de la Visitation, à Montpellier.** Comm. indép. non aut.	?						
	TOTAL...							

Hérault.

SERVICES PENDANT LA GUERRE DE 1870-71	HISTORIQUE — FAITS PARTICULIERS OBSERVATIONS
	Vie contemplative.
	Vie contemplative.
	Vie contemplative.
	Congrégation enseignante.
	Congrégation enseignante.
	Communauté enseignante.

DIOCÈSE DE MOULINS

DATE DE LA FONDATION	CONGRÉGATIONS ou COMMUNAUTÉS	ENFANTS INSTRUITS	PERSONNES ASSISTÉES					SERVICES À L'ÉTRANGER et DANS LES COLONIES
			Hôpitaux et Hospices.	Orphelinats et Ouvroirs.	Maisons de refuge, de préservation et de correction.	Asiles d'aliénés et de sourds-muets	TOTAL	
	Sœurs de Saint-Joseph. Congr. à sup. gén., aut. le 14 juil. 1855. Maison mère à Cusset. 50 membres.	?	?					
	Ursulines, à Rongères. Congrégation diocésaine, autorisée le 13 août 1857. 55 membres.	?	?					
	Franciscaines, à Vichy. Congrég. diocésaine, autorisée le 21 juin 1876.	?	?					
	Sœurs de Notre-Dame, à Moulins. Comm. indép., autor. le 19 nov. 1826. 25 membres.	?						
1854	**Tiers ordre de N.-D.** Congr. non aut. Maison mère à Moulins. 70 membr.	?						
1852	**Carmélites, à Moulins.** Comm. indép. non aut. 20 membres.							
1876	**Sœurs de la Visitation, à Moulins.** Comm. indép. non aut. 8 membres.	?						
	TOTAL...							

ALLIER

SERVICES PENDANT LA GUERRE DE 1870-71	HISTORIQUE — FAITS PARTICULIERS OBSERVATIONS
	Congrégation hospitalière et enseignante.
	Congrégation hospitalière et enseignante.
A la maison mère seule les sœurs ont soigné 700 blessés.	Congrégation hospitalière et enseignante.
	Communauté enseignante.
	Enseignement et visite des malades.
	Vie contemplative.
	Vie contemplative et enseignement.

DIOCÈSE DE NANCY

DATE DE LA FONDATION	CONGRÉGATIONS ou COMMUNAUTÉS	ENFANTS INSTRUITS	PERSONNES ASSISTÉES					TOTAL	SERVICES A L'ÉTRANGER et DANS LES COLONIES
			Hôpitaux et Hospices.	Orphelinats et Ouvroirs.	Maisons de refuge, de préservation et de correction.	Asiles d'aliénés et de sourds-muets.		
1822	**Frères de la Doctrine chrétienne.** Congrégation autorisée les 17 juillet 1822 et 29 décembre 1873. Maison mère à Nancy. 33 établissements. 209 membres.	3.565						Une maison d'école en Belgique.
1700	**Sœurs de la Doctrine chrétienne, dites Watelottes.** Congrégation à supérieure générale, autorisée les 28 prairial an XII, 3 août 1808 et 23 juin 1824. 2.315 membres.	52.500	?	650			650	La Congrégation a fondé en 1842, en Algérie, une colonie comptant aujourd'hui 66 établissements et 432 religieuses, qui donnent l'instruction à 11.500 enfants, élèvent 250 orphelines dans 2 orphelinats, assistent 100 vieillards et 750 malades, dans 3 hô-
	A reporter...	56.065		650			650	

MEURTHE-ET-MOSELLE

SERVICES PENDANT LA GUERRE DE 1870-71	HISTORIQUE — FAITS PARTICULIERS OBSERVATIONS
Plusieurs maisons ont été transformées en ambulances. Un frère est mort victime de son dévouement à soigner les varioleux.	Le R. P. dom Frochard, bénédictin de l'abbaye de Senones (Vosges), chassé de France sous la Terreur, prisonnier pour la foi sous le Directoire, étant enfin devenu, après la tourmente révolutionnaire, curé dans le diocèse de Nancy, fut frappé de l'ignorance profonde qui régnait dans les campagnes. Pour y porter remède, il fonda les Frères de la Doctrine chrétienne. Cette fondation a produit les meilleurs résultats. Rien n'a été négligé de tout ce qui peut développer l'intelligence et former le cœur des jeunes gens. Aussi, dans les concours cantonaux, dans les examens pour le certificat d'études, plusieurs des écoles tenues par les frères ont à constater des succès qui ne le cèdent en rien à ceux des écoles laïques, et qui même les surpassent de beaucoup en certains cas. Dans le département de la Meuse, c'est à un de leurs établissements que l'inspecteur d'académie a fait appel pour introduire le certificat d'études dans la circonscription, et le résultat a été tel que ce fonctionnaire a sollicité une distinction honorifique pour le frère directeur. Plusieurs des pensionnats tenus par les Frères ont été des premiers à introduire l'enseignement secondaire spécial; ils y obtiennent chaque année de très beaux succès. Bon nombre de jeunes gens en sortent tous les ans pour entrer dans diverses administrations ou même à l'Ecole centrale, et arrivent ainsi à des positions qu'ils n'auraient pu espérer sans les conditions très modestes auxquelles ils sont admis dans les établissements des Frères de la Doctrine chrétienne.
Un certain nombre de communautés ont été transformées en ambulances, où les sœurs se sont dévouées au soin des blessés, et spécialement des prisonniers. Plusieurs sœurs sont mortes dans l'exercice de cette œuvre de charité.	Les Sœurs de la Doctrine chrétienne de Nancy dirigent un grand nombre d'écoles primaires et 12 orphelinats, presque entièrement à leur charge, où 650 orphelines sont élevées et formées aux travaux manuels et agricoles propres à leur âge et à leur sexe. Elles desservent en outre 11 hospices de vieillards, plusieurs hôpitaux, et visitent les malades à domicile. Chaque année, un bon nombre d'élèves de leurs écoles obtiennent avec distinction des certificats d'études et des brevets académiques, et un certain nombre de sœurs institutrices reçoivent des récompenses honorifiques pour leur dévouement à l'œuvre de l'éducation de la jeunesse. A diverses époques, dans les temps d'épidémie, beaucoup de sœurs, empressées à soigner les malades, ont été victimes de leur dévouement.

Diocèse de Nancy (suite).

DATE DE LA FONDATION	CONGRÉGATIONS ou COMMUNAUTÉS	ENFANTS INSTRUITS	PERSONNES ASSISTÉES				TOTAL	SERVICES A L'ÉTRANGER et DANS LES COLONIES
			Hôpitaux et Hospices.	Orphelinats et Ouvroirs.	Maisons de refuge, de préservation et de correction.	Asiles d'aliénés et de sourds-muets.		
	Report...	56.065		650			650	
	Sœurs de la Doctrine chrétienne. (Suite.)							pitaux ou hospices et 2 ambulances. Cette colonie, si prospère aujourd'hui, n'a été fondée qu'au prix de souffrances et de privations infinies. Les œuvres pénibles auxquelles elle s'est consacrée ont fait de nombreux vides dans ses rangs.
1651	**Sœurs de Saint-Charles.** Congrégation à supérieure générale, autorisée le 14 décembre 1810. Maison mère à Nancy. 880 membres.	10.000	?	1.400			1.400	La Congrégation possède quelques hôpitaux en Alsace-Lorraine, dans le Luxembourg et la Belgique, et un asile d'aliénés à Rome.
	A reporter...	66.065		2.050			2.050	

SERVICES PENDANT LA GUERRE DE 1870-71	HISTORIQUE — FAITS PARTICULIERS OBSERVATIONS
Les sœurs ont soigné les blessés dans de nombreuses ambulances ; quelques-unes sont allées en Allemagne porter aux prisonniers français des secours en argent, des vêtements pour les abriter contre les rigueurs du froid, et leur donner des nouvelles de leurs familles. À Vitry-le-François, 40 jeunes soldats, blessés ou convalescents, ont été cachés par les sœurs au moment de l'arrivée de l'ennemi, et gardés à la maison par tous les moyens possibles jusqu'à ce qu'ils pussent rejoindre leurs corps. La même Communauté a sauvé et conservé pendant toute la guerre, à ses risques et périls, *quarante fusils, une mitrailleuse et plusieurs barils de poudre, qui ont été, après la guerre, rendus à l'intendance française.*	La visite et le soin de 13.000 malades pauvres à domicile, le jour et la nuit ; le soin de 12.000 malades civils et militaires dans les hôpitaux, de 2.000 vieillards et incurables dans les hospices et dépôts de mendicité, d'un certain nombre d'aliénés, de prisonniers, d'aveugles, d'orphelins ; l'assistance de 6.000 familles indigentes, la direction de nombreux orphelinats, ouvroirs, écoles, patronages, classes d'adultes : tel est à peu près le bilan annuel des œuvres de charité accomplies par les Sœurs de Saint-Charles. Elles ont aussi quelques pensionnats et classes payantes, annexés à des hôpitaux, et dont les revenus sont versés dans la caisse des administrations charitables, pour servir aux besoins des établissements et permettre d'y recevoir un plus grand nombre de malheureux. À plusieurs reprises, les Sœurs de Saint-Charles ont soigné les cholériques avec un dévouement véritablement surhumain. Chaque sœur avait pour sa part jusqu'à 60 malades, et elles allaient de village en village à la recherche des pays les plus éprouvés. En 1854, l'une d'elles reçut en récompense de sa charité une médaille d'honneur. Ce dévouement n'est d'ailleurs, pour les sœurs de Saint-Charles, que l'accomplissement d'une promesse formelle ; car, au jour de leur profession, elles ajoutent aux trois vœux ordinaires de religion celui de *se dévouer absolument au soin des pauvres et des malades, et même des pestiférés.* La congrégation de Saint-Charles de Nancy doit son origine à la charité d'un jeune homme de cette ville, Joseph Chauvenel, avocat au parlement de Metz. Il ne vivait que pour les pauvres, mettait son bonheur à les visiter, et leur distribuait lui-même les remèdes et les aliments dont ils avaient besoin. En

Diocèse de Nancy (suite).

DATE DE LA FONDATION	CONGRÉGATIONS ou COMMUNAUTÉS	ENFANTS INSTRUITS	PERSONNES ASSISTÉES					TOTAL	SERVICES A L'ÉTRANGER et DANS LES COLONIES
			Hôpitaux et Hospices.	Orphelinats et Ouvroirs.	Maisons de refuge, de préservation et de correction.	Asiles d'aliénés et de sourds-muets.		
	Report...	66.065		2.050			2.050	
	Sœurs de Saint-Charles. (Suite.)							
	A reporter...	66.065		2.050			2.050	

SERVICES PENDANT LA GUERRE DE 1870-71	HISTORIQUE — FAITS PARTICULIERS OBSERVATIONS
	1651, la peste sévissait à Toul; le charitable jeune homme y vole, se dévoue avec un zèle infatigable au soin des malades; mais, atteint lui-même du fléau, il ne tarde pas à succomber. D'après son testament, les pauvres étaient constitués ses héritiers, et avant de mourir il avait prié son père, Emmanuel Chauvenel, seigneur de Houdailles, d'employer tous les biens dont il pouvait disposer à l'établissement d'une œuvre semblable à celle qu'il avait entreprise. Celui-ci, voulant remplir les pieuses intentions de son fils, accepta le concours de veuves distinguées et de jeunes personnes vertueuses qui s'offraient à continuer l'œuvre commencée, et, par un acte authentique du 18 juin 1652, établit une maison de charité pour y recevoir une communauté dont les membres, alors au nombre de cinq, devaient visiter et soigner les pauvres malades et abandonnés privés de tout secours. La fondation fut approuvée et autorisée le 5 mai 1663 par le duc de Lorraine Charles IV, et le 21 du même mois par Mgr André du Saussay, évêque de Toul, lequel prescrivit aux sœurs d'observer la règle donnée par saint François de Sales aux religieuses de la Visitation. La nouvelle Communauté ne se borna pas à soigner les pauvres à domicile; un hôpital fut annexé à la maison donnée par M. Chauvenel, et, à la suite d'agrandissements successifs, devint bientôt assez considérable pour recevoir les malades pauvres de la ville et des environs. En même temps l'institut prenait de l'accroissement, surtout en Lorraine et dans les pays voisins. Lorsque la Révolution française éclata, les Sœurs de Saint-Charles avaient la direction de 65 hôpitaux ou maisons de charité. Comme toutes les religieuses, elles furent expulsées de leurs établissements; les unes retournèrent dans leurs familles; d'autres furent emprisonnées, et la supérieure générale resta même pendant seize mois en captivité à Strasbourg. Un petit nombre cependant avait obtenu, dans quelques localités, la faveur de continuer leur mission auprès des pauvres; mais c'est au péril de leur vie et au prix des plus grands sacrifices qu'elles purent acheter la permission de faire le bien. Dès que la tempête fut apaisée, les religieuses dispersées se réunirent et se remirent à l'œuvre; toutefois, la Congrégation de Saint-Charles ne se reforma définitivement qu'en 1804. Ce fut le 22 juillet de cette année que les sœurs reprirent l'habit religieux; elles furent ensuite envoyées dans les anciens établissements, où les administrations charitables les appelaient pour reprendre leurs fonctions auprès des pauvres. Il y avait partout bien des maux à réparer; mais elles ne faillirent point à cette lourde tâche, et en peu de temps surent accroître leurs ressources notablement diminuées, et par ce moyen soulager un plus grand nombre de malheureux.

Diocèse de Nancy (suite).

DATE DE LA FONDATION	CONGRÉGATIONS OU COMMUNAUTÉS	ENFANTS INSTRUITS	PERSONNES ASSISTÉES					TOTAL	SERVICES A L'ÉTRANGER et DANS LES COLONIES
			Hôpitaux et Hospices.	Orphelinats et Ouvroirs.	Maisons de refuge, de préservation et de correction.	Asiles d'aliénés et de sourds-muets.		
	Report...	66.065		2.050			2.050	
1807	**Sœurs de Sainte-Chrétienne.** Congrégation à supérieure générale, autorisée les 26 décembre 1810 et 2 décembre 1874. Maison mère à Longuyon. 800 membres.	15.400	250	120			370	
	A reporter...	81.465	250	2.170			2.420	

SERVICES PENDANT LA GUERRE DE 1870-71	HISTORIQUE — FAITS PARTICULIERS OBSERVATIONS
(Voir la colonne consacrée à l'*historique* de la Congrégation.)	Cette Congrégation se dévoue à l'éducation de la jeunesse dans un grand nombre d'écoles, d'asiles, d'orphelinats, d'ouvroirs, de classes d'adultes, et au soin des malades, soit à domicile, soit dans les hôpitaux. Elle a été fondée à Metz par Mgr de Jauffret et Mme de Méjanès, et s'efforce de répondre aux intentions charitables de ses pieux fondateurs. Dans la plupart des écoles communales tenues par elles, une ou plusieurs maîtresses prêtent gratuitement leur concours aux sœurs titulaires. Les Sœurs de Sainte-Chrétienne ont toujours montré un grand dévouement dans les épidémies. En 1813, elles ont soigné les restes de l'armée de Russie, décimée par le typhus. En 1822, 1849, 1854, elles sont allées dans les villages au secours des malades atteints du choléra, et ont eu le bonheur de sauver la vie à un bon nombre de pauvres abandonnés, et de rendre confiance à des localités entières éprouvées par le terrible fléau. Plusieurs sœurs sont mortes dans l'exercice de cette œuvre charitable. Mais c'est surtout à l'époque de la dernière guerre qu'elles ont donné d'innombrables preuves de leur patriotisme et de leur dévouement. Dieu seul peut savoir ce qu'ont fait et souffert, à l'heure de nos désastres, les 800 religieuses de Sainte-Chrétienne, échelonnées de Bitche à Paris, sur les deux lignes de l'Est et des Ardennes ; 62 de leurs maisons sont devenues des ambulances, et toutes les sœurs se sont faites infirmières, chez elles et ailleurs; 5 maisons ont été détruites ou abîmées par bombardement : (Bitche, Longwy, Bazeilles, Mézières, Rocroy); partout des blessés ont été sauvés par leurs soins ; — sauvés de la mort, — sauvés de l'exil, — sauvés des horreurs de la faim. A Metz et dans les 18 maisons de la Lorraine, les sœurs se sont dévouées et ont plus souffert que partout ailleurs. Pendant le blocus de Metz, 156 religieuses ont desservi 14 ambulances de 1.500 hommes, et reçu chez elles autant de blessés qu'en pouvaient contenir leurs différentes maisons. Mais ces journées terribles ne furent que les avant-coureurs du malheur incomparable de l'annexion. A Longuyon (Meurthe-et-Moselle), une vaste maison s'achevait; elle devint ambulance, caserne, on ne sait quoi... A Carignan (Ardennes), ambulance considérable chez les sœurs, après la bataille de Beaumont ; — long dévouement. A Beaumont (Ardennes), les sœurs soignaient des centaines de blessés, sous les balles sifflantes, dans leur maison percée à jour. A Bazeilles (Ardennes), incendie, destruction complète de tout le village ; ce qui n'empêche pas les sœurs de se dévouer, et cela pendant deux ans, dans un local prêté à peu de distance

Diocèse de Nancy (suite).

DATE DE LA FONDATION	CONGRÉGATIONS ou COMMUNAUTÉS	ENFANTS INSTRUITS	PERSONNES ASSISTÉES						SERVICES A L'ÉTRANGER et DANS LES COLONIES
			Hôpitaux et Hospices.	Orphelinats et Ouvroirs.	Maisons de refuge, de préservation et de correction.	Asiles d'aliénés et de sourds-muets.	TOTAL	
	Report...	81.465	250	2.170			2.420	
	Sœurs de Sainte-Chrétienne. (Suite.)							
	Sœurs de la Providence. Congr. à sup. gén., aut. les 28 mai 1826 et 9 nov. 1874. Maison mère à Fillières. 47 membres.	1.700	?					
	Sœurs de la Sainte-Enfance de Marie. Congrégation à supérieure générale, autorisée les 4 septembre 1835, 14 avril 1866, 23 août 1870. Maison mère à Nancy. 180 membres.	4.500	25				25	
	A reporter...	87.665	275	2.170			2.445	

SERVICES PENDANT LA GUERRE DE 1870-71	HISTORIQUE — FAITS PARTICULIERS OBSERVATIONS
	de Bazeilles, au soin des blessés d'abord, et ensuite aux pauvres habitants de la commune détruite par les flammes. A Sedan, à Donchères, à Vendresse (Ardennes), désastre et dévouement que l'on ne peut redire. M. de Bismark lui-même eut un mot d'admiration pour le dévouement des sœurs. Au Chesne (Ardennes), même témoignage du maréchal de Mac-Mahon, peu avant la bataille de Sedan. A Mézières (Ardennes), maison vaste et neuve, transformée en ambulance, puis bombardée pendant 30 heures, brûlée, renversée, les blessés sauvés comme par miracle dans les caves, avec leurs bienfaitrices. — Après cette épreuve indicible, le même dévouement est continué dans un local prêté aux sœurs. A Rethel (Ardennes) et dans les maisons voisines furent soignés et nourris, comme ailleurs, grand nombre de soldats français. Sur la ligne de l'Est, les quatre maisons d'Épernay (Marne) et celle de Dormans (Marne) se sont distinguées par les bons soins donnés aux malades et aux blessés de l'armée française.
	Cette Congrégation, branche détachée de la Providence de Peltre (diocèse de Metz), a pour but l'éducation des jeunes filles et le soin des malades.
Les Sœurs de la Sainte-Enfance ont soigné environ 3.000 blessés dans les ambulances.	Un saint prêtre, M. Claude Daunot, ancien maréchal des logis de dragons, chevalier de la Légion d'honneur, dont son évêque, Mgr Menjaud, récompensa le zèle en le nommant chanoine honoraire de sa cathédrale, touché de l'abandon où se trouvaient les malades pauvres des campagnes et les enfants de la classe indigente, entreprit d'aller au secours des uns et des autres, et il eut le bonheur de réussir, en fondant sa Congrégation. Ses religieuses surent s'inspirer de son zèle, car en 1832 et en 1854, époques des invasions du choléra, plusieurs payèrent de leur vie leur dévouement. Quelques-unes même reçurent du ministre des lettres de félicitation.

Diocèse de Nancy (suite).

DATE DE LA FONDATION	CONGRÉGATIONS ou COMMUNAUTÉS	ENFANTS INSTRUITS	PERSONNES ASSISTÉES					SERVICES A L'ÉTRANGER et DANS LES COLONIES
			Hôpitaux et Hospices.	Orphelinats et Ouvroirs.	Maisons de refuge, de préservation et de correction.	Asiles d'aliénés et de sourds-muets.	TOTAL	
	Report...	87.665	275	2.170			2.445	
1842	Sœurs du Saint-Cœur de Marie. Congr. à sup.gén., aut. le 16 sept. 1859. Maison mère à Nancy. 107 membres.	450		112			112	
1849	Sœurs de la Foi, à Haroué. Congr. diocésaine, autorisée le 13 mars 1878. 3 maisons. 19 membres.			140			140	
	Dominicaines, de Nancy. Congrég. autorisée le 19 mars 1870. 113 membres.	?		?				
	Sœurs de Notre-Dame, à Lunéville. Comm. indép., aut. les 19 nov. 1826 et 11 mai 1850. 24 membres.	?						
	Bénédictines, à St-Nicolas-du-Port. Comm. indép., aut. le 17 janvier 1827. 46 membres.	?						
	Bénédictines de l'Adoration perpétuelle, à Flavigny. Comm. indép., aut. le 1er avril 1827. 60 membres.	?						
	A reporter...	88.115	275	2.422			2.697	

Meurthe-et-Moselle. 313

SERVICES PENDANT LA GUERRE DE 1870-71	HISTORIQUE — FAITS PARTICULIERS OBSERVATIONS
Soigné de nombreux blessés dans plusieurs ambulances.	Les Sœurs du Saint-Cœur de Marie s'occupent spécialement des jeunes filles de la classe industrielle, les formant à la vertu, tout en les habituant aux ouvrages manuels qui les mettront à même de gagner honorablement leur vie.
Les sœurs ont soigné quelques blessés : elles ont donné asile, après la bataille de Reischoffen, à 3 soldats malades, qu'elles ont pu soustraire aux Prussiens et aider à rejoindre l'armée française avec armes et bagages.	Cette Congrégation, fondée par un vicaire de la cathédrale de Nancy, dirige aujourd'hui 3 orphelinats agricoles, dont 2 sont complètement à sa charge.
Desservi plusieurs ambulances.	Les Dominicaines de Nancy dirigent un certain nombre d'orphelinats gratuits et de pensionnats, où quelques jeunes filles sont toujours élevées gratuitement.
	Communauté enseignante.
	Communauté enseignante.
	Communauté enseignante.

Diocèse de Nancy (suite).

DATE DE LA FONDATION	CONGRÉGATIONS ou COMMUNAUTÉS	ENFANTS INSTRUITS	PERSONNES ASSISTÉES					SERVICES A L'ÉTRANGER et DANS LES COLONIES
			Hôpitaux et Hospices.	Orphelinats et Ouvroirs.	Maisons de refuge, de préservation et de correction.	Asiles d'aliénés et de sourds-muets.	TOTAL	
	Report...	88.115	275	2.422			2.697	
	Sœurs de la Visitation, à Nancy. Comm. indép., aut. le 22 avril 1827. 37 membres.	?						
	Sœurs de la Compassion, à Saint-Firmin. Communauté indépendante, autorisée le 29 janvier 1868. 75 membres.		50				50	
	A reporter...	88.115	325	2.422			2.747	

SERVICES PENDANT LA GUERRE DE 1870-71	HISTORIQUE — FAITS PARTICULIERS OBSERVATIONS
	Communauté enseignante. Les Sœurs de la Compassion assistent dans leur hospice, construit et entretenu à leurs frais, une cinquantaine de malheureux de l'un et de l'autre sexe. En outre, elles soignent les malades à domicile (environ 400 chaque année), et de préférence à la campagne, quelle que soit la condition de fortune et n'importe à quelle distance. Chez les pauvres, elles partagent les soins du ménage avec la mère de famille, et au besoin la remplacent pour tous les détails d'ordre, de propreté, de couture, de raccommodage, de soin des enfants, de cuisine, etc. Elles recueillent, moyennant une très modeste rétribution, les invalides de la campagne, qui sont devenus par leurs infirmités et par leur vieillesse une charge pour leur famille. A Saint-Firmin, elles tiennent un ouvroir, où elles enseignent aux jeunes filles de la campagne la couture et la tenue du linge. Elles gardent pendant les moissons les petits enfants, pour laisser aux mères la possibilité d'aller aux champs. Les religieuses de la Compassion vivent très pauvrement, dépensant à peine 250 fr. par an. Les malades seules mangent de la viande de boucherie. Un simple curé de campagne, le vénérable abbé Thiriet, qui mourut en 1875, après avoir exercé pendant 47 ans le saint ministère dans sa petite paroisse de Saint-Firmin, fonda cette Congrégation. Ce bon prêtre avait maintes fois et avec douleur constaté que des malades, comme généralement les malades de nos campagnes, succombaient moins par le défaut de médecins ou de remèdes que par le défaut de soins intelligents et dévoués. Une épidémie de dysenterie et de fièvre typhoïde qui, en 1846, décima sa paroisse, lui inspira la pensée de fonder une congrégation exclusivement au service des malades de la campagne. Le choléra de 1854 lui fournit l'occasion d'exécuter son projet. Il avait, dans l'intérêt de ses paroissiens atteints par le fléau, frappé à la porte de toutes les maisons religieuses de Nancy; mais il était trop tard. Toutes les religieuses disponibles étaient déjà au chevet des cholériques, dans les divers diocèses de Nancy, Saint-Dié et Verdun. Avant de quitter Nancy, l'abbé Thiriet alla répandre sa douleur aux pieds de la sainte Vierge, et confia sa paroisse à Notre-Dame de Bon-Secours. Comme il sortait de l'église, prêt à reprendre sa route, il

Diocèse de Nancy (suite).

DATE DE LA FONDATION	CONGRÉGATIONS ou COMMUNAUTÉS	ENFANTS INSTRUITS	PERSONNES ASSISTÉES					SERVICES A L'ÉTRANGER et DANS LES COLONIES
			Hôpitaux et Hospices.	Orphelinats et Ouvroirs.	Maisons de refuge, de préservation et de correction.	Asiles d'aliénés et de sourds-muets.	TOTAL	
	Report...	88.115	325	2.422			2.747	
	Sœurs de la Compassion. (Suite.)							
	A reporter...	88.115	325	2.422			2.747	

| SERVICES | HISTORIQUE — FAITS PARTICULIERS |
pendant la guerre de 1870-71	OBSERVATIONS
	rencontra une religieuse du tiers ordre des Servites, arrivée tout récemment d'Italie. Cette religieuse, sœur Thérèse Minet, était envoyée régulièrement par le père général de l'ordre des Servites, résidant à Florence, pour fonder en France des maisons consacrées aux œuvres de charité et de miséricorde. Elle offrit son concours au bon curé, et partit avec lui pour Saint-Firmin. L'épidémie, qui avait déjà fait plus de 20 victimes dans ce village de 420 âmes, cessa comme par enchantement. L'abbé Thiriet, reconnaissant dans ces faits l'intervention de la Providence, se mit aussitôt à l'œuvre. Le 21 décembre, il installa dans une maison qu'il avait louée sœur Thérèse et son unique compagne. L'année suivante, une personne charitable donna de quoi acheter une maisonnette avec un petit jardin. Les commencements furent pénibles. Il fallut passer par les épreuves de l'humiliation et de l'indigence. La petite Communauté, qui se recrutait lentement, ressentit souvent le tourment de la faim. Aux printemps de 1855, 1856, 1857, on allait cueillir les jeunes pousses des orties, et on ramassait avec reconnaissance ce que l'hiver avait épargné des légumes abandonnés de l'automne précédent, dans les champs et dans les jardins. Cependant, dès 1856, ces pauvres religieuses recevaient des mains de l'abbé Thiriet les indigents de la paroisse trop infirmes pour gagner leur vie par le travail, et qui étaient relégués qui dans un fournil, qui dans une étable... Peu de temps après, elles trouvèrent le moyen de s'utiliser au dehors. Appelées à Cirey, pendant une épidémie de fièvre typhoïde, la seconde supérieure se dévoua et paya son zèle de sa vie. Dieu ne tarda pas à bénir tant de charité. En 1858, la maisonnette primitive, quoique exhaussée, fut bientôt trop petite. Aidées par l'aumône, les religieuses construisirent, bout à bout, en cinq reprises différentes, 1858, 1861, 1865, 1870, 1874, l'établissement tel qu'il se voit, bien incomplet, insuffisant et incommode, mais enfin assez spacieux pour abriter 50 malheureux, et, lorsque la communauté est au complet, un personnel de 75 religieuses. Les religieuses aidaient les ouvriers, creusaient les fondations, brouettaient la terre. Toutes les pierres des murs et toutes les tuiles des toits ont passé par leurs mains. La Congrégation a ainsi prospéré dans la pauvreté. Son entrée est accessible aux filles les plus pauvres comme à celles plus fortunées, pourvu que toutes apportent une riche dot de charité, qu'elles aiment les malades, et surtout les malades pauvres. Les dots versées par les 102 religieuses qui ont vécu à la maison (27 depuis 1854 sont mortes à la peine), toutes réunies, ne formeraient pas un capital de 12.000 fr.

318 Diocèse de Nancy (suite).

DATE DE LA FONDATION	CONGRÉGATIONS ou COMMUNAUTÉS	ENFANTS INSTRUITS	PERSONNES ASSISTÉES					TOTAL	SERVICES A L'ÉTRANGER et DANS LES COLONIES
			Hôpitaux et Hospices.	Orphelinats et Ouvroirs.	Maisons de refuge, de préservation et de correction.	Asiles d'aliénés et de sourds-muets.		
	Report...	88.115	325	2.422			2.747	
1875	Bénédictines, à Dranville. Comm. indép. non aut. 26 membres.							
1868	Carmélites, à Lunéville. Comm. indép. non aut. 14 membres.							
	Total...	88.115	325	2.422			2.747	

DIOCÈSE DE NANTES

	Prêtres de l'Immaculée-Conception, à Nantes. Cong. non aut. 12 memb.							
1807	Sœurs de l'Instruction chrétienne. Congrégation à supérieure générale, autorisée le 24 septembre 1836. Maison mère à Saint-Gildas-des-Bois. 1.064 membres.	17.000	?					
	A reporter...	17.000						

SERVICES PENDANT LA GUERRE DE 1870-71	HISTORIQUE — FAITS PARTICULIERS OBSERVATIONS
	Vie de prière et travail manuel.
	Vie de prière et travail manuel.

LOIRE-INFÉRIEURE

	Missions diocésaines.
Les sœurs ont soigné les blessés dans plusieurs ambulances, et fourni beaucoup d'objets de literie. Plusieurs sont mortes victimes de leur dévouement.	Cette Congrégation a été fondée dans le diocèse de Vannes par un saint prêtre, l'abbé Deshayes, dans le but de combattre à la fois l'ignorance et la misère, résultat inévitable des grands orages que l'on venait de traverser. Elle se développa très rapidement, malgré des oppositions très vives et en dépit de la pénurie de ses ressources; car nulle part les sœurs ne recevaient alors de traitement, et la plupart des élèves étaient admises gratuitement. En 1828, le siège de la maison mère fut transféré à Saint-Gildas. Comme à son origine, la Congrégation a pour but l'instruction des enfants dans les campagnes et le soin des malades pauvres, soit dans de petits hôpitaux, soit à domicile. Aux termes de leurs constitutions, les sœurs ne doivent jamais s'établir dans les villes. La dépense annuelle de chaque sœur varie de 200 à 250 fr.

Diocèse de Nantes (suite).

DATE DE LA FONDATION	CONGRÉGATIONS ou COMMUNAUTÉS	ENFANTS INSTRUITS	PERSONNES ASSISTÉES				TOTAL	SERVICES A L'ÉTRANGER et DANS LES COLONIES
			Hôpitaux et Hospices.	Orphelinats et Ouvroirs.	Maisons de refuge, de préservation et de correction	Asiles d'aliénés et de sourds-muets.		
	A reporter...	17.000						
1841	Sœurs Franciscaines, à Saint-Philbert-de-Grandlieu. Congrégation diocésaine, autorisée le 9 novembre 1874.	400	?	8			8	
	Report...	17.400		8			8	

SERVICES PENDANT LA GUERRE DE 1870-71	HISTORIQUE — FAITS PARTICULIERS OBSERVATIONS
Recueilli, nourri et soigné un certain nombre de blessés.	Les Franciscaines de Saint-Philbert se dévouent au soin des malades, des infirmes, des pauvres, des orphelines, à l'instruction des enfants et des adultes. Elles visitent et assistent chaque jour en moyenne 140 malades pauvres et 30 vieillards. Elles donnent l'instruction gratuite à 120 enfants. La fondation de cette Congrégation date de 1841. Elle s'est faite par la réunion de quatre pauvres filles vivant de leur travail. L'une était marchande de légumes, l'autre lingère, une troisième tailleuse, et enfin une jeune veuve, fille et épouse de cultivateurs, toutes quatre membres de la congrégation du tiers ordre séculier de Saint-François-d'Assise, établi à Saint-Philbert-de-Grandlieu. Ces pauvres filles étaient tellement dénuées de ressources, qu'à certains moments elles n'eurent pas en leur possession dix centimes pour acheter le vinaigre destiné à l'assaisonnement des légumes qui leur servaient le plus ordinairement de nourriture. Leur moyen d'éclairage était la chandelle de résine, fichée dans des morceaux de pommes de terre troués en guise de bougeoirs. Malgré leur détresse, et au lieu de songer d'abord à se procurer le nécessaire, s'abandonnant à la Providence, elles parcouraient le bourg et la campagne depuis le matin jusqu'au soir, visitant les pauvres, soignant les malades, et jusqu'à des épileptiques qu'elles firent quelquefois emmener chez elles, pour les soustraire à des dangers continuels, s'exposant à en devenir elle-mêmes les victimes. Lors d'une épidémie, une famille de fermiers fut atteinte dans tous ses membres de la fièvre typhoïde, à l'exception d'un enfant de quelques mois; elles recueillirent le pauvre petit, et exposèrent leur santé et leur vie tout le temps que dura le fléau, soignant les malades, faisant leur ouvrage, et allant même dans les champs parer leur grain. Mais elles furent victimes de leur charité; toutes les quatre durent payer leur tribut à la fièvre; deux surtout la subirent dans toute sa rigueur, et ne se remirent qu'au bout de plusieurs mois, après avoir été aux portes du tombeau. Cela ne les empêcha pas d'ailleurs de recueillir peu de temps après un enfant de trois jours, dont le père et la mère avaient succombé à la contagion. Il serait trop long d'énumérer ici tous les traits analogues qui se sont reproduits depuis cette époque. Les Sœurs de Saint-François de Saint-Philbert ont toujours continué et continuent encore à se dévouer au soulagement des malheureux et des souffrants de tout état et de toute condition, et n'ont jamais reculé devant le pansement des plaies les plus hideuses, ni des ulcères les plus dégoûtants.

Diocèse de Nantes (suite).

DATE DE LA FONDATION	CONGRÉGATIONS ou COMMUNAUTÉS	ENFANTS INSTRUITS	PERSONNES ASSISTÉES				TOTAL	SERVICES A L'ÉTRANGER et DANS LES COLONIES
			Hôpitaux et Hospices.	Orphelinats et Ouvroirs.	Maisons de refuge, de préservation et de correction.	Asiles d'aliénés et de sourds-muets.		
	Report...	17.400		8			8	
1758	Sœurs de la Providence, à Nantes. Communauté indépendante, autorisée le 8 novembre 1810. 43 membres.		30				30	
1627	Ursulines, à Nantes. Communauté indépendante, autorisée le 23 juillet 1826. 66 membres.	350						
	Sœurs de la Visitation, à Nantes. Comm. indép., aut. le 17 avril 1858. 48 membres.	?						
	Sœurs de J.-C. Bon-Pasteur et de Marie-Immaculée, à Nantes. Commun. indépend., autorisée le 19 sept. 1874.				?			
	A reporter...	17.750	30	8			38	

Loire-Inférieure.

SERVICES PENDANT LA GUERRE DE 1870-71	HISTORIQUE — FAITS PARTICULIERS OBSERVATIONS
Envoyé de l'argent, du linge, des vivres; pansé des blessés.	Le but de l'institut des religieuses de la Grande-Providence de Nantes est, aux termes de leurs constitutions, d'exercer les vertus hospitalières envers les pauvres et les malades, en les pansant et en les soignant, soit dans l'établissement, soit à domicile. La Communauté a 30 lits à la disposition des enfants atteints de la teigne, de scrofules ou autres infirmités de ce genre. De plus, on panse dans la maison, en moyenne, 8 à 10.000 infirmes par an. Non seulement les sœurs exercent gratuitement cette œuvre de charité, mais presque toujours elles fournissent en outre les remèdes et le linge, et souvent même la nourriture aux malades qu'elles soignent.
Soigné quelques blessés, prêté 20 lits à une ambulance.	La Communauté ne reçoit aucune subvention. Elle élève à ses frais un assez grand nombre d'enfants. Depuis sa fondation jusqu'à la Révolution, malgré la pénurie de ses ressources, elle n'a cessé d'instruire gratuitement 200 enfants. Sécularisées au moment de la Révolution, les Ursulines de Nantes continuèrent à donner leurs soins à la jeunesse, à visiter les malades, à procurer aux moribonds les secours de la religion. Pas une ne prêta le serment schismatique. Douze d'entre elles furent jetées en prison, plusieurs y périrent : l'une d'elles, la mère Angélique Berthelot, porta sa tête sur l'échafaud. En 1806, la Communauté se reconstitua, et n'a plus cessé depuis d'instruire la jeunesse. Le dimanche, une religieuse fait une instruction spéciale pour les servantes et les femmes du peuple.
	Communauté enseignante.
	Maison de préservation.

324   Diocèse de Nantes (suite).

DATE DE LA FONDATION	CONGRÉGATIONS ou COMMUNAUTÉS	ENFANTS INSTRUITS	PERSONNES ASSISTÉES					TOTAL	SERVICES A L'ÉTRANGER et DANS LES COLONIES
			Hôpitaux et Hospices.	Orphelinats et Ouvroirs.	Maisons de refuge, de préservation et de correction.	Asiles d'aliénés et de sourds-muets.		
	Report...	17.750	30	8			38	
	Carmélites, à Nantes. Comm. indép. non aut. 38 membres.							
1859	**Sœurs de Sainte-Claire, à Nantes.** Comm. indép. non aut.							
1856	**Sœurs garde-malades des pauvres, à Nantes.** Congrégation non autorisée. 30 membres.			260			260	
1853	**Sœurs de l'Immaculée-Conception de la Haye-Maheas, à Saint-Étienne-de-Montluc.** 35 membres.	80		32			32	
1856	**Religieuses de Marie-Réparatrice.** Communauté indépendante non autorisée. 12 membres.							
	A reporter...	17.830	30	300			330	

SERVICES PENDANT LA GUERRE DE 1870-71	HISTORIQUE — FAITS PARTICULIERS OBSERVATIONS
Les Carmélites de Nantes ont, pendant toute la durée de la guerre, tenu une salle à la disposition des malades et des blessés. Elles les ont soignés, nourris, et ont pourvu à tous leurs besoins.	Vie de prière et de travail. Les Carmélites dépensent très peu, et sont toujours heureuses d'employer leurs épargnes au soulagement des nécessiteux.
Fait de la charpie, des chaussures, du linge pour les blessés ; envois de secours.	Vie de prière et de travail.
Desservi deux ambulances, dont une établie dans une maison de la Congrégation.	La Congrégation s'occupe de garder les malades pauvres à domicile et de leur donner les secours dont ils ont besoin. Le nombre ne saurait en être évalué même approximativement. Elle recueille aussi dans ses asiles les jeunes aveugles et les petits orphelins. Toutes ces œuvres sont gratuites. Fondée en 1856 par l'abbé Laurent, vicaire de Notre-Dame de Bon-Port, cette Congrégation a, depuis cette époque, recueilli près de 3.000 orphelins.
Soigné des blessés dans plusieurs ambulances. Employé de nombreuses journées et souvent des nuits entières à confectionner des guêtres, gilets, caleçons, chemises pour l'armée.	Les Sœurs de l'Immaculée-Conception se dévouent à des œuvres multiples : 1° la direction d'un orphelinat de jeunes filles à la campagne ; 2° le soin des malades dans les hameaux et le pansement des plaies et blessures que se font si souvent les cultivateurs en travaillant ; 3° la direction d'une classe externe libre pour les petites filles des hameaux, et d'une classe interne d'instruction et d'apprentissage ; 4° la tenue d'une maison destinée à donner asile aux jeunes filles employées comme ouvrières ou factrices dans les magasins. La Communauté recueille aussi et soigne jusqu'à leur mort quelques vieillards indigents. Les classes établies par elles en 1872, *sur les instances de l'inspecteur d'académie*, dans deux populeux hameaux, situés à une grande distance de la commune, rendent d'inappréciables services.
La maison a été transformée en ambulance.	Cette Communauté joint à la prière et à l'adoration du très saint Sacrement l'œuvre des retraites, des catéchismes, des bibliothèques, des patronages pour les jeunes filles de la classe ouvrière ; l'enseignement de la doctrine chrétienne aux adultes et aux personnes âgées ; le travail pour les églises pauvres ; l'assistance des indigents ; la préparation à la première communion pour les enfants dont l'intelligence est peu développée et qui ne peuvent suivre le catéchisme des paroisses. Toutes ces œuvres sont absolument gratuites.

Diocèse de Nantes (suite).

DATE DE LA FONDATION	CONGRÉGATIONS ou COMMUNAUTÉS	ENFANTS INSTRUITS	PERSONNES ASSISTÉES				TOTAL	SERVICES A L'ÉTRANGER et DANS LES COLONIES
			Hôpitaux et Hospices.	Orphelinats et Ouvroirs.	Maisons de refuge, de préservation et de correction.	Asile d'aliénés et de sourds-muets.		
	Report...	17.830	30	300			330	
1809	Sœurs de Notre-Dame de Charité du Refuge, à Nantes. Communauté indépendante non autorisée.				290		290	
	A reporter...	17.830	30	300	290		620	

SERVICES	HISTORIQUE — FAITS PARTICULIERS
PENDANT LA GUERRE DE 1870-71	OBSERVATIONS

| | Cette Communauté a un triple but : 1° offrir un asile aux repenties et favoriser leur retour au bien ; 2° soustraire de jeunes enfants à de pernicieuses influences ou à l'abandon absolu dans lequel les laissent leurs familles ; 3° préserver les jeunes filles exposées à divers dangers. Les enfants et les jeunes filles reçoivent l'instruction primaire et sont formées aux travaux manuels. Les Sœurs de Notre-Dame du Refuge ne reçoivent aucun traitement pour ces diverses œuvres.
Depuis un grand nombre d'années, et dès avant la Révolution de 1793, il existait à Nantes un refuge gouverné par des personnes séculières. En 1809, M. l'abbé de Tréméac, chanoine et curé de la cathédrale, qui en était le principal directeur, comprit le besoin, pour la stabilité de son œuvre, d'y établir des religieuses spécialement destinées à prendre soin des personnes qui composaient cette maison. Il sollicita de la maison de Notre-Dame du Refuge de Paris 5 religieuses, qui arrivèrent à Nantes au mois de décembre de cette même année, et qui prirent immédiatement la direction du refuge ; elles le trouvèrent dans une situation incroyable de pauvreté et de dénuement de toutes choses. Heureusement l'œuvre était confiée à la sagesse et à la force de caractère de la vénérable fondatrice, la mère Marie de Saint-Jean-l'Evangéliste Riou, qui venait de traverser les difficultés d'une vie de souffrances et de privations inouïes durant les malheurs de la guerre ; aussi nulle difficulté n'effraya son dévouement et son courage, et elle se mit ardemment à l'œuvre. Secondée par ses compagnes et soutenue par M. l'abbé de Tréméac, cette digne mère, à force de travaux, de privations et de moyens industrieux, parvint à relever cette maison tombée en ruines. Le refuge prit un développement progressif ; elle y avait trouvé 30 personnes, et à sa mort, en 1846, elle en laissait plus de 150, pourvues de moyens nombreux pour se réhabiliter parfaitement, si elles voulaient en profiter. Maintenant le refuge aurait bientôt plus que doublé ce dernier nombre, si son exiguïté ne l'obligeait à se restreindre.
290 personnes forment aujourd'hui le personnel des cinq catégories qui le composent, et qui sont divisées comme il suit : 1° 66 filles et femmes à la classe dite des Arrivantes ; 2° 74 filles à la classe des Réconciliées ; 3° 61 filles à la classe des Persévérantes, c'est-à-dire de celles qui veulent vivre et mourir dans la maison ; 4° 61 jeunes préservées ; 5° 28 petites filles de six à quatorze ans ; en tout 290 personnes. |

Diocèse de Nantes (suite).

DATE DE LA FONDATION	CONGRÉGATIONS ou COMMUNAUTÉS	ENFANTS INSTRUITS	PERSONNES ASSISTÉES				TOTAL	SERVICES A L'ÉTRANGER et DANS LES COLONIES
			Hôpitaux et Hospices.	Orphelinats et Ouvroirs.	Maisons de refuge, de préservation et de correction.	Asiles d'aliénés et de sourds-muets.		
	Report...	17.830	30	300	290		620	
	Sœurs Franciscaines oblates du Cœur de Jésus, à Nantes. Congrégation non autorisée.		?	?				
1874	**Augustines du Saint-Cœur de Marie, à Nantes.** Communauté indépendante non autorisée.		?					
	Total...	17.830	30	300	290		620	

DIOCÈSE DE NEVERS

DATE DE LA FONDATION	CONGRÉGATIONS ou COMMUNAUTÉS	ENFANTS INSTRUITS	Hôpitaux et Hospices.	Orphelinats et Ouvroirs.	Maisons de refuge, de préservation et de correction.	Asiles d'aliénés et de sourds-muets.	TOTAL	SERVICES A L'ÉTRANGER et DANS LES COLONIES
1682	**Sœurs de la Charité et de l'Instruction chrétienne.** Congrégation à supérieure générale, autorisée le 19 janvier 1811. Maison mère à Nevers. 262 établissements. 2.168 membres.	43.365	7.134	2.412	180	2.880	12.606	

SERVICES PENDANT LA GUERRE DE 1870-71	HISTORIQUE — FAITS PARTICULIERS OBSERVATIONS
	Cette Congrégation embrasse toutes les œuvres de charité proprement dites : soin et veille des malades pauvres ou riches et des aliénés, ensevelissement des morts, éducation des orphelins, pansement des plaies, vestiaire et lingerie des pauvres, etc. Elle n'a d'autres ressources que les aumônes des malades riches soignés par les sœurs.
	Le but de cette Communauté est de servir les dames malades, infirmes ou âgées, qui recherchent un asile tranquille loin du monde, où la modicité de leurs ressources ne leur permettrait pas de se procurer les soins que leur état réclame.

NIÈVRE

(Voir à la colonne consacrée à l'*historique* de la Congrégation.)	La Congrégation de la Charité et de l'Instruction chrétienne de Nevers se consacre entièrement au soulagement des pauvres et des malades, et à l'instruction de la jeunesse. Elle dirige, dans 262 établissements, 492 œuvres, savoir : 83 bureaux de bienfaisance, où les sœurs assistent 25.762 pauvres à domicile ; 21 orphelinats, 113 hôpitaux ou hôtels-Dieu, 6 établissements d'aliénés, 3 refuges, 2 œuvres des prisons, 94 salles d'asile, 117 écoles, 49 pensionnats, l'institution nationale des sourds-muets, un asile pour les orphelines sourdes-muettes ; enfin deux écoles normales. Aux termes de ses constitutions, la Congrégation ne peut bénéficier sur ses œuvres ; les vœux faits par les sœurs ne les lient que pour le temps pendant lequel elles restent attachées à la Congrégation. Les Sœurs de la Charité et de l'Instruction chrétienne ont été fondées au xviie siècle. Dès le début, l'institut a montré le plus grand désintéressement. Ses membres peuvent recevoir et retenir les biens qui leur sont acquis conformément aux lois, et en disposer par les mêmes actes que les autres citoyens, soit en faveur de leurs familles respectives, si elles en ont besoin, soit pour secourir les pauvres dans les établissements où les sœurs sont

Diocèse de Nevers (suite).

DATE DE LA FONDATION	CONGRÉGATIONS ou COMMUNAUTÉS.	ENFANTS INSTRUITS	PERSONNES ASSISTÉES					SERVICES A L'ÉTRANGER et DANS LES COLONIES
			Hôpitaux et Hospices.	Orphelinats et Ouvroirs.	Maisons de refuge, de préservation et de correction.	Asiles d'aliénés et de sourds-muets.	TOTAL	
	Report...	43.365	7.134	2.412	180	2.880	12.606	
	Sœurs de la Charité et de l'Instruction chrétienne. (Suite).							
	A reporter...	43.365	7.134	2.412	180	2.880	12.606	

SERVICES	HISTORIQUE — FAITS PARTICULIERS
PENDANT LA GUERRE DE 1870-71	OBSERVATIONS

placées. Les faits de cette nature sont tellement nombreux et si bien connus, qu'il est inutile de les signaler. D'ailleurs, les actes publics le prouvent d'une manière évidente. La Congrégation, loin de chercher à thésauriser pour elle-même, a toujours accordé aux sœurs toute liberté pour employer une partie de leur patrimoine en œuvres de charité à leur choix, au profit des hôpitaux ou autres maisons de bienfaisance qu'elles dirigent, et dont, en certaines localités, elles ont été les principales fondatrices.

Presque toutes les maisons dirigées par la Congrégation ont été transformées en ambulances pendant la guerre de 1870-1871. La maison mère elle-même, après avoir envoyé ailleurs ses novices, a converti en ambulances ses réfectoires, ses salles de travail et autres, et elle a fourni gratuitement partout, même dans les hôpitaux où le personnel a été doublé, toutes les sœurs nécessaires au service des soldats blessés ou malades.

De plus, la Congrégation a fait à ses frais, à la maison mère et dans les succursales qui en dépendent directement, les nombreuses réparations occasionnées par le séjour prolongé des mobiles et des blessés ou malades de l'armée, dans les locaux qui leur avaient été provisoirement affectés.

Aucune indemnité n'a été demandée à l'État pour tous ces frais, qui ont été considérables, surtout à la maison mère.

Quant au dévouement dont les sœurs ont fait constamment preuve à cette époque malheureuse, il a été sans bornes dans toutes les ambulances dont le soin leur a été confié.

Pour ne citer que quelques faits parmi beaucoup d'autres, à l'hôpital civil et militaire de Nevers, les sœurs, au nombre de 36, ont soigné 9.000 militaires malades, parmi lesquels 3.000 varioleux. Malgré la mortalité effrayante, elles sont restées jour et nuit auprès de leurs malades, et cela pendant plus de six mois.

A l'ambulance de Clamecy (Nièvre), où la petite vérole faisait d'affreux ravages, on ne trouvait plus personne pour soigner les varioleux : une sœur de la maison de Dornecy (Nièvre) sollicita la faveur de se dévouer au soin de ces malheureux, presque tous frappés à mort. Quelques jours après, cette sœur succombait elle-même victime de son pieux dévouement.

A Saint-Étienne, à Neuvy-sur-Loire (Nièvre) et ailleurs, quelques sœurs, chargées du soin des varioleux, ont également trouvé la mort dans l'exercice de leur mission de charité.

Diocèse de Nevers (suite).

DATE DE LA FONDATION	CONGRÉGATIONS ou COMMUNAUTÉS	ENFANTS INSTRUITS	PERSONNES ASSISTÉES				TOTAL	SERVICES A L'ÉTRANGER et DANS LES COLONIES
			Hôpitaux et Hospices.	Orphelinats et Ouvroirs.	Maisons de refuge, de préservation et de correction.	Asiles d'aliénés et de sourds-muets.		
	Report...	43.365	7.134	2.412	180	2.880	12.606	
	Sœurs Augustines hospitalières, à la Charité-sur-Loire. Comm. indép., aut. le 25 nov. 1810. 6 membres.		?					
1622	**Ursulines, à Nevers.** Communauté indépendante, autorisée le 12 juin 1843. 33 membres.	150						
1629	**Ursulines, à Corbigny.** Communauté indépendante, autorisée le 3 août 1853. 26 membres.	140						
	Sœurs de la Visitation, à Nevers. Comm. indép., aut. les 29 nov. 1853 et 12 juillet 1855. 35 membres.	?						
1619	**Carmélites, à Nevers.** Comm. indép. non aut. 19 membres.							
	TOTAL...	43.655	7.134	2.412	180	2.880	12.606	

Nièvre. 333

SERVICES PENDANT LA GUERRE DE 1870-71	HISTORIQUE — FAITS PARTICULIERS OBSERVATIONS
	Direction de l'hospice.
Tenu une ambulance de 40 lits pendant quatre mois.	Les Ursulines de Nevers dirigent un pensionnat et une école gratuite, où 75 enfants pauvres sont instruites aux frais de la Communauté. En retour, le conseil municipal avait fait une concession gratuite des eaux, à titre de secours pour la classe gratuite, la seule qui existe dans le quartier : la nouvelle administration a supprimé cette légère faveur. Cette Communauté est l'œuvre des ducs de Gonzague et des échevins de Nevers. La Révolution chassa et spolia les Ursulines : plusieurs d'entre elles n'en persistèrent pas moins à instruire gratuitement les enfants pauvres, travaillant la nuit pour subvenir à leurs besoins. En 1828, la Communauté fut reconstituée au prix des plus grands sacrifices.
	Les Ursulines ont à Corbigny un pensionnat, un externat payant et un externat gratuit. L'externat gratuit est entièrement à leur charge, et la plupart des enfants pauvres qui le fréquentent sont même nourries et habillées par les sœurs. Cette Communauté, ruinée par la Révolution, a été rétablie en 1846, sur les instances réitérées de la population.
	Communauté enseignante.
	Vie contemplative.

DIOCÈSE DE NICE

DATE DE LA FONDATION	CONGRÉGATIONS ou COMMUNAUTÉS	ENFANTS INSTRUITS	PERSONNES ASSISTÉES					TOTAL	SERVICES A L'ÉTRANGER et DANS LES COLONIES
			Hôpitaux et Hospices.	Orphelinats et Ouvroirs.	Maisons de refuge, de préservation et de correction.	Asiles d'aliénés et de sourds-muets.		
	Sœurs de la Visitation, à Nice. Comm. indép., aut. les 20 févr. 1816 et 14 déc. 1829. 15 membres.	?						
	Sœurs Cessolines, à Nice. Comm. indép., aut. le 20 mai 1820. 18 membres.		27		80		107	
1868	**Bénédictines du Saint-Sacrement, à Nice.** Comm. indép. non aut. 4 membres.	?						
1868	**Ursulines, à Nice.** Comm. indép. non aut. 13 membres.	30						
	Carmélites, à Nice. Comm. indép. non aut. 10 membres.							
	TOTAL. . .	30	27		80		107	

ALPES-MARITIMES, moins l'arrondissement de Grasse.

SERVICES PENDANT LA GUERRE DE 1870-71	HISTORIQUE — FAITS PARTICULIERS OBSERVATIONS
	Pensionnat de jeunes filles.
	Hospice et refuge.
	Externat de jeunes filles.
	Pensionnat de jeunes filles.
	Vie contemplative.

DIOCÈSE DE NIMES

DATE DE LA FONDATION	CONGRÉGATIONS ou COMMUNAUTÉS	ENFANTS INSTRUITS	PERSONNES ASSISTÉES					TOTAL	SERVICES A L'ÉTRANGER et DANS LES COLONIES
			Hôpitaux et Hospices.	Orphelinats et Ouvroirs.	Maisons de refuge, de préservation, et de correction.	Asiles d'aliénés et de sourds-muets.		
	Pères Augustins de l'Assomption. Congrég. non autorisée. Maison mère à Nîmes.	300		300			300	
	Sœurs de la Charité. Congrég. à supér. gén., autorisée le 31 juillet 1855. Maison mère à Nîmes. 230 membres.	2.700	?	80			80	
	Franciscaines de la Petite-Famille du Sacré-Cœur de Jésus, à Alais. Congr. diocésaine, aut. le 5 nov. 1877. 40 membres.			?				
	Sœurs hospitalières de Saint-Joseph, à Nîmes. Comm. indép., autor. le 8 nov. 1810. 40 membres.		250				250	
	Ursulines, à Sommières. Comm. indép., autor. le 25 sept. 1842. 20 membres.	170						
	Carmélites, à Nîmes et à Uzès. Deux commun. indép. non autor. 30 membres.							
	A reporter. . . .	3.170	250	380			630	

GARD

SERVICES PENDANT LA GUERRE DE 1870-71	HISTORIQUE — FAITS PARTICULIERS OBSERVATIONS
	Ministère ecclésiastique, enseignement et éducation des orphelins.
	Congrégation hospitalière et enseignante.
	Soin des malades à domicile et éducation des orphelines.
	Communauté hospitalière.
	Communauté enseignante.
	Vie contemplative.

Diocèse de Nîmes (suite).

DATE DE LA FONDATION	CONGRÉGATIONS ou COMMUNAUTÉS	ENFANTS INSTRUITS	PERSONNES ASSISTÉES				TOTAL	SERVICES A L'ÉTRANGER et DANS LES COLONIES
			Hôpitaux et Hospices.	Orphelinats et Ouvroirs.	Maisons de refuge, de préservation et de correction.	Asiles d'aliénés et de sourds-muets.		
	Report...	3.170	250	380			630	
	Sœurs de la Visitation, à Pont-Saint-Esprit. Comm. indép. non autor. 36 membres.	70						
	Bénédictines, à Nîmes. Comm. indép. non aut. 30 membres.	8						
	Sœurs de l'Assomption, à Nîmes. Congr. non aut. 20 memb.	50						
	Sœurs Oblates de l'Assomption, à Nîmes. Congrég. non autorisée. 35 membres.	60						
	Total...	3.358	250	380			630	

DIOCÈSE D'ORLÉANS

| XVIIᵉ siècle | **Bénédictines de Notre-Dame-du-Calvaire.** Congrégation à supérieure générale, autorisée le 17 janvier 1827. Maison mère à Orléans. 7 établissements. 174 membres. | 700 | | | | | | |

Gard. 339

SERVICES PENDANT LA GUERRE DE 1870-71	HISTORIQUE — FAITS PARTICULIERS OBSERVATIONS
	Communauté enseignante.
	Vie contemplative et enseignement.
	Congrégation enseignante.
	Congrégation enseignante.

LOIRET

Une ambulance a été établie à la maison mère, à Orléans; les sœurs y ont soigné de nombreux blessés pendant 10 mois. L'ambulance a été entièrement à leur charge pendant 4 mois.	La Congrégation du Calvaire, quoique vouée particulièrement à la prière et à la vie intérieure, se livre cependant, dans ses divers établissements, soit à l'éducation de la jeunesse, soit au soin des dames âgées ou infirmes désirant finir leurs jours dans la retraite. Dans chaque pensionnat, il y a toujours un certain nombre d'élèves admises gratuitement. Cette Congrégation est une réforme de l'ordre de Saint-Benoît. Elle fut fondée au commencement du xviie siècle, par la princesse Antoinette d'Orléans-Longueville. Au moment de la Révolution, elle possédait en France 20 monastères, dont 7 seulement subsistent aujourd'hui. Celui d'Orléans, qui remonte à l'année 1648, est devenu le chef-lieu de la Congrégation.

Diocèse d'Orléans (suite).

DATE DE LA FONDATION	CONGRÉGATIONS ou COMMUNAUTÉS	ENFANTS INSTRUITS	PERSONNES ASSISTÉES					TOTAL	SERVICES A L'ÉTRANGER et DANS LES COLONIES
			Hôpitaux et Hospices.	Orphelinats et Ouvroirs.	Maisons de refuge, de préservation et de correction.	Asiles d'aliénés et de sourds-muets.			
	Report...	700							
	Sœurs de Saint-Aignan. Congrégation à supérieure générale, autorisée le 3 octobre 1855. Maison mère à Orléans. 42 établissements. 167 membres.	2.700							
	Religieuses Augustines, à Orléans (Hôtel-Dieu, et la Chapelle-St-Mesmin). Comm. indép., autor. le 22 oct. 1810. 30 membres.		240					240	
	Ursulines, à Beaugency. Comm. indép., autor. le 5 juillet 1826. 63 membres.	?							
	A reporter...	3.400	240					240	

SERVICES PENDANT LA GUERRE DE 1870-71	HISTORIQUE — FAITS PARTICULIERS OBSERVATIONS
Les sœurs de Saint-Aignan ont organisé, dans leurs 2 maisons d'Orléans, des ambulances où 200 blessés furent soignés constamment pendant 8 mois. Pendant 2 mois, ces 2 ambulances furent entièrement à la charge de la Congrégation, et creusèrent un large déficit dans son pauvre budget. En outre, les Sœurs de Saint-Aignan desservirent à Orléans même 8 autres ambulances, et presque tous les établissements de la Congrégation reçurent des malades et des blessés. Les sœurs montrèrent, dans ces circonstances douloureuses, un héroïque dévouement. Elles allaient jusque sur le champ de bataille relever et soigner les blessés. Elles eurent à supporter alors de grandes fatigues et de cruelles privations.	Les œuvres spéciales de la Congrégation sont : l'instruction et l'éducation des jeunes filles, particulièrement à la campagne ; la visite et le soin des malades, des pauvres, des personnes âgées ou infirmes ; la persévérance des jeunes filles ; la direction des asiles et des ouvroirs. Le nombre des visites aux malades s'élève en moyenne à 194 par jour, au moins, soit 70.610 par an. Cette Congrégation est l'œuvre de Mgr Dupanloup. Après les inondations de 1856 et de 1866, c'est elle qui, malgré la pauvreté de ses ressources, s'est chargée des orphelins recueillis par l'évêque d'Orléans.
Soigné jusqu'à 600 malades ou blessés par jour, dont 100 atteints de la variole.	Cette Communauté a six siècles d'existence. Outre les malades de l'Hôtel-Dieu, elle soigne, à sa maison de campagne de la Chapelle, une quarantaine de femmes âgées ou infirmes. Elle a montré un grand dévouement à l'époque des épidémies, particulièrement au moment du choléra de 1849 ; le ministère de l'agriculture lui décerna alors une médaille d'argent.
	Communauté enseignante.

Diocèse d'Orléans (suite).

DATE DE LA FONDATION	CONGRÉGATIONS ou COMMUNAUTÉS	ENFANTS INSTRUITS	PERSONNES ASSISTÉES					TOTAL	SERVICES A L'ÉTRANGER et DANS LES COLONIES
			Hôpitaux et Hospices.	Orphelinats et Ouvroirs.	Maisons de refuge, de préservation et de correction.	Asiles d'aliénés et de sourds-muets.		
	Report...	3.400	240				240	
1622	Ursulines, à Orléans. Comm. indép., autor. le 30 juillet 1826. 31 membres.	120						
	Sœurs du Bon-Pasteur, à Orléans. Comm. indép., autor. le 22 avril 1827. 11 membres.					*		
1627	Carmélites, à Orléans. Comm. indép. non autor. 22 membres.							
1620	Sœurs de la Visitation, à Orléans. Comm. indép. non aut. 40 membres.	?	*					
	Total...	3.520	240				240	

DIOCÈSE DE PAMIERS

DATE DE LA FONDATION	CONGRÉGATIONS ou COMMUNAUTÉS	ENFANTS INSTRUITS	Hôpitaux et Hospices.	Orphelinats et Ouvroirs.	Maisons de refuge, de préservation et de correction.	Asiles d'aliénés et de sourds-muets.	TOTAL	SERVICES A L'ÉTRANGER et DANS LES COLONIES
	Sœurs de Notre-Dame, à Pamiers. Commun. indép., autor. le 31 oct. 1836. 43 membres.	?			*			
1608	Carmélites, à Pamiers. Comm. indép. non autor. 25 membres.							

| Loiret. | 343 |

SERVICES PENDANT LA GUERRE DE 1870-71	HISTORIQUE — FAITS PARTICULIERS OBSERVATIONS
Le pensionnat a été transformé en ambulance, où les sœurs ont soigné des blessés pendant toute la guerre.	Plus de 100 élèves sont instruites gratuitement aux frais de la Communauté.
	Refuge pour les repenties.
	Vie contemplative.
	Vie contemplative et enseignante.

ARIÈGE

	Communauté enseignante.
	Vie contemplative.

DIOCÈSE DE PARIS

DATE DE LA FONDATION	CONGRÉGATIONS ou COMMUNAUTÉS	ENFANTS INSTRUITS	PERSONNES ASSISTÉES					TOTAL	SERVICES A L'ÉTRANGER et DANS LES COLONIES
			Hôpitaux et Hospices.	Orphelinats et Ouvroirs.	Maisons de refuge, de préservation et de correction.	Asiles d'aliénés et de sourds-muets.		
1625	**Pères de la Mission, dits de St-Lazare.** Congrégation autorisée par lettres patentes de mai 1627, du 15 février 1630, du 16 mai 1642 et du 1er avril 1733, décret du 7 prairial an XII, ordonnance du 2 février 1816. Maison mère à Paris. 1.195 membres.	?	?						(Voir la colonne consacrée à l'historique.) Nombreux établissements, écoles et missions, en Turquie d'Europe et en Turquie d'Asie, en Égypte, en Grèce, en Perse, en Abyssinie, en Chine (46 établissements), au Brésil et dans toute l'Amérique du Sud.
	A reporter...							

SEINE

SERVICES PENDANT LA GUERRE DE 1870-71	HISTORIQUE — FAITS PARTICULIERS OBSERVATIONS
A Paris, les Lazaristes ont tenu plusieurs ambulances, où ils ont eu 60 lits entièrement à leurs frais pendant 9 mois. Des ambulances étaient, en outre, établies dans leurs grands séminaires de province.	Fondée par saint Vincent de Paul, pour le soulagement des misères spirituelles et corporelles des pauvres, et l'éducation des clercs, la Congrégation est restée fidèle à son esprit primitif : elle donne l'éducation dans les grands et petits séminaires ; mais c'est surtout dans les missions qu'elle rend, au point de vue français et au point de vue chrétien, d'éminents et inappréciables services. En premier lieu, ce sont les Lazaristes qui ont introduit en Orient la langue française. Il y avait eu avant eux des missionnaires français en Orient ; mais les Lazaristes ouvrirent les premiers à Constantinople, Beyrouth, Damas, Alexandrie, Salonique, etc. etc., des écoles où le français servit de base à l'enseignement. C'est un lazariste français, M. Lileu, préfet apostolique de Constantinople, qui introduisit les Sœurs de Charité d'abord, les Frères des écoles chrétiennes ensuite, en Orient. Il en est résulté que la langue française a pris une extension extraordinaire dans ces pays. En outre, les Lazaristes ont à Constantinople, Smyrne, Antonia, Alexandrie, des collèges qui, depuis 25 ans surtout, ont élevé presque toute la jeunesse des bonnes familles du pays, ce qui a contribué beaucoup à étendre l'influence française en Orient. Du reste, la Convention, en 1793, avait si bien compris elle-même l'importance politique du maintien de la Congrégation en Orient, que M. Renard, supérieur des Lazaristes de Constantinople, ayant été chassé de la maison de Saint-Benoît après la mort du roi Louis XVI, elle le fit réintégrer dans cette maison par les soins du général Aubert du Bayet et du sieur Ruffier, ministre plénipotentiaire et chargé d'affaires du gouvernement français. En Turquie d'Asie et en Turquie d'Europe, en Perse, en Chine, etc. etc., les missionnaires marchent d'accord avec les représentants de la France. Sous tous les gouvernements, l'entente n'a jamais cessé d'être complète, et ceux-ci ont toujours eu à cœur d'aider les missionnaires lazaristes dans leur difficile et souvent périlleuse tâche. Sous Napoléon III, le baron Gros eut ordre de traiter avec la cour de Pékin, en 1860, sans se servir de l'intermédiaire des Lazaristes de Chine résidant à Pékin. Mais, dans l'impossibilité d'aboutir, il fut obligé de faire intervenir les missionnaires, les Chinois étant bien persuadés que les missionnaires sont réellement les représentants de la France. Cette situation n'a pas changé dans l'extrême Orient. Enfin, grâce à ces missionnaires la France a conservé le prestige du protectorat, si envié par les autres nations, que Louis-Philippe et Napoléon III durent paraître y renoncer ; mais il n'a jamais cessé d'exister, et M. Waddington a cru

Diocèse de Paris (suite).

DATE DE LA FONDATION	CONGRÉGATIONS ou COMMUNAUTÉS	ENFANTS INSTRUITS	PERSONNES ASSISTÉES					TOTAL	SERVICES A L'ÉTRANGER et DANS LES COLONIES
			Hôpitaux et Hospices.	Orphelinats et Ouvroirs.	Maisons de refuge, de préservation et de correction.	Asiles d'aliénés et de sourds-muets.		
	Report...							
	Pères de la Mission, dits de Saint-Lazare. (Suite.)							
	A reporter...							

SERVICES	HISTORIQUE — FAITS PARTICULIERS
PENDANT LA GUERRE DE 1870-71	OBSERVATIONS

devoir le revendiquer, d'accord en cela avec la Propagande.

En outre, les missionnaires lazaristes ont des établissements de mission et d'éducation au Brésil et dans toute l'Amérique du Sud; ils y propagent la langue française et introduisent partout les méthodes d'enseignement suivies en France.

Les provinces de la Congrégation d'Espagne, d'Italie, d'Autriche, d'Irlande, des États-Unis, du Mexique, quoique composées de membres appartenant presque exclusivement à ces diverses nationalités, subissent l'influence française, la maison mère de la Congrégation étant à Paris, et le supérieur général résidant toujours dans cette même ville.

Les Lazaristes de tous pays ne s'occupent pas de politique; un des articles de leur règle, dressée par saint Vincent de Paul, le leur interdit formellement, et ils ont à cœur d'être fidèles à cette prescription.

Cette noble et bienfaisante influence exercée en Orient par les missionnaires français en général, et par les Lazaristes en particulier, n'a été affirmée nulle part avec plus d'autorité qu'au Sénat, dans un éloquent discours prononcé le 19 décembre 1876, lors de la discussion du budget, par M. de Saint-Vallier, ambassadeur de France à Berlin. En voici les principaux passages : le lecteur voudra bien s'en souvenir, toutes les fois qu'il sera question d'une de ces congrégations d'hommes ou de femmes, pères, frères ou sœurs, qui servent avec tant de dévouement en Orient la cause de la civilisation et de la France. Que d'admirables traits pourraient nous révéler à ce sujet les archives du ministère des affaires étrangères, si elles consentaient à s'ouvrir !

« Il ne s'agit pas ici, s'écrie M. de Saint-Vallier, d'une question politique ou d'une question religieuse, mais d'une question française.

« La plupart de ces établissements sont situés en Orient; j'y ai vécu longtemps, c'est à ce titre que je réclame l'honneur de vous en parler.

« Ces établissements religieux s'étendent sur toute la côte du Levant, depuis Constantinople jusqu'à Alexandrie, y compris la Syrie et le Liban. Quel est le rôle de ces établissements?

« Si vous avez voyagé en Orient, si vous êtes arrivés dans une des Echelles du Levant, n'avez-vous pas été frappés d'entendre partout parler notre langue? A qui le devons-nous? C'est à ces établissements. C'est là que toute la jeunesse chrétienne, la jeunesse franque, comme on dit en Orient, c'est-à-dire la jeunesse des colonies européennes, fait son éducation. La langue, l'histoire, les traditions de notre pays sont enseignées, professées dans ces établissements.

Diocèse de Paris (suite).

DATE DE LA FONDATION	CONGRÉGATIONS ou COMMUNAUTÉS	ENFANTS INSTRUITS	PERSONNES ASSISTÉES					TOTAL	SERVICES A L'ÉTRANGER et DANS LES COLONIES
			Hôpitaux et Hospices.	Orphelinats et Ouvroirs.	Maisons de refuge, de préservation et de correction.	Asiles d'aliénés et de sourds-muets.		
	Report...							
	Pères de la Mission, dits de Saint-Lazare. (Suite.)							
	A reporter...							

SERVICES PENDANT LA GUERRE DE 1870-71	HISTORIQUE — FAITS PARTICULIERS OBSERVATIONS
	« A Constantinople, toute la jeunesse des colonies européennes, des riches familles arméniennes de Péra et de Galata, est élevée dans le grand collège français des Lazaristes de Bebeck, où elle apprend notre langue, notre histoire, où elle est initiée à nos mœurs, où on l'accoutume dès l'enfance à aimer, à respecter le nom de la France. « A côté de ce collège il y a, pour les enfants des classes populaires, les écoles des Frères des écoles chrétiennes et celles des Sœurs. Nos admirables sœurs de Charité ont fondé, établi à Constantinople deux immenses hôpitaux, l'un à Péra, l'autre à Galata, hôpitaux qui rendent des services inappréciables à la population de cette grande capitale. « J'ai vu de mes yeux le sultan Abdul-Medjid, au moment de la grande épidémie du choléra à Constantinople, faire une démarche solennelle, venir à l'hôpital du Grand-Champ des Morts, remercier en personne la digne et vénérable sœur supérieure des soins rendus par elle et ses courageuses compagnes à la population décimée de Constantinople. « Il y a là, Messieurs, des faits admirables, des dévouements qui dépassent tous les éloges. « Plus loin, sur les côtes de Syrie, au Liban, je trouve des faits encore plus frappants, si c'est possible. « Au Liban, vous avez une population chrétienne, la population maronite, élevée tout entière dans les établissements des religieux français. Et savez-vous, Messieurs, le résultat de cette éducation ? c'est que, si vous débarquez à Beyrouth, et si vous vous trouvez en face d'un Maronite, la première chose qu'il vous demande, c'est de lui donner des nouvelles de sa seconde patrie, de la patrie *française*. « Oui, Messieurs, toute la population chrétienne du Liban, de l'Anti-Liban, de Beyrouth, de Damas, de la plaine de Syrie, est élevée dans les établissements et les collèges de nos religieux français. Et l'origine, la fondation de ces établissements ont un caractère bien beau et bien touchant que je vais vous dire. C'était au commencement des massacres de 1860, qui ont ensanglanté toute la Syrie; partout les populations chrétiennes fuyaient épouvantées. Nos concitoyens étaient frappés. Les religieux n'étaient pas plus épargnés que les autres. Dans tout le Liban ils étaient traqués, poursuivis, et un grand nombre ont été tués. A Damas, nous avions un consul, M. Maxime Outrey, un homme courageux, un bon citoyen, qui, au péril de sa vie, avait fait de son consulat, fortifié et énergiquement défendu par lui et son personnel, une sorte de lieu d'asile où il avait amené, allant les chercher lui-même au milieu des bandes de massacreurs, les chrétiens, les Européens, dont il a eu le bonheur de sauver un grand nombre. Aidé, assisté de nos reli-

DATE DE LA FONDATION	CONGRÉGATIONS ou COMMUNAUTÉS	ENFANTS INSTRUITS	PERSONNES ASSISTÉES					TOTAL	SERVICES A L'ÉTRANGER et DANS LES COLONIES
			Hôpitaux et Hospices.	Orphelinats et Ouvroirs.	Maisons de refuge, de préservation et de correction.	Asiles d'aliénés et de sourds-muets.		
	Report...							
	Pères de la Mission, dits de Saint-Lazare. (Suite.)							
	A reporter...							

SERVICES PENDANT LA GUERRE DE 1870-71	HISTORIQUE — FAITS PARTICULIERS OBSERVATIONS
	gieux, de nos sœurs de Charité, qui soignaient les malades et les blessés, il les a gardés, protégés dans le consulat jusqu'au jour où l'ordre a été rétabli. « Ce que M. Maxime Outrey a fait à Damas, les religieux l'ont fait dans le Liban. Ils ont défendu et sauvé une partie de la population chrétienne. « Puis, dans les jours qui ont suivi les massacres, quand il s'agissait de rechercher ces malheureux orphelins, ces veuves, ces vieillards qui avaient fui sans ressources, mourant de faim, dans le désert, qui est allé les chercher, les recueillir, à travers tous les dangers, au milieu des hordes de Turcs, d'Arabes, de Druses fanatiques? Messieurs, ce sont les religieux français. « Ils sont allés courageusement dans les déserts de Damas, de Homs, de Hama, dans toute la Syrie, chercher ces malheureux, blessés, malades, mourants, dénués de tout, presque nus; ils les ramenaient en longues colonnes affamées, sanglantes, au bord de la mer; ils les mettaient à l'abri des canons français. Car notre flotte était là, et ce sont nos marins qui ont fait vivre, pendant ces premiers temps de panique, en partageant leur nourriture avec eux, ces malheureux qui fuyaient les massacres. « Dans ces pénibles moments, les services rendus par les religieux français et par les sœurs de Charité ont été inappréciables; je vous répéterai le mot que disaient ces chrétiens, en parlant de nos religieux; ils les appelaient *les Pères à la robe noire,* et ils disaient : « Quand les Pères à la robe noire paraissent quelque part, il nous semble que nous voyons le ciel s'ouvrir et que nous retrouvons le courage et la vie. » « Le protectorat de la France en Orient est un sujet trop grave et trop vaste pour que je veuille l'aborder à l'heure où nous sommes; je dirai seulement ceci : J'ai la ferme conviction que l'éducation française, l'instruction française données à la plus grande partie de la population chrétienne du Levant dans les établissements de nos religieux, sont une des assises les plus solides du protectorat français dans le Levant. « Et le maintien du protectorat français est une des bases de la grandeur, de l'influence et du prestige du nom de la France parmi les populations de l'Orient. »

Diocèse de Paris (suite).

DATE DE LA FONDATION	CONGRÉGATIONS ou COMMUNAUTÉS	ENFANTS INSTRUITS	Hôpitaux et Hospices.	Orphelinats et Ouvroirs.	Maisons de refuge, de préservation et de correction.	Asiles d'aliénés et de sourds-muets.	TOTAL	SERVICES A L'ÉTRANGER et DANS LES COLONIES
	Report...							
1663	**Pères des Missions étrangères.** Congrégation autorisée par lettres patentes de 1663 et de mai 1775, décret du 2 germinal an XIII, ordonnances du 2 mars 1815 et du 15 octobre 1823. Maison mère à Paris. 480 membres.							Missions dans la Mandchourie, la Corée, le Japon, le Su-Tchuen occidental, oriental et méridional, au Thibet, à Yun-Nan, Kouy-Tcheou, Kouang-Ton, Kouang-Si, dans le Tong-King occidental et méridional, la Cochinchine septentrionale, orientale et occidentale, à Cambodge, Siam, en Malaisie, dans la Birmanie méridionale et septentrionale, à Pondichéry, à Maïssour, à Coïmbatour.
	Prêtres de St-Sulpice. Cong. aut. par lettres patentes de juin 1713 et ordonnance du 3 avril 1816. Maison mère à Paris. 200 mem.	?						
1703	**Pères du Saint-Esprit et du Saint-Cœur de Marie.** Cong. aut. par lettres patentes de mai 1726 et de mai 1775, déc. de germ. an XIII, ordonn. du 3 févr. 1816, et décr. du 20 févr. 1874. Maison mère à Paris. 515 mem.	5.000	?	450	700		1.150	Les Pères du Saint-Esprit ont 3 hôpitaux dans les missions, et élèvent à l'étranger ou dans les colonies environ 1.200 enfants. Leurs principaux établisse-
	A reporter...	5.000		450	700		1.150	

Seine. 353

SERVICES PENDANT LA GUERRE DE 1870-71	HISTORIQUE — FAITS PARTICULIERS OBSERVATIONS
	Direction de vingt-deux grands séminaires.
Une ambulance a été établie à la maison mère. Un grand nombre de frères se sont dévoués au soin des blessés, comme infirmiers militaires, et des pères se sont offerts comme aumôniers.	Cette Congrégation a pour but : 1° l'évangélisation des infidèles et spécialement des noirs; 2° l'exercice du saint ministère dans les colonies et autres pays privés de secours religieux; 3° l'instruction primaire et professionnelle des enfants pauvres, orphelins, abandonnés ; 4° la direction de colonies agricoles et professionnelles de jeunes détenus ou d'enfants placés en correction; 5° le soin des malades, infirmes, vieillards, là où il n'y a pas d'hôpitaux. L'origine de la Congrégation du Saint-Esprit remonte à 1703. Elle fut fondée à Paris par un pieux ecclésiastique de Rennes,

Diocèse de Paris (suite).

DATE DE LA FONDATION	CONGRÉGATIONS ou COMMUNAUTÉS	ENFANTS INSTRUITS	PERSONNES ASSISTÉES					SERVICES A L'ÉTRANGER et DANS LES COLONIES
			Hôpitaux et Hospices.	Orphelinats et Ouvroirs.	Maisons de refuge, de préservation et de correction.	Asiles d'aliénés et de sourds-muets.	TOTAL	
	Report...	5.000		450	700		1.150	
	Pères du Saint-Esprit et du Saint-Cœur de Marie. (Suite.)							ments sont situés dans les colonies, à la Guadeloupe, à la Martinique, à la Réunion, dans le Sénégal et la Guyane, et à l'étranger, à Rome, en Irlande, en Portugal, dans l'île Maurice, à Haïti, à la Trinidad, en Pensylvanie, en Sénégambie, dans la Guinée, le Congo et le Zanzibar.
	A reporter...	5.000		450	700		1.150	

| Seine. | 355 |

SERVICES PENDANT LA GUERRE DE 1870-71	HISTORIQUE — FAITS PARTICULIERS OBSERVATIONS
	M. Poullard-Desplaces, en vue de l'évangélisation des classes pauvres et ouvrières et des infidèles. D'après le texte même de leur règle, les membres doivent se dévouer tout spécialement aux ministères humbles et laborieux, et aux œuvres pour lesquelles on trouve plus difficilement des ouvriers apostoliques. La congrégation du Saint-Cœur de Marie, qui en 1848 s'est unie à l'ancienne congrégation du Saint-Esprit et en a adopté les règles, a été fondée en 1841 par un juif converti, le vénérable père Libermann, en vue principalement de l'évangélisation des noirs. Les missionnaires ont beaucoup contribué à préparer dans les colonies l'émancipation des esclaves, et ils ont même été plus ou moins molestés dans le pays, parce qu'on les accusait d'être *négrophiles*. C'est en grande partie grâce à leurs efforts et à leur influence que le passage des esclaves de l'état de servitude à l'état libre s'est effectué dans l'île de la Réunion sans occasionner les troubles et les désordres qui ont eu lieu en d'autres endroits. C'est la congrégation du Saint-Esprit qui a commencé en ce siècle les missions d'Afrique, complètement abandonnées par suite de la destruction des ordres religieux en Europe, et elle en fait toujours, avec l'œuvre des colonies, son œuvre principale. Elle compte aujourd'hui des missionnaires et des établissements importants sur divers points de la côte d'Afrique et de l'intérieur, au Sénégal, à Sierra-Leone, au Gabon, au Congo, dans l'Afrique australe, au Zanguebar. A Zanzibar, qui est le point de départ de nombreuses caravanes organisées pour l'exploration de l'intérieur du continent africain, les missionnaires de la Congrégation ont fondé à leurs frais, pour les Européens malades, un hôpital qui a déjà sauvé de la mort beaucoup de marins, de voyageurs et de commerçants. Les maladies des pays tropicaux, jointes aux fatigues de leurs travaux, ont fait et font encore, parmi les membres de la Congrégation, de nombreuses victimes. Sur les sept premiers missionnaires partis pour l'Afrique, en 1845, six succombèrent presque en arrivant. Bien que les pertes soient aujourd'hui moins nombreuses, par suite de l'expérience acquise et des installations établies, il est cependant un certain nombre de pères qui meurent chaque année victimes de leur dévouement. Dans la cruelle épidémie de la fièvre jaune, qui a ravagé l'an dernier la colonie du Sénégal, plusieurs ont été emportés par le fléau en soignant les malades. Dans les colonies, les Pères du Saint-Esprit se dévouent à l'instruction de la jeunesse, au soin des noirs, au service religieux dans les hôpitaux, et à diverses autres œuvres de zèle et

Diocèse de Paris (suite).

DATE DE LA FONDATION	CONGRÉGATIONS ou COMMUNAUTÉS	ENFANTS INSTRUITS	PERSONNES ASSISTÉES					SERVICES A L'ÉTRANGER et DANS LES COLONIES
			Hôpitaux et Hospices.	Orphelinats et Ouvroirs.	Maisons de refuge, de préservation et de correction.	Asiles d'aliénés et de sourds-muets.	TOTAL	
	Report...	5.000		450	700		1.150	
	Pères du Saint-Esprit et du Saint-Cœur de Marie. (Suite.)							
1680	**Frères des Écoles chrétiennes, dits de Saint-Yon.** Congrégation autorisée le 17 mars 1808. Maison mère à Paris. 1.856 écoles en France, 46 dans les colonies, 312 à l'étranger. 11.005 membres.	319.482		3.030			3.030	Les Frères des Écoles chrétiennes ont dans les colonies 46 écoles et 7.610 élèves, et à l'étranger 312 écoles et 68.765 élèves. Ces établissements sont situés à Rome, dans la Lorraine, à Turin, en Tunisie, en Belgique, en Suisse, en Prusse, en Autriche, en Turquie, en Angleterre, en Égypte, au Canada, à New-York, à Saint-Louis, au Mexique, en Californie, aux Indes, en Malaisie,
	A reporter...	324.482		3.480	700		4.180	

Seine. 357

SERVICES PENDANT LA GUERRE DE 1870-71	HISTORIQUE — FAITS PARTICULIERS OBSERVATIONS
	de charité dont le clergé des paroisses ne pourrait s'occuper. Dans les pays étrangers, en Europe et ailleurs, ils contribuent beaucoup à propager et à étendre l'influence française. C'est ainsi qu'ils dirigent en Irlande un collège très florissant, qui porte le nom de *Collège français*. Il en est de même à Braga, en Portugal, à l'île Maurice, à l'île de la Trinidad, à Haïti, etc. Dans toutes leurs missions ils ont des écoles, et dans ces écoles ils enseignent aux enfants la langue française, et à tous, comme Français, ils apprennent à aimer le nom de la France. Il est même à remarquer que c'est grâce à des missionnaires de la Congrégation que le Sénégal doit son retour à la France en 1799. Deux de ses missionnaires ayant fait naufrage au cap Blanc, furent vendus comme esclaves à Saint-Louis, et profitèrent de leur séjour dans le pays pour exciter parmi les habitants le désir de redevenir Français. Après leur délivrance, ils rendirent compte de l'état du pays au ministre de la marine, et, sur leur avis, on organisa une expédition qui eut un heureux succès.
Dans la colonne consacrée à l'historique de l'Institut, les services rendus par les Frères des Écoles chrétiennes durant la guerre, sont indiqués d'une façon générale et mis en lumière à l'aide de quelques citations éloquentes et décisives. Sans revenir sur les considérations si noblement exprimées dans le rapport de M. le duc de Noailles, à l'Académie française, à propos du prix de la ville de Boston, il ne sera pas inutile de revenir ici à quelques faits entre mille autres, que vient justifier la décision de l'Académie française. Dès le commencement de la guerre, le supérieur général offrit *tous les établissements de l'Institut* pour les transformer en ambulances, et proposa *tous les frères* pour infirmiers.	Jean-Baptiste de la Salle, le vénérable fondateur de l'Institut des Frères des Écoles chrétiennes, est né à Reims, en l'année 1651. Il était prêtre, docteur en théologie, chanoine de Reims, et en possession d'un patrimoine important, quand il prit la résolution de renoncer à tout pour se dévouer à l'éducation des enfants du peuple. Il vendit donc son patrimoine, en distribua le prix aux pauvres, et commença vaillamment et modestement la grande œuvre à laquelle son nom restera toujours attaché. « L'enseignement qu'il fonda, composé de grammaire française, d'arithmétique, de géométrie, de dessin, sans compter la lecture et l'écriture, fut pour chaque enfant du peuple comme un instrument pour gagner sa vie. Il inventa cette simultanéité qui consiste à donner la leçon à tous les élèves d'une même classe, au lieu de la donner successivement à chacun d'eux ; et souvent des élèves choisis répètent eux-mêmes la leçon à leurs condisciples, pendant que le maître donne ses soins aux enfants d'une autre division : c'est du temps gagné au profit de l'intelligence. » Mais, par-dessus tout, l'éducation dont il voulait procurer le bienfait aux enfants du peuple, était une éducation chrétienne, c'est-à-dire propre en même temps à développer l'intelligence et à former le cœur à la pratique des vertus chrétiennes. Dès ses premiers pas, l'abbé de la Salle rencontra de jalouses résistances ; mais elles ne parvinrent pas à décourager son zèle,

Diocèse de Paris (suite).

DATE DE LA FONDATION	CONGRÉGATIONS ou COMMUNAUTÉS	ENFANTS INSTRUITS	PERSONNES ASSISTÉES					SERVICES A L'ÉTRANGER et DANS LES COLONIES
			Hôpitaux et Hospices.	Orphelinats et Ouvroirs.	Maisons de refuge, de préservation et de correction.	Asiles d'aliénés et de sourds-muets.	TOTAL	
	Report...	324.482		3.480	700		4.180	
	Frères des Écoles chrétiennes. (Suite.)							à Maurice, aux îles Seychelles, à Madagascar, dans la république de l'Equateur, dans la Nouvelle-Grenade, en Chine, enfin dans les diverses colonies françaises : Algérie, Réunion et Cochinchine. Partout les frères contribuent à répandre la langue française et à étendre au loin l'influence de notre patrie.
	A reporter...	324.482		3.480	700		4.180	

SERVICES PENDANT LA GUERRE DE 1870-71	HISTORIQUE — FAITS PARTICULIERS OBSERVATIONS
Aussitôt les frères se mettent à l'œuvre. A Metz, au moment des batailles des 14, 16 et 18 août, ils distribuent des vivres et des secours à 4.000 blessés. A Saint-Étienne et à Nemours, ils établissent les cadres de la garde nationale. A Saint-Denis, où le conseil municipal vient de les supprimer, ils se signalent par leur zèle au bureau des subsistances. Dans beaucoup de villes ils tiennent les écritures militaires. A Dieppe, installés dans la citadelle, ils fabriquent plus de 120.000 cartouches. A Avignon, ils logent 1.000 zouaves, 360 mobiles, et leur distribuent matin et soir la soupe, ainsi qu'à 500 engagés volontaires. A Verdun, ils ramasent les morts et les blessés jusque sous les bombes, et aident les pompiers à éteindre l'incendie. A Pourru-Saint-Rémy (Ardennes), le frère directeur, par des remontrances courageuses, sauve ce bourg de la destruction et arrache à la mort deux Français que les Prussiens sont sur le point de fusiller. A Sedan, ils vont de porte en porte quêtant des matelas et de la paille pour les blessés, lavent et pansent les blessures, aident les chirurgiens, servent de secrétaires aux pauvres soldats pour donner des nouvelles à leurs familles. A Rethel, ils soignent 800	et ne l'empêchèrent pas fort heureusement de multiplier ses utiles asiles, d'établir des noviciats, des écoles de maîtres, qui furent les premières écoles normales; des écoles dominicales, qui s'ouvrirent les dimanches et les jours de fêtes pour les jeunes apprentis de différents métiers; des pensionnats bientôt florissants. L'une de ses premières fondations, devenue bientôt son chef-lieu d'ordre, fut la maison de Saint-Yon à Rouen, qui valut à ses humbles collaborateurs le nom de *frères yontains*, d'où l'on a tiré le nom d'*ignorantins*, que les bons frères ont mérité pour avoir détruit l'ignorance, comme Scipion avait mérité celui d'*African* pour avoir détruit Carthage. C'est à Saint-Yon que le vénérable de la Salle mourut, le 7 avril 1719, un vendredi saint, à l'âge de 68 ans. Son Institut comptait 27 maisons, 274 frères, et 9.885 élèves. Louis XV, en 1729, approuva l'Institut par des lettres patentes, lui donnant une plénitude d'autorisation qui lui ouvrit l'avenir. La même année, le pape Benoît XIII donnait l'institution canonique à la congrégation des frères, par une bulle où il est dit que *cette pieuse association a pour but de prévenir les désordres que produit, surtout parmi les pauvres et les ouvriers, l'ignorance, source de tous les maux*. Les humbles frères continuèrent silencieusement mais efficacement leur œuvre, et contribuèrent sans doute beaucoup à préserver l'esprit et le cœur du peuple du libertinage qui faisait alors dans les classes élevées des ravages si profonds. Ils instruisaient le peuple, à l'encontre des philosophes, qui auraient mieux aimé le laisser croupir dans son ignorance et sa grossièreté premières. N'est-ce pas, en effet, le moment où Voltaire écrivait: *Il est à propos que le peuple soit guidé et non instruit: il n'est pas digne de l'être... Il me paraît essentiel qu'il y ait des gueux ignorants; ce n'est pas la manœuvre qu'il faut instruire, c'est le bourgeois... Le peuple ressemble à des bœufs, à qui il faut un aiguillon, un joug et du foin.* La Révolution, comme il fallait s'y attendre, récompensa le dévouement des Frères par la dispersion, la prison, les insultes et les traitements inhumains. Plusieurs portèrent leur tête sur l'échafaud. Car, aux termes du décret du 10 août 1792, *un État vraiment libre ne doit souffrir aucune corporation, non pas même celles qui, vouées à l'enseignement, ont bien mérité de la patrie.* Les Frères se réunirent, aussitôt que la paix reparut, pour recommencer leur œuvre d'un siècle, violemment brisée par la tyrannie révolutionnaire; mais c'est seulement le 17 mars 1808 que le décret d'organisation de l'université leur rendit une existence légale. Leur Institut prit des accroissements rapides, malgré les contrariétés et les oppositions qui ne lui furent ja-

Diocèse de Paris (suite).

DATE DE LA FONDATION	CONGRÉGATIONS ou COMMUNAUTÉS	ENFANTS INSTRUITS	PERSONNES ASSISTÉES				TOTAL	SERVICES A L'ÉTRANGER et DANS LES COLONIES
			Hôpitaux et Hospices.	Orphelinats et Ouvroirs.	Maisons de refuge, de préservation et de correction.	Asiles d'aliénés et de sourds-muets		
	Report...	324.482		3.480	700		4.180	
	Frères des Écoles chrétiennes. (Suite.)							
	A reporter...	324.482		3.480	700		4.180	

SERVICES PENDANT LA GUERRE DE 1870-71	HISTORIQUE — FAITS PARTICULIERS OBSERVATIONS
malades et blessés : un frère meurt du typhus. Après la bataille de Gravelotte, ils relèvent plus de 8.000 blessés. En Belgique, à Carlsbourg, les frères recueillent 1.800 soldats échappés à l'ennemi. Le directeur fut décoré de la Légion d'honneur. A Nantes, les frères font la classe pendant le jour et soignent les malades la nuit. A Vienne, à Falaise, plusieurs frères meurent victimes de leur dévouement. A Paris, c'est à qui courra au poste le plus pénible et le plus menacé. Le frère Philippe, malgré ses 80 ans, marche lui-même à la tête de ses infirmiers et de ses brancardiers, s'avançant en ordre comme un régiment. Au Bourget, le frère Néthelme tombe frappé d'une balle. Partout même dévouement, même ardeur à courir au-devant de la peine et du danger. Aussi le gouvernement voulut-il décorer le frère Philippe, malgré les résistances de l'humble supérieur. Le docteur Ricord fut chargé d'attacher la croix d'honneur sur sa poitrine, mais le frère Philippe ne put jamais consentir à la porter.	mais épargnées. En 1834, des écoles du soir furent ouvertes pour les adultes dans plusieurs quartiers de Paris, et reçurent bientôt les encouragements du ministre de l'instruction publique, M. Guizot, et plus tard les éloges de son successeur, M. Villemain. Depuis 1830, les Frères étaient rentrés dans le droit commun, par la suppression de la lettre d'obédience : comme les laïques, ils devaient subir des examens, conquérir des brevets et des diplômes, et partout étaient classés au premier rang. M. Guizot essaya vainement de faire accepter la croix d'honneur au frère Anaclet, supérieur général : ses efforts répétés ne purent vaincre les résistances de l'humble serviteur de Dieu. Au frère Anaclet succéda, le 21 novembre 1838, le frère Philippe, qui devait, durant 36 ans, diriger l'Institut avec une vigueur, une intelligence, une sainteté, qui ont couvert son nom, devenu si promptement populaire, d'une auréole immortelle. Les Frères des Écoles chrétiennes mènent une existence austère; il suffit, pour s'en convaincre, de jeter un coup d'œil sur leur règlement de vie : « Les frères se lèvent à quatre heures et demie, lisent dans le livre de l'*Imitation* à quatre heures trois quarts, font la prière et la méditation à cinq heures, assistent à la messe à six heures, se livrent à un travail de bureau à six heures et demie, déjeunent à sept heures et un quart, récitent le chapelet à sept heures et demie, font la classe à huit heures, l'étude du catéchisme à onze heures, l'examen particulier à onze heures et demie, dînent à onze heures trois quarts, et prennent un peu de récréation. Ainsi se passe leur matinée. A une heure, prière et chapelet ; à une heure et demie, la classe ; à cinq heures, travail de bureau ; à cinq heures et demie, étude du catéchisme ; à six heures, lecture spirituelle ; à six heures et demie, méditation ; à sept heures, souper et récréation ; à huit heures et demie, prière du soir ; à neuf heures, le coucher ; à neuf heures et un quart, on éteint les lumières : temps du grand silence. » Telle est la vie des Frères des Écoles chrétiennes ; tel est le secret du courage et du dévouement que nous leur voyons déployer sur le champ de bataille où ils sont tour à tour appelés à combattre, l'explication des succès qu'ils ont su partout obtenir. « Les Frères des Écoles chrétiennes ont conquis parmi nous une très grande place, que leur garde le sentiment public. Comment en serait-il autrement? Ce que l'on appelle l'école est devenu sous leurs mains une création nouvelle, avec un perfectionnement inconnu jusqu'à eux, avec une puissance d'action intérieure et de transformation morale que l'on peut leur envier, mais qu'on n'a jamais égalée. Pour s'en rendre compte, il faudrait voir ce qu'est un pauvre enfant du peuple quand,

Diocèse de Paris (suite).

DATE DE LA FONDATION	CONGRÉGATIONS ou COMMUNAUTÉS	ENFANTS INSTRUITS	PERSONNES ASSISTÉES				TOTAL	SERVICES A L'ÉTRANGER et DANS LES COLONIES
			Hôpitaux et Hospices.	Orphelinats et Ouvroirs.	Maisons de refuge, de préservation et de correction.	Asiles d'aliénés et de sourds-muets.		
	Report...	324.482		3.480	700		4.180	
	Frères des Écoles chrétiennes. (Suite.)							
	A reporter...	324.482		3.480	700		4.180	

SERVICES	HISTORIQUE — FAITS PARTICULIERS
PENDANT LA GUERRE DE 1870-71	OBSERVATIONS

pour la première fois, il met le pied dans une de ces écoles, et ce qu'il est quand il en sort, le lendemain de sa première communion. Nous ne connaissons rien de plus frappant que la différence de ces deux états. Le cœur, l'intelligence et la tenue ne se ressemblent plus. Mais, à douze ou treize ans, l'enfant n'est pas délaissé par ses maîtres; il trouve l'Œuvre du Patronage des Apprentis. Les écoliers de la veille sont les jeunes ouvriers du lendemain.

« Une admirable vigilance s'étend sur la route par où passent ceux qu'on appelle les déshérités. Dans toute la France, les orphelinats, les colonies agricoles, les sociétés de Saint-François-Xavier, les classes d'adultes, à Paris, les écoles du soir, l'école commerciale dite de Saint-Paul, le Cercle de la jeunesse sont autant d'institutions bienfaisantes pour des conditions et des desseins divers. L'œuvre de Saint-Nicolas, avec son double caractère d'école et d'atelier qui en fait l'originalité providentielle, est connue de toute l'Europe. L'Institut du vénérable de la Salle représente parmi nous le génie du bien dans la variété de ses voies, dans son inépuisable fécondité qui se renouvelle aux sources éternelles; il est l'ami actif de ceux qui ont le plus besoin d'être soutenus; est-ce pour cela que la Révolution le tient en défiance? Pour être écarté, suffit-il de mieux faire que d'autres? Les exclusions pour cause de dévouement entreront-elles désormais dans la jurisprudence révolutionnaire? »

Dans un temps moins troublé que celui que nous traversons, la supériorité de l'enseignement des Frères des Écoles chrétiennes ou autres institutions congréganistes, ne serait même pas discutée, car cet enseignement offre sur celui des laïques un triple avantage, tant au point de vue de l'intérêt budgétaire qu'au point de vue des intérêts de l'instruction et du patriotisme.

1° L'enseignement des Frères est moins cher; c'est une question de chiffres : prenons, par exemple, les écoles des Frères à Paris. Avant les dernières suppressions, elles coûtaient annuellement à la ville 321.100 fr.; quand elles seront toutes transformées en écoles laïques, elles coûteront 739.710 fr., soit 418.610 fr. de plus; c'est-à-dire plus du double. Pour les écoles de sœurs, le résultat est le même : les écoles qui coûtaient hier encore 418.500 fr. par an, coûteront bientôt, de par le caprice et la tyrannie du conseil municipal de Paris, 940.210 fr., soit 521.600 fr. de plus. C'est donc une somme de 940.320 fr. qu'il va falloir tout d'abord ajouter annuellement au budget de Paris, en attendant que les avancements auxquels les instituteurs et les institutrices laïques auront droit, fassent monter cette somme à deux millions de francs.

De plus, il ne faut pas oublier que les parents qui voudront

Diocèse de Paris (suite).

DATE DE LA FONDATION	CONGRÉGATIONS ou COMMUNAUTÉS	ENFANTS INSTRUITS	PERSONNES ASSISTÉES				TOTAL	SERVICES A L'ÉTRANGER et DANS LES COLONIES
			Hôpitaux et Hospices.	Orphelinats et Ouvroirs.	Maisons de refuge, de préservation et de correction.	Asiles d'aliénés et de sourds-muets.		
	Report...	324 482		3.480	700		4.180	
	Frères des Écoles chrétiennes. (Suite.)							
	A reporter...	324.482		3.480	700		4.180	

SERVICES	HISTORIQUE — FAITS PARTICULIERS
PENDANT LA GUERRE DE 1870-71	OBSERVATIONS

une éducation religieuse pour leurs enfants devront entretenir des écoles libres à leurs frais. Comme contribuables, ils apportent leur contingent au budget, sans que d'ailleurs on tienne aucun compte de leurs intérêts et de leurs vœux dans l'organisation de l'enseignement public. Ils payent à la fois leurs écoles et celles des autres. C'est ainsi qu'on pratique aujourd'hui l'égalité et la justice.

2° L'enseignement des frères est supérieur à l'enseignement laïque; les faits le prouvent. Hier encore les écoles laïques de garçons comptaient 29.574 élèves, celles des frères 19.632. Or, depuis 1848 jusqu'à 1877, sur 1.445 bourses mises au concours par la ville de Paris, les élèves des frères en ont obtenu 1.148, soit 79,44 0/0; les élèves des écoles laïques 2,971, soit 20,56 0/0.

En 1878, c'est-à-dire au moment où la guerre contre les Frères allait commencer, les résultats ont été les mêmes.

788 élèves de toutes les écoles ont pris part au concours. Sur les 339 élèves déclarés admissibles, 242 appartiennent aux 54 écoles des Frères, 97 aux 87 écoles laïques de garçons. Sur les 50 premiers, les Frères en ont 43, les 7 autres sont pour les laïques! Ceux-ci n'ont que 17 admissibles sur les 100 premiers.

Mais ce n'est pas tout.

« Si le concours des bourses est l'épreuve de *l'élite,* l'examen du certificat d'études est l'épreuve de la *moyenne.* »

Ainsi parle M. Gréard, directeur de l'enseignement primaire, dans un rapport adressé à M. le préfet de la Seine, le 25 septembre 1875, et il ajoute :

« Il s'agit ici, pour l'instituteur, d'amener le plus grand nombre possible d'élèves à ce niveau de connaissances générales, qui doit être le patrimoine égal de tous les enfants ayant régulièrement fréquenté l'école. *Point de préparation spéciale.* C'est par un progrès naturel, sans autre effort que celui d'une *application de chaque jour,* que les élèves peuvent arriver au certificat, couronnement de leurs études. »

Eh bien! laissons maintenant parler les chiffres :

ANNÉES	ÉCOLES LAÏQUES		ÉCOLES CONGRÉGANISTES	
	Certificats obtenus.	Moyenne par école.	Certificats obtenus.	Moyenne par école.
1869	177	2.76	274	5.48
1870	264	4.06	419	7.76
1872	341	4.94	471	8.72
1873	322	4.35	421	7.80
1874	483	6.35	601	11.13
1875	593	7.32	711	13.17
1876	656	7.63	692	12.81
1877	755	8.67	687	12.72
1878	852	8.78	780	14.44

Diocèse de Paris (suite).

DATE DE LA FONDATION	CONGRÉGATIONS ou COMMUNAUTÉS	ENFANTS INSTRUITS	PERSONNES ASSISTÉES					TOTAL	SERVICES A L'ÉTRANGER et DANS LES COLONIES
			Hôpitaux et Hospices.	Orphelinats et Ouvroirs.	Maisons de refuge, de préservation et de correction.	Asiles d'aliénés et de sourds-muets.		
	Report...	324.482		3.480	700		4.180	
	Frères des Écoles chrétiennes. (Suite.)							
	A reporter...	324.482		3.480	700		4.180	

SERVICES PENDANT LA GUERRE DE 1870-71	HISTORIQUE — FAITS PARTICULIERS OBSERVATIONS
	Nous pourrions nous en tenir là. Cependant ce n'est qu'un aspect des succès remportés par les prétendus *ignorantins*. Le lecteur ne nous pardonnerait pas de lui cacher les autres. Les voici, et ils sont tenus pour avérés et irréfutables par tout le monde, amis et ennemis : *Ce sont les Frères qui ont vulgarisé la langue française dans le pays.* *Ce sont les Frères qui ont créé la méthode d'enseignement simultané, aujourd'hui reconnue la meilleure*, comme le constatait récemment encore le Journal officiel (numéro du 7 septembre 1878), par la plume d'un protestant, M. Aug. Dide, analysant le rapport de M. Gréard, rédigé en vue de l'exposition universelle, et répétant l'aveu formel de celui-ci. *Ce sont les Frères qui ont donné la meilleure méthode connue pour l'enseignemeut du dessin.* A l'exposition de 1867, *ils ont sauvé l'honneur de la France*, comme le proclamait le président du 10ᵉ groupe, annonçant *la médaille d'or* qui leur avait été accordée, à titre de récompense générale. Et ils tiennent toujours la tête dans ce genre d'enseignement, car, cette année, leurs élèves ont remporté 5 prix sur 9, et 16 accessits sur 23. *Ce sont les Frères qui ont créé les cours d'adultes :* 22 de leurs écoles communales sont ouvertes chaque soir aux apprentis, aux jeunes ouvriers, aux hommes qui ont besoin de commencer ou de compléter leur instruction primaire. *Ce sont les Frères qui ont organisé les cours d'enseignement supérieur et professionnel*, et leurs établissements de Saint-Nicolas, d'Issy, de Passy, et de l'école commerciale Saint-Paul, sont des types dont Paris peut être fier et qu'on lui envie. *Ce sont les Frères qui, dans toutes les branches de l'enseignement primaire, obtiennent le plus de succès :* Leurs livres ont été honorés des plus hautes récompenses à l'exposition universelle de Vienne en 1873, et à l'exposition de géographie de Paris, en 1875. Leur méthode a été calquée par le ministre Duruy dans son règlement pédagogique de 1867. Enfin, à l'exposition universelle de 1878, ils ont reçu les récompenses suivantes : Classe VI.— Enseignement.— Médaille d'or.— 1.— Institut des Frères pour exposition collective, France, Belgique, Canada. *N. B.* — Toutes les maisons de l'ordre participent à cette récompense, qui dispense de mentions spéciales. En outre, les Frères qui ont exposé avec le ministère de l'instruction publique, participent au grand prix que celui-ci a obtenu. 2.— Frère Alexis-Marie (Méthode et ouvrage de géographie,

DATE DE LA FONDATION	CONGRÉGATIONS ou COMMUNAUTÉS	ENFANTS INSTRUITS	PERSONNES ASSISTÉES					SERVICES A L'ÉTRANGER et DANS LES COLONIES
			Hôpitaux et Hospices.	Orphelinats et Ouvroirs.	Maisons de refuge, de préservation et de correction.	Asiles d'aliénés et de sourds-muets.	TOTAL	
	Report...	324.482		3.480	700		4.180	
	Frères des Écoles chrétiennes. (Suite.)							
	A reporter...	324.482		3.480	700		4.180	

SERVICES	HISTORIQUE — FAITS PARTICULIERS
PENDANT LA GUERRE DE 1870-71	OBSERVATIONS

Belgique).— 3.— Frère Mémoire, directeur du pensionnat de Malonne (Belgique).

Médailles de bronze.— 4.— Frère Marianus, arithmomètre (Belgique).— 5.— École des houillères à Commentry (France).

Classe XVI.— Géographie.— Médaille d'argent.— 6.— Frère Alexis-Marie. Reliefs et cartes hypsométriques.

Classe LIII. — Matériel de chimie. — Mention honorable.— 7.— Frère Souvain, de Grasse.

Classe LXXVI.— Agriculture.— Médaille d'or.— 8.— Institut agricole de Beauvais.

Médailles d'argent.— 9.— Pensionnat des Frères de Reims. — 10.— Frère Ragnuce, de Dijon, reliefs et tableau.— 11.— Frère Lucard, directeur de l'école normale de Rouen.

Classe LXXXIII. — Insectes utiles. — Médailles de bronze. — 12.— Frère Albéric, à Beauvais.

Classe LXXXVII. — Plantes potagères. — Médaille d'or. — 13.— Établissement agricole d'Igny, près Paris.

Classe LXXXVIII.— Arbres et fruits.— Médaille d'argent. — 14.— Établissement agricole d'Igny.

Avions-nous tort de dire que l'enseignement des Frères défie toute comparaison, et que l'attaquer, le supprimer, c'est se constituer le défenseur de l'ignorance et se faire l'adversaire du progrès?

3° Quant au patriotisme des Frères, on ne saurait le suspecter sans se rendre coupable à la fois d'injustice et d'ingratitude. Pour apprendre comment un Français doit aimer la France, les élèves des Frères n'ont qu'à lire l'histoire de leurs maîtres pendant la guerre de 1870-1871, et à suivre l'exemple qu'ils ont donné.

Cette histoire a été admirablement écrite dans un rapport, à la suite duquel l'Académie française décerna aux Frères le prix offert par la ville de Boston, pour les plus beaux actes de patriotisme accomplis durant la dernière campagne de France. On peut relire, dans l'introduction placée en tête de ce livre (pages XXIV, XXV, XXVI), quelques-unes de ces nobles pages. Qu'il suffise de rappeler ici qu'au lendemain de la bataille où le frère Néthelme tomba mortellement frappé, un membre du Gouvernement de la Défense nationale écrivit au frère Philippe, supérieur général des Frères, cette lettre éloquente, éclatant certificat de patriotisme qui ne saurait être suspect à M. Jules Ferry, puisque c'est lui-même qui l'a signée :

« Monsieur, je vous suis reconnaissant de cette pieuse pen-
« sée d'associer l'administration municipale à l'hommage que
« vous rendez demain au très digne et très courageux frère

Diocèse de Paris (suite).

DATE DE LA FONDATION	CONGRÉGATIONS ou COMMUNAUTÉS	ENFANTS INSTRUITS	PERSONNES ASSISTÉES				TOTAL	SERVICES A L'ÉTRANGER et DANS LES COLONIES
			Hôpitaux et Hospices.	Orphelinats et Ouvroirs.	Maisons de refuge, de préservation et de correction.	Asiles d'aliénés et de sourds-muets.		
	Report...	324.482		3.480	700		4.180	
	Frères des Écoles chrétiennes. (Suite.)							
1817	**Frères de la Société de Marie.** Congr. à sup. gén., aut. les 16 nov. 1825 et 18 août 1860. Maison mère à Paris. 124 écoles, dont 48 libres, 1.263 membres.	12.888		219			219	Hors de France, les Frères de la Société de Marie tiennent 31 écoles, où ils instruisent 9.936 enfants et élèvent 50 orphelins.
	A reporter...	337.370		3.699	700		4.399	

SERVICES PENDANT LA GUERRE DE 1870-71	HISTORIQUE — FAITS PARTICULIERS OBSERVATIONS
	« Néthelme, qui a payé de sa vie son dévouement pour nos « blessés. S'il y a des degrés dans l'héroïsme, les plus beaux « sacrifices sont les plus obscurs, et bien assurément le frère « Néthelme a accompli le sien sans aucun espoir de gloire. « C'est pour nous un devoir d'autant plus étroit de lui rendre « des honneurs auxquels il n'aspirait pas, mais qui témoigne-« ront une fois de plus de l'union intime de toutes les âmes « françaises dans l'amour et la foi dans la patrie. » Cette lettre fut insérée au *Journal Officiel*, comme pour donner plus d'autorité à son témoignage, ou protéger son authenticité contre toute velléité de dénégation. Le patriotisme des Frères des Écoles chrétiennes se manifeste d'ailleurs en temps de paix aussi bien qu'en temps de guerre, et nos frères d'Alsace pourraient à ce sujet nous faire de significatives confidences. Aussi, quand le gouvernement allemand ordonna l'expulsion des congrégations religieuses, il sembla à l'Alsace conquise qu'elle allait voir se briser l'un des plus étroits liens qui la rattachât à la France, et elle fit entendre ses plaintes. On était au mois de mai 1873. M. de Bismark répondit, du haut de la tribune du parlement, par ces simples mots : « Je n'ai pas autre chose à dire, sinon que les autorités de l'Alsace-Lorraine ont agi d'après cette conviction que l'activité de ces frères, de ces religieux, était encore plus préjudiciable au pays que le manque d'instituteurs, et qu'un enseignement empoisonnant l'esprit allemand en Alsace, serait pire que l'absence d'enseignement. » Ainsi l'enseignement des frères empoisonnait en Alsace l'esprit allemand, c'est-à-dire qu'il entretenait au cœur des enfants des écoles l'amour de la France, le culte de la patrie perdue. La Prusse seule aurait donc le droit de dire que, pour elle, *le cléricalisme c'est l'ennemi*, et ce n'est pas d'une bouche française que ce mot-là devrait jamais sortir. On peut en croire le plus cruel et le plus acharné des ennemis de la France.
Ambulances nombreuses où les frères soignaient les blessés dans l'intervalle des classes.	La Congrégation tient des écoles communales, des écoles libres, des écoles agricoles, des orphelinats et des pensionnats. Plus de mille enfants sont admis gratuitement, la plupart comme pensionnaires, et sont élevés et instruits aux frais de la Congrégation.

Diocèse de Paris (suite).

DATE DE LA FONDATION	CONGRÉGATIONS ou COMMUNAUTÉS	ENFANTS INSTRUITS	PERSONNES ASSISTÉES				TOTAL.	SERVICES A L'ÉTRANGER et DANS LES COLONIES
			Hôpitaux et Hospices.	Orphelinats et Ouvroirs.	Maisons de refuge, de préservation et de correction	Asiles d'aliénés et de sourds-muets.		
	Report...	337.370		3.699	700		4.399	
	Frères de St-Antoine. Congr. autor. le 23 juin 1823. Maison mère à Paris, boulevard de l'Hôpital. 3 écoles, dont une libre. 13 membres.	?						
1821	**Frères de Sainte-Croix, dits de St-Joseph.** Congrégation autorisée le 17 juin 1823. Maison mère à Neuilly. 43 écoles, dont 8 libres. 137 membres.	4.500		60			60	La Congrégation s'est établie dans les États-Unis d'Amérique, le Canada et le Nouveau-Brunswick. Elle dirige dans ces pays des écoles industrielles, des collèges, des orphelinats, des écoles primaires. Ces divers établissements instruisent environ 4.500 enfants.
1597	**Pères des Sacrés-Cœurs de Jésus et de Marie-Immaculée.** Congrégation non autorisée. Maison mère à Paris, rue de Picpus.	?						Nombreux sont les services rendus à l'étranger par les Pères de Picpus. En 1836, ils installent 2 collèges à Valparaiso et à Santiago du Chili. Leurs missionnaires civilisent l'archipel de Gambier et amènent les cannibales à renoncer à leurs hideuses pratiques.
	A reporter...	341.870		3.759	700		4.459	

SERVICES PENDANT LA GUERRE DE 1870-71	HISTORIQUE — FAITS PARTICULIERS OBSERVATIONS
	Congrégation enseignante.
Un grand nombre de frères se sont dévoués, soit comme aumôniers, soit comme infirmiers militaires.	La congrégation de Sainte-Croix a pour but l'instruction et l'éducation de la jeunesse dans les écoles secondaires et primaires, et l'éducation professionnelle dans les orphelinats agricoles. Elle a été fondée en 1821, dans le diocèse du Mans, par M. l'abbé Dujarrié, curé de Ruillé-sur-Loir, dans l'intention spéciale de fournir des instituteurs aux campagnes, qui en étaient à cette époque absolument dépourvues. Cette Congrégation a fondé en Amérique divers établissements qui ont pris un assez grand développement.
Cinq pères de Picpus ont reçu la croix de la Légion d'honneur, en récompense de l'infatigable dévouement et du courage dont ils ont fait preuve, soit dans les ambulances, soit sous le feu de l'ennemi.	Les Pères des Sacrés-Cœurs, plus connus sous le nom de Pères de Picpus, furent l'objet, pendant la Commune, des plus ignobles calomnies de la part des bandits de lettres qui se trouvaient à son service. Ces accusations produisirent leur effet sur la foule crédule : quatre membres de la Congrégation furent massacrés rue Haxo. On peut dire sans injustice que leurs véritables assassins ne sont pas ceux qui les ont fusillés.

Diocèse de Paris (suite).

DATE DE LA FONDATION	CONGRÉGATIONS ou COMMUNAUTÉS	ENFANTS INSTRUITS	PERSONNES ASSISTÉES					SERVICES A L'ÉTRANGER et DANS LES COLONIES
			Hôpitaux et Hospices.	Orphelinats et Ouvroirs.	Maisons de refuge, de préservation et de correction.	Asiles d'aliénés et de sourds-muets.	TOTAL	
	Report...	341.870		3.759	700		4.459	
	Frères des Sacrés-Cœurs de Jésus et de Marie-Immaculée. (Suite.)							Pendant ce temps, leurs frères de Valparaiso secondent le commerce français au Chili, agrandissent nos possessions et étendent le prestige de notre drapeau. Aussi, en remettant tour à tour la croix de la Légion d'honneur à l'évêque picputien des îles Marquises et au supérieur de Valparaiso, les amiraux Dupetit-Thouars et Fourichon se sont-ils fait un devoir de rendre hommage *aux éclatants services rendus par les Pères à notre pays.*
1808	**Prêtres de la Miséricorde.** Cong. non aut. Maison m. à Paris, rue de Varennes.							
1816	**Oblats de Marie-Immaculée.** Cong. non aut. Maison m. à Paris, r. St-Pétersbourg.							
	A reporter...	341.870		3.759	700		4.459	

Seine. 375

SERVICES PENDANT LA GUERRE DE 1870-71	HISTORIQUE — FAITS PARTICULIERS OBSERVATIONS
	Ministère ecclésiastique et prédication.
	Missions étrangères.

Diocèse de Paris (suite).

DATE DE LA FONDATION	CONGRÉGATIONS ou COMMUNAUTÉS	ENFANTS INSTRUITS	PERSONNES ASSISTÉES				TOTAL	SERVICES A L'ÉTRANGER et DANS LES COLONIES
			Hôpitaux et Hospices.	Orphelinats et Ouvroirs.	Maison de refuge, de préservation et de correction.	Asiles d'aliénés et de sourds-muets		
	Report...	341.870		3.759	700		4.459	
1852	**Prêtres de l'Oratoire de Jésus et de Marie.** Congrégation non autorisée. Maison mère à Paris, rue du Regard.	800						
1856	**Prêtres du Saint-Sacrement.** Congr. non aut. Maison mère à Paris, avenue de Friedland.							
	Prêtres de Notre-Dame de Sion, à Paris, Rue Duguay-Trouin. Comm. indép. non autor. 10 membres.							
	Tiers ordre enseignant de St-Dominique. Congrégation non autorisée. Maison mère à Arcueil.	1.200						
	Filles de la Charité de Saint-Vincent-de-Paul. Congr. à sup. gén., aut. le 8 nov. 1809. Maison mère à Paris. 9.130 membres.	162.070	?	23000			23.000	
	A reporter...	505.940		26759	700		27.459	

SERVICES PENDANT LA GUERRE DE 1870-71	HISTORIQUE — FAITS PARTICULIERS OBSERVATIONS
	Les Pères de l'Oratoire possèdent trois collèges : Juilly, Saint-Lô, et l'école Massillon. Parmi leurs élèves illustres on peut citer, dans le passé : Turenne, Séguier, Colbert, Tourville, Villars ; et dans notre siècle : le duc Pasquier, de Bonald, les amiraux Lacrosse et Duperré, Berryer et Bethmont, enfin le général de Sonis, le glorieux mutilé de Patay. Bethmont avait été élevé à Juilly par charité. Sans les Oratoriens, il est probable que Berryer ne l'aurait jamais eu comme émule.
	Prédication et ministère ecclésiastique.
	Prédication et ministère ecclésiastique.
	Le tiers ordre enseignant a été fondé par le Père Lacordaire, après qu'il eut restauré en France l'ordre de Saint-Dominique. Il possède aujourd'hui quatre grands collèges, plus une école commerciale maritime à Arcachon. Les Dominicains aimèrent toujours beaucoup la France, et ils se sont dévoués et se dévouent encore à l'éducation de la jeunesse : il n'en fallait pas plus pour exciter contre eux de ces haines sauvages qui ne s'assouvissent que dans le sang. Quatre Pères et huit employés ou serviteurs de la maison d'Arcueil ont été massacrés pendant la Commune.
	En matière d'œuvres charitables, rien ne vaut l'éloquence des faits: le meilleur début pour une notice sur la congrégation des Filles de la Charité, c'est donc la statistique sans commentaire des œuvres qu'elles dirigent en France, dans les colonies et à l'étranger. Voici cette statistique ; le lecteur trouvera sans nul doute qu'elle parle un langage bien éloquent.

Diocèse de Paris (suite).

DATE DE LA FONDATION	CONGRÉGATIONS ou COMMUNAUTÉS	ENFANTS INSTRUITS	PERSONNES ASSISTÉES				TOTAL	SERVICES A L'ÉTRANGER et DANS LES COLONIES
			Hôpitaux et Hospices.	Orphelinats et Ouvroirs.	Maisons de refuge, de préservation et de correction.	Asiles d'aliénés et de sourds-muets.		
	Report...	505.940		26759	700		27.459	
	Filles de la Charité de Saint-Vincent-de-Paul. (Suite.)							
	A reporter...	505.940		26759	700		27.459	

| SERVICES | HISTORIQUE — FAITS PARTICULIERS |
| PENDANT LA GUERRE DE 1870-71 | OBSERVATIONS |

STATISTIQUE
DES ŒUVRES CONFIÉES A LA CONGRÉGATION DES FILLES DE LA CHARITÉ
DE SAINT-VINCENT-DE-PAUL

FRANCE

555 maisons de charité renfermant 227 écoles communales, divisées en 895 classes; moyenne des enfants, à 60 par classe : 53.700.— 243 écoles libres, divisées en 558 classes; moyenne des enfants, à 40 par classe: 22.320.— 225 asiles communaux, 126 asiles libres, 351 dirigés par 571 sœurs; moyenne des enfants, à 150 par sœur : 86.050.— Bureaux de bienfaisance, secours à domicile, visite des pauvres, fourneaux économiques, crèches, etc. etc.; moyenne des sœurs employées dans ces œuvres : 1.000.— Nombre des pauvres visités et secourus, incalculable. Orphelins et orphelines, aveugles, sourds-muets, moyenne : 23.000; moyenne des sœurs qui s'en occupent: 1.400.—298 hôpitaux : 203 hôpitaux généraux, 12 hôpitaux militaires (marine), 82 Hôtels-Dieu civils et militaires; nombre de sœurs employées aux malades, en moyenne : 2.300. Le nombre des malades ne peut être évalué.

COLONIES

Algérie : 31 établissements, dont 6 hôpitaux civils et militaires; 25 maisons de charité, renfermant : écoles, orphelinats, crèches, dispensaires, etc., avec secours et visites aux pauvres; 209 sœurs y sont employées. — Iles de la Réunion : deux hôpitaux dirigés par 16 sœurs.

ÉTRANGER

Espagne : Hôpitaux, maisons de charité, orphelinats, écoles, etc., 273 établissements. — Portugal, *id.*: 4. — Italie, *id.* : 308.— Autriche, *id.* : 66.— Prusse Rhénane, hôpitaux : 5. — Pologne russe, orphelinats : 30.— Pologne prussienne, hôpitaux : 20.— Pologne autrichienne, maisons de charité, hôpitaux, écoles, orphelinats : 21. — Angleterre, Écosse, Irlande, maisons de charité, hôpitaux : 24. — Brésil, hôpitaux, écoles, orphelinats, maisons de charité : 27.— Chine, hôpitaux : 8.— Chili, hôpitaux, maisons de charité, écoles : 18.— Confédération Argentine, hôpitaux, maisons de charité : 12.— Équateur, hôpitaux, maisons de charité, écoles : 9.— États-Unis, hôpitaux, orphelinats, écoles : 105. — Guatemala, *id.* : 15. — Levant, hôpitaux, maisons de charité, crèches, orphelinats, écoles : 30. — Pérou, hôpitaux, orphelinats : 18.— Perse, maisons de charité, écoles : 3.

Diocèse de Paris (suite).

DATE DE LA FONDATION	CONGRÉGATIONS ou COMMUNAUTÉS	ENFANTS INSTRUITS	PERSONNES ASSISTÉES					TOTAL	SERVICES A L'ÉTRANGER et DANS LES COLONIES
			Hôpitaux et Hospices.	Orphelinats et Ouvroirs.	Maisons de refuge, de préservation et de correction.	Asiles d'aliénés et de sourds-muets.		
	Report...	505.940		26759	700		27.459	
	Filles de la Charité de Saint-Vincent-de-Paul. (Suite.)							
	A reporter...	505.940		26759	700		27.459	

SERVICES	HISTORIQUE — FAITS PARTICULIERS
PENDANT LA GUERRE DE 1870-71	OBSERVATIONS

Il est impossible d'indiquer d'une façon même approximative le nombre d'enfants instruits, des personnes assistées dans ces divers pays par les Filles de la Charité. Peut-être ne sera-t-il pas inutile, à titre de renseignements, de donner ici les résultats d'une seule année dans quelques pays d'Orient.

Syrie. — 357 orphelins élevés, 2.091 enfants instruits; 119.000 personnes pansées ou soignées dans les salles de pansements ou les dispensaires; 2.907 malades soignés dans les hôpitaux.

Constantinople. — 308 orphelins élevés, 1.230 enfants intruits, 59.100 personnes pansées ou soignées dans les salles de pansements ou les dispensaires; 1.500 malades soignés dans les h pitaux.

Salonique, Smyrne et Santorin. — 500 orphelins élevés, 1.500 enfants instruits; 84.500 personnes pansées ou soignées dans les salles de pansements ou les dispensaires; 1.157 malades soignés dans les hôpitaux.

Perse. — 20 orphelines élevées, 820 élèves instruits, sans compter ceux de 40 écoles catholiques de villages.

Chine. — 67.491 personnes pansées ou soignées dans les salles de pansement ou les dispensaires; 1.576 malades soignés dans les hôpitaux.

Par ces chiffres, qui résument les résultats d'une seule année pour un nombre très restreint de pays, on peut imaginer à quels nombres vraiment fabuleux il faudrait monter pour évaluer même approximativement les résultats généraux d'une année dans le monde entier.

Quelle est donc l'origine de cette admirable congrégation? Saint Vincent de Paul venait de fonder la congrégation de la Mission. Lui et ses fils, comme on appelait les religieux, allaient de village en village, prêchant la doctrine chrétienne et pratiquant la charité. Pour féconder la bonne semence qu'ils avaient jetée dans les âmes, ils avaient soin d'organiser partout des confréries de charité, recrutées parmi les femmes de la plus haute condition, et dont la tâche était de venir en aide aux pauvres. Ces confréries devinrent en peu de temps extrêmement nombreuses. Saint Vincent de Paul sentit bientôt qu'à mesure qu'elles se multiplieraient, ces pieuses associations échapperaient davantage à leur action et ne tarderaient pas à se départir de leur ferveur primitive. Il conçut dès lors l'idée d'une congrégation de femmes ayant pour but de fomenter et de perpétuer le bien accompli par les confréries. Pour la réaliser, il fallait une femme digne de la comprendre et capable de la mettre à exécution. La collaboratrice qu'il cherchait, il la trouva bientôt dans la personne de Louise de Marillac, veuve d'Antoine le Gras, nièce du garde des sceaux Michel de Marillac et

Diocèse de Paris (suite).

DATE DE LA FONDATION	CONGRÉGATIONS ou COMMUNAUTÉS	ENFANTS INSTRUITS	PERSONNES ASSISTÉES				TOTAL	SERVICES A L'ÉTRANGER et DANS LES COLONIES
			Hôpitaux et Hospices.	Orphelinats et Ouvroirs.	Maisons de refuge, de préservation et de correction.	Asiles d'aliénés et de sourds-muets.		
	Report...	505.940		26759	700		27.459	
	Filles de la Charité de Saint-Vincent-de-Paul. (Suite.)							
	A reporter...	505.940		26759	700		27.459	

SERVICES	HISTORIQUE — FAITS PARTICULIERS
PENDANT LA GUERRE DE 1870-71	OBSERVATIONS

du maréchal du même nom. Ce fut la première Fille de la Charité: elle fut chargée, en 1629, de visiter les confréries de charité et de prêcher d'exemple en servant partout les malades et les pauvres. La seconde Fille de la Charité fut une pauvre gardeuse de vaches de Villepreux, orpheline qui avait appris à lire toute seule, en demandant aux passants de lui faire connaître les lettres. Cette pauvre fille trouve un jour, gisant dans la rue, une femme atteinte de la peste; elle la relève, la soutient, l'emmène chez elle, lui fait partager son lit, la sauve, et meurt elle-même victime du fléau qu'elle avait si héroïquement bravé. Cette mort fut comme le signal de Dieu; elle montra une fois de plus que rien n'est fécond comme le dévouement et le martyre : d'autres jeunes filles vinrent prendre la place de l'héroïque gardeuse de vaches, et au bout de douze ans les Filles de la Charité se comptaient par milliers. Alors elles se répandirent dans le monde par essaims, et d'abord simples garde-malades à domicile, elles s'établirent bientôt dans les hôpitaux par droit de charitable conquête. Les *Petites-Maisons*, *Bicêtre*, *la Salpêtrière* furent les premiers théâtres de leur dévouement.

La congrégation fut érigée légalement le 20 octobre 1646, puis le 15 janvier 1655. Au mois de décembre 1657, le roi donna de nouvelles lettres patentes, et le 8 juin 1668, le pape accorda aux Filles de la Charité l'approbation et la confirmation apostoliques. Un passage des statuts indique bien l'esprit qui anime et soutient les pieuses infirmières dans l'exercice de leurs pénibles fonctions. *Et comme leurs emplois sont la plupart fort pénibles*, y lisons-nous, *et les pauvres qu'elles servent un peu difficiles, jusque-là que quelquefois elles en peuvent recevoir des reproches, lors même qu'elles ont le mieux fait à leur égard, elles tâcheront de tout leur possible de faire bonne provision de patience, et prieront tous les jours le Seigneur qu'il leur en donne abondamment, et leur fasse part de celle qu'il a exercée envers ceux qui le calomniaient, souffletaient, flagellaient et crucifiaient.*

Il importe de faire remarquer que les Sœurs de Saint-Vincent ne sont pas des religieuses, à proprement parler. Leur fondateur leur a expressément imposé cette obligation de vivre en communauté sans jamais s'assimiler aux religieuses de divers ordres. Ce sont, suivant les paroles de saint Vincent, *des filles de paroisse*, vivant ensemble sous une règle commune, qu'elles s'engagent à observer pour un an seulement. Le 25 mars de chaque année elles renouvellent leur engagement, et sont libres de ne pas le faire et de rentrer dans le monde.

Il n'est point possible de suivre ici pas à pas la marche progressive de l'institution depuis deux siècles et demi : « Com-

Diocèse de Paris (suite).

DATE DE LA FONDATION	CONGRÉGATIONS ou COMMUNAUTÉS	ENFANTS INSTRUITS	PERSONNES ASSISTÉES					SERVICES A L'ÉTRANGER et DANS LES COLONIES
			Hôpitaux et Hospices.	Orphelinats et Ouvroirs.	Maisons de refuge, de préservation et de correction.	Asiles d'aliénés et de sourds-muets.	TOTAL	
	Report...	505.940		26759	700		27.459	
	Filles de la Charité de Saint-Vincent-de-Paul. (Suite.)							
	A reporter...	505.940		26759	700		27.459	

SERVICES	HISTORIQUE — FAITS PARTICULIERS
PENDANT LA GUERRE DE 1870-71	OBSERVATIONS

ment, en quelques lignes, montrer ces humbles filles dans les hôpitaux, dans les écoles, dans leurs maisons paroissiales, dans les prisons, dans les asiles des fous, recueillant les enfants trouvés, les paralytiques, et soignant les forçats? Comment les suivre sur les champs de bataille, en Pologne, où la reine les avait mandées, aux ambulances de Calais, où Anne d'Autriche les avait appelées après la bataille des Dunes, puis revenant en France après avoir laissé sur le champ d'honneur de la charité la moitié de leur petit bataillon? Pouvons-nous les accompagner en Piémont, en Autriche, en Suisse, en Espagne, en Italie, en Allemagne, fondant des hôpitaux, des écoles, se dévouant pendant les épidémies, et étonnant le monde par leur héroïsme? Non!

« La Révolution de 1793 chassa, persécuta les Filles de la Charité, comme elle avait chassé et persécuté les prêtres. On avait peur qu'elles n'affaiblissent les haines et n'apaisassent les colères avec lesquelles on voulait faire des émeutes et de sanglantes journées. On leur interdit d'enseigner au peuple les devoirs, de parler de ceux-ci à l'oreille des mourants.

« Mais si les décrets de la Convention avaient pu leur prendre leurs biens, ils n'avaient pu leur enlever du cœur leur dévouement aux pauvres; elles se firent infirmières séculaires. Elles ne pouvaient plus recevoir les malades dans leurs maisons hospitalières, elles allaient les visiter dans leurs mansardes. Ainsi se passèrent, pour les Filles de la Charité, les années de la Terreur.

« Le premier consul rendit les Filles de la Charité aux hôpitaux, aux prisons, aux enfants trouvés, aux pauvres, enfin à tous ceux qui ont besoin d'être consolés. »

Dans notre siècle, les faits d'héroïsme qu'on pourrait citer à l'honneur des Filles de la Charité sont innombrables; elles sont répandues dans l'univers entier, et si lointain, si périlleux que soit le champ de bataille où il faille courir, elles répondent toujours à l'appel de la charité. En 1848, nous voyons la sœur Mélanie soigner les victimes des journées de juin : une balle traverse sa blanche cornette sans décourager son dévouement. Elle sauve la vie à un officier de mobiles et à un insurgé qui la menace, en appuyant sa baïonnette sur sa poitrine; elle répond : « Crois-tu donc que j'aie peur de ta baïonnette? je ne crains que Dieu. » Six ans après, elle part pour Constantinople, et meurt en soignant les cholériques de l'armée de Crimée. Les musulmans l'avaient appelée du nom gracieux d'*ange sans ailes*.

Pendant la dernière guerre, les Filles de la Charité étaient partout où il y avait du danger. Les épidémies firent parmi elles de terribles ravages. A Gravelotte, une sœur qui soignait

Diocèse de Paris (suite).

DATE DE LA FONDATION	CONGRÉGATIONS ou COMMUNAUTÉS	ENFANTS INSTRUITS	PERSONNES ASSISTÉES					SERVICES A L'ÉTRANGER et DANS LES COLONIES
			Hôpitaux et Hospices.	Orphelinats et Ouvroirs.	Maisons de refuge, de préservation et de correction.	Asiles d'aliénés et de sourds-muets.	TOTAL	
	Report...	505.940		26759	700		27.459	
	Filles de la Charité de Saint-Vincent-de-Paul. (Suite.)							
	A reporter...	505.940		26759	700		27.459	

SERVICES PENDANT LA GUERRE DE 1870-71	HISTORIQUE — FAITS PARTICULIERS OBSERVATIONS

un blessé, eut la main coupée par le sabre d'un uhlan; à Reischoffen, une autre vient de panser un pauvre soldat et le soutient dans sa marche, quand un boulet lui brise les deux jambes: le soldat et la sœur meurent dans le même sillon; à Spickeren, on en trouve une sur le champ de bataille même, le front fracassé d'une balle, entre deux blessés, dont l'un tenait encore sa main froide et toute souillée de sang; à Souzy, quatre sœurs accusées d'avoir poussé les habitants à la résistance, furent fusillées par les Prussiens. De toutes ces victimes héroïques Dieu seul connaît le nom.

Qui ne connaît la sœur Rosalie, la sœur Dusoullier, la sœur Chagny, la sœur Perrin, la sœur Onésime, ces héroïnes de la charité, qui dans les hôpitaux comme sur les champs de bataille, en face des épidémies ou des inondations, à Paris, à Jouarre, à Toulouse, ont cent fois risqué leur vie pour sauver celle des malades et des pauvres dont on leur avait confié la garde? Il a fallu vaincre leur modestie pour les décider à se laisser attacher la croix de la Légion d'honneur sur la poitrine, et le jour où elles l'ont reçue est probablement le seul où elles aient consenti à la porter.

Si nous quittons la France, nous retrouvons à l'étranger les Filles de la Charité : elles s'y dévouent aux mêmes œuvres avec le même courage, et s'efforcent partout de faire aimer et bénir le nom de la France. Voici en quels termes l'amiral Laplace leur rend témoignage : « Dans toutes nos possessions lointaines, j'ai trouvé ces saintes personnes admirables de dévouement, même d'héroïsme, non pas de cet héroïsme excité, soutenu par les applaudissements de la multitude, mais de cet amour du prochain mille fois plus héroïque, parce qu'il est sans gloire, sans récompense, du moins dans ce monde, et qui pourtant fait braver à des êtres faibles, à des jeunes filles, les horreurs d'un long exil, loin de leurs familles, que la plupart d'entre elles, épuisées par les fatigues et les maladies, ne doivent jamais revoir. »

Un coup d'œil rapide sur les œuvres accomplies hors de France par les Filles de la Charité, va nous permettre d'apprécier la justesse de cette appréciation. En Orient, les Filles de la Charité de Saint-Vincent-de-Paul ont travaillé plus efficacement que personne à assurer la prédominance incontestée de l'influence française. Les enfants affluent dans leurs écoles. Elles reçoivent indistinctement Turques, Juives, Arméniennes, schismatiques, orthodoxes, Bulgares, et surtout les catholiques. A Gabatâ, il y a chaque jour plus de 400 enfants dans une seule école; à Péra, à peu près autant. Les autres centres de population donnent des résultats analogues.

Toutes ces enfants parlent le français. D'après un aperçu fort

DATE DE LA FONDATION	CONGRÉGATIONS ou COMMUNAUTÉS	ENFANTS INSTRUITS	PERSONNES ASSISTÉES					SERVICES A L'ÉTRANGER et DANS LES COLONIES
			Hôpitaux et Hospices.	Orphelinats et Ouvroirs.	Maisons de refuge, de préservation et de correction.	Asiles d'aliénés et de sourds-muets.	TOTAL	
	Report...	505.940		26759	700		27.459	
	Filles de la Charité de Saint-Vincent-de-Paul. (Suite.)							
	A reporter....	505.940		26759	700		27.459	

SERVICES	HISTORIQUE — FAITS PARTICULIERS
PENDANT LA GUERRE DE 1870-71	OBSERVATIONS

impartial, on a pu constater que plus de *cent mille enfants* ont appris notre langue à Smyrne et à Constantinople, seulement depuis que les sœurs y sont. A Alexandrie, Beyrouth et Damas, pareil résultat. C'est très certainement l'arrivée des Sœurs de la Charité et des Frères des Écoles chrétiennes, qui ne sont venus que plus tard, appelés par les Lazaristes, qui a déterminé la supériorité du *français* en Orient. C'est l'*italien* qui dominait auparavant.

Là où les Dames de Sion ou quelque autre communauté de ce genre n'existe pas, les sœurs ont des pensionnats où elles élèvent les filles de bonne famille. Elles cèdent ces pensionnats à d'autres religieuses, lorsqu'il s'en présente, pour ne s'occuper que des pauvres. Les sœurs tiennent en outre des orphelinats, dont quelques-uns comptent plus de 200 enfants. Comme en Orient, dans l'Amérique du Sud, les pensions de jeunes filles que les sœurs dirigent, les classes nombreuses de petites filles qu'elles tiennent, contribuent extraordinairement à la diffusion de la langue française.

Non seulement les Sœurs de Saint-Vincent-de-Paul font elles-mêmes le bien, mais elles s'efforcent d'initier les autres à la pratique de la charité. C'est ainsi qu'elles forment les dames catholiques, partout où il y en a, à la charité en les réunissant en société de secours (Dames des pauvres malades), et les habituent à aller visiter les malades à domicile, ce qui se fait presque partout où il y a des sœurs. Quand arrivent les épidémies, le choléra, les fièvres et autres fléaux si fréquents en Orient, les sœurs quittent leurs bonnes œuvres intérieures pour se porter au secours des populations. Leur présence rassure les pauvres gens qui n'ont pas de quoi fuir. Elles se sont fait admirer par les musulmans dans ces circonstances qui, malheureusement, se renouvellent assez souvent.

Dans ces occasions difficiles, loin de reculer devant le fléau, elles se sont toujours admirablement comportées, payant de leur personne et souvent de leur vie le dangereux honneur de se dévouer aux malades frappés de contagion. L'année dernière (1878), onze d'entre elles ont succombé à Constantinople, en soignant les réfugiés turcs décimés par le typhus.

Dans les hôpitaux, les sœurs soignent d'abord leurs nationaux, puis tous ceux qu'elles peuvent recueillir, et le nombre en est grand. Dans les dispensaires, les sœurs font un bien immense. A Salonique, par exemple, où la colonie catholique est très faible (de 3 à 400 personnes), les sœurs reçoivent tout le monde au dispensaire, elles donnent des remèdes ou font des pansements à plus de 300 personnes par jour, et cela gratuitement. Cette œuvre a tellement frappé les indigènes, que c'est à elle que les sœurs doivent la considération dont elles jouis-

Diocèse de Paris (suite).

DATE DE LA FONDATION	CONGRÉGATIONS ou COMMUNAUTÉS	ENFANTS INSTRUITS	PERSONNES ASSISTÉES				TOTAL	SERVICES A L'ÉTRANGER et DANS LES COLONIES
			Hôpitaux et Hospices.	Orphelinats et Ouvroirs.	Maisons de refuge, de préservation et de correction.	Asiles d'aliénés et de sourds-muets.		
	Report...	505.940		26759	700		27.459	
	Filles de la Charité de Saint-Vincent-de-Paul. (Suite.)							
	Sœurs de Ste-Marthe, Congr. à sup. gén., autor. le 14 juin 1810. Maison mère à Paris. 98 membres.	?	?					
	Total...	505.940		26759	700		27.459	

| SERVICES | HISTORIQUE — FAITS PARTICULIERS |
PENDANT LA GUERRE DE 1870-71	OBSERVATIONS

	sent. Il est inouï qu'un Turc ait insulté une sœur; ils ont le plus absolu respect pour elle, et il leur semble que *ces chapeaux blancs français* sont descendus du ciel pour les secourir.
	    Les champs de bataille ont toujours été pour le dévouement des Filles de la Charité un théâtre préféré, parce qu'il demande peut-être plus d'énergie et plus de courage, et qu'il répond plus directement à l'ardent patriotisme qui brûle au fond de leurs âmes si chevaleresques et si françaises.
	    En 1855, lors de la guerre de Crimée, 30 d'entre elles ont péri dans les hôpitaux et les ambulances, où elles soignaient nos soldats.
	    Depuis cette guerre, durant laquelle elles ont conquis l'estime des Anglais, au point qu'elles peuvent parcourir librement toute la Grande-Bretagne, revêtues de leur costume religieux, malgré les lois formelles qui le proscrivent, elles ont été employées par les diverses puissances belligérantes. Pendant la guerre du Mexique, elles étaient à la fois dans les deux camps, français et mexicain.
	    Pendant la guerre de Sécession, elles se trouvaient également dans les armées du Nord et du Sud. A l'époque de la guerre d'Italie, on les vit aussi dans l'armée autrichienne comme dans l'armée française; en 1870, les Allemands les amenèrent avec eux, tandis que d'autre part elles se dévouèrent sur tous les points envahis de la France.
	    Dernièrement encore, les Russes, malgré leur excessive intolérance religieuse, les ont appelées pour leurs ambulances pendant la guerre avec la Turquie. Toutes les puissances, schismatiques, protestantes, musulmanes, etc., acceptent avec reconnaissance les services des Sœurs de Saint-Vincent-de-Paul.
	    Il serait bien singulier que la France républicaine les proscrivît ou les tourmentât, alors que les autres peuples les lui envient et tiennent à honneur de recevoir chez eux les colonies que la maison mère de Paris leur envoie.

	Congrégation hospitalière et enseignante.

Diocèse de Paris (suite).

DATE DE LA FONDATION	CONGRÉGATIONS ou COMMUNAUTÉS	ENFANTS INSTRUITS	PERSONNES ASSISTÉES				TOTAL	SERVICES A L'ÉTRANGER et DANS LES COLONIES
			Hôpitaux et Hospices.	Orphelinats et Ouvroirs.	Maisons de refuge, de préservation et de correction.	Asiles d'aliénés et de sourds-muets.		
	Report...	505.940		26759	700		27.459	
	Sœurs de la Mère de Dieu. Congrégation à supérieure générale, autorisée le 15 juillet 1810. Maison mère à Paris. 156 membres.	1.000		?				
1658	**Dames de St-Thomas-de-Villeneuve.** Congr. à sup. gén., aut. le 16 juillet 1810. Maison mère à Paris. 47 établis., dont 12 privés. 783 memb.	2.680	5.327	1.205			6.532	
	A reporter...	509.620	5.327	27964	700		33.991	

| SERVICES
PENDANT LA GUERRE DE 1870-71 | HISTORIQUE — FAITS PARTICULIERS
OBSERVATIONS |
|---|---|
| Toutes les maisons qui se trouvaient à proximité du théâtre de la guerre ont été transformées en ambulances. A Paris seulement, les sœurs ont constamment soigné 50 blessés, pendant toute la durée du siège, et cela toujours et exclusivement à leurs frais.
A Écouen et à Saint-Denis, ambulance française, puis prussienne, qui n'a pas reçu moins de 5.000 soldats. A l'arrivée de l'ennemi, les sœurs surent, à l'aide de déguisements, faire échapper un certain nombre de soldats français.
Dans les maisons qui n'étaient pas transformées en ambulances, on n'a cessé, pendant toute la guerre, de travailler pour les soldats prisonniers, en confectionnant pour eux des chaussettes, des vêtements chauds, et en réunissant, tant en espèces qu'en nature, des secours que les sœurs ont pu faire parvenir jusque dans la citadelle où ils étaient enfermés. Toutes les maisons ont, en outre, préparé et envoyé une grande quantité de charpie et de linge pour le pansement des blessés. | Les Sœurs de la Mère de Dieu se dévouent à l'éducation des jeunes filles dans divers pensionnats, et en particulier des filles des officiers et des chevaliers de la Légion d'honneur, dans les maisons d'Écouen et des Loges. A chacun de leurs pensionnats libres est annexé soit un orphelinat de 20 à 25 orphelines, soit un externat, l'un et l'autre entièrement gratuit.
Mme de Lezeau est la fondatrice de cette Congrégation. Dépouillée d'une partie de sa fortune par suite des confiscations dont sa famille avait été victime durant la Révolution, elle consacra tout ce qui lui restait de son patrimoine à de pauvres orphelines dont elle se fit la mère. Puis, quand on lui eut enlevé les derniers débris de ce patrimoine, elle leur donna, de concert avec ses premières compagnes, son travail du jour et de la nuit; elles en élevèrent ainsi jusqu'à 80, sans autre ressource que celle de la Providence.
Mme de Lezeau, en acceptant la direction des maisons de la Légion d'honneur, ne voulut pas abandonner ses orphelines, et obtint que celles-ci fussent admises les premières dans ces établissements.
De plus, dans les pensionnats libres, une large part est toujours faite à l'infortune; on y élève gratuitement un bon nombre d'enfants appartenant à des familles honorables, mais tombées dans le malheur.
Enfin, celles des anciennes élèves qui éprouvent des revers sont secourues dans leurs besoins, et considèrent à bon droit comme une seconde famille les maisons dans lesquelles elles ont été élevées. |
| Les sœurs ont ouvert 55 ambulances à leurs frais, et, dans plusieurs de leurs maisons, elles ont en outre logé et nourri bon nombre de soldats. | Cette Congrégation a été d'abord fondée en Bretagne, dans l'intention de relever les petits hôpitaux les plus pauvres et les plus abandonnés, qui étaient, au milieu du XVIIe siècle, dans une très grande misère.
Aujourd'hui, les Dames de Saint-Thomas-de-Villeneuve desservent les hôpitaux et dirigent des orphelinats, des crèches, des pensionnats avec écoles libres et gratuites. Dans les établissements publics hospitaliers, elles ne reçoivent pas de traitement, mais simplement le vêtement et la nourriture. |

Diocèse de Paris (suite).

DATE DE LA FONDATION	CONGRÉGATIONS ou COMMUNAUTÉS	ENFANTS INSTRUITS	PERSONNES ASSISTÉES				TOTAL	SERVICES A L'ÉTRANGER et DANS LES COLONIES
			Hôpitaux et Hospices.	Orphelinats et Ouvroirs.	Maisons de refuge, de préservation et de correction.	Asiles d'aliénés et de sourds-muets.		
	Report...	509.620	5.327	27964	700		33.991	
	Dames de Saint-Thomas de Villeneuve. (Suite.)							
VIIᵉ siècle	**Sœurs Augustines hospitalières.** Congrégation à supérieure générale, autorisée 26 décembre 1810. Maison mère à l'Hôtel-Dieu de Paris. 136 memb.		?					
1666	**Sœurs de l'Instruction charitable du Saint-Enfant-Jésus, dites de Saint-Maur.** Congrégation à supérieure générale, autorisée le 19 janvier 1811. Maison mère à Paris. 615 membres.	19.543	?	?				Les Sœurs de Saint-Maur, travaillent à répandre l'instruction et la civilisation dans les contrées les plus éloignées; c'est ainsi qu'en Chine, au Japon, dans la Malaisie, elles font aimer et bénir la France en se présentant en son nom pour instruire les enfants, soigner les malades, sauver les jeunes filles du vice, arracher souvent à la mort de pauvres petits êtres abandonnés par leurs parents dénaturés.
	A reporter...	529.163	5.327	27964	700		33.991	

SERVICES PENDANT LA GUERRE DE 1870-71	HISTORIQUE — FAITS PARTICULIERS OBSERVATIONS
	A Paris, depuis l'an 1700, les sœurs ont établi à leur maison mère un pansement gratuit pour les ouvriers et les pauvres qui se présentent : 4 religieuses y sont employées toute la matinée, et quand une consultation ou une opération sont nécessaires, on procure à ces pauvres gens les soins gratuits du médecin.
Soigné de nombreux malades et blessés dans les hôpitaux.	Les Augustines hospitalières desservent à Paris l'Hôtel-Dieu, la Charité, les hôpitaux Saint-Louis, Lariboisière et Beaujon. Cette Congrégation remonte à saint Landry, évêque de Paris. Depuis cette époque, les Augustines ont continué leur œuvre de charité sans interruption, en traversant les siècles et les événements politiques, et les épidémies de tout genre, sans jamais quitter le chevet de leurs malades.
Établi plusieurs ambulances et travaillé pour venir en aide aux prisonniers.	L'éducation et l'instruction des enfants de toutes les classes, tel est le but principal des Sœurs de Saint-Maur. Elles en instruisent 11.700 dans les classes gratuites, et 7.843 dans les pensionnats et externats payants. Elles ont, en outre, 3 hospices et 2 orphelinats. En 1666, le Rév. Père Barré, religieux minime, frappé des suites funestes de l'ignorance religieuse chez les enfants du peuple, conçut le dessein d'établir des écoles pour instruire gratuitement les jeunes filles des classes pauvres : c'est ainsi que fut fondé l'Institut des Sœurs de l'Instruction chrétienne et charitable du Saint-Enfant-Jésus, dit de Saint-Maur. Des écoles furent ouvertes dans plusieurs grandes villes de province. L'instruction en parut si solide, que l'on pensa à en faire profiter les élèves des classes élevées : ce fut l'origine des pensionnats. De 1666 à 1792, les sœurs instruisirent la jeunesse dans des classes nombreuses établies sur divers points de la France, mais principalement dans le midi. A l'époque de la Révolution, dispersées et obligées de quitter l'habit religieux, elles continuèrent prudemment leurs humbles fonctions. Plusieurs furent emprisonnées, et ne durent leur liberté et leur vie qu'au 9 thermidor. Lorsque, en 1806, la paix et le calme furent rendus à l'Eglise de France, les sœurs de l'institut, dispersées par la tourmente révolutionnaire, se hâtèrent de se réunir. Un décret de Napoléon les y autorisa provisoirement en 1809; puis, en 1811, un autre décret leur accorda une autorisation définitive. La Congrégation a repris et continué ses services et ses traditions du

Diocèse de Paris (suite).

DATE DE LA FONDATION	CONGRÉGATIONS ou COMMUNAUTÉS	ENFANTS INSTRUITS	PERSONNES ASSISTÉES					TOTAL	SERVICES A L'ÉTRANGER et DANS LES COLONIES
			Hôpitaux et Hospices.	Orphelinats et Ouvroirs.	Maisons de refuge, de préservation et de correction.	Asiles d'aliénés et de sourds-muets.		
	Report...	529.163	5.327	27964	700		33.991	
	Sœurs de l'Instruction charitable du Saint-Enfant-Jésus, dites de Saint-Maur. (Suite.)							
	A reporter...	529.163	5.327	27964	700		33.991	

SERVICES PENDANT LA GUERRE DE 1870-71	HISTORIQUE — FAITS PARTICULIERS OBSERVATIONS
	passé, ainsi que son dévouement à la tâche glorieuse et si importante qu'elle est appelée à remplir. À Liesse, la sœur chargée de l'hôpital mourut victime des coups qu'elle avait reçus en défendant ses chers malades contre les cosaques, lors de l'invasion de 1814. Telle est, trop rapidement résumée, l'histoire d'une Congrégation modeste qui fait peu de bruit mais beaucoup de bien. En feuilletant l'histoire des divers établissements particuliers qu'elle possède en France, nous trouvons une curieuse page, qu'on ne lira pas sans intérêt. C'est l'histoire de la maison de Louhans (Saône-et-Loire) durant la période révolutionnaire. Il n'est pas inutile de faire remarquer, d'ailleurs, que l'établissement hospitalier dont il est question devait sa prospérité au zèle et à la générosité d'une pieuse fondatrice, Mme de Chamillard. Le 4 avril de l'an 1790, l'ancien bureau, trop conservateur sans doute, est remplacé par une nouvelle administration. Ce sont les officiers municipaux qui, comme tels, la composent. Le 5 avril 1792, les six sœurs qui sont demeurées à Louhans, ayant à leur tête Mme de Goulard, qui fut plus tard supérieure générale de la congrégation de Saint-Maur, refusent de prêter le serment et demandent à partir. Le 16 avril, les sœurs sont remplacées par deux laïques, qui doivent soigner les orphelines et les malades, et auxquelles on en adjoint bientôt deux autres; mais le 29 novembre de la même année, les deux premières donnent leur démission. Au mois de mars 1793, une nouvelle laïque se retire encore; de mois en mois ce sont de nouvelles institutrices laïques nommées, puis démissionnaires. C'est un malaise sans pareil, si bien que, le 13 fructidor an IV, le bureau rappelle les Sœurs de Saint-Maur, qui n'avaient pas prêté serment. Elles étaient quatre qui étaient restées à Louhans, leur patrie. A leur rentrée, elles constatent que tout est en très mauvais état; les enfants sont d'une malpropreté excessive. Le bureau, pour augmenter les ressources de la maison, fixe une rétribution scolaire pour les enfants, et défend que nulle ne soit reçue gratuitement sans son ordre. Ainsi il y a quatre ans que la liberté a été proclamée, et déjà la maison n'a plus de ressources, et les écoles ne sont plus gratuites que pour des exceptions! — Le 17 ventôse an V, le bureau indique certains immeubles qui dépendent du domaine national, pour remplacer, aux termes de la loi du 16 vendémiaire an V, la somme de 49.232 fr. 50 c., total des rentes qui lui appartiennent, et qui sont toutes dans les coffres de la nation. Le 24 germinal an V, le commissaire du directoire défend aux sœurs d'aller à la messe, qui se disait à l'hospice. Le 10 fructidor, une sœur est accusée d'avoir eu l'*immoralité* de chercher à

Diocèse de Paris (suite).

DATE DE LA FONDATION	CONGRÉGATIONS ou COMMUNAUTÉS	ENFANTS INSTRUITS	PERSONNES ASSISTÉES				TOTAL	SERVICES A L'ÉTRANGER et DANS LES COLONIES
			Hôpitaux et Hospices.	Orphelinats et Ouvroirs.	Maisons de refuge, de préservation et de correction.	Asiles d'aliénés et de sourds-muets.		
	Report...	529.163	5.327	27964	700		33.991	
	Sœurs de l'Instruction charitable du Saint-Enfant-Jésus, dites de Saint-Maur. (Suite.)							
1821	**Dames de Sainte-Clotilde.** Congrégation à supérieure générale, autorisée le 7 juin 1826. Maison mère à Paris. 52 membres.	165		15			15	
	A reporter...	529.328	5.327	27979	700		34.006	

SERVICES PENDANT LA GUERRE DE 1870-71	HISTORIQUE — FAITS PARTICULIERS OBSERVATIONS
	inspirer aux jeunes personnes de l'aversion pour les ministres du culte qui ont prêté serment, et la sœur est renvoyée. Le 14 ventôse an VI, à six heures du soir, les Sœurs de Saint-Maur sont une seconde fois renvoyées : le bureau ne peut trouver personne pour les remplacer. Alors il veut placer les orphelines chez des citoyennes honnêtes, soit en ville, soit à la campagne, mesure qui ne put être exécutée. Le 16 prairial an VI, les sœurs reviennent; seulement elles se soumettent aux obligations : 1° *d'enseigner les droits de l'homme;* 2° de s'en inspirer dans leurs modèles d'écriture; 3° de donner congé les jours de décade; 4° d'accoutumer leurs élèves à employer la dénomination de citoyen. Les sœurs s'y soumettent, mais l'administration municipale s'engage à ne pas gêner la liberté des cultes. Le 19 vendémiaire an VII, les sœurs ne veulent plus conduire leurs élèves à une réunion de citoyens, parce que, disent-elles, ces réunions blessent leur conscience. Le 27 vendémiaire, elles ont ordre d'évacuer la maison, pour la troisième fois. Le 3 brumaire an VII, le bureau s'est adressé à 11 personnes, et n'a pu en déterminer aucune à accepter le poste d'institutrice. Alors il permet que les sœurs continuent à surveiller seulement les orphelines. Le 5 frimaire, on installe enfin une nouvelle institutrice laïque; mais, comme précédemment, c'est le commencement d'un va-et-vient continuel dont la maison ne bénéficie pas. Enfin, le 2 pluviôse an XI, l'administration rappelle Mme de Goulard, et la prie d'accepter un poste que l'estime et la conscience publiques sollicitent pour elle. Depuis 1853, la maison de charité est administrée uniquement par la Congrégation de Saint-Maur. Les bâtiments et le domaine qu'elle avait reçus de la munificence des chrétiens de Louhans avant la Révolution, appartiennent à l'hospice. Voilà par quelles péripéties passa cet établissement durant la période révolutionnaire. Cette page d'histoire rétrospective ne contient-elle pas une leçon pleine d'actualité ?
Les Dames de Sainte-Clotilde eurent chez elles une ambulance de 25 à 30 lits pendant 11 mois, toujours à leurs frais. Aussi, à la fin de la guerre, elles n'avaient plus rien : l'intendance militaire et la société de secours aux blessés leur vinrent heureusement en aide. Outre les blessés, les Dames	Les Dames de Sainte-Clotilde se consacrent, dans deux pensionnats, à l'éducation des jeunes personnes. Quelques pensionnaires et quinze orphelines y sont élevées gratuitement. Leur origine remonte à l'année 1796. A cette époque, au sortir de la Terreur, un pensionnat fut fondé dans une pensée de zèle avec la volonté intime de le convertir un jour en congrégation religieuse, afin d'en perpétuer la durée. Les pieux désirs de la fondatrice ne purent être réalisés qu'en 1821.

Diocèse de Paris (suite).

DATE DE LA FONDATION	CONGRÉGATIONS ou COMMUNAUTÉS	ENFANTS INSTRUITS	PERSONNES ASSISTÉES				TOTAL	SERVICES A L'ÉTRANGER et DANS LES COLONIES
			Hôpitaux et Hospices.	Orphelinats et Ouvroirs.	Maisons de refuge, de préservation et de correction.	Asiles d'aliénés et de sourds-muets.		
	Report...	529.328	5.327	27979	700		34.006	
	Dames de Sainte-Clotilde. (Suite.)							
	Sœurs de Saint-Joseph de Cluny. Congrégation à supérieure générale, autorisée les 17 janvier 1827 et 21 juillet 1870. Maison mère à Paris. 2.067 membres.	34.575	5.916	1.199		1.886	9.001	(Voir, pour les services à l'étranger et dans les colonies, la colonne consacrée à l'historique de la Congrégation.)
	A reporter...	563.903	11243	29178	700	1.886	43.007	

SERVICES PENDANT LA GUERRE DE 1870-71	HISTORIQUE — FAITS PARTICULIERS OBSERVATIONS
de Sainte-Clotilde ont donné asile, pendant 9 mois, à 120 incurables d'Ivry, et de plus, pendant la Commune, à 40 jeunes incurables de Neuilly avec leurs sœurs. Elles ont d'ailleurs toujours conservé auprès d'elles leurs orphelines.	
La maison mère, rue du Faubourg-Saint-Jacques, à Paris, a été exclusivement consacrée, pendant la guerre, partie à une ambulance pour les blessés, partie à loger 100 vieillards des Petits-Ménages de Vitry. Une trentaine de sœurs ont été mises au service des uns et des autres, non seulement pendant la durée du siège, mais encore jusque vers la fin de mai 1871. La Congrégation eut aussi des ambulances dans plusieurs de ses maisons du Nord, de l'Ouest et de l'Est, à Beauvais, Chantilly, Nanteuil, Villers-Bretonneux, Meaux, Lagny, Rouen, Brest, etc.	Les Sœurs de Saint-Joseph de Cluny ont pour but : l'éducation et l'enseignement de l'enfance et de la jeunesse, le soin des malades dans les hôpitaux et dans les asiles d'aliénés, la tenue de quelques pénitenciers aux colonies. Parmi les orphelinats qu'elles dirigent, un certain nombre sont entièrement à leur charge. Cette Congrégation est née d'une pensée de zèle et de charité. Profondément émue à la vue des ruines qu'avait faites la grande Révolution au détriment des classes pauvres, qui se voyaient privées des moyens d'instruction pour leurs enfants, par la suppression des ordres religieux, la révérende mère Javouhey conçut le projet, qu'elle réalisa dans les premières années de ce siècle, de fonder un institut qui se consacrât spécialement à l'éducation des orphelines et des enfants pauvres parmi les populations les plus délaissées. Fidèle à l'esprit de sa vocation, la révérende mère se dévoua encore avec ses filles à la moralisation des noirs de nos colonies. Dès 1816, elle envoyait des sœurs à l'île Bourbon, et successivement dans tous les pays d'outre-mer appartenant à la France. Vivement touchée du triste état des nègres du Sénégal, qu'elle visita en 1822, elle fit venir et élever à ses frais, en France, plus de trente jeunes gens qui, dans sa pensée, devaient coopérer à la régénération morale de leurs compatriotes; mais cet essai généreux échoua, par suite de la rigueur du climat qu'ils ne purent supporter. Plus tard, en 1835, le gouvernement français confia à la mère Javouhey, dont il connaissait le dévouement religieux, ainsi qu'à celui des membres de son Institut, le soin de préparer à la liberté cinq à six cents noirs capturés, qu'elle réunit sur les bords de la Mana (Guyane française), où, grâce à son intelligence et à sa grande charité, se fit, sans trouble et sans désordre, leur complète émancipation, qui précéda de plusieurs années l'abolition de l'esclavage dans nos colonies. Le quartier

Diocèse de Paris (suite).

DATE DE LA FONDATION	CONGRÉGATIONS ou COMMUNAUTÉS	ENFANTS INSTRUITS	PERSONNES ASSISTÉES					TOTAL	SERVICES A L'ÉTRANGER et DANS LES COLONIES
			Hôpitaux et Hospices.	Orphelinats et Ouvroirs.	Maisons de refuge, de préservation et de correction.	Asiles d'aliénés et de sourds-muets.		
	Report...	563.903	11243	29178	700	1.886	43.007	
	Sœurs de Saint-Joseph de Cluny. (Suite.)							
1822	**Sœurs de Bon-Secours de N.-D.-Auxiliatrice.** Congr. à sup. gén., aut. le 17 janvier 1827. Maison mère à Paris. 8 établis. en France. 250 membres.	350		65			65	Maison de garde-malades en Angleterre.
	A reporter...	564.253	11243	29243	700	1.886	43.072	

Seine. 403

SERVICES	HISTORIQUE — FAITS PARTICULIERS
PENDANT LA GUERRE DE 1870-71	OBSERVATIONS

	de Mana, formé de ces noirs libérés, présente, après Cayenne, la population la plus compacte et la plus nombreuse de la Guyane française. Non contente de cette grande œuvre, qui suffirait à faire bénir sa mémoire, la révérende mère se consacra aussi au soulagement des lépreux de la Guyane, qu'elle réunit, au nombre de plus de quatre-vingts, sur les bords de l'Accarouany, affluent de la Mana, pour leur faire donner, par ses Filles, des soins auxquels ils étaient complètement étrangers ; et depuis cette époque, qui remonte à 1833, la léproserie de l'Accarouany a toujours été sous la direction des sœurs de la Congrégation. Au Sénégal, douze sœurs sont mortes récemment de la fièvre jaune. L'institut des sœurs de Saint-Joseph de Cluny est répandu dans toutes les colonies françaises, à l'exception de l'Algérie et de la Cochinchine. Il y fut appelé par le gouvernement pour y être chargé du soin et de l'éducation de la jeunesse, et même du service des hôpitaux dans la plupart de nos possessions. Toutes les écoles pour les jeunes filles sont entre ses mains. Ses membres s'occupent aussi des femmes adultes pour leur apprendre le catéchisme, les maintenir dans le devoir et les porter au bien. A l'époque où se fit l'émancipation générale des esclaves, et même plusieurs années auparavant, les sœurs joignirent leurs humbles efforts à ceux du clergé pour faire entrer cette population inculte et grossière dans la connaissance et la pratique des devoirs du chrétien ; et, depuis, elles continuent dans toutes nos îles leur mission de zèle et de charité. La Congrégation possède encore des établissements à Rome et en Irlande, ainsi que dans plusieurs colonies anglaises d'Amérique et d'Afrique, au Pérou, à Haïti et dans l'île de Madagascar. Elle occupe, en France, environ 1.278 sœurs, et dans les pays d'outre-mer et autres pays étrangers, 789.
Durant la guerre de 1870-71, les Sœurs de Bon-Secours ont tenu, à Paris seulement, 14 ambulances, dont 2 entièrement à leur charge. En province, même dévouement. Il n'est pas jusqu'aux sœurs infirmes de la maison de repos qui n'aient tenu une ambulance considérable, se privant de leurs lits, couvertures, etc., pour les céder aux blessés.	La Congrégation a été fondée pour soigner les malades à domicile. Les sœurs prodiguent gratuitement leurs soins et leurs veilles, acceptant seulement les aumônes que les riches veulent bien leur donner. Elles élèvent, en outre, 65 orphelines entièrement à leurs frais ; à Lille, elles ont consenti, sur la demande de personnes honorables, à employer à la direction d'une école fréquentée par 350 enfants les moments de loisir que leur laisse l'exercice de leurs œuvres de charité. Les sœurs ont montré un dévouement particulier au moment des épidémies ; un grand nombre sont mortes sur la brèche, en soignant les malades atteints par le fléau.

Diocèse de Paris (suite).

DATE DE LA FONDATION	CONGRÉGATIONS ou COMMUNAUTÉS	ENFANTS INSTRUITS	PERSONNES ASSISTÉES					TOTAL	SERVICES A L'ÉTRANGER et DANS LES COLONIES
			Hôpitaux et Hospices.	Orphelinats et Ouvroirs.	Maisons de refuge, de préservation et de correction.	Asiles d'aliénés et de sourds-muets.		
	Report...	564.253	11243	29243	700	1.886	43.072	
1800	**Dames du Sacré-Cœur de Jésus.** Congrégation à supérieure générale, autorisée le 22 avril 1827. Maison mère à Paris. 44 établissements en France. 863 membres.	4.400		360	25		385	La Congrégation possède à l'étranger 42 établissements.
	A reporter...	568.653	11243	29603	725	1.886	43.457	

Seine. 405

SERVICES PENDANT LA GUERRE DE 1870-71	HISTORIQUE — FAITS PARTICULIERS OBSERVATIONS
La plupart des pensionnats ont été transformés en ambulances.	La Congrégation du Sacré-Cœur a été fondée en 1800, dans le but de préparer à la société, par l'éducation, des jeunes filles, des mères vraiment chrétiennes, des femmes dont l'esprit, cultivé par une instruction adaptée à leur sexe, saurait s'élever au-dessus des préjugés et de la frivolité du monde, et qui, selon leur rang, donneraient l'exemple des vertus solides, prêtant un concours dévoué aux œuvres de bienfaisance. Les pensionnats du Sacré-Cœur étaient donc destinés surtout aux classes aisées, qu'il importait, au sortir de la Révolution, de régénérer; mais les fondateurs ont voulu que les pauvres eussent aussi leur part, qu'auprès du pensionnat chaque maison ouvrît une école gratuite, et à son défaut un orphelinat. Les élèves des pensionnats trouvent là l'occasion de connaître et de soulager la misère : elles visitent à certains jours ces pauvres enfants, les encouragent, leur donnent des secours, vêtements et autres, suivant les ressources que leurs parents mettent à leur disposition, ou les petites privations de superflu qu'elles s'imposent elles-mêmes. Un jeune ecclésiastique, l'abbé L. de Tournély, obligé de quitter Paris au commencement de la Révolution, forma en Autriche, avec quelques prêtres français émigrés comme lui, une société dite du *Sacré-Cœur*, destinée à l'éducation des jeunes gens et à d'autres œuvres de zèle, afin de contribuer à réparer un jour dans sa patrie les maux causés par la Révolution. Il comprit qu'il était urgent de former aussi des femmes chrétiennes, et conçut le plan d'une autre congrégation religieuse, qui, sous la même dénomination (du Sacré-Cœur), se consacrerait à l'éducation des jeunes filles. Le père de Tournély mourut en 1797, sans avoir pu donner suite à son projet; mais il en avait légué le soin au père Varin, son ami et son successeur. Celui-ci rentra en France en 1800; il réunit à Paris plusieurs personnes qu'il croyait propres à l'œuvre, et, bientôt après, elles la commencèrent dans la ville d'Amiens. La mère Madeleine-Sophie Barat, née à Joigny en décembre 1779, d'une famille bourgeoise et honnête, fut la seule parmi les premières élues qui persévéra. Agée de 21 ans seulement lorsqu'elle prononça sa consécration au divin Cœur de Jésus, elle avait reçu de son frère, l'abbé Louis Barat, une instruction solide et étendue. Elle fut nommée supérieure de la petite Communauté le 21 décembre 1802, et déploya dans son gouvernement une sagesse rare, jointe à des vertus éminentes. Malgré les difficultés de l'époque, et sans autre secours que la confiance en la Providence, l'œuvre s'accrut : plusieurs maisons furent fondées successivement; la mère Barat fut élue supérieure générale en janvier 1806, et exerça cette charge jusqu'en

Diocèse de Paris (suite).

DATE DE LA FONDATION	CONGRÉGATIONS ou COMMUNAUTÉS	ENFANTS INSTRUITS	PERSONNES ASSISTÉES					SERVICES A L'ÉTRANGER et DANS LES COLONIES
			Hôpitaux et Hospices.	Orphelinats et Ouvroirs.	Maisons de refuge, de préservation et de correction.	Asiles d'aliénés et de sourds-muets.	TOTAL	
	Report...	568.653	11243	29603	725	1.886	43.457	
	Dames du Sacré-Cœur de Jésus. (Suite.)							
	Sœurs de la Compassion de la Sainte-Vierge. Cong. à sup. gén., aut. le 31 août 1843. Maison mère à St-Denis. 116 membres.	?	?					
	Sœurs de Sainte-Marie. Congrégation à supérieure générale, autorisée le 17 juillet 1853. Maison mère à Paris. 170 membres.	4.680	400	150			550	
1820	**Fidèles Compagnes de Jésus.** Congrégation à supérieure générale, autorisée le 8 octobre 1853. Maison mère à Paris. 228 membres.	500		150			150	
	A reporter...	573.833	11643	29903	725	1.886	44.157	

SERVICES PENDANT LA GUERRE DE 1870-71	HISTORIQUE — FAITS PARTICULIERS OBSERVATIONS
	l'année 1865, où elle mourut, âgée de 85 ans, laissant 86 établissements, dont 44 en France. La Société du Sacré-Cœur, approuvée d'abord par Napoléon I le 10 mars 1807 le fut par Charles X, en avril 1827, puis par Napoléon III, au mois d'août 1853. Elle l'avait été par le saint-siège, comme congrégation religieuse, en 1826.
	Congrégation hospitalière et enseignante.
Outre les soins donnés aux blessés et aux malades, la Congrégation a établi à ses frais une ambulance à la maison mère; elle a prêté son concours aux ambulances des sourds-muets, des jeunes aveugles d'Auteuil. Elle a, de plus, accepté pendant le siège, sans aucune rétribution, le service de divers fourneaux, destinés à l'alimentation des pauvres et des malades.	Les Sœurs de Sainte-Marie ont la direction d'écoles communales, d'écoles libres, d'orphelinats et de pensionnats de jeunes filles; en outre, elles soignent les malades et les vieillards dans les hôpitaux et dans les hospices, visitent les pauvres et les malades à domicile, et leur distribuent les secours des bureaux de bienfaisance. 6.000 familles environ sont ainsi visitées et secourues par elles. La congrégation de Sainte-Marie doit son origine à sa séparation d'avec une communauté essentiellement hospitalière où l'hérésie avait prévalu; une trentaine de religieuses, en faisant acte de soumission à l'autorité diocésaine, formèrent la nouvelle Congrégation, dont Mgr Affre fut le premier fondateur et le premier supérieur.
Pendant la guerre, les Fidèles Compagnes de Jésus ont ouvert, entièrement à leurs frais, une ambulance de 15 lits. Une ambulance de 75 lits a pareillement été établie à la maison des sœurs, à Gentilly.	Cette Congrégation a été fondée en 1820, à Amiens, par Mme de Bonnault d'Houet, née de Beugny. Afin d'étendre sa sphère d'action et de faire plus de bien, elle a transporté son siège à Paris en 1847. Dans cette ville, les sœurs prirent d'abord gratuitement une dizaine d'enfants arrachées à la misère. Un peu plus tard, d'après les conseils de Mgr Affre, elles fondèrent un pensionnat pour l'éducation et l'instruction des jeunes filles d'une condition élevée. A la suite du choléra, elles ouvrirent un orphelinat à Gentilly. Cet orphelinat, qui n'a jamais reçu de subvention de personne, compta bientôt jusqu'à 150 enfants, entièrement à la charge de la Congrégation, depuis l'âge de 12 ans jusu'à celui de 21 ans. En 1870, les orphelines furent dispersées : plusieurs rentrèrent dans leurs familles; le

Diocèse de Paris (suite).

DATE DE LA FONDATION	CONGRÉGATIONS ou COMMUNAUTÉS	ENFANTS INSTRUITS	PERSONNES ASSISTÉES					TOTAL	SERVICES A L'ÉTRANGER et DANS LES COLONIES
			Hôpitaux et Hospices.	Orphelinats et Ouvroirs.	Maisons de refuge, de préservation et de correction.	Asiles d'allaités et de sourds-muets.		
	Report...	573.833	11643	29903	725	1.886	44.157	
	Fidèles Compagnes de Jésus. (Suite.)							
1839	**Dames de l'Assomption.** Congrégation à supérieure générale, autorisée les 5 mars 1856 et 6 mai 1858. Maison mère à Paris. 149 membres.	?		?				
	Sœurs de Notre-Dame de Sion. Congrégation à supérieure générale, autorisée le 25 juin 1856. 115 membres.	?						La Congrégation possède des établissements dans quelques grandes villes d'Orient, telles que Jérusalem, Smyrne, Constantinople, de même qu'en Moldavie et en Amérique. Elle répand, par l'instruction qu'elle y donne, la connaissance de notre langue, et étend au loin l'influence de la France.
	A reporter...	573.833	11643	29903	725	1.886	44.157	

SERVICES PENDANT LA GUERRE DE 1870-71	HISTORIQUE — FAITS PARTICULIERS OBSERVATIONS
	reste, divisé en deux parties, alla s'abriter dans deux maisons de la Congrégation, qui, durant tout le temps de la guerre, eut à pourvoir à leurs vêtements et à leur nourriture, sans avoir aucun travail à leur donner qui l'eût tant soit peu dédommagée de ses dépenses et de ses peines. Dans cette Congrégation, la dépense personnelle de chaque sœur ne dépasse pas 350 fr.
A Paris, les sœurs ont eu une ambulance de 211 lits : elles ont, en outre, recueilli et entretenu pendant tout le siège un orphelinat de 30 enfants.	Cette Congrégation s'est fondée en 1839, sous le patronage de Mgr Affre. Elle a pour but l'éducation et l'instruction des enfants dans des pensionnats, des orphelinats et des ouvroirs. La seule maison de Paris assiste 12 familles pauvres par des secours en argent, vêtements, vivres et charbon. En outre, elle élève gratuitement 10 enfants dans son pensionnat, 20 enfants dans son orphelinat, et paye la pension de 14 jeunes gens pauvres et d'un jeune homme de bonne famille dans un collège voisin de Paris.
	La congrégation de Notre-Dame de Sion se dévoue à l'éducation et à l'instruction des jeunes filles, dans des pensionnats et des écoles gratuites.

Diocèse de Paris (suite).

DATE DE LA FONDATION	CONGRÉGATIONS ou COMMUNAUTÉS	ENFANTS INSTRUITS	PERSONNES ASSISTÉES					SERVICES A L'ÉTRANGER et DANS LES COLONIES
			Hôpitaux et Hospices.	Orphelinats et Ouvroirs.	Maisons de refuge, de préservation, et de correction.	Asiles d'aliénés et de sourds-muets.	TOTAL	
	Report...	573.833	11643	29903	725	1.886	44.157	
1853	**Dames Zélatrices de la Sainte-Eucharistie, à Paris.** Congrégat. diocésaine, autorisée le 14 mai 1878. 62 membres.	260						
1641	**Sœurs de Notre-Dame de Charité, dites de Saint-Michel, à Paris.** Communauté indépendante, autorisée le 26 décembre 1810. 80 membres.				480		480	La Congrégation de Notre-Dame de Charité, dite de Saint-Michel, possède 8 établissements en Angleterre, en Irlande, en Espagne, en Italie et en Amérique. Les sœurs s'y consacrent aux mêmes œuvres qu'en France.
	A reporter...	574.093	11643	29903	1.205	1.886	44.637	

| SERVICES | HISTORIQUE — FAITS PARTICULIERS |
PENDANT LA GUERRE DE 1870-71	OBSERVATIONS
A Paris, les sœurs ont tenu une ambulance, où elles ont prodigué leurs soins aux malades et aux blessés pendant 6 mois.	L'Institut des Dames Zélatrices de la Sainte-Eucharistie est une branche séparée de la Congrégation des Sacrés-Cœurs de Jésus et de Marie de Picpus. Il a pour but l'éducation des jeunes filles, principalement des enfants pauvres, et l'adoration du saint Sacrement. Un certain nombre de jeunes filles dont les familles ont subi des revers de fortune, sont toujours élevées gratuitement dans les pensionnats de l'Institut. A Paris, la grande charité et le dévouement des sœurs leur a valu de n'être pas inquiétées pendant la Commune, bien que leur maison eût été occupée militairement par les insurgés.
Une ambulance a été établie, et 141 soldats blessés ou malades soignés aux frais de la maison. Une religieuse a consacré 10.000 fr. de sa fortune pour venir en aide aux blessés. De plus, les sœurs ont recueilli et entretenu chez elles, tout le temps du siège, 30 femmes pauvres de Choisy-le-Roi. Elles ont, en outre, blanchi gratuitement le linge de plusieurs ambulances pendant toute la durée de la guerre.	La Congrégation de Notre-Dame de Charité compte en France 18 monastères indépendants les uns des autres, et n'ayant entre eux d'autre lien que les rapports de charité fraternelle qui les unissent. Son but particulier est de recueillir les filles et les femmes qui ont le désir de rentrer dans la bonne voie. Environ 2.000 religieuses sont occupées à les gouverner et à les ramener au bien. Dans le monastère de Paris, l'œuvre se compose de 5 catégories bien distinctes : 4 catégories sont formées de pénitentes volontaires, et une catégorie, entièrement séparée des autres, est celle des jeunes filles amenées par voie de correction paternelle. Le personnel adoptif se compose de 420 jeunes filles et pénitentes de tout âge, dont 290 sont entièrement à la charge de la maison. La Congrégation de Notre-Dame-de-Charité a pris naissance à Caen (Calvados) en 1641; c'est le vénérable père Jean Eudes, frère du célèbre Mézeray, qui en est le fondateur; il est mort en odeur de sainteté le 19 août 1680. Des religieuses de cet Institut ont été demandées à Paris, d'abord en 1682, pour gouverner la maison de Sainte-Pélagie; puis, en 1720, son Ém. Mgr le cardinal de Noailles leur confia la direction de la prison des Madelonnettes, près le Temple, et en 1724 la Communauté s'établit, le 29 septembre, fête de saint Michel archange, rue des Postes, faubourg Saint-Marceau, pour recevoir des pénitentes volontaires. En 1807, lorsque Napoléon I reconnut d'utilité publique la Congrégation de Notre-Dame de Charité, l'œuvre prit une plus grande extension dans toute la France. A Paris, la Communauté put acheter, par le secours de plusieurs protecteurs, l'ancien monastère de la Visitation, rue Saint-Jacques, mais la propriété ne fut entièrement payée qu'en 1845, avec les dots des religieuses. Actuellement, la maison de Saint-Michel, quoique grande, n'est pas assez vaste pour ad-

Diocèse de Paris (suite).

DATE DE LA FONDATION	CONGRÉGATIONS ou COMMUNAUTÉS	ENFANTS INSTRUITS	PERSONNES ASSISTÉES					TOTAL	SERVICES A L'ÉTRANGER et DANS LES COLONIES
			Hôpitaux et Hospices.	Orphelinats et Ouvroirs.	Maisons de refuge, de préservation et de correction.	Asiles d'aliénés et de sourds-muets.		
	Report...	574.093	11643	29903	1.205	1.886	44.637	
	Sœurs de Notre-Dame de Charité, dites de Saint-Michel, à Paris. (Suite.)							
	Chanoinesses Augustines de la Congrégation de Notre-Dame, à Paris. (Maison dite des Oiseaux.) Communauté indépendante, autorisée le 7 juin 1826. 93 membres.	290		20			20	Deux tiers ordres, sortis de la famille religieuse de Notre-Dame, sont établies à l'étranger : 1° la congrégation de Notre-Dame, fondée en 1032 au Canada, par la
	A reporter...	574.383	11643	29923	1.205	1.886	44.657	

SERVICES PENDANT LA GUERRE DE 1870-71	HISTORIQUE — FAITS PARTICULIERS OBSERVATIONS
	mettre toutes les jeunes filles qui se présentent, et à regret il faut chaque semaine en refuser de 6 à huit en moyenne, faute de place pour les recevoir. En 1825, par un décret du 6 janvier, M. le comte de Chabrol, préfet de la Seine, fit un traité avec la Communauté pour lui confier la direction de 30 jeunes détenues par voie de correction paternelle. Le nombre de cette catégorie est porté, par un nouveau traité du 19 décembre 1873, à 120 jeunes filles. La satisfaction qu'elles donnent pendant leur détention légale, le désir que beaucoup d'entre elles expriment de rester dans la maison pour se perfectionner dans les habitudes de piété, de travail et d'ordre, ont déterminé la Communauté à fonder pour ces enfants une petite classe de persévérance, où sont admises celles qui paraissent bien disposées à se soumettre au règlement. Elles sont 80 à présent, toutes à la charge de la Communauté. Parmi ces enfants et dans toutes les autres catégories de pénitentes volontaires, plusieurs demandant à se fixer dans la maison, sentant leur faiblesse et l'impossibilité de se suffire dans le monde, il a fallu, en 1856, créer pour elles une classe spéciale, dite des *Madeleines,* qui se compose de 45 personnes de tout âge. La vie et la mort édifiante de ces pénitentes font souhaiter que leur nombre augmente encore. Beaucoup de jeunes filles, en quittant l'établissement, sont placées en condition, comme femmes de chambre ou domestiques, et quelques-unes pour diriger le travail dans des ouvroirs. Généralement elles se maintiennent dans leurs devoirs, et donnent de la consolation par leur bonne conduite. Plusieurs jeunes femmes sont rentrées dans leur ménage, et il n'y a pas d'exemple qu'aucune d'elles se soit de nouveau mal conduite.
La Communauté a établi et entretenu à ses frais, pendant six mois, une ambulance de 20 lits.	Cette Communauté comprend un pensionnat de 150 élèves, un externat gratuit de 140 élèves, et un orphelinat de 20 enfants; ces deux dernières œuvres sont entièrement à la charge de la maison. L'orphelinat a été fondé après le choléra de 1832. Les élèves du pensionnat payent leur pension; les externes et les orphelines sont gratuites. Indépendamment de l'instruction qu'on donne aux externes, les plus nécessiteuses d'entre elles reçoivent, pour elles et pour leurs parents, des secours appropriés à leur position : bons de pain, de viande, etc.; 36 familles reçoivent, à Paris et à Issy, des secours alimentaires; 16 familles sont nourries chaque jour. Les enfants du pensionnat se font un plaisir d'habiller les externes gratuites; ce

Diocèse de Paris (suite).

DATE DE LA FONDATION	CONGRÉGATIONS ou COMMUNAUTÉS	ENFANTS INSTRUITS	PERSONNES ASSISTÉES				TOTAL	SERVICES A L'ÉTRANGER et DANS LES COLONIES
			Hôpitaux et Hospices.	Orphelinats et Ouvroirs.	Maisons de refuge, de préservation et de correction.	Asiles d'aliénés et de sourds-muets.		
	Report...	574.383	11643	29923	1.205	1.886	44.657	vénérable Marguerite Bourgeoys, possède maintenant 8 établissement où sont élevée 16.200 enfants 2° un second tiers ordre, fondé à Munich, possède 186 établissements. Ses membres sont connus sous le nom de *Pauvres Sœurs des écoles de Notre-Dame* et sont répandus en Allemagne, en Amérique et en Angleterre.
	Chanoinesses Augustines de la Congrégation de Notre-Dame, à Paris. (Suite.)							
	A reporter...	574.383	11643	29923	1.205	1.886	44.657	

SERVICES	HISTORIQUE — FAITS PARTICULIERS
PENDANT LA GUERRE DE 1870-71	OBSERVATIONS

secours s'est étendu à plus de 15 en 1879. Chaque classe a adopté une famille, et le fruit des privations que les élèves se sont généreusement imposées est distribué chaque semaine à leurs protégés. A la fête du fondateur, de la supérieure, aux jours gras, les enfants des classes gratuites trouvent à la maison leurs repas, des récréations, et reçoivent de petits dons provenant également de la générosité des pensionnaires. C'est ainsi que des jeunes filles riches sont initiées de bonne heure aux œuvres de la charité chrétienne.

L'origine de la Congrégation de Notre-Dame remonte à la fin du XVI° siècle (1598). Son fondateur fut le bienheureux Pierre Fourier, curé de Mattaincourt, en Lorraine, et réformateur des chanoines réguliers. Né à Mirecourt en 1565, il mourut en odeur de sainteté à Gray, en 1640. Il fut béatifié sous Benoît XIII, le 10 janvier 1730. Le procès de sa canonisation est pendant à Rome.— C'était par l'éducation que Fourier voulait se rendre utile à son pays et à l'humanité. Le protestantisme se levait alors avec ses prétentions au libre examen; il comprit que l'instruction de tous devenait une nécessité, et en ce péril, il eut, par avance, comme l'intuition de toutes les méthodes modernes d'enseignement. M. Boulay de la Meurthe, dans sa notice sur le père Fourier (août 1847), dit : « Fourier est peut-être l'homme le plus progressif de son époque. Ce n'est pas assez du progrès dont il est l'auteur, il veut encore que le progrès lui survive et se perpétue après lui. »

Fourier eut pour collaboratrice dans son œuvre Alix Leclerc. Cette jeune fille, née à Wymont, en Lorraine, se dévoua à l'instruction des petites filles sous sa direction. Elle et ses premières compagnes obtinrent du saint-siège, à force de dévouement et de respectueuses instances, l'admission chez elles des externes gratuites, ce qui offrait des difficultés sérieuses à cette époque, où les devoirs de la vie religieuse semblaient incompatibles avec l'enseignement.

Béni de Dieu, cet ordre s'étendit rapidement. Il comptait, en 1732, plus de 80 monastères. La Révolution supprima tous ceux qu'elle put atteindre : la moitié est parvenue à se relever. Il y avait à Paris, avant la Révolution, 3 maisons de la Congrégation de Notre-Dame. Quand reparurent en France l'ordre et la sécurité, une héroïque jeune fille qui avait échappé providentiellement à l'échafaud, Marie-Thérèse-Félicité Binard, fit ses vœux (1797) entre les mains de la mère Saint-Ambroise, l'une des religieuses dispersées de la Congrégation de Notre-Dame, et essaya de reprendre l'œuvre interrompue.

Elle s'établit d'abord en 1807, au cloître Saint-Benoît, faubourg Saint-Jacques ; puis, en 1812, à la rue des Bernardins,

Diocèse de Paris (suite).

DATE DE LA FONDATION	CONGRÉGATIONS ou COMMUNAUTÉS	ENFANTS INSTRUITS	PERSONNES ASSISTÉES				TOTAL	SERVICES A L'ÉTRANGER et DANS LES COLONIES
			Hôpitaux et Hospices.	Orphelinats et Ouvroirs.	Maisons de refuge, de préservation et de correction.	Asiles d'aliénés et de sourds-muets.		
	Report...	574.383	11643	29923	1.205	1.886	44.657	
	Chanoinesses Augustines de la Congrégation de Notre-Dame, à Paris. (Suite.)							
	Dominicaines de la Croix, à Paris. (Rue de Charonne.) Comm. indép., autor. le 21 juin 1826. 34 membres.	?						
	Bénédictines du Saint-Sacrement, à Paris. (Rue Tournefort.) Comm. indép., autor. le 7 juin 1826. 30 membres.	?						
	A reporter...	574.383	11643	29923	1.205	1.886	44.657	

SERVICES PENDANT LA GUERRE DE 1870-71	HISTORIQUE — FAITS PARTICULIERS OBSERVATIONS
	dans l'hôtel Torpane. En 1818, la Communauté et le pensionnat s'étaient tellement accrus, quil fallut songer encore une fois à se transporter ailleurs. Ce fut alors que la révérende mère Binart loua, dans la rue de Sèvres, au coin du boulevard des Invalides, l'hôtel de Mory, hôtel des Oiseaux. Mais, pour condescendre aux vives instances de M. le maire du XIIe arrondissement, et de M. le curé de Saint-Nicolas-du-Chardonnet, qui voyaient avec regret s'éloigner de leur quartier un établissement qui donnait une éducation gratuite à plus de 250 enfants de la classe indigente, la supérieure consentit à laisser quelques-unes des sœurs dans l'ancienne maison; l'intérêt général prévalut sur les regrets d'une séparation pénible. Le même esprit de charité qui régnait dans la maison de la rue des Bernardins fut la règle de ce nouvel établissement, où les sœurs songèrent dès lors à faire établir à leurs frais des classes pouvant contenir 150 enfants pauvres. A la même époque, le gouvernement leur accorda, comme témoignage de bienveillance, et sans aucune sollicitation de leur part, cinq bourses pour le pensionnat : elles ont toujours été continuées depuis. En 1832, lors de l'invasion du choléra, la révérende mère Sophie, toujours inspirée par des motifs de zèle et de charité, offrit de faire élever aux frais de la maison de pauvres orphelines de condition modeste, dont les parents avaient été victimes du terrible fléau. Telle fut l'origine de l'orphelinat gratuit; et le nombre de ces enfants, porté à 12 au début, a été plus que doublé dans la suite.
	Communauté enseignante.
	Communauté enseignante.

Diocèse de Paris (suite).

DATE DE LA FONDATION	CONGRÉGATIONS ou COMMUNAUTÉS	ENFANTS INSTRUITS	PERSONNES ASSISTÉES					SERVICES A L'ÉTRANGER et DANS LES COLONIES
			Hôpitaux et Hospices.	Orphelinats et Ouvroirs.	Maisons de refuge, de préservation et de correction.	Asiles d'aliénés et de sourds-muets	TOTAL	
	Report...	574.383	11643	29923	1.205	1.886	44.657	
1626	Sœurs de la **Visitation**, à **Paris**, (Rue de Vaugirard). Communauté indépendante, autorisée le 7 juin 1826. 50 membres.	40						
	Sœurs de la **Miséricorde**, à **Paris**, (Rue Tournefort). Comm. indép., autor. le 17 janv. 1827. 42 membres.	?						
1807	**Dames chanoinesses Augustines de N.-D.**, (Abbaye-aux-Bois) à **Paris**. Comm. indép., autor. le 18 nov. 1827. 60 membres.	180						
	Bénédictines de l'Adoration perpétuelle du St-Sacrement, à **Paris**, (Rue Monsieur). Comm. indép., autor. le 17 nov. 1841. 26 membres.	?						
	Dames de Ste-Élisabeth, à **Paris**, (Rue de Turenne). Comm. indép., aut. le 10 août 1847. 50 membres.	?						
	A reporter...	574.603	11643	29923	1.205	1.886	44.657	

Seine. 419

SERVICES PENDANT LA GUERRE DE 1870-71	HISTORIQUE — FAITS PARTICULIERS OBSERVATIONS
La Communauté a constamment soigné, pendant le siège, 25 malades et blessés.	Fondée le 13 août 1626 pour offrir, selon l'esprit de l'Institut, un asile aux personnes infirmes, cette maison comprend de plus, aujourd'hui, un pensionnat où 5 ou 6 enfants sont toujours élevées gratuitement. En outre, elle assiste quotidiennement par divers secours, en vivres, vêtements, remèdes, etc., à peu près 50 personnes, entretient complètement 5 ou 6 familles pauvres, pourvoit toujours aux frais d'éducation ou d'apprentissage d'un certain nombre d'enfants pauvres, enfin, distribue à tous les indigents qui se présentent d'abondantes aumônes. La dépense annuelle de chaque religieuse ne dépasse pas 300 fr.
	Communauté enseignante.
La Communauté a établi et entretenu à ses frais une ambulance de 25 lits.	La Congrégation de Notre-Dame a été fondée en 1598, pour l'éducation des enfants pauvres. Son établissement à Paris date de 1634; l'installation des sœurs à l'Abbaye-aux-Bois ne remonte pas au delà de 1807. Cette maison comprend, outre un pensionnat, une école gratuite, qui est entièrement à sa charge.
	Communauté enseignante.
	Communauté enseignante.

Diocèse de Paris (suite).

DATE DE LA FONDATION	CONGRÉGATIONS ou COMMUNAUTÉS	ENFANTS INSTRUITS	Hôpitaux et Hospices	Orphelinats et Ouvroirs	Maisons de refuge, de préservation et de correction	Asiles d'aliénés et de sourds-muets	TOTAL	SERVICES A L'ÉTRANGER et DANS LES COLONIES
	Report...	574.603	11643	29923	1.205	1.886	44.657	
	Dames chanoinesses Augustines de N.-D., à Paris, (Avenue de la Reine-Hortense). Comm. indép., aut. le 12 nov. 1853. 70 membres.	250						
	Dames anglaises, dites de la Conception, à Neuilly. Comm. indép., autor. les 23 nov. 1853 et 26 sept. 1860. 24 membres.	?						
1829	**Augustines de l'intérieur de Marie, à Montrouge.** Comm. indép., autor. le 29 nov. 1853. 45 membres.	135						
1619	**Sœurs de la Visitation, à Paris,** (Rue d'Enfer). Communauté indépendante, autorisée le 28 janvier 1827. 70 membres.	60						
	A reporter...	575.048	11643	29923	1.205	1.886	44.657	

SERVICES pendant la guerre de 1870-71	HISTORIQUE — FAITS PARTICULIERS OBSERVATIONS
Pendant la guerre, la maison du Roule a entretenu à ses frais une ambulance de 25 lits, et recueilli et logé chez elle, pendant six mois, 80 petites incurables chassées de leur maison de Neuilly.	La Communauté de Notre-Dame, dite *maison du Roule*, comprend, avec un pensionnat, une école gratuite de 180 enfants, qui est entièrement à ses frais : outre l'instruction, ces enfants reçoivent gratuitement des secours, et leur entretien ne coûte pas moins de 4.000 fr. par an à la Communauté. D'autres secours sont accordés, selon les ressources de la maison, aux parents nécessiteux ou malades, ainsi qu'à certaines familles pauvres du quartier.
	Communauté enseignante.
Le siège a chassé les sœurs de leur couvent.	Cette Communauté comprend un pensionnat libre, où un certain nombre de jeunes filles sont toujours élevées gratuitement, et un externat. Elle fait beaucoup de bonnes œuvres en secret.
La Communauté a établi une ambulance où 300 blessés ont reçu ses soins.	Comme dans tous les pensionnats de la Visitation, plusieurs pensionnaires sont élevées gratuitement à la maison de la rue d'Enfer. Malgré leur pauvreté, les sœurs ne laissent pas que de prendre part aux principales œuvres de charité. En outre, elles pourvoient chaque année à l'entretien de plusieurs vieillards et à l'éducation de plusieurs orphelines. L'ordre de la Visitation Sainte-Marie fut fondé le 6 juin 1610, par saint François de Sales, évêque de Genève, et sainte Jeanne-Françoise Frémiot de Chantal. Le premier monastère de Paris fut établi par les mêmes saints, en 1619, dans la rue Saint-Antoine. Comme dans toutes les maisons de cet Institut, on y a toujours reçu dès l'origine des personnes âgées et infirmes qui y trouvent une retraite, pourvu qu'elles aient l'attrait de la vie religieuse et qu'elles soient capables d'en suivre les exercices. Si même quelque personne vivant dans le monde se trouve sous le coup d'une grande affliction, elle peut y venir chercher momentanément consolation et soulagement. De plus, on s'y est toujours adonné à l'éducation de la jeunesse.

Diocèse de Paris (suite).

DATE DE LA FONDATION	CONGRÉGATIONS ou COMMUNAUTÉS	ENFANTS INSTRUITS	PERSONNES ASSISTÉES					TOTAL	SERVICES A L'ÉTRANGER et DANS LES COLONIES
			Hôpitaux et Hospices.	Orphelinats et Ouvroirs.	Maisons de refuge, de préservation et de correction.	Asiles d'aliénés et de sourds-muets.		
	Report...	575.048	11643	29923	1.205	1.886	44.657	
	Sœurs de la Visitation. (Suite.)							
1852	**Sœurs aveugles de Saint-Paul, à Paris,** (Rue d'Enfer). Communauté indépendante, autorisée les 24 août 1857 et 26 mars 1860. 50 membres.			60			60	
	Augustines du Saint-Cœur de Marie, à Paris, (Rue de la Santé). Communauté indépendante, autorisée le 30 novembre 1858. 45 membres.			25			25	
	A reporter...	575.048	11643	30008	1.205	1.886	44.742	

SERVICES PENDANT LA GUERRE DE 1870-71	HISTORIQUE — FAITS PARTICULIERS OBSERVATIONS
	L'esprit de pauvreté et de charité, dans lequel ces monastères ont été fondés, y a été de tout temps spécialement recommandé; les règles ne permettent à chaque maison de ne garder que le strict nécessaire, et ordonnent que le surplus soit consacré au soulagement des pauvres. Cette maison a été rétablie en 1807, par la permission de Napoléon I, qui, entre autres paroles d'approbation, trouva que *la réunion de personnes vivant d'un même fourneau et vêtues de la même pièce d'étoffe* résolvait une question économique d'une façon avantageuse à l'État.
La Communauté a établi et desservi une ambulance, où ont été soignés 200 malades et blessés. La Commune a chassé toutes les sœurs et emprisonné leur fondateur, M. l'abbé Juge. Les dégradations et les vols commis alors au préjudice de la Maison ont entraîné pour elle une perte de 18.000 fr., au sujet de laquelle elle n'a fait aucune réclamation.	La Communauté des Sœurs de Saint-Paul a pour but spécial l'instruction des jeunes filles aveugles. Elles sont reçues depuis l'âge de 4 ans, et peuvent rester à la maison toute leur vie, si elles le veulent. C'est le seul établissement où les aveugles puissent, quand elles en ont la vocation, se consacrer à Dieu par les vœux de religion. 38 aveugles sont entièrement à la charge de la Communauté. Cette maison comprend aussi un orphelinat de jeunes filles voyantes. On leur apprend, ainsi qu'aux aveugles, tous les éléments de l'instruction primaire et divers ouvrages manuels. La première idée de l'œuvre remonte à 1837. Elle a été fondée par une pieuse demoiselle, qui a commencé par réunir des jeunes filles voyantes dans un ouvroir. Puis, touchée de compassion pour le malheur des jeunes filles aveugles, elle en reçut un certain nombre, qui ne tarda pas à s'accroître. Reconnaissant chez plusieurs d'entre elles une véritable vocation religieuse, elle fonda, avec l'aide d'un ecclésiastique, une communauté religieuse d'aveugles. Tous deux ont consacré leur fortune à cette fondation. Depuis sa fondation, l'œuvre a élevé 200 aveugles.
Ambulance de 25 lits pendant six mois.	La Communauté se dévoue à l'éducation de 25 orphelines, dans un orphelinat qui est entièrement à sa charge. En outre, elle reçoit comme pensionnaires, moyennant une légère rétribution, et quelquefois même tout à fait gratuitement, des dames malades et infirmes, auxquelles elle donne des soins, le jour et la nuit.

Diocèse de Paris.

DATE DE LA FONDATION	CONGRÉGATIONS ou COMMUNAUTÉS	ENFANTS INSTRUITS	PERSONNES ASSISTÉES					SERVICES A L'ÉTRANGER et DANS LES COLONIES
			Hôpitaux et Hospices.	Orphelinats et Ouvroirs.	Maisons de refuge, de préservation et de correction.	Asiles d'aliénés et de sourds-muets.	TOTAL	
	Report...	575.048	11643	30008	1.205	1.886	44.742	
	Sœurs de la Croix, à Paris, (Rue du Cherche-Midi). Communauté indépendante, aut. le 1ᵉʳ déc. 1860.	?	?					
	Sœurs Servantes de Marie, à Paris, (Rue Duguay-Trouin). Communauté indépendante, autorisée le 1ᵉʳ juillet 1865. 30 membres.		?					
	A reporter...	575.048	11643	30008	1.205	1.886	44.742	

SERVICES	HISTORIQUE — FAITS PARTICULIERS
PENDANT LA GUERRE DE 1870-71	OBSERVATIONS
	Communauté hospitalière et enseignante.
A Paris, les sœurs ont ouvert une ambulance à leurs frais : en province, elles ont aussi soigné les blessés.	Les Sœurs Servantes de Marie se dévouent à la préservation des jeunes filles de service; leur but est de donner à ces personnes, autant qu'il se peut, l'esprit, l'affection et les conseils de la famille absente, puis un asile assuré où elles ont droit d'être reçues comme dans une maison paternelle lorsqu'elles sont malades ou sans place : les sœurs, dans ce dernier cas, s'occupent de les placer. 1.450 jeunes filles font partie de l'association; environ 1.200 séjournent dans nos maisons pendant l'année. Dans ce nombre, en moyenne, 150 malades sont soignées à la maison; en temps d'épidémie, de choléra, petite vérole, etc., ce chiffre est considérablement augmenté. La Congrégation ne reçoit de subvention de personne et ne fait pas de quête. Les associées donnent une cotisation annuelle de 6 fr. et 1 fr. 10 pour leur pension journalière quand elles sont sans place. Chaque maison a quelques dames pensionnaires, les sœurs travaillent, et ainsi elle se suffit à elle-même. L'histoire de la fondation de cette Congrégation est très simple et très touchante : Mlle Babet vivait à Coulommiers, au diocèse de Meaux, et s'adonnait à toutes les œuvres charitables de la ville. Un bon prêtre lui donna le conseil de venir à Paris fonder une œuvre pour la préservation des jeunes filles en service : elle y consentit, et vint en octobre 1849 accompagnée d'une amie, Mme Bossard, et d'une orpheline qu'elle avait adoptée. Avec l'agrément de Mgr Sibour, elles ouvrirent un asile aux domestiques sans place. Comme le nombre s'accrut considérablement en très peu de temps, Mlle Babet se vit forcée d'acheter la maison que les Sœurs occupent actuellement; elle y consacra une partie de sa fortune. Quelques demoiselles de bonne volonté, désireuses de faire le bien, se joignirent aux trois premières fondatrices. Mlle Babet sentit alors que son œuvre ne pouvait se perpétuer sans constituer une communauté religieuse; encouragée par Mgr l'archevêque et avec son agrément, elle adopta le costume religieux que les sœurs portent aujourd'hui. Telle est l'origine de la Congrégation des sœurs Servantes de Marie, dont la maison mère a été autorisée comme communauté indépendante, le 1er juillet 1865. Elle a 4 maisons : 2 à Paris, 1 à Versailles, et 1 à Toulon en Provence.

Diocèse de Paris (suite).

DATE DE LA FONDATION	CONGRÉGATIONS ou COMMUNAUTÉS	ENFANTS INSTRUITS	Hôpitaux et Hospices	Orphelinats et Ouvroirs	Maisons de refuge, de préservation et de correction	Asiles d'aliénés et de sourds-muets	TOTAL	SERVICES A L'ÉTRANGER et DANS LES COLONIES
	Report...	575.048	11643	30008	1.205	1.886	44.742	
	Sœurs de Notre-Dame des Anges, à Paris, (Rue Blomet). Comm. indép., autor. le 4 mars 1876. 30 membres.	?						
1848	Sœurs de l'Adoration réparatrice, à Paris, (Rue d'Ulm). Congrég. non autorisée. Maison mère à Paris.							
1864	Petites Sœurs de l'Assomption. Congr. non aut. Maison mère à Paris, rue Violet.							
1858	Dames auxiliatrices de l'Immaculée-Conception. Congrégation non autorisée. Maison mère à Paris, rue La Fontaine. 72 membres.		30	90			120	»
1856	Dames auxiliatrices des âmes du Purgatoire. Congrégation non autorisée. Maison mère à Paris, rue de la Barouillière.	125						Établissements en Angleterre et en Belgique. En 1878, à Londres, plus de 54 familles de réfugiés français ont été visitées et secourues par les sœurs, de la part
	A reporter...	575.173	11673	30098	1.205	1.886	44.862	

Seine. 427

SERVICES PENDANT LA GUERRE DE 1870-71	HISTORIQUE — FAITS PARTICULIERS OBSERVATIONS
	École et orphelinat.
	Vie contemplative.
Les Petites-Sœurs ont eu, durant tout le siège de Paris, une ambulance dans leur maison mère : elles ont, en outre, desservi plusieurs ambulances.	Les Petites Sœurs de l'Assomption soignent gratuitement, le jour et la nuit, les malades pauvres, et s'efforcent de leur procurer, ainsi qu'à leurs familles, tous les secours dont ils peuvent avoir besoin.
Les sœurs ont, pendant le siège de Paris, soigné les malades et blessés dans 12 ambulances, dont l'une avait été établie par elles, et fut entretenue constamment à leurs frais.	Cette Congrégation est l'œuvre de M. l'abbé Largentier, membre du clergé de Paris. Elle s'occupe du soin des malades à domicile, des vieillards dans un asile, des jeunes filles dans un ouvroir, des enfants dans une crèche. Aucune dot n'étant exigée à l'entrée, la Congrégation est très pauvre : l'asile de vieillards et l'ouvroir n'en sont pas moins à sa charge ; de plus, les sœurs soignent toujours gratuitement les malades pauvres, et leur fournissent également des médicaments, du linge et d'autres secours.
A Paris, à Nantes, à Bruxelles, les maisons des Auxiliatrices ont été transformées en ambulances, où les religieuses n'ont cessé de se dévouer nuit et jour, durant toute la durée de la guerre, au soin des soldats malades ou blessés.	Cette Congrégation a été fondée à Paris le 19 janvier 1856, par Mlle Eugénie Sinet, de Lille. C'est une règle formelle pour elle de n'accepter de rétribution pour aucune de ses œuvres de charité. C'est donc gratuitement qu'elle visite et assiste les malades pauvres, secourt les indigents, instruit les apprenties des ateliers professionnels, réunit le dimanche 200 femmes et jeunes filles du peuple, et leur procure une instruction et des délassements en rapport avec leur âge et leur condition. 6.000 visites de malades, 1.324 vêtements distribués aux pauvres, 10 mariages réhabilités, 3.406 livres prêtés, 125 apprenties

Diocèse de Paris (suite).

DATE DE LA FONDATION	CONGRÉGATIONS ou COMMUNAUTÉS	ENFANTS INSTRUITS	PERSONNES ASSISTÉES				TOTAL	SERVICES A L'ÉTRANGER et DANS LES COLONIES
			Hôpitaux et Hospices.	Orphelinats et Ouvroirs.	Maisons de refuge, de préservation et de correction.	Asiles d'aliénés et de sourds-muets.		
	Report...	575.173	11673	30098	1.205	1.886	44.862	
	Dames Auxiliatrices des âmes du purgatoire. (Suite.)							de l'ambassade. En outre, cette Congrégation dirige des établissements considérables en Chine, à Zi-ka-wei, Schang-haï; elle recueille des jeunes filles d'origine européenne et française, abandonnées de leurs parents.
1857	Carmélites, à Paris, (Avenue de Messine). Comm. indép. non aut. 22 membres.							
	Carmélites, à Paris, (Avenue de Saxe). Comm. indép. non aut. 25 membres.							
1845	Carmélites, à Paris, (Rue d'Enfer). Comm. indép. non autor. 25 membres.							
XVIIIe siècle	Carmélites, à St-Denis. Comm. indép. non aut. 18 membres.							
	A reporter...	575.173	11673	30098	1.205	1.886	44.862	

SERVICES PENDANT LA GUERRE DE 1870-71	HISTORIQUE — FAITS PARTICULIERS OBSERVATIONS
	instruites, tel est à peu près, sans compter l'œuvre du patronage des femmes et jeunes filles, le bilan des œuvres de charité accomplies chaque année gratuitement par les Auxiliatrices des âmes du Purgatoire à Paris. Dans toutes les villes où elles sont établies, elles se dévouent aux mêmes œuvres, et les malades dont elles pansent les plaies, dont elles font les lits, dont elles apprêtent la nourriture, pour lesquels elles se font véritablement servantes et commissionnaires, pourraient seuls dire le bien qu'elles font.
	Vie contemplative.
	Vie contemplative.
	Vie contemplative.
	Vie contemplative.

Diocèse de Paris (suite).

DATE DE LA FONDATION	CONGRÉGATIONS ou COMMUNAUTÉS	ENFANTS INSTRUITS	PERSONNES ASSISTÉES				TOTAL	SERVICES A L'ÉTRANGER et DANS LES COLONIES
			Hôpitaux et Hospices.	Orphelinats et Ouvroirs.	Maisons de refuge, de préservation et de correction.	Asiles d'aliénés et de sourds-muets.		
	Report...	575.173	11673	30098	1.205	1.886	44.862	
1875	**Sœurs Clarisses de l'Avé-Maria, à Paris,** (Impasse de Saxe). Comm. indép. non aut. 12 membres.							
	Dominicaines du tiers ordre enseignant. Congrég. non autorisée. Maison mère à Neuilly.	?						
	Sœurs de l'Enfant-Jésus, à Neuilly. Comm. indép. non aut. 5 membres.							
	Sœurs franciscaines oblates du Sacré-Cœur de Jésus, à Paris, (Rue du Mont-Cenis). 10 membres.			?				
1854	**Sœurs de Marie-Auxiliatrice.** Congrégation non autorisée. Maison mère à Paris, rue de La Tour-d'Auvergne. 90 membres.	500						
	A reporter...	575.673	11673	30098	1.205	1.886	44.862	

Seine. 431

SERVICES PENDANT LA GUERRE DE 1870-71	HISTORIQUE — FAITS PARTICULIERS OBSERVATIONS
	Adoration du saint Sacrement.
	Congrégation enseignante.
	Communauté enseignante.
	Direction d'un orphelinat.
Soigné des blessés dans plusieurs ambulances.	Les Sœurs de Marie-Auxiliatrice s'occupent principalement des jeunes filles, ouvrières, employées de commerce, institutrices, auprès desquelles elles s'efforcent de remplacer la famille absente : elles les logent, les nourrissent, moyennant une légère pension, les aident, le cas échéant, à trouver du travail ou une position. Dans la seule maison de Paris, il en est passé 3.000 dans l'espace de 7 années. Les sœurs ont, en outre, établi pour ces jeunes filles une œuvre de secours mutuels, afin de leur assurer les soins dans la maladie et le logement au moment du chômage. 5 à 600 jeunes filles sont ainsi assistées chaque année dans les divers établissements des sœurs. Cette Congrégation dirige aussi quelques écoles tant payantes que gratuites. Les classes gratuites reçoivent 200 enfants, dont 50 au moins sont nourries et vêtues par les sœurs.

Diocèse de Paris (suite).

DATE DE LA FONDATION	CONGRÉGATIONS ou COMMUNAUTÉS	ENFANTS INSTRUITS	PERSONNES ASSISTÉES					TOTAL	SERVICES A L'ÉTRANGER et DANS LES COLONIES
			Hôpitaux et Hospices.	Orphelinats et Ouvroirs.	Maisons de refuge, de préservation et de correction.	Asiles d'aliénés et de sourds-muets.		
	Report...	575.673	11673	30098	1.205	1.886	44.862	
	Sœurs du Saint-Nom de Jésus, à Paris, (Rue de Varennes). Communauté indépendante non autorisée. 33 membres.				45		45	
	Sœurs de Notre-Dame de l'Assistance, à Paris, (Rue Cassini). Commun. indép. non aut. 45 membres.							
	A reporter...	575.673	11673	30098	1.250	1.886	44.907	

SERVICES PENDANT LA GUERRE DE 1870-71	HISTORIQUE — FAITS PARTICULIERS OBSERVATIONS
En 1870, les sœurs ont eu, tout le temps du siège, une ambulance de rempart. Elles ont donné les premiers soins à plus de 300 blessés et malades, et, en outre, logé, nourri médecins, malades, infirmiers, et un grand nombre de soldats qui leur arrivaient mourant de faim et de froid, et pourvu à tous leurs besoins. Tout cela sans rétribution aucune. Elles ont reçu, pour tout secours, 25 fr. De plus, tous les jours, elles nourrissaient de 140 à 150 pauvres de leur quartier. Deux fois par jour, les sœurs portaient du lait aux petits enfants, aux malades et aux vieillards dans l'intérieur de Paris. Rien n'a pu ébranler leur dévouement et leur courage; et quand, à cause des obus qui passaient sans cesse sur leur tête, on voulait les arrêter, elles répondaient : « Nous n'avons pas peur, et quand bien même nous serions tuées, nous serions heureuses de mourir en pratiquant la charité. » L'amour de Dieu, de notre pays, des pauvres et des affligés, voilà leur unique mobile et le secret de leur héroïque courage.	Les Sœurs du Saint-Nom de Jésus tiennent une maison de préservation pour les jeunes filles. En outre, elles assistent les pauvres et leur distribuent des secours. La maison de préservation n'a d'autres ressources que le travail des sœurs et des enfants qu'elles recueillent, sans jamais exiger aucune rétribution.
	Garde-malades pour les nouveau-nés, visites aux femmes pauvres en couches.

Diocèse de Paris (suite).

DATE DE LA FONDATION	CONGRÉGATIONS ou COMMUNAUTÉS	ENFANTS INSTRUITS	PERSONNES ASSISTÉES				TOTAL	SERVICES A L'ÉTRANGER et DANS LES COLONIES
			Hôpitaux et Hospices.	Orphelinats et Ouvroirs.	Maisons de refuge, de préservation et de correction	Asiles d'aliénés et de sourds-muets.		
	Report...	575.673	11673	30098	1.250	1.886	44.907	
1857	Sœurs de Notre-Dame de Bethléhem. Congr. non aut. Maison mère à Paris, rue Notre-Dame-des-Champs.							
1826	N.-D. de la Retraite. Congrég. non autorisée. Maison mère à Paris, rue du Regard.							
1804	Sœurs des Sacrés-Cœurs de Jésus et de Marie. Congrégation non autorisée. Maison mère à Paris, rue de Picpus. 85 membres.	1.050						Les sœurs sont établies dans l'Amérique du Sud et l'Océanie. Comme en France, elles s'y dévouent principalement à l'instruction gratuite des enfants pauvres.
	A reporter...	576.723	11673	30098	1.250	1.886	44.907	

SERVICES PENDANT LA GUERRE DE 1870-71	HISTORIQUE — FAITS PARTICULIERS OBSERVATIONS
	Asile pour les jeunes filles et les femmes abandonnées ou sans travail.
	Œuvre des retraites pour les personnes du monde.
Plusieurs établissements de la Congrégation ont été transformés en ambulances, où les sœurs ont prodigué aux malades et aux blessés des soins dévoués. Les récompenses qu'elles ont reçues après la guerre en rendent témoignage.	Après l'adoration perpétuelle du très saint Sacrement, le but principal de cette Congrégation est l'éducation de la jeunesse à tous les degrés. Partout où elles sont établies, les Sœurs des Sacrés-Cœurs tiennent à leurs frais une école gratuite pour les enfants pauvres, et admettent aussi gratuitement, selon leurs ressources, dans les pensionnats et les externats, des enfants appartenant à des familles honorables, mais dont la fortune ne répond pas à la naissance. Né sous le régime de la Terreur, cet Institut eut pour berceau la ville de Poitiers. Les pieux fondateurs conçurent le plan de la Congrégation, d'après les besoins de ces temps de malheurs et de ruines. La réparation et l'enseignement sont le double but qu'ils voulurent atteindre en se dévouant à l'adoration perpétuelle de jour et de nuit, et à l'éducation de la jeunesse, notamment celle des enfants pauvres. La maison mère fut établie à Paris en 1804. Depuis cette époque, elle fait le bien dans la modeste sphère de ses attributions, et nous ne voyons rien de particulier à mentionner dans son histoire, si ce n'est peut-être l'apostolat de charité et de dévouement qu'a exercé pendant 47 ans, dans le quartier Saint-Antoine, la religieuse que la fondatrice avait chargée de la direction de la classe gratuite. Son zèle s'étendait des enfants aux parents qu'elle instruisait le soir, les aidant de ses conseils et des aumônes qu'elle recueillait pour eux, et se faisant, au besoin, l'auxiliaire de l'Œuvre de Saint-François-Régis. Morte en 1865, sœur Médéric a laissé un souvenir encore vivant parmi le peuple qui, dans sa reconnaissance, se plaisait à la nommer la Sœur Rosalie du faubourg Saint-Antoine.

Diocèse de Paris (suite).

DATE DE LA FONDATION	CONGRÉGATIONS ou COMMUNAUTÉS	ENFANTS INSTRUITS	PERSONNES ASSISTÉES					SERVICES A L'ÉTRANGER et DANS LES COLONIES
			Hôpitaux et Hospices.	Orphelinats et Ouvroirs.	Maisons de refuge, de préservation et de correction.	Asiles d'aliénés et de sourds-muets.	TOTAL	
	Report...	576.723	11673	30098	1.250	1.886	44.907	
1851	Sœurs du tiers ordre de St-François, à Paris, (Rue de la Voie-Verte). Comm. indép. non aut. 18 membres.	?						
	Total...	576.723	11673	30098	1.250	1.886	44.907	

DIOCÈSE DE PÉRIGUEUX

1868	Trappistines, à Échourgnac. Comm. indép. non aut. 19 membres.							
1850	Sœurs de Ste-Marthe. Congrégation à supérieure générale, autorisée les 13 novembre 1810 et 8 novembre 1852. Maison mère à Périgueux. 307 membres.	2.875	527	142			669	

SERVICES PENDANT LA GUERRE DE 1870-71	HISTORIQUE — FAITS PARTICULIERS OBSERVATIONS
	Communauté enseignante.

DORDOGNE

	Travaux agricoles.
Soigné quelques malades et blessés.	Les Sœurs de Sainte-Marthe de Périgueux dirigent des pensionnats, des écoles libres et communales, gratuites ou payantes, des orphelinats, desservent quelques hôpitaux et hospices, et partout soignent gratuitement les pauvres à domicile. Depuis longtemps il s'était formé, sur divers points du diocèse de Périgueux, un certain nombre de petites Congrégations religieuses, vouées à la vie active, ayant à peu près le même but et se proposant la même fin : le soin des malades, le soulagement des pauvres, l'instruction des jeunes filles, et particulièrement des filles de la classe indigente. L'origine de chacune de ces Congrégations remontait à une époque plus ou moins ancienne, et elles s'étaient développées selon que les circonstances l'avaient permis. Quelques-unes avaient été appelées à fonder des établissements particuliers, et le bien qu'elles opéraient, partout où elles avaient pu se fixer, faisait regretter qu'elles ne pussent pas se propager davantage. Parmi ces divers établissements, les Communautés considérées comme maisons mères, et qui pouvaient, par conséquent, admettre quelques sujets à la profession religieuse, étaient au nombre de neuf. Quoique vouées aux mêmes œuvres, et presque toutes sous le patronage commun de sainte Marthe, ce-

Diocèse de Périgueux (suite).

DATE DE LA FONDATION	CONGRÉGATIONS ou COMMUNAUTÉS	ENFANTS INSTRUITS	PERSONNES ASSISTÉES				TOTAL	SERVICES A L'ÉTRANGER et DANS LES COLONIES
			Hôpitaux et Hospices.	Orphelinats et Ouvroirs.	Maisons de refuge, de préservation et de correction.	Asiles d'aliénés et de sourds-muets.		
	Report...	2.875	527	142			669	
	Sœurs de Sainte-Marthe. (Suite.)							
	Sœurs de Sainte-Ursule du Sacré-Cœur, à Périgueux. Communauté indépendante, autorisée le 19 juillet 1826. 50 membres.	310						
	A reporter...	3.185	527	142			669	

SERVICES	HISTORIQUE — FAITS PARTICULIERS
pendant la guerre de 1870-71	OBSERVATIONS

	pendant ces neuf maisons mères étaient entièrement indépendantes les unes des autres. Il n'existait entre elles d'autres liens que ceux de la charité, chacune ayant son administration particulière. A la suite d'un concile tenu dans la métropole de Bordeaux, en 1850, Mgr l'évêque de Périgueux jugea qu'il était opportun de se conformer à la décision de ce concile en ce qui concernait la réunion de toutes ces petites Communautés en une Congrégation établie selon les règles canoniques et civiles. Pour arriver à ce résultat, Sa Grandeur soumit aux réflexions de toutes les religieuses qui devaient être l'objet de cette mesure, le projet qu'elle avait conçu et le plan qu'elle se proposait de suivre. Ce plan consistait dans les dispositions suivantes : 1º établir d'abord en principe que toutes ces petites congrégations indépendantes ne formeraient plus, à l'avenir, qu'une seule et même Congrégation, sous la dénomination générale de Sœurs de Sainte-Marthe du Périgord; 2º fonder, dans la ville épiscopale, un seul et unique noviciat; 3º adopter un costume uniforme; 4º admettre désormais les trois vœux ordinaires de religion; 5º faire un règlement général qui serait le résumé des règlements particuliers déjà existant dans chacune des maisons. Après plusieurs mois de réflexions, toutes les religieuses, pénétrées de l'esprit de leur saint état, se soumirent librement à ne former désormais qu'une seule et même famille, dont la direction serait confiée, sous la dépendance de Sa Grandeur, à une supérieure générale.
Une ambulance fut établie dans la maison, et les religieuses y soignèrent les malades et les blessés avec un dévouement admirable.	L'école gratuite, fréquentée par 130 élèves, est entièrement à la charge des sœurs, qui, outre l'instruction, donnent aux plus pauvres d'entre elles d'abondants secours. Un certain nombre de pensionnaires sont aussi élevées, soit tout à fait gratuitement, soit moyennant une pension très modique. Les Ursulines dirigent en même temps un ouvroir. Elles distribuent chaque jour aux pauvres de nombreux secours, soit en argent, soit en nature. Au moment de la Révolution, cette Communauté subit le sort commun : elle fut dispersée et persécutée. Mais, en dépit des violences dont elles furent alors les victimes, les Ursulines furent unanimes à refuser le serment constitutionnel. Elles continuèrent à se réunir en secret pour vaquer à leurs œuvres de charité. C'est en 1818 seulement que la communauté put se reconstituer, grâce à la libéralité de la duchesse d'Angoulême. Aujourd'hui leurs élèves obtiennent chaque année de brillants succès aux examens.

Diocèse de Périgueux (suite).

DATE DE LA FONDATION	CONGRÉGATIONS ou COMMUNAUTÉS	ENFANTS INSTRUITS	PERSONNES ASSISTÉES				TOTAL	SERVICES A L'ÉTRANGER et DANS LES COLONIES
			Hôpitaux et Hospices.	Orphelinats et Ouvroirs.	Maisons de refuge, de préservation et de correction.	Asiles d'aliénés et de sourds-muets.		
	Report...	3.185	527	142			669	
1641	**Sœurs de la Visitation, à Périgueux.** Communauté indépendante, autorisée le 3 septembre 1826. 40 membres.	30						
	Petites Ursulines de Sainte-Claire, à Lagarde. Comm. indép., autor. le 5 août 1829. 23 membres.	?						
1858	**Carmélites, à Bergerac.** Comm. indép. non aut. 20 membres.							
	A reporter...	3.215	527	142			669	

Dordogne. 441

| SERVICES | HISTORIQUE — FAITS PARTICULIERS |
PENDANT LA GUERRE DE 1870-71	OBSERVATIONS
Établi dans la maison une ambulance de 21 lits, où les blessés et les malades ont été soignée pendant 5 mois par les sœurs.	Plusieurs pensionnaires sont élevées gratuitement ; de plus, comme plusieurs maisons du même ordre, les Sœurs de la Visitation de Périgueux ont recueilli et élèvent une petite négresse ; elles nourrissent, en outre, quatre familles pauvres. L'ordre de la Visitation, fondé en 1610, à Annecy, par saint François de Sales et sainte Chantal, fut d'abord destiné, ainsi que l'indique son nom, à la visite des pauvres et des malades. Mais ces œuvres charitables n'étant point, selon les mœurs du temps, exercées par des religieuses, Mgr Denis de Marquemont, alors archevêque de Lyon, exigea que la Congrégation naissante fût érigée en ordre religieux cloîtré ; forcé alors de modifier son plan, le saint fondateur, qui voulait que son ordre s'appliquât spécialement à la pratique de la charité, substitua la réception des faibles et des infirmes aux œuvres extérieures, dans le double but d'offrir toujours à ses filles un but de dévouement, et d'assurer le salut des âmes qui ne pouvaient être admises, faute de santé, dans les ordres austères qui existaient seuls en France à cette époque. Quant à la Communauté de la Visitation de Périgueux, elle fut fondée en 1641. Les filles de saint François de Sales y furent appelées par les magistrats de cette ville, sous la condition expresse de se livrer à l'éducation des jeunes filles, ce qui s'est toujours fait depuis cette époque. Dispersées en 1792, par la tourmente révolutionnaire, les religieuses se réunirent de nouveau en 1806.
	Communauté enseignante.
	Vie contemplative.

Diocèse de Périgueux (suite).

DATE DE LA FONDATION	CONGRÉGATIONS ou COMMUNAUTÉS	ENFANTS INSTRUITS	PERSONNES ASSISTÉES					SERVICES A L'ÉTRANGER et DANS LES COLONIES
			Hôpitaux et Hospices.	Orphelinats et Ouvroirs.	Maisons de refuge, de préservation et de correction.	Asiles d'aliénés et de sourds-muets.	TOTAL	
	Report...	3.215	527	142			669	
	Sœurs de Ste-Claire, à Périgueux. Comm. indép. non aut.							
1747	**Sœurs de la Miséricorde, à Périgueux.** Communauté indépendante non autorisée.	480	40	75			115	
	TOTAL...	3.695	567	217			784	

DIOCÈSE DE PERPIGNAN

	Sœurs du Saint-Sacrement. Congrégation diocésaine autorisée le 4 mai 1864. Maison mère à Perpignan. 145 membres.	3.000	350	?			350	

Dordogne.

SERVICES PENDANT LA GUERRE DE 1870-71	HISTORIQUE — FAITS PARTICULIERS — OBSERVATIONS
	Vie contemplative.
Fourni de la literie et du linge pour les soldats.	Les Sœurs de la Miséricorde instruisent les enfants pauvres et visitent à domicile les indigents. 75 orphelines et 40 vieillards sont à leur charge; elles assistent, en outre, 160 malades. Elles n'ont d'autre subvention qu'une somme de 900 fr. pour la classe gratuite, la salle d'asile et l'orphelinat. Cette Communauté a été fondée par une pieuse veuve, pour le soin des malades et l'instruction des enfants pauvres : elle et ses compagnes consacrèrent à cette œuvre de charité leur fortune et leur vie.

PYRÉNÉES-ORIENTALES

Soigné les malades et les blessés dans 2 ambulances.	La Congrégation du Saint-Sacrement se dévoue au soin des malades dans les hôpitaux et les infirmeries de divers établissements, à l'éducation de la jeunesse dans les pensionnats, les écoles et les salles d'asile ; elles dirigent aussi une école normale, qui n'a d'autre ressource que la modique pension des élèves-maîtresses. Cette Congrégation est une branche détachée de la Congrégation du Saint-Sacrement, fondée à Màcon en 1733. En 1854, le choléra sévissant avec une grande intensité dans différentes localités des Pyrénées-Orientales, les Sœurs du Saint-Sacrement se dispersèrent dans les campagnes, et prodiguèrent nuit et jour leurs soins aux malheureuses victimes du fléau. Quatre d'entre elles furent atteintes, deux moururent victimes de leur charité. Chaque jour la maison mère distribue des secours à 50 indigents. La dépense personnelle de chaque sœur ne dépasse pas 325 fr. par an.

Diocèse de Perpignan (suite).

DATE DE LA FONDATION	CONGRÉGATIONS ou COMMUNAUTÉS	ENFANTS INSTRUITS	PERSONNES ASSISTÉES				TOTAL	SERVICES A L'ÉTRANGER et DANS LES COLONIES
			Hôpitaux et Hospices.	Orphelinats et Ouvroirs.	Maisons de refuge, de préservation et de correction.	Asiles d'aliénés et de sourds-muets.		
	Report...	3.000	350				350	
	Sœurs de Sainte-Claire, à Perpignan. Comm. indép., autor. le 10 déc. 1828. 21 membres.							
	Trappistines de Notre-Dame-des-Anges, à Espira-de-l'Agly. Communauté indépendante, autorisée le 21 juillet 1866. 70 membres.	80						
1871	**Carmélites, à Vinça.** Comm. indép. non aut. 8 membres.							
	TOTAL...	3.080	350				350	

DIOCÈSE DE POITIERS

| 1855 | **Pères oblats de Saint-Hilaire.** Congrég. non autorisée. Maison mère à Poitiers. | | | | | | | |

SERVICES PENDANT LA GUERRE DE 1870-71	HISTORIQUE — FAITS PARTICULIERS OBSERVATIONS
	Vie contemplative.
Confectionné des vêtements pour les blessés.	Les Trappistines instruisent gratuitement les enfants pauvres, autant que le leur permet leur vie de prière, de pénitence et de travail. Chaque jour elles distribuent de la soupe à tous les pauvres et voyageurs qui se présentent, et leur offrent un gîte pour la nuit. 300 fr. suffisent chaque année pour l'entretien d'une sœur. La fondation de ce monastère est l'œuvre d'une pieuse dame dont les filles se firent religieuses. Avec leur agrément, elle y consacra toute sa fortune. Les sœurs reçoivent les sujets pauvres et sans dot; elles tiennent, en outre, une école pour les jeunes filles pauvres. Elles ont aussi, dès le début, conformément au désir de leur fondatrice, reçu des orphelines ou des enfants de familles indigentes, et ont réussi à faire passer avec succès les examens universitaires à plusieurs d'entre elles, et à leur faire obtenir les diplômes exigés pour l'enseignement.
	Vie contemplative.

VIENNE

	Ministère ecclésiastique et prédication.

Diocèse de Poitiers (suite).

DATE DE LA FONDATION	CONGRÉGATIONS ou COMMUNAUTÉS	ENFANTS INSTRUITS	PERSONNES ASSISTÉES					SERVICES A L'ÉTRANGER et DANS LES COLONIES
			Hôpitaux et Hospices.	Orphelinats et Ouvroirs.	Maisons de refuge, de préservation et de correction.	Asiles d'aliénés et de sourds-muets.	TOTAL	
1807	**Filles de la Croix, dites Sœurs de Saint-André.** Congrégation à supérieure générale, autorisée le 28 mai 1826. Maison mère à la Puye (Vienne). 367 maisons en France. 2.500 membres.	41.225	100	2.000			2.100	Cinq établissements en Italie, et 4 en Espagne.
	A reporter...	41.225	100	2.000			2.100	

SERVICES PENDANT LA GUERRE DE 1870-71	HISTORIQUE — FAITS PARTICULIERS OBSERVATIONS
Les Filles de la Croix ont desservi 20 ambulances pendant six mois. Elles ont, en outre, dans beaucoup d'autres endroits, prodigué leurs soins aux malades et aux blessés.	Cette Congrégation a pour but l'instruction et l'éducation des petites filles, particulièrement des pauvres, et le soin des malades à domicile. Les sœurs dirigent des orphelinats, des ouvroirs, des écoles, des pensionnats pour les enfants d'ouvriers ou de petits commerçants, quelques petits hospices ou asiles pour les vieillards et les infirmes. Les Sœurs de Saint-André ont, en outre, organisé pour leurs anciennes élèves des patronages, fréquentés par environ 12.000 jeunes filles. Plusieurs de leurs orphelinats, et les plus importants, tous les ouvroirs, ainsi que plusieurs asiles de vieillards, sont entièrement à leur charge. Dans chaque maison, une sœur est spécialement chargée de visiter les malades et de leur porter secours. Il serait impossible d'évaluer, même approximativement, le nombre de personnes qui sont ainsi assistées chaque année. Un grand nombre de Sœurs de Saint-André, titulaires d'écoles publiques ou libres, ont obtenu des récompenses honorifiques, mentions honorables, médailles de bronze ou d'argent, médaille d'or. En 1878, la sœur Saint-Paul, à Ivry, près Paris, a reçu les palmes d'officier d'académie. Souvent les écoles communales tenues par les sœurs sont établies dans une maison *qui leur appartient tout à fait*, ou qui leur a été affectée *sous condition de retour aux familles des donateurs, si elles cessaient de diriger l'école*. Les sœurs vivent très pauvrement : dans certaines localités, leurs dépenses annuelles ne dépassent pas 2 à 300 fr. On pourrait citer quelques-unes de ces pieuses institutrices, *qui ont vécu plusieurs années sans manger d'autre viande qu'un peu de salé, une fois par semaine*. Le vénérable (décret de Pie IX, 19 juillet 1877) André-Hubert Fournier, curé de Saint-Pierre de Maillé, durant même la Révolution, trouva en Mlle Élisabeth Bichier des Ages, sa pénitente, une personne désireuse de se donner à Dieu et de le servir en visitant les malades de la campagne et en apprenant le catéchisme aux enfants. Quatre compagnes se joignirent à elle, puis un plus grand nombre. Mlle Bichier y consacra son patrimoine et sa personne. Les premiers vœux furent faits en 1807. Les sœurs fondèrent plusieurs maisons dans le diocèse de Poitiers. Vers 1817, la fondatrice, envoyée à Paris pour y subir une opération, émerveilla par son courage le célèbre chirurgien Dubois. Tout le monde voulut la voir. La cour et la famille royale conçurent pour elle une haute estime. Mgr d'Astros, vicaire général de Paris, voulut des sœurs pour Issy, près Paris. Devenu évêque de Bayonne, puis archevêque de Toulouse, il y appela les Filles de la Croix, et, par la grâce de Dieu, elles s'y sont multipliées d'une manière étonnante. En 1838, à la mort de la fondatrice, il y avait près de 100 maisons établies ; aujourd'hui on en compte 367 en France, 5 en Italie (Rome et Parme), et 4 en Espagne.

Diocèse de Poitiers (suite).

DATE DE LA FONDATION	CONGRÉGATIONS ou COMMUNAUTÉS	ENFANTS INSTRUITS	PERSONNES ASSISTÉES					SERVICES A L'ÉTRANGER et DANS LES COLONIES
			Hôpitaux et Hospices.	Orphelinats et Ouvroirs.	Maisons de refuge, de préservation et de correction.	Asiles d'aliénés et de sourds-muets.	TOTAL	
	Report...	41.225	100	2.000			2.100	
	Filles de la Croix, dites Sœurs de Saint-André. (Suite.)							
	A reporter...	41.225	100	2.000			2.100	

| Vienne. | 449 |

SERVICES	HISTORIQUE — FAITS PARTICULIERS
PENDANT LA GUERRE DE 1870-71	OBSERVATIONS

En 1855, pendant que le choléra sévissait dans le midi de la France, les sœurs volèrent au secours des malades, eurent la consolation de contribuer à en sauver beaucoup, et en ensevelirent un plus grand nombre encore que leurs parents eux-mêmes abandonnaient dans la crainte de contracter le mal. Plusieurs sœurs trouvèrent la mort dans l'exercice de cette œuvre de charité. De toutes parts les autorités faisaient appel à leur dévouement. Les archives des principales maisons, surtout dans les Basses-Pyrénées et la Haute-Garonne, conservent sans doute encore des lettres des préfets et sous-préfets suppliant les supérieures d'envoyer des sœurs dans les localités envahies par le fléau, des remerciements des mêmes magistrats pour les services rendus, leurs condoléances sur la perte des sœurs victimes de leur dévouement. Le sous-préfet de Villefranche-de-Lauragais se rendit lui-même à Mouraille, pour assister aux obsèques d'une de ces chères victimes.

Mais en dehors de ces circonstances solennelles où le dévouement des Filles de la Croix s'est signalé d'une façon si éclatante, que de faits l'on pourrait signaler, qui, pour être restés obscurs, n'en sont pas moins le témoignage d'une admirable charité! Dès les premiers jours de l'existence de leur Institut, les sœurs commencèrent à recueillir chez elles, à leur maison de maternité, de jeunes orphelines, auxquelles elles enseignaient le catéchisme, la lecture et de petits travaux propres à leur sexe. On leur en amenait de tous côtés. Elles recueillaient en même temps, dans une partie réservée de la maison, des vieillards infirmes et délaissés, de pauvres malheureux sans asile ou atteints de maux tellement hideux, que leurs parents eux-mêmes n'avaient plus le courage de leur donner des soins. La gale, le cancer, la gangrène et autres maladies les plus répugnantes, étaient celles qu'elles soignaient avec le plus de dévouement, et c'était en général, avec l'ensevelissement des morts, le lot que la fondatrice se réservait de préférence. On cite, au sujet de cette admirable religieuse, des faits vraiment héroïques : il n'est pas de fatigues qu'elle n'affrontât, pas de répugnances dont elle ne triomphât pour ses chers malades, bravant les injures, les brutalités de certains d'entre eux, passant jusqu'à 5 semaines sans se coucher, pour rester plus entièrement à leur service. Les bonnes sœurs vivaient très grossièrement: un grossier pain de seigle, un mélange de baillarge et d'avoine, quelques misérables légumes, telle était leur nourriture ordinaire, tandis qu'elles réservaient pour leurs malades tout ce qu'elles pouvaient trouver de meilleur. Durant tout un carême, elles vécurent de pain sec et de noyaux de pêches.

On fonda quelques hôpitaux, mais ils n'étaient jamais assez grands. Aussi arriva-t-il plus d'une fois que la mère Élisabeth

Diocèse de Poitiers (suite).

DATE DE LA FONDATION	CONGRÉGATIONS ou COMMUNAUTÉS	ENFANTS INSTRUITS	PERSONNES ASSISTÉES				TOTAL	SERVICES A L'ÉTRANGER et DANS LES COLONIES
			Hôpitaux et Hospices.	Orphelinats et Ouvroirs.	Maisons de refuge, de préservation et de correction.	Asiles d'aliénés et de sourds-muets.		
	Report...	41.225	100	2.000			2.100	
	Filles de la Croix, dites Sœurs de Saint-André. (Suite.)							
	Filles du saint et Immaculé Cœur de Marie. Congr. à sup. gén., aut. le 23 déc. 1852. Maison mère à Niort. 116 membres.	?	?					
	Sœurs de Sainte-Philomène. Congr. à sup. gén., aut. le 18 juil. 1854. Maison mère à Migné (Vienne). 219 memb.	?	?					
	Sœurs de l'Immaculée-Conception, dites Dames de la Providence. Congr. à sup. gén., aut. le 9 janv. 1856. Maison mère à Niort. 100 membres.	?						
	Sœurs de Ste-Marthe, à Lusignan (Vienne). Comm. indép., aut. le 25 nov. 1810. 7 membres.		?					
	Sœurs de la Visitation, à Poitiers. Commun. indép., aut. le 26 févr. 1826. 33 membres.	?						
	A reporter...	41.225	100	2.000			2.100	

Vienne. 451

SERVICES PENDANT LA GUERRE DE 1870-71	HISTORIQUE — FAITS PARTICULIERS OBSERVATIONS
	céda son lit à des malades qui se présentaient alors que les hôpitaux étaient déjà pleins. Cette Congrégation n'est pas vieille; mais elle possède déjà une admirable histoire : il faut la lire pour se faire une idée des prodiges que peut enfanter la charité quand c'est la foi qui l'inspire.
	Congrégation hospitalière et enseignante.
	Congrégation hospitalière et enseignante.
	Congrégation enseignante.
	Communauté hospitalière.
	Communauté enseignante.

Diocèse de Poitiers (suite).

DATE DE LA FONDATION	CONGRÉGATIONS ou COMMUNAUTÉS	ENFANTS INSTRUITS	PERSONNES ASSISTÉES				TOTAL	SERVICES A L'ÉTRANGER et DANS LES COLONIES
			Hôpitaux et Hospices.	Orphelinats et Ouvroirs.	Maisons de refuge, de préservation et de correction.	Asiles d'aliénés et de sourds-muets.		
	Report...	41.225	100	2.000			2.100	
	Sœurs de N.-D., à Poitiers. Comm. indép., autor. le 19 nov. 1826. 50 membres.	?						
	Bénédictines, à Poitiers. Comm. indép., autor. le 17 janv. 1837. 23 membres.	?						
	Sœurs de l'Union chrétienne, à Poitiers. Comm. indép., autor. le 22 avril 1827. 32 membres.	?	?					
	Carmélites, à Poitiers. Comm. indép., aut. le 11 nov. 1827. 22 membres.							
	Sœurs de l'Union chrétienne, à Champdeniers (Deux-Sèvres). Comm. indép., autor. le 2 déc. 1827. 22 membres.	?	?					
1868	Dames de l'Assomption, à Poitiers. Comm. indép. non autor. 12 membres.							
	TOTAL...	41.225	100	2.000			2.100	

Vienne. 453

SERVICES PENDANT LA GUERRE DE 1870-71	HISTORIQUE — FAITS PARTICULIERS OBSERVATIONS
	Communauté enseignante.
	Communauté enseignante.
	Communauté hospitalière et enseignante.
	Vie contemplative.
	Communauté hospitalière et enseignante.
	Adoration du saint Sacrement.

DIOCÈSE DU PUY

DATE DE LA FONDATION	CONGRÉGATIONS ou COMMUNAUTÉS	ENFANTS INSTRUITS	PERSONNES ASSISTÉES				TOTAL	SERVICES A L'ÉTRANGER et DANS LES COLONIES
			Hôpitaux et Hospices	Orphelinats et Ouvroirs	Maisons de refuge, de préservation et de correction.	Asiles d'aliénés et de sourds-muets.		
	Frères de l'Instruction chrétienne, dits du Sacré-Cœur. Congr. autor. le 10 mars 1825. Maison mère à Paradis. 1037 membres.	?						
1850	**Frères ouvriers ou agriculteurs de Saint-Jean-François-Régis.** Congrégation autorisée le 19 août 1856. Maison mère à la Roche-Armand. 5 maisons. 50 membres.			170			170	
	A reporter...			170			170	

HAUTE-LOIRE

SERVICES PENDANT LA GUERRE DE 1870-71	HISTORIQUE — FAITS PARTICULIERS OBSERVATIONS
	Congrégation enseignante.
Les frères ont recueilli un grand nombre d'orphelins d'Alsace-Lorraine.	Les Frères de Saint-Jean-François-Régis ne reçoivent aucun traitement ; tous leurs services sont gratuits. Leur fondation est l'œuvre d'un apôtre zélé des montagnes du Velay, le P. de Bussy. Des orphelins abandonnés mendiaient dans les villes, croupissant dans la misère, l'ignorance et le vice, n'ayant trop souvent, pour lieu de refuge, que la prison. Le P. de Bussy créa un asile pour ces pauvres enfants ; il en confia la direction à quelques hommes du peuple, vertueux, chrétiens, qui s'offrirent à lui pour l'aider dans son œuvre de charité. La Congrégation était fondée ; elle se mit sous le patronage de saint Jean-François Régis. Les enfants malheureux abondaient ; les secours arrivèrent lentement, les pauvres frères eurent à supporter les épreuves matérielles les plus dures, travaillant beaucoup, s'épargnant jusqu'à la nourriture, pour pouvoir nourrir leur famille adoptive. Dieu a permis qu'ils ne succombassent pas à la tâche, et que leur œuvre se soutînt. Les orphelinats dirigés par la Congrégation sont, jusqu'à ce moment, tous agricoles ; il y a là un double avantage : pour les pauvres enfants abandonnés, celui de leur procurer, avec le travail des champs, un moyen de moralisation très efficace, pour les campagnes un moyen de leur rendre les bras qui leur manquent, hélas ! trop souvent. La Congrégation de Saint-Jean-François-Régis a incontestablement amélioré, perfectionné, fait progresser l'agriculture ; elle a créé plusieurs fermes-modèles. Voici l'énumération des prix obtenus dans différents concours régionaux d'agriculture : 1860, au Puy : 2 médailles d'or, une médaille d'argent, 4 médailles de bronze. 1862, à Gap : 3 médailles d'or, 2 médailles d'argent, une médaille de bronze. 1863, à Valence : une médaille d'or, 2 médailles d'argent, une médaille de bronze. 1868, au Puy : 2 médailles d'or, une médaille d'argent, une médaille de bronze.

Diocèse du Puy (suite).

DATE DE LA FONDATION	CONGRÉGATIONS ou COMMUNAUTÉS	ENFANTS INSTRUITS	PERSONNES ASSISTÉES					SERVICES A L'ÉTRANGER et DANS LES COLONIES
			Hôpitaux et Hospices.	Orphelinats et Ouvroirs.	Maisons de refuge, de préservation et de correction.	Asiles d'aliénés et de sourds-muets.	TOTAL	
	Report...			170			170	
	Frères Ouvriers-Agriculteurs de Saint-Jean-François-Régis. (Suite.)							
1668	**Dames de l'Instruction de l'Enfant-Jésus.** Congrégation à supérieure générale, autorisée le 24 janvier 1843. Maison mère au Puy. 450 membres.	8.000	100				100	
	A reporter...	8.000	100	170			270	

SERVICES PENDANT LA GUERRE DE 1870-71	HISTORIQUE — FAITS PARTICULIERS OBSERVATIONS
	1876, au Puy : 2 médaille d'or, une médaille d'argent, une médaille de bronze. 1877, à Lyon : 2 médailles d'or, une médaille d'argent, une médaille de bronze. La Congrégation ne possède encore que 4 établissements. Elle reçoit bien des propositions encourageantes et des demandes pour des créations nouvelles; elle ne peut y répondre, à cause de l'insuffisance du personnel des frères : ils ne sont que 50. Quand ce personnel sera plus nombreux, elle ne reculera devant aucun sacrifice pour réaliser, soit en France, soit à l'étranger, les espérances de son fondateur. La dépense personnelle de chaque frère ne dépasse pas 300 fr. par an.
Donné 2.000 fr. de secours en argent, prêté cinq maisons pour les ambulances, fourni des objets de literie, envoyé des sœurs pour soigner les blessés.	Les Dames de l'Instruction chrétienne ont spécialement pour but l'instruction et l'éducation de la jeunesse dans les écoles, les salles d'asile et les orphelinats. Dans quelques localités, elles visitent en outre les malades à domicile. L'enseignement est si peu rétribué dans les salles d'asile et les écoles communales dirigées par elles, que plus de la moitié des sœurs institutrices sont entièrement à la charge de la Congrégation. De cette Congrégation sont sorties, à différentes époques, des Congrégations très florissantes, telles que celles de l'*Enfant-Jésus* d'Aurillac, de la *Doctrine chrétienne* de Digne, et d'autres ayant leur siège à Chauffailles (diocèse d'Autun), à Claveyrolles (diocèse de Lyon), à Courpières (diocèse de Clermont). Les Dames de l'Instruction du Puy sont répandues dans dix diocèses; elles dirigent l'école normale du département de la Haute-Loire. Plus de 80 sœurs possèdent leur brevet, soit en moyenne au moins une par école. Mais la gloire *spécifique* de cette Congrégation, c'est le tiers ordre des sœurs connues sous le nom de *Béates*, qui ont rendu et rendent à l'instruction populaire, dans les hameaux, d'incomparables services. Sans les soins admirablement dévoués de ces pauvres institutrices, les jeunes enfants des montagnes du Velay croupiraient dans l'ignorance, par suite de la difficulté des communications pendant la moitié de l'année avec les centres d'éducation et d'instruction primaire. Les *Béates* ont pour fondatrice, comme les Dames de l'Instruction, Mlle Martel, fille d'un avocat en la sénéchaussée du Puy, morte le 15 janvier 1573. Elle commença, à l'instigation d'un pieux sulpicien, à instruire les malades d'un hôpital. Des compagnes vinrent se joindre à elle, et l'on put former dans diverses paroisses, sous le nom d'*assemblées*, de pieuses réunions de charité. A côté de cette première association s'était

Diocèse du Puy (suite).

DATE DE LA FONDATION	CONGRÉGATIONS ou COMMUNAUTÉS	ENFANTS INSTRUITS	PERSONNES ASSISTÉES					SERVICES A L'ÉTRANGER et DANS LES COLONIES
			Hôpitaux et Hospices.	Orphelinats et Ouvroirs.	Maisons de refuge, de préservation et de correction.	Asiles d'aliénés et de sourds-muets.	TOTAL	
	Report...	8.000	100	170			270	
	Dames de l'Instruction de l'Enfant-Jésus. (Suite.)							
	A reporter...	8.000	100	170			270	

| Haute-Loire. | 459 |

SERVICES PENDANT LA GUERRE DE 1870-71	HISTORIQUE — FAITS PARTICULIERS OBSERVATIONS
	dès lors formée une réunion de jeunes filles de condition plus humble, s'occupant spécialement de l'instruction des pauvres. La situation des ouvrières en dentelles, si nombreuses dans ce pays (on en comptait, en 1840, 70.000 sur une population de 300.000 âmes), attira tout d'abord l'attention de Mlle Martel. Elle et ses compagnes s'introduisirent dans les *chambrées*, et s'employèrent à instruire les ouvrières et à leur faire aimer le bien : elles se chargeaient même de faire leurs provisions, d'acheter leur blé, de le faire moudre et de préparer leur pain, de vendre leurs dentelles, enfin de leur rendre tous les services dont elles pouvaient avoir besoin. C'est pour faire participer les plus petits villages et hameaux à ces bienfaits, que les *Béates* furent établies. Après avoir été formées à la maison mère, elles allaient partout organiser des *chambrées* d'ouvrières en dentelles, et contribuaient ainsi à fixer dans les petits villages et hameaux les jeunes filles que les villes avaient jusque-là attirées en trop grand nombre. La *Béate* n'est pas une religieuse proprement dite ; elle peut sortir de la Congrégation quand elle veut, mais elle profite bien rarement de cette liberté. Après un noviciat de trois ans, durant lesquels elle s'occupe d'exercices religieux, du soin des malades, d'études et de dentelles, elle s'en va vers quelque hameau ignoré et isolé souvent du reste du pays par de longs mois d'hiver, et là, moyennant quelques dons en nature, qui sont sa seule ressource, elle instruit les enfants, elle apprend la dentelle aux jeunes filles, elle soigne les malades, elle fait la lecture le dimanche aux habitants du village, et empêche qu'on oublie Dieu et le bien dans des pays où l'on est souvent empêché, les dimanches d'hiver, d'aller assister aux offices de la paroisse. Les *Béates* sont installées à frais communs par les habitants des villages ; chacun donne du sien pour leur préparer une modeste installation, l'un du bois, l'autre des pierres, l'autre des ferrures ; tels prêtent leurs bœufs et leur charrette pour le transport des matériaux, tandis que d'autres, trop pauvres pour rien fournir, offrent le secours de leurs bras. Des frais de ces fondations modestes, le curé prend toujours une bonne part. Puis, quand la maison d'*assemblée* est prête, deux notables de l'endroit vont prendre la *Béate* au noviciat. Dans la journée, la *Béate* s'occupe des enfants ; le soir, elle reçoit les jeunes filles et les femmes, et la veillée se passe à confectionner des dentelles, que les *Béates* vont vendre elles-mêmes, épargnant ainsi aux ouvrières du village des fatigues et du temps. Le diocèse du Puy compte aujourd'hui 700 écoles de *Béates*, sans lesquelles 700 villages ou hameaux croupiraient dans l'ignorance et peut-être dans le vice et la misère ; car la *Béate*

Diocèse du Puy (suite).

DATE DE LA FONDATION	CONGRÉGATIONS ou COMMUNAUTÉS	ENFANTS INSTRUITS	PERSONNES ASSISTÉES					SERVICES A L'ÉTRANGER et DANS LES COLONIES
			Hôpitaux et Hospices.	Orphelinats et Ouvroirs.	Maisons de refuge, de préservation et de correction.	Asiles d'aliénés et de sourds-muets.	TOTAL	
	Report...	8.000	100	170			270	
	Dames de l'Instruction de l'Enfant-Jésus. (Suite.)							
1650	Sœurs de Saint-Joseph. Congrégation diocésaine autorisée le 23 octobre 1867. Maison mère au Puy. 74 établissements. 648 membres.	9.000	?					Au mois d'août 1816, la Congrégation a envoyé en Géorgie et en Floride (États-Unis d'Amérique) une petite colonie de 8 religieuses, pour aller se vouer à l'instruction des enfants des deux sexes, *négresses* et *blanches*.
	A reporter...	17.000	100	170			270	

SERVICES PENDANT LA GUERRE DE 1870-71	HISTORIQUE — FAITS PARTICULIERS OBSERVATIONS
	n'est pas seulement institutrice, elle est garde-malade ; elle se fait quêteuse pour les pauvres, et trouve dans son cœur de quoi consoler toutes les afflictions et soulager toutes les misères. 90 d'entre elles sont munies du brevet, et les diocèses limitrophes de celui du Puy ont appris depuis longtemps à bénir leur dévouement, leur zèle et leur charité. Le mot *Béates* s'appliquait autrefois aux personnes qui, sans quitter leurs maisons, faisaient profession de la vie religieuse. On comprend dès lors pourquoi on l'a appliqué à ces saintes filles, qui sont, à la lettre, la providence du Velay. « Ce qui fait le caractère particulier de cette institution, écrivait jadis un recteur de l'académie départementale du Puy, c'est qu'elle est admirablement adaptée à l'esprit des habitants, aux exigences de leur position, à la conformation de leur pays. On dirait qu'elle en est une éclosion naturelle. On a de la peine à se le figurer sans ses *Béates*, et on se surprend quelquefois à se demander ce que deviendraient, avec les tendances de déplacement qui se manifestent aujourd'hui sur les divers points de la France, les populations de ces lieux désolés, de ce noir cratère de volcan, si elles n'y étaient retenues par la vue magnétique de ce chalet surmonté d'une croix, où leur enfance s'écoula au milieu des chants pieux et des soins de l'affection la plus dévouée. « L'institution des *Béates* est si populaire parmi les habitants de la Haute-Loire, elle leur est devenue tellement nécessaire, que dans ces jours de douloureuse mémoire où les établissements religieux soulevaient de toutes parts l'impiété, elle n'osa pas franchir le seuil de leur habitation. Elles continuèrent, sinon sans tristesse, du moins sans trouble, l'exercice de leur pieux ministère. »
Les sœurs ont fourni des locaux pour les ambulances ; elles ont en outre soigné les malades et les blessés, leur ont procuré du linge, des objets de literie, et ont confectionné pour eux des vêtements.	Les Sœurs de Saint-Joseph du Puy dirigent des écoles et des salles d'asile, desservent quelques hospices, visitent et assistent les malades à domicile. Elles ne reçoivent de traitement que pour quatre établissements. Tous les autres sont entièrement à leur charge, et sont soutenus par les légères rétributions payées par les élèves de familles aisées. Cette Congrégation est l'œuvre du Père Médaille. C'est la première qui se plaça sous le patronage de saint Joseph. Des Congrégations détachées de celle du Puy, et portant comme elle le nom de Saint-Joseph, sont établies aujourd'hui dans 15 diocèses. Aux États-Unis, parmi les Congrégations religieuses vouées à l'éducation populaire, il n'en est pas de plus connues et de plus répandues que celles de Saint-Joseph. On les trouve

Diocèse du Puy (suite).

DATE DE LA FONDATION	CONGRÉGATIONS ou COMMUNAUTÉS	ENFANTS INSTRUITS	PERSONNES ASSISTÉES				TOTAL	SERVICES A L'ÉTRANGER et DANS LES COLONIES
			Hôpitaux et Hospices	Orphelinats et Ouvroirs	Maisons de refuge, de préservation et de correction	Asiles d'aliénés et de sourds-muets		
	Report...	17.000	100	170			270	
	Sœurs de Saint-Joseph. (Suite.)							Cette mission compte aujourd'hui 5 établissements en Floride et 3 en Géorgie. Le nombre des religieuses missionnaires est actuellement de 50. En outre, il existe aux États-Unis plusieurs Congrégations de Saint-Joseph se rattachant toutes dans l'origine à celle du Puy.
	Dames de Sainte-Claire, au Puy. Comm. indép., autor. le 3 févr. 1816. 36 membres.	?						
	Sœurs du tiers ordre enseignant de Saint-Dominique, dites Sœurs de la Mère-Agnès. 19 établissements, dont 9 autorisés. Le principal est au Puy, et l'autorisation date du 29 février 1816.	1.800	?					
	A reporter....	18.800	100	170			270	

Haute-Loire. 463

SERVICES PENDANT LA GUERRE DE 1870-71	HISTORIQUE — FAITS PARTICULIERS OBSERVATIONS
	dans plus de 15 diocèses : quoique indépendantes aujourd'hui, elles se rattachent toutes dans l'origine à celle du Puy. Un grand nombre de Sœurs de Saint-Joseph sont munies du brevet : chaque année elles le font obtenir à un certain nombre d'élèves. Au mois de mars 1879, elles en présentent cinq, cinq sont reçues, et deux obtiennent les deux premiers rangs à l'épreuve écrite.
	Communauté enseignante.
	Les Sœurs du tiers ordre de Saint-Dominique ont un double but : elles soignent et assistent les malades, soit à domicile, soit dans les hospices ; elles se dévouent à l'éducation des enfants et des jeunes personnes. Un certain nombre d'écoles sont entièrement à leur charge. On ne connaît pas la date de la fondation du tiers ordre de Saint-Dominique. Certaine histoire de Notre-Dame du Puy la fait remonter au XIIIe siècle. Au commencement, et pendant un grand nombre d'années, les personnes qui le composaient vivaient dans leurs familles et ne se réunissaient que pour les prières, les instructions, les élections, et pour se concerter sur les œuvres de charité qu'elles exerçaient. C'est vers le milieu du XVIIe siècle que les sœurs commencèrent à vivre en communauté. Comme leurs bâtiments étaient insuffisants, elles achetèrent de la maison paternelle d'une de leurs anciennes compagnes appelée Agnès. Elle avait été reçue dans le monastère de Sainte-Catherine de Langeac, dont elle fut prieure. Après la mort de cette religieuse, les habitants du Puy qui avaient conservé d'elle un souvenir si précieux de sainteté,

464 — Diocèse du Puy (suite).

DATE DE LA FONDATION	CONGRÉGATIONS ou COMMUNAUTÉS	ENFANTS INSTRUITS	PERSONNES ASSISTÉES					TOTAL	SERVICES A L'ÉTRANGER et DANS LES COLONIES
			Hôpitaux et Hospices.	Orphelinats et Ouvroirs.	Maisons de refuge, de préservation et de correction.	Asiles d'aliénés et de sourds-muets.		
	Report...	18.800	100	170			270	
	Sœurs du tiers ordre enseignant de Saint-Dominique, dites Sœurs de la Mère Agnès. (Suite.)							
	Sœurs de Notre-Dame, à Pradelles. Comm. indép., aut. le 19 nov. 1826. 27 membres.	300						
	Sœurs du tiers ordre enseignant de Saint-François. 9 établissements, dont 3 autorisés à Allègre, à Langeac et au Mas, le 22 avril 1827, le 23 juillet 1854, le 22 janvier 1868.	400						
	A reporter...	19.500	100	170			270	

Haute-Loire. 465

SERVICES PENDANT LA GUERRE DE 1870-71	HISTORIQUE — FAITS PARTICULIERS OBSERVATIONS
	voyant des personnes affiliées au même ordre, habiter son ancienne demeure, s'accoutumèrent à regarder les sœurs tertiaires comme ses filles, et leur en donnèrent le nom, qui leur est resté. C'est sous cette dénomination qu'elles ont été reconnues par le gouvernement, le 29 février 1816. En 1804, la chapelle et la maison faisaient partie de la dotation de la chancellerie de la Légion d'honneur; ces immeubles allaient être vendus, lorsque M. le préfet de la Haute-Loire adressa à M. le ministre des finances une demande à l'effet de les faire distraire de cette affectation et les rendre à leur première destination, ce qui fut accordé. M. le maire de la ville, en notifiant aux religieuses la décision de M. le ministre, s'exprime ainsi dans sa lettre : « C'est avec un vrai plaisir que je vous annonce une nouvelle aussi agréable au public qu'elle peut vous l'être à vous-mêmes : vous continuerez donc à jouir de votre ancienne propriété avec une sécurité parfaite; rien ne vous troublera désormais dans cette jouissance, et vous pourrez vous livrer à vos utiles travaux avec l'assurance de n'être jamais inquiétées à l'avenir, ni dépossédées. » Cette lettre exprime combien les sœurs jouissaient de l'estime publique. On pourrait citer bien d'autres circonstances où l'estime des habitants du Puy s'est manifestée en faveur de la Communauté. Plusieurs Communautés répandues dans le diocèse ont été fondées à la prière des habitants des paroisses où elles ont été établies, afin de procurer aux enfants la facilité de s'instruire, et aux malades les soins dont ils ont besoin.
	Communauté enseignante.
Desservi une ambulance.	Les sœurs du tiers ordre de Saint-François se dévouent au soin des malades à domicile, et à l'instruction des jeunes filles pauvres. Leur concours est presque toujours gratuit. Elles existent depuis plusieurs siècles dans le diocèse du Puy.

Diocèse du Puy (suite).

DATE DE LA FONDATION	CONGRÉGATIONS ou COMMUNAUTÉS	ENFANTS INSTRUITS	PERSONNES ASSISTÉES					TOTAL	SERVICES A L'ÉTRANGER et DANS LES COLONIES
			Hôpitaux et Hospices.	Orphelinats et Ouvroirs.	Maisons de refuge, de préservation et de correction.	Asiles d'aliénés et de sourds-muets.		
	Report...	19.500	100	170			270	
1673	Sœurs de la Croix. 19 maisons, dont 5 sont autorisées. La principale est au Puy.	1.700	360	130			490	
	Sœurs de Ste-Marie de Fontevrault, à Brioude. Comm. indép., autor. le 15 juillet 1829. 27 membres.	?						
1618	Sœurs de Notre-Dame, au Puy. Communauté indépendante, autorisée le 26 janvier 1854. 42 membres.	300						
1630	Sœurs de la Visitation, au Puy. Communauté indépendante, autorisée le 1er février 1854. 50 membres.	60						
	Ursulines, à Monistrol-sur-Loire. Comm. indép., autor. le 15 juin 1854. 37 membres.	?						
	Sœurs de la Visitation, à Brioude. Comm. indép., autor. le 14 nov. 1856. 28 membres.	?						
	A reporter...	21.560	460	300			760	

Haute-Loire. 467

SERVICES PENDANT LA GUERRE DE 1870-71	HISTORIQUE — FAITS PARTICULIERS OBSERVATIONS
Soigné des blessés : préparé beaucoup de charpie.	Les sœurs de la Croix desservent des hospices, dirigent des écoles, et soignent gratuitement les malades pauvres à domicile.
	Communauté enseignante.
Fourni pour les ambulances du mobilier, des lits, confectionné des vêtements, envoyé des secours en argent.	Les sœurs de Notre-Dame du Puy appartiennent à la Congrégation fondée à Bordeaux par la vénérable mère Jeanne de l'Estonac. Chassées par la Révolution, elles ne se sont réinstallées au Puy qu'en 1841. L'éducation des jeunes filles de tout âge et de toute condition est le but spécial de l'Institut.
Fourni du linge, de la charpie, des vêtements, des chaussettes, de la flanelle, et donné de l'argent pour les blessés.	Cette Communauté a été fondée sous le patronage d'Anne d'Autriche. Au moment de la Révolution, les sœurs furent dépossédées de leur établissement et jetées en prison. Elles n'avaient pourtant jamais cessé de faire le bien. Aujourd'hui encore elles élèvent plusieurs jeunes filles gratuitement dans leur pensionnat. Elles font en outre beaucoup d'aumônes.
	Communauté enseignante.
	Communauté enseignante.

Diocèse du Puy (suite).

DATE DE LA FONDATION	CONGRÉGATIONS ou COMMUNAUTÉS	ENFANTS INSTRUITS	PERSONNES ASSISTÉES					TOTAL	SERVICES A L'ÉTRANGER et DANS LES COLONIES
			Hôpitaux et Hospices.	Orphelinats et Ouvroirs.	Maisons de refuge, de préservation et de correction.	Asiles d'aliénés et de sourds-muets.			
	Report...	21.560	460	300				760	
	Sœurs du tiers ordre de Notre-Dame du Mont-Carmel, à Sauges. Commun. indép., autor. le 3 mai 1860. 8 membres.	?	?						
1624	Sœurs de St-Charles, au Puy. Comm. indép., autor. le 30 déc. 1868. 33 membres.	150							
	Carmélites, au Puy, à St-Georges-l'Agricol et à Saint-Victor-sur-Arlanc. 3 Comm. indép. non autorisées. 39 membres.								
	Sœurs de Ste-Catherine, à Langeac. Comm. indép. non autor. 47 membres.								
	Sœurs de Ste-Croix, à St-Germain-Laprade. Commun. indépend. non autorisée. 22 membres.	?							
	Sœurs de St-François-d'Assise, au Puy. Comm. indép., non aut. 16 membres.	?	?						
	A reporter...	21.710	460	300				760	

Haute-Loire. 469

SERVICES PENDANT LA GUERRE DE 1870-71	HISTORIQUE — FAITS PARTICULIERS OBSERVATIONS
	Communauté hospitalière et enseignante.
Les Sœurs de Saint-Charles ont cédé un bâtiment pour loger des mobiles ; elles ont en outre fourni des objets de literie, confectionné des vêtements, procuré du linge aux ambulances.	Les sœurs de Saint-Charles instruisent les jeunes filles et assistent gratuitement tous les malades indigents.
	Vie contemplative.
	Vie contemplative.
	Communauté enseignante.
	Enseignement et soins aux malades.

Diocèse du Puy (suite).

DATE DE LA FONDATION	CONGRÉGATIONS ou COMMUNAUTÉS	ENFANTS INSTRUITS	PERSONNES ASSISTÉES				TOTAL	SERVICES A L'ÉTRANGER et DANS LES COLONIES
			Hôpitaux et Hospices.	Orphelinats et Ouvroirs.	Maisons de refuge, de préservation et de correction.	Asiles d'aliénés et de sourds-muets.		
	Report...	21.710	460	300			760	
1850	Sœurs de St-François-Régis, de la Roche-Armand. Congrég. non autorisée.			?				
	Dames de l'Immaculée-Conception, à Chomelix. Comm. indép., non aut. 8 membres.	?						
	Sœurs de Jésus, à St-Didier-la-Séauve. Comm. indép., non aut. 10 membres.	?						
	Sœurs de la Petite-Providence, au Puy. Comm. indép., non aut. 10 membres.	?						
	Sœurs de Saint-Pierre, au Puy. Comm. indép., non aut. 18 membres.	?						
	Total...	21.710	460	300			760	

SERVICES PENDANT LA GUERRE DE 1870-71	HISTORIQUE — FAITS PARTICULIERS OBSERVATIONS
	Éducation des orphelines.
	Communauté enseignante.
	Communauté enseignante.
	Communauté enseignante.
	Communauté enseignante.

DIOCÈSE DE QUIMPER

DATE DE LA FONDATION	CONGRÉGATIONS ou COMMUNAUTÉS	ENFANTS INSTRUITS	Hôpitaux et Hospices.	Orphelinats et Ouvroirs.	Maisons de refuge, de préservation et de correction.	Asiles d'aliénés et de sourds-muets.	TOTAL	SERVICES A L'ÉTRANGER et DANS LES COLONIES
	Filles de la Retraite. Congr. à sup. gén., autor. les 17 janv. 1827 et 23 avril 1845. Maison mère à Quimper. 84 membres.	?						
	Sœurs de l'Adoration perpétuelle du Saint-Sacrement. Congr. à sup. gén., autor. le 24 avril 1842. Maison mère à Quimper. 83 membres.	?						
	Sœurs de la Miséricorde, à Saint-Martin-des-Champs. Comm. indép., autor. les 15 nov. 1810 et 9 févr. 1837. 44 membres.	?	?					
	Sœurs de la Miséricorde, à Pont-l'Abbé. Comm. indép., autor. les 15 nov. 1810 et 17 mai 1859. 43 membres.	?	?					
1638	**Ursulines, à Morlaix.** Communauté indépendante, autorisée le 14 juillet 1826. 44 membres.	225						
	A reporter...	225						

FINISTÈRE

SERVICES PENDANT LA GUERRE DE 1870-71	HISTORIQUE — FAITS PARTICULIERS OBSERVATIONS
	Congrégation enseignante.
	Congrégation enseignante.
	Communauté hospitalière et enseignante.
	Communauté hospitalière et enseignante.
Fourni aux ambulances des paillasses, des matelas, de la charpie et du linge.	Toutes les élèves sont instruites gratuitement, aussi bien les pensionnaires que les externes : de plus, une quarantaine choisies parmi les plus pauvres, reçoivent tous les jours à manger, et cent sont habillées deux fois par an aux frais de la Communauté. Là ne se bornent pas les œuvres de charité accomplies par les Ursulines de Morlaix : elles donnent chaque année 100 fr. au bureau de bienfaisance, distribuent tous les lundis aux pauvres 40 kilogr. de pain, et assistent constamment quelques familles pauvres et quelques vieillards indigents ; sauf pour les leçons données aux jeunes filles qui viennent au couvent étudier les arts d'agrément et les langues étrangères, et qui sont au nombre de 25, le concours des Ursulines de Morlaix est en tout absolument gratuit.

Diocèse de Quimper (suite).

DATE DE LA FONDATION	CONGRÉGATIONS ou COMMUNAUTÉS	ENFANTS INSTRUITS	PERSONNES ASSISTÉES					TOTAL	SERVICES A L'ÉTRANGER et DANS LES COLONIES
			Hôpitaux et Hospices.	Orphelinats et Ouvroirs.	Maisons de refuge, de préservation et de correction.	Asiles d'aliénés et de sourds-muets.		
	Report...	225						
1629	Ursulines, à Saint-Pol-de-Léon. Communauté indépendante, autorisée le 19 juillet 1826. 37 membres.	250						
	Ursulines, à Quimper. Comm. indép., autor. le 19 juillet 1826. 29 membres.	?						
1652	Ursulines, à Quimperlé. Communauté indépendante, autorisée le 30 juillet 1826. 56 membres.	295	20				20	
	Ursulines, à Carhaix. Communauté indépendante, aut. le 27 avril 1828. 43 membres.	?						
	A reporter...	770	20				20	

Finistère.

SERVICES PENDANT LA GUERRE DE 1870-71	HISTORIQUE — FAITS PARTICULIERS OBSERVATIONS
Secours nombreux en argent, vivres, linge. Fourni beaucoup de charpie pour les blessés.	Les Ursulines reçoivent une subvention de 600 fr. pour une école communale de 130 enfants qui occupe 4 sœurs, et l'entretien de l'école, ainsi que les fournitures classiques, est complètement à leur charge. De plus, elles nourrissent tous les jours 50 élèves pauvres, et leur distribuent des vêtements quand elles en ont besoin. Elles font aussi de nombreuses aumônes à la porte du couvent. — 250 fr. suffisent par année à la dépense de chaque sœur. Cette Communauté a été fondée par Mgr de Rieux, évêque de Léon. Chassées de leur couvent en 1792, par la force armée, les Ursulines se disséminèrent dans les campagnes environnantes, pour continuer à instruire les enfants pauvres sans éveiller les soupçons. La Communauté fut reconstituée en 1807.
	Communauté enseignante.
Fourni des objets de literie et confectionné des vêtements.	Les Ursulines de Quimperlé dirigent un pensionnat, un externat payant, une école gratuite et un ouvroir. Ces deux dernières œuvres, qui comprennent, la première 90, la seconde 20 enfants, sont entièrement à leur charge. De plus, les Ursulines assistent plusieurs familles pauvres, élèvent gratuitement dix de leurs pensionnaires au moins, nourrissent trois jeunes gens en apprentissage, vêtissent et nourrissent le plus grand nombre des élèves de la classe gratuite. Cette Communauté remonte au XVIIe siècle, et n'a cessé, depuis cette époque jusqu'à la Révolution, de se dévouer à l'instruction gratuite des indigents. En 1740, au moment d'une disette, les sœurs vinrent généreusement au secours des pauvres en mettant à leur service tout ce qu'elles possédaient, et en leur distribuant des vivres en abondance.
	Communauté enseignante.

Diocèse de Quimper (suite).

DATE DE LA FONDATION	CONGRÉGATIONS ou COMMUNAUTÉS	ENFANTS INSTRUITS	PERSONNES ASSISTÉES				TOTAL	SERVICES A L'ÉTRANGER et DANS LES COLONIES
			Hôpitaux et Hospices.	Orphelinats et Ouvroirs.	Maisons de refuge, de préservation et de correction.	Asiles d'aliénés et de sourds-muets.		
	Report...	770		20			20	
	Sœurs de la Miséricorde, à Kernisy. Comm. indépend., autor. le 18 sept. 1869. 15 membres.				?			
	Carmélites, à Morlaix et à Lambézellec. Comm. indép. non autorisées. 37 membres.							
1855	Sœurs de l'Immaculée-Conception, à la Norgard. Comm. indép. non autorisée. 10 membres.	?						
1827	Sœurs du Refuge, à Brest. Comm. indép. non autorisée. 18 membres.				?			
	Total...	770		20			20	

DIOCÈSE DE REIMS

| XVII° siècle | Sœurs de l'Enfant-Jésus. Congrégation à supérieure générale, autorisée le 29 novembre 1853. Maison mère à Reims. 225 membres. | 8.250 | ? | 200 | | | 200 | |

Finistère.   477

SERVICES PENDANT LA GUERRE DE 1870-71	HISTORIQUE — FAITS PARTICULIERS OBSERVATIONS
	Refuge pour les repenties.
	Vie contemplative.
	Enseignement et missions.
	Refuge pour les repenties.

ARRONDISSEMENT DE REIMS ET DÉPARTEMENT DES ARDENNES

Les Sœurs de l'Enfant-Jésus ont tenu 4 ambulances. Dans les campagnes, elles ont en outre soigné de nombreux malades et blessés.	Les Sœurs de l'Enfant-Jésus de Reims dirigent des écoles communales, des classes d'adultes, des pensionnats de jeunes filles, un cours normal d'institutrices, un orphelinat de garçons, et des patronages de jeunes filles; en outre, elles desservent quelques hospices, visitent et soignent gratuitement les malades pauvres dans les communes où elles sont établies. La fondation de cette Congrégation est contemporaine de celle des Frères des Écoles chrétiennes. Le fondateur, le chanoine Roland, voulut faire pour l'instruction des filles ce que

Diocèse de Reims (suite).

DATE DE LA FONDATION	CONGRÉGATIONS ou COMMUNAUTÉS	ENFANTS INSTRUITS	PERSONNES ASSISTÉES					TOTAL	SERVICES A L'ÉTRANGER et DANS LES COLONIES
			Hôpitaux et Hospices.	Orphelinats et Ouvroirs.	Maisons de refuge, de préservation et de correction.	Asiles d'aliénés et de sourds-muets.		
	Report...	8.250		200			200	
	Sœurs de l'Enfant-Jésus. (Suite.)							
1850	**Sœurs de la Divine-Providence.** Cong. à sup. gén., autor. le 8 déc. 1863. Maison mère à Reims. 85 membres.	2.120	80				80	
882	**Religieuses Chanoinesses de l'Hôtel-Dieu, à Reims.** Communauté indépendante, autorisée. 26 membres.		500	350			850	
1645	**Sœurs hospitalières de l'hôpital général, à Reims.** Communauté indépendante, autorisée le 13 novembre 1810. 36 religieuses.		695	30			725	
	A reporter...	10.370	1.275	580			1.855	

Arrondissement de Reims et département des Ardennes. 479

SERVICES PENDANT LA GUERRE DE 1870-71	HISTORIQUE — FAITS PARTICULIERS OBSERVATIONS
	son ami Jean-Baptiste de la Salle venait de faire pour celle des garçons. Les Sœurs de l'Enfant-Jésus ont *seules* donné l'instruction aux enfants du peuple à Reims, pendant 200 ans. Ce n'est qu'à partir de 1871 qu'on a créé dans cette ville des écoles laïques pour les filles. Chaque sœur institutrice communale reçoit un traitement de 400 fr. Les Sœurs de l'Enfant-Jésus ont obtenu de grands succès classiques, ainsi qu'en témoignent les nombreuses récompenses, mentions honorables, médailles d'argent, médailles de bronze, etc., qui leur ont été accordées depuis 20 ans. En 1878, leurs élèves obtenaient 36 brevets, dont 11 supérieurs, et 129 certificats d'études, dont 15 du degré supérieur; en 1878, 39 brevets, dont 9 supérieurs, et 130 certificats d'études, dont 18 du degré supérieur.
Desservi deux ambulances considérables.	Les Sœurs de la Divine-Providence ont des écoles, des classes d'adultes, des hospices, des patronages de jeunes filles. Elles soignent en outre les malades dans les campagnes. A l'époque du choléra, elles ont déployé un grand dévouement, qui leur a valu de la part du gouvernement une médaille d'or.
Soigné constamment 200 blessés et malades pendant toute la guerre.	Les Sœurs de l'Hôtel-Dieu, à Reims, se dévouent au soin des malades; elles sont en même temps chargées des enfants assistés. Une subvention de 2.000 fr. est accordée pour 26 religieuses. La fondation de l'Hôtel-Dieu remonte au vi^e siècle : il a été régulièrement organisé en 882. Depuis cette époque, tous les malades pauvres de Reims ont été soignés par les religieuses. A l'époque des épidémies, la Communauté a perdu des sœurs mortes au service des malades : 8 en 1668, au moment de la peste; une lors du choléra de 1831; 2 au moment du typhus des prisonniers, en 1839.
Desservi deux ambulances.	Les Sœurs de l'hôpital général de Reims ont un orphelinat et une maison de retraite pour les ouvriers : elles soignent les enfants et les vieillards infirmes. Les enfants, au nombre de 230, reçoivent l'instruction appropriée à leur condition. Chaque religieuse reçoit annuellement 50 fr. pour son salaire, rien de plus. La fondation de cet établissement remonte aux premiers siècles de la monarchie : l'organisation définitive date de 1645. Depuis cette époque, de même que les Sœurs de l'Hôtel-Dieu ont *seules* soigné les malades pauvres, celles de l'hôpital général ont été *seules* chargées des vieillards de la ville de Reims.

Diocèse de Reims (suite).

DATE DE LA FONDATION	CONGRÉGATIONS ou COMMUNAUTÉS	ENFANTS INSTRUITS	PERSONNES ASSISTÉES					SERVICES A L'ÉTRANGER et DANS LES COLONIES
			Hôpitaux et Hospices.	Orphelinats et Ouvroirs.	Maisons de refuge, de préservation et de correction.	Asiles d'aliénés et de sourds-muets.	TOTAL	
	Report. . .	10.370	1.275	580			1.855	
	Ursulines, à Reims. Commun. indép., autor. le 1er oct. 1826. 40 membres.	?						
	Carmélites, à Reims. Comm. indép., aut. le 1er août 1827. 17 membres.							
	Sœurs de Notre-Dame, à Reims. Comm. indép., autor. le 30 mars 1828. 52 membres.	?						
	Religieuses du Saint-Sépulcre, à Charleville. Comm. indép., autor. le 23 mars 1828. 25 membres.	?	?					
1650	**Sœurs de St-Marcoul, à Reims.** Communauté indépendante, non autorisée. 20 membres.		125				125	
	TOTAL. . .	10.370	1.400	580			1.980	

Arrondissement de Reims et département des Ardennes. 481

SERVICES PENDANT LA GUERRE DE 1870-71	HISTORIQUE — FAITS PARTICULIERS OBSERVATIONS
	Communauté enseignante.
	Vie contemplative.
	Communauté enseignante.
	Communauté hospitalière et enseignante.
	Les Sœurs de Saint-Marcoul se dévouent à soigner les cancéreux, les paralytiques et les scrofuleux. Elles instruisent les enfants malades qui sont confiés à leurs soins. Chaque religieuse reçoit pour cette œuvre une subvention annuelle de 90 francs. C'est à Saint-Marcoul que les rois de France, aussitôt après leur sacre, allaient toucher les écrouelles, et plusieurs fois Dieu bénit ce contact par des guérisons merveilleuses.

DIOCÈSE DE RENNES

DATE DE LA FONDATION	CONGRÉGATIONS ou COMMUNAUTÉS	ENFANTS INSTRUITS	PERSONNES ASSISTÉES				TOTAL	SERVICES A L'ÉTRANGER et DANS LES COLONIES
			Hôpitaux et Hospices.	Orphelinats et Ouvroirs.	Maisons de refuge, de préservation et de correction.	Asiles d'aliénés et de sourds-muets.		
1640	**Eudistes.** Congrégation non autorisée. Maison mère à Redon. 100 membres.	?						
1825	**Prêtres de l'Immaculée-Conception.** Congr. non aut. Maison mère à Rennes.	?						
	Sœurs de l'Immaculée-Conception. Congr. à sup. gén., autor. le 8 nov. 1852. Maison mère à Saint-Méen-le-Grand. 70 établissements. 355 membres.	7.000						
	Sœurs adoratrices de la Justice de Dieu. Congr. à sup. gén., autor. le 1er fév. 1853. Maison mère à Fougères. 368 membres.	?	?					
1840	**Petites Sœurs des Pauvres.** Congrégation à supérieure générale, autorisée les 9 janvier 1856 et 21 avril 1869. Maison mère à Saint-Pern. 2.685 membres.		13000				13.000	Les Petites-Sœurs recueillent, dans les pays étrangers, 7.000 vieillards.
	A reporter...	7.000	13000				13.000	

ILLE-ET-VILAINE

SERVICES PENDANT LA GUERRE DE 1870-71	HISTORIQUE — FAITS PARTICULIERS OBSERVATIONS
	Missions, prédication et éducation.
	Missions et éducation.
Plusieurs établissements ont servi d'ambulances.	Les Sœurs de l'Immaculée-Conception ont un double but : l'instruction et l'éducation des enfants riches et pauvres, la visite et le soin des malades à domicile. Dans les écoles libres, tous les enfants pauvres qui se présentent sont admis gratuitement.
	Congrégation hospitalière et enseignante.
	Le seul but de la Congrégation est de recueillir les pauvres vieillards abandonnés et sans ressources. Ces pauvres vieillards sont logés, nourris, entretenus jusqu'à leur mort, et les Petites-Sœurs les soignent de leurs propres mains, sans le secours d'aucun domestique. Le nombre des vieillards aujourd'hui recueillis par la Congrégation est de 20.000, dont 13.000 en France, et 7.000 en pays étrangers. Les Petites-Sœurs, comme les malheureux qu'elles recueillent, vivent exclusivement de la charité : leurs règles leur interdisent d'accepter aucune fondation ni dotation, de quelque nature qu'elle soit. L'histoire de cette Congrégation si touchante est racontée brièvement dans l'introduction de ce livre (*pages* XXVIII et XXIX): c'est certainement l'une de celles où la charité chrétienne se

Diocèse de Rennes (suite).

DATE DE LA FONDATION	CONGRÉGATIONS ou COMMUNAUTÉS	ENFANTS INSTRUITS	PERSONNES ASSISTÉES					TOTAL	SERVICES A L'ÉTRANGER et DANS LES COLONIES
			Hôpitaux et Hospices.	Orphelinats et Ouvroirs.	Maisons de refuge, de préservation et de correction.	Asiles d'aliénés et de sourds-muets.		
	Report...	7.000	13000				13.000	
	Petites Sœurs des pauvres. (Suite.)							
1846	Sœurs des Saints-Cœurs de Jésus et de Marie. Congrégation à supérieure générale, autorisée le 21 février 1859. Maison mère à Paramé. 58 écoles. 200 membres.	4.000	40	80			120	Les sœurs dirigent en Angleterre dix écoles.
	Sœurs du Cœur Immaculé de Marie, à Rennes. Congrégation diocésaine, autorisée le 9 juin 1875.		276				276	
1679	Ursulines, à Vitré. Communauté indépendante, autorisée les 9 avril 1806 et 21 septembre 1808. 37 membres.	400						
	A reporter...	11.400	13316	80			13.396	

Ille-et-Vilaine.

SERVICES PENDANT LA GUERRE DE 1870-71	HISTORIQUE — FAITS PARTICULIERS OBSERVATIONS
	manifeste la plus vive, et dans l'établissement de laquelle le doigt de Dieu s'est fait le plus sentir. Il n'en est pas de plus propre à faire bénir au loin le nom de la France.
Une ambulance fut établie et entretenue à la maison mère aux frais de la Congrégation. De plus, six sœurs furent envoyées à Versailles pour soigner les soldats français, et y restèrent jusqu'à la fin du siège de Paris. Elles facilitèrent la fuite d'un prisonnier, et l'une d'elles faillit payer de sa vie son dévouement.	Les Sœurs des Saints-Cœurs de Jésus et de Marie ont un asile de vieillards, un orphelinat, des écoles; de plus, dans 18 paroisses, elles visitent à domicile les malades pauvres, et leur distribuent gratuitement des remèdes. Dans les écoles libres, les enfants pauvres sont toujours admises sans rétribution. En établissant cette Congrégation, la fondatrice a eu surtout pour but de fournir des institutrices aux petites paroisses jusque-là dépourvues d'écoles, et des garde-malades aux campagnes privées de médecin. Durant plusieurs épidémies, les sœurs se sont signalées par leur dévouement, et ont mérité la reconnaissance des populations.
Soigné un grand nombre de malades et de blessés.	Le but de la Congrégation est de se dévouer au service des pauvres incurables. Elle dessert 5 établissements, dont l'un est un hospice libre entretenu à ses frais, qui reçoit 50 malheureux. La maison de Rennes, berceau de la Congrégation, a été fondée, il y a environ 200 ans, pour les pauvres malheureux atteints de la peste qui ne trouvaient à se réfugier nulle part. Une pieuse demoiselle fit, au début, tous les frais de cet établissement. Elle s'associa plusieurs compagnes, et elles recueillirent tous les pauvres atteints de scrofules et de plaies. C'étaient elles-mêmes qui les pansaient, et depuis les sœurs ont toujours continué près des pauvres ce ministère de charité.
Les Ursulines de Vitré ont établi dans leurs maisons quatre salles d'ambulance, où elles se dévouèrent nuit et jour au service des blessés. Une sœur mourut victime de son dévouement: trois autres ruinèrent leur santé dans l'exercice de leurs fonctions d'infirmières, et moururent des suites de leurs fatigues.	Conformément aux constitutions approuvées en 1618 par une bulle du pape Paul V, cette Communauté est vouée à l'instruction des jeunes filles, et spécialement des enfants pauvres, qu'elle assiste dans la mesure de ses ressources. Le dimanche, les sœurs enseignent la doctrine chrétienne aux personnes âgées. 60 familles indigentes reçoivent habituellement des secours de la Communauté, qui paye en outre les loyers de plusieurs familles, et procure chaque année un état à trois ou quatre enfants. De plus, les Ursulines viennent en aide au bureau de bienfaisance. Leur concours à ces œuvres d'enseignement et de charité est entièrement gratuit. La Communauté, ruinée et dispersée par la Révolution, s'est reconstituée en 1806.

Diocèse de Rennes (suite).

DATE DE LA FONDATION	CONGRÉGATIONS ou COMMUNAUTÉS	ENFANTS INSTRUITS	PERSONNES ASSISTÉES					SERVICES A L'ÉTRANGER et DANS LES COLONIES
			Hôpitaux et Hospices.	Orphelinats et Ouvroirs.	Maisons de refuge, de préservation et de correction.	Asiles d'aliénés et de sourds-muets	TOTAL	
	Report...	11.400	13316	80			13.396	
	Hospitalières de la Miséricorde de Jésus, à Fougères. Comm. indép., autor. le 15 nov. 1810. 39 membres.		?					
	Hospitalières de la Miséricorde de Jésus, à Rennes. Comm. indép., autor. le 15 nov. 1810. 36 membres.		?					
	Hospitalières de la Miséricorde de Jésus, à Vitré. Comm. indép., autor. le 15 nov. 1810. 31 membres.		?					
	Sœurs de Notre-Dame de Charité du Refuge, à Rennes. Communauté indépendante, autorisée le 14 août 1811. 14 membres.				400		400	
	Ursulines, à Montfort. Communauté indépendante, autorisée le 20 novembre 1816. 32 membres.	200						
	A reporter...	11.600	13316	80	400		13.796	

SERVICES PENDANT LA GUERRE DE 1870-71	HISTORIQUE — FAITS PARTICULIERS OBSERVATIONS
	Communauté hospitalière.
	Communauté hospitalière.
	Communauté hospitalière.
	La Communauté comprend une maison de refuge pour les repenties et une maison de préservation pour les jeunes filles orphelines ou abandonnées. Les sœurs leur donnent les premières notions de l'instruction, et s'occupent surtout à les former à divers travaux manuels, pour les mettre en état de gagner honorablement leur vie. Le concours des sœurs à ces deux œuvres est entièrement gratuit. Leur dépense personnelle ne dépasse pas 200 fr. par an. Cette Communauté appartient à l'Institut de Notre-Dame de Charité, fondé en 1641 par le P. Eudes : chaque maison est indépendante.
Soigné, nourri et entretenu quelques blessés pendant trois mois.	Les Ursulines se dévouent spécialement à l'instruction des enfants pauvres et des jeunes personnes : elles confectionnent des vêtements pour leurs élèves indigentes, et leur fournissent tous les jours la nourriture dont elles ont besoin. Le pensionnat compte 50 élèves, et l'école gratuite, tout entière à la charge des sœurs, reçoit 150 enfants. Cette Communauté fut fondée par celles des sœurs de l'ancienne Communauté de Hédé qui avaient survécu à la tempête révolutionnaire.

Diocèse de Rennes (suite).

DATE DE LA FONDATION	CONGRÉGATIONS ou COMMUNAUTÉS	ENFANTS INSTRUITS	PERSONNES ASSISTÉES				TOTAL	SERVICES A L'ÉTRANGER et DANS LES COLONIES
			Hôpitaux et Hospices.	Orphelinats et Ouvroirs.	Maisons de refuge, de préservation et de correction.	Asiles d'aliénés et de sourds-muets.		
	Report...	11.600	13316	80	400		13.796	
1674	**Ursulines, à Redon.** Communauté indépendante, autorisée le 30 juillet 1826. 48 membres.	350						
	Ursulines, à Châteaugiron. Communauté indépendante, autorisée le 5 août 1826. 43 membres.	250						
	Filles de la Vierge, à Rennes. Comm. indép., autor. le 17 janv. 1827. 23 membres.	?	?					
1664	**Carmélites, à Rennes.** Comm. indép. non autor. 65 membres.							
	A reporter...	12.200	13316	80	400		13.796	

SERVICES PENDANT LA GUERRE DE 1870-71	HISTORIQUE — FAITS PARTICULIERS OBSERVATIONS
Logé de nombreux mobiles, dont les sœurs préparaient la nourriture, raccommodaient et blanchissaient le linge. Préparé beaucoup de charpie.	Les classes gratuites, fréquentées par 200 enfants, ont toujours été, depuis la fondation, à la charge exclusive des sœurs. La Communauté fut fondée par des Ursulines de Ploërmel. L'achat et la construction des premiers bâtiments furent faits à leurs frais : cela n'empêcha pas d'ailleurs la Révolution de les chasser. Une fois la paix rétablie, les Ursulines dispersées revinrent, et durent racheter leur propre maison de leurs deniers. Elles l'ont donc payée deux fois.
Logé, soigné, secouru de nombreux soldats. Trois sœurs sont mortes victimes de la variole, qu'un malheureux soldat recueilli et soigné par elles avait apportée dans le couvent.	Les Ursulines de Châteaugiron ont un pensionnat de 50 élèves, et une école fréquentée par 150 enfants, dont 50 au moins sont reçues gratuitement. Elles les instruisent et les forment à divers ouvrages manuels, particulièrement à la broderie des tulles, qui fournit aux enfants pauvres le moyen de venir de bonne heure en aide à leurs familles. Des secours en vêtements et en vivres sont distribués régulièrement aux pauvres de la commune, et envoyés à domicile aux infirmes et aux vieillards. Cette Communauté est l'œuvre de deux anciennes Ursulines que la Révolution avait chassées de leur couvent de Redon, et qui passèrent tout le temps de la tourmente révolutionnaire à se dévouer dans leur pays à l'instruction des enfants. Par les élèves qu'elles attirent, par les travaux qu'elles font faire, les Ursulines font beaucoup de bien au commerce et aux ouvriers de Châteaugiron. Sans elles, ces derniers n'auraient souvent, pendant l'hiver, pas d'occupation, et partant pas de pain.
	Communauté hospitalière et enseignante.
	Vie contemplative.

Diocèse de Rennes (suite).

DATE DE LA FONDATION	CONGRÉGATIONS ou COMMUNAUTÉS	ENFANTS INSTRUITS	PERSONNES ASSISTÉES				TOTAL	SERVICES A L'ÉTRANGER et DANS LES COLONIES
			Hôpitaux et Hospices.	Orphelinats et Ouvroirs.	Maisons de refuge, de préservation et de correction.	Asiles d'aliénés et desourds-muets.		
	Report...	12.200	13316	80	400		13.796	
1846	**Filles de Notre-Dame de Charité, à Paramé.** Communauté indépendante non autorisée.	?						
1628	**Sœurs de la Visitation, à Rennes.** Comm. indép. non autor. 48 membres.	?						
	Total...	12.200	13316	80	400		13.796	

DIOCÈSE DE LA ROCHELLE

DATE DE LA FONDATION	CONGRÉGATIONS ou COMMUNAUTÉS	ENFANTS INSTRUITS	Hôpitaux et Hospices.	Orphelinats et Ouvroirs.	Maisons de refuge, de préservation et de correction.	Asiles d'aliénés et desourds-muets.	TOTAL	SERVICES A L'ÉTRANGER et DANS LES COLONIES
	Frères de St-François-d'Assise, ou frères agriculteurs. Congrégation autorisée le 4 mai 1854. Maison mère à Saint-Antoine-des-Bois. 2 maisons. 27 membres.		90				90	

SERVICES PENDANT LA GUERRE DE 1870-71	HISTORIQUE — FAITS PARTICULIERS OBSERVATIONS
	Enseignement et soin des vieillards.
	Communauté enseignante.

CHARENTE-INFÉRIEURE

Recueilli 33 orphelins de la guerre.	La Congrégation s'occupe uniquement d'orphelinats agricoles : son but est d'offrir un asile aux enfants pauvres, délaissés ou orphelins, le bienfait d'une éducation chrétienne, celui de l'enseignement primaire, et d'une instruction théorique et pratique exclusivement agricole. A l'âge de 18 ans, devenus de bons valets de ferme, les orphelins sont placés comme domestiques chez des propriétaires; mais la maison qui les a élevés reste pour eux le foyer paternel, où ils sont reçus et soignés gratuitement pendant leurs maladies. Plus de 50 enfants sont entièrement à la charge de la Congrégation, et le concours des frères est toujours gratuit. Cet Institut a été fondé en 1841, par le Père Deshayes, alors supérieur général des Missionnaires du Saint-Esprit, des Filles de la Sagesse et des Frères de Saint-Gabriel. La colonie de Saint-Antoine, maison mère de la société, est établie sur une propriété de 100 hectares de mauvaises landes, aujourd'hui défrichées, achetée fort cher, 65,000 fr. Le capital et les intérêts n'ont pu être payés par les frères qu'après 27 années de travail et de privations.

Diocèse de La Rochelle (suite).

DATE DE LA FONDATION	CONGRÉGATIONS ou COMMUNAUTÉS	ENFANTS INSTRUITS	PERSONNES ASSISTÉES					SERVICES A L'ÉTRANGER et DANS LES COLONIES
			Hôpitaux et Hospices.	Orphelinats et Ouvroirs.	Maisons de refuge, de préservation et de correction.	Asiles d'aliénés et de sourds-muets.	TOTAL	
	Report...			90			90	
1807	**Ursulines du Sacré-Cœur.** Congrégation à supérieure générale, autorisée le 22 avril 1827. Maison mère à Pons. 7 maisons. 92 membres.	909		10			10	
1818	**Sœurs de Sainte-Marie de la Providence.** Congr. à sup. gén., autor. les 22 avr. 1827 et 22 juill. 1853. Maison mère à Saintes. 11 maisons. 136 membr.	978		25			25	
1658	**Sœurs de Saint-Joseph de la Providence, à la Rochelle.** Communauté indépendante, autorisée le 15 novembre 1810. 45 membres.	72		50			50	
	A reporter...	1.959		175			175	

SERVICES PENDANT LA GUERRE DE 1870-71	HISTORIQUE — FAITS PARTICULIERS OBSERVATIONS
Desservi une ambulance de 30 lits pendant 3 mois; envoyé des secours en argent et en nature.	Les Ursulines du Sacré-Cœur se dévouent à l'éducation et à l'instruction de la jeunesse, riche ou pauvre, dans les pensionnats, externats, asiles et orphelinats; elles visitent en outre et assistent les malades pauvres à domicile. Sur les 909 enfants qui fréquentent leurs écoles, 371 sont élevées gratuitement. Cette Congrégation fut l'œuvre d'un prêtre vénérable, confesseur de la foi, M. Charles Barraud. Il la fonda pour le soulagement des pauvres et le soin des malades, dont la misère et le dénuement l'avaient touché. La Congrégation s'établit dans un hôpital ruiné et dévasté par la Révolution, et s'efforça, par son dévouement et par ses sacrifices de tous genres, de remplir les intentions de son pieux fondateur. Puis, sa sollicitude s'étendit à l'instruction de la jeunesse. Jusqu'en 1864, quoique ne recevant aucune subvention, les sœurs n'ont cessé d'élever gratuitement chaque année au moins 120 jeunes filles pauvres, dans leur seule école de Pons.
Dons en argent et en nature; confectionné des vêtements et envoyé des linges pour les blessés.	Cette Congrégation dirige des écoles et des orphelinats. 216 enfants sont élevées par elle gratuitement, et 25 orphelines sont entièrement à sa charge.
Fourni du linge, des objets de literie, etc.; préparé de la charpie pour les blessés.	La Communauté comprend un pensionnat pour les jeunes filles de la classe aisée, et un orphelinat qui n'a d'autres ressources que le travail des orphelines et les secours de la charité. La Congrégation de Saint-Joseph de la Providence de la Rochelle a été fondée par Isabelle Mauriet, pour recueillir les orphelines pauvres. De nombreuses orphelines élevées par les sœurs sont allées s'établir dans les possessions françaises d'outre-mer, et ont ainsi contribué au développement de la colonisation française, particulièrement au Canada. Aussi, jusqu'en 1789, le gouvernement français ne cessa-t-il de leur allouer une subvention annuelle de 3.000 fr. Emprisonnées au moment de la Révolution pour être restées fidèles à leurs vœux, les sœurs ont été rétablies en 1808.

Diocèse de La Rochelle.

DATE DE LA FONDATION	CONGRÉGATIONS ou COMMUNAUTÉS	ENFANTS INSTRUITS	PERSONNES ASSISTÉES					TOTAL	SERVICES A L'ÉTRANGER et DANS LES COLONIES
			Hôpitaux et Hospices.	Orphelinats et Ouvroirs.	Maisons de refuge, de préservation et de correction.	Asiles d'aliénés et de sourds-muets.			
	Report...	1.959		175				175	
	Sœurs de Notre-Dame du Refuge, dites Dames blanches, à la Rochelle. Comm. indép., autor. le 23 juill. 1811. 42 membres.				?				
	Sœurs Bénédictines du Saint-Cœur de Marie, à St-Jean-d'Angély. Communauté indépendante, autorisée le 17 janvier 1827. 7 membres.	35							
1854-57	**Carmélites, à Saintes et à la Rochelle.** 2 Comm. indép. non aut. 46 membres.								
	Total...	1.994		175				175	

DIOCÈSE DE RODEZ

DATE DE LA FONDATION	CONGRÉGATIONS ou COMMUNAUTÉS	ENFANTS INSTRUITS	PERSONNES ASSISTÉES					TOTAL	SERVICES A L'ÉTRANGER et DANS LES COLONIES
			Hôpitaux et Hospices.	Orphelinats et Ouvroirs.	Maisons de refuge, de préservation et de correction.	Asiles d'aliénés et de sourds-muets.			
1816	**Sœurs de la Sainte-Famille.** Congrégation à supérieure générale, autorisée le 17 janvier 1827. Maison mère à Villefranche. 774 membres.	18.000		350				350	

Charente-Inférieure.

SERVICES PENDANT LA GUERRE DE 1870-71	HISTORIQUE — FAITS PARTICULIERS OBSERVATIONS
	Refuge pour les repenties et maison de préservation pour les jeunes filles abandonnées.
Envoyé de grandes quantités de charpie.	Un bon nombre d'enfants sont entièrement à la charge de la communauté, qui dépense chaque année pour leur éducation environ 4 à 5.000 fr. Cette communauté appartient à la Congrégation des Bénédictines du Saint-Cœur de Marie, qui eut son berceau à Pradines (Loire), et dont la fondation date de l'an 1800.
	Vie contemplative.

AVEYRON

Soigné les blessés dans plusieurs ambulances. Préparé de la charpie et confectionné des vêtements.	Les Sœurs de la Sainte-Famille dirigent des écoles gratuites pour les jeunes filles, des orphelinats, des salles d'asile, des maisons de préservation et de refuge; en outre, elles visitent et assistent les malades pauvres à domicile, et distribuent les secours des bureaux de bienfaisance. Dans presque tous les établissements, il y a une sœur spécialement chargée de la visite des malades pauvres. A l'exception de quelques écoles gratuites et de quelques salles d'asile, auxquelles certaines communes allouent un secours annuel, les œuvres ci-dessus indiquées sont entièrement à la charge de la Congrégation. Les Sœurs de la Sainte-Famille ont été fondées par la vénérable mère Marie-Émilie Guillemette de Rodat, pour l'éduca-

Diocèse de Rodez (suite).

DATE DE LA FONDATION	CONGRÉGATIONS ou COMMUNAUTÉS	ENFANTS INSTRUITS	PERSONNES ASSISTÉES				TOTAL	SERVICES A L'ÉTRANGER et DANS LES COLONIES
			Hôpitaux et Hospices.	Orphelinats et Ouvroirs.	Maisons de refuge, de préservation et de correction.	Asiles d'aliénés et de sourds-muets.		
	Report...	18.000		350			350	
	Sœurs de la Sainte-Famille. (Suite.)							
1806	Ursulines de Jésus. Congr. à sup. gén., aut. le 11 mai 1842. Maison mère à Malet. 182 membres.	3.530	95	40			135	
1828	Sœurs de Saint-Joseph. Congr. à sup. gén., aut. 29 janv. 1845. Maison mère à Veyreau. 33 établissements. 112 membres.	3.500						
	Sœurs de Saint-Joseph. Congrégation diocésaine autorisée le 9 juillet 1875. Maison mère à Estaing. 160 membres.	3.030	50	25			75	
1818	Sœurs de Notre-Dame, à St-Geniez-d'Olt. Communauté indépendante, autorisée le 19 novembre 1826. 44 membres.	280	15				15	
	A reporter...	28.340	145	430			575	

SERVICES PENDANT LA GUERRE DE 1870-71	HISTORIQUE — FAITS PARTICULIERS OBSERVATIONS
	tion des enfants pauvres. Dociles aux conseils et fidèles aux exemples de leur fondatrice, elles n'ont cessé de montrer un dévouement et un esprit de sacrifice admirables dans l'exercice de leurs œuvres de charité.
Établi une ambulance; confectionné des vêtements, flanelles, chemises, chaussettes, etc.; envoyé de l'argent et des ballots de linge et de charpie pour les blessés.	Les Ursulines de Malet se dévouent à l'instruction de la jeunesse et au soin des malades. Elles furent fondées grâce à la générosité du docteur Guichard, par deux religieuses de l'Union de Mende.
	Cette Congrégation a pour but l'instruction de la jeunesse et le soin des malades à domicile. Dans chaque école, plusieurs sœurs vivent sur le traitement de l'institutrice, qui est seule rétribuée.
Confectionné des habits, fourni du linge pour les blessés.	Direction des hospices, soins à domicile des malades, surtout des malades pauvres, instruction des jeunes filles et des enfants dans les écoles, soit libres, soit communales, et dans les salles d'asile, telles sont les œuvres diverses auxquelles les Sœurs de Saint-Joseph d'Estaing consacrent leur vie. Les deux premières œuvres sont entièrement gratuites. Beaucoup d'enfants reçoivent aussi sans rétribution aucune le bienfait de l'instruction.
Envoyé de l'argent, confectionné des vêtements pour les blessés, fourni des objets d'ameublement pour les ambulances.	Les Sœurs de Notre-Dame ont à Saint-Geniez une école libre, une école communale ou école d'adultes, un orphelinat et un ouvroir. Pour l'école communale, les sœurs reçoivent seulement par an 100 fr., employés intégralement à l'achat de fournitures classiques pour les élèves pauvres. L'école d'adultes est gratuite. Parmi les sœurs employées dans les classes, sept sont brevetées. Cette Communauté ne s'est fondée et n'a pu se maintenir qu'à force de dévouement et de sacrifices.

498 Diocèse de Rodez (suite).

DATE DE LA FONDATION	CONGRÉGATIONS ou COMMUNAUTÉS	ENFANTS INSTRUITS	PERSONNES ASSISTÉES					SERVICES A L'ÉTRANGER et DANS LES COLONIES
			Hôpitaux et Hospices.	Orphelinats et Ouvroirs.	Maisons de refuge, de préservation et de correction	Asiles d'aliénés et de sourds-muets.	TOTAL	
	Report...	28.340	145	430			575	
	Sœurs de Notre-Dame, à Rodez. Comm. indép., aut. le 19 nov. 1826. 71 membres.	?						
	Bénédictines de l'Adoration perpétuelle du Saint-Sacrement, à Orient. Comm. indép., autor. le 19 nov. 1826 et 29 nov. 1853. 25 membres.	?						
1823	Sœurs de Notre-Dame, à Tournemire. Communauté indépendante, autorisée le 10 décembre 1826. 27 membres.	110						
1680	Sœurs de Saint-Joseph, dites de l'Union, à Rodez. Comm. indép., autor. le 22 avril 1827. 40 membres.	518	20	10			30	
1809	Sœurs de la Bienheureuse Vierge Marie, adoratrices perpétuelles du Saint-Sacrement, à St-Laurent d'Olt. Commun. autor. le 22 avril 1827. 44 membres.	215						
	A reporter...	29.183	165	440			605	

Aveyron. 499

SERVICES pendant la guerre de 1870-71	HISTORIQUE — FAITS PARTICULIERS OBSERVATIONS
	Communauté enseignante.
	Communauté enseignante.
Envoyé de l'argent, du linge et de la charpie.	Les Sœurs de Notre-Dame de Tournemire reçoivent gratuitement les jeunes filles de la paroisse et des paroisses voisines. Elles instruisent ainsi sans rétribution 40 enfants et un certain nombre d'adultes. Cette Communauté appartient à l'ordre de Notre-Dame, fondé à Bordeaux, en 1607, par Mme de Lestonnac : elle est l'œuvre de Mlle de Nougairolles.
Desservi deux ambulances, fourni des objets de literie, préparé du linge pour les blessés, confectionné des vêtements pour les mobiles.	Cette Communauté se dévoue à l'instruction des enfants et au soin gratuit des malades pauvres à domicile. 68 enfants sont instruites gratuitement. En 1854, la Communauté envoya des secours aux pauvres cholériques de la ville de Sainte-Affrique.
Envoyé de l'argent et plusieurs ballots de linge. Confectionné des vêtements.	Les Sœurs adoratrices instruisent les jeunes filles et les enfants ; elles visitent et soignent les malades à domicile, les veillent durant la nuit, leur préparent les médicaments et remèdes ; elles distribuent des secours aux pauvres, leur font du pain, leur confectionnent des vêtements, et s'efforcent enfin de leur venir en aide par tous les moyens que la charité peut suggérer. Elles recueillent les orphelines indigentes et leur procurent les bienfaits d'une éducation chrétienne. Jusqu'en 1869, c'est-à-dire durant 60 ans, toutes ces œuvres ont été exclusivement gratuites et à la charge de la communauté. Aujourd'hui, les sœurs reçoivent pour quelques-unes d'entre elles une légère

Diocèse de Rodez (suite).

DATE DE LA FONDATION	CONGRÉGATIONS ou COMMUNAUTÉS	ENFANTS INSTRUITS	PERSONNES ASSISTÉES					TOTAL	SERVICES A L'ÉTRANGER et DANS LES COLONIES
			Hôpitaux et Hospices.	Orphelinats et Ouvroirs.	Maisons de refuge, de préservation et de correction.	Asiles d'aliénés et de sourds-muets.			
	Report...	29.183	165	440				605	
	Sœurs de la Bienheureuse Vierge Marie. (Suite.)								
	Carmélites, à Rodez. Communauté indépendante, autorisée le 1er juillet 1827. 16 membres.								
	Sœurs de N.-D., à St-Julien-d'Emparre. Communauté indépendante, autorisée le 13 janvier 1828. 36 membres.	70							
	Sœurs de la Visitation, à Mur-de-Barrez. Comm. indép., autor. le 13 avril 1829. 5 membres.	?							
	A reporter...	29.253	165	440				605	

Aveyron.

SERVICES PENDANT LA GUERRE DE 1870-71	HISTORIQUE — FAITS PARTICULIERS — OBSERVATIONS
	rétribution. Les Sœurs adoratrices sont établies en outre à Rivière et à Marnhac, et s'y livrent aux mêmes œuvres. Les premières sœurs adoratrices furent trois personnes appartenant aux meilleures familles de Rodez, qui entreprirent de recueillir dans les rues pour les instruire les enfants pauvres, et d'assister les indigents, les malades et les vieillards. Elles créèrent en outre à leurs frais une pharmacie pour préparer et distribuer gratuitement des remèdes aux malades pauvres.
	Vie contemplative.
Envoyé de l'argent, du linge, de la charpie, des chaussons de laine. Soigné les blessés dans les ambulances.	La Communauté se dévoue spécialement à l'instruction et à l'éducation de la jeunesse : quelques sœurs pourtant s'occupent des pauvres, des malades, des infirmes, et particulièrement des teigneux; elles les visitent, les soignent, leur portent des secours en rapport avec leur misère, confectionnent pour eux des vêtements et du linge. De plus, le dimanche, il y a dans la maison des cours pour les adultes. La plupart des élèves qui fréquentent l'école sont reçues sans rétribution aucune; toutes les autres œuvres sont entièrement gratuites. Cette Communauté fut fondée par des Sœurs de Notre-Dame de Rodez, sur la prière instante des habitants, et pour suppléer à l'insuffisance, tant au point de vue de l'instruction que de l'éducation, d'une école laïque établie dans la commune. La fondation ne s'est faite qu'au prix des plus grands sacrifices.
	Communauté enseignante.

Diocèse de Rodez (suite).

DATE DE LA FONDATION	CONGRÉGATIONS ou COMMUNAUTÉS	ENFANTS INSTRUITS	PERSONNES ASSISTÉES				TOTAL	SERVICES A L'ÉTRANGER et DANS LES COLONIES
			Hôpitaux et Hospices.	Orphelinats et Ouvroirs.	Maisons de refuge, de préservation et de correction.	Asiles d'aliénés et de sourds-muets.		
	Report...	29.253	165	440			605	
1840	Sœurs de St-Joseph, dites Filles de Marie conçue sans péché, à la Besse. Communauté indépendante, autorisée le 19 avril 1854. 58 membres.	1.400						
1842	Sœurs de Notre-Dame, à Villeneuve. Communauté indépendante, autorisée le 4 mars 1876. 30 membres.	160		2			2	
	Sœurs de Notre-Dame, à Millau. Comm. indép., autor. le 13 novembre 1876. 29 membres.	?						
	A reporter...	30.813	165	442			607	

SERVICES PENDANT LA GUERRE DE 1870-71	HISTORIQUE — FAITS PARTICULIERS OBSERVATIONS
Envoyé de l'argent et des ballots considérables de linge et de charpie pour les malades et les blessés.	Quoique autorisées comme simple communauté indépendante, les Sœurs de Saint-Joseph de la Besse n'en sont pas moins en réalité une véritable congrégation comptant déjà 19 établissements dans les diocèses de Rodez et de Montpellier. Elles instruisent les enfants, particulièrement les enfants de la classe ouvrière et les enfants pauvres, et visitent les malades à domicile : de plus, elles assistent les pauvres et leur distribuent de nombreux secours en linge, pain, etc. Dans la plupart des écoles communales qu'elles dirigent, les Sœurs de Saint-Joseph ont une ou deux adjointes non rétribuées. En outre, elles payent elles-mêmes la rétribution scolaire aux lieu et place d'enfants appartenant à des familles de pauvres honteux. La Communauté de la Besse a été fondée par un pauvre curé, exclusivement à ses frais. Les autres écoles, aujourd'hui desservies par les sœurs, ont été bâties et meublées par elles : les réparations ont toujours été à leur charge. A cette œuvre elles ont dépensé absolument tout ce qu'elles possédaient, de telle sorte que leur enlever la direction des écoles, ce serait les réduire à la plus entière misère.
Envoyé de l'argent et 200 kilogr. de charpie ou de linge pour les blessés.	Les œuvres auxquelles se dévoue la Communauté sont : l'instruction de la jeunesse, la visite et le soin gratuit des malades, surtout des pauvres. De plus, chaque semaine, une distribution est faite à tous les pauvres de la paroisse. Deux orphelines sont élevées gratuitement. Avant que l'école tenue par les sœurs fut déclarée communale, c'est-à-dire de 1842 à 1869, les sœurs n'ont cessé d'instruire gratuitement tous les enfants pauvres de la paroisse : le nombre s'élevait en moyenne à 50 par an.
	Communauté enseignante.

Diocèse de Rodez (suite).

DATE DE LA FONDATION	CONGRÉGATIONS ou COMMUNAUTÉS	ENFANTS INSTRUITS	PERSONNES ASSISTÉES				TOTAL	SERVICES A L'ÉTRANGER et DANS LES COLONIES
			Hôpitaux et Hospices.	Orphelinats et Ouvroirs.	Maisons de refuge, de préservation et de correction.	Asiles d'aliénés et de sourds-muets.		
	Report...	30.813	165	442			607	
1844	**Carmélites, à Villefranche.** Comm. indép. non autor. 11 membres.							
1868	**Sœurs de Sainte-Claire, à Mur-de-Barrez.** Comm. indép. non aut. 9 membres.							
1868	**Sœurs de Sainte-Claire, à Millau.** Comm. indép. non autor. 10 membres.							
1844	**Sœurs minimes du Cœur de Marie.** Congrégation non autorisée. Maison mère à Cruejouls. 23 maisons. 200 membres.	3.000						
	A reporter...	33.813	165	442			607	

SERVICES PENDANT LA GUERRE DE 1870-71	HISTORIQUE — FAITS PARTICULIERS OBSERVATIONS
	Vie contemplative.
	Vie contemplative.
	Vie contemplative.
Desservi deux ambulances.	Les Sœurs minimes du Cœur de Marie soignent les malades dans les hôpitaux et à domicile (en moyenne 1.500 par an), et instruisent les enfants de la classe ouvrière. Cette Congrégation fut fondée par une jeune fille de la classe ouvrière, Mlle Chauchard. Touchée par le spectacle de l'ignorance des enfants et de l'abandon des malades dans les campagnes, elle résolut de vouer sa vie au service de ces malheureux délaissés. Elle avait vingt ans quand elle commença son œuvre, et c'est auprès des malades et des enfants que la mort la frappa, le 3 avril 1872, après plus d'un demi-siècle de labeur et de sacrifice. C'est en 1844 seulement que la Congrégation put être érigée, grâce au concours de quelques âmes dévouées et charitables. En 1854, le choléra ayant visité la petite ville de Cruejouls, Mlle Chauchard transforma en pharmacie sa modeste chambre, et, quoique infirme déjà, se dévoua sans mesure, avec ses compagnes, à soigner les cholériques le jour et la nuit. En 1871, la petite vérole exerce ses ravages : la pieuse fondatrice ne peut, brisée par l'âge, voler au secours des malades : elle envoie ses filles, et trois d'entre elles sont victimes du fléau. Cette Congrégation est très pauvre : elle vit au jour le jour, mais elle trouve encore le moyen d'assister de plus pauvres qu'elle.

Diocèse de Rodez (suite).

DATE DE LA FONDATION	CONGRÉGATIONS ou COMMUNAUTÉS	ENFANTS INSTRUITS	PERSONNES ASSISTÉES					TOTAL	SERVICES A L'ÉTRANGER et DANS LES COLONIES
			Hôpitaux et Hospices.	Orphelinats et Ouvroirs.	Maisons de refuge, de préservation et de correction.	Asiles d'aliénés et de sourds-muets.			
	Report...	33.813	165	442				607	
1839	Sœurs de St-Dominique. Congrégation non autorisée. Maison mère à Gramond. 17 maisons. 123 membres.	1.650							
1851	Sœurs du tiers ordre régulier de Saint-Dominique. Congrégation non autorisée. Maison mère à Bor-et-Bar. 27 maisons. 120 membres.	2.000							
	Sœurs de Saint-François-d'Assise. Congrég. non autorisée. Maison mère à Rodez. 3 maisons. 36 membres.		?						
1739	Sœurs de St-François-de-Sales. Congrég. non autorisée. Maison mère à Lavernhe. 2 maisons. 16 membres.	?	?						
	A reporter...	37.463	165	442				607	

Aveyron. 507

SERVICES PENDANT LA GUERRE DE 1870-71	HISTORIQUE — FAITS PARTICULIERS OBSERVATIONS
Toutes les maisons et *toutes* les sœurs ont été mises au service des malades et des blessés.	L'enseignement est l'œuvre spéciale des Dominicaines de Gramond. Elles ont à la fois des écoles communales, où presque toutes les institutrices adjointes enseignent sans recevoir aucun traitement, et des écoles libres où la plupart des enfants sont instruits gratuitement. Elles assistent en outre, chaque année, 800 à 1.000 malheureux. Cette Congrégation a été fondée par le desservant de Gramond, avec le concours de jeunes filles de sa paroisse, qu'il avait eu le soin de faire instruire pour les préparer à leur mission. Elle n'a d'autre ressource qu'une insignifiante rétribution scolaire et le produit du travail de chaque jour.
Préparé de la charpie, confectionné des habits, fourni du linge.	Les Sœurs du Tiers Ordre ont pour double but : l'éducation des jeunes personnes, surtout des pauvres, et le soin des malades à domicile. L'éducation des jeunes filles pauvres et le soin des malades sont gratuits. De mémoire d'homme il n'y avait pas eu d'institutrice à Bor-et-Bar, quand le curé de la paroisse appela trois religieuses, avec le concours desquelles il fonda bientôt la Congrégation, et l'établit dans une maison qu'il avait fait construire à ses frais. Aujourd'hui cette Congrégation est répandue dans 27 paroisses, où elle recueille les orphelines, instruit les enfants pauvres, soigne les malades, assiste tous les malheureux.
	Soin des malades.
	Enseignement et soins aux malades.

Diocèse de Rodez (suite).

DATE DE LA FONDATION	CONGRÉGATIONS ou COMMUNAUTÉS	ENFANTS INSTRUITS	PERSONNES ASSISTÉES				TOTAL	SERVICES A L'ÉTRANGER et DANS LES COLONIES
			Hôpitaux et Hospices.	Orphelinats et Ouvroirs.	Maisons de refuge, de préservation et de correction.	Asiles d'aliénés et de sourds-muets.		
	Report...	37.463	165	442			607	
1678	Sœurs de l'Union, dites de Saint-François-de-Sales, à Bozouls. Communauté indépendante non autorisée. 14 membres.	80	?					
1672	Sœurs de l'Union, dites de Saint-François, à Saint-Geniez d'Olt. Communauté indépendante, non autorisée. 22 membres.	207	43				43	
1824	Sœurs de Saint-Joseph. Congrég. non autorisée. Maison mère à Clairvaux. 27 maisons. 219 membres.	2.100						
1682	Sœurs de Saint-Joseph. Congrégation non autorisée. Maison mère à Marcillac. 12 maisons. 68 membres.	800						
	A reporter...	40.650	208	442			650	

Aveyron.

SERVICES PENDANT LA GUERRE DE 1870-71	HISTORIQUE — FAITS PARTICULIERS OBSERVATIONS
Procuré du linge et des vêtements aux soldats, préparé de la charpie pour les blessés.	Les Sœurs de l'Union de Bozouls instruisent les jeunes filles et soignent gratuitement les malades pauvres à domicile. Avant que leur école fût communale, elles recevaient toujours gratuitement les jeunes filles pauvres. Maintenant encore, elles leur donnent à leurs frais les fournitures classiques. Cette Communauté fut fondée par un prêtre, de ses deniers. A diverses époques, où la dysenterie et la petite vérole désolaient le pays, les sœurs ont fait preuve d'un grand dévouement et d'un admirable courage, notamment en 1699 et en 1707.
	Le soin des malades à domicile, la tenue de l'ambulance des ouvriers du chemin de fer, l'enseignement des jeunes filles et des enfants, telles sont les œuvres ordinaires et journalières des Sœurs de l'Union de Saint-Geniez. Le nombre des malades soignés par elles peut être évalué à 43 par jour. *En mil six cent soixante-douze, en la ville de Saint-Geniez d'Olt, firent société et union, pour vivre dans la prière, le travail et l'exercice des bonnes œuvres, et s'assister entre elles, vivre et mourir ensemble, douze demoiselles.* Telle est l'origine de la communauté qui a montré un grand dévouement dans diverses épidémies, notamment en 1871, époque à laquelle la petite vérole sévit avec force à Saint-Geniez.
Préparé et envoyé du linge.	L'œuvre principale des Sœurs de Saint-Joseph de Clairvaux, c'est l'instruction des enfants dans les écoles et les salles d'asile. Accessoirement, elles s'occupent des malades dans les loisirs que leur laisse la tenue des écoles. Cette Congrégation est l'œuvre d'une pieuse demoiselle de Clairvaux. Elle suit la règle des Sœurs de Saint-Joseph de Belley.
	Les Sœurs de Saint-Joseph de Marcillac instruisent les enfants et visitent les malades à domicile. Un certain nombre d'élèves sont instruites gratuitement. Cette Congrégation, qui avait adopté dans le principe la règle de Saint-François, suit depuis 1838 la règle des Sœurs de Saint-Joseph.

Diocèse de Rodez (suite).

DATE DE LA FONDATION	CONGRÉGATIONS ou COMMUNAUTÉS	ENFANTS INSTRUITS	PERSONNES ASSISTÉES					TOTAL	SERVICES A L'ÉTRANGER et DANS LES COLONIES
			Hôpitaux et Hospices.	Orphelinats et Ouvroirs.	Maisons de refuge, de préservation et de correction.	Asiles d'aliénés et de sourds-muets.		
	Report...	40.650	208	442			650	
1816	**Sœurs de Saint-Joseph,** Congrégation non autorisée. Maison mère à Sales-la-Source. 12 maisons.	?						
1824	**Sœurs de Saint-Joseph.** Congrégation non autorisée. Maison mère à Villecomtal. 12 maisons. 74 membres.	800						
1798	**Sœurs de St-Joseph-de l'Union, à Conques.** Communauté indépendante non autorisée. 12 membres.	120	?					
	A reporter...	41.570	208	442			650	

SERVICES PENDANT LA GUERRE DE 1870-71	HISTORIQUE — FAITS PARTICULIERS OBSERVATIONS
	Chaque école a une ou deux adjointes sans traitement. Les sœurs assistent les malades dans l'intervalle des classes.
Envoyé de l'argent et du linge.	Enseignement des enfants et des jeunes filles; soins gratuits aux malades et infirmes.
	Les Sœurs de l'Union de Conques se dévouent à l'instruction des jeunes filles et au soin des malades. Cette Communauté n'a été dans le principe qu'une réunion de pieuses filles vivant du travail de leurs mains, allant faire des défriches, allant même en journée, et s'occupant du soin des malades, les surveillant pendant la nuit, quoique bien fatiguées, en tout montrant un grand dévouement. Elle se constitua régulièrement en 1739. Placées dans un pays essentiellement pauvre, et condamnées aux plus rudes travaux agricoles, dans une contrée montagneuse, les pieuses fondatrices prirent dès le début le titre modeste mais significatif de *Filles du travail,* et depuis lors, pendant près de deux siècles, les sœurs de Saint-Joseph n'ont cessé de justifier ce titre en gagnant leur pauvre existence par un travail incessant, soit au sein de leurs écoles, soit dans leurs propriétés rurales. C'est encore grâce à cette vie laborieuse qu'avec de très modestes revenus elles ont pu, sans jamais faire appel à la charité publique, non seulement se suffire à elles-mêmes, mais encore secourir les pauvres et les malades du pays dans leurs nécessités. D'autre part, il y a déjà plus d'un siècle que la garde et le soin des pauvres vieillards et des orphelins recueillis dans l'hospice de Conques ont toujours été confiés à deux sœurs, sans autre rémunération que la nourriture et l'entretien.

Diocèse de Rodez (suite).

DATE DE LA FONDATION	CONGRÉGATIONS ou COMMUNAUTÉS	ENFANTS INSTRUITS	PERSONNES ASSISTÉES					SERVICES A L'ÉTRANGER et DANS LES COLONIES
			Hôpitaux et Hospices.	Orphelinats et Ouvroirs.	Maisons de refuge, de préservation et de correction.	Asiles d'aliénés et de sourds-muets.	TOTAL	
1746	Report...	41.570	208	442			650	
	Sœurs de Saint-Joseph de l'Union. Congrégation non autorisée. Maison mère à Saint-Cyprien. 3 maisons. 37 membres.	570		60			60	
1818	**Sœurs de Saint-Joseph de l'Union.** Congrég. non autorisée. Maison mère à St-Geniez. 3 maisons. 45 membres.	?						
1739	**Sœurs de Saint-Joseph de l'Union.** Congr. non autorisée. Maison mère à Lavernhe. 3 maisons.	150						
1818	**Sœurs de St-François de l'Union.** Congrég. non autorisée. Maison mère à Lunet. 3 maisons. 31 membres.	200		8			8	
1841	**Sœurs de Saint-Joseph, à St-Martin-de-Lenne.** Comm. indép., nonautor. 16 membres.	70						
	A reporter...	42.560	208	510			718	

SERVICES PENDANT LA GUERRE DE 1870-71	HISTORIQUE — FAITS PARTICULIERS OBSERVATIONS
Envoyé de l'argent, du linge et de la charpie pour les blessés.	Les Sœurs de Saint-Cyprien instruisent les enfants, élèvent les orphelines et soignent les malades. Les deux dernières œuvres sont entièrement gratuites. Cette Congrégation a été fondée par quatre pauvres filles du pays, pour l'instruction des ignorants et l'assistance des pauvres. A diverses époques, les sœurs soignèrent les malades atteints de maladies épidémiques, avec un dévouement qui coûta la vie à plusieurs d'entre elles.
	Enseignement et soin des malades.
	Les Sœurs de l'Union de Lavernhe instruisent les enfants et soignent les malades.
Envoyé du linge et des chaussures.	Congrégation enseignante. Les sœurs adjointes apportent aux institutrices titulaires un concours absolument gratuit. Les Sœurs de Saint-François se dévouent aussi au soin des malades et des orphelines.
Envoyé du linge pour les blessés.	D'après leurs constitutions, les sœurs sont vouées à l'enseignement des jeunes filles, au service des malades et à l'assistance des pauvres. Cette Communauté fut fondée par une pieuse institutrice. Les premières sœurs venaient de la Congrégation de Saint-Joseph de Veyreau; mais la communauté est complètement indépendante. Elle s'est maintes fois signalée par son dévouement dans les épidémies.

Diocèse de Rodez (suite).

DATE DE LA FONDATION	CONGRÉGATIONS ou COMMUNAUTÉS	ENFANTS INSTRUITS	PERSONNES ASSISTÉES				TOTAL	SERVICES A L'ÉTRANGER et DANS LES COLONIES
			Hôpitaux et Hospices.	Orphelinats et Ouvroirs.	Maisons de refuge, de préservation et de correction.	Asiles d'aliénés et de sourds-muets.		
	Report...	42.560	208	510			718	
1842	Sœurs de Saint-Joseph de l'Union, à Naves-d'Aubrac. Comm. indép. non aut. 13 membres.	40	5	3			8	
1827	Sœurs de St-Joseph de l'Union, à Peyrusse. Comm. indép., non aut. 8 membres.	?	?					
	Sœurs de St-Joseph de l'Union, à St-Pierre-de-Bessuejouls. Comm. indép., non autor. 25 membres.	?	?					
	Sœurs du Saint-Nom de Jésus. Congrégation non autor. Maison mère à Sainte-Radegonde. 10 maisons. 31 membres.	500		12			12	
1864	Sœurs de la Réparation, à Saint-Affrique. Comm. indép. non autor. 8 membres.							
1875	Trappistines, à Bonneval. Comm. indép. non autor. 34 membres.							
	A reporter...	43.100	213	525			738	

Aveyron. 515

SERVICES PENDANT LA GUERRE DE 1870-71	HISTORIQUE — FAITS PARTICULIERS OBSERVATIONS
Envoyé de l'argent et du linge pour les malades et les blessés.	Cette Communauté, vouée au soin des pauvres, des malades et des orphelins, et à l'instruction des enfants, a été fondée par la générosité du curé, du vicaire et de quelques personnes pieuses de la paroisse.
	Enseignement et soin des malades.
Envoyé de l'argent et du linge.	Éducation des enfants et soins gratuits aux malades. Cette Communauté est l'œuvre de quatre pieuses filles de la paroisse vivant de leur modeste travail.
Envoyé du linge et de la charpie.	Cette Congrégation a pour but l'instruction des jeunes filles et la visite gratuite des malades à domicile. Quelques orphelines sont aussi élevées par elle sans rétribution. Peu de temps après la Révolution, une institutrice, qui s'était dévouée presque gratuitement à l'instruction des jeunes filles pendant plusieurs années, se retira à Sainte-Radegonde avec une de ses nièces, et y fonda cette Congrégation.
	Vie contemplative.
	Vie de prière et de travail.

Diocèse de Rodez (suite).

DATE DE LA FONDATION	CONGRÉGATIONS ou COMMUNAUTÉS	ENFANTS INSTRUITS	PERSONNES ASSISTÉES					TOTAL	SERVICES A L'ÉTRANGER et DANS LES COLONIES
			Hôpitaux et Hospices.	Orphelinats et Ouvroirs.	Maisons de refuge, de préservation et de correction.	Asiles d'aliénés et de sourds-muets.		
	Report...	43.100	213	525			738	
	Sœurs de St-François-de-Sales, à Auzitz. Comm. indép. non autorisée.	130		6			6	
XVIe siècle	**Sœurs de l'Union.** Congrég. non autorisée. Maison mère à Bozouls.	?						
XVIIIe siècle	**Sœurs de l'Union, à Saint-Parthem.** Comm. indép., non autor. 12 membres.	50		?				
	Total...	43.280	213	531			744	

DIOCÈSE DE ROUEN

1698	**Sœurs d'Ernemont.** Congrégation à supérieure générale, autorisée le 19 janvier 1811. Maison mère à Rouen. 560 membres.	19.000	?	?				

Aveyron.

SERVICES PENDANT LA GUERRE DE 1870-71	HISTORIQUE — FAITS PARTICULIERS OBSERVATIONS
	Les Sœurs de Saint-François-de-Sales se dévouent à l'instruction de la jeunesse et à la visite des malades et des infirmes. L'institutrice communale seule reçoit un traitement.
	Congrégation enseignante.
	Les Sœurs de l'Union de Saint-Parthem assistent les malades et les orphelines, et instruisent les enfants. Leur concours à ces œuvres est gratuit. La dépense personnelle de chaque sœur ne dépasse pas 200 fr. par an.

SEINE-INFÉRIEURE

Soigné les blessés dans onze établissements de la Congrégation transformés en ambulances; fourni 100 lits.	Les Sœurs d'Ernemont desservent 18 petits hospices ou maisons de charité pour les orphelines, les malades et les vieillards; elles distribuent les secours de 5 bureaux de bienfaisance; elles dirigent 123 écoles communales, 20 écoles publiques libres, 21 pensionnats et externats, 9 salles d'asile et une crèche. La Communauté d'Ernemont fut établie en 1698 dans le village de ce nom, par Mgr Colbert, archevêque de Rouen. Son but était d'envoyer des sœurs dans les paroisses rurales où elles seraient demandées pour instruire les jeunes filles et soigner les malades. Leurs fonctions étaient entièrement gratuites, et des personnes charitables pourvoyaient à leur subsistance par des fondations. En 1711, elles vinrent se fixer à Rouen. En 1792, lorsqu'elles furent dispersées, elles tenaient plus de 100 écoles, desservaient plusieurs petits hospices, et étaient au nombre de 180. Heureusement leur maison n'ayant point été vendue pendant la Révolution, elles purent y rentrer en 1803,

Diocèse de Rouen (suite).

DATE DE LA FONDATION	CONGRÉGATIONS ou COMMUNAUTÉS	ENFANTS INSTRUITS	PERSONNES ASSISTÉES				TOTAL	SERVICES A L'ÉTRANGER et DANS LES COLONIES
			Hôpitaux et Hospices.	Orphelinats et Ouvroirs.	Maisons de refuge, de préservation et de correction.	Asiles d'aliénés et de sourds-muets.		
	Report...	19.000						
	Sœurs d'Ernemont. (Suite.)							
	Sœurs de la Miséricorde, Congrégation à supérieure générale, autorisée 9 avril 1829 et 13 septembre 1852. Maison mère à Rouen. 121 membres.	2.067		361			361	
1666	Sœurs de la Providence. Congrégation à supérieure générale, autorisée 27 juin 1842. Maison mère à Rouen. 670 membres.	28.000		150			150	
	A reporter...	49.067		511			511	

| Seine-Inférieure. | 519 |

SERVICES PENDANT LA GUERRE DE 1870-71	HISTORIQUE — FAITS PARTICULIERS OBSERVATIONS
	grâce à la bienveillance du premier consul, qui ordonna de la leur restituer. Elles reprirent immédiatement leurs fonctions de maîtresses d'école et d'hospitalières, qu'elles exercent aujourd'hui sur une plus grande échelle, avec un dévouement qui ne faiblit pas.
Desservi trois ambulances; soigné en outre quelques blessés au couvent de Rouen.	La Miséricorde de Rouen a pour but : l'éducation des orphelines, l'instruction des enfants, surtout des enfants pauvres, et la visite à domicile des indigents. Si l'on excepte les rétributions des élèves du pensionnat et de l'externat payants, les Sœurs de la Miséricorde n'ont d'autres ressources que leur travail et les aumônes de leurs bienfaiteurs. Cette Congrégation eut des commencements bien modestes : un vicaire de la paroisse de la Madeleine commença par réunir deux pauvres filles pour s'occuper des pauvres de la paroisse; par degrés la Communauté s'est formée, puis est devenue une Congrégation.
Plusieurs établissements ont été transformés en ambulances. Une sœur a reçu le prix du Manoir pour services rendus aux soldats.	La Communauté de Rouen a été fondée en 1666, par le R. P. Barré, religieux minime, qui fut singulièrement aidé dans son œuvre par M. Antoine de Lahaye, curé de Saint-Amand de Rouen. Les commencements en furent très modestes. Les premières écoles furent ouvertes à Sotteville près Rouen, ainsi que le constate un mémoire autographe daté du 22 novembre 1681, de la vénérable sœur Marguerite-Marie Lestoc, première supérieure de la Congrégation naissante. Ce mémoire, conservé dans les archives de la Communauté, contient les détails suivants : « Nos écoles ont commencé en 1666, à Sotteville près Rouen, « et il s'y est fait de grandes et admirables conversions. En-« suite, lesdites écoles ont été établies en la ville de Rouen, « chez Mme de Grainville, très sainte dame, pleine de zèle du « salut des âmes. Deux sœurs faisaient les écoles proche les « Carmélites, et trois chez Mme de Grainville. Nous faisions les « petites écoles, depuis 9 heures jusqu'à 11 heures; ensuite, « on menait les enfants à la sainte messe, au nombre de 130 « et plus. Depuis midi jusqu'à 2 heures, on recevait les gran-« des filles; et de 2 à 5 les petites. Après, nous allions dans « les maisons instruire les braves gens et les disposer à rece-« voir les sacrements. » Au début, la Communauté, n'étant pas encore autorisée par lettres patentes, a été affiliée à l'hospice général, ainsi que

Diocèse de Rouen (suite).

DATE DE LA FONDATION	CONGRÉGATIONS ou COMMUNAUTÉS	ENFANTS INSTRUITS	PERSONNES ASSISTÉES				TOTAL	SERVICES A L'ÉTRANGER et DANS LES COLONIES
			Hôpitaux et Hospices.	Orphelinats et Ouvroirs.	Maisons de refuge, de préservation et de correction.	Asiles d'aliénés et de sourds-muets.		
	Report...	49.067		511			511	
	Sœurs de la Providence. (Suite.)							
	A reporter...	49.067		511			511	

SERVICES PENDANT LA GUERRE DE 1870-71	HISTORIQUE — FAITS PARTICULIERS OBSERVATIONS
	le mentionne une délibération dudit hospice, en date du 17 juillet 1674, conservée dans les archives de la maison mère. La même année 1674, M. l'abbé Servien de Montigny, secrétaire des commandements de la reine mère, MM. de Grainville-Fumechon et Fauvel de Touvens, conseillers à la grande chambre du parlement de Rouen, M. de Lespinay, avocat audit parlement, tous quatre bienfaiteurs de ladite communauté, lui donnèrent 45,000 fr. pour la subsistance des maîtresses des écoles charitables. En 1679, M. l'intendant de Rouen donne un avis favorable pour qu'on établisse un séminaire pour les maîtresses des écoles charitables de Rouen. En 1687, une autre délibération de l'hospice général autorise l'ouverture de deux nouvelles écoles, rue Saint-Hilaire et rue de l'Épée. C'est dans cette délibération que se trouve pour la première fois le nom de *Sœurs de Providence,* donné aux maîtresses. En 1691, le roi Louis XIV nomme M. de Grainville administrateur des écoles dans la Normandie. Le roi Louis XV accorde, en 1772, des lettres patentes à la Communauté. L'arrêt de la cour de Rouen, rendu à cet effet, est du 8 février 1773. En 1790, la Communauté comptait environ 200 sœurs, dirigeant 120 écoles dans différents départements. Ces écoles étaient entièrement gratuites, et les maîtresses n'avaient pour leur subsistance que les fondations, souvent insuffisantes, et les aumônes des personnes charitables. Pendant la Révolution, les sœurs ont été dispersées, et ne se sont réunies que vers l'an 1804, sous la direction de sœur Lemazurais, la supérieure qu'elles avaient en 1790. En 1816, un décret du roi Louis XVIII autorise les statuts de la Congrégation, qui depuis a pu recevoir les legs qui lui ont été faits. En 1842, un nouveau décret reconnaît l'existence légale de la Communauté. Depuis la réunion des membres de la Congrégation, en 1804, les sœurs se sont consacrées à l'instruction des enfants pauvres, selon le but de leur Institut. Elles ont aussi quelques pensionnats et des écoles libres. La Congrégation compte actuellement 670 sœurs, dirigeant 175 établissements dans 7 départements : Seine-Inférieure, Eure, Calvados, Manche, Somme, Pas-de-Calais et Nord.

Diocèse de Rouen (suite).

DATE DE LA FONDATION	CONGRÉGATIONS ou COMMUNAUTÉS	ENFANTS INSTRUITS	PERSONNES ASSISTÉES					SERVICES A L'ÉTRANGER et DANS LES COLONIES
			Hôpitaux et Hospices.	Orphelinats et Ouvroirs.	Maisons de refuge, de préservation et de correction.	Asiles d'aliénés et de sourds-muets.	TOTAL	
	Report...	49.067		511			511	
1818	Sœurs du Sacré-Cœur de Jésus. Congrégation à supérieure générale, autorisée le 26 mars 1843. Maison mère à Saint-Aubin-Jouxte-Boulleng. 800 membres.	20.823	55	130	350		535	
	A reporter...	69.890	55	641	350		1.046	

SERVICES PENDANT LA GUERRE DE 1870-71	HISTORIQUE — FAITS PARTICULIERS OBSERVATIONS
Beaucoup d'établissements ont été transformés en ambulances.	Les Sœurs du Sacré-Cœur de Saint-Aubin desservent 3 hospices et une maison de retraite; elles dirigent plusieurs orphelinats, 250 écoles, 20 salles d'asile, un refuge de jeunes détenues, et une maison destinée à recevoir les filles de la campagne qui désirent se placer ou celles qui sont momentanément sans position; elles donnent l'instruction aux enfants et jeunes filles d'une filature; enfin, elles soignent les malades à domicile. Les jeunes détenues du refuge ne reçoivent pas seulement l'instruction primaire; les sœurs leur apprennent à coudre, à cultiver la terre, les forment aux soins du ménage, cuisine, lavage, repassage, afin de faciliter leur placement à la sortie du refuge : il y a de plus, dans la maison, un atelier de dévidage pour les filatures. En 1818, une jeune fille nommée Joséphine Fréret, de la commune de Saint-Aubin-Jouxte-Boulleng, douée de beaucoup de piété et d'intelligence, et qui était vraisemblablement suscitée de Dieu, à la prière de M. le curé de la paroisse, réunit autour d'elle plusieurs de ses compagnes, dans le but de les instruire et de répandre plus tard cette instruction parmi les enfants pauvres. Plusieurs jeunes filles du pays répondirent généreusement à son appel; elles faisaient la classe le jour, et, la nuit, elles travaillaient pour subvenir à leur modeste existence. Leur seule nourriture était alors du pain sec et de l'eau. Que de fois la fondatrice, âme pleine de foi et amie de la pauvreté, se rendit au réfectoire à l'heure du repas, attendant de la divine Providence, pour elle et pour ses sœurs, le morceau de pain qu'elle n'avait pas à donner! Un grenier ouvert à toutes les intempéries leur servait de dortoir, et pendant un hiver elles se réjouissaient en Dieu de voir parfois la neige tomber sur leurs modestes couches. Bientôt quelques âmes pieuses l'aidant, sœur Saint-Joseph put fonder quelques écoles, où ses envoyées firent le bien au prix des plus rudes privations, puisqu'elles n'avaient d'autre traitement que celui de la charité. Ainsi se fonda cette Congrégation, qui aujourd'hui compte près de 800 membres (professes et novices). Bien qu'elle possède quelques pensionnats, les enfants des campagnes les plus pauvres ont toujours été et seront toujours, d'après le vœu de la fondatrice, l'objet de sa plus tendre prédilection. Le dévouement des sœurs garde-malades de la Congrégation a été apprécié durant les épidémies qui ont sévi à plusieurs reprises dans le département de l'Oise; les autorités d'alors, pleines de reconnaissance, ont bien voulu leur décerner quelques récompenses honorifiques qui ont été accueillies avec gratitude, et qui perpétueront le souvenir de leur courage et de leur abnégation.

Diocèse de Rouen (suite).

DATE DE LA FONDATION	CONGRÉGATIONS ou COMMUNAUTÉS	ENFANTS INSTRUITS	PERSONNES ASSISTÉES				TOTAL	SERVICES A L'ÉTRANGER et DANS LES COLONIES
			Hôpitaux et Hospices.	Orphelinats et Ouvroirs.	Maisons de refuge, de préservation et de correction.	Asiles d'aliénés et de sourds-muets.		
	Report...	69.890	55	641	350		1.046	
1844	Sœurs de la Compassion. Congr. à sup. gén., aut. le 3 décembre 1856. Maison mère à Rouen. 14 maisons. 130 membres.							
	Hospitalières de la Miséricorde de Jésus, à Dieppe. Comm. indép., autor. le 2 novembre 1810. 24 membres.		?					
1655	Hospitalières de la Miséricorde de Jésus, à Eu. Communauté indépendante, autorisée le 2 novembre 1810. 25 membres.	230	80	12			92	
1296	Sœurs Augustines hospitalières, à Rouen (Hôtel-Dieu). Comm. indép., autor. le 8 novembre 1810. 37 membres.		500				500	
	A reporter....	70.120	635	653	350		1.638	

Seine-Inférieure.

SERVICES pendant la guerre de 1870-71	HISTORIQUE — FAITS PARTICULIERS OBSERVATIONS
Vingt-deux soldats atteints de la petite vérole ont été reçus et traités dans la Communauté de Rouen pendant un mois.	Le but spécial de cette Congrégation, c'est le soin des malades à domicile. Les pauvres sont toujours soignés gratuitement. Le total des jours et des nuits passés chaque année à leur chevet par les sœurs, peut être évalué en moyenne à 16.326 pour le diocèse de Rouen.
	Communauté hospitalière.
Soigné pendant quatre mois quarante blessés.	Les Sœurs Hospitalières d'Eu desservent l'hospice et dirigent l'école communale, une salle d'asile et un orphelinat. Le service de l'hôpital est seul rétribué. Par lettres patentes du 7 mars 1655, Mme Henriette-Catherine de Joyeuse, duchesse douairière de Guise, tutrice de Joseph-Louis de Lorraine, duc de Joyeuse et d'Angoulême, et comte d'Eu, permit aux religieuses hospitalières de la Miséricorde de Jésus de faire construire à leurs frais un monastère joignant l'Hôtel-Dieu fondé par Catherine de Clèves, sous le vocable de Saint-Charles et Sainte-Catherine, dans lequel hospice les religieuses devaient soigner les pauvres malades. Les sœurs ont toujours accepté volontiers les nouvelles charges, qui ont été successivement l'objet des propositions de l'administration civile : les classes en 1824, la salle d'asile en 1845, l'orphelinat en 1858.
	Cette Communauté, vouée depuis de longs siècles au soin des malades, a montré beaucoup de dévouement dans diverses épidémies.

Diocèse de Rouen (suite).

DATE DE LA FONDATION	CONGRÉGATIONS ou COMMUNAUTÉS	ENFANTS INSTRUITS	PERSONNES ASSISTÉES				TOTAL	SERVICES A L'ÉTRANGER et DANS LES COLONIES
			Hôpitaux et Hospices.	Orphelinats et Ouvroirs.	Maisons de refuge, de préservation et de correction.	Asiles d'aliénés et de sourds-muets.		
	Report...	70.120	635	653	350		1.638	
	Sœurs Augustines hospitalières, à Fécamp. Communauté indépendante, autorisée le 24 novembre 1810.		?					
1631	**Sœurs de la Visitation, à Rouen.** (premier monastère). Communauté indépendante, autorisée le 15 mars 1826. 53 membres.	60						
1642	**Sœurs de la Visitation, à Rouen.** (deuxième monastère). Communauté indépendante, autorisée le 14 juin 1826. 36 membres.	40						
	A reporter...	70.220	635	653	350		1.638	

Seine-Inférieure. 527

SERVICES PENDANT LA GUERRE DE 1870-71	HISTORIQUE — FAITS PARTICULIERS OBSERVATIONS
	Communauté hospitalière.
Dans la maison, une ambulance a été établie et desservie par les sœurs, qui ont en outre donné de l'argent pour l'armée.	Comme toutes les maisons de la Visitation, cette Communauté a été spécialement destinée, dans le principe, à recevoir les personnes qui veulent vivre loin du monde dans l'exercice des vertus chrétiennes, et qui n'ont ni la force ni la vocation pour entrer dans des couvents plus austères : telle a été l'intention de saint François de Sales, fondateur de l'ordre de la Visitation Sainte-Marie. Cependant, dès 1652, l'œuvre du pensionnat fut entreprise par la Communauté : 1° pour suppléer à l'insuffisance de ses ressources; 2° pour répondre au désir des familles, en élevant pour la société des femmes instruites et sérieusement chrétiennes. Malgré sa pauvreté, la Communauté assiste régulièrement à domicile une vingtaine de pauvres, et distribue de nombreux secours. Elle participe en outre aux diverses œuvres de bienfaisance du diocèse. Supprimée et spoliée par la Révolution, cette Communauté s'est reconstituée en 1812, à force de sacrifices.
Distribué des secours en argent, linge, vêtements, vivres aux blessés et malades soignés dans les diverses ambulances de la ville.	Le but et les œuvres de cette Communauté sont les mêmes que le but et les œuvres de la précédente : quelques jeunes filles appartenant à des familles honorables, mais sans fortune, sont toujours élevées gratuitement au pensionnat. Les sœurs se font un devoir de venir toujours en aide à celles de leurs anciennes élèves que quelque revers a laissées sans ressource. Cette assistance discrète est une de leurs œuvres préférées. Cette Communauté fut fondée à cause de l'insuffisance du premier monastère pour recevoir toutes les jeunes filles que les familles chrétiennes voulaient confier aux Sœurs de la Visitation. Spoliée et ruinée par la Révolution, elle fut rétablie en 1806.

Diocèse de Rouen (suite).

DATE DE LA FONDATION	CONGRÉGATIONS ou COMMUNAUTÉS	ENFANTS INSTRUITS	PERSONNES ASSISTÉES				TOTAL	SERVICES A L'ÉTRANGER et DANS LES COLONIES
			Hôpitaux et Hospices.	Orphelinats et Ouvroirs.	Maisons de refuge, de préservation et de correction.	Asiles d'aliénés et de sourds-muets.		
	Report...	70.220	635	653	350		1.638	
1619	**Ursulines, à Rouen.** (premier monastère). Communauté indépendante, autorisée le 22 octobre 1826. 38 membres.	150						
1627	**Ursulines, au Havre.** Communauté indépendante, autorisée le 15 octobre 1826. 37 membres.	160						
1639	**Sœurs de Notre-Dame, à Caudebec.** Communauté indépendante, autorisée le 19 novembre 1826. 10 membres.	150						
	A reporter...	70.680	635	653	350		1.638	

Seine-Inférieure. 529

SERVICES PENDANT LA GUERRE DE 1870-71	HISTORIQUE — FAITS PARTICULIERS OBSERVATIONS
Envoyé de grandes quantités de linge, fourni 30 lits complets pour les ambulances.	Cette Communauté comprend un pensionnat et un externat gratuits : l'externat, fréquenté toujours par 100 à 150 enfants, est entièrement à sa charge. Depuis 1838, les sœurs ont même ajouté chaque jour deux heures à la durée des classes, pour le travail manuel. Elles assistent en outre un certain nombre de pauvres, et habillent plusieurs enfants de l'école gratuite. Avant la Révolution, les classes gratuites tenues par cette Communauté d'Ursulines comptaient à Rouen plus de 400 enfants, et cela depuis plus de 150 ans. Il y avait en outre, tous les dimanches et fêtes, des cours gratuits pour les servantes, filles ou femmes, qui entendaient là des leçons appropriées à leur condition et à leur besoin. La Révolution a violemment interrompu toutes ces œuvres, en partie reprises au moment du rétablissement de la Communauté, en 1807. Depuis lors, la Communauté a fait de très grands sacrifices pour donner à son externat gratuit une meilleure installation.
Établi une ambulance dans le couvent.	Les sœurs ont à leur charge une école gratuite fréquentée par 60 enfants : elles distribuent en outre de nombreux secours et contribuent largement à diverses bonnes œuvres. Cette Communauté a été fondée par un échevin du Havre, *noble homme* Denis Barbey.
Donné asile à de nombreuses jeunes filles que leurs parents voulaient éloigner du théâtre de la guerre.	Le but de l'Institut est d'instruire gratuitement les jeunes filles pauvres, de leur inspirer l'amour de Dieu et de la religion, de les former aux bonnes mœurs, de leur enseigner le travail manuel, en leur apprenant à confectionner leurs vêtements et ceux de leurs frères et sœurs, de les rendre, en un mot, de bonne heure utiles à leurs familles : à côté des écoles gratuites pour les pauvres, les Sœurs de Notre-Dame dirigent des pensionnats pour les jeunes filles de la classe aisée. Depuis près de deux siècles et demi, cette communauté a seule donné l'instruction aux enfants riches et pauvres de la ville de Caudebec. Elle reçoit les enfants dès l'âge de deux ans.

Diocèse de Rouen (suite).

DATE DE LA FONDATION	CONGRÉGATIONS ou COMMUNAUTÉS	ENFANTS INSTRUITS	PERSONNES ASSISTÉES				TOTAL	SERVICES A L'ÉTRANGER et DANS LES COLONIES
			Hôpitaux et Hospices.	Orphelinats et Ouvroirs.	Maisons de refuge, de préservation et de correction.	Asiles d'aliénés et de sourds-muets.		
	Report...	70.680	635	653	350		1.638	
	Bénédictines de l'Adoration perpétuelle du St-Sacrement, à Rouen. Communauté indépendante, autorisée le 22 avril 1827. 27 membres.							
XVIIe siècle	**Sœurs de Notre-Dame de Charité, à Rouen.** (Hospice général et hospice de Caudebec.) Communauté indépendante, autorisée le 22 avril 1827. 44 membres.	50	1.240	100			1.340	
1642	**Sœurs hospitalières des Orphelines de Saint-Joseph, à Rouen.** Communauté indépendante, autorisée le 22 avril 1827. 28 membres.	30						
	Sœurs de Jésus-Christ Bon-Pasteur et de Marie-Immaculée, à Rouen. Comm. indép., autor. le 19 sept. 1874. 9 membres.				?			
	A reporter...	70.760	1.875	753	350		2.978	

SERVICES PENDANT LA GUERRE DE 1870-71	HISTORIQUE — FAITS PARTICULIERS OBSERVATIONS
	Les Bénédictines du Saint-Sacrement ont pour but la réparation par la prière, le sacrifice et l'aumône, des outrages dont la sainte Eucharistie est l'objet. L'Institut a été fondé en exécution d'un vœu de la reine Anne d'Autriche, au milieu des troubles qui désolèrent la France pendant la minorité de Louis XIV.
Soigné 1.402 blessés français.	La population moyenne de l'hospice général de Rouen, desservi par les Sœurs de Notre-Dame-de-Charité, est de 1.300, dont 300 malades, 100 enfants, 40 idiots et épileptiques, 860 vieillards et incurables, auxquels il faut ajouter les 40 enfants, infirmes ou vieillards soignés à l'hospice de Caudebec, qui est desservi par les mêmes religieuses. En outre, 50 jeunes filles, retenues en dépôt pendant la maladie de leurs parents, sont constamment instruites par les sœurs et formées par elles au travail manuel.
	La Communauté élève des jeunes filles, dont quelques-unes gratuitement, et reçoit des dames pensionnaires moyennant une rétribution modérée. Cette Communauté fut fondée par Mlle de Lestang, pour l'éducation gratuite des pauvres orphelines. Spoliées et dispersées par la Révolution, les sœurs durent, le calme revenu, racheter de leurs deniers leur propre couvent. Elles sont trop pauvres aujourd'hui pour continuer à remplir, au regard des orphelines pauvres, les pieuses intentions de leur fondatrice.
	Refuge pour les repenties.

Diocèse de Rouen (suite).

DATE DE LA FONDATION	CONGRÉGATIONS ou COMMUNAUTÉS	ENFANTS INSTRUITS	PERSONNES ASSISTÉES					SERVICES A L'ÉTRANGER et DANS LES COLONIES
			Hôpitaux et Hospices.	Orphelinats et Ouvroirs.	Maisons de refuge, de préservation et de correction.	Asiles d'aliénés et de sourds-muets.	TOTAL	
	Report...	70.760	1.875	753	350		2.978	
1810	**Ursulines, à Rouen.** (Deuxième monastère.) Comm. indép., autor. le 5 nov. 1828. 45 membres.	130						
1836	**Sœurs des Saints Anges, à Rouen.** Comm. indép. non autor. 20 membres.	?		?				
1309	**Carmélites, à Rouen.** Comm. indép. non autor. 20 membres.							
	Total...	70.890	1.875	753	350		2.978	

DIOCÈSE DE SAINT-BRIEUC

DATE DE LA FONDATION	CONGRÉGATIONS ou COMMUNAUTÉS	ENFANTS INSTRUITS	PERSONNES ASSISTÉES					SERVICES A L'ÉTRANGER et DANS LES COLONIES
			Hôpitaux et Hospices.	Orphelinats et Ouvroirs.	Maisons de refuge, de préservation et de correction.	Asiles d'aliénés et de sourds-muets.	TOTAL	
1706	**Filles du Saint-Esprit.** Congrégation à supérieure générale, autorisée les 13 novembre 1810 et 21 mars 1836. Maison mère à Saint-Brieuc. 280 établissements. 1.232 membres.	32.000	700	400			1.100	

SERVICES PENDANT LA GUERRE DE 1870-71	HISTORIQUE — FAITS PARTICULIERS OBSERVATIONS
	La Communauté comprend un pensionnat et une école gratuite pour les pauvres. Primitivement établie à Elbeuf en 1645, elle s'est reconstituée à Rouen après la tourmente révolutionnaire.
	Direction d'une école et d'un orphelinat.
	Vie contemplative.

COTES-DU-NORD

Six sœurs sont mortes en soignant, à la maison mère, des soldats atteints de la petite vérole.	Les Filles du Saint-Esprit desservent des hospices ou asiles de vieillards, dirigent des écoles, des pensionnats, des orphelinats, des ouvroirs. De plus, elles visitent chaque année à domicile un nombre incalculable de malades pauvres. Les enfants et les orphelines pauvres sont partout instruites ou élevées gratuitement par les sœurs. Cette Congrégation a été fondée en 1706, à Plerin, près Saint-Brieuc, par une charitable veuve animée du désir de faire le bien en procurant l'instruction aux ignorants et des soins aux malades. Les Filles du Saint-Esprit se sont toujours distinguées par un admirable dévouement dans les épidémies, et elles pourraient montrer de nombreuses lettres émanées de hauts fonctionnaires de l'administration, qui rendent à leur courage et à leur charité un éclatant hommage. Dans ces moments pénibles, elles ont toujours répondu à l'appel qui leur était fait, se dispersant à travers les villages pour aller partout faire face au fléau. Un certain nombre d'entre elles ont trouvé la mort dans l'exercice de cette mission de charité : beaucoup

Diocèse de Saint-Brieuc (suite).

DATE DE LA FONDATION	CONGRÉGATIONS ou COMMUNAUTÉS	ENFANTS INSTRUITS	PERSONNES ASSISTÉES				TOTAL	SERVICES A L'ÉTRANGER et DANS LES COLONIES
			Hôpitaux et Hospices.	Orphelinats et Ouvroirs.	Maisons de refuge, de préservation et de correction.	Asiles d'aliénés et de sourds-muets.		
	Report...	32.000	700	400			1.100	
	Filles du Saint-Esprit. (Suite.)							
	Sœurs des Sacrés-Cœurs de Jésus et de Marie. Congrégation à supérieure générale, autorisée le 19 janvier 1827. Maison mère à Saint-Quay-Portrieux. 48 membres.	300		30			30	
	A reporter...	32.300	700	430			1.130	

SERVICES PENDANT LA GUERRE DE 1870-71	HISTORIQUE — FAITS PARTICULIERS OBSERVATIONS
	ont reçu des médailles d'or, d'argent et de bronze en témoignage des services qu'elles avaient rendus ; l'une d'elles, entre autres, a obtenu à elle seule trois médailles d'or. Comme institutrices, les Filles du Saint-Esprit ont aussi mérité de nombreuses récompenses qui attestent la bonne tenue de leurs écoles : elles comptent parmi elles 252 religieuses munies du brevet simple, et 35 du brevet supérieur.
Envoyé des vêtements et du linge pour les soldats.	Les Sœurs des Sacrés-Cœurs de Jésus et de Marie instruisent les enfants, et spécialement les enfants pauvres, et visitent à domicile les malades indigents. Elles élèvent gratuitement 30 jeunes filles et assistent 50 familles pauvres. Cette modeste Congrégation s'est fondée d'une manière toute providentielle. Une jeune fille de la paroisse, sans fortune, touchée de l'état de paresse et d'ignorance dans lequel croupissaient les petites filles du peuple, éprouva un vif désir de les réunir autour d'elle, afin de les instruire et de leur apprendre à travailler. La vénérable fondatrice avait un double but : les mettre en état de gagner honnêtement leur vie, et les former à la pratique du bien. Elle fut secondée dans son entreprise par son vénérable frère l'abbé Auffray, recteur de la paroisse. Dieu seul sait ce que les commencements eurent de difficile. Que de privations dut s'imposer la vénérable mère, dont le grand cœur s'occupait beaucoup plus des besoins de ses semblables que des siens propres. Aussi, malgré sa misère, elle aimait à partager son morceau de pain avec les pauvres, dont elle était devenue la providence. Son exemple toucha le cœur de quelques jeunes filles du pays, qui demandèrent à s'associer à son dévouement. Peu à peu le nombre des sœurs augmenta, et chacune, en entrant dans la Communauté naissante, apportait tout ce dont elle pouvait disposer, afin de faciliter les moyens de faire le bien et de donner aux pauvres des aumônes plus abondantes, tout en aidant la Communauté à se développer un peu. Quand les religieuses furent en nombre suffisant, la bonne mère Saint-Louis fit visiter à domicile les malades pauvres, et, aidée de quelques personnes charitables, elle fit acheter du linge et des couvertures pour les prêter aux pauvres pendant le temps de la durée de leur maladie. Une religieuse est chargée de tenir en bon ordre ce petit bureau de charité ; elle lave et raccommode gratuitement draps, chemises, couvertures ; et lorsqu'une épidémie paraît, les sœurs se multiplient pour soigner les malades pauvres, les veiller, nettoyer leurs chaumières ; et s'il est nécessaire d'exposer leur santé et leur vie

Diocèse de Saint-Brieuc (suite).

DATE DE LA FONDATION	CONGRÉGATIONS ou COMMUNAUTÉS	ENFANTS INSTRUITS	PERSONNES ASSISTÉES					SERVICES A L'ÉTRANGER et DANS LES COLONIES
			Hôpitaux et Hospices.	Orphelinats et Ouvroirs.	Maisons de refuge, de préservation et de correction.	Asiles d'aliénés et de sourds-muets.	TOTAL	
	Report...	32.300	700	430			1.130	
	Sœurs des Sacrés-Cœurs de Jésus et de Marie. (Suite.)							
1822	**Filles de la Providence, dites Mères des Pauvres.** Congrégation à supérieure générale, autorisée le 18 novembre 1841. Maison mère à Crehen. 75 maisons. 358 membres.	5.540		25			25	
	A reporter...	37.840	700	455			1.155	

SERVICES PENDANT LA GUERRE DE 1870-71	HISTORIQUE — FAITS PARTICULIERS OBSERVATIONS
	pour soulager les membres souffrants de Notre-Seigneur, elles ne balancent pas à le faire. C'est ainsi qu'en 1867 une d'elles mourait victime de sa charité en soignant les cholériques. Elle donnait ses soins à une famille dont cinq membres étaient atteints du fléau à la fois : c'était une vraie peste, de sorte que personne ne voulait entrer dans ce pauvre réduit. Les sœurs se firent garde-malades de ces malheureux, les nettoyant et les soignant avec charité le jour et la nuit. La sœur Sainte-Geneviève mourut martyre de son dévouement. Outre les aumônes dont nous avons parlé, la Communauté assiste plusieurs familles de pauvres honteux, auxquelles elle fournit chaque semaine un gros pain de sept à huit livres. Dans leurs maladies, les pauvres ne trouvent pas seulement le bouillon et la viande dont ils ont besoin, mais encore les remèdes ordonnés par le médecin, avec les adoucissements que leur position réclame. Tout leur est préparé avec une charité intelligente par une des plus anciennes religieuses, qui, lors du choléra en 1846, se distingua par sa charité et son dévouement, et reçut en témoignage une médaille d'honneur. Ce qu'elle réclame aujourd'hui, ainsi que ses compagnes, c'est de pouvoir librement soulager l'humanité souffrante. La Communauté de Saint-Quay Portrieux ne possède aucune rente. Les aumônes que font les religieuses sont donc le fruit de leur économie, de leur travail et des sacrifices qu'elles s'imposent pour l'amour de Dieu et du prochain.
	Cette Congrégation a été fondée par la foi et le dévouement d'un saint prêtre, l'abbé Homery, recteur de Crehen. L'ignorance des enfants des familles indigentes, l'abandon des orphelins et des malades pauvres dans les campagnes le touchèrent profondément, et lui inspirèrent le projet de se consacrer au soulagement de misères si dignes d'intérêt. Dénué de ressources, mais plein de confiance dans la divine Providence, sous la protection de laquelle il plaça son pieux projet, il loua une petite maison et y réunit quatre jeunes filles d'ouvriers n'ayant d'autre moyen d'existence que le produit de leur travail. Il leur confia 12 orphelines. Tel fut le commencement de cette modeste Congrégation qui soigne aujourd'hui les malades à domicile, élève quelques orphelines et instruit les enfants. Les enfants pauvres sont partout admis gratuitement dans ses écoles libres.

Diocèse de Saint-Brieuc (suite).

DATE DE LA FONDATION	CONGRÉGATIONS ou COMMUNAUTÉS	ENFANTS INSTRUITS	PERSONNES ASSISTÉES				TOTAL	SERVICES A L'ÉTRANGER et DANS LES COLONIES
			Hôpitaux et Hospices.	Orphelinats et Ouvroirs.	Maisons de refuge, de préservation et de correction.	Asiles d'aliénés et de sourds-muets.		
	Report...	37.840	700	455			1.155	
1826	**Filles de Marie.** Congrégation à supérieure générale, autorisée le 30 mars 1839. Maison mère à Broons. 53 établissements. 312 membres.	5.000						
1816	**Filles de la Providence, à Saint-Brieuc.** Congrégation diocésaine autorisée le 7 avril 1877. 80 membres.	2.500	?					
1654	**Sœurs hospitalières de la Miséricorde de Jésus, à Tréguier.** Communauté indépendante, autorisée le 15 novembre 1810. 21 membres.	45	70				70	
1667	**Sœurs hospitalières de la Miséricorde de Jésus, à Lannion.** Communauté indépendante, autorisée le 15 décembre 1810. 43 membres.	150	100				100	
	A reporter...	45.535	870	455			1.325	

Côtes-du-Nord.

SERVICES PENDANT LA GUERRE DE 1870-71	HISTORIQUE — FAITS PARTICULIERS OBSERVATIONS
Soigné de nombreux blessés. Toutes les maisons de la Congrégation ont fait des dons de linge et de charpie pour les ambulances.	Les Filles de Marie de Broons se dévouent à la visite des malades à domicile (en moyenne 250 par jour dans 50 communes), à l'instruction des enfants, et en particulier des sourdes-muettes. Cette Congrégation fut fondée, à l'instigation du curé, par deux pieuses jeunes filles de la paroisse. Pendant 37 ans, la maison mère n'a cessé d'élever et d'entretenir à ses frais 20 enfants pauvres. Aujourd'hui, les Filles de Marie dirigent des écoles primaires, soit communales, soit libres, des salles d'asile et des ouvroirs.
Soigné les blessés dans plusieurs ambulances.	L'instruction gratuite des enfants, surtout des pauvres, et le soin des malades à domicile et dans les hôpitaux, tel est le double but de cette Congrégation. Cette Congrégation est l'œuvre de l'abbé de la Mennais, le fondateur des Frères de l'Instruction chrétienne de Ploërmel.
Soigné des soldats malades.	Les sœurs soignent les malades et les vieillards de l'Hôtel-Dieu, et dirigent un pensionnat de jeunes filles. Il y a 225 ans qu'elles accomplissent gratuitement la première œuvre, ne demandant de ressources qu'à leur fortune personnelle et à leur travail pour faire face aux besoins des malheureux recueillis par elle. Pendant la Révolution, elles n'ont quitté leur poste que pour aller en prison; et elles ont été rappelées huit mois après, par la municipalité de Tréguier. En 1830, une épidémie de fièvre putride ayant éclaté, les sœurs montrèrent beaucoup de courage : cinq d'entre elles moururent victimes de leur dévouement.
	Cette Communauté se dévoue, sans rétribution, aux mêmes œuvres que la précédente, c'est-à-dire au soin des malades et des enfants assistés, et à l'instruction de la jeunesse. La Révolution même ne put apporter aucune interruption dans l'exercice de leur mission de charité.

Diocèse de Saint-Brieuc (suite).

DATE DE LA FONDATION	CONGRÉGATIONS ou COMMUNAUTÉS	ENFANTS INSTRUITS	PERSONNES ASSISTÉES				TOTAL	SERVICES A L'ÉTRANGER et DANS LES COLONIES
			Hôpitaux et Hospices.	Orphelinats et Ouvroirs.	Maisons de refuge, de préservation et de correction.	Asiles d'aliénés et de sourds-muets.		
	Report...	45.535	870	455			1.325	
1676	Sœurs hospitalières de la Miséricorde de Jésus, à Guingamp. Communauté indépendante, autorisée le 26 décembre 1810.	50	133	52			185	
1676	Sœurs de Notre-Dame de Charité du Refuge, à Saint-Brieuc. Comm. indép., autor. le 10 oct. 1811. 32 membres.	100			200		200	
1636	Ursulines, à Lamballe. Communauté indépendante, autorisée le 23 juillet 1826. 41 membres.	225						
1809	Ursulines, à Tréguier. Communauté indépendante, autorisée le 23 juillet 1826. 26 membres.	200						
1616	Ursulines, à Dinan. Communauté indépendante, autorisée le 20 août 1826. 47 membres.	250		25			25	
	A reporter...	46.360	1.003	532	200		1.735	

SERVICES PENDANT LA GUERRE DE 1870-71	HISTORIQUE — FAITS PARTICULIERS OBSERVATIONS
Soigné 6 à 700 malades, dont un grand nombre de varioleux.	Les sœurs desservent un hospice où elles soignent, la nuit comme le jour, les malades, les vieillards, les incurables, sans recevoir aucune rétribution. Elles dirigent en outre un pensionnat où 5 jeunes filles sont instruites et élevées gratuitement. A plusieurs reprises, elles ont soigné avec dévouement des cholériques, des personnes atteintes de la rage, des soldats atteints de la fièvre typhoïde.
Fourni de la literie pour les blessés.	Cette Communauté comprend une école, une maison de préservation et un refuge. Elle reçoit du département une subvention de 2.000 fr. par an, moyennant laquelle elle recueille gratuitement 140 jeunes filles ou femmes désireuses de rentrer dans la voie du bien.
	La maison comprend un pensionnat, un externat payant et une école gratuite fréquentée par 100 élèves, et à laquelle la ville accorde une subvention annuelle de 600 fr. Cette Communauté fut fondée par M. de l'Escouet, sénéchal de la ville. Emprisonnées, puis dispersées sous la Révolution, les Ursulines ne revinrent à Lamballe qu'en 1825 : depuis cette époque jusqu'en 1850, comme de 1636 à la Révolution, la petite ville de Lamballe n'a pas eu d'autres institutrices. On peut donc dire que pendant près de deux siècles la population tout entière a été instruite et élevée par elles.
Envoyé du linge et des vêtements.	Cette Communauté a pour but l'instruction gratuite des enfants et l'éducation des jeunes filles. 150 enfants sont instruites gratuitement à ses frais. Elle distribue en outre aux pauvres de nombreux secours.
Envoyé de l'argent et des couvertures.	Les Ursulines de Dinan ont un orphelinat et une école gratuite entièrement à leur charge, un externat payant et un pensionnat. La Communauté fut fondée par deux pieuses demoiselles de Dinan, qui achetèrent la maison de leurs deniers et assurèrent à l'établissement une très grande prospérité. Quand arriva la Révolution, 500 jeunes filles pauvres y étaient instruites. La Révolution les dispersa et vendit le monastère. En 1823, la Communauté se reconstitua à force de sacrifices : il fallut acheter une nouvelle maison et recommencer l'œuvre que la tourmente révolutionnaire avait renversée de fond en comble.

Diocèse de Saint-Brieuc (suite).

DATE DE LA FONDATION	CONGRÉGATIONS ou COMMUNAUTÉS	ENFANTS INSTRUITS	PERSONNES ASSISTÉES					TOTAL	SERVICES A L'ÉTRANGER et DANS LES COLONIES
			Hôpitaux et Hospices.	Orphelinats et Ouvroirs.	Maisons de refuge, de préservation et de correction.	Asiles d'aliénés et de sourds-muets.		
	Report...	46.360	1.003	532	200		1.735	
1707	**Ursulines, à Quintin.** Communauté indépendante, autorisée le 14 janvier 1827. 36 membres.	350						
	Sœurs de la Croix, à Guignamp. Communauté indépendante, autorisée le 22 avril 1827. 52 membres.	200						
1825	**Sœurs de la Miséricorde de Jésus, à Gouarec.** Communauté indépendante, autorisée le 10 février 1828. 44 membres.	150	50				50	
	Sœurs de la Croix, à Merdrignac. Comm. indép., aut. le 6 janv. 1853. 40 membres.	?						
	A reporter...	47.060	1.053	532	200		1.785	

Côtes-du-Nord.

SERVICES PENDANT LA GUERRE DE 1870-71	HISTORIQUE — FAITS PARTICULIERS OBSERVATIONS
Envoyé de nombreux secours en argent.	Toutes les jeunes filles pauvres sont admises et instruites gratuitement par les Ursulines : on les forme même, en dehors des heures de classes, à la couture, à la filanderie et autres ouvrages manuels, de façon à les mettre à même de gagner leur vie. Les Ursulines distribuent chaque semaine aux indigents de la ville 50 kilogr. de pain, plus 13 kilogr. aux plus pauvres des enfants qui fréquentent les écoles gratuites. En outre, chaque année, avant l'hiver, elles donnent à une centaine d'enfants de ces classes un habillement neuf et complet. Cette Communauté fut fondée par le duc de Lorges. Renversée par la Révolution, elle put se reconstituer en 1807 et dut racheter l'ancien monastère, où elle reprit aussitôt l'exercice de sa mission de dévouement et de charité.
Logé de nombreux soldats, blanchi et entretenu leur linge; soigné les blessés et les varioleux dans une ambulance établie dans la communauté.	Cette Communauté a un double but : l'instruction de la jeunesse et l'œuvre des retraites. L'école gratuite tenue par elle est entièrement à sa charge. Toutes les semaines les sœurs envoient 18 kilogr. de pain au bureau de bienfaisance; tous les mardis, elles donnent l'aumône à tous les pauvres qui se présentent; enfin, elles assistent personnellement plusieurs familles indigentes. La dépense personnelle de chaque sœur ne dépasse pas 150 fr. par an. Les Sœurs de la Croix ont reçu leur nom de la voix publique : il leur fut donné en raison des persécutions dont elles furent l'objet dans les premières années qui suivirent leur fondation.
Envoyé de la charpie.	Les Sœurs de la Miséricorde de Gouarec se dévouent au soin des malades dans un hospice, et à l'instruction et à l'éducation des enfants et des jeunes filles, soit dans un pensionnat, soit dans une école. L'hospice est entièrement aux frais de la Communauté : l'école et le pensionnat sont soutenus par les rétributions scolaires des élèves.
	Communauté enseignante.

Diocèse de Saint-Brieuc (suite).

DATE DE LA FONDATION	CONGRÉGATIONS ou COMMUNAUTÉS	ENFANTS INSTRUITS	PERSONNES ASSISTÉES				TOTAL	SERVICES A L'ÉTRANGER et DANS LES COLONIES
			Hôpitaux et Hospices.	Orphelinats et Ouvroirs.	Maisons de refuge, de préservation et de correction.	Asiles d'aliénés et de sourds-muets.		
	Report...	47.060	1.053	532	200		1.785	
	Sœurs de la Croix, à Tréguier. Communauté indépendante, autorisée le 8 décembre 1853. 41 membres.	60						
	Sœurs de la Croix, à Loudéac. Communauté indépendante, autorisée le 27 décembre 1858. 26 membres.	100						
1842	**Sœurs de la Croix, à Bois-de-la-Croix.** Comm. indép., autor. le 21 févr. 1873. 32 membres.	70						
1856	**Dames de l'Adoration du Saint-Sacrement, à Saint-Brieuc.** Comm. indép. non aut. 14 membres.	?						
1865	**Carmélites, à St-Brieuc.** Comm. indép. non autor. 26 membres.							
	A reporter...	47.290	1.053	532	200		1.785	

Côtes-du-Nord.

SERVICES PENDANT LA GUERRE DE 1870-71	HISTORIQUE — FAITS PARTICULIERS OBSERVATIONS
Recueilli et entretenu pendant 8 mois 40 orphelines fuyant l'invasion.	Le but de cette Communauté est : 1° instruire la jeunesse; 2° donner asile aux personnes âgées; 3° procurer, trois fois par an, aux personnes qui veulent revenir au bien, les bienfaits d'une retraite. La Congrégation a été fondée, en 1644, par M. de Ville-Neuve. La Communauté de Tréguier, supprimée par la Révolution, a été rétablie en 1805, au prix d'immenses sacrifices. Les sœurs ont dû, comme tant d'autres, racheter fort cher leur propre maison.
Logé pendant 3 semaines une trentaine de mobiles, et fourni 200 lits pour les troupes de passage à Loudéac.	Les Sœurs de la Croix de Loudéac s'occupent de l'Œuvre des retraites et se dévouent à l'instruction de la jeunesse. Les élèves des externats sont instruites gratuitement. Les personnes qui désirent faire des retraites sont logées et hébergées, les unes (les deux tiers au moins) gratuitement, les autres, moyennant une rétribution de 2 fr. par semaine.
	Mêmes œuvres que les précédentes communautés de Sœurs de la Croix. Les enfants pauvres sont toujours instruites gratuitement.
	Communauté enseignante.
	Vie contemplative.

Diocèse de Saint-Brieuc (suite).

DATE DE LA FONDATION	CONGRÉGATIONS ou COMMUNAUTÉS	ENFANTS INSTRUITS	PERSONNES ASSISTÉES				TOTAL	SERVICES A L'ÉTRANGER et DANS LES COLONIES
			Hôpitaux et Hospices.	Orphelinats et Ouvroirs.	Maisons de refuge, de préservation et de correction.	Asiles d'aliénés et de sourds-muets.		
	Report...	47.290	1.053	532	200		1.785	
1865	Sœurs de la Croix, à Saint-Brieuc. Comm. indép. non aut. 7 membres.	?						
1859	Sœurs de la Croix, à Pleslin. Communauté indépendante non autorisée. 20 membres.	150						
	Religieuses missionnaires de Marie, à St-Brieuc. Congrégation non autorisée.							
	TOTAL...	47.440	1.053	532	200		1.785	

DIOCÈSE DE SAINT-CLAUDE

1871	Chanoines réguliers de l'Immaculée-Conception, à Saint-Claude. Comm. indép. non aut. 10 membres.				»			

SERVICES PENDANT LA GUERRE DE 1870-71	HISTORIQUE — FAITS PARTICULIERS OBSERVATIONS
	Communauté enseignante.
	Les Sœurs de la Croix de Pleslin s'occupent : 1° du soin des malades pauvres, à qui elles distribuent gratuitement les remèdes et les fortifiants dont ils peuvent avoir besoin ; 2° de l'instruction de la jeunesse, particulièrement des enfants pauvres, instruits gratuitement à l'école, au nombre de 60 ; 3° de la formation des jeunes ouvrières dans un ouvroir, et de leur placement quand elles sont arrivées à l'âge de gagner leur vie.
	La Communauté de Saint-Brieuc n'est rien autre chose qu'un séminaire pour les missions. Les sœurs partent de là pour aller à l'étranger, dans les pays lointains, instruire les enfants, soigner les malades, accueillant toujours de préférence les Français dans leurs établissements divers, hôpitaux, orphelinats, écoles, refuges, crèches, asiles de vieillards, dispensaires, etc., faisant partout bénir le nom de la France. La Congrégation a été fondée dans l'Hindoustan par un missionnaire. Toutes les sœurs parlent la langue des naturels du pays où elles exercent leur charitable ministère. Dans les épidémies, si fréquentes, et dans les dernières famines, elles ont mis un admirable dévouement au service des malheureux.

JURA

	Ministère ecclésiastique et enseignement théologique.

Diocèse de Saint-Claude (suite).

DATE DE LA FONDATION	CONGRÉGATIONS ou COMMUNAUTÉS	ENFANTS INSTRUITS	PERSONNES ASSISTÉES				TOTAL	SERVICES A L'ÉTRANGER et DANS LES COLONIES
			Hôpitaux et Hospices.	Orphelinats et Ouvroirs.	Maisons de refuge, de préservation et de correction.	Asiles d'aliénés et de sourds-muets.		
1827	**Missionnaires diocésains, à Lons-le-Saulnier.** Comm. indép. non aut. 10 membres.		—					
	Sœurs de St-Joseph. Congr. à sup. gén., aut. le 25 mai 1859. Maison mère à Champagnole. 83 membres.	?	?					
1857	**Franciscaines de l'Immaculée-Conception, de Macornay.** Congrég. diocésaine, autorisée le 29 octobre 1874. 84 membres.	350		105	25		130	La Congrégation dirige à Mardin (Angleterre) un établissement d'éducation pour les petites filles.
	Sœurs Hospitalières, à Dôle. Comm. indép., autor. le 5 juin 1810. 16 membres.		?					
	Sœurs Hospitalières, à Poligny. Comm. indép., aut. le 8 nov. 1810. 5 membres.	?	?					
	Sœurs hospitalières, à Lons-le-Saulnier. Comm. indép., autor. le 14 déc. 1810. 16 membres.		?					
	A reporter...	350		105	25		130	

SERVICES PENDANT LA GUERRE DE 1870-71	HISTORIQUE — FAITS PARTICULIERS OBSERVATIONS
	Prédication et ministère ecclésiastique.
	Congrégation enseignante et hospitalière.
Reçu et soigné des blessés.	Les Franciscaines de l'Immaculée-Conception ont une ferme-école, deux écoles, trois orphelinats, un asile pour les jeunes filles libérées; de plus, elles visitent les malades à domicile dans deux communes, et surveillent les jeunes ouvrières dans trois fabriques.
	Communauté hospitalière.
	Communauté hospitalière et enseignante.
	Communauté hospitalière.

Diocèse de Saint-Claude (suite).

DATE DE LA FONDATION	CONGRÉGATIONS ou COMMUNAUTÉS	ENFANTS INSTRUITS	PERSONNES ASSISTÉES					TOTAL	SERVICES A L'ÉTRANGER et DANS LES COLONIES
			Hôpitaux et Hospices.	Orphelinats et Ouvroirs.	Maisons de refuge, de préservation et de correction.	Asiles d'aliénés et de sourds-muets.			
	Report...	350		105	25		130	
	Sœurs de St-Joseph, aux Rousses. Comm. indép., autor. le 16 févr. 1826. 6 membres.	?	?					
1606	**Sœurs de la Compagnie de Sainte-Ursule.** Congrégation non autorisée. Maison mère à Dôle.	?	?	?				Les Ursulines de Dôle ont, en Suisse et en Allemagne, des pensionnats, des écoles, des orphelinats et des ouvroirs.
	A reporter...	350		105	25		130	

Jura.

SERVICES PENDANT LA GUERRE DE 1870-71	HISTORIQUE — FAITS PARTICULIERS OBSERVATIONS
	Communauté hospitalière et enseignante.
La maison mère seule a soigné constamment 250 blessés ou malades durant huit mois. Deux autres ambulances étaient desservies par les sœurs.	Plusieurs Communautés d'Ursulines ont reçu l'autorisation légale, entre autres celles de Dôle, de Bletterans et de Voiteur. On y instruit les enfants, on y recueille des orphelines et des vieillards. La fondatrice de cette Congrégation, Anne de Xainctonge, naquit à Dijon en 1567; elle était fille d'un conseiller au parlement de cette ville. Jeune encore, elle employait son temps à faire le catéchisme aux femmes et aux filles de sa paroisse, aidait les maîtresses d'école de la ville dans leurs modestes fonctions, et soignait les malades dans les hôpitaux. Enfin, en 1606, malgré les tracasseries et les contrariétés qu'elle avait à souffrir de ceux mêmes qu'elle aimait le plus sur la terre, elle fonda la Compagnie de Sainte-Ursule, dans le but *d'enseigner aux petites filles à lire, écrire et besoigner en plusieurs et divers ouvrages, sans en prétendre aucun salaire, attendant la récompense de l'immense et infinie libéralité de Jésus-Christ.* Elle proclamait ainsi, et, ce qui est mieux, mettait en pratique l'instruction gratuite, que plusieurs siècles après d'autres se sont flattés d'avoir prêché les premiers. *Aller ramasser les petites filles pauvres à travers les carrefours, pour les instruire et s'en faire la domestique,* tel était le mot d'ordre touchant qu'elle donnait dès lors à ses pieuses compagnes, et qui est resté toujours le mobile de sa propre vie. La Congrégation prospéra rapidement; nous n'en voulons pour preuve que les extraits suivants d'une biographie de la pieuse fondatrice, qui mettent très bien en lumière le caractère particulier de ce modeste et bienfaisant Institut : « Le succès des Ursules comme institutrices égalait leur « succès comme religieuses, et leur réussite n'était pas moins « justifiée par l'excellence de leur méthode scolaire que par « leurs vertus personnelles. La mère de Xainctonge, arrivée « déjà par une longue pratique à une expérience consommée, « dressa des règlements que nous avons sous les yeux, et qui « nous paraissent un chef-d'œuvre de précision, un modèle « accompli de pédagogie chrétienne. La brièveté de cette no- « tice ne nous permet qu'une analyse incomplète; mais nous « connaissons de hauts fonctionnaires de l'Université qui les « admirent et trouvent qu'aujourd'hui encore ils ne sont pas « dépassés.

Diocèse de Saint-Claude (suite).

DATE DE LA FONDATION	CONGRÉGATIONS ou COMMUNAUTÉS	ENFANTS INSTRUITS	PERSONNES ASSISTÉES				TOTAL	SERVICES A L'ÉTRANGER et DANS LES COLONIES
			Hôpitaux et Hospices.	Orphelinats et Ouvroirs.	Maisons de refuge, de préservation et de correction.	Asiles d'aliénés et de sourds-muets.		
	Report...	350		105	25		130	
	Sœurs de la Compagnie de Sainte-Ursule. (Suite.)							
	A reporter...	350		105	25		130	

SERVICES	HISTORIQUE — FAITS PARTICULIERS
pendant la guerre de 1870-71	OBSERVATIONS

« L'école des Ursules, qui s'étend de la salle d'asile jusqu'aux
« cours d'adultes inclusivement, est partagée en six classes
« fort bien graduées, et dont les élèves ne doivent franchir les
« degrés qu'après des examens sérieux et répétés, sur l'autori-
« sation de la préfectrice des études. Dans la sixième classe,
« on apprend à connaître ses lettres, à faire le signe de la croix
« et à réciter le *Pater*. Dans la seconde et la première, on va
« jusqu'à s'initier aux secrets du calendrier, aux exercices de
« style et aux considérations philosophiques et littéraires sur
« la valeur des termes employés. Celles qui le désirent appren-
« nent même les rubriques du bréviaire. L'arithmétique, l'or-
« thographe, la lecture des manuscrits, le travail manuel, trou-
« vent leur place dans les règlements. La « bonne pronon-
« ciation des mots, les bienséances et civilités humaines », y
« sont recommandées, et le seul reproche que pourraient faire
« au programme les libéraux du xixe siècle, serait la place
« d'honneur laissée aux exercices de piété et à l'instruction re-
« ligieuse, préoccupation constante de la fondatrice, et, disons-
« le aussi, des populations d'alors. On peut encore juger au-
« jourd'hui du degré d'instruction auquel les maîtresses et les
« élèves pouvaient arriver, par les lettres qui nous restent de
« cette époque. Leur belle écriture haute et droite, leur style
« ferme et correct, indiquent des esprits très cultivés et ne font
« point mauvaise figure à côté des produits littéraires du
« temps. Grâce à cette méthode pratique, qui ne laissait nulle
« place au caprice et à la fantaisie, traçant le devoir des maî-
« tresses aussi bien que celui des élèves, l'éducation se faisait
« avec une régularité surprenante et une solidité parfaite.
« Quand une jeune fille avait passé par les six classes des Ur-
« sules, il se pouvait qu'elle ne fût pas une grande savante,
« mais à coup sûr elle était bonne chrétienne, connaissait « les
« bienséances et politesses mondaines », et les devoirs de sa con-
« dition ; elle pouvait, en un mot, faire son entrée dans la vie et
« en subir honorablement les épreuves, ce que de tout temps
« les familles honnêtes ont préféré aux plus beaux diplômes et
« certificats d'études. »
Anne de Xainctonge était elle-même fort instruite ; elle sa-
vait le latin et ne s'en vantait pas. Un jour qu'on dictait en
cette langue un procès-verbal peu favorable à son Institut, elle
protesta, à la grande surprise des enquêteurs, et fit changer la
rédaction séance tenante. Son plus vif désir était d'ailleurs de
faire profiter le plus grand nombre d'âmes possible du bienfait
de l'instruction. L'article 15 des exercices journaliers imposés
à ses filles est ainsi conçu : « Les dimanches et fêtes, on s'em-
« ploiera à enseigner les servantes et autres qui n'ont pas le
« temps d'aller tous les jours en classe. » C'était un véritable

Diocèse de Saint-Claude (suite).

DATE DE LA FONDATION	CONGRÉGATIONS ou COMMUNAUTÉS	ENFANTS INSTRUITS	Hôpitaux et Hospices	Orphelinats et Ouvroirs	Maisons de refuge, de préservation et de correction	Asiles d'aliénés et de sourds-muets	TOTAL	SERVICES A L'ÉTRANGER et DANS LES COLONIES
	Report...	350		105	25		130	
1867	Carmélites, à Lons-le-Saulnier. Comm. indép. non aut. 20 membres.							
	Sœurs de Sᵗᵉ-Claire. Comm. indép. non aut. 26 membres.							
1710	Sœurs de la Visitation, à Dôle. Comm. indép. non aut. 35 membres.	?						
	Total...	350		105	25		130	

DIOCÈSE DE SAINT-DIÉ

1762	Sœurs de l'Instruction chrétienne, dites de la Providence. Congrégation à supérieure générale, autorisée le 21 janvier 1840. Maison mère à Portieux. 2.010 membres.	80.000						La Congrégation possède des établissements à Rome, en Suisse, en Belgique, dans l'Alsace annexée, en Cochinchine et

Jura.

SERVICES PENDANT LA GUERRE DE 1870-71	HISTORIQUE — FAITS PARTICULIERS — OBSERVATIONS
	cours d'adultes pour les filles pauvres ; il était public, et on y admettait les servantes et les jeunes personnes des villages voisins. Les fêtes jointes aux dimanches représentaient alors soixante-dix jours, ou soixante-dix classes par an que les Ursules faisaient en dehors de leurs classes ordinaires, « sans intérêt et pour la gloire de Dieu. » Nous doutons que le xix° siècle fasse mieux et à meilleur marché.
	Vie contemplative.
	Vie contemplative.
	Communauté enseignante.

VOSGES

Desservi 9 ambulances, quêté pour l'armée ; envoyé beaucoup d'argent et de gros ballots de linge aux ambulances. Au moment de l'option, 300 sœurs ont été expulsées d'Alsace par les Prussiens.	Les Sœurs de l'Instruction de la Providence dirigent 510 écoles communales, 130 salles d'asile, 118 écoles libres ; elles desservent 12 hôpitaux, visitent dans les campagnes les malades à domicile, et dans quelques usines sont chargées de la surveillance des jeunes ouvrières. 8 à 10.000 fr. sont chaque année dépensés par la Congrégation pour venir en aide à des écoles communales dont l'entretien excéderait les ressources des communes pauvres.

Diocèse de Saint-Dié.

DATE DE LA FONDATION	CONGRÉGATIONS ou COMMUNAUTÉS	ENFANTS INSTRUITS	PERSONNES ASSISTÉES					SERVICES A L'ÉTRANGER et DANS LES COLONIES
			Hôpitaux et Hospices.	Orphelinats et Ouvroirs.	Maisons de refuge, de préservation et de correction.	Asiles d'aliénés et de sourds-muets.	TOTAL	
	Report...	80.000						
	Sœurs de l'Instruction-Chrétienne dites de la Providence. (Suite.)							en Chine. Dans cette dernière contrée, elle tient des écoles et soigne les orphelines et les enfants abandonnés recueillis par la Sainte-Enfance, visite les malades à domicile ou leur prodigue dans les hospices tous les soins dont ils ont besoin.
	Sœurs du Divin-Rédempteur. Congrégation à supérieure générale, autorisée les 6 novembre 1854 et 3 décembre 1872. Maison mère à Épinal. 132 membres.			40			40	
	A reporter...	80.000		40			40	

SERVICES PENDANT LA GUERRE DE 1870-71	HISTORIQUE — FAITS PARTICULIERS OBSERVATIONS
	Cette Congrégation fut fondée par M. Moyse, prêtre du diocèse de Metz, pour l'instruction des enfants dans les villages et hameaux les plus pauvres; le parlement opposa au pieux fondateur toutes sortes d'entraves, ne craignant même pas de répandre contre lui les plus ridicules calomnies, et d'exciter des plaintes qui un moment arrêtèrent l'œuvre dans son essor. Bientôt le siège de la Congrégation fut transporté dans le diocèse de Saint-Dié, d'où le fondateur partit en 1772 pour les missions étrangères. En Chine, où il passa dix années de sa vie, M. Moyse fonda l'Œuvre des Vierges chrétiennes enseignantes, et établit le principe et les quêtes de la Sainte-Enfance. Épuisé par le climat et la fatigue, il revint en France en 1784, après avoir travaillé à réformer quelques abus qui s'étaient introduits pendant son absence; il émigra avec d'autres prêtres à Trêves, où il mourut en 1794, d'une maladie contractée en soignant des soldats.
Les Sœurs du divin Rédempteur n'ont négligé aucune occasion de se rendre utiles à l'armée française. Elles ont eu constamment à soigner 400 malades et blessés; en outre elles préparaient chaque jour et distribuaient la nourriture à plus de 1.000 convoyeurs et à de nombreux soldats de passage. Pendant toute cette période malheureuse, elles n'ont pas dormi en moyenne plus de 2 nuits sur 10, et leur ardeur à secourir les otages leur a maintes fois attiré des insultes et des menaces de mort de la part des soldats ennemis.	Les Sœurs du Divin-Rédempteur soignent les malades à domicile, veillent une nuit sur deux, et très souvent ne dorment que deux nuits par semaine. Elles recueillent aussi un certain nombre d'orphelines. Elles vivent des aumônes que les malades riches veulent bien leur donner. Elles ont déployé dans diverses épidémies un admirable courage. Aussi, nombreuses sont les victimes tombées sur ce champ de bataille de la charité en 1855, en 1868, en 1872. Rien ne rebute leur zèle, ni les plaies répugnantes des malades, ni l'infection qui s'en échappe, et l'on pourrait citer à ce sujet des traits nombreux où éclate un héroïsme vraiment surhumain.

Diocèse de Saint-Dié (suite).

DATE DE LA FONDATION	CONGRÉGATIONS ou COMMUNAUTÉS	ENFANTS INSTRUITS	PERSONNES ASSISTÉES					SERVICES A L'ÉTRANGER et DANS LES COLONIES
			Hôpitaux et Hospices.	Orphelinats et Ouvroirs.	Maisons de refuge, de préservation et de correction.	Asiles d'aliénés et de sourds-muets	TOTAL	
	Report...	80.000		40			40	
1854	**Sœurs du Pauvre-Enfant-Jésus,** dites de la Bienfaisance chrétienne, de Charmois-l'Orgueilleux. Congrég. dioc. aut. le 13 mars 1869. 40 membres.		28	160			188	
	Sœurs hospitalières, dites du Saint-Esprit, à Ronceux. Communauté indépendante, autorisée les 8 novembre 1810 et 20 mars 1843. 33 membres.	290	110	22			132	
	Sœurs de Saint-Dominique, à Neufchâteaux. Comm. indép., aut. le 24 juin 1827. 16 membres.	?						
	Augustines de Notre-Dame, à Mattaincourt. Comm. indép., autor. le 27 avril 1837.	?						
	Sœurs Dominicaines de la Bonne-Providence, à Mirecourt. Comm. indép., autor. le 27 mars 1876. 16 membres.	?						
	A reporter...	80.290	138	222			360	

Vosges.

SERVICES PENDANT LA GUERRE DE 1870-71	HISTORIQUE — FAITS PARTICULIERS OBSERVATIONS
	Les Sœurs du Pauvre-Enfant-Jésus recueillent et soignent les pauvres vieillards dans 2 maisons, élèvent les enfants abandonnées dans 4 orphelinats. Cette Congrégation fut fondée par quatre curés de campagne, désireux d'avoir des infirmières dans leurs paroisses ravagées par le choléra. Elle est très pauvre (175 fr. par an et par sœur suffisent); mais à force d'abnégation et de sacrifices elle a fait des prodiges de charité.
Soigné de nombreux blessés et malades, surtout des varioleux. Une sœur est morte des fatigues de ce dur service.	Les Sœurs du Saint-Esprit soignent, soit dans les hôpitaux, soit à domicile, les vieillards, les malades et les infirmes; elles instruisent les enfants, accueillent et élèvent les orphelines. Aux vœux ordinaires de religion elles ajoutent celui de servir toujours *nos seigneurs les pauvres*. Elles ont reçu à diverses reprises de hautes récompenses, soit pour leur dévouement dans les épidémies, soit pour l'excellente tenue de leurs écoles.
	Communauté enseignante.
	Cette Communauté a été le berceau de la grande Congrégation enseignante des Augustines de Notre-Dame, fondée par le bienheureux Fourier.
	Communauté enseignante.

Diocèse de Saint-Dié (suite).

DATE DE LA FONDATION	CONGRÉGATIONS ou COMMUNAUTÉS	ENFANTS INSTRUITS	PERSONNES ASSISTÉES				TOTAL	SERVICES A L'ÉTRANGER et DANS LES COLONIES
			Hôpitaux et Hospices.	Orphelinats et Ouvroirs.	Maisons de refuge, de préservation et de correction.	Asiles d'aliénés et de sourds-muets.		
	Report...	80 290	138	222			360	
1813	Sœurs du Saint-Cœur de Marie, à Godoncourt. Comm. indép. non aut. 16 membres.	?						
1842	Sœurs Trappistines, à Ubexy. Communauté indépendante non autorisée. 60 membres.							
	Total...	80.290	138	222			360	

DIOCÈSE DE SAINT-FLOUR

	Frères de St-Viateur, aux Ternes. Congrégation autorisée le 10 janvier 1830.							
	Sœurs de Saint-Joseph. Congr. à sup. gén., aut. les 9 janv. 1840 et 3 août 1853. Maison mère à Saint-Flour. 97 membres.	?	?					
	Sœurs de l'Instruction chrétienne de l'Enfant-Jésus. Congr. à sup. gén., aut. le 25 juillet 1855. Maison mère à Aurillac. 177 memb.	?	?					
	Report...							

Vosges.

SERVICES PENDANT LA GUERRE DE 1870-71	HISTORIQUE — FAITS PARTICULIERS OBSERVATIONS
	Communauté enseignante.
	Ce monastère fait partie de la Congrégation de la Trappe, ordre de Cîteaux, observance de Rancé. Les Sœurs Trappistines vivent du travail de leurs mains : elles nourrissent constamment 12 familles du pays. Elles sont véritablement la providence des pauvres.

CANTAL

	(Voir au diocèse de Lyon les détails sur les œuvres de cette Congrégation.)
	Congrégation hospitalière et enseignante.
	Les Sœurs de l'Enfant-Jésus d'Aurillac dirigent des externats, des orphelinats, des pensionnats, et visitent les malades à domicile.

Diocèse de Saint-Flour (suite).

DATE DE LA FONDATION	CONGRÉGATIONS ou COMMUNAUTÉS	ENFANTS INSTRUITS	PERSONNES ASSISTÉES				TOTAL	SERVICES A L'ÉTRANGER et DANS LES COLONIES
			Hôpitaux et Hospices.	Orphelinats et Ouvroirs.	Maisons de refuge, de préservation et de correction.	Asiles d'aliénés et de sourds-muets.		
	Report...							
	Petites-Sœurs des Malades, de Mauriac. Congrég. diocés. autor. le 14 août 1877. 70 membres.		?					
	Sœurs de Notre-Dame, à Saint-Flour. Comm. indép., autor. le 19 nov. 1826. 49 membres.	?						
	Sœurs de Notre-Dame, à Sallers. Comm. indép., autor. le 1er avril 1827. 32 membres.	?						
	Sœurs Clarisses, dites Urbanistes, à Aurillac. Comm. indép., autor. le 22 avril 1827. 29 membres.	?						
	Sœurs de Notre-Dame, à Mauriac. Comm. indép., autor. le 4 janv. 1851. 30 membres.	?						
	Sœurs de la Visitation, à Aurillac. Comm. indép., autor. le 16 mars 1852. 31 membres.	?						
	A reporter...							

Cantal.

SERVICES PENDANT LA GUERRE DE 1870-71	HISTORIQUE — FAITS PARTICULIERS OBSERVATIONS
	Congrégation hospitalière.
	Communauté enseignante.
	Communauté enseignante.
	Communauté enseignante.
	Communauté enseignante.
	Communauté enseignante.

Diocèse de Saint-Flour (suite).

DATE DE LA FONDATION	CONGRÉGATIONS ou COMMUNAUTÉS	ENFANTS INSTRUITS	PERSONNES ASSISTÉES					TOTAL	SERVICES A L'ÉTRANGER et DANS LES COLONIES
			Hôpitaux et Hospices.	Orphelinats et Ouvroirs.	Maisons de refuge, de préservation et de correction.	Asiles d'aliénés et de sourds-muets.			
	Report...								
	Sœurs de la Visitation, à Saint-Flour. Commun. indép., aut. le 15 janv. 1856. 41 membres.	?							
	Carmélites, à Aurillac et à Saint-Flour. 2 Comm. indép. non aut. 35 membres.								
1872	Sœurs de la Compassion, à la Devèze. Comm. indép. non aut. 10 membres.		?						
1839	Sœurs de la Sainte-Famille. Congrégation non autorisée. Maison mère à Aurillac.	2.062			?	?			
	Total...	2.062							

DIOCÈSE DE SAINT-JEAN-DE-MAURIENNE

| 1821 | Sœurs de Saint-Joseph, Congrégation à supérieure générale, autorisée le 18 avril 1827. Maison mère à Saint-Jean-de-Maurienne. 95 membres. | 2.390 | 80 | 43 | | | | 123 | Établissement en Russie, en Suède, dans le nord de l'Inde et à Yanaon. |

Cantal.

SERVICES PENDANT LA GUERRE DE 1870-71	HISTORIQUE — FAITS PARTICULIERS OBSERVATIONS
	Communauté enseignante.
	Vie contemplative.
	Soins aux malades incurables.
Logé et soigné de nombreux soldats.	Les Sœurs de la Sainte-Famille d'Aurillac instruisent les enfants, soignent les malades à domicile, tiennent des pharmacies pour les pauvres, dirigent des maisons de refuge pour les repenties, élèvent des sourdes-muettes. Elles ont été fondées par un missionnaire apostolique pour l'éducation des orphelines.

SAVOIE. Un certain nombre de paroisses des arrond[ts] de Chambéry et d'Albertville.

	Les Sœurs de Saint-Joseph de Saint-Jean-de-Maurienne instruisent les enfants, élèvent les orphelines, soignent et visitent les malades, les vieillards, les prisonniers et dirigent des écoles d'adultes. Elles se dévouent à ces œuvres de miséricorde soit en France, soit dans les missions. Les orphelines qu'elles élèvent sont entièrement à leur charge.

DIOCÈSE DE SÉEZ

DATE DE LA FONDATION	CONGRÉGATIONS ou COMMUNAUTÉS	ENFANTS INSTRUITS	PERSONNES ASSISTÉES					SERVICES A L'ÉTRANGER et DANS LES COLONIES
			Hôpitaux et Hospices.	Orphelinats et Ouvroirs.	Maisons de refuge, de préservation et de correction	Asiles d'aliénés et de sourds-muets.	TOTAL	
1870	**Pères Trappistes.** Congrégation non autorisée. Maison mère à la Grande-Trappe, près Mortagne. 18 établissements.							
1849					260		260	
	A reporter...				260		260	

ORNE

SERVICES PENDANT LA GUERRE DE 1870-71	HISTORIQUE — FAITS PARTICULIERS OBSERVATIONS
Quoique fondée depuis 1 mois à peine, la Trappe de Divielle fut mise à la disposition des blessés : d'ailleurs, le bon vouloir des religieux ne fut pas utilisé.	*Trappe de Divielle* (diocèse d'Aire, 50 religieux). — Les Trappistes de Divielle ne s'occupent point d'œuvres charitables caractérisées : ils opèrent le bien au jour le jour, selon les occurrences; ils font sans calculer d'abondantes aumônes à tous les malheureux que la Providence dirige vers leur solitude, et, ce qui est préférable, ils donnent du travail à un grand nombre d'ouvriers indigents. La Trappe de Divielle, ainsi que toutes les maisons de l'ordre, accueille les vieillards qui veulent se donner à la maison en qualité de *familiers;* ces vieillards sont, par leur nouvelle position, arrachés à la misère, à l'oisiveté, et souvent au vagabondage. Les travaux agricoles constituent la principale occupation des Trappistes de Divielle. Ainsi, quoique la fondation ne date que de 1870, ils ont déjà livré à la culture plusieurs hectares de friches; et là où l'œil attristé ne voyait que d'inutiles bruyères, on admire aujourd'hui de magnifiques céréales et de riches vignobles. Ils ont enrichi leur propriété par de nombreuses plantations d'arbres fruitiers; ils ont utilisé, par la plantation d'arbres à haute futaie, qui déjà forment de vastes forêts, des terrains perdus que les fréquents débordements de l'Adour avaient convertis en fondrières; ils s'occupent en ce moment d'acclimater des arbres inconnus dans ces contrées, tels que le hêtre, le frêne, le sapin, le chêne-liège, dont ils ont déjà de belles pépinières, qui leur permettront de changer en utiles forêts des terrains impropres à l'agriculture; ils viennent même, toujours en vue d'être utiles à la France, d'essayer la culture d'arbres exotiques. L'Australie leur a fourni des graines d'*eucalyptus,* et ils possèdent en ce moment plusieurs sujets très bien venus qui les encouragent à se livrer en grand à la propagation de cet arbre si précieux. Le maximum de la dépense annuelle d'un trappiste, à Divielle, est de 300 francs.
Soigné et nourri gratuitement pendant 1 mois 15 turcos blessés.	*Trappe de Fontgombaud.* (diocèse de Bourges). — Les Trappistes de Fontgombaud dirigent une colonie agricole et pénitentiaire de jeunes détenus, qui comprend maintenant 260 enfants, mais qui en a reçu jusqu'à 386. L'État donne 0,75 c. par jour et par enfant.

Diocèse de Séez (suite).

DATE DE LA FONDATION	CONGRÉGATIONS ou COMMUNAUTÉS	ENFANTS INSTRUITS	PERSONNES ASSISTÉES				TOTAL	SERVICES A L'ÉTRANGER et DANS LES COLONIES
			Hôpitaux et Hospices.	Orphelinats et Ouvroirs.	Maisons de refuge, de préservation et de correction.	Asiles d'aliénés et de sourds-muets.		
	Report...				260		260	
1045	Pères Trappistes. (Suite.)	20						Le monastère d'Aiguebelle a fondé, en Algérie, la Trappe de Notre-Dame de Staouéli, qui a construit 5 églises de paroisses environnantes et contribué pour une somme considérable à la reconstruction de l'hôpital civil d'Alger.
1852	**Pères et Frères de Sainte-Marie, à Tinchebray.** Congrég. non autorisée. 95 membres.	?						
1727	**Sœurs de la Providence.** Cong. à sup. gén., aut. le 22 janvier 1811. Maison mère à Séez. 307 membres.	6.700	?					
	Sœurs de la Providence. Cong. à sup. gén., aut. les 24 août 1812 et 20 octobre 1852. Maison mère à Alençon. 535 membres.	?	?					
	A reporter...	6.720			260		260	

SERVICES PENDANT LA GUERRE DE 1870-71	HISTORIQUE — FAITS PARTICULIERS OBSERVATIONS
La Communauté d'Aiguebelle, en 1870, offrit au gouvernement de soigner 60 blessés. Cette offre ne fut point acceptée; mais 48 de ses membres ont fait la campagne, enrôlés dans divers corps. L'un d'eux, fait prisonnier, est mort des suites de la captivité; un autre fut tué à Paris pendant le second siège contre la Commune : sa bravoure lui avait mérité le grade de capitaine au 90° de marche.	*Trappe d'Aiguebelle* (diocèse de Valence). — De nombreux pauvres reçoivent à la porte du monastère des secours en nourriture, vêtements, remèdes, etc. On donne l'hospitalité gratuite, pendant plusieurs jours, à tous les visiteurs. On reçoit en outre, en moyenne, tous les jours, 14 passagers indigents à qui l'on fournit gîte et nourriture. A l'occasion même, on garde gratuitement au monastère des infirmes incurables, et on les soigne jusqu'à la mort. Le monastère donne l'instruction gratuite à une vingtaine de jeunes gens, dont 10 au moins sont poussés jusqu'au cours de philosophie inclusivement. Fondée au xi° siècle, la Trappe d'Aiguebelle a rempli pendant huit siècles, dans tout le pays, sa mission de charité et de travail, sauf deux interruptions causées, l'une par le pillage et l'incendie du couvent par les calvinistes, au xvi° siècle, l'autre par l'expulsion des religieux au moment de la grande Révolution. Elle a été restaurée en 1815, grâce aux aumônes des fidèles et au travail incessant des religieux. Les autres établissements de Trappistes qui existent en France se consacrent aux mêmes œuvres.
	Missions et enseignement.
Desservi 2 ambulances.	Cette Congrégation a pour but l'instruction des enfants et le soin des malades pauvres, soit à domicile, soit dans 4 petits hospices. Elle dirige 79 écoles communales, 21 écoles libres, sans compter un certain nombre d'écoles dominicales gratuites.
	Congrégation enseignante et hospitalière.

Diocèse de Séez (suite).

DATE DE LA FONDATION	CONGRÉGATIONS ou COMMUNAUTÉS	ENFANTS INSTRUITS	PERSONNES ASSISTÉES				TOTAL	SERVICES A L'ÉTRANGER et DANS LES COLONIES
			Hôpitaux et Hospices.	Orphelinats et Ouvroirs.	Maisons de refuge, de préservation et de correction.	Asiles d'aliénés et de sourds-muets.		
	Report...	6.720			260		260	
1817	Sœurs de l'Éducation chrétienne. Congrégation à supérieure générale, autorisée les 23 mars 1828, 1er juin 1828, 14 novembre 1848. Maison mère à Argentan. 175 membres.	?						
	Sœurs de la Miséricorde. Congr. à sup. gén., aut. 13 oct. 1834. Maison mère à Séez. 480 membres.		?					
	Sœurs de Notre-Dame. Congr. à sup. gén., aut. le 5 janvier 1853. Maison mère à Briouze. 500 membres.	?	?					
	Filles de Marie. Congr. à sup. gén., aut. 26 mai 1859. Maison mère à Gacé. 50 membres.							
	Dames de Marie, à Longny. Congr. diocésaine, autorisée le 19 déc. 1868. 70 membres.	?	?					
	A reporter...	6.720			260		260	

Orne.

SERVICES pendant la guerre de 1870-71	HISTORIQUE — FAITS PARTICULIERS OBSERVATIONS
Préparé les aliments pour 2 ambulances et soigné les soldats de passage.	La Congrégation de l'Éducation chrétienne a été fondée à Échauffour pour l'instruction des jeunes filles, et en particulier des enfants pauvres. Le siège en fut plus tard transféré à Argentan. Elle dirige des pensionnats et des écoles gratuites, soit libres, soit communales. Quelques pensionnaires sont élevées gratuitement dans chacun de ses pensionnats ; maintes écoles communales sont entièrement à sa charge, y compris le local et la fourniture aux élèves de la classe gratuite d'objets classiques ou d'étoffes pour vêtements.
	Congrégation hospitalière.
	Congrégation enseignante et hospitalière.
	Garde-malades à domicile.
	Congrégation enseignante et hospitalière.

Diocèse de Séez (suite).

DATE DE LA FONDATION	CONGRÉGATIONS ou COMMUNAUTÉS	ENFANTS INSTRUITS	PERSONNES ASSISTÉES				TOTAL	SERVICES A L'ÉTRANGER et DANS LES COLONIES
			Hôpitaux et Hospices.	Orphelinats et Ouvroirs.	Maisons de refuge, de préservation et de correction.	Asiles d'aliénés et de sourds-muets.		
	Report...	6.720			260		260	
	Franciscaines, à Perron. Congr. diocés., autor. le 22 déc. 1869. 90 membres.		?					
	Sœurs hospitalières, à Séez. Comm. indép., autor. le 9 avril 1811. 68 membres.		?					
	Bénédictines de Saint-Jacques, à Argentan. Commun. autorisée le 17 juillet 1854. 55 membres.	?						
	Sœurs de la Sainte-Famille, à Séez. Comm. autorisée le 12 mai 1869. 75 membres.	?	?					
1878	**Hospitalières de Saint-Augustin, à Vimoutiers.** Comm. indép. non aut. 12 membres.							
	Sœurs Clarisses, à Alençon. Comm. indép. non aut. 75 membres.							
	TOTAL...	6.720			260		260	

SERVICES PENDANT LA GUERRE DE 1870-71	HISTORIQUE — FAITS PARTICULIERS OBSERVATIONS
	Congrégation hospitalière.
	Communauté hospitalière.
	Communauté enseignante.
	Communauté enseignante et hospitalière.
	Soins aux malades.
	Vie contemplative.

DIOCÈSE DE SENS

DATE DE LA FONDATION	CONGRÉGATIONS ou COMMUNAUTÉS	ENFANTS INSTRUITS	PERSONNES ASSISTÉES					TOTAL	SERVICES A L'ÉTRANGER et DANS LES COLONIES
			Hôpitaux et Hospices.	Orphelinats et Ouvroirs.	Maisons de refuge, de préservation et de correction.	Asiles d'aliénés et de sourds-muets.		
1850	Bénédictins, à la **Pierre-qui-Vire**. Congrég. non autorisée.							
	Religieux de l'ordre de St-Edme, de **Pontigny**. Congrég. non autorisée.							
1818	**Sœurs de la Providence**, Congrégation à supérieure générale, autorisée les 2 mai 1830 et 14 juillet 1855. Maison mère à Sens. 366 membres.	6.300	?					
1838	**Sœurs de la Ste-Enfance de Jésus et de Marie.** Cong. à sup. gén., aut. le 30 avr. 1853. Maison mère à Sainte-Colombe-lez-Sens. 196 membres.	3.500						
	A reporter...	9.800						

YONNE

SERVICES PENDANT LA GUERRE DE 1870-71	HISTORIQUE — FAITS PARTICULIERS OBSERVATIONS
	Ministère ecclésiastique.
	Ministère ecclésiastique et prédication.
Soigné un certain nombre de malades et de blessés, particulièrement des habitants des campagnes victimes de la brutalité des Prussiens.	Les Sœurs de la Providence de Sens instruisent les enfants dans les écoles primaires et les salles d'asile, et soignent les malades, soit à domicile, soit dans 2 petits hôpitaux. Elles ont un certain nombre de classes d'adultes, et dirigent des œuvres de persévérance pour les jeunes filles. Toutes ces œuvres, sauf la direction des écoles, sont entièrement gratuites. Cette Congrégation est l'œuvre d'une pieuse veuve de Ligny-le-Châtel. Les premières sœurs travaillaient de leurs mains aux constructions de la première maison. Le but des fondateurs était le soulagement des malades et l'instruction des petites filles dans des campagnes absolument dénuées d'institutrices et de garde-malades. Comme à leur début, les Sœurs de la Providence vivent maintenant dans une grande pauvreté. A diverses reprises, elles ont reçu 18 médailles de bronze, 25 médailles d'argent, 1 de vermeil, 2 d'or, et un grand nombre de récompenses diverses pour la bonne tenue de leurs écoles. Une médaille d'or a été spécialement frappée par la ville de Courtenay, pour l'excellente sœur Pélagie Flaud. Lors du choléra de 1832, de 1854 et de 1864, les sœurs se sont disputé l'honneur de voler au secours des populations terrifiées, et la reconnaissance populaire a récompensé leur admirable dévouement. La Congrégation conserve comme son plus précieux trésor le souvenir de celles qui sont alors mortes martyres de la charité.
Soigné des malades et des blessés.	Les Sœurs de la Sainte-Enfance dirigent des écoles primaires, des salles d'asile, des pensionnats, des ouvroirs. Elles visitent aussi les malades pauvres à domicile. Cette Congrégation a été fondée à Sens par l'abbé Grapinet, mort chanoine de la métropole, dans le but spécial de préparer des religieuses pour la direction des salles d'asile.

Diocèse de Sens (suite).

DATE DE LA FONDATION	CONGRÉGATIONS ou COMMUNAUTÉS	ENFANTS INSTRUITS	PERSONNES ASSISTÉES					SERVICES A L'ÉTRANGER et DANS LES COLONIES
			Hôpitaux et Hospices.	Orphelinats et Ouvroirs.	Maisons de refuge, de préservation et de correction.	Asiles d'aliénés et de sourds-muets.	TOTAL	
	Report...	9.800						
	Augustines, à Auxerre. Comm. indép., autor. le 28 août 1810. 30 membres.	?	?					
	Sœurs hospitalières, à Tonnerre. Comm. indép., autor. le 15 nov. 1810. 11 membres.		?					
	Ursulines, à Tonnerre. Comm. indép., autor. le 27 août 1826. 50 membres.	?						
	Carmélites, à Sens. Comm. indép., aut. le 27 mai 1827. 22 membres.							
	Ursulines, à Avallon. Comm. indép., aut. le 21 juil. 1827. 27 membres.	?						
	Ursulines, à Auxerre. Comm. indép., aut. le 19 septembre 1877.	?						
	Total...	9.800						

Yonne. 577

SERVICES PENDANT LA GUERRE DE 1870-71	HISTORIQUE — FAITS PARTICULIERS OBSERVATIONS
	Communauté enseignante et hospitalière.
	Communauté hospitalière.
	Communauté enseignante.
	Vie contemplative.
	Communauté enseignante.
	Communauté enseignante.

DIOCÈSE DE SOISSONS

DATE DE LA FONDATION	CONGRÉGATIONS ou COMMUNAUTÉS	ENFANTS INSTRUITS	PERSONNES ASSISTÉES					SERVICES A L'ÉTRANGER et DANS LES COLONIES
			Hôpitaux et Hospices.	Orphelinats et Ouvroirs.	Maisons de refuge, de préservation et de correction.	Asiles d'aliénés et de sourds-muets.	TOTAL	
1714	**Sœurs de l'Enfant-Jésus.** Congrégation à supérieure générale, autorisée le 17 janvier 1827. Maison mère à Soissons. 134 membres.	5.000	100				100	
1806	**Religieuses de Notre-Dame de Bon-Secours.** Congrégation à supérieure générale, autorisée 17 janvier 1827. Maison mère à Charly. 129 membres.	2.825	28	6			34	
	À reporter...	7.825	128	6			134	

AISNE

SERVICES PENDANT LA GUERRE DE 1870-71	HISTORIQUE — FAITS PARTICULIERS OBSERVATIONS
De nombreux établissements ont été transformés en ambulances. Les sœurs ont soigné beaucoup de malades et de blessés. Elles ont en outre logé et nourri de nombreux soldats.	Les Sœurs de l'Enfant-Jésus de Soissons dirigent des écoles, des ouvroirs, des salles d'asile, des pensionnats; elles recueillent et soignent les vieillards et les voyageurs dans 4 petits hospices, visitent à domicile les malades indigents. Cette Congrégation a été fondée par Mme Brûlard de Genlis. Pendant la période révolutionnaire, les sœurs, soutenues par des familles chrétiennes, continuèrent individuellement leur œuvre jusqu'au moment où elles purent se réunir de nouveau dans leur ancienne maison, qu'elles tenaient de la générosité de leur fondatrice, et dont la ville est maintenant propriétaire. Plusieurs sœurs sont mortes en temps d'épidémie, en soignant des malades pauvres.
Trois sœurs sont mortes en soignant les blessés.	L'instruction et l'éducation des jeunes filles; le soin des petits enfants dans 5 asiles, des malades dans 3 hospices; la formation des jeunes apprenties dans plusieurs ouvroirs; enfin, la visite des malades et des pauvres à domicile, telles sont les principales œuvres auxquelles se dévoue la Congrégation de Notre-Dame de Bon-Secours. La fondatrice de cette Congrégation est une ancienne élève, puis religieuse du couvent royal de Pont-aux-Dames (diocèse de Meaux), où elle avait reçu une excellente éducation; elle revint en 1793, par suite des événements, se fixer, au sein de sa famille, à Charly, dont elle devint l'ange visible des malheureux; car elle était pour tous une personne de bon conseil. Sa charité et son dévouement étaient sans bornes pour tout ce qu'il y avait de misères à soulager. Les jeunes filles, privées d'instruction depuis longtemps, et livrées à elles-mêmes, étaient dans un état déplorable de délaissement moral et intellectuel; les familles demandèrent à l'ancienne religieuse de vouloir bien se charger de l'éducation de leurs enfants, ce qu'elle n'accepta qu'après des demandes réitérées de leur part, et avec l'agrément de l'autorité locale. Elle vit bientôt s'adjoindre à elle de jeunes personnes de bonne famille et une ancienne institutrice. Outre l'instruction qu'elles répandaient autour d'elles, ces dames visitaient les pauvres, les malades, les assistaient dans leurs besoins, se privaient pour leur donner davantage, se faisant leurs consolatrices, et devenant ainsi leur seconde providence. L'œuvre s'accrut insensiblement, et en 1811 le personnel était devenu assez important pour qu'on pût répondre aux demandes des autorités de diverses communes, et fonder plusieurs établissements. Telles n'avaient pas été primitivement les intentions de la vénérée fondatrice; mais, n'ayant en vue que le bien, elle saisissait toutes les occasions qui se présentaient pour

Diocèse de Soissons (suite).

DATE DE LA FONDATION	CONGRÉGATIONS ou COMMUNAUTÉS	ENFANTS INSTRUITS	PERSONNES ASSISTÉES				TOTAL	SERVICES A L'ÉTRANGER et DANS LES COLONIES
			Hôpitaux et Hospices.	Orphelinats et Ouvroirs.	Maisons de refuge, de préservation et de correction.	Asiles d'aliénés et de sourds-muets.		
	Report...	7.825	128	6			134	
	Religieuses de N.-D. de Bon-Secours. (Suite.)							
1685	Sœurs de la Providence. Congr. à sup. gén., aut. le 17 janvier 1827. Maison mère à Laon. 102 membres.	2.520	50				50	
1820	Sœurs de Notre-Dame. Congr. à sup. gén., aut. le 22 avril 1827. Maison mère à St-Erme. 105 membres.	?	?					
1625	Filles de la Croix. Congr. à sup. gén., aut. le 23 mars 1828. Maison mère à Saint-Quentin. 92 membres.	?						
1304	Sœurs de l'Hôtel-Dieu et de l'Hôpital de Château-Thierry. Communauté indépendante, autorisée le 2 novembre 1810. 14 membres.		60	40			100	
1659	Sœurs de la Croix, à Chauny. Comm. indép., autor. le 2 nov. 1810. 7 membres.	?	?					
	A reporter...	10.345	238	46			284	

Aisne.

SERVICES PENDANT LA GUERRE DE 1870-71	HISTORIQUE — FAITS PARTICULIERS OBSERVATIONS
	exercer la charité; et c'est ainsi que se sont formés les 36 établissements qui dépendent aujourd'hui de la Congrégation de Notre-Dame de Bon-Secours de Charly-sur-Marne (Aisne).
Les sœurs ont établi à leurs frais une ambulance de 50 lits.	Les Sœurs de la Providence se dévouent à l'instruction des jeunes filles et des enfants dans 20 écoles communales, 3 écoles libres, et 10 salles d'asile; elles soignent les malades et les vieillards dans 10 petits hospices.
	Congrégation enseignante et hospitalière, fondée par M. Chrétien, curé de Saint-Erme.
	Congrégation enseignante.
Soigné de nombreux malades et blessés.	Les Sœurs Hospitalières de Château-Thierry soignent les malades, les vieillards et les orphelins. La fondation de cet établissement est l'œuvre de Jeanne, reine de France, femme de Philippe le Bel.
	Communauté hospitalière et enseignante.

Diocèse de Soissons (suite).

DATE DE LA FONDATION	CONGRÉGATIONS ou COMMUNAUTÉS	ENFANTS INSTRUITS	PERSONNES ASSISTÉES				TOTAL	SERVICES A L'ÉTRANGER et DANS LES COLONIES
			Hôpitaux et Hospices.	Orphelinats et Ouvroirs.	Maisons de refuge, de préservation et de correction.	Asiles d'aliénés et de sourds-muets.		
	Report...	10.345	238	46			284	
1206	**Sœurs hospitalières de l'Hôtel-Dieu de Laon.** Communauté indépendante autorisée le 15 novembre 1810. 8 membres.		250				250	
	A reporter...	10.345	488	46			534	

SERVICES PENDANT LA GUERRE DE 1870-71	HISTORIQUE — FAITS PARTICULIERS OBSERVATIONS
Soigné de nombreux malades et blessés.	Outre les malades qui y sont soignés, l'Hôtel-Dieu de Laon reçoit annuellement à peu près 3.000 voyageurs pauvres et fatigués, auxquels on donne l'hospitalité pour une ou plusieurs nuits. Cet établissement, appelé d'abord l'Hôtellerie Notre-Dame, fut fondé vers l'an 1019, par le chapitre de la cathédrale de Notre-Dame de Laon, en faveur des pèlerins, pauvres ou malades, qui y venaient en foule. Il ne tarda pas à devenir le refuge de tous les pauvres malades de la ville et des environs, assurés de trouver là, avec les soins les plus intelligents et les plus assidus, le dévouement que la religion seule peut inspirer et soutenir. Dans les commencements de l'Hôtel-Dieu, le soin des malades fut confié à des frères auxquels des sœurs furent adjointes dès l'an 1206. Les frères et les sœurs demeurèrent, sous la conduite d'un même supérieur et sous la même règle (celle de saint Augustin), chargés ensemble du service de l'Hôtel-Dieu jusqu'en 1526. A cette époque les frères se retirèrent, et Marie de Luxembourg, comtesse de la Fère, qui affectionnait beaucoup les religieuses de l'Hôtel-Dieu de Laon, leur envoya une petite colonie de ses Filles du Calvaire pour renforcer la Communauté. Alors les religieuses de l'Hôtel-Dieu partagèrent leur temps et leurs soins entre les malades reçus dans l'établissement et les bourgeois de la ville malades chez eux. Cet état de choses dura jusqu'en 1652, époque à laquelle elles embrassèrent la clôture. Leur nombre, qui était de 35, fut alors réduit à 15 environ. Les chanoines de l'église cathédrale, non contents d'avoir fondé l'Hôtel-Dieu, avaient encore assuré son avenir par leurs généreuses donations. Le chapitre demeura seul chargé de l'administration spirituelle et temporelle de l'Hôtel-Dieu, jusqu'à sa dissolution en 1790. Peu après (en novembre 1793), les religieuses furent elles-mêmes expulsées de leur maison, pour refus de serment de fidélité à la constitution civile du clergé. La supérieure et deux religieuses furent jetées en prison ; les autres forcées de quitter la ville de Laon, sans argent, sans moyen de transport. Plusieurs d'entre elles se réunirent dans un petit village du département de l'Aisne, où elles se consacrèrent au soin des malades. Durant une épidémie, une jeune novice y fut la victime de son dévouement. En l'absence des religieuses, le soin de l'Hôtel-Dieu de Laon avait été confié à une douzaine de filles mercenaires, ramassées dans la ville au son du tambour. N'ayant en vue que leur intérêt ou leur plaisir, elles se mettaient fort peu en peine du soin des pauvres malades, qui regrettaient hautement les religieuses. Afin d'apaiser un peu les murmures et pourvoir au service de la pharmacie, complètement abandonnée depuis le départ des sœurs, les administrateurs de l'Hôtel-Dieu prirent le parti de rappeler

Diocèse de Soissons (suite).

DATE DE LA FONDATION	CONGRÉGATIONS ou COMMUNAUTÉS	ENFANTS INSTRUITS	PERSONNES ASSISTÉES					SERVICES A L'ÉTRANGER et DANS LES COLONIES
			Hôpitaux et Hospices.	Orphelinats et Ouvroirs.	Maisons de refuge, de préservation et de correction.	Asiles d'aliénés et de sourds-muets.	TOTAL	
	Report...	10.345	488	46			534	
	Sœurs hospitalières de l'Hôtel-Dieu, de Laon. (Suite.)							
	Augustines, à Saint-Quentin. Comm. indép., autor. le 14 déc. 1810. 18 membres.		?					
XIe siècle	Sœurs Augustines hospitalières de l'Hôtel-Dieu de Soissons. Communauté indépendante, autorisée le 14 décembre 1810. 10 membres.		150				150	
	A reporter...	10.345	638	46			684	

SERVICES PENDANT LA GUERRE DE 1870-71	HISTORIQUE — FAITS PARTICULIERS OBSERVATIONS
	une jeune novice qui, se trouvant dans sa famille pour raison de santé, au moment du renvoi de la Communauté, avait eu moins de part que les autres sœurs au mécontentement des autorités municipales. Cette novice, avec un courage au-dessus de tout éloge, accepta la difficile et délicate mission qui lui était offerte, et durant plus de trois années elle demeura seule à l'Hôtel-Dieu, au milieu des filles mercenaires qu'elle parvint quelquefois à contenir un peu dans leur devoir, par sa sagesse et sa bonté. Enfin les administrateurs, bien convaincus, par ce qui se passait chaque jour sous leurs yeux, que les religieuses ne pouvaient être remplacées, consentirent à les rappeler (en mai 1797), après trois ans et demi d'exil. Elles revinrent toutes immédiatement, et avec une grande joie, reprendre leur vie d'abnégation et de dévouement ; mais, sous l'habit séculier qu'elles durent se résigner à conserver encore jusqu'au mois d'août 1802. Les religieuses de l'Hôtel-Dieu signalèrent tout particulièrement leur zèle, lorsqu'en 1811 l'établissement fut littéralement encombré de prisonniers espagnols ; et plus encore, en 1814, lors de l'occupation de la ville de Laon par les armées coalisées. Après les sanglantes batailles de Craonne et de Laon, le nombre des blessés reçus à l'Hôtel-Dieu s'éleva jusqu'à 1.500. Le dévouement des religieuses toucha vivement les chefs de l'armée ennemie, qui ont laissé à la Communauté, dans une pièce assez curieuse écrite en langue russe, le témoignage de leur admiration pour son héroïque charité.
	Communauté hospitalière.
Soigné de nombreux malades et blessés durant l'investissement de la ville.	L'Hôtel-Dieu a été fondé au xie siècle, par l'évêque de Soissons. Depuis cette époque, la Communauté n'a jamais cessé, pas même pendant la Révolution, de se dévouer au soin des malades.

Diocèse de Soissons (suite).

DATE DE LA FONDATION	CONGRÉGATIONS ou COMMUNAUTÉS	ENFANTS INSTRUITS	PERSONNES ASSISTÉES					SERVICES A L'ÉTRANGER et DANS LES COLONIES
			Hôpitaux et Hospices.	Orphelinats et Ouvroirs.	Maisons de refuge, de préservation et de correction.	Asiles d'aliénés et de sourds-muets.	TOTAL	
	Report...	10.345	638	46			684	
1804	**Bernardines ou Cisterciennes,** à Saint-Paul-aux-Bois. Communauté indépendante, autorisée le 22 avril 1827. 16 membres.	45						
1865	**Franciscaines du Sacré-Cœur,** à Saint-Quentin. Congrégation non autorisée.	80		100			100	
1873	**Servantes du Sacré-Cœur,** à Saint-Quentin. Congrég. non autorisée. 40 membres.	?		?				
	TOTAL...	10.470	638	146			784	

SERVICES PENDANT LA GUERRE DE 1870-71	HISTORIQUE — FAITS PARTICULIERS OBSERVATIONS
Préparé du linge pour les blessés.	Les Bernardines de Saint-Paul-aux-Bois ont une école gratuite, pour laquelle elles reçoivent chaque année une subvention de 200 fr. La dépense annuelle de chaque sœur est évaluée à 100 fr. La Maison des Bernardines ou Cisterciennes de Notre-Dame de Saint-Paul-aux-Bois a été fondée le 3 mai 1804. En 1792, les Cisterciennes de l'abbaye de Gomerfontaine, au diocèse d'Amiens, furent chassées et durent rentrer dans leurs familles. En 1802, elles formèrent le dessein de se réunir de nouveau et de s'adonner à l'éducation de la jeunesse. Elles essayèrent de tenter la réunion à Ham, mais sans succès. Deux religieuses de la Croix eurent la pensée de redemander leur ancienne maison de Nesle. Elles appelèrent à leur secours les Cisterciennes ou Bernardines de Gomerfontaine. Ce fut le 3 mai 1804 que les classes s'ouvrirent. Les deux sœurs de la Croix ne firent qu'une Communauté avec les Bernardines. En 1816, la Communauté dut songer sérieusement à chercher une maison plus spacieuse, et elle vint à Saint-Paul-aux-Bois. En 1817, elle tenta de s'affilier à la Congrégation de la Grande-Trappe; cette tentative échoua. En 1827, elle fut autorisée par le gouvernement. En 1878, elle fut affiliée définitivement à la Congrégation des Cisterciennes réformées de Notre-Dame de la Grande-Trappe.
Les Franciscaines ont fait de grands sacrifices pour venir en aide aux blessés. Elles ont tenu deux ambulances à Strasbourg.	Cette Congrégation élève des orphelines, instruit les enfants dans deux écoles, soigne les pauvres à domicile. Elle s'occupe aussi des domestiques sans place. Fondée primitivement en Alsace, elle y possède encore un établissement. Etabli en 1865 à Strasbourg, le siège de cette Communauté a été transféré à Saint-Quentin, en 1873.
	Instruction des enfants, éducation des orphelines, œuvres diverses de charité.

DIOCÈSE DE TARBES

DATE DE LA FONDATION	CONGRÉGATIONS ou COMMUNAUTÉS	ENFANTS INSTRUITS	PERSONNES ASSISTÉES					TOTAL	SERVICES A L'ÉTRANGER et DANS LES COLONIES
			Hôpitaux et Hospices.	Orphelinats et Ouvroirs.	Maisons de refuge, de préservation et de correction.	Asiles d'aliénés et de sourds-muets.		
	Prêtres de l'Immaculée-Conception, à Lourdes. Congrég. non autorisée.							
	Sœurs de Saint-Joseph. Congr. à sup. gén., aut. 30 nov. 1852. Maison mère à Tuzaguet. 140 écoles. 600 membres.	12.000	?					
	Sœurs de Notre-Dame des Sept-Douleurs, à Tarbes. Comm. indép., autor. le 19 juin 1867. 39 membres.		?					
	Sœurs de l'Immaculée-Conception de N.-D. de Lourdes, à Galan. Comm. indép., autor. le 15 janv. 1874. 44 membres.		?					
	Sœurs du Cœur-Souffrant-et-Immaculé de Marie. Congrégation non aut.							
	Carmélites. 3 Comm. non autor., à Tarbes, à Bagnères et à Lourdes. 43 membres.							
	TOTAL...	12.000						

HAUTES-PYRÉNÉES

| SERVICES
PENDANT LA GUERRE DE 1870-71 | HISTORIQUE — FAITS PARTICULIERS
OBSERVATIONS |
|---|---|
| | Ministère ecclésiastique. |
| | Congrégation hospitalière et enseignante. |
| | Soin des vieillards et des incurables. |
| | Communauté hospitalière. |
| | Soin des vieillards et des incurables. |
| | Vie contemplative. |

DIOCÈSE DE TARENTAISE

DATE DE LA FONDATION	CONGRÉGATIONS ou COMMUNAUTÉS	ENFANTS INSTRUITS	PERSONNES ASSISTÉES					TOTAL	SERVICES A L'ÉTRANGER et DANS LES COLONIES
			Hôpitaux et Hospices.	Orphelinats et Ouvroirs.	Maisons de refuge, de préservation et de correction.	Asiles d'aliénés et de sourds-muets.		
1825	Sœurs de Saint-Joseph. Congrégation à supérieure générale, autorisée le 6 juin 1827. 15 maisons. 150 membres.	1.925	70	50			120	La Congrégation compte, dans les États-Unis d'Amérique, une trentaine de religieuses missionnaires.

DIOCÈSE DE TOULOUSE

	Sœurs de Notre-Dame-de-Compassion. Congr. à sup. gén., autor. le 7 juin 1826. Maison mère à Toulouse. 45 membres.	?						
	Sœurs du Saint-Nom de Jésus. Cong. à sup. gén., aut. le 17 janv. 1827. Maison mère à Toulouse. 120 membres.	?						
	Sœurs de la Ste-Famille de Nazareth. Congr. à sup. gén., aut. le 25 juillet 1855. Maison mère au Plan. 108 membr.	?						
	Sœurs de la Sainte-Famille, à Toulouse. Congr. diocés., autor. le 27 oct. 1875. 74 membres.	?	?					
	A reporter...							

Arrondissement de Moutiers et plusieurs communes de l'arrondissement d'Albertville.

SERVICES PENDANT LA GUERRE DE 1870-71	HISTORIQUE — FAITS PARTICULIERS OBSERVATIONS
Desservi deux ambulances.	Les Sœurs de Saint-Joseph dirigent des pensionnats, des écoles, des orphelinats, des salles d'asile, des ouvroirs; elles desservent quelques hôpitaux et soignent les malades à domicile. La Congrégation de Saint-Joseph de Tarentaise est une branche détachée de la Congrégation de Saint-Joseph du Puy, dont la fondation remonte à l'année 1650.

HAUTE-GARONNE

	Congrégation enseignante.
	Congrégation enseignante.
	Congrégation enseignante.
	Congrégation hospitalière et enseignante.

Diocèse de Toulouse (suite).

DATE DE LA FONDATION	CONGRÉGATIONS ou COMMUNAUTÉS	ENFANTS INSTRUITS	PERSONNES ASSISTÉES					TOTAL	SERVICES A L'ÉTRANGER et DANS LES COLONIES
			Hôpitaux et Hospices.	Orphelinats et Ouvroirs.	Maisons de refuge, de préservation et de correction.	Asiles d'aliénés et de sourds-muets.			
	Report...								
	Sœurs du Refuge, à Toulouse. Comm. indép., autor. le 17 août 1825. 50 membres.				?				
	Sœurs de Notre-Dame, à Toulouse. Comm. indép., aut. le 19 nov. 1826. 44 membres.	?							
	Bénédictines, à Toulouse. Comm. indép., autor. le 17 janv. 1827. 35 membres.	?							
	Sœurs de la Visitation, à Toulouse. Comm. indép., autor. le 29 nov. 1853. 46 membres.	?							
	Carmélites, à Toulouse. Comm. indép. non aut. 22 membres.								
	Sœurs de Ste-Claire, à Toulouse. Comm. indép. non aut. 8 membres.								
	Dominicaines, à Toulouse. Congrégation non autor.								
	A reporter...								

Haute-Garonne.

SERVICES PENDANT LA GUERRE DE 1870-71	HISTORIQUE — FAITS PARTICULIERS OBSERVATIONS
	Refuge pour les repenties.
	Communauté enseignante.
	Communauté enseignante.
	Communauté enseignante.
	Vie contemplative.
	Vie contemplative.
	Garde-malades à domicile.

Diocèse de Toulouse (suite).

DATE DE LA FONDATION	CONGRÉGATIONS ou COMMUNAUTÉS	ENFANTS INSTRUITS	PERSONNES ASSISTÉES				TOTAL	SERVICES A L'ÉTRANGER et DANS LES COLONIES
			Hôpitaux et Hospices.	Orphelinats et Ouvroirs.	Maisons de refuge, de préservation et de correction.	Asiles d'aliénés et de sourds-muets.		
	Report...							
1864	Sœurs Franciscaines du tiers ordre, à Toulouse. Comm. indép. non aut. 7 membres.			?				
1856	Sœurs de St-François-d'Assise, à Caignac. Comm. indép. non aut. 6 membres.		?					
1863	Sœurs de St-Joseph de Bon-Secours, à Toulouse. Comm. indép. non aut. 15 membres.			?				
1841	Sœurs du Saint-Nom de Marie, à Toulouse. Commun. indép. non aut. 9 membres.		?					
1852	Trappistines, à Blagnac. Comm. indép. non aut. 84 membres.							
	Total...							

DIOCÈSE DE TOURS

1876	Prêtres de la Ste-Face, à Tours. Comm. indép. non aut.							

Haute-Garonne.

SERVICES PENDANT LA GUERRE DE 1870-71	HISTORIQUE — FAITS PARTICULIERS OBSERVATIONS
	Asile pour les enfants abandonnés.
	Communauté hospitalière.
	Asile pour les orphelins.
	Soin des malades et assistance aux pauvres.
	Vie contemplative et travaux agricoles.

INDRE-ET-LOIRE

	Œuvres diocésaines.

Diocèse de Tours (suite).

DATE DE LA FONDATION	CONGRÉGATIONS ou COMMUNAUTÉS	ENFANTS INSTRUITS	PERSONNES ASSISTÉES				TOTAL	SERVICES A L'ÉTRANGER et DANS LES COLONIES
			Hôpitaux et Hospices.	Orphelinats et Ouvroirs.	Maisons de refuge, de préservation et de correction.	Asiles d'aliénés et de sourds-muets.		
1684	**Sœurs de la Présentation de la Sainte-Vierge.** Congrégation à supérieure générale, autorisée les 19 janvier 1811, 14 août 1813 et 5 octobre 1845. Maison mère à Saint-Symphorien-lez-Tours. 1.312 membres.	22.814	13161	934			14.095	La Congrégation possède des établissements, tant hospitaliers qu'enseignants, en Espagne, en Turquie d'Asie et dans l'Amérique du Sud.
	A reporter...	22.814	13161	934			14.095	

Indre-et-Loire.	
SERVICES PENDANT LA GUERRE DE 1870-71	HISTORIQUE — FAITS PARTICULIERS OBSERVATIONS
Desservi 94 ambulances. Soigné, à la seule ambulance de la gare de Tours, 20.751 blessés.	Les Sœurs de la Présentation desservent des hôpitaux et hospices, des dépôts de mendicité, des colonies pénitentiaires ; elles tiennent des crèches, des salles d'asile, des ouvroirs, des orphelinats, des écoles primaires et professionnelles, des pensionnats ; elles dirigent diverses œuvres, notamment pour les demoiselles de commerce et les servantes ; enfin elles visitent les pauvres et les malades à domicile : le nombre peut en être évalué approximativement à 140.000 par an. La Congrégation a été fondée en 1684 à Sainville, diocèse de Chartres, par la vénérable mère Marie Poussepin. Son but était de fournir des maîtresses d'école dans les nombreuses localités qui en étaient alors complètement dépourvues, et de donner des soins aux malades pauvres, à domicile et dans les hôpitaux. La fondatrice employa sa propre fortune à cette fin, et les premières sœurs, continuant son œuvre de charité toute gratuite, pourvoyaient par le travail de leurs mains aux besoins de la Communauté et à ceux des sujets qu'elles destinaient, dans les villes et villages, à l'éducation de la jeunesse et au service des hôpitaux. En 1792, la maison mère de Sainville fut envahie et vendue comme propriété nationale. Plusieurs sœurs ayant pu rester dans les hôpitaux qu'elles desservaient, reconstituèrent la Congrégation à Janville en 1802, puis en transportèrent le siège à Tours en 1813. Pendant les guerres de l'empire, et surtout durant l'invasion des armées étrangères, en 1814 et en 1815, les sœurs se dévouèrent jour et nuit au soin des blessés qui encombraient tous les hôpitaux. En 1832, 1849 et 1854, les sœurs prodiguèrent leurs soins aux cholériques dans les hôpitaux, les ambulances et à domicile. Plusieurs médailles furent décernées à celles qui survécurent par M. le ministre de l'intérieur, en 1849 et en 1854, un certain nombre ayant été victimes de leur dévouement. En 1850, lors de l'accident du pont d'Angers, les sœurs soignèrent les soldats blessés, et reçurent en témoignage de reconnaissance une médaille commémorative. Dans toutes les épidémies, les sœurs se sont toujours mises à la disposition des autorités et des administrations, se dévouant de tout cœur au soulagement des malades. La Congrégation n'a rien négligé pour élever dans ses classes le niveau des études. De nombreuses médailles décernées aux sœurs témoignent de la satisfaction des autorités compétentes. Une directrice d'école communale a reçu, l'an dernier, l'honneur des palmes académiques.

Diocèse de Tours (suite).

DATE DE LA FONDATION	CONGRÉGATIONS ou COMMUNAUTÉS	ENFANTS INSTRUITS	PERSONNES ASSISTÉES				TOTAL	SERVICES A L'ÉTRANGER et DANS LES COLONIES
			Hôpitaux et Hospices	Orphelinats et Ouvroirs	Maisons de refuge, de préservation et de correction.	Asiles d'aliénés et de sourds-muets.		
	Report...	22.814	13161	934			14.095	
1824	Sœurs de St-Martin. Cong. à sup. gén., aut. le 16 avril 1846. Maison mère à Bourgueil. 200 membres.	3.520	4230				4.230	
	Ursulines, à Tours. Congr. diocés., autor. le 13 nov. 1877. 48 membres.	?						
	Sœurs Hospitalières, à Chinon. Comm. indép., autor. le 22 déc. 1811. 48 membres.		?					
1741	Sœurs de Notre-Dame de Charité du Refuge, à Tours. Communauté indépendante, autorisée le 11 septembre 1816. 60 membres.				100	200	300	
	Augustines du petit hôpital Saint-Gatien, à Tours. Comm. indép., aut. le 26 déc. 1863. 15 membres.		?					
	A reporter...	26.334	17391	1.034	200		18.625	

SERVICES PENDANT LA GUERRE DE 1870-71	HISTORIQUE — FAITS PARTICULIERS OBSERVATIONS
Soigné de nombreux malades et blessés.	Les Sœurs de Saint-Martin instruisent les jeunes filles, visitent les indigents, soignent les malades à domicile, et se consacrent à toutes les œuvres de miséricorde. La Congrégation, fondée d'abord sous le nom de tiers ordre du Carmel, fut placée en 1824 sous le vocable de saint Martin.
	Congrégation enseignante.
	Communauté hospitalière.
	Les œuvres de cette Communauté sont : 1° la moralisation des personnes qui, éloignées du bien, veulent revenir à l'honneur et à la vertu; 2° la préservation des jeunes filles qui, dans le monde, seraient exposées à de graves dangers; 3° l'éducation des jeunes orphelines; 4° la correction et l'éducation des jeunes détenues. Une centaine de jeunes filles sont entièrement à la charge de la Communauté. Cette Communauté appartient à la Congrégation fondée à Caen en 1641 par le vénérable père Eudes. Quoique n'ayant jamais possédé ni revenus fixes ni ressources assurées, elle n'a jamais cessé, même dans les temps les plus difficiles, de recevoir et d'entretenir toutes les jeunes filles qui, se trouvant dénuées de protection et de moyens d'existence, sont venues lui demander asile.
	Communauté hospitalière.

Diocèse de Tours (suite).

DATE DE LA FONDATION	CONGRÉGATIONS ou COMMUNAUTÉS	ENFANTS INSTRUITS	PERSONNES ASSISTÉES				TOTAL	SERVICES A L'ÉTRANGER et DANS LES COLONIES
			Hôpitaux et Hospices.	Orphelinats et Ouvroirs.	Maisons de refuge, de préservation et de correction.	Asiles d'aliénés et de sourds-muets.		
	Report...	26.334	17391	1.034	200		18.625	
1805	Sœurs des Sacrés-Cœurs de Jésus et de Marie, dites du Saint-Esprit, à Tours. Comm. indép., autor. le 22 avr. 1827. 45 membres.	750						
1808	Carmélites, à Tours. Comm. indép. non aut. 32 membres.							
1853	Filles du Cœur de Jésus, à Tours. Comm. indép. non aut. 23 membres.			?				
1834	Sœurs de la Purification, à Tours. Comm. indép. non aut. 21 membres.							
	Total...	27.084	17391	1.034	200		18.625	

DIOCÈSE DE TROYES

1872	Oblats de St-François-de-Sales, à St-André, près Troyes. Congrég. non autorisée. 3 écoles secondaires.	500						

Indre-et-Loire.   601

SERVICES PENDANT LA GUERRE DE 1870-71	HISTORIQUE — FAITS PARTICULIERS OBSERVATIONS
Desservi 4 ambulances et soigné de nombreux malades et blessés.	Fondée par l'abbé Guépin, curé de Notre-Dame-la-Riche, à Tours, avec le concours de Mlle Bourguignon et de quelques religieuses carmélites que la Révolution avait chassées de leur couvent, cette Communauté instruit gratuitement un certain nombre d'enfants pauvres, auxquelles elle fournit en outre la nourriture et les vêtements.
	Vie contemplative.
	Direction d'un orphelinat.
	Vie contemplative.

AUBE

Recueilli plusieurs orphelins de la guerre.	Cette Congrégation, vouée à l'enseignement, s'occupe en même temps des jeunes ouvriers, pour les protéger et faciliter leur placement.

Diocèse de Troyes (suite).

DATE DE LA FONDATION	CONGRÉGATIONS ou COMMUNAUTÉS	ENFANTS INSTRUITS	PERSONNES ASSISTÉES				TOTAL	SERVICES A L'ÉTRANGER et DANS LES COLONIES
			Hôpitaux et Hospices.	Orphelinats et Ouvroirs.	Maisons de refuge, de préservation et de correction.	Asiles d'aliénés et de sourds-muets.		
	Report...	500						
	Sœurs de l'Instruction chrétienne, dites Ursulines. Congrégation à supérieure générale, autorisée le 14 décembre 1810. Maison mère à Troyes. 228 membres.	3.000	140	80			220	
1819	**Sœurs de l'Instruction chrétienne, dites de la Providence.** Congr. à sup. gén., aut. les 14 mai 1826 et 13 décembre 1835. Maison mère à Troyes. 268 membres.	5.600						
	Sœurs garde-malades de Notre-Dame de Bon-Secours. Congrégation à supérieure générale, autorisée le 14 août 1852. Maison mère à Troyes. 90 établissements. 840 membres.							Les Sœurs du Bon-Secours de Troyes donnent, à l'étranger, comme en France, des soins aux malades, à domicile; les Français éloignés de leur famille et de leur patrie y sont, dans leurs maladies, l'objet particulier de leur dévouement. En
	A reporter...	9.100	140	80			220	

Aube. 603

SERVICES PENDANT LA GUERRE DE 1870-71	HISTORIQUE — FAITS PARTICULIERS OBSERVATIONS
5 maisons d'éducation ont été transformées en ambulances. Les sœurs ont en outre soigné de nombreux blessés dans leurs hospices. Pendant les guerres de 1814, à Arcis-sur-Aube et à Bar-sur-Aube, les sœurs ont exposé leur vie pour prodiguer des soins aux malades et aux blessés; plusieurs sont mortes par suite de fatigues et de privations de tout genre. A Noyers (Yonne), en 1825, ces bonnes sœurs ont soigné, avec un dévouement sans bornes, huit personnes mordues par une hyène enragée échappée d'une ménagerie.	Cette Congrégation a pour but : l'intruction des enfants, la direction des salles d'asile, le soin des malades, soit dans les hôpitaux, soit à domicile. Fondée à Moissy-l'Evêque, par Mgr de Montmorin, évêque de Langres, puis dispersée par la Révolution, elle fut rétablie en 1805, à l'instigation de Mgr de la Tour du Pin-Montauban, évêque de Troyes.
	Fondée dans un village, par un modeste prêtre de campagne, cette Congrégation se dévoue à l'éducation de la jeunesse et soigne les malades à domicile. Le siège en a été transféré à Troyes en 1835.
Les Sœurs de Bon-Secours ont desservi 40 ambulances, soignant de préférence les malades que tout le monde abandonnait, et bravant auprès des blessés, dans les villes assiégées, les menaces des obus dont les éclats ont maintes fois déchiré leurs vêtements. Elles ont aussi fourni du linge à de nombreux soldats. En retour, la société de secours aux blessés leur a décerné 55 croix d'ambulance, et la municipalité de Paris 4 médailles de bronze.	Le but unique de cette Congrégation est le soin des malades à domicile, de quelque condition qu'ils soient et à quelque religion qu'ils appartiennent. On ne saurait évaluer d'une façon précise le nombre des malades soignés par les Sœurs de Bon-Secours : elles passent en moyenne chaque année, au chevet des malades, 160.790 jours et 150.895 nuits. Un certain nombre de villes accordent une légère subvention aux sœurs pour les soins qu'elles donnent aux indigents. A Alger, elles recevaient jusqu'à ces derniers temps 1.000 fr. par an, qui leur ont été retirés par le conseil municipal. Dans 60 villes les pauvres sont soignés par elles gratuitement. Les sœurs, à différentes époques, ont été appelées au secours de diverses populations visitées par de terribles épidémies : choléra, petite vérole, typhus et fièvre typhoïde; plusieurs ont été victimes de ces divers fléaux. 8 médailles de bronze, 7 mé-

Diocèse de Troyes (suite).

DATE DE LA FONDATION	CONGRÉGATIONS ou COMMUNAUTÉS	ENFANTS INSTRUITS	PERSONNES ASSISTÉES				TOTAL	SERVICES A L'ÉTRANGER et DANS LES COLONIES
			Hôpitaux et Hospices.	Orphelinats et Ouvroirs.	Maisons de refuge, de préservation et de correction.	Asiles d'aliénés et de sourds-muets.		
	Report...	9.100	140	80			220	
	Sœurs Garde-Malades de Notre-Dame-de-Bon-Secours. (Suite.)							Algérie, elles soignent les familles des militaires, des fonctionnaires et des colons, ainsi que les indigènes qui les demandent. Elles sont aussi appelées par les préfets quand sévissent ces épidémies si fréquentes dans la colonie; alors elles s'enfoncent au loin dans les villages, emportant à dos de mulet les provisions et les remèdes dans les gourbis arabes et les cabanes des pauvres colons. Ces services leur ont été demandés notamment dans les provinces de Constantine et d'Oran; une médaille d'or a été décernée aux sœurs établies dans cette dernière ville, par le gouverneur général de l'Algérie.
	Sœurs Hospitalières, à St-Martin-des-Vignes. Comm. indép., autor. les 14 décem. 1810 et 9 juin 1855. 27 membres.		?					
	A reporter...	9.100	140	80			220	

SERVICES PENDANT LA GUERRE DE 1870-71	HISTORIQUE — FAITS PARTICULIERS OBSERVATIONS
	dailles d'argent et 2 médailles d'or ont été décernées par le ministre de l'agriculture, du commerce et des travaux publics, soit aux sœurs, soit aux établissements. Voici les faits de dévouement les plus récents : Le 19 septembre 1877, sœur Simplice (30 ans) promenait, dans une campagne des environs de Bourges, plusieurs enfants dont l'un, convalescent, venait d'être soigné par elle dans une grave maladie : un chien de mauvaise apparence se présente à eux; la sœur devine le danger, crie aux enfants de s'éloigner, et s'élance au-devant de l'animal enragé; elle lutte longtemps, mais les enfants sont sauvés : elle, toute meurtrie, meurt le 16 octobre suivant, victime de son dévouement. Le 10 février 1878, sœur Jeanne (38 ans) meurt à Paris également victime de son dévouement, enlevée en 48 heures par une angine couenneuse contractée auprès d'un enfant qu'elle soignait; celui-ci est sauvé. La société d'encouragement au bien a décerné une médaille à la Congrégation du Bon-Secours, pour perpétuer le souvenir du dévouement héroïque de sœur Simplice et de sœur Jeanne. Après avoir échappé une première fois à la mort dans une petite vérole contractée dans une épidémie, sœur Odulphe (30 ans) meurt le 8 mars 1878, à Mostaganem (Algérie), du typhus contracté auprès du malade qu'elle venait de soigner, et qui est sauvé. Le clergé, la garnison, la magistrature et la population lui ont fait de magnifiques funérailles; le colonel-commandant d'armes a fait un discours sur la tombe entr'ouverte de la modeste sœur morte, a-t-il dit, en héroïne et victime de son vœu de charité.
	Communauté hospitalière.

Diocèse de Troyes (suite).

DATE DE LA FONDATION	CONGRÉGATIONS ou COMMUNAUTÉS	ENFANTS INSTRUITS	PERSONNES ASSISTÉES					SERVICES A L'ÉTRANGER et DANS LES COLONIES
			Hôpitaux et Hospices.	Orphelinats et Ouvroirs.	Maisons de refuge, de préservation et de correction.	Asiles d'aliénés et de sourds-muets.	TOTAL	
	Report...	9.100	140	80			220	
	Sœurs du Bon-Pasteur, à Troyes. Comm. indép., autor. le 22 avril 1827. 46 membres.				?			
	Sœurs de la Visitation, à Troyes. Comm. indép., autor. le 14 mars 1843. 34 membres.	?						
XII° siècle	Augustines hospitalières, à Troyes. Congrégation non autorisée. 2 maisons.		?					
1620	Carmélites, à Troyes. Communauté indépendante, non autorisée. 20 membres.							
1855	Franciscaines, à Troyes. Comm. indép. non aut. 17 membres.							
1870	Oblates de St-François-de-Sales, à Troyes. Communauté indépendante non autorisée. 25 membres.	500		150			150	
	TOTAL...	9.600	140	230			370	

Aube.

SERVICES PENDANT LA GUERRE DE 1870-71	HISTORIQUE — FAITS PARTICULIERS OBSERVATIONS
	Refuge et maison de préservation.
	Communauté enseignante.
	Etablies au XIIᵉ siècle à l'Hôtel-Dieu de Troyes, par les comtes de Champagne, les Augustines se consacrent maintenant d'une façon exclusive à la visite des malades à domicile : les pauvres sont toujours soignés gratuitement.
	Vie contemplative.
	Prière et travail manuel.
Les Oblates ont reçu et nourri à leurs frais, pendant toute la durée de la guerre, 50 jeunes ouvrières sans travail; après la guerre, elles ont recueilli 16 jeunes Alsaciennes.	Les Oblates de Saint-François-de-Sales ont pour but spécial l'instruction et la protection des jeunes filles ouvrières. Elles ont, dans ce but, des ateliers et des pensionnats où les jeunes filles font gratuitement leur apprentissage, et les ouvrières malades ou sans ouvrage trouvent toujours auprès des Oblates asile et secours. Ces diverses œuvres sont d'ailleurs entièrement à la charge de la Congrégation, qui ne reçoit de subvention de personne.

DIOCÈSE DE TULLE

DATE DE LA FONDATION	CONGRÉGATIONS ou COMMUNAUTÉS	ENFANTS INSTRUITS	PERSONNES ASSISTÉES				TOTAL	SERVICES A L'ÉTRANGER et DANS LES COLONIES
			Hôpitaux et Hospices.	Orphelinats et Ouvroirs.	Maisons de refuge, de préservation et de correction.	Asiles d'aliénés et de sourds-muets.		
1839	Sœurs du S^t-Cœur de Marie. Congrég. à sup. gén., aut. le 19 août 1856. Maison mère à Treignac. 40 membres.	1.300		80			80	
	Ursulines, à Argentac. Comm. indép., autor. le 8 oct. 1826. 39 membres.	?						
	Ursulines, à Brives. Comm. indép., autor. le 8 octobre 1826. 48 membres.	?						
	Ursulines, à Beaulieu. Comm. indép., autor. le 24 janvier 1827. 31 membres.	?						
	Ursulines, à Tulle. Comm. indép., autor. le 26 mars 1841. 42 membres.	?						
1833	Sœurs de Notre-Dame, à Ussel. Comm. indép., autor. le 17 nov. 1841. 26 membres.	300						
	A reporter...	1.600		80			80	

CORRÈZE

SERVICES PENDANT LA GUERRE DE 1870-71	HISTORIQUE — FAITS PARTICULIERS OBSERVATIONS
	Les Sœurs du Saint-Cœur de Marie se dévouent à l'instruction des enfants de toutes les conditions et à l'éducation des orphelines.
	Communauté enseignante.
	Communauté enseignante.
	Communauté enseignante.
	Communauté enseignante.
Fourni du linge, des vêtements; envoyé de l'argent.	Les Sœurs de Notre-Dame se dévouent à l'éducation et à l'instruction des jeunes filles. 100 sont instruites par elles gratuitement.

Diocèse de Tulle (suite).

DATE DE LA FONDATION	CONGRÉGATIONS ou COMMUNAUTÉS	ENFANTS INSTRUITS	PERSONNES ASSISTÉES				TOTAL	SERVICES A L'ÉTRANGER et DANS LES COLONIES
			Hôpitaux et Hospices.	Orphelinats et Ouvroirs.	Maisons de refuge, de préservation et de correction.	Asiles d'aliénés et de sourds-muets.		
	Report...	1.600		80			80	
1860	**Petites-Sœurs des Malades.** Congrégation non autorisée. Maison mère à Saint-Projet. 100 membres.							
1836	**Carmélites, à Tulle.** Comm. indép. non aut.							
	Total...	1.600		80			80	

DIOCÈSE DE VALENCE

| | **Frères de l'Instruction chrétienne.** Congrégation autorisée le 11 juin 1823. Maison mère à St-Paul-Trois-Châteaux. | | | | | | | |

Corrèze.

SERVICES PENDANT LA GUERRE DE 1870-71	HISTORIQUE — FAITS PARTICULIERS OBSERVATIONS
	La Congrégation des Petites-Sœurs des Malades a été fondée en 1860, à Mauriac (Cantal). En 1872, la maison mère a été transportée à Saint-Projet-de-Neuvie (Corrèze). Les Petites-Sœurs ont pour but spécial le soin des malades à domicile : c'est une règle pour elles de ne recevoir aucun argent des malades qu'elles soignent et des pauvres qu'elles assistent. Elles vivent exclusivement d'une pension annuelle de 200 fr. qui leur est assurée, soit par les communes, soit par quelque famille riche, au moment de la fondation de chaque maison. Le soin des malades, la nuit et le jour, n'est d'ailleurs pas leur seule œuvre de charité : elles gardent les enfants quand les parents s'absentent; elles vont faire le ménage des pauvres, des infirmes, des vieillards, coupent leur bois, lavent et raccommodent leur linge, leur confectionnent des habits, prennent soin de leurs animaux, en un mot, leur servent littéralement de servantes. En 1876, les Petites-Sœurs des Malades, au nombre d'environ 100, dispersées dans 26 maisons, ont veillé près des malades 6.639 nuits, ont fait 42.000 visites ou ménages chez les pauvres, ont passé 3.304 journées entières chez des familles nécessiteuses. En 1877, elles comptent 7.370 nuits, 5.000 journées chez les pauvres, 45.000 ménages. En 1878, les chiffres sont à peu près les mêmes.
	Vie contemplative.

DROME

	Cette Congrégation est actuellement réunie à l'Institut des Petits-Frères de Marie, dont le siège est à Saint-Genis-Laval (Rhône).— (Voir au diocèse de Lyon.)

Diocèse de Valence.

DATE DE LA FONDATION	CONGRÉGATIONS ou COMMUNAUTÉS	ENFANTS INSTRUITS	PERSONNES ASSISTÉES				TOTAL	SERVICES A L'ÉTRANGER et DANS LES COLONIES
			Hôpitaux et Hospices.	Orphelinats et Ouvroirs.	Maisons de refuge, de préservation et de correction.	Asiles d'aliénés et de sourds-muets.		
1693	**Sœurs de la Sainte-Trinité.** Congrégation à supérieure générale, autorisée le 16 juillet 1810. Maison mère à Valence. 1.155 membres.	15.100	3.000	560			3.560	Les Trinitaires ont, en Algérie, 32 établissements et 300 religieuses. A chaque invasion du choléra elles ont soigné les malades avec un admirable dévouement que plusieurs d'entre elles ont payé de leur vie. Plusieurs médailles d'or rendent témoignage de leur charité.
1715	**Sœurs du Saint-Sacrement.** Congrégation à supérieure générale, autorisée les 13 janvier 1813 et 13 décembre 1866. Maison mère à Romans. 800 membres.	10.874	3.948	403			4.351	
	A reporter...	25.974	6.948	963			7.911	

Drôme. 613

SERVICES PENDANT LA GUERRE DE 1870-71	HISTORIQUE — FAITS PARTICULIERS OBSERVATIONS
La Congrégation a établi une ambulance entièrement à ses frais dans les bâtiments de la maison mère; elle a en outre desservi 10 ambulances, et soigné dans ses hôpitaux de nombreux malades et blessés.	La Congrégation des Religieuses Trinitaires s'occupe des hôpitaux, de la visite des malades à domicile, du service des prisonniers, des providences et des orphelinats. Elle s'emploie également à l'éducation et à l'instruction de la jeunesse dans les pensionnats, les externats libres, les écoles communales, les salles d'asile libres ou communales. Plusieurs orphelinats sont entièrement à sa charge. La Congrégation compte en ce moment 97 maisons, dont 65 en France et 32 en Algérie. Les Trinitaires furent fondées à Lyon en 1650, par M. de Morange, vicaire général. Elles furent appelées à Valence en 1685, et se séparèrent, à partir de 1693, de celles de Lyon. Par un privilège heureux, les Trinitaires de Valence traversèrent la tourmente révolutionnaire en continuant leur œuvre de zèle et de dévouement auprès de leurs chers malades. En 1810, la Congrégation fut érigée légalement, et le siège de la maison mère fixé à Valence. L'érection canonique a eu lieu en vertu d'un bref du 22 septembre 1869; un second bref du 8 mai 1874 a approuvé les constitutions de la Congrégation.
Soigné les blessés dans les hôpitaux; établi une ambulance de 100 lits à la maison mère, et transformé plusieurs pensionnats en ambulances.	Les Sœurs du Saint-Sacrement se dévouent à l'instruction des enfants et au soin des malades, soit dans les hôpitaux, soit à domicile. Le vénéré père Vigne, fondateur de l'Institut, né dans la secte protestante, et converti au catholicisme par un miracle de la divine Eucharistie, lorsqu'il allait à Genève étudier des doctrines tout opposées à ce grand mystère, se sentit si pénétré de reconnaissance envers Notre-Seigneur, qu'il résolut dès lors de se consacrer entièrement à son service, et d'entrer dans l'état ecclésiastique pour propager son culte autant qu'il dépendrait de lui. Mais il ne se contenta pas de se dévouer lui-même à cette œuvre sainte, il voulut s'adjoindre des auxiliaires qui travaillassent comme lui à étendre la connaissance et l'amour de Notre-Seigneur. C'est dans ce but qu'en 1715 il réunit seulement quelques filles pieuses, auxquelles il confia la mission d'instruire les pauvres enfants de Boucieux, où il était venu s'établir, et des villages environnants, afin de leur faire connaître et aimer Notre-Seigneur Jésus-Christ. Son but surtout était de retirer de l'erreur les jeunes protestantes et d'affermir dans la foi celles qui étaient déjà converties. Pour réussir dans cette difficile mission, le père Vigne savait que l'esprit de charité, de dévouement, et surtout d'humilité, était le moyen le plus puissant; aussi chercha-t-il à l'inoculer dans chacun des membres de sa petite Congrégation, comme il en était rempli lui-même. Cet esprit s'est tellement enraciné dans l'Institut, qu'il en fait comme le caractère distinctif. Une preuve que les premières sœurs et mères avaient bien imprimé dans leur cœur la dernière instruction du fondateur, qui était sur la charité fraternelle,

Diocèse de Valence (suite).

DATE DE LA FONDATION	CONGRÉGATIONS ou COMMUNAUTÉS	ENFANTS INSTRUITS	PERSONNES ASSISTÉES					SERVICES A L'ÉTRANGER et DANS LES COLONIES
			Hôpitaux et Hospices.	Orphelinats et Ouvroirs.	Maisons de refuge, de préservation et de correction.	Asiles d'aliénés et de sourds-muets.	TOTAL	
	Report...	25.974	6.948	963			7.911	
	Sœurs du Saint-Sacrement. (Suite.)							
1813	Sœurs de la Nativité de Notre-Seigneur Jésus-Christ. Congrégation à supérieure générale, autorisée le 28 mai 1826. Maison mère à Valence. 11 maisons. 250 membres.	1.200						
1815	Sœurs de Sainte-Marthe. Congrégation à supérieure générale, autorisée le 28 mai 1826. Maison mère à Romans. 462 membres.	6.000		300			300	
	A reporter...	33.174	6.948	1.263			8.211	

SERVICES PENDANT LA GUERRE DE 1870-71	HISTORIQUE — FAITS PARTICULIERS OBSERVATIONS
	c'est que *depuis* 160 *ans et plus* que la Congrégation existe, à travers les différentes Révolutions qui se sont succédé, elle n'a pas éprouvé de morcellement ni de division. Les membres ont toujours été généralement unis à leur chef, par un respect constant pour l'autorité émanée de Dieu, et, malgré le malheur des temps, il n'y a point eu de dissidence entre eux. Nous avons dit plus haut que l'esprit de charité et de dévouement dont le vénéré père Vigne était animé avait passé dans le cœur de ses filles : elles en ont donné des preuves chaque fois qu'une épidémie s'est manifestée dans le Midi. Elles ont soigné les cholériques dans les hôpitaux, et même à domicile : plusieurs sœurs se sont signalées dans ces tristes circonstances par leur héroïque dévouement. La nuit, le jour, on les trouvait auprès des malades, leur rendant tous les services dont ils avaient besoin. *L'une d'elles, atteinte par le fléau, offrit généreusement sa vie pour en être la denière victime; en effet, dès ce moment la mort suspendit ses ravages dans cette localité, et le calme renaquit.* On pourrait citer d'autres exemples qui témoignent du dévouement et de l'esprit de charité de l'Institut.
Préparé de la charpie et confectionné du linge.	Les Sœurs de la Nativité se dévouent à l'éducation et à l'instruction des jeunes filles, dans des pensionnats, des externats payants et des externats gratuits. Chaque maison entretient complètement deux ou trois enfants, et donne à dîner à un certain nombre d'externes gratuites. Sept externats gratuits sont entièrement à la charge de la Congrégation. Les Sœurs de la Nativité ont été fondées par un pieux missionnaire du Dauphiné, pour l'éducation des jeunes filles, bien négligée dans les premières années de ce siècle. Toutes les sœurs converses et les jeunes filles aptes à remplir le but de l'Institut sont reçues sans dot.
Des ambulances ont été établies dans plusieurs maisons de la Congrégation.	Les Sœurs de Sainte-Marthe s'occupent de l'enseignement, de l'éducation des orphelines dans 5 orphelinats, du soin des malades dans 6 hospices, de la visite des malades à domicile. En dehors des orphelinats, chaque maison entretient quelques orphelines pauvres dont le nombre est proportionné à ses moyens. La Congrégation de Sainte-Marthe a été fondée en 1815, par Mlle du Vivier. Cette pieuse demoiselle appartenait à une famille des plus notables de Romans. Elle fut profondément émue, au sortir de la Révolution, de l'ignorance dans laquelle croupissaient les enfants de la classe pauvre, par suite de la désorganisation des écoles populaires. Elle se dévoua tout d'a-

Diocèse de Valence (suite).

DATE DE LA FONDATION	CONGRÉGATIONS ou COMMUNAUTÉS	ENFANTS INSTRUITS	PERSONNES ASSISTÉES					SERVICES A L'ÉTRANGER et DANS LES COLONIES
			Hôpitaux et Hospices.	Orphelinats et Ouvroirs.	Maisons de refuge, de préservation et de correction.	Asiles d'aliénés et de sourds-muets.	TOTAL	
	Report...	33.174	6.948	1.263			8.211	
	Sœurs de Sainte-Marthe. (Suite.)							
	A reporter...	33.174	6.948	1.263			8.211	

SERVICES PENDANT LA GUERRE DE 1870-71	HISTORIQUE — FAITS PARTICULIERS OBSERVATIONS
	bord, pendant plusieurs années, à instruire de la doctrine chrétienne, par des catéchismes réguliers, les enfants des deux sexes. Plus tard, en 1812, elle fonda à ses frais une école de jeunes filles, qu'elle confia à de pieuses institutrices, sans se démettre toutefois de la surveillance de cette école. Elle partageait son temps entre la visite des malades pauvres, des prisonniers, et l'instruction qu'elle continuait de donner aux enfants. Le désir de Mlle Edwige du Vivier était de se consacrer à Dieu dans un monastère, après avoir consolidé son œuvre des écoles; mais des obstacles de la part de sa famille l'empêchaient d'accomplir son pieux dessein; d'un autre côté, Mgr Bécherel, évêque de Valence, voyant le succès qu'obtenaient les institutions sous sa sage direction, la pressait vivement de fonder une Congrégation enseignante. Sentant elle-même le besoin de voir s'établir pour les jeunes filles un Institut à peu près semblable à celui des Frères des Écoles chrétiennes pour les jeunes gens, elle se rendit à l'invitation de son évêque. Dès lors, elle s'associa quelques bonnes filles qu'elle forma à la vie régulière, et qui furent ses auxiliaires dans l'œuvre naissante. Elle reçut comme internes quelques enfants abandonnées de la ville de Romans, auxquelles furent donnés des soins tout maternels : ce fut là le berceau de la Congrégation. Comme toutes les œuvres de Dieu, celle-ci éprouva mille difficultés à son début; mais l'épreuve suprême fut celle des Cent-Jours. La municipalité, voulant à tout prix dissoudre la petite Communauté, donna l'ordre formel aux sœurs de quitter en 24 heures la maison qu'elles habitaient. Une seule obtint, à force d'instances, de rester avec les orphelines recueillies par la charité de la pieuse fondatrice; son dévouement eut à lutter contre des difficultés inouïes pour subvenir aux premières nécessités de ses pauvres enfants. *Le produit d'un petit jardin* QU'ELLE CULTIVAIT ELLE-MÊME faisait presque son unique ressource; la détresse fut extrême. Mlle du Vivier, retirée à Vienne pendant l'orage, croyait son œuvre détruite. Dès les premiers jours de calme, elle accourut vers ses chères orphelines laissées sous la garde de la bonne sœur Ursule. Ce retour de la fondatrice ranima le courage de sa première fille, et bientôt après, au moment où elle n'osait l'espérer, Mlle du Vivier eut la consolation de voir revenir les autres membres de la Communauté qui, sans s'être concertées, se trouvèrent réunies à leur bonne mère le 28 juillet de cette même année, veille de la fête de sainte Marthe, déjà choisie pour la patronne de la Congrégation. Cette réunion inattendue fut une joie bien douce pour tous les cœurs. On sentit que la protection de cette auguste patronne se manifestait sensiblement. Sa fête fut célébrée par de grands témoignages de piété et de reconnaissance.

Diocèse de Valence (suite).

DATE DE LA FONDATION	CONGRÉGATIONS ou COMMUNAUTÉS	ENFANTS INSTRUITS	PERSONNES ASSISTÉES					TOTAL	SERVICES A L'ÉTRANGER et DANS LES COLONIES
			Hôpitaux et Hospices.	Orphelinats et Ouvroirs.	Maisons de refuge, de préservation et de correction.	Asiles d'aliénés et de sourds-muets.		
	Report...	33.174	6.948	1.263			8.211	
	Sœurs de Sainte-Marthe. (Suite.)							
1815	**Sœurs du Saint-Nom de Jésus.** Congrégation à supérieure générale, autorisée le 27 octobre 1855. Maison mère à Loriol. 125 membres.	1.400		12			12	
	A reporter...	34.574	6.948	1.275			8.223	

Drôme. 619

SERVICES PENDANT LA GUERRE DE 1870-71	HISTORIQUE — FAITS PARTICULIERS OBSERVATIONS
	Pendant sa retraite forcée, Mlle du Vivier avait ébauché les statuts de son œuvre, laquelle, à partir de cette époque, prit un nouvel essor, toujours sous sa direction, quoique, pour des raisons de position, Mlle du Vivier n'eût point encore revêtu l'habit religieux; mais dès que les obstacles qui la retenaient fréquemment auprès de sa famille furent vaincus, elle s'empressa de rejoindre ses filles, reçut le saint habit, prit le nom de sœur Marie-Philippine, et fit en temps voulu les vœux selon les constitutions données à sa famille religieuse. Mlle du Vivier, sœur Marie-Philippine, a gouverné la Congrégation jusqu'à sa mort, arrivée le 2 février 1835. Elle avait établi des sœurs institutrices dans plusieurs paroisses, sur la demande des administrations locales. L'Institut s'est développé à travers d'autres épreuves, et compte aujourd'hui près de 500 sujets, répartis dans 45 maisons, toutes dépendantes de la maison mère établie à Romans. Le soin des orphelines et des enfants pauvres ayant été l'œuvre de prédilection de leur vénérée fondatrice, les Sœurs de Sainte-Marthe ont toujours aimé cette œuvre d'un amour de prédilection, et elles seront heureuses de s'y dévouer autant qu'elles en auront la liberté.
Les sœurs ont soigné des malades et blessés avec un grand dévouement.	Les Sœurs du Saint-Nom de Jésus ont pour but le service des malades et des infirmes, soit dans les hôpitaux, soit à domicile, l'instruction gratuite des enfants pauvres, la direction des salles d'asile, en un mot, toutes les œuvres de charité. Les deux tiers au moins des enfants qui fréquentent leurs écoles sont admises gratuitement. L'autre tiers paye une rétribution scolaire : c'est l'unique profit que les sœurs retirent des différentes œuvres auxquelles elles se dévouent. En 1815, une pieuse fille âgée d'environ 25 ans, appelée en religion sœur Marie-Régis, frappée de la privation de toute instruction religieuse pour les jeunes filles dans un grand nombre de paroisses de campagne, et de l'abandon dans lequel se trouvaient les malades, surtout les pauvres, se sentit pressée de se consacrer à ces deux œuvres de charité. Elle fit part de sa pensée à quelques compagnes pieuses et dévouées comme elle, qui partagèrent pleinement ses vues. Elles étaient quatre lorsqu'elles ouvrirent à Loriol, petite ville du département de la Drôme, une école dans une maison peu spacieuse, qu'elles occupèrent d'abord à titre de location, et qu'elles achetèrent quelques années après à un prix très modéré. La mère Régis établit un règlement qui fut approuvé par l'autorité diocésaine, pleine de bienveillance pour cette Congrégation naissante, qu'elle prévoyait devoir rendre bientôt d'importants services dans les petites paroisses.

Diocèse de Valence (suite).

DATE DE LA FONDATION	CONGRÉGATIONS ou COMMUNAUTÉS	ENFANTS INSTRUITS	PERSONNES ASSISTÉES				TOTAL	SERVICES A L'ÉTRANGER et DANS LES COLONIES
			Hôpitaux et Hospices.	Orphelinats et Ouvroirs.	Maisons de refuge, de préservation et de correction.	Asiles d'aliénés et de sourds-muets.		
	Report...	34.574	6.948	1.275			8.223	
	Sœurs du Saint-Nom de Jésus. (Suite.)							
	Sœurs du Refuge, à Valence. Comm. indép., autor. le 20 nov. 1825. 38 membres.				?			
1683	**Sœurs de Saint-Joseph, à Saint-Vallier.** Communauté indépendante, autorisée le 22 mars 1827. 150 membres.	1.600	24				24	
	A reporter...	36.174	6.972	1.275			8.247	

SERVICES PENDANT LA GUERRE DE 1870-71	HISTORIQUE — FAITS PARTICULIERS OBSERVATIONS
	Malgré le manque de ressources humaines, mère Régis ne se découragea point. Elle disait souvent de sa Congrégation : *N'importe, si Dieu le veut, son œuvre se fera : il m'enverra, pour soutenir ma faiblesse, des compagnes de bonne volonté et les moyens de l'établir.* Sa confiance ne fut point trompée. Elle se vit bientôt entourée de plus de trente jeunes personnes, qui commencèrent leurs modestes fonctions dans les diverses paroisses où elles avaient été appelées par MM. les Curés. Le plus souvent une seule suffisait au travail. Plus tard, leur nombre s'étant accru, mère Régis acheta, à l'aide du patrimoine de plusieurs d'entre elles, un jardin spacieux où se trouvait une maison, qui est devenue la maison mère de la Congrégation. Le 27 octobre 1855, par les soins de Mgr Chatrousse, alors évêque de Valence, cette Congrégation des Sœurs du Saint-Nom de Jésus fut reconnue par le gouvernement, en vertu d'un décret impérial. Elle est dirigée par une supérieure générale résidant à la maison mère, à Loriol. Ainsi le but de cette Congrégation est d'envoyer dans les plus petites paroisses une religieuse institutrice qui, d'ordinaire, est formée et instruite elle-même pendant le temps du noviciat, et habituée ainsi à la vie la plus simple et la plus modeste, afin d'inspirer à ses élèves, par ses exemples et par ses leçons, les mêmes goûts. Les Religieuses du Saint-Nom de Jésus consacrent aussi leurs moments libres à la visite et au soin des malades, et distribuent les aumônes qui leur sont confiées.
	Refuge pour les repenties.
Les Sœurs de Saint-Joseph ont donné par souscription 5.000 fr. pour l'armée française.	Quoique autorisées comme simple Communauté indépendante, les Sœurs de Saint-Joseph de Saint-Vallier forment en fait, avec les établissements soit enseignants, soit hospitaliers qu'elles ont fondés, une véritable Congrégation approuvée par l'autorité diocésaine. Elles ont des salles d'asile, un pensionnat, seize écoles primaires, un hôpital, visitent les malades à domicile, et leur fournissent gratuitement des remèdes préparés à la pharmacie fondée dans ce but, font enfin d'abondantes distributions de vivres aux indigents. La Congrégation des Sœurs de Saint-Joseph a pris naissance au Puy (Haute-Loire). Ce fut le R. P. Médaille, de

Diocèse de Valence (suite).

DATE DE LA FONDATION	CONGRÉGATIONS ou COMMUNAUTÉS	ENFANTS INSTRUITS	PERSONNES ASSISTÉES					TOTAL	SERVICES A L'ÉTRANGER et DANS LES COLONIES
			Hôpitaux et Hospices.	Orphelinats et Ouvroirs.	Maisons de refuge, de préservation et de correction.	Asiles d'aliénés et de sourds-muets.		
	Report...	36.174	6.972	1.275			8.247	
	Sœurs de Saint-Joseph. (Suite.)							
	A reporter...	36.174	6.972	1.275			8.247	

SERVICES	HISTORIQUE — FAITS PARTICULIERS
PENDANT LA GUERRE DE 1870-71	OBSERVATIONS

la Compagnie de Jésus, qui en suggéra la pensée à Mgr de Maupas, évêque du Puy, et lui en facilita l'exécution en lui procurant des sujets auxquels, en 1650, on confia l'hôpital des orphelines de la ville épiscopale.

Quant à la Communauté de Saint-Vallier, voici l'historique de sa création : En 1683, Mgr Jean-Baptiste de la Croix, comte de Saint-Vallier, plus tard évêque de Québec, au Canada, demanda à Mgr Henri de Villars, archevêque de Vienne, deux Sœurs de Saint-Joseph pour desservir l'hôpital qu'il venait de fonder à Saint-Vallier, avec le concours des Dames de la Miséricorde de cette ville. Sa demande ayant été accueillie par l'archevêque, deux Sœurs de Saint-Joseph du Puy furent cette même année envoyées à l'hôpital de Saint-Vallier, pour y servir les malades et se dévouer à l'instruction des pauvres.

C'est à ces deux premières sœurs, dont nous avons encore les noms (sœur Anne-Félix et sœur Marie de Combes), qu'est dû le petit établissement des Sœurs de Saint-Joseph, dites de Saint-Vallier, qui n'a cessé de travailler à son œuvre à travers les plus grandes calamités; et tandis que de brillantes institutions étaient cruellement éprouvées par des persécutions de tout genre pendant la Révolution de la fin du dernier siècle, les Sœurs de Saint-Vallier avaient conservé la liberté de se répandre de tous côtés pour procurer le soulagement des malheureux. Les prêtres, obligés de se cacher pour se dérober à la persécution, venaient déguisés à l'hôpital pour y dire la sainte messe, à laquelle bien des fidèles assistaient.

Après la tourmente révolutionnaire, le clergé, ayant pu reprendre ses fonctions dans l'église paroissiale, se montra reconnaissant envers les sœurs des services qu'elles lui avaient rendus; et tout spécialement M. de Barjac, curé de Saint-Vallier, qui leur fournit le moyen de fonder une pharmacie, pour donner aux pauvres les remèdes nécessaires.

Le nombre des sœurs s'étant augmenté, il fallut une maison plus vaste; l'achat qu'on en fit nécessita la demande d'une approbation du gouvernement. Les sœurs l'obtinrent le 22 mars 1827, avec le titre de Maison à supérieure locale.

L'Institut a fondé diverses petites Communautés dans les diocèses de Valence et de Grenoble, et il est devenu Congrégation à supérieure générale en 1850, par la volonté de l'évêque de Valence. Les constitutions ont reçu l'approbation du saint-siège, le 27 août 1875.

Diocèse de Valence (suite).

DATE DE LA FONDATION	CONGRÉGATIONS ou COMMUNAUTÉS	ENFANTS INSTRUITS	PERSONNES ASSISTÉES					TOTAL	SERVICES A L'ÉTRANGER et DANS LES COLONIES
			Hôpitaux et Hospices.	Orphelinats et Ouvroirs.	Maisons de refuge, de préservation et de correction.	Asiles d'aliénés et de sourds-muets		
	Report...	36.174	6.972	1.275			8.247	
	Sœurs de la Visitation, à Valence. Comm. indép., autor. le 25 mars 1827. 36 membres.	?						
	Sœurs de la Visitation, à Montélimart. Comm. indép., autor. le 1er févr. 1854. 42 membres.	?						
	Cisterciennes de Notre-Dame, dites de la Trappe, à Maubec. Communauté indépendante, autorisée le 18 septembre 1857. 62 membres.			30			30	
	Sœurs de la Visitation, à Romans. Comm. indép., autor. le 13 mars 1862. 41 membres.	?						
1851	**Sœurs des Sacrés-Cœurs de Jésus et de Marie, à Recoubeau.** Communauté indépendante, autorisée le 28 novembre 1866. 120 membres.	2.110						
	A reporter...	38.284	6.972	1.305			8.277	

SERVICES PENDANT LA GUERRE DE 1870-71	HISTORIQUE — FAITS PARTICULIERS OBSERVATIONS
	Communauté enseignante.
	Communauté enseignante.
	Les Cisterciennes de Maubec ont à leur charge un orphelinat de 30 enfants, pour lesquels elles n'ont jamais reçu d'autre subvention que 200 fr. du département en 1877, et 300 fr. en 1878. Elles donnent asile aux pauvres voyageurs, les nourrissent, lavent leur linge, raccommodent leurs vêtements. En hiver, elles en reçoivent jusqu'à 30 par jour. Elles vivent de leur travail, et s'occupent spécialement de la culture des champs.
	Communauté indépendante.
Soigné les blessés dans une ambulance.	Les Sœurs des Sacrés-Cœurs de Recoubeau dirigent des orphelinats et des écoles, surveillent et instruisent les ouvrières dans les ateliers industriels. Deux orphelinats et quelques écoles sont entièrement à leur charge. 130 orphelines sont logées, nourries, instruites et entretenues par la maison mère ; 455 sont surveillées et instruites dans divers établissements ; en outre, 830 enfants et 1.280 ouvrières sont instruites, soit dans les écoles, soit dans les ateliers. La Communauté des Sacrés-Cœurs de Jésus et de Marie de Recoubeau (Drôme) fut fondée le 1er juin 1851, avec le secours de la Providence et des âmes charitables. On doit son origine à Mme la baronne de Mont-Rond et à M. l'abbé Née, actuellement curé de Luc-en-Diois (Drôme). La Communauté, qui a toujours grandi, jouit de la reconnaissance légale depuis le 28 novembre 1866. Elle se compose

Diocèse de Valence (suite).

DATE DE LA FONDATION	CONGRÉGATIONS ou COMMUNAUTÉS	ENFANTS INSTRUITS	PERSONNES ASSISTÉES					TOTAL	SERVICES A L'ÉTRANGER et DANS LES COLONIES
			Hôpitaux et Hospices.	Orphelinats et Ouvroirs.	Maisons de refuge, de préservation et de correction	Asiles d'aliénés et de sourds-muets.		
	Report...	38.284	6.972	1.305			8.277	
	Sœurs des Sacrés-Cœurs de Jésus et de Marie. (Suite.)							
1860	Carmélites, à Montélimar. Comm. indép., non aut. 17 membres.							
	Sœurs de Sainte Claire, à Valence, à Crest et à Romans. 3 comm. indép. non aut. 111 membres.							
1817	Norbertines, à Bonlieu. Comm. indép., non aut. 16 membres.							
	Total...	38.284	6.972	1.305			8.277	

SERVICES PENDANT LA GUERRE DE 1870-71	HISTORIQUE — FAITS PARTICULIERS OBSERVATIONS
	maintenant de 120 membres, employés à diriger des orphelinats, à faire la classe dans les communes pauvres et mixtes, mais surtout, car c'est là le but principal, à surveiller *les ateliers séricicoles*. Les religieuses qui sont dans ces ateliers ont sans doute leur règlement; mais ce règlement est accommodé aux exigences des ateliers et ne dérange en rien les heures du travail. Les sœurs acceptent les méthodes et la manière de faire du patron, qui conserve la haute direction de ses ateliers. Ces religieuses, sorties en partie de la classe ouvrière, et formées dès leur enfance à l'industrie séricicole, travaillent de leurs mains et font travailler les jeunes filles soumises à leur direction. Elles servent de trait d'union entre l'ouvrière et le chef d'atelier. Tout en surveillant le travail industriel, leur but spécial est la moralisation de cette classe de jeunes filles si abandonnées, envoyées dans les ateliers dès le plus bas âge. Les sœurs leur apprennent le catéchisme, leur enseignent à lire et à écrire; elles leur donnent des leçons d'ordre et de propreté, et profitent des moments libres pour leur montrer à coudre, etc. Les religieuses surveillent les ateliers, la cuisine, la lingerie, l'infirmerie, les dortoirs et les récréations; elles s'efforcent d'en extirper les abus qui peuvent y régner. En un mot, elles servent de mères à ces pauvres filles, qui ne se trouvent presque jamais sous le toit paternel.
	Vie contemplative.
	Vie contemplative. Communautés fondées : la première, en 1814; la deuxième, en 1826; la troisième, en 1820.
	Vie contemplative.

DIOCÈSE DE VANNES

DATE DE LA FONDATION	CONGRÉGATIONS ou COMMUNAUTÉS	ENFANTS INSTRUITS	PERSONNES ASSISTÉES				TOTAL	SERVICES A L'ÉTRANGER et DANS LES COLONIES
			Hôpitaux et Hospices.	Orphelinats et Ouvroirs.	Maisons de refuge, de préservation et de correction.	Asiles d'aliénés et de sourds-muets.		
1817	Frères de l'Instruction chrétienne, dits de la Mennais. Congrégation autorisée le 1er mai 1822. Maison mère à Ploërmel. 1.559 membres.	75.000		?				15.000 élèves dans les colonies. (Voir, pour les services dans les colonies, la colonne consacrée à l'historique de la Congrégation.
	A reporter...	75.000						

MORBIHAN

SERVICES	HISTORIQUE — FAITS PARTICULIERS
PENDANT LA GUERRE DE 1870-71	OBSERVATIONS

La plupart des établissements de la Congrégation (430 sur 460) se trouvant en Bretagne, ou dans les colonies de la Guadeloupe, de la Martinique, de la Guyane, du Sénégal, de Taïti, etc., les frères n'ont pas eu à suspendre leurs écoles lors de la guerre, ni à se rendre en masse sur les champs de bataille. Néanmoins, un certain nombre de frères adjoints dont la présence ne paraissait pas indispensable en ce moment dans plusieurs maisons, ont sollicité et obtenu l'autorisation de s'enrôler provisoirement comme soldats dans le corps des volontaires de l'Ouest, sous les ordres de M. de Charette. Quelques-uns sont morts, après leur retour à la maison mère, des fatigues et des suites de la guerre.

Dans toutes les maisons situées sur le passage des troupes en Bretagne, les frères ont logé soit des mobilisés, soit des malades ou des blessés. Au pensionnat de Notre-Dame-de-Toutes-Aides, près Nantes, et à la maison principale de Ploërmel, notamment, plus d'un millier de soldats ont été logés en diverses fois, et une soixantaine au moins de malades ou de blessés ont été soignés pendant près de deux mois dans ces deux maisons aux frais des communautés exclusivement.

Une seule école, celle de Dampierre-sur-Loire (Loiret), à trois lieues de Gien, s'est trouvée sur le théâtre même de la guerre. Le frère directeur, qui

L'Institut des Frères de l'Instruction chrétienne est l'œuvre de M. l'abbé Jean de la Mennais, qui, prévoyant dès lors que la préoccupation de ce siècle serait la grave question de l'instruction et de l'éducation des masses, voulut préparer, pour la Bretagne surtout, des instituteurs chrétiens, destinés, d'après leurs statuts mêmes, à faire face à toutes les exigences scolaires, dans les écoles rurales d'un seul frère aussi bien que dans les pensionnats des grandes villes. M. de la Mennais compléta ainsi la pensée du vénérable de la Salle, et combla pour la Bretagne les lacunes de l'institution des Frères des Écoles chrétiennes, dont les membres, comme on le sait, ne peuvent aller moins de trois, et doivent vivre partout en communauté.

Jean-Marie de la Mennais, frère du trop fameux écrivain qui devait acquérir, hélas! une célébrité bien différente, naquit à Saint-Malo le 8 septembre 1780. Le spectacle des crimes révolutionnaires ne fit que développer en lui le désir de se consacrer à Dieu. Le 25 février 1804 il fut enfin ordonné prêtre. Pendant de longues années, soit dans le ministère paroissial, soit à la tête de l'administration diocésaine, soit dans les missions, il se dévoua au bien des âmes, et se fit en mainte occasion remarquer par une grande énergie et une admirable fermeté. Relever des écoles, en établir de nouvelles, fut dès lors l'une de ses préoccupations constantes. C'était le moment où triomphait en France le système de l'*école mutuelle :* l'abbé de la Mennais la battit en brèche dans une brochure pleine de logique, de bon sens et de clairvoyance. Bientôt après, il faisait mieux encore, en employant ses loisirs de grand vicaire à former et à instruire des instituteurs pour la jeunesse : cette petite phalange, promptement grossie, devint la Congrégation des Frères de l'Instruction chrétienne. L'abbé de la Mennais en a lui-même raconté les débuts dans un touchant mémoire adressé en 1844 au cercle catholique de Paris : nous ne saurions mieux faire que d'en citer quelques pages :

« La Congrégation des Frères de l'Instruction chrétienne a été fondée à Saint-Brieuc, en 1817. Trois jeunes Bretons, qui savaient à peine quelques mots de français, en formèrent le noyau. A cette époque, il n'existait en Bretagne que six ou sept écoles publiques, dans lesquelles les enfants du peuple fussent reçus gratuitement, et elles étaient toutes placées dans les villes.

« La nouvelle Congrégation eut pour but principal de fournir des instituteurs chrétiens à nos pauvres campagnes, si complètement dénuées de tout moyen d'instruction, et qui, je dois le dire, en sentaient si peu l'importance; mais, pour la répandre au milieu d'elles, il était nécessaire que les maîtres d'école inspirassent aux familles une grande confiance par le

Diocèse de Vannes (suite).

DATE DE LA FONDATION	CONGRÉGATIONS ou COMMUNAUTÉS	ENFANTS INSTRUITS	PERSONNES ASSISTÉES				TOTAL	SERVICES A L'ÉTRANGER et DANS LES COLONIES
			Hôpitaux et Hospices.	Orphelinats et Ouvroirs.	Maisons de refuge, de préservation et de correction.	Asiles d'aliénés et de sourds-muets.		
	Report...	75.000						
	Frères de l'Instruction chrétienne, dits de la Mennais. (Suite.)							
	A reporter...	75.000						

SERVICES PENDANT LA GUERRE DE 1870-71	HISTORIQUE — FAITS PARTICULIERS OBSERVATIONS
remplissait en même temps dans cette localité les fonctions de secrétaire de la mairie, profita de sa situation pour recueillir jour par jour, pendant ses 3 longs mois de captivité sous le joug ennemi, des notes dictées par le patriotisme, que le comité historique d'Orléans fit publier après l'invasion, sous ce titre : *Les Prussiens à Dampierre-sur-Loire et aux environs*.	titre et l'habit de religieux, et, de plus, que la dépense des écoles fût très modique : on ne pouvait espérer le succès qu'à cette double condition. « On fixa donc le traitement annuel des Frères à 480 fr.; mais le curé devait donner chez lui la pension, ou la leur faire donner par un ecclésiastique de la paroisse... « Ce qui, d'abord, nous embarrassa le plus, ce fut la difficulté de trouver dans nos bourgs un local commode et assez vaste pour contenir tous les enfants; car bientôt ils se présentèrent en foule ; mais cet obstacle, qui paraissait insurmontable, n'arrêta pas l'œuvre, grâce aux soins et au zèle de MM. les Curés. Ils avaient pour l'école des frères soit un bâtiment dépendant de leur presbytère, soit leur salon même, et je me rappelle avec attendrissement que l'un d'eux établit la classe dans sa chambre à coucher, et fit porter son lit au grenier. Plus on était mal, mieux tout allait : c'était le bon temps. » On se mit à bâtir, et en 1844 l'Institut comptait en Bretagne 180 établissements et 500 frères. « A la fin de 1837, continue le pieux fondateur, M. le ministre de la marine nous proposa de nous charger des écoles primaires qu'il avait le dessein de fonder dans les colonies, et nous y consentîmes. C'était une bien belle œuvre sans doute, mais qu'elle était périlleuse! Des 65 frères qui s'y sont dévoués (jusqu'en 1844), 9 sont morts, 14 sont revenus en France dans le plus triste état de santé, et la plupart des autres souffrent beaucoup du climat. Toutefois, ils ne se découragent pas, et leurs écoles sont florissantes. » Les frères de Ploërmel ont des établissements à la Martinique, dans la Guadeloupe, le Sénégal, la Guyane. Le climat meurtrier de ces contrées ne parvient jamais à décourager leur dévouement et leur charité. Tantôt sous un ciel torride, tantôt par un froid hyperboréen, tantôt sous des pluies torrentielles, ils se mettent à la recherche des malheureux nègres voués à de pénibles labeurs, à l'asservissement et à l'ignorance. Ils les instruisent, les attirent à eux, et bientôt leurs écoles se remplissent d'une foule affectueuse et docile. Pendant qu'un frère surveille les classes, un autre s'en va de grand matin jusque dans les habitations les plus éloignées, avant le départ pour le travail, pour les catéchiser et les instruire. Puis il les suit dans les champs, et continue son œuvre durant les intervalles de repos que ménage une exploitation avide. Qu'une révolte éclate parmi les nègres, le frère est là pour les calmer et les ramener à la douceur et à l'obéissance. Divers écrivains autorisés racontent à ce sujet des traits touchants, dont quelques-uns trouvent naturellement leur place ici : « En 1848, les esclaves, séduits par les doctrines socialistes,

Diocèse de Vannes (suite).

DATE DE LA FONDATION	CONGRÉGATIONS ou COMMUNAUTÉS	ENFANTS INSTRUITS	PERSONNES ASSISTÉES					SERVICES A L'ÉTRANGER et DANS LES COLONIES
			Hôpitaux et Hospices.	Orphelinats et Ouvroirs.	Maisons de refuge, de préservation et de correction.	Asiles d'aliénés et de sourds-muets.	TOTAL	
	Report...	75.000						
	Frères de l'Instruction chrétienne, dits de la Mennais. (Suite.)							
	A reporter...	75.000						

SERVICES PENDANT LA GUERRE DE 1870-71	HISTORIQUE — FAITS PARTICULIERS OBSERVATIONS
	veulent briser sur la tête des colons les fers dont ceux-ci les avaient accablés. Le frère Arthur paraît alors, comme un ange de paix, au milieu des insurgés de Fort-de-France. Il leur rappelle la grande loi de charité, l'obligation du pardon des injures, et les décide à reprendre leurs travaux abandonnés. « Une autre fois, il réussit à ramener dans la capitale de la Martinique 200 nègres qui en étaient sortis pour s'entre-tuer au sujet d'opinions politiques. Le gouvernement a décerné au frère Arthur la décoration de la Légion d'honneur. « A Saint-Pierre, le 22 mai, le sang coulait, nombre de propriétés étaient en feu; s'apercevant que l'incendie gagnait la maison des frères, les nègres coururent aux pompes qu'ils avaient cachées. « — Nous mourrons de fatigue, disaient-ils, plutôt que de laisser brûler cette maison. Malheur à qui fera du mal aux frères ! » « Un colon détesté parvient à trouver un refuge dans un de leurs établissements. Les nègres furieux vont saisir le fugitif, que les frères couvrent de leurs corps, et se préparent à l'égorger, lorsqu'une réflexion les arrête subitement : « — Pour tuer ce misérable, disaient-ils, nous nous exposons à blesser les bons frères. » Un de ces héros de dévouement et de vertu, le frère Hyacinthe, avait acquis à la Guadeloupe une immense popularité. Les gouvernements qui se sont succédé en France depuis un demi-siècle, quelles que fussent d'ailleurs leur origine et leurs tendances, ont rendu hommage aux Frères de l'Instruction chrétienne, et il est bon de rappeler ces témoignages désintéressés dont quelques-uns portent des signatures significatives : Le 27 février 1846, le ministre de la marine adresse une circulaire à tous les évêques de France, pour leur demander de seconder, dans la mesure du possible, le recrutement de l'humble Institut : « La Congrégation des Frères de l'Instruction chrétienne, écrit-il, a joint à ses œuvres métropolitaines, depuis quelques années, la tâche importante de procurer à nos colonies d'Amérique et du Sénégal des frères instituteurs pour la direction de nos écoles gratuites. Les sujets qu'elle a mis et qu'elle continue à mettre à ma disposition se sont fait distinguer par leur zèle comme par l'utilité de leur coopération. Depuis la loi sur le régime des esclaves, votée en 1845, mon département a plus besoin que jamais de recourir à l'assistance de cette honorable Congrégation ; mais son supérieur général ne peut, malgré son activité et ses excellentes intentions, procurer au service colonial des frères instituteurs aussi promptement et en aussi grand nombre que la chose est devenue nécessaire. Le département de la marine a donc un

Diocèse de Vannes (suite).

DATE DE LA FONDATION	CONGRÉGATIONS ou COMMUNAUTÉS	ENFANTS INSTRUITS	PERSONNES ASSISTÉES					TOTAL	SERVICES A L'ÉTRANGER et DANS LES COLONIES
			Hôpitaux et Hospices.	Orphelinats et Ouvroirs.	Maisons de refuge, de préservation et de correction.	Asiles d'aliénés et de sourds-muets.		
	Report...	75.000						
	Frères de l'Instruction-Chrétienne, dits de la Mennais. (Suite.)							
	A reporter...	75.000						

SERVICES	HISTORIQUE — FAITS PARTICULIERS
PENDANT LA GUERRE DE 1870-71	OBSERVATIONS

intérêt réel à ce que le noviciat de l'Institut de Ploërmel se recrute de nouveaux sujets, et je viens vous prier, Monseigneur, de vouloir bien y contribuer, dans l'étendue de votre diocèse, par vos efforts et vos exhortations... »

Le 20 mars 1848, c'est M. Schœlcher, aujourd'hui sénateur, alors sous-secrétaire d'État au département de la marine, qui écrit en ces termes au supérieur général de l'Institut : « Je n'ignore pas les efforts fructueux que les frères de votre Communauté ont faits, depuis plusieurs années, dans le but de préparer l'éducation morale des noirs; je sais aussi la confiance particulière que ces laborieux instituteurs inspirent aux diverses classes de la population. Votre coopération et votre dévouement nous seront donc, dans cette circonstance, extrêmement précieux, et mon département vous connaît assez pour être certain qu'ils ne lui feront pas défaut... Je sais que le nombre des frères en exercice dans nos colonies est insuffisant; mais je ne puis avoir encore ni vues ni moyens arrêtés pour l'extension du personnel actuel, et je me réserve à cet égard de vous faire une communication spéciale, jusqu'à laquelle vous ne négligerez pas de préparer de nouveaux sujets au service colonial. »

Nous avons dit plus haut que la croix de la Légion d'honneur avait été accordée au frère Arthur : le gouverneur de la Martinique l'avait lui-même sollicitée pour l'humble frère, dans un rapport adressé au ministre de la marine le 6 décembre 1852, et dont voici quelques extraits : « Entourée des difficultés les plus sérieuses, ayant ses écoles désorganisées par la mort ou la maladie (une terrible épidémie exerçait alors d'effrayables ravages dans la colonie), le frère Arthur s'est multiplié pour faire face à tous les besoins, en se transportant nécessairement sur chaque point de la colonie, pour soutenir le moral de ses frères, et c'est grâce à son zèle, à son courage et à sa persévérante sollicitude que les écoles ont pu rester ouvertes pendant l'épidémie. C'est encore lui qui, secondé par ses collaborateurs, a réussi à ramener à la culture les enfants qui fréquentent les écoles, en exigeant d'eux un travail sérieux sur les habitations, avant et après les heures de classes. Tout récemment, 447 élèves de cette catégorie m'ont été signalés, d'après les certificats des propriétaires, pour leur assiduité aux travaux des champs.

« En 1848, dans la commune de Fort-de-France, le frère Arthur, alors que les nègres avaient déserté les habitations pour se livrer au désordre, s'est servi de l'influence que lui donnait sur eux sa mission, pour combattre, avec courage et au péril de ses jours, les doctrines subversives que les anarchistes cherchaient à répandre parmi les cultivateurs. »

Un autre rapport demande une médaille d'or pour le frère

Diocèse de Vannes (suite).

DATE DE LA FONDATION	CONGRÉGATIONS ou COMMUNAUTÉS	ENFANTS INSTRUITS	PERSONNES ASSISTÉES				TOTAL	SERVICES A L'ÉTRANGER et DANS LES COLONIES
			Hôpitaux et Hospices.	Orphelinats et Ouvroirs.	Maisons de refuge, de préservation et de correction.	Asiles d'aliénés et de sourds-muets.		
	Report...	75.000						
	Frères de l'Instruction chrétienne, dits de la Mennais. (Suite.)							
	A reporter...	75.000						

SERVICES	HISTORIQUE — FAITS PARTICULIERS
PENDANT LA GUERRE DE 1870-71	OBSERVATIONS

Colombien, enfant de la Bretagne comme le frère Arthur : « Sur les cinq frères de l'établissement de Fort-de-France, y lisons-nous, quatre tombent atteints par la fièvre jaune ; le frère Colombien fait marcher à lui seul les classes, la maison, et soigne les malades. Les fatigues finissent par l'abattre. A son tour il est atteint de la contagion ; mais, au bout de la semaine, une crise heureuse se déclare, et il en profite pour se traîner près du lit de ses confrères, où il passe les jours et les nuits. A peine ses forces commencent-elles à revenir, qu'il apprend que deux frères viennent d'être frappés à la Grande-Anse. Il part au milieu de la nuit pour s'y rendre, tombe dans une rivière, et y gagne la fièvre, ce qui ne l'empêche pas de soigner les frères malades tout en faisant leurs classes. Dès que son concours n'est plus nécessaire sur ce point, il se rend en toute hâte au Carbet, dont les deux frères viennent d'être atteints de la fièvre jaune. Il passe près d'eux cinq jours et cinq nuits, les soignant avec la tendresse la plus dévouée. A la Basse-Pointe, au Fort-Saint-Pierre, le fléau multiplie ses ravages : le frère Colombien se trouve partout pour aider et encourager les victimes de l'implacable épidémie, soigner les malades et ensevelir les morts. »

Cette série de témoignages ne s'est pas arrêtée. Il y a peu d'années encore, à la date du 9 mai 1876, l'amiral Fourichon, ministre de la marine, écrivait au supérieur général des frères, à l'occasion de la mort du frère Liguori : « Vous avez dû recevoir la triste nouvelle que le frère Liguori, directeur principal des écoles des frères au Sénégal, avait succombé à une attaque d'apoplexie. En m'informant de ce douloureux événement, M. le gouverneur m'a fait part des regrets universels qu'a causés la perte de cet homme de bien, qui a consacré trente-trois ans de sa vie à l'éducation de la jeunesse du pays, et qui avait su conquérir au plus haut degré la confiance des familles et l'estime de l'administration coloniale. Je ne puis, quant à moi, que m'associer à l'expression de ces regrets. La mort du frère Liguori laisse vacant le poste de directeur des écoles primaires du Sénégal. Je vous prie de vouloir bien me désigner le plus tôt possible le frère que vous vous proposez de lui donner pour successeur. »

Rappelons que, dès le règne de Louis-Philippe, le gouvernement avait reconnu les grands services rendus par l'Institut, en faisant son fondateur, M. de la Mennais, chevalier de la Légion d'honneur.

D'ailleurs, en rendant ainsi hommage au zèle et au dévouement des Frères de l'Instruction chrétienne dans les colonies, le gouvernement français s'est fait simplement l'interprète des sympathies populaires qui n'ont jamais cessé d'entourer les humbles religieux. Les autorités locales n'ont pas été plus ava-

Diocèse de Vannes (suite).

DATE DE LA FONDATION	CONGRÉGATIONS ou COMMUNAUTÉS	ENFANTS INSTRUITS	PERSONNES ASSISTÉES					TOTAL	SERVICES A L'ÉTRANGER et DANS LES COLONIES
			Hôpitaux et Hospices.	Orphelinats et Ouvroirs.	Maisons de refuge, de préservation et de correction.	Asiles d'aliénés et de sourds-muets.			
	Report...	75.000							
	Frères de l'Instruction chrétienne, dits de la Mennais. (Suite.)								
	A reporter...	75.000							

SERVICES PENDANT LA GUERRE DE 1870-71	HISTORIQUE — FAITS PARTICULIERS OBSERVATIONS
	res de leurs éloges, et maintes fois la *Gazette officielle* de la Guadeloupe a consigné les éloquents témoignages rendus par les représentants de la république française aux fils du saint abbé de la Mennais. Le 21 décembre 1878, c'était jour de fête à la Basse-Terre, on allait distribuer les prix aux enfants de l'école communale. Les autorités présentes à la cérémonie prirent la parole tour à tour : pas une, si républicaine fût-elle, n'eut garde d'oublier les frères, qui étaient les véritables héros de la fête. Le gouverneur se lève le premier ; il s'adresse d'abord aux enfants, et leur parle en ces termes : « M. le maire a bien voulu me transmettre le rapport fait par le comité de surveillance des écoles communales à la suite des examens subis par les élèves de cet établissement à la fin de l'année scolaire. Ce document constate des progrès remarquables dans toutes les branches de l'enseignement : j'en félicite les élèves qui ont su par leur travail et par leur application profiter si bien des soins donnés à leur éducation ; mais je suis heureux de faire remonter l'éloge aux dignes instituteurs qui ont, par leur zèle et leur dévouement, acquis les droits les plus légitimes à la reconnaissance publique ; je serai enfin l'interprète du corps municipal, et aussi, je n'en doute pas, celui des familles, des élèves eux-mêmes et de toute la cité, en décernant ici un témoignage spécial de haute satisfaction au vénéré directeur de cette école pour les services signalés qui ont marqué le cours de sa longue carrière coloniale, consacrée tout entière à la noble mission d'élever la jeunesse. » Après le gouverneur, c'est le tour du maire. Répondant au gouverneur, il lui dit : « Ainsi que j'ai eu l'honneur de vous le déclarer dans mon rapport, un pas considérable a été fait dans les travaux scolaires de cette année ; professeurs et élèves ont rivalisé de zèle et d'efforts, et ces palmes qui vont être décernées tout à l'heure, il faut le reconnaître, témoignent d'un travail soutenu et d'un dévouement sans bornes chez tous. D'un autre côté, le nombre des élèves grandit chaque jour. Plus de huit cents enfants fréquentent nos écoles et reçoivent l'instruction gratuite dans notre ville ; et, sans l'exiguïté des locaux et l'insuffisance des professeurs et institutrices, ce chiffre bien considérable cependant serait encore dépassé. « Quel touchant spectacle, monsieur le Gouverneur, que celui de ces pères et mères sollicitant chaque jour avec amour auprès du maire une place pour leurs enfants dans nos écoles ! Tous sentent que sans l'instruction l'homme est un être incomplet, auquel il manque le principal ressort de son existence ; que si Dieu nous a doués de facultés, c'est pour que nous les fas-

Diocèse de Vannes (suite).

DATE DE LA FONDATION	CONGRÉGATIONS ou COMMUNAUTÉS	ENFANTS INSTRUITS	PERSONNES ASSISTÉES				TOTAL	SERVICES A L'ÉTRANGER et DANS LES COLONIES
			Hôpitaux et Hospices.	Orphelinats et Ouvroirs.	Maisons de refuge, de préservation et de correction.	Asiles d'aliénés et de sourds-muets.		
	Report...	75.000						
	Frères de l'Instruction chrétienne, dits de la Mennais. (Suite.)							
	A reporter...	75.000						

SERVICES PENDANT LA GUERRE DE 1870-71	HISTORIQUE — FAITS PARTICULIERS OBSERVATIONS

Morbihan.

sions valoir sous les auspices et pour la plus grande gloire du bien ! »

Puis, s'adressant aux enfants, le maire ajoute :

« J'ai rendu compte, vous le savez, à l'administration supérieure, du progrès constaté dans vos études; vous avez dignement travaillé, et c'est avec satisfaction que je vous décerne cet hommage public, ainsi qu'aux dignes frères qui se consacrent avec autant d'amour que de constance à élever votre intelligence et reculer les bornes de vos connaissances.

« *Aux sarcasmes dont ils sont l'objet, fidèles à la mission sainte qu'ils remplissent, ils répondent par des actes, par des faits qui les honorent partout où ils abritent leurs tentes!*

« *Ces attaques imméritées, ces accusations injustes, loin d'affaiblir leur dévouement ou de paralyser leur zèle, ne font que les accroître et les redoubler.*

« En face d'un tel aveuglement l'on se demande s'ils sont amis du peuple ceux qui critiquent ainsi une institution à laquelle les colonies doivent leur *régénération?* Oublient-ils donc que c'est grâce aux efforts de ces dignes frères, ainsi que je le déclarais dans une circonstance mémorable, que tant d'hommes sortis des masses tiennent leur position dans la société.

« Vous grandissez, mes chers enfants, un jour vous prendrez notre place; ne serez-vous pas alors, n'êtes-vous pas déjà la plus énergique protestation contre cette théorie de l'ingratitude.

« Non, vous n'écouterez pas d'aussi coupables suggestions ; vous garderez pieusement dans votre cœur le sentiment de la reconnaissance, qui porte bonheur à l'homme en tous lieux.

« Vous vengerez ainsi ces pionniers de la civilisation, quoi qu'on en dise, des outrages dont ils sont abreuvés.

« Où avez-vous appris ce que vous savez, jeunes gens, sur le front desquels vont être placées tout à l'heure ces couronnes? n'est-ce pas ici? Entrés dans cet établissement, la plupart d'entre vous sachant à peine vos lettres, vous voilà forts maintenant, prêts à engager la lutte avec les plus intelligents de la cité.

« Qu'on pénètre dans ce cours supérieur où trente-cinq branches d'enseignement sont suivies, où toutes les sciences, les lettres, l'histoire dans tous les âges, la géographie, etc., sont apprises et expliquées, et on aura alors une idée du niveau élevé du programme de cet établissement.

« Devant ce résultat si beau, si satisfaisant pour ces nobles apôtres, je leur dirai : Continuez, Messieurs, votre sublime mission! celle que vous remplissez est un sacerdoce. Appréciant les bienfaits que votre institution répand, la considération publique vous entoure, et avec elle l'appui des dépositaires de l'autorité.

Diocèse de Vannes (suite).

DATE DE LA FONDATION	CONGRÉGATIONS ou COMMUNAUTÉS	ENFANTS INSTRUITS	PERSONNES ASSISTÉES				TOTAL	SERVICES A L'ÉTRANGER et DANS LES COLONIES
			Hôpitaux et Hospices.	Orphelinats et Ouvroirs.	Maisons de refuge, de préservation et de correction.	Asiles d'aliénés et de sourds-muets.		
	Report...	75.000						
	Frères de l'Instruction chrétienne, dits de la Mennais. (Suite.)							
	A reporter...	75.000						

Morbihan. 643

| SERVICES | HISTORIQUE — FAITS PARTICULIERS |
| pendant la guerre de 1870-71 | OBSERVATIONS |

« Et vous surtout qui dirigez cet établissement avec tant d'éclat depuis plus de trente années, la reconnaissance publique ne vous fera pas défaut; sachez qu'elle vous est acquise. Le pays n'oublie pas tant d'hommes formés par vos mains, grandis sous votre égide, qui l'honorent dans les différentes carrières dans lesquelles ils sont entrés, et où ils font preuve d'une solide instruction. »

« Huit jours plus tard, lisons-nous dans la *Gazette officielle*, à la suite du compte rendu de cette solennité brillante, la Basse-Terre était douloureusement surprise par la nouvelle de la mort du vénérable frère Ludovic, à qui M. le gouverneur et M. le maire se plaisaient à décerner, une semaine auparavant, des éloges publics si bien mérités. Ce digne religieux venait, en effet, de succomber à une attaque de dysenterie aiguë que des soins affectueux et éclairés n'avaient pu enrayer.

« L'autorité supérieure appréciait hautement les services signalés rendus par le directeur regretté de l'école communale, à qui elle avait fait obtenir, il y a quelques années, les palmes académiques. Les générations qu'il a élevées garderont un pieux souvenir de l'homme de bien dont la ville entière pleure aujourd'hui la perte.

« Le frère Ludovic est mort à la tâche. Vaillant fils de l'abbé de la Mennais, il a honoré cette phalange admirable des Frères de l'Instruction chrétienne dont le dévouement et l'abnégation savent aussi bien s'affirmer sur les champs de bataille et dans les ambulances, que dans les modestes et pénibles fonctions d'instituteur. Aussi le témoignage éclatant de reconnaissance que lui a donné la population entière, qui se pressait autour de son cercueil, et qui l'a accompagné jusqu'au champ de repos, n'était-il que la juste récompense de toute une existence consacrée à l'éducation de la jeunesse créole.

« Le frère Ludovic a bien mérité de la Basse-Terre, son souvenir vivra éternellement parmi nous. »

(*Gazette officielle de la Guadeloupe*, 7 *janvier* 1879.)

Aux funérailles de cet homme de bien, le maire se fit de nouveau l'interprète éloquent et ému de la reconnaissance publique :

« Il me serait difficile, disait-il, sous le coup des poignantes tristesses qui nous accablent, en face de ces restes inanimés, de retracer les phases diverses de la belle existence qui vient de s'éteindre, et de rappeler tous les faits qui l'honorent.

« Mais qu'il me soit permis de vous dire qu'il est de ces esprits qui, quoi qu'ils fassent pour se faire ignorer et se soustraire aux ovations de la foule, ne peuvent passer obscurément sur la terre.

« C'est là un don et un privilège des natures d'élite.

« D'ailleurs, leur but est trop louable, les aspirations qui les

Diocèse de Vannes (suite).

DATE DE LA FONDATION	CONGRÉGATIONS ou COMMUNAUTÉS	ENFANTS INSTRUITS	PERSONNES ASSISTÉES					TOTAL	SERVICES A L'ÉTRANGER et DANS LES COLONIES
			Hôpitaux et Hospices.	Orphelinats et Ouvroirs.	Maisons de refuge, de préservation et de correction.	Asiles d'aliénés et de sourds-muets.		
	Report...	75.000						
	Frères de l'Instruction chrétienne, dits de la Mennais. (Suite.)							
	A reporter....	75.000						

Morbihan. 645

SERVICES	HISTORIQUE — FAITS PARTICULIERS
PENDANT LA GUERRE DE 1870-71	OBSERVATIONS

animent sont trop nobles, les pures et chastes conceptions qui en découlent les élèvent trop haut, les entourent de trop d'auréole, même à leur insu, pour qu'ils puissent échapper aux regards, à l'attention et à l'admiration de leurs contemporains !

« L'homme dont la mort inattendue nous rassemble en ce lieu, et dont les dépouilles mortelles sont là, devant nous, appartenait à cette phalange sacrée.

« Il a été, on peut le dire sans crainte, l'apôtre du devoir et du dévouement.

« Depuis trente années qu'il vivait au milieu de cette population, laquelle n'a cessé de l'entourer de son affection, de son respect et de sa reconnaissance, et qui, en ce jour d'affliction, arrose de ses larmes son cercueil, pas un moment n'était dérobé à la sublime mission qu'il remplissait parmi nous !

« Toutes ses heures, ses veilles et le temps de ses loisirs y étaient consacrés ! Il ne pouvait consentir à se donner ni trêve ni repos.

« Façonné à ce labeur pénible qui était devenu pour lui un plaisir, un délassement, comme tous les cœurs généreux, il puisait dans sa foi dans le bien la force et l'énergie de l'accomplir...

« Appelé par mes fonctions à de fréquentes relations avec lui, je n'ai pas tardé à découvrir dans ce cœur les trésors de sensibilité et d'amour qu'il y recélait. Ces brillantes qualités, Messieurs, il les appliquait avec une vigilante tendresse à ces chers enfants dont il avait la direction, et qui semblaient lui appartenir plus qu'à leurs propres parents.

« Ils sont là, Messieurs !

« Ils m'écoutent !

« A eux je dirai : Pleurez ce noble ami que vous aviez, et qui tout à l'heure va disparaître pour toujours !

« Et vous, pères et mères, joignez vos larmes aux nôtres, et dites avec nous que la jeunesse de cette ville-ne pourra se consoler de longtemps de la perte irréparable qu'elle vient de faire !

« Adieu, noble ami ! frère de mon cœur, j'enferme avec vous dans ce sépulcre une part de mes meilleurs jours, de mes plus sublimes conversations ici-bas et de nos plus chères espérances d'union dans le sein de Dieu qui a créé l'amitié, comme l'a dit un grand poète, pour faire supporter la terre, qui a créé la mort pour faire regarder au delà du tombeau ! »

(*Gazette officielle de la Guadeloupe*, 4 *janvier* 1879.)

Les colonies ne s'en sont pas tenues à des discours. Désireuses de témoigner leur reconnaissance envers l'abbé de la Mennais d'une façon plus durable, elles ont voulu prendre part

Diocèse de Vannes (suite).

DATE DE LA FONDATION	CONGRÉGATIONS ou COMMUNAUTÉS	ENFANTS INSTRUITS	PERSONNES ASSISTÉES					TOTAL	SERVICES A L'ÉTRANGER et DANS LES COLONIES
			Hôpitaux et Hospices.	Orphelinats et Ouvroirs.	Maisons de refuge, de préservation et de correction.	Asiles d'aliénés et de sourds-muets.		
	Report...	75.000						
	Frères de l'Instruction chrétienne, dits de la Mennais. (Suite.)							
	A reporter...	75.000						

SERVICES	HISTORIQUE — FAITS PARTICULIERS
PENDANT LA GUERRE DE 1870-71	OBSERVATIONS

à la souscription faite en vue d'élever une statue au vénérable fondateur des Frères de l'Instruction chrétienne sur une des places de Ploërmel.

A la Martinique, la souscription a été ouverte dans les colonnes mêmes du *Moniteur officiel* de la colonie; et M. le contre-amiral Grasset la recommandait lui-même en ces termes :

« En autorisant l'ouverture d'une souscription destinée à concourir à l'érection de ce monument, le chef de la colonie fait appel aux sentiments de générosité des habitants de la Martinique, qui sans doute s'associeront à l'œuvre de reconnaissance dont la ville de Ploërmel a pris l'initiative. Il a la ferme confiance que cette souscription rencontrera d'autant plus de sympathie dans ce pays, que, depuis près d'un demi-siècle, les bienfaits de l'instruction y sont répandus, avec le plus louable dévouement, par les frères de cette Congrégation.

« Dans chaque localité, les souscriptions seront recueillies par les soins du frère directeur de l'école, qui en transmettra le montant au frère Arthur, directeur principal, spécialement chargé de centraliser et d'envoyer les offrandes en France.

« M. le gouverneur prie MM. les maires de vouloir bien, dans chaque commune, prêter leur concours empressé pour la réalisation de cette œuvre, et pense qu'ils feront tous leurs efforts pour en assurer le succès. »

D'autre part, le maire de la Basse-Terre (Guadeloupe) publiait dans la Gazette officielle l'appel suivant :

« Habitants de la Basse-Terre,

« Un appel est fait à nos cœurs! Parti de France, il est arrivé jusqu'à nous, après avoir trouvé un sympathique accueil, tant auprès de l'administration supérieure que dans toutes les parties de la colonie.

« Il s'agit d'un devoir à accomplir, d'un hommage à rendre à la mémoire de l'illustre abbé de la Mennais, l'un des hommes les plus méritants du siècle, de celui qui a renoncé, dans le cours d'une noble et laborieuse carrière, à l'éclat des dignités et aux jouissances qu'elles procurent, pour se livrer uniquement aux actes de bien, parmi lesquels nous comptons la création de cette belle institution des Frères de Ploërmel, qui, depuis plus de quarante ans que nous la possédons, répand de si grands bienfaits parmi nous.

« La ville de la Basse-Terre, à la tête de laquelle j'ai l'honneur d'être placé, ne manquera pas, je l'espère, de prendre sa part dans cet élan de gratitude que la Guadeloupe entière voudra manifester au prêtre vénéré, à l'éminent penseur dont la vie offre l'exemple d'un constant dévouement à l'humanité, en contribuant à l'érection de la statue qui doit lui être élevée au

Diocèse de Vannes (suite).

DATE DE LA FONDATION	CONGRÉGATIONS ou COMMUNAUTÉS	ENFANTS INSTRUITS	PERSONNES ASSISTÉES					TOTAL	SERVICES A L'ÉTRANGER et DANS LES COLONIES
			Hôpitaux et Hospices.	Orphelinats et Ouvroirs.	Maisons de refuge, de préservation et de correction.	Asiles d'aliénés et de sourds-muets.		
	Report...	75.000						
	Frères de l'Instruction chrétienne, dits de la Mennais. (Suite.)							
	Sœurs de la Charité de Saint-Louis. Cong. à sup. gén., aut. le 21 mars 1816. Maison mère à Vannes. 177 membres.	?						
	Sœurs de Saint-Jacut. Congr. à sup. gén., aut. les 17 janv. 1827 et 30 déc. 1854. Maison mère à Saint-Jacut. 105 membres.	?	?					
	A reporter...	75.000						

Morbihan. 649

SERVICES PENDANT LA GUERRE DE 1870-71	HISTORIQUE — FAITS PARTICULIERS — OBSERVATIONS
	milieu de cette population de Ploërmel qui a été témoin de sa gloire et de ses vertus. « Quant à nous, qui lui consacrons un éternel souvenir, nous n'oublions pas que c'est à son œuvre éminemment populaire que les colonies doivent d'avoir fait un pas si rapide dans la voie du progrès; et que c'est grâce à sa pieuse et généreuse initiative, qui a produit de si heureux effets dans les masses, privées jusqu'alors de toute lumière, que tant d'hommes distingués de la génération actuelle tiennent leur position dans la société. « En attendant la réunion du conseil municipal, que je dois convoquer incessamment à cet effet, et dont le concours est certain pour couronner vos efforts, une liste de souscription est ouverte à la mairie à partir de ce jour. « La population de cette ville, une fois de plus, prouvera, j'en ai l'espoir, malgré les rigueurs du temps, que le sentiment de la reconnaissance est impérissable dans le cœur du créole. « Basse-Terre, le 17 septembre 1877. « *Le maire,* « R. Jean ROMAIN. » Il est inutile d'ajouter rien à ces témoignages. Nous souhaitons seulement qu'ils consolent les frères des attaques et des calomnies dont ils sont l'objet dans un pays beaucoup plus voisin de leur berceau.
	Congrégation enseignante.
	Congrégation hospitalière et enseignante.

Diocèse de Vannes (suite).

DATE DE LA FONDATION	CONGRÉGATIONS ou COMMUNAUTÉS	ENFANTS INSTRUITS	PERSONNES ASSISTÉES				TOTAL	SERVICES A L'ÉTRANGER et DANS LES COLONIES
			Hôpitaux et Hospices.	Orphelinats et Ouvroirs.	Maisons de refuge, de préservation et de correction.	Asiles d'aliénés et de sourds-muets.		
	Report...	75.000						
	Filles de Jésus. Congr. à sup. gén., aut. les 31 octobre 1842, 12 mai 1853 et 28 juin 1857. Maison mère à Kermaria. 463 membres.	?	?					
	Dames de la Retraite. Congr. à sup. gén., aut. le 26 déc. 1850. Maison mère à Vannes. 86 membres.	?						
	Augustines de la Miséricorde de Jésus, à Auray. Comm. indép., autor. le 26 déc. 1810. 28 membres.		?					
	Augustines de la Miséricorde de Jésus, à Malestroit. Comm. indép., autor. les 26 décembre 1810 et 3 août 1867. 33 membres.		?					
	Ursulines, à Hennebont. Comm. indép., autor. le 22 mars 1827. 42 membres.	?						
	Ursulines, à Ploërmel. Comm. indép., autor. le 22 mars 1827. 39 membres.	?						
	A reporter...	75.000						

Morbihan. 651

SERVICES PENDANT LA GUERRE DE 1870-71	HISTORIQUE — FAITS PARTICULIERS OBSERVATIONS
.	Congrégation hospitalière et enseignante.
	Congrégation enseignante.
	Communauté hospitalière.
	Communauté hospitalière.
	Communauté enseignante.
	Communauté enseignante.

Diocèse de Vannes (suite).

DATE DE LA FONDATION	CONGRÉGATIONS ou COMMUNAUTÉS	ENFANTS INSTRUITS	PERSONNES ASSISTÉES					TOTAL	SERVICES A L'ÉTRANGER et DANS LES COLONIES
			Hôpitaux et Hospices.	Orphelinats et Ouvroirs.	Maisons de refuge, de préservation et de correction.	Asiles d'aliénés et de sourds-muets.		
	Report...	75.000						
	Ursulines, à Vannes. Comm. indép., aut. le 22 mars 1827. 47 membres.							
	Ursulines, au Faouet. Comm. indép., autor. le 13 oct. 1838. 34 membres.							
1866	**Carmélites, à Vannes.** Comm. indép. non aut. 21 membres.							
	TOTAL...	75.000						

DIOCÈSE DE VERDUN

DATE DE LA FONDATION	CONGRÉGATIONS ou COMMUNAUTÉS	ENFANTS INSTRUITS	PERSONNES ASSISTÉES					TOTAL	SERVICES A L'ÉTRANGER et DANS LES COLONIES
			Hôpitaux et Hospices.	Orphelinats et Ouvroirs.	Maisons de refuge, de préservation et de correction.	Asiles d'aliénés et de sourds-muets.		
	Clercs réguliers de Notre-Sauveur. Congr. non aut. Maison mère à Verdun.							
	Sœurs de Saint-Joseph de la Présentation. Congrégation diocésaine autorisée le 3 février 1864. Maison mère à Verdun. 73 membres.	1.800			160		160	

Morbihan. 653

SERVICES PENDANT LA GUERRE DE 1870-71	HISTORIQUE — FAITS PARTICULIERS OBSERVATIONS
	Communauté enseignante.
	Communauté enseignante.
	Vie contemplative.

MEUSE

	Maisons de retraite pour les prêtres et missions.
Desservi quatre ambulances. Deux sœurs sont mortes des suites des fatigues excessives qu'elles avaient affrontées.	Les Sœurs de Saint-Joseph de la Présentation possèdent un pensionnat et quelques écoles et salles d'asile; elles soignent les pauvres et les malades, tant dans les hôpitaux qu'à domicile; elles ont la direction d'une colonie pénitentiaire. Partout où elles reçoivent un traitement, il est inférieur au taux légal. Elles ne laissent pas néanmoins que d'instruire gratuitement dans leurs classes libres bon nombre d'élèves pauvres. Cette Congrégation appartient à la famille des Sœurs de Saint-Joseph du Puy. Elle a été fondée par Mgr Rossat, évêque de Verdun. La première supérieure générale et le premier supérieur sont morts victimes de leur dévouement, en 1854, en soignant les cholériques.

Diocèse de Verdun (suite).

DATE DE LA FONDATION	CONGRÉGATIONS ou COMMUNAUTÉS	ENFANTS INSTRUITS	PERSONNES ASSISTÉES					TOTAL	SERVICES A L'ÉTRANGER et DANS LES COLONIES
			Hôpitaux et Hospices.	Orphelinats et Ouvroirs.	Maisons de refuge, de préservation et de correction.	Asiles d'aliénés et de sourds-muets.		
	Report...	1.800			160		160	
1839	**Sœurs de Notre-Dame, à Verdun.** Communauté indépendante, autorisée les 19 novembre 1826 et 16 novembre 1840. 28 membres.	200						Depuis 1870, les sœurs envoient chaque année 200 fr. en Algérie, pour l'entretien d'une orpheline arabe.
1829	**Sœurs de Saint-Dominique, à Bar-le-Duc.** Comm. indép., autor. le 11 décembre 1852. 30 membres.	145						
	A reporter...	2.145			160		160	

SERVICES PENDANT LA GUERRE DE 1870-71	HISTORIQUE — FAITS PARTICULIERS OBSERVATIONS
Fourni aux ambulances de la ville 20 matelas, 40 paires de draps et 80 couvertures.	Le but principal de l'Institut de Notre-Dame est l'instruction gratuite des enfants pauvres; le but secondaire, l'éducation des jeunes filles de la classe aisée. Les classes gratuites comptent 120 élèves, pour lesquelles les sœurs ne reçoivent aucune subvention, et aux plus pauvres desquelles elles fournissent même des vêtements et de la nourriture. Leur monastère, fondé à Corbeil (Seine-et-Oise) en 1643, autorisé par Anne d'Autriche et par Louis XIV, dont elles conservent les signatures, a tout d'abord ouvert ses classes gratuitement. Chassées en 1792, les religieuses se réfugièrent toutes dans un village peu éloigné de Corbeil. Là, elles se livrèrent au travail manuel, afin de pourvoir à leur subsistance, mais sans abandonner l'instruction des enfants pauvres : les bons paysans, qui aimaient ces religieuses, envoyaient leurs petites filles auprès d'elles, pendant quelques heures chaque jour. Après la Terreur, la Communauté, conservée d'une manière providentielle par le sacré Cœur de Jésus, auquel elle s'était vouée, se transporta à Versailles pour y continuer l'instruction des pauvres et y reprendre l'éducation des jeunes filles de la classe aisée. En 1816, la maison fut chargée d'élever les jeunes filles des chevaliers de Saint-Louis. Souvent alors les religieuses furent honorées de la visite de la duchesse d'Angoulême, qui venait stimuler et encourager les plus grandes élèves. La chute des Bourbons, en 1830, réduisit le pensionnat à 14 élèves; les religieuses luttèrent pendant quelques années, mais sans se décharger des classes d'enfants pauvres, malgré la pénurie de leurs ressources. En 1839, la Communauté se transporta à Verdun, où elle continue son œuvre de prédilection, l'instruction des pauvres, que la force majeure seule pourrait lui faire abandonner.
Fourni de l'argent, des vêtements et divers secours aux prisonniers français.	Les Sœurs de Saint-Dominique se dévouent à l'éducation des jeunes filles. Plusieurs de leurs pensionnaires sont élevées par elles gratuitement. Elles assistent constamment 30 familles pauvres, et le budget moyen de leurs aumônes se monte à 5.000 fr. par an.

Diocèse de Verdun (suite).

DATE DE LA FONDATION	CONGRÉGATIONS ou COMMUNAUTÉS	ENFANTS INSTRUITS	PERSONNES ASSISTÉES				TOTAL	SERVICES A L'ÉTRANGER et DANS LES COLONIES
			Hôpitaux et Hospices.	Orphelinats et Ouvroirs.	Maisons de refuge, de préservation et de correction.	Asiles d'aliénés et de sourds-muets.		
	Report...	2.145			160		160	
1846	**Sœurs de la Compassion.** Congrégation non autorisée. Maison mère à Saint-Hilaire-en-Voëvre.	180	7				7	
	Total...	2.325	7		160		167	

DIOCÈSE DE VERSAILLES

1843	Sœurs des Écoles chrétiennes, dites de la Sainte-Enfance. Congrégation à supérieure générale, autorisée les 2 août 1844 et 13 septembre 1852. Maison mère à Versailles.	6.000	150				150	

SERVICES PENDANT LA GUERRE DE 1870-71	HISTORIQUE — FAITS PARTICULIERS OBSERVATIONS
Le pensionnat de Saint-Hilaire a servi durant 4 mois d'ambulance à près de 500 blessés. Les dépenses totales de cette maison durant la guerre s'ajoutant aux dégâts qu'elle a subis, s'élèvent à une somme totale de 24.000 fr. : une indemnité de 1.800 fr. lui a été allouée.	Les Sœurs de la Compassion se consacrent à l'éducation des jeunes filles de la campagne dans 3 pensionnats. Elles élèvent gratuitement quelques orphelines. Le seul pensionnat de Saint-Hilaire, depuis sa fondation, a élevé 2.800 jeunes filles, presque toutes enfants de la campagne, parmi lesquelles 77 ont obtenu leur brevet de capacité, 14 leur brevet supérieur. Aujourd'hui il compte 25 maîtresses pourvues du brevet simple, et 7 du brevet supérieur. La Congrégation possède actuellement, outre la maison mère à Saint-Hilaire, deux succursales : l'une à Vaucouleurs (Meuse), sous le titre de *Pensionnat de Jeanne-d'Arc;* l'autre à Vassy (Haute-Marne). Ce qui signale, à notre époque surtout, l'Institut de Saint-Hilaire, c'est son caractère d'utilité sociale, par les éminents services qu'il a rendus, en particulier à la classe agricole. Les élèves de Saint-Hilaire sont façonnées aux courageuses vertus aussi bien qu'aux habitudes simples et pratiques de la vie des champs, et sortent de pension maîtresses expérimentées pour la bonne tenue d'une maison ou d'une ferme. Ces heureux résultats attirèrent l'attention bienveillante du gouvernement, qui, sur le rapport d'inspecteurs d'agriculture envoyés à cet effet à Saint-Hilaire, accorda à l'Institut une gratification de 2.000 fr., pendant les trois dernières années de l'empire.

SEINE-ET-OISE

La Congrégation a transformé ses 3 principaux établissements en ambulances, où durant 10 mois elle a reçu, logé, nourri, soigné de nombreux malades et blessés. Plusieurs sœurs sont mortes dans l'exercice de cette œuvre de charité. La Congrégation a fait des sacrifices considérables pour entretenir ces 3 ambulances et	La Congrégation de la Sainte-Enfance s'occupe de l'instruction des jeunes filles et du soin des malades. Elle dirige 22 écoles communales et 28 écoles libres. A chacune des écoles de la campagne est attachée une sœur, spécialement chargée de visiter et de soigner à domicile les malades de la localité. Trois orphelinats, comprenant à peu près 150 orphelines, sont entretenus presque entièrement aux frais de la Congrégation. Le but spécial de cette Congrégation a été, dès le principe, de fournir des institutrices et des garde-malades dévouées aux populations des campagnes, trop souvent délaissées.

Diocèse de Versailles (suite).

DATE DE LA FONDATION	CONGRÉGATIONS ou COMMUNAUTÉS	ENFANTS INSTRUITS	PERSONNES ASSISTÉES				TOTAL	SERVICES A L'ÉTRANGER et DANS LES COLONIES
			Hôpitaux et Hospices.	Orphelinats et Ouvroirs.	Maisons de refuge, de préservation et de correction.	Asiles d'aliénés et de sourds-muets.		
	Report...	6.000		150			150	
	Sœurs des Écoles-Chrétiennes, dites de la Sainte-Enfance. (Suite.)							
	Sœurs de la Nativité de la Sainte-Vierge. Congr. à sup. gén. aut. le 7 juin 1826. Maison mère à S¹-Germain. 96 membres.	?						
	Augustines, à Étampes. Commun. aut. le 8 nov. 1810. 13 membres.		?					
1804	**Sœurs de Notre-Dame de Charité du Refuge,** à Versailles. Comm. indép., autor. le 23 juill. 1811. 31 membres.				200		200	
	Sœurs de Notre-Dame, à Étampes, Comm. indép., autor. le 19 nov. 1826. 29 membres.	?						
1767	**Sœurs de Notre-Dame,** à Versailles. Comm. indép,, aut. le 19 nov. 1826. 49 membres.	170		5			5	
	A reporter...	6.170		155	200		355	

Seine-et-Oise. 659

SERVICES PENDANT LA GUERRE DE 1870-71	HISTORIQUE — FAITS PARTICULIERS OBSERVATIONS
fournir aux malades tout ce qui pouvait leur être nécessaire, pour leur faire en quelque sorte retrouver loin du foyer les douceurs de la famille absente.	
Soigné des blessés.	Les Sœurs de la Nativité se dévouent exclusivement à l'éducation des jeunes filles. Dans leurs pensionnats, il y a toujours un certain nombre de pensionnaires élevées gratuitement. Elles reçoivent et instruisent sans rétribution dans leurs externats les enfants pauvres, et pourvoient souvent à leur nourriture et à leur habillement.
	Communauté hospitalière.
	Le Refuge de Versailles a pour but de recueillir les femmes ou filles égarées qui veulent revenir au bien, et d'offrir un asile aux enfants ou jeunes filles qui seraient exposées dans le monde à de graves dangers.
	Communauté enseignante.
Donné asile à de pauvres gens chassés de leur demeure par l'invasion.	Les Sœurs de Notre-Dame de Versailles appartiennent à la Congrégation fondée en 1597 par le bienheureux Fourier. Désireuse de faciliter l'instruction aux enfants du peuple, la reine Marie Leckzinska fit commencer en 1767 la construction d'une maison, avec le dessein d'y appeler les Sœurs de Notre-Dame. En 1772, les sœurs furent installées; en 1773, les classes gratuites s'ouvrirent et reçurent gratuitement, dès le commence-

Diocèse de Versailles (suite).

DATE DE LA FONDATION	CONGRÉGATIONS ou COMMUNAUTÉS	ENFANTS INSTRUITS	PERSONNES ASSISTÉES					TOTAL	SERVICES A L'ÉTRANGER et DANS LES COLONIES
			Hôpitaux et Hospices.	Orphelinats et Ouvroirs.	Maisons de refuge, de préservation et de correction.	Asiles d'aliénés et de sourds-muets.		
	Report...	6.170		155	200		355	
	Sœurs de Notre-Dame, à Versailles. (Suite.)							
	Bénédictines, à Mantes. Comm. indép., autor. le 17 janv. 1827. 23 membres.	?						
	Augustines, à Versailles. Communauté indépendante, autorisée le 3 mars 1869. 41 membres.		110				110	
	A reporter...	6.170	110	155	200		465	

SERVICES PENDANT LA GUERRE DE 1870-71	HISTORIQUE — FAITS PARTICULIERS OBSERVATIONS
	ment, 200 jeunes filles pauvres. Elles en comptaient 400 en 1792, au moment où une révolution, faite au nom de la liberté et du progrès, vint chasser les sœurs et ruiner leur œuvre. L'établissement des sœurs est aujourd'hui affecté au lycée. Après la Révolution, les sœurs revinrent à Versailles et rouvrirent leur école. Elles y instruisent aujourd'hui, gratuitement et à leurs frais, 70 enfants.
	Communauté enseignante.
Reçu en moyenne chaque jour, pendant un an, 15 blessés ou malades français, qui ont été soignés avec un admirable dévouement, auquel les médecins militaires ont maintes fois rendu hommage.	L'institution a pour but la pratique des œuvres de charité corporelle. Elle a établi à cet effet une vaste infirmerie, où elle reçoit 80 femmes pauvres, âgées et infirmes. Comme elle n'a ni rente ni subside d'aucune sorte, elle demande aux personnes qu'elle reçoit une pension dont la moyenne est de 1 fr. 50 c. par jour, pour le logement, la nourriture, le service, le chauffage, le blanchissage, le médecin et les médicaments. Dans une autre partie de ses bâtiments, la Communauté a établi un pensionnat de dames, dont les pensions plus ou moins élevées, en raison de la différence des appartements et du service, procurent à l'établissement des ressources qui lui permettent de soutenir sa première œuvre. Aux 80 personnes admises à l'infirmerie, la Communauté s'est engagée à adjoindre, tout à fait gratuitement, 20 femmes pauvres et malades, dont 10 au choix de Mgr l'évêque de Versaille, et 10 à celui de M. le préfet de Seine-et-Oise. Outre ce nombre, elle en reçoit encore au moins 10 autres, pour venir en aide à des misères vraiment urgentes, et que la charité officielle repousse; ce qui porte à 30 le nombre des personnes admises gratuitement. La Communauté des Augustines de Versailles doit son origine aux tracasseries des bureaucrates établis dans tous les hospices après 1830. Les Augustines étaient, depuis plus de trois cents ans, chargées de l'Hôtel-Dieu d'Auxerre, qu'elles desservaient avec un tel dévouement, à la satisfaction de tous, que, même dans les plus mauvais jours de la grande Révolution, on ne songea ni à les inquiéter ni à les remplacer; on se contenta de leur faire quitter leur costume. Elles furent moins heureuses avec les libéraux de 1830.

Diocèse de Versailles (suite).

DATE DE LA FONDATION	CONGRÉGATIONS ou COMMUNAUTÉS	ENFANTS INSTRUITS	PERSONNES ASSISTÉES				TOTAL	SERVICES A L'ÉTRANGER et DANS LES COLONIES
			Hôpitaux et Hospices.	Orphelinats et Ouvroirs.	Maisons de refuge, de préservation et de correction.	Asiles d'aliénés et de sourds-muets.		
	Report...	6.170	110	155	200		465	
	Augustines, à Versailles. (Suite.)							
	Sœurs du tiers ordre des Servites de Marie. Comm. indép., autor. le 3 juin 1876. 25 membres.	?	?					
	Dames franciscaines de Sainte-Élisabeth, à Monsoult. Comm. indép., autor. le 19 juin 1876. 25 membres.	?						
	Sœurs Augustines, à Saint-Germain-en-Laye. Comm. indép. non autor. 23 membres.		?					
	A reporter...	6.170	110	155	200		465	

Seine-et-Oise. 663

SERVICES pendant la guerre de 1870-71	HISTORIQUE — FAITS PARTICULIERS OBSERVATIONS
	Les administrateurs préposés à l'Hôtel-Dieu voulurent les réduire au rôle de simples domestiques, ne leur épargnant ni les vexations ni les avanies. Elles comprirent que la position ne serait bientôt plus tenable; et dès 1833 elles envoyèrent à Versailles une colonie de leurs sœurs pour y fonder une maison hospitalière indépendante de toute administration civile, maison qui pût leur servir d'asile quand elles se verraient forcées de quitter leur poste, et où elles pourraient, fidèles à leur vocation, continuer à pratiquer les œuvres de charité. Cette fondation marcha lentement dans les premières années, à cause du manque complet de ressources matérielles. Cependant elle ne tarda pas à rendre des services qui la firent justement apprécier par les esprits sérieux. Déjà, dans ces premières années si laborieuses et si gênées, elle put recueillir, pour les soigner, un certain nombre de femmes pauvres, abandonnées et infirmes, et assurer dans son pensionnat une existence honorable et indépendante à des personnes déchues de leur ancienne opulence par des revers de fortune.
	Communauté enseignante et hospitalière.
	Communauté enseignante.
	Soins aux malades à domicile. Maison de convalescence.

Diocèse de Versailles (suite).

DATE DE LA FONDATION	CONGRÉGATIONS ou COMMUNAUTÉS	ENFANTS INSTRUITS	PERSONNES ASSISTÉES				TOTAL	SERVICES A L'ÉTRANGER et DANS LES COLONIES
			Hôpitaux et Hospices.	Orphelinats et Ouvroirs.	Maisons de refuge, de préservation et de correction.	Asiles d'aliénés et de sourds-muets.		
	Report...	6.170	110	155	200		465	
	Carmélites, à Pontoise et à Saint-Germain-en-Laye. Comm. indép. non aut. 38 membres.							
1860	**Clarisses, à Versailles.** Comm. indép. non aut. 23 membres.							
1861	**Dominicaines du Très-Saint-Rosaire.** Congrégation non autorisée. Maison mère à Sèvres. 64 membres.	480						
	A reporter...	6.650	110	155	200		465	

| SERVICES | HISTORIQUE — FAITS PARTICULIERS |
PENDANT LA GUERRE DE 1870-71	OBSERVATIONS
	Vie contemplative.
	Vie contemplative.
Les pensionnats de Sèvres et de Bucquoy se sont trouvés à même d'ouvrir des ambulances à Sèvres, de septembre 1870 à mai 1871 ; 450 blessés étrangers ont été soignés par les religieuses. C'est à la vigilante charité de celles-ci que les pauvres de la ville ont dû le chauffage, le vêtement et une partie de leur nourriture. C'est à la prière de la supérieure (le comte Linard, touché de ses instances, adressa sa requête à l'empereur Guillaume, alors à Versailles) que la ville de Sèvres doit de n'avoir pas été imposée de la somme de *quatre cent trente mille francs* fixée par les autorités allemandes. Pendant la Commune, 500 Français ont reçu dans cette même ambulance les soins les plus fraternels et les plus assidus. Bucquoy a mis à la disposition du préfet du Pas-de-Calais 45 lits, lesquels ont été occupés simultanément par des soldats français et par des soldats allemands.	Le but de la Congrégation est l'éducation et l'instruction des jeunes filles. Elle s'y dévoue dans trois établissements comprenant : pensionnats, externats, écoles gratuites et œuvres dominicales. Dans les pensionnats, des demi-bourses sont accordées aux filles d'instituteurs. Quelques élèves sont admises gratuitement dans les externats. Dans les écoles gratuites, les élèves nécessiteuses sont nourries et entretenues par la Congrégation. Les religieuses institutrices sont munies de leurs diplômes. 150 de leurs élèves ont subi avec succès les épreuves des brevets.

Diocèse de Versailles (suite).

DATE DE LA FONDATION	CONGRÉGATIONS ou COMMUNAUTÉS	ENFANTS INSTRUITS	PERSONNES ASSISTÉES				TOTAL	SERVICES A L'ÉTRANGER et DANS LES COLONIES
			Hôpitaux et Hospices.	Orphelinats et Ouvroirs.	Maisons de refuge, de préservation et de correction.	Asiles d'aliénés et de sourds-muets.		
	Report...	6.650	110	155	200		465	
	Dominicaines du Très-Saint-Rosaire. (Suite.)							
	Sœurs Servantes du Sacré-Cœur de Jésus. Congrégation non autorisée. Maison mère à Argenteuil.		?	?	?			Maison en Angleterre et en Autriche.
	Total...	6.650	110	155	200		465	

SERVICES PENDANT LA GUERRE DE 1870-71	HISTORIQUE — FAITS PARTICULIERS OBSERVATIONS
Les prieures de ces deux couvents ont reçu des croix en témoignage des services rendus à la patrie en ces tristes jours.	
	L'Institut des Sœurs Servantes du Sacré-Cœur de Jésus, servantes des pauvres, a pris naissance à Paris et suit la règle de Saint-Augustin. Il compte aujourd'hui trois provinces : celle de France, celle d'Angleterre, celle d'Autriche, dont les chefs-lieux sont à Argenteuil, à Londres et à Vienne. Sous l'inspiration de la charité, les Servantes du Sacré-Cœur ont ouvert des maisons de préservation et de correction pour les petites filles pauvres délaissées ou orphelines, que l'abandon conduirait inévitablement à la misère et au déshonneur, et pour les jeunes personnes d'un âge plus avancé, des maisons de travail, des ouvroirs ou écoles professionnelles où elles puissent apprendre des états convenables pour les mettre à même de gagner leur vie et de devenir des ménagères chrétiennes, entendues et laborieuses. A cet effet, elles sont exercées aux divers soins du ménage, dans l'intérieur des maisons de la Congrégation. En outre les servantes du Sacré-Cœur patronnent les jeunes ouvrières externes dans les ateliers ou fabriques, les réunissent le soir, pour les cours d'instruction élémentaire, et le dimanche pour les récréer et leur faciliter leurs devoirs religieux. Elles joignent à ces œuvres diverses celles de miséricorde corporelle, en visitant les pauvres et en assistant les malades à domicile le jour et la nuit. Garde-malades des pauvres, les sœurs en sont encore les humbles servantes, en faisant leur ménage, la cuisine et en soignant leurs enfants. Elles offrent leurs soins aux malades pauvres, non seulement dans les maisons particulières, mais encore dans celles qui sont ouvertes par la charité publique ou privée, hôpitaux, infirmeries ou hospices. Elles ne donnent pas seulement leurs soins aux malades dans les hôpitaux, elles ouvrent encore des asiles aux vieillards pauvres et abandonnés, hommes et femmes. Elles acceptent la direction des maisons d'arrêt et des colonies pénitentiaires.

DIOCÈSE DE VIVIERS

DATE DE LA FONDATION	CONGRÉGATIONS ou COMMUNAUTÉS	ENFANTS INSTRUITS	PERSONNES ASSISTÉES					TOTAL	SERVICES A L'ÉTRANGER et DANS LES COLONIES
			Hôpitaux et Hospices.	Orphelinats et Ouvroirs.	Maisons de refuge, de préservation et de correction.	Asiles d'aliénés et de sourds-muets.		
1822	**Prêtres de St-Basile.** Congrégation non autorisée. Maison mère à Annonay. 80 membres.	811						Un collège à Blidah.
1822	**Sœurs de Saint-Joseph.** Congrégation à supérieure générale, autorisée les 22 février 1829, 20 juillet 1859 et 10 mai 1876. Maison mère à Aubenas. 110 écoles. 390 membres.	7.727		140		72	212	
	A reporter...	8.538		140		72	212	

ARDÈCHE

SERVICES PENDANT LA GUERRE DE 1870-71	HISTORIQUE — FAITS PARTICULIERS OBSERVATIONS
	Les Basiliens se dévouent d'une façon spéciale à l'éducation de la jeunesse. Ils dirigent 4 collèges et 3 petits séminaires.
Deux établissements ont été convertis en ambulances; les sœurs ont en outre soigné les blessés dans les ambulances de Marseille.	Les Sœurs de Saint-Joseph d'Aubenas dirigent des écoles, pensionnats et externats, des salles d'asile, des ouvroirs, des orphelinats; elles font des cours pour les adultes, visitent les malades et les pauvres à domicile, et desservent plusieurs établissements d'aliénés. Bon nombre de leurs écoles libres sont gratuites; les orphelinats de jeunes filles et les ouvroirs sont entièrement à la charge de la Congrégation. La fondation de cette Congrégation est l'œuvre de M. l'abbé Mazard. Appelé en 1804 à organiser la paroisse de Vesseaux, il avait d'abord été douloureusement frappé de l'état d'ignorance où se trouvaient les enfants : il résolut donc d'apporter un remède à ce mal bien regrettable. Dans ce but, le saint prêtre jeta les yeux sur deux filles vertueuses de sa paroisse. Après s'être assuré de leur dévouement aux œuvres de bien, il les engagea à ouvrir une école, et s'imposa pour cette fondation de pénibles sacrifices. Les premiers essais dépassèrent les espérances du pieux fondateur. Son âme sacerdotale conçut alors le dessein de pousser plus avant une œuvre qui lui sembla providentielle, et d'assurer non seulement à sa paroisse, mais encore à un grand nombre d'autres qui en étaient dépourvues, le bienfait de l'instruction chrétienne. Pour atteindre cette fin, M. Mazard, encouragé par ses supérieurs, donna de nouvelles compagnes aux premières filles qu'il avait réunies. Les dévouements ne firent pas défaut, et la petite Communauté reçut en 1822 une première approbation de Mgr de Mons, alors évêque de Viviers; elle adopta les statuts et les règles des Sœurs de Saint-Joseph, établies au Puy en 1650 par Mgr de Maupas, et approuvées en 1651 par le roi Louis XIV. La Communauté de Vesseaux fut successivement dirigée, dans son berceau, par deux supérieures de la maison de Lyon, où la Congrégation de Saint-Joseph avait été rétablie, après la Révolution de 93, par le cardinal Fesch. Depuis lors, la Congrégation de Vesseaux, dont le siège vient d'être transféré à Aubenas, s'est rapidement développée. Elle compte aujourd'hui 390 religieuses, dirigeant 110 écoles publiques ou libres. On peut citer quelques faits, entre beaucoup d'autres, qui sont tout à l'honneur des Sœurs de Saint-Joseph. En 1854, bon nombre des sœurs se dévouèrent, au Pont-d'Aubenas (Ardèche), aux soins des pauvres cholériques, délaissés même des leurs. En 1865, plusieurs d'entre elles se dévouèrent de

Diocèse de Viviers (suite).

DATE DE LA FONDATION	CONGRÉGATIONS ou COMMUNAUTÉS	ENFANTS INSTRUITS	PERSONNES ASSISTÉES					TOTAL	SERVICES A L'ÉTRANGER et DANS LES COLONIES
			Hôpitaux et Hospices.	Orphelinats et Ouvroirs.	Maisons de refuge, de préservation et de correction.	Asiles d'aliénés et de sourds-muets.			
	Report...	8.538		140		72	212	
	Sœurs de Saint-Joseph. (Suite.)							
	Sœurs de Saint-Joseph. Congrégation à supérieure générale, autorisée le 14 février 1830. Maison mère aux Vans. 515 membres.	7.000	115	200			315	
	A reporter...	15.538	115	340		72	527	

SERVICES PENDANT LA GUERRE DE 1870-71	HISTORIQUE — FAITS PARTICULIERS OBSERVATIONS
	même à Toulon, pendant que sévissait le même fléau. La sainte directrice, atteinte du choléra en prodiguant ses soins aux pauvres malades, mourut victime de son dévouement. En 1866, les religieuses furent appelées à donner leurs soins, à Marseille, aux élèves du lycée, atteints du typhus; l'une d'elles contracta la terrible maladie, qui la conduisit en quelques jours au tombeau. Il y a quelques années une des sœurs retira de l'eau, au péril de sa vie, une petite fille qui se noyait. Une médaille fut accordée à ce dévouement. En 1878, au mois de juillet, une autre sœur a failli être victime d'un acte de même courage : elle s'élançait dans la mer pour saisir une élève qu'elle accompagnait au bain, et qui était entraînée par le reflux des eaux, lorsqu'elle disparut elle-même avec l'enfant, et ne put être retrouvée que dix minutes après. Elle fut retirée sans connaissance par un habile pêcheur qui avait déjà sauvé l'enfant. Cette pauvre religieuse a fait à la suite de cet accident une pénible maladie, dont elle se relève à peine; son dévouement a passé inaperçu ici-bas; son sauveur a été récompensé. Une des religieuses a reçu une médaille d'argent, en récompense de son dévouement dans l'œuvre des écoles primaires. 10 autres ont obtenu des médailles de bronze, et 15 d'entre elles ont reçu des mentions honorables.
Une ambulance a été établie à la maison mère. En outre, les sœurs ont soigné les malades et les blessés dans 15 hôpitaux.	Les Sœurs de Saint-Joseph des Vans soignent les malades, soit à domicile, soit dans les hôpitaux; elles élèvent et instruisent les jeunes filles dans divers établissements, pensionnats, externats, salles d'asile, cours d'adultes, orphelinats, ouvroirs. 80 jeunes filles, en moyenne, sont élevées chaque année dans les divers pensionnats, où on les initie à toutes les études nécessaires pour leur permettre d'affronter victorieusement les épreuves des brevets. Un orphelinat de 50 enfants est entièrement à la charge de la Congrégation. La fondatrice, sœur Marie-Thérèse Castanieu, ouvrit, immédiatement après la Révolution, une école qui existe encore aux Vans, et qui n'a cessé de recevoir et d'instruire gratuitement les enfants pauvres. Telle est l'origine de la Congrégation. La maison mère a soigné et nourri presque exclusivement à ses frais, pendant plus de 45 ans, les indigents et les malades de l'hôpital des Vans. En outre, elle a toujours répandu autour d'elle d'abondantes aumônes. En 1835 et en 1854, les Sœurs de Saint-Joseph ont soigné les cholériques avec un grand dévouement.

Diocèse de Viviers (suite).

DATE DE LA FONDATION	CONGRÉGATIONS ou COMMUNAUTÉS	ENFANTS INSTRUITS	PERSONNES ASSISTÉES				TOTAL	SERVICES A L'ÉTRANGER et DANS LES COLONIES
			Hôpitaux et Hospices.	Orphelinats et Ouvroirs.	Maisons de refuge, de préservation et de correction.	Asiles d'aliénés et de sourds-muets.		
	Report...	15.538	115	340		72	527	
1796	**Sœurs de la Présentation de Marie.** Congrégation à supérieure générale, autorisée le 29 mai 1830. Maison mère à Bourg-Saint-Andéol. 1.436 membres.	30.000	300	533			833	La Congrégation possède au Canada 16 maisons où sont instruites 2.250 élèves.
	Sœurs de Saint-Joseph. Congr. à sup. gén., aut. les 26 novembre 1840 et 23 mai 1855. Maison mère au Cheylard. 85 membres.	2.800		210			210	
	A reporter...	48.338	415	1.083		72	1.570	

Ardèche.

SERVICES PENDANT LA GUERRE DE 1870-71	HISTORIQUE — FAITS PARTICULIERS OBSERVATIONS
Plus de 1.000 blessés ont été recueillis et soignés par les sœurs.	L'instruction et l'éducation des jeunes filles, tel est le but spécial de cette Congrégation. Elle dirige en France 202 maisons d'écoles, auxquelles sont annexés 64 salles d'asile, 29 ouvroirs ou orphelinats, 18 hospices et 20 pharmacies. Beaucoup d'enfants sont instruites gratuitement. Les orphelinats sont presque entièrement à la charge de la Congrégation. Les épargnes de la Congrégation sont employées au soulagement des pauvres, et particulièrement des orphelines. Les sœurs ne se lient par aucun vœu. La dot qu'elles apportent à la Congrégation, en y entrant, ne peut dépasser 3.000 fr. Les Sœurs de la Présentation de Marie ont été fondées le 21 novembre 1796, par la vénérable Marie Rivier, pour l'instruction des enfants du peuple. Dans son désir de soulager le prochain, elle ouvrit, peu après la fondation de son Institut, une pharmacie où les gens du pays trouvèrent de grandes ressources. La vénérable fondatrice faisait elle-même d'abondantes aumônes, et elle n'a cessé de secourir, dans les bornes du possible, toutes les catégories de malheureux. Dès l'origine de la Congrégation, plusieurs orphelines furent recueillies par la vénérable mère, et bientôt, désireuse de créer une œuvre spéciale pour cette classe si malheureuse et si intéressante, elle sollicita et obtint des autorités civiles et ecclésiastiques l'autorisation d'établir cette œuvre des orphelinats qu'on a justement appelée « l'Œuvre du cœur de la vénérable mère Rivier ». Cette bonne mère reçut de son vivant 500 orphelines, qu'elle a nourries et entretenues : « Tant que j'aurai un morceau de pain, disait-elle, je le partagerai avec ces pauvres enfants. » La vénérable fondatrice fut assistée dans l'établissement de sa Congrégation par les sages conseils de M. Pontanier, sulpicien, et par ceux de M. Vernet, vicaire général de Viviers. Ce dernier rédigea les règles de l'Institut de concert avec la vénérable mère, et tous deux s'attachèrent à perpétuer l'esprit de charité parmi les membres de la Congrégation, restée depuis lors religieusement fidèle à leur enseignement et à leur exemple.
Confectionné des vêtements pour les mobilisés, et préparé de la charpie pour les blessés.	Les Sœurs de Saint-Joseph du Cheylard instruisent les jeunes filles, élèvent les orphelines, dirigent des ouvroirs et des ateliers de jeunes filles, visitent à domicile les malades et les familles pauvres. Les orphelinats sont à la charge de la Congrégation, et les écoles libres reçoivent gratuitement les enfants pauvres. Cette Congrégation a été fondée au Cheylard, vers le milieu du dernier siècle, par une religieuse de la Congrégation de Saint-Joseph de Saint-Didier (Haute-Loire). Obligée de se dis-

Diocèse de Viviers (suite).

DATE DE LA FONDATION	CONGRÉGATIONS ou COMMUNAUTÉS	ENFANTS INSTRUITS	PERSONNES ASSISTÉES				TOTAL	SERVICES A L'ÉTRANGER et DANS LES COLONIES
			Hôpitaux et Hospices.	Orphelinats et Ouvroirs.	Maisons de refuge, de préservation et de correction.	Asiles d'aliénés et de sourds-muets.		
	Report...	48.338	415	1.083		72	1.570	
	Sœurs de Saint-Joseph. (Suite.)							
1819	**Filles des Sacrés-Cœurs de Jésus et de Marie.** Congrégation à supérieure générale, autorisée les 1er août 1853 et 16 août 1859. Maison mère à Tournon. 128 membres.	6.890		250			250	
	A reporter...	55.228	415	1.333		72	1.820	

Ardèche. 675

SERVICES PENDANT LA GUERRE DE 1870-71	HISTORIQUE — FAITS PARTICULIERS OBSERVATIONS
	perser pendant la tourmente révolutionnaire, elle fut rétablie en 1806 par les sœurs échappées à la persécution. Encouragées et soutenues par M. le curé et les habitants de la ville, où elles n'avaient cessé de faire le bien en secret, elles ouvrirent d'abord une école gratuite et un modeste pensionnat. Malgré les faibles ressources d'une minime rétribution, la Communauté du Cheylard sut trouver dans ses économies le moyen de fournir du pain à beaucoup d'enfants qui, sans ce secours, n'auraient pu fréquenter les écoles. Les malades et les familles pauvres étaient également assistés par les soins charitables des sœurs, qui consacraient à cette œuvre l'intervalle des classes et les jours de congé. Dans la suite, la Congrégation a étendu ses œuvres dans les communes voisines et dans divers départements, au prix de nombreux et grands sacrifices, nécessités surtout par l'entretien des écoles non rétribuées et des orphelinats.
La maison mère a été convertie en une ambulance, où les sœurs ont soigné avec le plus grand dévouement, pendant plusieurs mois, des soldats malades ou blessés.	L'éducation des enfants, spécialement des enfants pauvres des campagnes, le soin des orphelins, la direction d'ouvroirs, la visite et l'assistance à domicile des pauvres, des malades et des infirmes auxquels on distribue des aliments, des vêtements, du linge, de l'argent, selon leurs besoins et les ressources de chaque Communauté, telles sont les principales œuvres auxquelles les Filles du Sacré-Cœur consacrent leur vie. Le nombre de malades et de vieillards qu'elles visitent et assistent peut s'évaluer approximativement à 1.250 chaque année. A l'exception de l'enseignement, toutes ces œuvres sont faites gratuitement. Cette Congrégation a été fondée par le curé d'Étables, dans le but de faire cesser l'ignorance où végétait, depuis la Révolution, la population de sa paroisse. Elle a subi dans le commencement de grandes épreuves, entre autres deux incendies, qui la réduisirent à la plus complète détresse. Elle n'en a pas moins continué et développé les œuvres de dévouement en vue desquelles elle a été établie.

Diocèse de Viviers (suite).

DATE DE LA FONDATION	CONGRÉGATIONS ou COMMUNAUTÉS	ENFANTS INSTRUITS	PERSONNES ASSISTÉES				TOTAL	SERVICES A L'ÉTRANGER et DANS LES COLONIES
			Hôpitaux et Hospices.	Orphelinats et Ouvroirs.	Maisons de refuge, de préservation et de correction.	Asiles d'aliénés et de sourds-muets.		
	Report...	55.228	415	1.333		72	1.820	
1805	**Sœurs du Sacré-Cœur de Jésus.** Congrégation à supérieure générale, autorisée les 14 décembre 1853 et 14 janvier 1861. Maison mère à Privas. 155 membres.	2.880		30			30	
1703	**Sœurs de Saint-Joseph.** Congrégation à supérieure générale, autorisée le 1er février 1854. Maison mère à Saint-Félicien. 171 membres.	2.840		40			40	
	Sœurs de Saint-Régis. Congrégation à supérieure générale, autorisée le 19 avril 1854. Maison mère à Aubenas. 234 membres.	4.000	400	12		?	412	
	A reporter...	64.948	815	1.415		72	2.302	

Ardèche.

SERVICES PENDANT LA GUERRE DE 1870-71	HISTORIQUE — FAITS PARTICULIERS — OBSERVATIONS
L'établissement de Privas a été transformé en ambulance; les sœurs y ont soigné, pendant plusieurs mois, une centaine de soldats malades ou blessés.	Les Sœurs du Sacré-Cœur de Privas dirigent des écoles à la campagne, desservent des hospices et visitent gratuitement les malades pauvres à domicile. Un orphelinat est annexé à la maison mère : 30 orphelines y sont élevées aux frais de la Congrégation. En 1805, une petite commune de l'Ardèche (Saint-Julien-du-Gua), privée d'école et d'instruction religieuse, trouva l'une et l'autre dans le dévouement d'une jeune personne de la paroisse. Mlle Susanne Charbonnier, ayant résolu de faire le plus de bien possible à son pays, ouvrit une école chrétienne, où furent admis les enfants des deux sexes. Une compagne de Mlle Charbonnier, touchée de son exemple, la suivit, et, en 1810, les deux nouvelles institutrices obtinrent de fonder une Congrégation en l'honneur du sacré Cœur de Jésus. Quelques demoiselles de la paroisse et des paroisses environnantes entrèrent dans cette Congrégation naissante, et devinrent à leur tour institutrices des campagnes et garde-malades des pauvres. La petite Congrégation compte aujourd'hui 155 membres, répandus dans 55 paroisses de 3 départements.
Envoyé du linge et de l'argent.	Les Sœurs de Saint-Joseph de Saint-Félicien se dévouent à l'éducation des jeunes filles, au soin des pauvres et des orphelines, à la visite des malades à domicile. Toutes leurs économies sont distribuées en aumônes aux pauvres. Elles dirigent un orphelinat, dont l'entretien est à leur charge au moins pour moitié. Les Sœurs de Saint-Joseph ont été envoyées en 1703 à Saint-Félicien, par l'archevêque de Vienne, sur la demande de M. Chômetier, curé de la paroisse.
Une maison, cédée d'abord pour le logement des mobilisés, fut ensuite transformée en ambulance, où les sœurs soignèrent un certain nombre de malades et de blessés.	L'instruction des enfants est le but principal de la Congrégation; mais les Sœurs de Saint-Régis dirigent en outre des orphelinats, des hospices, une maison d'aliénés, et soignent les malades à domicile. 12 orphelines sont élevées aux frais de la maison mère. Cette Congrégation a été fondée au commencement de ce siècle par un pieux ecclésiastique, l'abbé Therme, pour l'instruction des enfants pauvres. Établie d'abord à Aps, puis à la Louvesc, la maison mère a été transférée en 1844 à Aubenas. En 1854, les Sœurs de Saint-Régis soignèrent les cholériques

Diocèse de Viviers (suite).

DATE DE LA FONDATION	CONGRÉGATIONS ou COMMUNAUTÉS	ENFANTS INSTRUITS	PERSONNES ASSISTÉES				TOTAL	SERVICES A L'ÉTRANGER et DANS LES COLONIES
			Hôpitaux et Hospices.	Orphelinats et Ouvroirs.	Maisons de refuge, de préservation et de correction.	Asiles d'aliénés et de sourds-muets.		
	Report...	64.948	815	1.415		72	2.302	
	Sœurs de Saint-Régis. (Suite.)							
	Sœurs de Saint-Joseph. Congr. à sup. gén., autor. le 23 déc. 1854. Maison mère à Saint-Étienne de Lugdarès. 132 membres.	?	?					
	Sœurs de Saint-Joseph, à Vanesc. Congr. à sup. gén. aut. le 26 juin 1855. Maison mère à Vanesc. 40 membres.	?	?					
	Sœurs de Saint-Joseph, à Ruoms. Congr. à sup. gén., aut. les 4 août 1856 et 14 août 1876. 93 membres.	?	?					
	Ursulines, à Annonay. Comm. indép., autor. le 15 juin 1807. 41 membres.	?						
	Ursulines, à Boulieu. Commun. indép., aut. le 4 octobre 1826. 30 membres.	?						
	A reporter...	64.948	815	1.415		72	2.302	

Ardèche.

SERVICES PENDANT LA GUERRE DE 1870-71	HISTORIQUE — FAITS PARTICULIERS OBSERVATIONS
	avec un admirable dévouement, restant seules auprès du chevet des malheureux que tout le monde abandonnait. Plusieurs sœurs furent atteintes par le fléau; l'une d'elles mourut victime de sa charité.
	Congrégation enseignante et hospitalière.
	Congrégation enseignante et hospitalière.
	Congrégation enseignante et hospitalière.
	Communauté enseignante.
	Communauté enseignante.

Diocèse de Viviers (suite).

DATE DE LA FONDATION	CONGRÉGATIONS ou COMMUNAUTÉS	ENFANTS INSTRUITS	PERSONNES ASSISTÉES				TOTAL	SERVICES A L'ÉTRANGER et DANS LES COLONIES
			Hôpitaux et Hospices.	Orphelinats et Ouvroirs.	Maisons de refuge, de préservation et de correction.	Asiles d'aliénés et de sourds-muets.		
	Report...	64.948	815	1.415		72	2.302	
1661	**Sœurs de St-Joseph, à Satillieu.** Communauté indépendante, autorisée le 11 novembre 1827.	900						
	A reporter...	65.848	815	1.415		72	2.302	

Ardèche. 681

SERVICES PENDANT LA GUERRE DE 1870-71	HISTORIQUE — FAITS PARTICULIERS OBSERVATIONS
Envoyé de l'argent et confectionné des vêtements, préparé des linges et de la charpie pour les blessés, tout cela au prix de réels sacrifices.	Quoique autorisées, comme simple Communauté, les Sœurs de Saint-Joseph de Satillieu n'en forment pas moins en réalité une petite Congrégation qui dirige 10 écoles, visite et assiste gratuitement les malades, et élève à ses frais un certain nombre d'orphelines. Dès l'année 1661, les habitants de Satillieu, désirant des religieuses pour élever la jeunesse chrétienne et soigner les malades, obtinrent de Mgr Henri de Villars, archevêque de Vienne, de qui Satillieu dépendait, un établissement de Sœurs de Saint-Joseph, fondées depuis peu par le R. P. Médaille, dans le diocèse du Puy, sous la direction et avec l'autorisation de Mgr de Maupas, évêque de ce diocèse, en 1650. Les religieuses sont constamment désignées, dans les manuscrits de cette époque, sous le nom de Sœurs hospitalières de Saint-Joseph. En 1682, Mgr l'archevêque de Vienne envoie Mme Marie Grangeoir, supérieure des sœurs de Satillieu, fonder une maison à Saint-Sauveur. Les mêmes manuscrits constatent que la Communauté de Satillieu a contribué, par l'envoi de sujets, à la fondation de plusieurs autres établissements, tels que ceux de Saint-Félicien, de la Louvesc, de Saint-Vallier et de Crest, dans la Drôme. On y voit encore que, dès l'origine, les Sœurs hospitalières de Saint-Joseph se sont occupées tout à la fois de l'instruction des jeunes filles et du soin des malades, soit dans les hospices, comme à Saint-Vallier et à Annonay, soit à domicile. Un siècle environ après la fondation de l'établissement de Satillieu, une pétition, faite et signée par les notables de la paroisse, demandait au roi la reconnaissance légale de la Communauté des hospitalières de Saint-Joseph de Satillieu. On y lisait : « Les pasteurs, dans les contrées éloignées des grandes villes, n'ont aucun moyen de remplir les objets qui tendent également au bien commun de la religion et de l'État. Le curé de Satillieu est heureux de trouver dans la Communauté des hospitalières de Saint-Joseph des ressources qui l'empêchent de désespérer de son zèle ; c'est là où il fait élever des jeunes personnes du sexe de tout état, qui y prennent les principes de la religion et se préservent de l'ignorance et des désordres qui en sont la suite, qui dans tous les cas sont si nuisibles à la société ; c'est là où les moindres infirmités sont soulagées par les courses et les visites de ces ferventes sœurs, qui se vouent à prolonger la vie à tant de malheureux par leurs soins. » A cette pétition Louis XVI répondit par une approbation de la Communauté de Satillieu, motivée par les services des Sœurs de Saint-Joseph et la confiance universelle dont elles jouissaient, soit comme institutrices, soit comme hospitalières. Cette

Diocèse de Viviers (suite).

DATE DE LA FONDATION	CONGRÉGATIONS ou COMMUNAUTÉS	ENFANTS INSTRUITS	PERSONNES ASSISTÉES					TOTAL	SERVICES A L'ÉTRANGER et DANS LES COLONIES
			Hôpitaux et Hospices.	Orphelinats et Ouvroirs.	Maisons de refuge, de préservation et de correction.	Asiles d'aliénés et de sourds-muets.		
	Report...	65.848	815	1.415		72	2.302	
	Sœurs de Satillien. (Suite.)							
1624	Sœurs de Notre-Dame, à **Tournon**. Communauté indépendante, autorisée le 23 mars 1828. 37 membres.	220						
1814	Sœurs de la Providence, à **Annonay**. Communauté indépendante, autorisée le 24 janvier 1843. 70 membres.	185		92			92	
	A reporter...	66.253	815	1.507		72	2.394	

SERVICES PENDANT LA GUERRE DE 1870-71	HISTORIQUE — FAITS PARTICULIERS OBSERVATIONS
	approbation et cette reconnaissance légales furent renouvelées, appuyées sur des considérants identiques, en juin 1776. En 1780, à la demande de la ville de Tain (Drôme), et sur l'autorisation expresse de l'archevêque de Vienne, Mme Jeanne-Marie Courbis, supérieure hospitalière de Saint-Joseph de Satillieu, envoie des sœurs de la Communauté à Tain, pour l'instruction gratuite des pauvres filles de la paroisse et le service de l'hôpital de la même ville. « Elles devront encore, s'il y a lieu, ajoute le manuscrit, s'employer à la direction d'une école payante. » Après la tourmente révolutionnaire, les Sœurs hospitalières de Saint-Joseph de Satillieu, rentrées dans leur modeste établissement, ont continué les œuvres de leurs devancières. Comme elles, leur dévouement se partage entre les jeunes filles à instruire, souvent gratuitement, et les malades à soigner, toujours sans aucune rétribution pécuniaire. La Communauté de Saint-Joseph de Satillieu s'est établie depuis lors sur un emplacement plus vaste et plus sain, sur lequel elle a construit des classes vastes et aérées, où la santé des élèves reçoit des soins aussi minutieux que leur instruction y est cultivée avec un dévouement éclairé et patient. De la maison de Satillieu dépendent 9 autres établissements, où les sœurs prodiguent les mêmes soins dévoués aux jeunes filles et aux malades.
Ouvert une ambulance et soigné des malades et des blessés.	Les Sœurs de Notre-Dame de Tournon appartiennent à la Congrégation de Notre-Dame de Bordeaux. Elles constituent une Communauté indépendante. Dispersées par la Révolution, elles revinrent en 1806, achetèrent une nouvelle maison pour remplacer celle qu'on avait confisquée et vendue, et au prix de grands sacrifices commencèrent à ouvrir des classes gratuites. Aujourd'hui elles instruisent des jeunes filles de toutes les conditions, et assistent un grand nombre de malheureux.
Une ambulance a été établie dans la maison.	L'œuvre principale des Sœurs de la Providence d'Annonay est un orphelinat de jeunes filles qu'elles recueillent dès l'âge de deux ans, qu'elles nourrissent, habillent et élèvent gratuitement. Pour augmenter les ressources de cette œuvre et multiplier par conséquent le nombre des orphelines, les sœurs ont fondé une œuvre de garde-malades à domicile, et ont accepté la direction de deux asiles, l'un communal, l'autre libre. L'orphelinat ne vit, en effet, que de leur travail. La dépense personnelle de chaque sœur s'élève en moyenne à 238 fr. par an.

Diocèse de Viviers (suite).

DATE DE LA FONDATION	CONGRÉGATIONS ou COMMUNAUTÉS	ENFANTS INSTRUITS	PERSONNES ASSISTÉES					SERVICES A L'ÉTRANGER et DANS LES COLONIES
			Hôpitaux et Hospices.	Orphelinats et Ouvroirs.	Maisons de refuge, de préservation et de correction.	Asiles d'aliénés et de sourds-muets.	TOTAL	
	Report...	66.253	815	1.507		72	2.394	
	Sœurs de la Providence. (Suite.)							
	Sœurs du tiers ordre de Saint-Dominique, à Saint-Jean-de-Pourcharesse. Comm. indép. non aut. 17 membres.	?						
1840	Carmélites, aux Vans. Comm. indép. non aut. 17 membres.							
1825	Sœurs de l'Immaculée-Conception, à Meysse. Comm. indép. non aut. 36 membres.	?						
1722	Sœurs de St-Joseph, à St-Julien de Vocance. Comm. indép. non aut. 12 membres.	?						
1860	Sœurs de Saint-Joseph, à Villevocance. Comm. indép. non aut. 10 membres.	?						
	A reporter...	66.253	815	1.507		72	2.394	

SERVICES PENDANT LA GUERRE DE 1870-71	HISTORIQUE — FAITS PARTICULIERS OBSERVATIONS
	La Providence a été fondée par deux pieuses jeunes filles, Marie et Thérèse Lioud, sous l'inspiration du curé d'Annonay. Les jeunes orphelines sont non seulement entretenues, élevées, instruites, mais encore placées par les sœurs, et quand elles sont sans position elles reviennent à la Providence, assurées de trouver toujours un bon accueil de la part des sœurs dévouées qui leur tiennent lieu de famille.
	Communauté enseignante.
	Vie contemplative.
	Communauté enseignante.
	Communauté enseignante.
	Communauté enseignante.

Diocèse de Viviers.

DATE DE LA FONDATION	CONGRÉGATIONS ou COMMUNAUTÉS	ENFANTS INSTRUITS	Hôpitaux et Hospices	Orphelinats et Ouvroirs	Maisons de refuge, de préservation et de correction.	Asiles d'aliénés et de sourds-muets.	TOTAL	SERVICES A L'ÉTRANGER et DANS LES COLONIES
	Report...	66.253	815	1.507		72	2.394	
1857	**Sœurs de Saint-Roch, à Antraigues.** Comm. indép. non aut. 27 membres.							
1712	**Sœurs de Saint-Joseph.** Maison mère à la Louvesc. 6 maisons. Congrég. non autor.	650	20				20	
	TOTAL...	66.903	835	1.507		72	2.414	

DIOCÈSES D'ALGER, DE CONSTANTINE ET D'ORAN

DATE DE LA FONDATION	CONGRÉGATIONS ou COMMUNAUTÉS	ENFANTS INSTRUITS	Hôpitaux et Hospices	Orphelinats et Ouvroirs	Maisons de refuge, de préservation et de correction.	Asiles d'aliénés et de sourds-muets.	TOTAL	SERVICES A L'ÉTRANGER et DANS LES COLONIES
1868	**Association enseignante de Notre-Dame d'Afrique.** Congrégation autorisée le 31 août 1878. Maison mère à Alger. 138 prêtres et frères. 65 sœurs.	515	?	305			305	L'Association de Notre-Dame d'Afrique a recueilli plus de 1.800 orphelins de la famine de 1867-1868. Les survivants ont été mariés et établis dans les deux villages nouveaux de Saint-Cyprien et de Sainte-Monique. (Voir la colonne de l'historique.)

Ardèche.		687
SERVICES PENDANT LA GUERRE DE 1870-71	HISTORIQUE — FAITS PARTICULIERS OBSERVATIONS	
	Soins aux malades.	
Envoyé des secours.	Les Sœurs de Saint-Joseph de la Louvesc instruisent les enfants dans plusieurs écoles, desservent un hospice et soignent les malades à domicile. En outre, elles assistent 53 enfants pauvres. Cette fondation fut faite par Armand de Béthune, archevêque de Vienne, sur les demandes instantes des habitants de la Louvesc.	

ALGÉRIE

Cette Congrégation remonte à l'année 1868. Mgr l'archevêque d'Alger fit alors appel à tous ceux qui voulaient bien se consacrer à l'éducation des orphelines recueillies par ses soins. Un orphelinat de garçons et un autre de filles furent aussitôt établis, et l'association se trouva fondée. Les orphelins furent ensuite placés dans des ateliers ou des ouvroirs, où apprirent à défricher et à cultiver la terre. Plus tard, des villages furent créés, et un hôpital ne tarda pas à s'élever pour recevoir les indigènes, qui y vinrent en grand nombre. Des établissements furent installés dans les principaux centres de la Kabylie et jusque sur les frontières les plus reculées des possessions françaises dans le sud. Partout où ils résident, les membres de l'association se livrent tout entiers aux œuvres de charité auxquelles ils ont voué leur existence, enseignant aux enfants la langue française, recueillant les orphelins abandonnés, soignant les malades, soit dans leurs établissements, soit à domicile. Le nombre des malades ainsi soignés par eux peut être évalué à 60.000 par an. Ils ne craignent pas de se faire petits avec les petits et pauvres avec les pauvres, et ne reculent devant aucune des privations que leur impose, dans le logement, le vêtement, la nourriture, une vie passée au milieu des indigènes et sous des climats brûlants. Les dépenses forment un

Diocèses d'Alger, de Constantine et d'Oran (suite).

DATE DE LA FONDATION	CONGRÉGATIONS ou COMMUNAUTÉS	ENFANTS INSTRUITS	PERSONNES ASSISTÉES					SERVICES A L'ÉTRANGER et DANS LES COLONIES
			Hôpitaux et Hospices.	Orphelinats et Ouvroirs.	Maisons de refuge, de préservation et de correction.	Asiles d'aliénés et de sourds-muets	TOTAL	
	Report...	515		305			305	
	Association enseignante de Notre-Dame d'Afrique. (Suite.)							
	Frères de Notre-Dame de Bon-Secours, à Misserghin (province à Oran). Comm. indép., aut. le 16 avril 1853. 40 membres.	?						
	Sœurs de la Mission d'Afrique, à Kouba (province d'Alger). Congr. diocés., autor. le 6 juillet 1875. 72 membres.	?	?					
	Sœurs de Notre-Dame de Charité du Bon-Pasteur, à Constantine. Communauté indépendante, non autorisée. 19 membres.				100		100	
	TOTAL...	515		305	100		405	

Algérie.

SERVICES PENDANT LA GUERRE DE 1870-71	HISTORIQUE — FAITS PARTICULIERS — OBSERVATIONS
	total annuel de plus de 500.000 fr., chiffre qui va toujours croissant, à mesure que les œuvres augmentent, et c'est la charité qui fournit toutes ces ressources. Par l'instruction secondaire et primaire et par la charité, les membres de cette association gagnent des cœurs à la France et facilitent singulièrement l'assimilation des indigènes, en leur faisant apprécier les bienfaits de la civilisation et en dissipant leurs préjugés. La cause de la France n'a donc pas, en Algérie, de meilleurs et de plus utiles ouvriers. A Tunis, à Jérusalem, dans le Sahara tripolitain, les membres de l'association se livrent aux mêmes œuvres, et concourent à rehausser le prestige et l'honneur de la France. Dans les lointaines régions de l'Afrique équatoriale, ils vont faire connaître le nom de leur patrie, et porter sa langue et son influence au milieu de ces populations que l'Europe entière cherche à retirer de la profonde barbarie dans laquelle elles sont plongées.
	Communauté enseignante.
	Congrégation hospitalière et enseignante.
	Le but spécial de la Communauté est d'ouvrir un refuge aux malheureuses tombées dans le libertinage et qui veulent en sortir. On reçoit aussi celles qui sont exposées et demandent un asile. Enfin, les sœurs se chargent aussi des jeunes filles que les familles leur confient. Cette Communauté ne reçoit plus de subvention de personne, la subvention de 3.000 fr. que lui allouait autrefois le département ayant été supprimée en 1871. Sa fondation s'est faite avec l'aide de Mgr Pavy, le premier évêque d'Alger.

CONGRÉGATIONS AYANT

I. — CONGRÉGATIONS

DATE DE LA FONDATION	CONGRÉGATIONS ou COMMUNAUTÉS	ENFANTS INSTRUITS	PERSONNES ASSISTÉES					TOTAL	SERVICES A L'ÉTRANGER et DANS LES COLONIES
			Hôpitaux et Hospices.	Orphelinats et Ouvroirs.	Maisons de refuge, de préservation et de correction.	Asiles d'aliénés et de sourds-muets.		
1530	Barnabites, ou Chanoines réguliers de Saint-Paul. 3 établissements. Maison mère à Rome.							
1012	Camaldules. 1 établissement. Maison mère à Rome.							
	Camiliens, ou Pères de Saint-Camille. 2 établisssements. Maison mère à Rome.							
1525	Capucins. 46 établissements. Maison mère à Rome.							Missions en Turquie, en Syrie, en Palestine, dans les Indes, et dans diverses contrées de l'Afrique et de l'Amérique.
	A reporter...							

LEUR MAISON MÈRE HORS DE FRANCE

SERVICES pendant la guerre de 1870-71	HISTORIQUE — FAITS PARTICULIERS OBSERVATIONS
D'HOMMES	
	Cette Congrégation fut fondée à Milan, par Antoine-Marie Zaccharia, Barthélemy Ferrari et Jacques Morigia. Elle reçut son nom de l'église Saint-Barnabé, où son siège fut tout d'abord fixé. En 1608, les Barnabites furent appelés en France par Henri IV, et y établirent plusieurs collèges qu'ils ont conservés jusqu'à la Révolution. Aujourd'hui, ils se livrent exclusivement, en France du moins, à la prédication et au ministère ecclésiastique. Ils sont établis à Paris, à Aubigny (Cher) et à Gien (Loiret). A Aubigny, ils donnent l'hospitalité aux pauvres et aux ouvriers sans travail, et leur fournissent la nourriture, les vêtements et tous les secours dont ils peuvent avoir besoin.
	Fondés par saint Romuald, moine bénédictin de Ravenne, les Camaldules ont été ainsi appelés du nom d'un de leurs réformateurs, l'abbé de Camaldola, qui vivait au XVIe siècle. Ils ont une seule maison en France, à Grasse (Alpes-Maritimes). Ils y vaquent au ministère ecclésiastique.
	Les Camiliens doivent leur origine à saint Camille de Lellis. Leur but spécial est le soin des malades. Ils ont deux maisons en France : à Lyon (Rhône) et à La Chaux (Saône-et-Loire). Ils vivent dans la plus grande pauvreté.
Soigné des malades et des blessés.	Les Capucins appartiennent à la famille religieuse de saint François, mais ils ont un supérieur général distinct. Ils furent fondés en 1525 par Matthieu Baschi, frère mineur observantin du duché de Spolète, qui se retira dans la solitude avec quelques-uns de ses frères, pour y vivre dans la plus stricte pauvreté. Introduits en France en 1572, ils ne tardèrent pas à y jouir d'une très grande popularité. En 1789, ils possédaient dans notre pays plus de 400 maisons. A Paris, ils étaient chargés d'éteindre les incendies, et rendaient de grands services par leur zèle et leur dévouement. Rétablis en France vers le milieu de ce siècle, ils y possèdent aujourd'hui un assez grand nombre de maisons. C'est un ordre très austère. La prédication et les missions sont ses occupations préférées.

DATE DE LA FONDATION	CONGRÉGATIONS ou COMMUNAUTÉS	ENFANTS INSTRUITS	PERSONNES ASSISTÉES					SERVICES A L'ÉTRANGER et DANS LES COLONIES
			Hôpitaux et Hospices.	Orphelinats et Ouvroirs.	Maisons de refuge, de préservation et de correction.	Asiles d'aliénés et de sourds-muets.	TOTAL	
	Report...							
1105	**Carmes déchaussés.** 7 établissements. Maison mère à Rome.							
1592	**Doctrinaires, ou Pères de la Doctrine chrétienne.** 2 établissements. Maison mère à Rome.							
1215	**Dominicains, ou Frères-Prêcheurs.** 19 établissements. Maison mère à Rome.							
	Pères de St-François-de-Sales. 1 établissement. Maison mère à Turin.			?				
	A reporter...							

leur maison mère hors de France (suite).   693

SERVICES PENDANT LA GUERRE DE 1870-71	HISTORIQUE — FAITS PARTICULIERS OBSERVATIONS
	Le mont Carmel est le berceau de cet ordre religieux qui fut fondé au commencement du XII° siècle, par quelques pèlerins venus en Orient pour visiter les saints lieux. Saint Louis les introduisit en France. On les appela *Barrés,* à cause de leurs manteaux barrés de blanc. Au XVI° siècle, la réforme de sainte Thérèse, adoptée à l'instigation de saint Jean de la Croix, fit naître les Carmes déchaussés. Au XVIII° siècle, l'ordre comptait, dit-on, dans la chrétienté, 7.000 couvents, avec 190.000 religieux, divisés en 36 provinces. Leur principale maison était à Paris, sur l'emplacement du marché qui avoisine la place Maubert. Certains Carmes se livraient à l'enseignement des pauvres écoliers, et étaient agrégés de l'Université. Aujourd'hui ils se livrent principalement à la prédication.
	Les Pères de la Doctrine chrétienne ont été fondés à Cavaillon (Vaucluse), par le vénérable César de Bus, pour catéchiser les peuples des campagnes. Avant la Révolution, ils dirigeaient en France de nombreux collèges. Dans ce siècle même, ils en dirigèrent deux pendant quelques années, à Cavaillon (Vaucluse) et à Bourg-Saint-Andéol (Ardèche). A l'heure présente ils ont deux maisons, l'une à Sospel (Alpes-Maritimes), l'autre à Cavaillon ; mais ils ne s'occupent plus que du ministère ecclésiastique.
	Les Dominicains ou Frères-Prêcheurs ont été fondés par saint Dominique, dans le but spécial de prêcher la doctrine catholique et de combattre l'hérésie. Cet ordre a été restauré en France, dans ce siècle, par le P. Lacordaire, qui a fondé aussi un tiers ordre spécialement voué à l'enseignement. (V. au diocèse de Paris).
	La Congrégation de Saint-François-de-Sales dirige un orphelinat à Nice.

DATE DE LA FONDATION	CONGRÉGATIONS ou COMMUNAUTÉS	ENFANTS INSTRUITS	PERSONNES ASSISTÉES				TOTAL	SERVICES A L'ÉTRANGER et DANS LES COLONIES
			Hôpitaux et Hospices.	Orphelinats et Ouvroirs.	Maisons de refuge, de préservation et de correction.	Asiles d'aliénés et de sourds-muets.		
	Report...							
1208	**Franciscains.** 18 établissements. Maison mère à Rome.							Écoles et missions en Terre-Sainte, à Chypre, en Égypte. Les caravanes françaises y reçoivent la plus généreuse hospitalité.
1534	**Jésuites.** 66 établissements. 2.464 membres. Maison mère à Rome.	11.144						Sur 2.464 Jésuites français, 624, c'est-à-dire plus du quart, sont dans les missions étrangères, en Chine, en Syrie, en Algérie, à Madagascar, dans le Maduré et la Nouvelle-Orléans. Ces missions comprennent des écoles, des hôpitaux, des orphelinats et autres établissements charitables, qui contribuent sin-
	A reporter...	11.144						

leur maison mère hors de France (suite).

SERVICES PENDANT LA GUERRE DE 1870-71	HISTORIQUE — FAITS PARTICULIERS OBSERVATIONS
Plusieurs pères sont partis volontairement comme aumôniers ; dans quelques maisons on a reçu et soigné des blessés.	Sous le nom de Franciscains, nous ne comprenons pas ici, bien qu'en réalité ils fassent aussi partie de cette grande famille religieuse, les Capucins, dont il a été question plus haut, et qui maintenant forment un ordre séparé ; nous embrassons seulement sous cette dénomination les Franciscains dits *observantins*, et les *Récollets* ou Franciscains *de la stricte observance*. Ces deux *observances*, unies sous un supérieur général commun, ont leur origine dans deux réformes intervenues dans l'ordre de Saint-François, au XVe siècle. Quant aux Franciscains, en général, ils remontent à l'année 1208, époque de la fondation de cet ordre mendiant, par saint François d'Assise. Ils ont exercé au moyen âge une influence méritée, tant par leurs prédications que par leur science et leurs vertus. Les plus illustres d'entre eux se nomment : saint Bonaventure, Duns Scott, Alexandre de Halès, Roger Bacon. Plusieurs papes sont sortis de leurs rangs. Au XVIIIe siècle, on comptait dans toute la chrétienté 115.000 franciscains, disséminés dans 7.000 couvents. Les Franciscains n'ont pas cessé de résider en Orient depuis saint Louis, et c'est certainement à leur zèle et à leur dévouement qu'il faut attribuer le maintien ininterrompu de l'influence française dans ce pays. D'ailleurs, ils ont payé ce beau résultat de beaucoup de sacrifices et de beaucoup de sang ; car leurs martyrs en Orient se comptent par milliers.
Beaucoup de pères sont partis volontairement comme aumôniers : l'un d'eux a été grièvement blessé à Buzenval. Dans plusieurs maisons on a logé des soldats, soigné et recueilli des blessés. On sait d'ailleurs que les élèves ont été dignes des maîtres, et que partout où il y avait du danger on les a vus au premier rang ; les noms de beaucoup d'entre eux resteront à jamais écrits au livre d'or de la France. (Voir la colonne consacrée à l'historique.)	Les Jésuites ont été fondés à Paris par Ignace de Loyola, élève de Sainte-Barbe, et quelques jeunes gens appartenant comme lui à l'Université de Paris, parmi lesquels François Xavier, le saint et illustre apôtre des Indes. Saint Ignace avait demandé à Dieu, pour ses frères, la persécution et le mépris. On sait que ce vœu a été exaucé dans une très large mesure. Les Jésuites l'ont bien mérité d'ailleurs : nul ordre n'a produit tant de saints, tant de savants, tant de littérateurs, tant d'apôtres, en un mot, un aussi grand nombre de supériorités morales et intellectuelles ; nul n'avait par conséquent le droit de compter un aussi grand nombre d'envieux et de jaloux. Rappeler, en effet, que les Jésuites se sont appelés tour à tour Ignace de Loyola, François Xavier, Louis de Gonzague, François de Borgia, Canisius, Lefèvre, Berchmans, Bourdaloue, Bouhours, Sismondi, Petau, Labbe, Bolland, Kircher, la Rue, Brumoy, Jouvency, Porée, du Halde, Ravignan, Secchi, Perrone, Liberatore, Tarquini, Ducoudray, Olivaint ; qu'ils se nomment encore aujourd'hui : Félix, Perry, Carbonnelle, Joubert, etc., c'est dire qu'aucun genre d'illustration ne leur a manqué, car les injures de beaucoup d'ignorants et de quelques gredins ne

DATE DE LA FONDATION	CONGRÉGATIONS ou COMMUNAUTÉS	ENFANTS INSTRUITS	PERSONNES ASSISTÉES					TOTAL	SERVICES A L'ÉTRANGER et DANS LES COLONIES
			Hôpitaux et Hospices.	Orphelinats et Ouvroirs.	Maisons de refuge, de préservation et de correction.	Asiles d'aliénés et de sourds-muets.		
	Report...	11.144						
	Jésuites. (Suite.)							gulièrement, par les bienfaits qu'ils répandent autour d'eux, à faire aimer le nom de la France. — En 12 ans, 180 Jésuites français sont morts dans les missions.
	A reporter...	11.144						

SERVICES	HISTORIQUE — FAITS PARTICULIERS
PENDANT LA GUERRE DE 1870-71	OBSERVATIONS

sont pas faites, on le pense bien, pour ternir aucunement cette auréole.

Les Jésuites ont reçu d'ailleurs, dès ici-bas, la récompense de leur dévouement, de leur zèle et de leurs vertus; je veux parler de cet immense concert de louanges qui s'élève en leur honneur des rangs de l'Église universelle : Papes, conciles, évêques, ordres religieux, fidèles, et dont à peine quelques voix discordantes viennent par intervalle essayer, mais en vain, de troubler l'harmonie. « Il est de fait, s'écriait Montalembert, en 1845, à la chambre des pairs, qu'aucun institut, dans les temps modernes, n'a été aussi solennellement approuvé, béni, reconnu par l'Église; il a reçu au concile de Trente la sanction formelle de l'Église universelle; il a été déclaré institut pieux et approuvé; il a été approuvé par 18 papes; il a été surtout honoré, couvert de la sympathie de l'Église gallicane, de l'épiscopat français. En 1762, un seul évêque sur cent trente, Mgr de Fitz-James, évêque de Soissons, a déclaré que la suppression des Jésuites n'offrait pas d'inconvénient; tous les autres ont exprimé au roi le désir de les conserver. »

Comme la puissance religieuse, la puissance civile, toutes les fois qu'elle n'a pas été un instrument entre les mains d'une secte, s'est plu à rendre hommage à la science et aux vertus des Jésuites : on pourrait produire sans peine, à l'honneur de ces religieux, les témoignages les plus divers et les plus significatifs, émanés des bouches les moins suspectes. Qu'il nous suffise de citer ici l'apologie qu'en a faite Henri IV : on ne saurait suspecter les appréciations d'un roi si Français.

Le 24 décembre 1603, le premier président Achille de Harlay s'étant rendu au Louvre, suivi de plusieurs membres du parlement, pour adresser au roi des remontrances au sujet de l'établissement des Jésuites, s'attira de la part du spirituel Béarnais la verte réplique dont on va lire les principaux passages :

« Je vous sais bon gré du soin que vous avez de ma per-
« sonne et de mon État, bien que très peu vous ayez su en
« l'un et encore moins pu en l'autre... Vous faites les entendus
« en matière d'État, et vous n'y entendez toutefois non plus
« que moi à rapporter un procès. Je m'étonne sur quoi vous
« fondez l'opinion d'ambition en des personnes qui refusent les
« dignités et prélatures quand elles leur sont offertes, qui font
« vœu à Dieu de n'y aspirer jamais, et ne prétendent autre
« chose en ce monde que de servir sans récompense tous ceux
« qui veulent tirer service d'eux...

« S'ils n'ont été jusqu'ici en France que par tolérance, Dieu
« me réserve cette gloire que je tiens à grâce de les y établir;
« et s'ils n'y étaient que par manière de provision, ils y seront

Congrégations ayant

DATE DE LA FONDATION	CONGRÉGATIONS ou COMMUNAUTÉS	ENFANTS INSTRUITS	PERSONNES ASSISTÉES					TOTAL	SERVICES A L'ÉTRANGER et DANS LES COLONIES
			Hôpitaux et Hospices.	Orphelinats et Ouvroirs.	Maisons de refuge, de préservation et de correction.	Asiles d'aliénés et de sourds-muets.		
	Report...	11.144						
	Jésuites. (Suite.)							
	A reporter...	11.144						

leur maison mère hors de France (suite).

SERVICES	HISTORIQUE — FAITS PARTICULIERS
PENDANT LA GUERRE DE 1870-71	OBSERVATIONS

« désormais et par édit et par arrêt. La volonté de mes prédé-
« cesseurs les y retenait ; ma volonté est de les y établir...
« Si dans leurs collèges on n'apprenait mieux qu'ailleurs,
« d'où vient que, par leur absence, votre université est déserte,
« et qu'on les va chercher, nonobstant tous vos arrêts, hors
« du royaume ? Ils attirent, dites-vous, les enfants qui ont
« l'esprit bon, et choisissent les meilleurs ; et c'est de quoi je
« les estime. Ne faisons-nous pas choix des meilleurs soldats
« pour la guerre ?...
« Quant aux biens que vous dites, c'est une calomnie. Le
« vœu qu'ils font au pape n'est pas pour toutes choses : ils ne
« le font que d'obéir au pape, quand il les voudrait envoyer à
« la conversion des infidèles. Et, de fait, c'est par eux que Dieu
« a converti les Indes.
« Ils entrent comme ils peuvent : ainsi font bien les autres,
« et suis moi-même entré comme j'ai pu dans mon royaume.
« Mais il faut avouer que leur patience est grande, et pour moi
« je l'admire ; car avec patience et bonne vie ils viennent à bout
« de toute chose. Et je ne les estime pas moins en ce que vous
« dites qu'ils sont grands observateurs de leur institut ; c'est ce
« qui les maintiendra...
« Touchant l'opinion qu'ils ont du pape, je sais qu'ils le
« respectent fort ; aussi le fais-je.
« Quant à la doctrine d'émanciper les ecclésiastiques de mon
« obéissance ou d'enseigner à tuer les rois, il faut voir d'une
« part ce qu'ils disent, et s'informer s'il est vrai qu'ils imbibent
« ainsi la jeunesse. Une chose me fait croire qu'il n'en est
« rien : c'est que, depuis trente ans en çà qu'ils enseignent la
« jeunesse en France, cent mille écoliers de toute condition
« sont sortis de leurs collèges, ont vécu avec eux et comme
« eux ; qu'on en trouve un seul de ce nombre qui soutienne de
« leur avoir ouï tel langage ni autre approchant de ce qu'on
« leur reproche. »

Deux misérables, Barrière et Chastel, avaient attenté à la vie du roi, et les ennemis des Jésuites n'avaient pas rougi de rejeter sur ces religieux la responsabilité de ces crimes. Leur royal apologiste les venge en ces termes de cette odieuse calomnie :

« Quant à Barrière, tant s'en faut qu'un Jésuite l'ait con-
« fessé, comme vous dites, que je fus averti par un Jésuite de
« son entreprise, et un autre lui dit qu'il serait damné s'il osait
« l'entreprendre. Quant à Chastel, les tourments ne lui purent
« arracher aucune accusation contre aucun Jésuite quelconque,
« et si autrement était, pourquoi les auriez-vous épargnés ?...
« Laissez-moi le maniement et la conduite de cette compa-

DATE DE LA FONDATION	CONGRÉGATIONS ou COMMUNAUTÉS	ENFANTS INSTRUITS	PERSONNES ASSISTÉES					TOTAL	SERVICES A L'ÉTRANGER et DANS LES COLONIES
			Hôpitaux et Hospices.	Orphelinats et Ouvroirs.	Maisons de refuge, de préservation et de correction.	Asiles d'aliénés et de sourds-muets.		
	Report...	11.144						
	Jésuites. (Suite.)							
	A reporter...	11.144						

leur maison mère hors de France (suite).

SERVICES	HISTORIQUE — FAITS PARTICULIERS
PENDANT LA GUERRE DE 1870-71	OBSERVATIONS

« gnie : j'en ai maîtrisé et gouverné de bien plus difficiles et
« malaisées à conduire. Partant obéissez à mes volontés. »

Plus calomniés aujourd'hui que jamais, les Jésuites continuent à se dévouer avec la même intelligence, le même zèle et le même succès à l'éducation de la jeunesse et au bien des âmes. Ils dirigent, en France et en Algérie, 29 collèges comptant ensemble 11.144 élèves. Depuis 1850, 53.459 sont sortis de ces écoles ; 6.878 ont été reçus bacheliers depuis dix ans. Les écoles préparatoires dirigées par les Jésuites ont envoyé jusqu'ici 2.574 jeunes gens dans les grandes écoles de l'État. En 1878 et 1879, l'école Sainte-Geneviève a obtenu le premier rang dans les examens d'admission à l'École polytechnique. Pendant la dernière guerre, cette même école comptait 1.093 de ses anciens élèves sous les drapeaux : 86 ont été tués à l'ennemi, 184 ont été décorés. Ces chiffres disent assez éloquemment que les maisons dirigées par les Jésuites sont des écoles de patriotisme en même temps que des écoles de science et de vertu.

Les divers gouvernements qui se sont succédé en France ont donné aux Jésuites un témoignage qui ne saurait être récusé, en attachant sur la poitrine de plusieurs d'entre eux l'étoile de la Légion d'honneur. C'est ainsi que nous les avons vus successivement nommer le P. Parabère officier de la Légion d'honneur, pour ses services comme aumônier en Crimée, en Afrique, en Italie ; les PP. Gloriot et Ferrand chevaliers, pour leurs services en Crimée ; le P. Brumault chevalier pour son orphelinat en Algérie ; le P. Guzzy, chevalier en 1878, pour ses services à la prison de Toulouse ; les PP. Couplet, recteur du collège de Metz, Martin, le savant archéologue, Secchi, le grand astronome, Queuille, aumônier, chevaliers. Pendant la guerre, le P. Tailhan, aumônier du 7º bataillon des mobiles de la Seine, fut mis à l'ordre du jour de l'armée pour sa brillante conduite à Buzenval.

Que certains hommes aient après cela l'audace d'accuser les Jésuites de n'être pas Français, cela prouve tout simplement que les Jésuites et eux n'entendent pas le patriotisme de la même manière. Pour les Jésuites, aimer la France, c'est se dévouer toute la vie pour elle, c'est braver la mort sur le champ de bataille en soutenant le courage de ses soldats ; c'est travailler à sa gloire en augmentant son patrimoine scientifique et littéraire de découvertes remarquables ou d'ouvrages immortels ; c'est étendre son influence et faire aimer son nom chez les peuples lointains ; c'est lui préparer une jeunesse ardente qui se trouvera toujours au premier rang au jour du danger. Le patriotisme de leurs adversaires est évidemment d'une nature toute différente, puisqu'ils ne comprennent pas celui-là ; mais en quoi peut-il

DATE DE LA FONDATION	CONGRÉGATIONS ou COMMUNAUTÉS	ENFANTS INSTRUITS	PERSONNES ASSISTÉES					TOTAL	SERVICES A L'ÉTRANGER et DANS LES COLONIES
			Hôpitaux et Hospices.	Orphelinats et Ouvroirs.	Maisons de refuge, de préservation et de correction	Asiles d'aliénés et de sourds-muets.		
	Report...	11.144						
	Jésuites. (Suite.)							
1436	**Minimes.** Un établissement. Maison mère à Rome.							
1319	**Olivetains** (Bénédictins). 3 établissements. Maison mère au mont Oliveto, près Sienne.							
	Passionistes. 5 établissements. Maison mère à Rome.							
	Rédemptoristes. 11 établissements. Maison mère à Rome.							
1531	**Somasques.** 2 établissements. Maison mère à Somasque (Lombardie).			40			40	
	A reporter...	11.144		40			40	

SERVICES PENDANT LA GUERRE DE 1870-71	HISTORIQUE — FAITS PARTICULIERS OBSERVATIONS
	bien consister? Peut-être ne serait-il pas très difficile de le dire, en relisant les dernières pages de notre histoire. Les Jésuites ne s'en préoccupent guère d'ailleurs; ils continueront leur œuvre, et ce n'est jamais d'eux que rougira la France.
	Les Minimes ont été fondés en 1436, par saint François de Paule. Ils possèdent en France une seule maison à Fréjus, qui date de 1868. Ces religieux y exercent le ministère ecclésiastique.
	Les Olivetains ont été fondés en 1319, par Bernard Tolomei, Ambroise Piccolomini et Patrice Patrici, sur le mont Oliveto, près d'Arezzo. Ils suivent la règle de Saint-Benoît. Ils ont en France 3 maisons: à Loriol (Drôme), à Saint-Bertrand (Haute-Garonne) et à Parmenie (Isère). Ils partagent leur temps entre la prédication et les travaux d'érudition.
	Missions.
Recueilli et soigné beaucoup de blessés.	Ministère ecclésiastique.
	Le fondateur a été saint Jérôme Émilien, patricien de Venise, qui mourut à Somasca l'an 1537. Il fonda plusieurs orphelinats dans les villes principales de la haute Italie, et à Bergame une maison pénitentiaire pour les femmes débauchées. Le saint fondateur appelait humblement ses compagnons, de son vivant, la Compagnie des serviteurs des pauvres; mais le saint pontife Pie V, qui l'éleva au rang des ordres religieux, dans le décret du 8 décembre 1568, lui assigna le vocable de *Clercs réguliers de Somasca*. C'est sous ce vocable qu'elle se propagea dans toute l'Italie, en prenant soin non seulement des orphelinats, mais des séminaires même et des collèges, au fur et à mesure

DATE DE LA FONDATION	CONGRÉGATIONS ou COMMUNAUTÉS	ENFANTS INSTRUITS	PERSONNES ASSISTÉES					TOTAL	SERVICES A L'ÉTRANGER et DANS LES COLONIES
			Hôpitaux et Hospices.	Orphelinats et Ouvroirs.	Maisons de refuge, de préservation et de correction.	Asiles d'aliénés et de sourds-muets.		
	Report...	11.144		40			40	
	Somasques. (Suite.)							
1198	**Trinitaires.** 2 établissements. Maison mère à Rome.			?				
	TOTAL...	11.144		40			40	

II. — CONGRÉGATIONS

	Adoration perpétuelle (Sœurs de l'). 2 établissements. Maison mère à Belmagny (Alsace). 20 membres.	?						
	Augustines. 1 établissement. Maison mère à Gand (Belgique). 14 membres.			?				
	Augustines hospitalières. 2 établissements. Maison mère à Riege (Belgique). 51 membres.			?		?		
	A reporter...							

leur maison mère hors de France (suite).

SERVICES PENDANT LA GUERRE DE 1870-71	HISTORIQUE — FAITS PARTICULIERS OBSERVATIONS
	des besoins de la sainte Église. Maintenant elle possède en Italie 4 collèges, 4 paroisses, 5 orphelinats, l'institut de sourds-muets et l'œuvre pie des Petits-Aveugles, à Rome. En France, on vient de commencer par la récente acceptation de l'orphelinat agricole de Plougerat (Haute-Marne), sans parler de la maison de Chambéry, qui sert de noviciat et de juvénat.
	Les Trinitaires ont été fondés en 1198, par saint Jean de Matha et Félix de Valois, pour la délivrance des captifs chrétiens chez les infidèles. Le chef-lieu de l'ordre fut Cerfroid, aujourd'hui dans l'Aisne, où est encore un orphelinat dirigé par les Trinitaires.
DE FEMMES	
	Deux maisons d'enseignement : à Lourdoueix-Saint-Michel (Indre) et à Montigny (Haute-Saône), fondées en 1867 et en 1875.
	Une Communauté hospitalière à Dunkerque, datant de 1585.
	Asile d'aliénés à Charenton et maison de convalescents à Vincennes.

DATE DE LA FONDATION	CONGRÉGATIONS ou COMMUNAUTÉS	ENFANTS INSTRUITS	PERSONNES ASSISTÉES					TOTAL	SERVICES A L'ÉTRANGER et DANS LES COLONIES
			Hôpitaux et Hospices.	Orphelinats et Ouvroirs.	Maisons de refuge, de préservation et de correction.	Asiles d'aliénés et de sourds-muets.			
	Report...								
	Cisterciennes. 1 établissement. Maison mère à Rathausen (Suisse). 10 membres.								
	Clarisses. 1 établissement. Maison mère à Assise (Italie). 35 membres.								
	Clarisses. 1 établissement. Maison mère à Tournay (Belgique). 13 membres.	?							
	Conceptionnistes. 1 établissement. Maison mère à Guadalazura (Espagne). 12 membr.								
	Enfant-Jésus (Sœurs de l') 1 établissement. Maison mère à Saint-Léonard (Angleterre). 5 membres.	?							
	Jésus au Temple (Sœurs de) 4 établissements. Maison mère à Clifton (Angleterre). 13 membres.								
	A reporter...								

leur maison mère hors de France. 707

SERVICES PENDANT LA GUERRE DE 1870-71	HISTORIQUE — FAITS PARTICULIERS OBSERVATIONS
	Communauté contemplative à Vézelize (Meurthe-et-Moselle).
	Communauté contemplative à Romans (Drôme), fondée en 1820.
	Communauté enseignante à Roubaix (Nord), fondée en 1820.
	Communauté contemplative à Bonneuil (Seine-et-Oise), fondée en 1869.
	Communauté enseignante à Neuilly (Seine).
	Secours aux malades. 4 Communautés, à la Fère-en-Tardenois (Aisne), à Routot, à Vernon et à Montfort (Eure).

DATE DE LA FONDATION	CONGRÉGATIONS ou COMMUNAUTÉS	ENFANTS INSTRUITS	Hôpitaux et Hospices.	Orphelinats et Ouvroirs.	Maisons de refuge, de préservation et de correction.	Asiles d'aliénés et de sourds-muets.	TOTAL	SERVICES A L'ÉTRANGER et DANS LES COLONIES
	Report...			?				
	Saint-Joseph (Sœurs de) 1 établissement. Maison mère à Sainte-Marie (Alsace). 10 membres.							
	Marcellines. 1 établissement. Maison mère à Milan. 11 membres.	?						
	Marie Réparatrice (Sœurs de) 4 établissements. Maison mère à Rome. 68 membres.							
	Minimes. 1 établissement. Maison mère à Lorette (Italie). 25 membres.							
	Saint-Sauveur (Sœurs du Très-) 1 établissement. Maison mère à Niederbronn (Alsace).		60				60	
	Ursulines 1 établissement. Maison mère à Breslau. 18 membres.	?						
	TOTAL...		60				60	

leur maison mère hors de France (suite).

SERVICES PENDANT LA GUERRE DE 1870-71	HISTORIQUE — FAITS PARTICULIERS OBSERVATIONS
	Direction d'un orphelinat et soin des malades. Une Communauté à Delle (Territoire de Belfort).
	Une Communauté enseignante à Chambéry, fondée en 1837.
	Asile pour les retraites spirituelles, adoration du saint Sacrement. Missions dans l'Inde. 4 maisons, à Paris, au Mans, à Nantes, à Liesse (Aisne).
	Communauté contemplative fondée à Marseille en 1841.
	Une maison de vieillards fondée à Châlons-sur-Marne en 1859.
	Communauté enseignante fondée à Marseille en 1876.

TABLEAU SYNOPTIQUE PAR DIOCÈSE

DIOCÈSES	ENFANTS INSTRUITS	PERSONNES ASSISTÉES				TOTAL	PAGES
		Hôpitaux et Hospices.	Orphelinats et Ouvroirs.	Maisons de refuge, de préservation et de correction.	Asiles d'aliénés et de sourds-muets.		
Agen.	1.870	»	40	»		40	2 à 5
Aire.	450	»	»	»	»	»	6 et 7
Aix.	7.130	2.500	720	»	»	3.220	8 à 13
Ajaccio	»	»	»	»	»	»	14 et 15
Albi.	18.565	88	409	100	»	597	14 à 23
Amiens	31.865	370	345	»	»	715	24 à 28
Angers	20.000	»	»	3.600	»	3.600	28 à 40
Angoulême	2.200	600	»	»	400	1.000	40 à 43
Annecy	14.474	828	355	»	2.226	3.409	43 à 47
Arras	10.280	2.519	767	»	86	3.372	46 à 55
Auch	2.853	20	»	»	»	20	54 à 59
Autun	19.550	1.766	180	»	»	1.946	58 à 65
Avignon.	3.633	160	7	»	»	167	66 à 71
Bayeux	11.138	1.380	484	»	1.744	3.608	72 à 83
Bayonne	9.252	»	180	170	»	350	82 à 87
Beauvais	1.530	156	75	»	»	231	86 à 89
Belley.	9.115	16	114	»	»	130	88 à 95
Besançon	51.595	809	673	481	1.200	3.163	94 à 107
Blois	50	80	265	60	»	405	106 à 109
Bordeaux	38.405	100	1.020	»	»	1.120	110 à 117
Bourges.	24.640	5.862	764	»	»	6.626	118 à 123
Cahors	11.950	2.605	112	»	»	2.717	122 à 127
Cambrai.	59.524	3.085	1.197	160	1.610	6.052	128 à 139
Carcassonne.	8.570	»	»	»	»	»	138 à 141
Chalons.	300	»	»	»	»	»	142 et 143
Chambéry.	6.785	100	160	»	»	260	144 à 147
Chartres.	21.400	3.800	»	»	»	3.800	148 à 153
Clermont	15.600	»	320	40	»	360	154 à 161
Coutances.	47.295	315	419	»	650	1.384	160 à 169
Digne.	3.270	50	72	»	»	122	168 à 171
Dijon.	12.392	991	224	1.333	»	2.548	170 à 183
Évreux	6.374	540	80	»	»	620	182 à 187
Fréjus	3.113	400	»	»	»	400	186 à 191
A reporter. . . .	475.168	29.140	8.982	5.944	7.916	51.982	

Tableau synoptique par diocèse (suite).

DIOCÈSES	ENFANTS INSTRUITS	PERSONNES ASSISTÉES					PAGES
		Hôpitaux et Hospices.	Orphelinats et Ouvroirs.	Maisons de refuge, de préservation et de correction.	Asiles d'aliénés et de sourds-muets.	TOTAL	
Report	475.168	29.140	8.982	5.944	7.916	51.982	
Gap.	15.611	»	80	»	9	89	190 et 191
Grenoble	18.102	71	180	»	93	344	192 à 205
Langres.	15.750	»	402	»	»	402	206 à 209
Laval.	33.015	2.920	460	646	»	4.026	208 à 215
Limoges.	7.135	875	790	1.020	»	2.685	216 à 229
Luçon.	74.150	15.050	30	»	»	15.080	228 à 233
Lyon	192.571	793	3.050	360	1.505	5.708	232 à 267
Mans (le)	16.000	»	»	»	»	»	266 à 273
Marseille	»	»	»	»	»	»	272 à 279
Meaux	2.760	»	110	»	»	110	280 à 283
Mende	1.660	»	72	»	»	72	282 à 287
Montauban	1.930	3	80	150	»	233	288 à 295
Montpellier	»	»	»	»	»	»	294 à 299
Moulins.	»	»	»	»	»	»	300 et 301
Nancy	88.115	325	2.422	»	»	2.747	302 à 319
Nantes	17.830	30	300	290	»	620	318 à 329
Nevers	43.655	7.134	2.412	180	2.880	12.606	328 à 333
Nice	30	27	»	80	»	107	334 et 335
Nîmes	3.358	250	380	»	»	630	336 à 339
Orléans.	3.520	240	»	»	»	240	338 à 343
Pamiers.	»	»	»	»	»	»	342 et 343
Paris	576.723	11.673	30.098	1.250	1.886	44.907	344 à 437
Périgueux.	3.695	567	217	»	»	784	436 à 443
Perpignan.	3.080	350	»	»	»	350	442 à 445
Poitiers	41.225	100	2.000	»	»	2.100	444 à 453
Puy (le).	21.710	460	300	»	»	760	454 à 471
Quimper	760	»	20	»	»	20	472 à 477
Reims.	10.370	1.400	580	»	»	1.980	476 à 481
Rennes	12.200	13.316	80	400	»	13.796	482 à 491
Rochelle (la) . . .	1.994	»	175	»	»	175	490 à 495
Rodez.	43.280	213	531	»	»	744	494 à 517
Rouen.	70.890	1.875	753	350	»	2.978	516 à 533
Saint-Brieuc . . .	47.440	1.053	532	200	»	1.785	532 à 547
A reporter. . . .	1.843.727	87.865	55.036	10.870	14.289	168.060	

Tableau synoptique par diocèse (suite).

| DIOCÈSES | ENFANTS INSTRUITS | PERSONNES ASSISTÉES ||||| PAGES |
		Hôpitaux et Hospices.	Orphelinats et Ouvroirs.	Maisons de refuge, de préservation et de correction.	Asiles d'aliénés et de sourds-muets.	TOTAL	
Report	1.843.727	87.865	55.036	10.870	14.289	168.060	
Saint-Claude	350	»	105	25	»	130	546 à 555
Saint-Dié	80.290	138	222	»	»	360	554 à 561
Saint-Flour.	2.062	»	»	»	»	»	560 à 565
Saint-Jean-de-Maurienne.	2.390	80	43	»	»	123	564 et 565
Séez	6.720	»	»	260	»	260	566 à 573
Sens	9.800	»	»	»	»	»	574 à 577
Soissons.	10.470	638	146	»	»	784	578 à 587
Tarbes	12.000	»	»	»	»	»	588 et 589
Tarentaise.	1.925	70	50	»	»	120	590 et 591
Toulouse	»	»	»	»	»	»	590 à 595
Tours.	27.084	17.351	1.034	200	»	18.585	594 à 601
Troyes	9.600	140	230	»	»	370	600 à 607
Tulle	1.680	»	80	»	»	80	608 à 611
Valence.	38.284	6.972	1.305	»	»	8.277	610 à 627
Vannes	75.000	»	»	»	»	»	628 à 653
Verdun	2.325	»	7	160	»	167	652 à 657
Versailles	6.650	110	155	200	»	465	656 à 667
Viviers	66.903	835	1.507	»	72	2.414	668 à 687
Alger, Oran et Constantine.	515	»	305	100	»	405	686 à 689
Total.	2.197.775	114.199	60.225	11.815	14.361	200.600	
Congrégations religieuses ayant leur maison mère hors de France.	11.144	60	40	»	»	100	690 à 709
Total général . .	2.208.919	114.259	60.265	11.815	14.361	200.700	

INDEX ALPHABÉTIQUE
DES CONGRÉGATIONS ET COMMUNAUTÉS

I — HOMMES

1° CONGRÉGATIONS

A

Assomption (Pères de l'), Clermont (Puy-de-Dôme). 154.
Augustins de l'Assomption, Nîmes (Gard). 336.

B

Barnabites, Rome. 690.
Basiliens, Annonay (Ardèche). 668.
Bénédictins, La Pierre-Qui-Vire (Yonne). 574.
Bénédictins, Solesmes (Sarthe). 266.

C

Camaldules, Rome. 690.
Capucins, Rome. 690.
Carmes déchaussés, Le Broussey (Gironde). 110.
Carmes déchaussés, Rome. 692.
Chartreux, Grande-Chartreuse (Isère). 192.
Clercs réguliers de Notre-Sauveur, Verdun (Meuse). 652.
Croix de Jésus (frères de la), Menestruel (Ain). 88.

D

Doctrine chrétienne (Frères de la), Nancy (Meurthe-et-Moselle). 302.
Doctrine chrétienne (Pères de la), Rome. 692.
Dominicains, Rome. 692.

E

Écoles chrétiennes (Frères des), Paris (Seine). 356.
Écoles chrétiennes de la Miséricorde (Frères des), Montebourg (Manche). 160.
Enfants de Marie, Chavagnes-en-Paillers (Vendée). 228.
Eudistes, Redon (Ille-et-Vilaine). 482.

F

Franciscains, Rome. 694.

H

Hospitaliers (Frères) des hôpitaux de Lyon, Lyon (Rhône). 236.

I

Immaculée-Conception (Prêtres de l'), Lourdes (Hautes-Pyrénées). 588.
Immaculée-Conception (Prêtres de l'), Nantes (Loire-Inférieure). 318.
Immaculée-Conception (Prêtres de l'), Rennes (Ille-et-Vilaine). 482.
Instruction chrétienne (Frères de l'), Ploërmel (Morbihan). 628.
Instruction chrétienne (Frères de l'), Saint-Paul-Trois-Châteaux (Drôme). 610.
Instruction chrétienne de Saint-Gabriel (Frères de l'), Saint-Laurent-sur-Sèvre (Vendée). 228.
Instruction chrétienne (Frères de l'), dits du Sacré-Cœur, Paradis (Haute-Loire). 454.

J

Jésuites, Rome. 694.

M

Maristes (Pères), Lyon (Rhône). 234.
Minimes, Rome. 702.
Miséricorde (prêtres de la), Paris (Seine). 374.
Mission (Pères de la), dits de Saint-Lazare, Paris (Seine). 344.
Missionnaires de la Compagnie de Marie, Saint-Laurent-sur-Sèvre (Vendée). 228.
Missions africaines (Prêtres des), Lyon (Rhône). 234.
Missions étrangères (Pères des), Paris (Seine). 352.

N

Notre-Dame d'Afrique (Prêtres de), Alger Algérie. 686.

O

Oblats de Marie-Immaculée, Paris (Seine). 374.
Oblats de Saint-François-de-Sales, Saint-André, près Troyes (Aube). 600.
Oblats de Saint-Hilaire (pères), Poitiers (Vienne). 444.
Olivetains (Bénédictins), Mont-Olivet, près Sienne. 702.
Oratoire de Jésus et de Marie (Prêtres de l'), Paris (Seine). 376.
Oratoire de Saint-Philippe de Néri (Prêtres de l'), Draguignan (Var). 186.

P

Passionnistes, Rome. 702.
Petits frères de Marie, Saint-Genis-Laval (Rhône). 234.
Prémontrés (Augustins de l'ordre des), Juhaye-Mondaye (Calvados). 72.
Prémontrés, Saint-Michel, près Tarascon (Bouches-du-Rhône). 8.

R

Retraite (Pères de la), Aix (Bouches-du-Rhône). 8.

S

Sacrés-Cœurs de Jésus et de Marie-Immaculée (Pères des), Paris (Seine). 372.
Saint-Antoine (Frères de), Paris (Seine). 370.
Saint-Camille de Lellis (pères de), Rome. 690.
Saint-Esprit et du Saint-Cœur de Marie (Pères du), Paris (Seine). 352.
Saint-François d'Assise (Pères du tiers ordre de), Ambialet (Tarn). 14.
Saint-François de Sales (Missionnaires de), Annecy (Haute-Savoie). 42.
Saint-François-d'Assise (Frères de), ou frères agriculteurs, Saint-Antoine-des-Bois (Charente-Inférieure). 490.
Saint-François de Sales (Frères de), Turin. 692.
Saint-Jean-de-Dieu (frères de), Lyon (Rhône). 234.
Saint-Jean-François-Régis (frères agriculteurs de), la Roche-Arnaud (Haute-Loire). 454.
Saint-Joseph (Frères de), Cîteaux (Côte-d'Or). 170.
Saint-Irénée (Prêtres de), Lyon (Rhône). 234.
Saint-Pierre-ès-Liens (Prêtres de), Marseille (Bouches-du-Rhône). 272.
Saint-Rédempteur (Pères du Très-), Rome. 702.
Saint-Sacrement (Prêtres du), Paris (Seine). 376.
Saint-Sulpice (Prêtres de), Paris (Seine). 352.
Sainte-Croix (Frères de), dits de Saint-Joseph, Paris (Seine). 372.
Sainte-Famille (Frères de la), Belley (Ain). 88.
Sainte-Marie (Pères et frères de), Tinchebray (Orne). 568.
Sainte-Union des Sacrés-Cœurs (Religieux de la), Douai (Nord). 128.
Saint-Viateur (Clercs de), Vourles (Rhône). 232.
Salette (Missionnaires de la), Grenoble (Isère). 192.
Société de Marie (Frères de la), Paris (Seine). 370.
Somasques (Pères), Somasca (Lombardie). 702.

T

Tiers ordre enseignant de Saint-Dominique, Arcueil (Seine). 376.
Trappistes, Grande-Trappe, près Mortagne (Orne). 566.
Trinitaires, Rome. 704.

2° COMMUNAUTÉS

B

Bénédictins, Delle (Belfort). 94.
Bénédictins anglais, Douai (Nord). 128.
Bénédictins, La Bastide-Clunens (Basses-Pyrénées). 82.
Bernardins de l'Immaculée-Conception, Font-Froide (Aude). 138.

C

Capucins, Chambéry (Savoie). 144.
Capucins, Yenne (Savoie). 144.
Cisterciens, Haute-Combe (Savoie). 144.
Cisterciens, Senanque (Vaucluse). 66.

I

Immaculée-Conception (Chanoines réguliers de l'), Saint-Claude (Jura). 546.

M

Missionnaires de la Chapelle-du-Chêne, Vion (Sarthe). 268.
Missionnaires de Notre-Dame de Sainte-Garde, Orange (Vaucluse). 66.

N

Notre-Dame de Sion (Prêtres de), Paris (Seine). 376.
Notre-Dame de Bon-Secours (Frères de), Misserghin (Algérie). 688.

S

Sacré-Cœur de Jésus (Prêtres auxiliaires du), Bétharram (Basses-Pyrénées). 82.
Sacré-Cœur (Pères du), Issoudun (Indre). 118.
Saint-Cœur de Marie (Pères du), Bordeaux (Gironde). 110.
Saint-Sacrement (Prêtres du), Noiretable (Loire). 236.
Sainte-Face (prêtres de la), Tours (Indre-et-Loire). 594.

T

Trappistes, Échourgnac (Dordogne). 436.
Erratum, p. 436, *lire* Trappistes *au lieu de* Trappistines.

II — FEMMES

1° CONGRÉGATIONS

A

Adoration perpétuelle (Sœurs de l'), Belmagny (Alsace). 704.
Adoration perpétuelle du Sacré-Cœur (Sœurs de l'), Lyon (Rhône). 240.
Adoration perpétuelle du Saint-Sacrement (Sœurs de l'), Quimper (Finistère). 472.
Adoration perpétuelle des Sacrés Cœurs de Jésus et de Marie (Sœurs de l'), Larajasse (Rhône). 248.
Adoration réparatrice (Sœurs de l'), Paris (Seine). 426.
Adoratrices de la justice de Dieu (Sœurs), Fougères (Ille-et-Villaine). 482.
Agricoles (Sœurs), Martillac (Gironde). 116.

Ange Gardien (Sœurs de l'), Montauban (Tarn-et-Garonne). 288.
Assomption (Sœurs de l'), Nîmes (Gard). 338.
Assomption (Dames de l'), Paris (Seine). 408.
Assomption (Petites-Sœurs de l'), Paris (Seine). 426.
Augustines, Abbeville (Somme). 24.
Augustines, Arras (Pas-de-Calais). 48.
Augustines, dites Sœurs Noires, Bailleul (Nord). 132.
Augustines, Gand (Belgique). 704.
Augustines, Meaux (Seine-et-Marne). 280.
Augustines, Riège (Belgique). 704.
Augustines hospitalières, Paris (Seine). 394.

Auxiliatrices de l'Immaculée-Conception, Paris (Seine). 426.
Auxiliatrices des âmes du Purgatoire, Paris (Seine). 426.

B

Bénédictines de Notre-Dame du Calvaire, Orléans (Loiret). 338.
Bernardines (Dames), Esquermes (Nord). 130.
Bon-Pasteur (Sœurs du), Cauderan (Gironde). 112.
Bon-Secours de Notre-Dame Auxiliatrice (Sœurs de), Paris (Seine). 402.

C

Célestines (Dames), Provins (Seine-et-Marne). 280.
Charité (Sœurs de la), Besançon (Doubs). 96.
Charité (Sœurs de la), Bourges (Cher). 118.
Charité (Sœurs de la), La Roche-sur-Foron (Haute-Savoie). 44.
Charité (Sœurs de la), Nîmes (Gard). 336.
Charité de l'Instruction chrétienne (Sœurs de la), Nevers (Nièvre). 328.
Charité de la Providence (Sœurs de la), Ruillé-sur-Loir (Sarthe). 268.
Charité de Notre-Dame (Sœurs de la), Évron (Mayenne). 208.
Charité de Saint-Louis (Sœurs de la), Vannes (Morbihan). 648.
Charité des Saints-Cœurs de Jésus et de Marie (Sœurs de la), Cherbourg (Manche). 162.
Charité du Sacré-Cœur de Jésus (Sœurs de), La Salle-de-Vihiers (Maine-et-Loire). 32.
Cisterciennes, Rathausen (Suisse). 706.
Clarisses, Tournay (Belgique). 706.
Cœur-Immaculé de Marie (Sœurs du), Rennes (Ille-et-Vilaine). 484.
Cœur-Immaculé de Marie (Sœurs du), Saint-Loup (Haute-Marne). 206.
Compassion (Sœurs de la), l'Hermitage (Haute-Saône). 98.
Compassion (Sœurs de la), Rouen (Seine-Inférieure). 524.
Compassion (Sœurs de la), Saint-Hilaire-en-Voëvre (Meuse). 656.
Compassion de la Sainte-Vierge (Sœurs de la), Saint-Denis (Seine). 406.
Compassion (Sœurs de la), Servantes du Seigneur, Domfront (Oise). 86.
Conceptionnistes (Sœurs), Gadalazura (Espagne). 706.

Croix (Sœurs de la), Chavanol (Haute-Savoie). 44.
Croix (Sœurs de la), Le Puy (Haute-Loire). 466.

D

Divine-Providence (Sœurs de la), Fresne-le-Château (Haute-Saône), 96.
Divine-Providence (Sœurs de la), Reims (Marne). 278.
Divin-Rédempteur (Filles du), Épinal (Vosges). 556.
Doctrine chrétienne (Sœurs de la), Bordeaux (Gironde). 110.
Doctrine chrétienne (Sœurs de la), Ceilhes (Hérault). 298.
Doctrine chrétienne (Sœurs de la), dites de la Sainte-Enfance, Digne (Basses-Alpes). 168.
Doctrine chrétienne (Sœurs de la), Meyrueis (Lozère). 284.
Doctrine chrétienne (Sœurs de la), dites Watelottes, Nancy (Meurthe-et-Moselle). 302.
Dominicaines, Cette (Hérault). 298.
Dominicaines, Nancy (Meurthe-et-Moselle). 312.
Dominicaines, Toulouse (Haute-Garonne). 592.
Dominicaines du tiers ordre enseignant, Neuilly (Seine). 430.

E

Écoles chrétiennes de la Miséricorde (Sœurs des), Saint-Sauveur-le-Vicomte (Manche). 160.
Écoles chrétiennes (Sœurs des), dites de la Sainte-Enfance, Versailles (Seine-et-Oise). 656.
Éducation chrétienne (Sœurs de l'), Argentan (Orne). 570.
Enfance de Jésus et de Marie (Sœurs de l'), Draguignan (Var). 186.
Enfant-Jésus (Sœurs de l'), Claveyrolles (Rhône). 240.
Enfant-Jésus (Filles de l'), Lille (Nord). 130.
Enfant-Jésus (Sœurs de l'), Reims (Marne). 476.
Enfant-Jésus (Sœurs de l'), Saint-Léonard (Angleterre). 706.
Enfant-Jésus (Petites Sœurs de l'), Saint-Sorlin (Rhône). 256.

INDEX ALPHABÉTIQUE

Enfant-Jésus (Sœurs de l'), Soissons (Aisne). 578.
Ernemont (Sœurs d'), Rouen (Seine-Inférieure). 516.
Espérance (Sœurs de l'), Bordeaux (Gironde). 116.

F

Fidèles compagnes de Jésus, Paris (Seine). 406.
Filles de Jésus, Moissac (Tarn). 20.
Filles de Jésus, Plumelin (Morbihan). 650.
Filles de Jésus, Vaylats (Lot). 124.
Filles de la Charité de Sainte-Marie, Angers (Maine-et-Loire). 30.
Filles de la Charité de Saint-Vincent-de-Paul, Paris (Seine). 376.
Filles de la Croix, Lavaur (Tarn). 16.
Filles de la Croix, Limoges (Haute-Vienne). 216.
Filles de la Croix, Saint-Quentin (Aisne). 580.
Filles de la Croix, dites Sœurs de Saint-André, La Puye (Vienne). 446.
Filles de la Providence, dites Mères des pauvres, Crehen (Côtes-du-Nord). 536.
Filles de la Providence, Saint-Brieuc (Côtes-du-Nord). 538.
Filles de la Retraite, Quimper (Finistère). 472.
Filles de Marie, Agen (Lot-et-Garonne). 2.
Filles de Marie, Auch (Gers). 54.
Filles de Marie, Broos (Côtes-du-Nord). 538.
Filles de Marie, Gacé (Orne). 570.
Filles du Saint-Esprit, Saint-Brieuc (Côtes-du-Nord). 532.
Foi (Sœurs de la), Haroué (Meurthe-et-Moselle). 312.
Franciscaines, Calais (Pas-de-Calais). 46.
Franciscaines, Perron (Orne). 572.
Franciscaines, Saint-Christaud (Hérault). 296.
Franciscaines, Saint-Philbert de Grand-Lieu (Loire-Inférieure). 320.
Franciscaines, Vichy (Allier). 300.
Franciscaines de la petite famille du Sacré-Cœur de Jésus, Alais (Gard). 336.
Franciscaines, dites de Notre-Dame-des-Anges, Lille (Nord). 132.
Franciscaines de la Propagation de la Foi, Couzon (Rhône). 252.
Franciscaines de l'Immaculée Conception, Macornay (Jura). 548.

Franciscaines du Sacré-Cœur, Metz (Haute-Savoie). 46.
Franciscaines du Sacré-Cœur, Saint-Quentin. (Aisne). 586.
Franciscaines du Sacré-Cœur, Lyon (Rhône). 252.
Franciscaines Oblates du Cœur de Jésus, Nantes (Loire-Inférieure). 328.

G

Garde-malades des pauvres, Nantes (Loire-Inférieure). 324.

H

Hospitalières des hôpitaux de Lyon (Sœurs), Lyon (Rhône). 252.

I

Immaculée-Conception (Sœurs de l'), Auberives (Isère). 20.
Immaculée-Conception (Filles de l'), Avignon (Vaucluse). 66.
Immaculée-Conception (Sœurs de l'), Buzançais (Indre). 118.
Immaculée-Conception (Sœurs de l'), Castres (Tarn). 14.
Immaculée-Conception (Sœurs de l'), dites Dames de la Providence, Niort (Deux-Sèvres). 450.
Immaculée-Conception (Sœurs de l'), Nogent-le-Rotrou (Eure-et-Loir). 148.
Immaculée-Conception (Sœurs de l'), Ruffieux (Savoie). 146.
Immaculée-Conception (Sœurs de l'), Saint-Meen-le-Grand (Ille-et-Vilaine). 482.
Instruction charitable du Saint-Enfant-Jésus (Sœurs de l'), dites de Saint-Maur, Paris (Seine). 394.
Instruction chrétienne (Sœurs de l'), Saint-Gildas-des-Bois (Loire-Inférieure). 318.
Instruction chrétienne (Sœurs de l'), Portieux (Vosges). 554.
Instruction chrétienne (Dames de l'), Vendôme (Loir-et-Cher). 106.
Instruction chrétienne (Sœurs de l'), dites de la Providence, Cîteaux (Côte-d'Or). 172.
Instruction chrétienne (Sœurs de l'), dites de la Providence, Troyes (Aube). 602.
Instruction chrétienne (Sœurs de l'), dites du Sacré-Cœur de Jésus, Bordeaux (Gironde). 110.
Instruction chrétienne (Sœurs de l'), dites Ursulines, Troyes (Aube). 602.

Instruction de l'Enfant-Jésus (Sœurs de l'), Aurillac (Cantal). 560.
Instruction de l'Enfant-Jésus (Sœurs de l'), Chauffailles (Saône-et-Loire). 58.
Instruction de l'Enfant-Jésus (Dames de l'), Le Puy (Haute-Loire). 456.

J

Jésus au Temple (Sœurs de), Clifton (Angleterre). 706.
Jésus-Christ Bon-Pasteur (Sœurs de), et de Marie-Immaculée, Bourges (Cher). 120.
Jésus-Marie (Sœurs de), Lyon (Rhône). 252.

M

Marcellines, Milan. 708.
Marie (Dames de), Longny (Orne). 570.
Marie-Auxiliatrice (Sœurs de), Paris (Seine). 430.
Marie-Immaculée (Religieuses de), Bourges (Cher). 118.
Marie-Immaculée (Sœurs de), Marseille (Bouches-du-Rhône). 274.
Marie-Joseph (Sœurs de), Dorat (Haute-Vienne). 216.
Marie-Joseph (Sœurs de), La Pommeraye (Maine-et-Loire). 30.
Marie-Réparatrice (Sœurs de), Rome. 708.
Marie-Thérèse (Sœurs de), dites Servantes de Jésus, Bordeaux (Gironde). 112.
Marie-Thérèse (Religieuses de), Lyon (Rhône). 254.
Maristes (Sœurs), Belley (Ain). 90.
Maronites de Notre-Dame de Sainte-Croix (Sœurs), Le Mans (Sarthe). 272.
Mère de Dieu (Sœurs de la), Paris (Seine). 392.
Minimes (Sœurs), Lorette (Italie). 703.
Miséricorde (Sœurs de la), Billom (Puy-de-Dôme). 154.
Miséricorde (Sœurs de la), Caen (Calvados). 74.
Miséricorde (Sœurs de la), Moissac (Tarn-et-Garonne). 228.
Miséricorde (Sœurs de la), Moncucq (Lot). 122.
Miséricorde (Sœurs de la), Rouen (Seine-Inférieure). 518.
Miséricorde (Sœurs de la), Séez (Orne). 570.
Miséricorde du Saint-Cœur de Marie (Sœurs de la), Blon (Calvados). 74.
Missions d'Afrique (Sœurs de la), Kouba (Algérie). 688.

Mont-Carmel (tiers ordre régulier du), Autun (Saône-et-Loire). 64.

N

Nativité de la Sainte-Vierge (Sœurs de la), (Saint-Germain-en-Laye) Seine-et-Oise. 658.
Nativité de Notre-Seigneur Jésus-Christ (Sœurs de la), Valence (Drôme). 614.
Nazareth (Dames de), Montmirail (Marne). 142.
Nazareth (Dames de), Oullins (Rhône). 240.
Notre-Dame (Sœurs de), Briouze (Orne). 670.
Notre-Dame (Sœurs de), Chartres (Eure-et-Loir). 150.
Notre-Dame (Sœurs de), Lamontgie (Puy-de-Dôme). 158.
Notre-Dame (Sœurs de), Le Cateau (Nord). 130.
Notre-Dame (Sœurs de), Lyon (Rhône). 234.
Notre-Dame (Sœurs de), Saint-Erme (Aisne). 580.
Notre-Dame Auxiliatrice (Sœurs de), Montpellier (Hérault). 296.
Notre-Dame de Bethléhem (Sœurs de), Paris (Seine). 434.
Notre-Dame de Bon-Secours (Sœurs de), Charly (Aisne). 578.
Notre-Dame de Bon-Secours (Sœurs de), Troyes (Aube). 602.
Notre-Dame de Charité (Sœurs de), Lisieux (Calvados). 72.
Notre-Dame de Charité du Bon-Pasteur (Sœurs de), Angers (Maine-et-Loire). 32.
Notre-Dame de la Compassion (Sœurs de), Toulouse (Haute-Garonne). 590.
Notre-Dame de la Compassion (Sœurs de), Marseille (Bouches-du-Rhône). 274.
Notre-Dame de la Croix (Sœurs de), Murinais (Isère). 194.
Notre-Dame de la Miséricorde (Sœurs de), Laval (Mayenne). 210.
Notre-Dame de la Miséricorde du Bon-Pasteur (Sœurs de), Draguignan (Var). 186.
Notre-Dame de la Présentation (Sœurs de), Manosque (Basses-Alpes). 170.
Notre-Dame de la Providence (Sœurs de), Blois (Loir-et-Cher). 106.
Notre-Dame de la Retraite (Sœurs de), Paris (Seine). 434.
Notre-Dame de la Salette (Sœurs de), Grenoble (Isère). 204.

Notre-Dame de la Treille (Sœurs de), Lille (Nord). 132.
Notre-Dame de Lorette (Sœurs de), Bordeaux (Gironde) 112.
Notre-Dame des Anges (Sœurs de), Puypéroux (Charente). 42.
Notre-Dame de Sion (Sœurs de), Paris (Seine). 408.
Notre-Dame des Missions (Religieuses de), Lyon (Rhône). 234.
Notre-Dame des Sept-Douleurs (Filles de), Besançon (Doubs). 106.
Notre-Dame des Victoires (Religieuses de), Lyon (Rhône). 262.
Notre-Dame du Bon-Secours (Sœurs de), Clermont (Puy-de-Dôme). 156.
Notre-Dame du Bon-Secours (Sœurs de), Lyon (Rhône). 256.
Notre-Dame du Calvaire (Sœurs de), Agramat (Lot). 124.
Notre-Dame du Mont-Carmel (Sœurs du tiers ordre de), Avranches (Manche). 162.
Notre-Dame du Rosaire dominicaines (Sœurs de), Sèvres (Seine-et-Oise). 664.
Notre-Dame du Saint-Rosaire (Sœurs de), Pont-de-Beauvoisin (Isère). 196.

O

Oblates de l'Assomption, Nîmes (Gard). 338.

P

Pauvre-Enfant-Jésus (Sœurs du), Charmois-l'Orgueilleux (Vosges). 558.
Pauvres-Sœurs de Saint-François-d'Assise, Avignon (Vaucluse). 66.
Petites-Servantes de Marie-Immaculée, Gaudechart (Oise). 88.
Petites-Sœurs de Saint-François-d'Assise, Angers (Maine-et-Loire). 36.
Petites-Sœurs des Malades, Mauriac (Cantal). 562.
Petites-Sœurs des Pauvres, Saint-Pern (Ille-et-Vilaine). 482.
Présentation (Sœurs de la), Lorgues (Var), 188.
Présentation de Marie (Sœurs de la), Bourg-Saint-Andéol (Ardèche). 672.
Présentation de la Sainte-Vierge (Sœurs de la), Saint-Symphorien-lez-Tours (Indre-et-Loire). 596.

Présentation de Notre-Dame (Sœurs de la), Castres (Tarn). 18.
Providence (Sœurs de la), Alençon (Orne). 568.
Providence (Sœurs de la), Arras (Pas-de-Calais). 28.
Providence (Sœurs de la), Chartres (Eure-et-Loir). 152.
Providence (Sœurs de la), Corenc (Isère). 194.
Providence (Sœurs de la), Évreux (Eure). 182.
Providence (Sœurs de la), Fillières (Meurthe-et-Moselle). 310.
Providence (Sœurs de la), Gap (Hautes-Alpes). 190.
Providence (Sœurs de la), Laon (Aisne). 580.
Providence (Sœurs de la), Langres (Haute-Marne). 206.
Providence (Sœurs de la), Lisieux (Calvados) 72.
Providence (Hospitalières de la), Rouen (Seine-Inférieure). 518.
Providence (Sœurs de la), Séez (Orne). 568.
Providence (Sœurs de la), Sens (Yonne). 574.
Providence de Saint-Remy (Sœurs de la), Chartres (Eure-et-Loir). 148.
Providence (Filles de la), dites de Sainte-Thérèse, Avesnes (Nord). 130.

R

Retraite (Dames de la), Vannes (Morbihan). 650.
Retraite chrétienne (Sœurs de la), Aix (Bouches-du-Rhône). 8.
Retraite, dites de la Société de Marie (Religieuses de la), Angers (Maine-et-Loire). 30.
Réunion au Sacré-Cœur de Jésus (Sœurs de la), Bordeaux (Gironde). 110.

S

Sacré-Cœur (Religieuses du), Issoudun (Indre). 122.
Sacré-Cœur (Sœurs du), Saint-Aubin (Seine-Inférieure). 522.
Sacré-Cœur (Filles du), Saint-Sauveur (Loire). 262.
Sacré-Cœur de Jésus (Sœurs du), Coutances (Manche). 162.
Sacré-Cœur de Jésus (Dames du), Paris (Seine). 404.

Sacré-Cœur de Jésus (Sœurs du), Privas (Ardèche). 676.

Sacré-Cœur de Jésus (Sœurs du), Saint-Georges (Lozère). 284.

Sacré-Cœur de Jésus (Sœurs du), Valence (Tarn). 20.

Sacrés-Cœurs de Jésus et de Marie (Filles des), Amiens (Somme). 24.

Sacrés-Cœurs de Jésus et de Marie (Sœurs des), Paris (Seine). 434.

Sacrés-Cœurs de Jésus et de Marie (Sœurs des), Saint-Quay (Côtes-du-Nord). 534.

Sacrés-Cœurs de Jésus et de Marie (Filles des), Tournon (Ardèche). 674.

Sagesse (Filles de la), Saint-Laurent-sur-Sèvre (Vendée). 230.

Saint-Aignan (Sœurs de), Orléans (Loiret). 340.

Saint-Alexis (Sœurs de), Limoges (Haute-Vienne). 222.

Saint-Augustin (Religieuses de), Cambrai (Nord). 128.

Saint-Augustin (Hospitalières de), Marseille (Bouches-du-Rhône). 274.

Saint-Charles (Sœurs de), Angers (Maine-et-Loire). 28.

Saint-Charles (Sœurs de), Lyon (Rhône). 236.

Saint-Charles (Sœurs de), Nancy (Meurthe-et-Moselle). 304.

Saint-Cœur de Marie (Sœurs du), Créjuouls (Aveyron). 504.

Saint-Cœur de Marie (Sœurs du), Gap. (Hautes-Alpes). 190.

Saint-Cœur de Marie (Sœurs du), Nancy (Meurthe-et-Moselle). 312.

Saint-Cœur de Marie (Sœurs du), Treignac (Corrèze). 608.

Saint-Cœur de Marie (Sœurs du), Vendôme (Loir-et-Cher). 106.

Saint-Cœur de Marie-Immaculée (Sœurs du Très-), Béziers (Hérault). 294.

Saint et Immaculé Cœur de Marie (Filles du), Niort (Deux-Sèvres). 450.

Saint-Dominique (Sœurs de), Bor-et-Bar (Aveyron). 506.

Saint-Dominique (Sœurs du tiers ordre de), Firminy (Loire). 266.

Saint-Dominique (Sœurs de), Gramond (Aveyron). 506.

Saint-François-d'Assise (Sœurs de), Lyon (Rhône). 238.

Saint-François-d'Assise (Sœurs de), Rodez (Aveyron). 506.

Saint-François-de-Sales (Sœurs de), Lavernhe (Aveyron). 506.

Saint-François-Régis (Sœurs de), La Roche-Arnaud (Haute-Loire). 470.

Saint-Jacques (Sœurs de), Besançon (Doubs). 96.

Saint-Jacut (Sœurs de), Saint-Jacut (Morbihan). 648.

Saint-Joseph (Sœurs de), Abbeville (Somme). 24.

Saint-Joseph (Sœurs de), Annecy (Haute-Savoie). 44.

Saint-Joseph (Sœurs de), Aubenas (Ardèche). 668.

Saint-Joseph (Sœurs de), Bordeaux (Gironde). 112.

Saint-Joseph (Sœurs de), Bourg (Ain). 90.

Saint-Joseph (Sœurs de), Chambéry (Savoie). 144.

Saint-Joseph (Sœurs de), Champagnole (Jura). 548.

Saint-Joseph (Sœurs de), Clairvaux (Aveyron). 508.

Saint-Joseph (Sœurs de), Cusset (Allier). 300.

Saint-Joseph (Sœurs de), Estaing (Aveyron). 496.

Saint-Joseph (Sœurs de), Gap (Hautes-Alpes). 190.

Saint-Joseph (Sœurs de), La Louvesc (Ardèche). 686.

Saint-Joseph (Sœurs de), Le Chaylard (Ardèche). 672.

Saint-Joseph (Sœurs de), Le Puy (Haute-Loire). 460.

Saint-Joseph (Sœurs de), Les Vans (Ardèche). 670.

Saint-Joseph (Sœurs de), Lyon (Rhône). 236.

Saint-Joseph (Sœurs de), Mailhac (Aude). 140.

Saint-Joseph (Sœurs de), Marcillac (Aveyron). 508.

Saint-Joseph (Sœurs de), Moutiers (Savoie). 590.

Saint-Joseph (Sœurs de), Oulias (Tarn). 18.

Saint-Joseph (Sœurs de), Ruoms (Ardèche). 678.

Saint-Joseph de l'Union (Sœurs de), Saint-Cyprien (Aveyron). 512.

Saint-Joseph (Sœurs de), Saint-Étienne-de-Lugdarès (Ardèche). 678.

Saint-Joseph (Sœurs de), Saint-Félicien (Ardèche). 676.

Saint-Joseph (Sœurs de), Saint-Flour (Cantal). 560.

Saint-Joseph de l'Union (Sœurs de), Saint-Geniez (Aveyron). 512.

INDEX ALPHABÉTIQUE

Saint-Joseph (Sœurs de), Saint-Gervais-sur-Mare (Hérault). 294.
Saint-Joseph (Sœurs de), Saint-Jean-de-Maurienne (Savoie). 564.
Saint-Joseph (Sœurs de), Sainte-Marie (Alsace). 708.
Saint-Joseph (Sœurs de), Salles-la-Source (Aveyron). 510.
Saint-Joseph (Sœurs de), Tuzaguet (Hautes-Pyrénées). 588.
Saint-Joseph (Sœurs de), Vanesc (Ardèche). 678.
Saint-Joseph (Sœurs de), Veyreau (Aveyron). 496.
Saint-Joseph (Sœurs de), Villecomtal (Aveyron). 510.
Saint-Joseph de Cluny (Sœurs de), Paris (Seine). 400.
Saint-Joseph de l'Apparition (Sœurs de), Marseille (Bouches-du-Rhône). 274.
Saint-Joseph de la Présentation (Sœurs de), Verdun (Meuse). 652.
Saint-Joseph de l'Union (Sœurs de), Lunet (Aveyron). 512.
Saint-Joseph de l'Union (Sœurs de), Naves (Aveyron). 514.
Saint-Joseph de l'Union (Sœurs de), Peyrusse (Aveyron). 514.
Saint-Joseph (Sœurs de), dites de l'Union, Sainte-Colombe (Lot). 124.
Saint-Joseph de l'Union (Sœurs de), Saint-Pierre-de-Bessuejouls (Aveyron). 514.
Saint-Joseph de Nazareth (Sœurs de), Valenciennes (Nord). 132.
Saint-Joseph (Sœurs de), dites du Bon-Pasteur, Clermont (Puy-de-Dôme). 156.
Saint-Louis (Dames de), Juilly (Seine-et-Marne). 280.
Saint-Martin (Sœurs de), Bourgueil (Indre-et-Loire). 598.
Saint-Nom de Jésus (Sœurs du), Grand-Fontaine (Doubs). 102.
Saint-Nom de Jésus (Sœurs du), La Ciotat (Bouches-du-Rhône). 278.
Saint-Nom de Jésus (Sœurs du), Loriol (Drôme). 618.
Saint-Nom de Jésus (Sœurs du), Paris (Seine). 432.
Saint-Nom de Jésus (Sœurs du), Sainte-Radegonde (Aveyron). 514.
Saint-Nom de Jésus (Sœurs du), Toulouse (Haute-Garonne). 590.
Saints-Noms de Jésus et de Marie (Sœurs des), Marseille (Bouches-du-Rhône). 276.

Saint-Paul (Sœurs de), dites de Saint-Maurice, Chartres (Eure-et-Loir). 148.
Saint-Régis (Sœurs de), Aubenas (Ardèche). 676.
Saint-Roch (Sœurs de), Felletin (Creuse). 216.
Saint-Sacrement (Sœurs du), Autun (Saône-et-Loire). 58.
Saint-Sacrement (Sœurs du), Valence (Drôme). 612.
Saint-Sauveur (Sœurs du Très-), Niederbronn (Alsace). 708.
Saint-Sauveur et de la Sainte-Vierge (Sœurs du), La Souterraine (Creuse). 216.
Saints-Cœurs de Jésus et de Marie (Sœurs des), Mormaison (Vendée). 230.
Saint-Thomas de Villeneuve (Sœurs de), Aix (Bouches-du-Rhône). 10.
Saint-Thomas de Villeneuve (Dames de), Paris (Seine). 392.
Sainte-Agnès (Sœurs de), Arras (Pas-de-Calais). 48.
Sainte-Agonie (Sœurs de la), Bordeaux (Gironde). 114.
Sainte-Anne (Sœurs de), Feugarolles (Lot-et-Garonne). 2.
Sainte-Anne de la Providence (Sœurs de), Saumur (Maine-et-Loire). 30.
Sainte-Catherine de Sienne (Sœurs de), du tiers ordre de Saint-Dominique, Saint-Nicolas (Belfort). 104.
Sainte-Claire (Sœurs de), Assise (Italie). 706.
Sainte-Chrétienne (Sœurs de), Longuyon (Meurthe-et-Moselle). 308.
Sainte-Clotilde (Dames de), Paris (Seine). 398.
Sainte-Enfance (Sœurs de la), Lavalla (Loire). 260.
Sainte-Enfance de Jésus et de Marie (Sœurs de la), Sainte-Colombe (Yonne). 574.
Sainte-Enfance de Marie (Sœurs de la), Nancy (Meurthe-et-Moselle). 310.
Sainte-Famille (Sœurs de la), Amiens (Somme). 24.
Sainte-Famille (Sœurs de la), Besançon (Doubs). 98.
Sainte-Famille (Sœurs de la), Lyon (Rhône). 238.
Sainte-Famille (Sœurs de la), Pezens (Aude). 138.
Sainte-Famille (Sœurs de la), Toulouse (Haute-Garonne). 590.
Sainte-Famille (Sœurs de la), Villefranche (Aveyron). 494.
Sainte-Famille (Sœurs de la), ou de l'Im-

maculée-Conception, Bordeaux (Gironde). 112.

Sainte-Famille de Nazareth (Sœurs de), Le Plan (Haute-Garonne). 590.

Sainte-Marie (Sœurs de), Paris (Seine). 406.

Sainte-Marie (Sœurs de), Torfou (Maine-et-Loire). 30.

Sainte-Marie de la Providence (Sœurs de), Saintes (Charente-Inférieure). 492.

Sainte-Marie (Sœurs de) de la Sainte-Famille, Bordeaux (Gironde). 116.

Sainte-Marie de l'Assomption (Sœurs de), Clermont (Puy-de-Dôme) 158.

Sainte-Marie-des-Anges (Sœurs de), Angers (Maine-et-Loire). 38.

Sainte-Marthe (Filles de), Angoulême (Charente). 42.

Sainte-Marthe (Sœurs de), Grasse (Alpes-Maritimes). 186.

Sainte-Marthe (Sœurs de), Paris (Seine). 390.

Sainte-Marthe (Sœurs de), Périgueux (Dordogne). 436.

Sainte-Marthe (Sœurs de), Romans (Drôme). 614.

Sainte-Philomène (Sœurs de), Migné (Vienne). 450.

Sainte-Philomène (Sœurs de), Saint-Marcellin (Isère). 204.

Sainte-Trinité (Sœurs de la), Saint-Martin-en-Haut (Rhône). 238.

Sainte-Trinité (Sœurs de la), Valence (Drôme). 612.

Sainte-Union des Sacrés-Cœurs (Dames de la), Sin (Nord). 130.

Sainte-Ursule (Sœurs de la Compagnie de), Dôle (Jura). 550.

Saints-Cœurs de Jésus et de Marie (Sœurs des), Paramé (Ille-et-Vilaine). 484.

Servantes de Marie, Anglet (Basses-Pyrénées). 84.

Servantes de Marie, Blois (Loir-et-Cher). 108.

Servantes des Pauvres, Angers (Maine-et-Loire). 40.

Servantes du Sacré-Cœur de Jésus, Argenteuil (Seine-et-Oise). 666.

Servantes du Sacré-Cœur de Jésus, Saint-Quentin (Aisne). 586.

Servantes du Saint-Sacrement, Angers (Maine-et-Loire). 40.

T

Tertiaires de Notre-Dame de la Salette, Auxiliatrices des âmes du Purgatoire, Lyon (Rhône). 258.

Tiers ordre enseignant de Saint-Dominique (Sœurs du), dites de la Mère-Agnès, Le Puy (Haute-Loire). 462.

Tiers ordre enseignant de Saint-François (Sœurs du), Le Puy (Haute-Loire). 463.

Tiers ordre de Notre-Dame, Moulins (Allier). 300.

Tiers ordre de Saint-Dominique (Sœurs du), Ambert (Puy-de-Dôme). 156.

Tiers ordre de Saint-Dominique (Sœurs du), Albi (Tarn). 20.

Tiers ordre de Saint-François (Sœurs du), dites Servantes de Jésus, Portets (Gironde). 116.

Trinitaires Déchaussées, Sainte-Marthe (Bouches-du-Rhône). 278.

Trinitaires, Saint-James (Manche). 164.

Trinitaires Déchaussées (Sœurs), Sainte-Marthe (Bouches-du-Rhône). 12.

U

Union (Sœurs de l'), Bozouls (Aveyron). 516.

Union-Chrétienne (Sœurs de l'), Fontenay (Vendée). 232.

Union de Saint-François (Sœurs de l'), Auzits (Aveyron). 516.

Ursulines du Sacré-Cœur, Pons (Charente Inférieure). 492.

Ursulines, Arras (Pas-de-Calais). 50.

Ursulines, Bougères (Allier). 300.

Ursulines, Breslau (Silésie). 708.

Ursulines, Dijon (Côte-d'Or). 174.

Ursulines, Tours (Indre-et-Loire). 598.

Ursulines de Jésus, Chavagnes (Vendée). 230.

Ursulines de Jésus, Malet (Aveyron). 496.

Z

Zélatrices de la Sainte-Eucharistie, Paris (Seine). 410.

2º COMMUNAUTÉS

A

Adoration du Saint-Sacrement (Dames de l'), Saint-Brieuc (Côtes-du-Nord). 544.
Adoration perpétuelle (Sœurs de l'), Marseille (Bouches-du-Rhône). 276.
Adoration perpétuelle du Très-Saint-Sacrement (Sœurs de l'), Avignon (Vaucluse). 68.
Adoration perpétuelle du Saint-Sacrement (Sœurs de l'), Bollène (Vaucluse). 68.
Adoration perpétuelle du Saint-Sacrement (Sœurs de l'), Carpentras (Vaucluse). 70.
Adoration réparatrice (Sœurs de l'), Lyon (Rhône). 248.
Annonciade (Sœurs de l'), Villeneuve-d'Agen (Lot-et-Garonne). 4.
Annonciades (Sœurs), Boulogne (Pas-de-Calais), 50.
Annonciades, Joinville (Haute-Marne). 208.
Annonciades, Langres (Haute-Marne). 208.
Assomption (Dames de l'), Poitiers (Vienne). 452.
Augustines, Auxerre (Yonne). 576.
Augustines, Barenton (Manche). 166.
Augustines, Carpentras (Vaucluse). 68.
Augustines, Condé-sur-Noireau (Calvados). 80.
Augustines, Coutances (Manche). 166.
Augustines, Étampes (Seine-et-Oise). 658.
Augustines, Mattaincourt (Vosges) 558.
Augustines, Montbrison (Loire). 240.
Augustines, Mozac (Puy-de-Dôme). 158.
Augustines, Orbec (Calvados). 78.
Augustines (Hôtel-Dieu), Orléans (Loiret). 340.
Augustines, Pont-de-Beauvoisin (Savoie). 146.
Augustines, Roanne (Loire), 242.
Augustines, Saint-Chamond (Loire). 240.
Augustines, Saint-Germain-en-Laye (Seine-et-Oise). 662.
Augustines, Saint-Quentin (Aisne). 584.
Augustines, Versailles (Seine-et-Oise). 660.
Augustines de Saint-Gatien, Tours (Indre-et-Loire). 598.
Augustines du Saint-Cœur de Marie, Nantes (Loire-Inférieure). 328.
Augustines Hospitalières, Fécamp (Seine-Inférieure). 526.
Augustines Hospitalières, La Charité-sur-Loire (Nièvre). 332.
Augustines Hospitalières (Hôtel-Dieu), Rouen (Seine-Inférieure). 524.
Augustines Hospitalières de l'Hôtel-Dieu, Vire (Calvados), 76.
Augustines de la Miséricorde de Jésus, Harcourt (Eure). 182.
Augustines de Notre-Dame, Carentan (Manche). 164.
Augustines de Notre-Dame, Saint-Pierre-Église (Manche). 168.
Augustines de Notre-Dame, Valognes (Manche). 166.
Augustines du Sacré-Cœur de Marie, Angers (Maine-et-Loire). 38.

B

Bénédictines, Dranville (Meurthe-et-Moselle). 318.
Bénédictines, Estaires (Nord). 134.
Bénédictines, Mantes (Seine-et-Oise). 660.
Bénédictines, Nîmes (Gard). 338.
Bénédictines, Poitiers (Vienne). 452.
Bénédictines, Pradines (Loire). 262.
Bénédictines, Rouen (Seine-Inférieure). 530.
Bénédictines, Saint-Nicolas-du-Port (Meurthe-et-Moselle). 312.
Bénédictines, Solesmes (Sarthe). 270.
Bénédictines, Toulouse (Haute-Garonne). 592.
Bénédictines, Valognes (Manche). 166.
Bénédictines, Verneuil (Eure). 184.
Bénédictines de l'Adoration perpétuelle, Craon (Mayenne). 212.
Bénédictines de l'Adoration perpétuelle, Flavigny (Meurthe-et-Moselle). 312.
Bénédictines de l'Adoration perpétuelle du Saint-Sacrement, Paris (Seine). 418.
Bénédictines de l'Adoration perpétuelle du Saint-Sacrement, Orient (Aveyron). 498.
Bénédictines de l'Immaculée-Conception, Igoville (Eure) 184.
Bénédictines de Notre-Dame du Calvaire, Vendôme (Loir-et-Cher). 108.
Bénédictines de Saint-Jacques, Argentan (Orne). 572.
Bénédictines du Calvaire, Angers (Maine-et-Loire). 40.
Bénédictines du Calvaire, La Capelle-Marival (Lot). 126.
Bénédictines du Saint-Cœur de Marie, Jouarre (Seine-et-Marne). 288.

Bénédictines du Saint-Cœur de Marie, Saint-Jean-l'Angély (Charente-Inférieure). 494.
Bénédictines du Saint-Désir, Lisieux (Calvados). 76.
Bénédictines du Saint-Sacrement, Arras (Pas-de-Calais). 52.
Bénédictines du Saint-Sacrement, Bayeux (Calvados). 78.
Bénédictines du Saint-Sacrement, Bourges (Cher). 120.
Bénédictines du Saint-Sacrement, Caen (Calvados). 80.
Bénédictines du Saint-Sacrement, Longuenesse (Pas-de-Calais). 52.
Bénédictines du Saint-Sacrement, Nice (Alpes-Maritimes). 334.
Bénédictines du Saint-Sacrement, Paris (Seine). 416.
Bénédictines du Très-Saint Cœur de Marie, Cuire (Rhône). 248.
Bernardines, Belley (Ain). 92.
Bernardines, Saint-Paul-aux-Bois (Aisne). 586.
Bernardines de l'Adoration perpétuelle du Saint-Sacrement, Besançon (Doubs). 102.
Bienheureuse Vierge Marie (Sœurs de la), Saint-Laurent-d'Olt (Aveyron). 498.
Bon-Pasteur (Sœurs du), Dijon (Côtes-d'Or). 180.
Bon-Pasteur (Sœurs du), Orléans (Loiret). 342.
Bon-Pasteur (Sœurs du). Troyes (Aube). 606.
Bon-Sauveur (Sœurs du), Caen (Calvados). 72.
Bon-Sauveur (Sœurs du), Saint-Lô (Manche). 168.

C

Capucines, Aix (Bouches-du-Rhône). 10.
Capucines, Lorgues (Var). 188.
Capucines, Marseille (Bouches-du-Rhône). 274.
Carmélites, Abbeville (Somme). 28.
Carmélites, Aire (Landes). 6.
Carmélites, Aix (Bouches-du-Rhône). 10.
Carmélites, Albi (Tarn). 22.
Carmélites, Amiens (Somme). 28.
Carmélites, Angers (Maine-et-Loire). 38.
Carmélites, Angoulême (Charente). 42.
Carmélites, Auch (Gers) 56.
Carmélites, Aurillac (Cantal). 564.
Carmélites, Autun (Saône-et-Loire). 62.
Carmélites, Avignon (Vaucluse). 70.
Carmélites, Bagnères (Hautes-Pyrénées). 588.
Carmélites, Bayonne (Basses-Pyrénées). 86.
Carmélites, Beaune (Côtes-d'Or) 180.
Carmélites, Bédarieux (Hérault). 298.
Carmélites, Bergerac (Dordogne). 440.
Carmélites, Besançon (Doubs). 102.
Carmélites, Blois (Loir-et-Cher). 108.
Carmélites, Bordeaux (Gironde). 114.
Carmélites, Bourges (Cher). 122.
Carmélites, Caen (Calvados). 82.
Carmélites, Cahors (Lot). 126.
Carmélites, Carcassonne (Aude). 140.
Carmélites, Carpentras (Vaucluse). 70.
Carmélites, Castres (Tarn). 22.
Carmélites, Châlon-sur-Saône (Saône-et-Loire). 62.
Carmélites, Chambéry (Savoie). 146.
Carmélites, Chartres (Eure-et-Loir). 152.
Carmélites, Compiègne (Oise). 88.
Carmélites, Coutances (Manche). 168.
Carmélites, Dijon (Côte-d'Or). 180.
Carmélites, Dorat (Haute-Vienne). 226.
Carmélites, Douai (Nord). 136.
Carmélites, Draguignan (Var). 188.
Carmélites, Fontainebleau (Seine-et-Marne). 282.
Carmélites, Figeac (Lot). 126.
Carmélites, Gravigny (Eure). 184.
Carmélites, Houdon (Var). 188.
Carmélites, Lambezellec (Finistère). 476.
Carmélites, La Rochelle (Charente-Inférieure). 494.
Carmélites, La Tronche (Isère). 202.
Carmélites, Laval (Mayenne). 214.
Carmélites, Lectoure (Gers). 56.
Carmélites, Le Puy (Haute-Loire). 468.
Carmélites, Les Vans (Ardèche). 684.
Carmélites, Libourne (Gironde). 116.
Carmélites, Lille (Nord). 134.
Carmélites, Limoges (Haute-Vienne). 224.
Carmélites, Lisieux (Calvados). 82.
Carmélites, Lons-le-Saulnier (Jura). 554.
Carmélites, Lourdes (Hautes-Pyrénées). 588.
Carmélites, Luçon (Vendée), 232.
Carmélites, Lunéville (Meurthe-et-Moselle). 318.
Carmélites, Lyon (Rhône). 248.
Carmélites, Le Mans (Sarthe). 272.
Carmélites, Marseille (Bouches-du-Rhône). 276.
Carmélites, Meaux (Seine-et-Marne). 282.
Carmélites, Moissac (Tarn-et-Garonne). 294.
Carmélites, Montauban (Tarn-et-Garonne). 292.

INDEX ALPHABÉTIQUE

Carmélites, Montélimar (Drôme). 626.
Carmélites, Morlaix (Finistère). 476.
Carmélites, Moulins (Allier). 300.
Carmélites, Montpellier (Hérault). 298.
Carmélites, Nantes (Loire-Inférieure). 324.
Carmélites, Narbonne (Aude). 140.
Carmélites, Nevers (Nièvre). 332.
Carmélites, Nice (Alpes-Maritimes). 334.
Carmélites, Nîmes (Gard). 336.
Carmélites, Notre-Dame-d'Agen (Lot-et-Garonne). 4.
Carmélites, Oloron-Sainte-Marie (Basses-Pyrénées). 86.
Carmélites, Orléans (Loiret). 342.
Carmélites, Pamiers (Ariège). 342.
Carmélites, Avenue de Messine, Paris (Seine). 428.
Carmélites, Avenue de Saxe, Paris (Seine). 428.
Carmélites, Rue d'Enfer, Paris (Seine). 428.
Carmélites, Pau (Basses-Pyrénées). 84.
Carmélites, Poitiers (Vienne.) 452.
Carmélites, Pontoise (Seine-et-Oise). 664.
Carmélites, Reims (Marne). 480.
Carmélites, Rennes (Ille-et-Villaine). 488.
Carmélites, Riom (Puy-de-Dôme). 160.
Carmélites, Rodez (Aveyron). 500.
Carmélites, Roubaix (Nord). 136.
Carmélites, Rouen (Seine-Inférieure). 532.
Carmélites, Saint-Brieuc (Côtes-du-Nord). 544.
Carmélites, Saint-Denis (Seine). 428.
Carmélites, Saint-Flour (Cantal). 564.
Carmélites, Saint-Georges-l'Agricol (Haute-Loire). 468.
Carmélites, Saint-Germain-en-Laye (Seine-et-Oise). 664.
Carmélites, Saint-Victor-sur-Arlanc (Haute-Loire). 468.
Carmélites, Saintes (Charente-Inférieure). 494.
Carmélites, Sens (Yonne). 576.
Carmélites, Tarbes (Hautes-Pyrénées). 588.
Carmélites, Saint-Chamond (Loire). 262.
Carmélites, Toulouse (Haute-Garonne). 592.
Carmélites, Tours (Indre-et-Loire). 600.
Carmélites, Trévoux (Ain). 92.
Carmélites, Troyes (Aube). 606.
Carmélites, Uzès (Gard). 336.
Carmélites, Vannes (Morbihan). 652.
Carmélites, Vienne (Isère). 202.
Carmélites, Villefranche (Aveyron) 504.
Carmélites, Vinça (Pyrénées-Orientales).444.
Cessolines (Sœurs), Nice (Alpes-Maritimes). 334.

Chanoinesses de l'Hôtel-Dieu, Reims (Marne). 478.
Charité (Sœurs de la), Beaune (Côte-d'Or), 178.
Charité (Sœurs de la), La Délivrande (Calvados). 80.
Charité de Notre-Dame (Sœurs de la), Béziers (Hérault), 296.
Charité de Notre-Dame (Sœurs de la), Clermont (Hérault). 296.
Chartreuses, Beauregard (Isère). 198.
Chartreusines, La Bastide-Saint-Pierre (Tarn-et-Garonne). 294.
Cisterciennes, Reillaune (Basses-Alpes). 170.
Cisterciennes, Saint-Clément-lez-Mâcon (Saône-et-Loire). 62.
Clarisses, Alençon (Orne). 572.
Clarisses, Amiens (Somme). 28.
Clarisses, Arras (Pas-de-Calais). 52.
Clarisses, Lille (Nord). 138.
Clarisses, Marseille (Bouches-du-Rhône). 276.
Clarisses, Montbrison (Loire). 262.
Clarisses, Orthez (Basses-Pyrénées). 86.
Clarisses, Péronne (Somme). 28.
Clarisses, Saint-Omer (Pas-de-Calais). 52.
Clarisses, Versailles (Seine-et-Oise). 664.
Clarisses de l'Avé-Maria, Impasse de Saxe, Paris (Seine). 430.
Claristes, Aurillac (Cantal). 800.
Cœur de Jésus-Agonisant (Dames du), Villeurbane (Rhône). 250.
Compassion (Sœurs de la), Ladevèze (Cantal). 564.
Compassion (Sœurs de la), Saint-Firmin (Meurthe-et-Moselle). 314.
Compassion (Sœurs de Notre-Dame-de-la), Marmande (Lot-et-Garonne). 4.
Conception (Dames anglaises de la), Neuilly (Seine). 420.
Croix (Filles de la), Aiguillon (Lot-et-Garonne). 2.
Croix (Sœurs de la), Bois-de-la-Croix (Côtes-du-Nord). 544.
Croix (Filles de la), Casseneuil (Lot-et-Garonne). 2.
Croix (Sœurs de la), Guingamp (Côtes-du-Nord). 542.
Croix (Sœurs de la), Loudéac (Côtes-du-Nord). 544.
Croix (Sœurs de la), Merdrignac (Côtes-du-Nord). 542.
Croix (Filles de la), Monsenpron (Lot-et-Garonne). 2.

Croix (Sœurs de la), Paris (Seine). 424.
Croix (Sœurs de la), Pleslin (Côtes-du-Nord). 546.
Croix (Filles de la), Saint-Brieuc (Côtes-du-Nord). 546.
Croix (Sœurs de la), Tréguier (Côtes-du-Nord). 544.
Croix (Sœurs de la), Villeneuve-d'Agen (Lot-et-Garonne). 2.
Croix (Sœurs de la), Villeréal (Lot-et-Garonne) 4.
Croix (Sœurs de la), Lyon (Rhône). 260.
Croix de Jésus (Sœurs de la), Groissiat (Ain). 92.

D

Dominicaines, Beaune (Côte-d'Or). 182.
Dominicaines, Béthanie (Doubs). 104.
Dominicaines, Bourg (Ain). 94.
Dominicaines, Dax (Landes) 6.
Dominicaines, Langres (Haute-Marne). 206.
Dominicaines, Maubec (Isère). 204.
Dominicaines, Mauléon (Basses-Pyrénées). 86.
Dominicaines, Mirecourt (Vosges). 558.
Dominicaines, Nay (Basses-Pyrénées). 84.
Dominicaines, Saint-Maximin (Var). 188.
Dominicaines, Villeurbane (Rhône). 250.
Dominicaines de la Croix, Paris (Seine). 116.

E

Enfant-Jésus (Sœurs de l'), Neufchâtel (Sarthe). 270.
Enfant-Jésus (Sœurs de l'), Neuilly (Seine). 430.

F

Filles de Jésus, Étrembière (Haute-Savoie). 46.
Filles du Cœur de Jésus, Aix (Bouches-du-Rhône). 12.
Filles du Cœur de Jésus, Tours (Indre-et-Loire). 601.
Filles de la Vierge, Rennes (Ille-et-Vilaine). 483.
Flines (Religieuses de), Douai (Nord). 134.
Franciscaines, Monplaisir (Rhône). 250.
Franciscaines, Monsoult (Seine-et-Oise). 662.
Franciscaines, Sennecé-lez-Mâcon (Saône-et-Loire). 64.
Franciscaines, Troyes (Aube). 606.
Franciscaines, dites Capucines de la Pénitence, Bourbourg (Nord). 134.
Franciscaines de l'Immaculée-Conception, Champfleurs (Sarthe), 270.
Franciscaines de Notre-Dame-des-Anges, Condrieu (Rhône). 252.
Franciscaines de Notre-Dame-des-Anges, Tourcoing (Nord). 136.
Franciscaines de Notre-Dame-du-Temple, Dorat (Haute-Vienne). 228.
Franciscaines de Saint-Joseph, Belleville (Rhône). 250.
Franciscaines du tiers ordre, Toulouse (Haute-Garonne). 594.
Franciscaines Oblates du Sacré-Cœur de Jésus, Paris (Seine). 430.
Franciscaines Tertiaires, Bussières (Puy-de-Dôme). 160.

H

Hospitalières (Sœurs), Arnay-sur-Arroux (Côte-d'Or). 174.
Hospitalières (Sœurs), Auxonne (Côte-d'Or). 176.
Hospitalières (Sœurs), Bayeux (Calvados). 74.
Hospitalières (Sœurs), Beaune (Côte-d'Or), 176.
Hospitalières (Sœurs), Belfort. 100.
Hospitalières de l'Hôtel-Dieu, Caen (Calvados). 76.
Hospitalières de l'hôpital Saint-Louis, Caen (Calvados). 74.
Hospitalières (Sœurs), Chagny (Saône-et-Loire). 60.
Hospitalières (Sœurs), Château-Thierry (Aisne). 580.
Hospitalières (Sœurs), Chauny (Aisne). 580.
Hospitalières (Sœurs), Chinon (Indre-et-Loire). 598.
Hospitalières (Sœurs), Corbie (Somme). 26.
Hospitalières (Sœurs), Cuiseaux (Saône-et-Loire). 60.
Hospitalières (Sœurs), Dôle (Jura). 548.
Hospitalières (Sœurs), Falaise (Calvados). 74.
Hospitalières (Sœurs), Gray (Haute-Saône). 100.
Hospitalières (Sœurs), La Ferté-Bernard (Sarthe). 268.
Hospitalières (Sœurs), Laon (Aisne). 582.
Hospitalières (Sœurs), Lons-le-Saulnier (Jura). 548.

Hospitalières (Sœurs), Lorgues (Var). 188.
Hospitalières (Sœurs), Louhans (Saône-et-Loire). 58.
Hospitalières (Sœurs), Mâcon (Saône-et-Loire). 60.
Hospitalières (Sœurs), Mamers (Sarthe). 268.
Hospitalières (Sœurs), Mareuil (Somme). 26.
Hospitalières (Sœurs), Nolay (Côte-d'Or). 174.
Hospitalières (Sœurs), Nuits (Côtes-d'Or). 174.
Hospitalières (Sœurs), Paray-le-Monial (Saône-et-Loire). 60.
Hospitalières (Sœurs), Péronne (Somme). 26.
Hospitalières (Sœurs), Poligny (Jura). 548.
Hospitalières (Sœurs), Puy-Notre-Dame (Maine-et-Loire). 36.
Hospitalières (Sœurs), Saint-Jean-de-Lorne (Côte-d'Or). 176.
Hospitalières (Sœurs), Saint-Martin-des-Vignes (Aube). 604.
Hospitalières (Sœurs), Séez (Orne). 572.
Hospitalières (Sœurs), Seurre (Côte-d'Or). 178.
Hospitalières (Sœurs), Soissons (Aisne). 584.
Hospitalières (Sœurs), Tonnerre (Yonne). 576.
Hospitalières (Sœurs), Tréguier (Côtes-du-Nord). 544.
Hospitalières de l'hôpital général, Reims (Marne). 478.
Hospitalières de Saint-Augustin, Vimoutiers (Orne). 572.
Hospitalières de Saint-Joseph (Religieuses), Laval (Mayenne). 212.
Hospitalières des orphelines de Saint-Joseph, Rouen (Seine-Inférieure). 530.
Hospitalières du Saint-Esprit, Ronceux (Vosges). 558.

I

Immaculée-Conception (Sœurs de l'), Choumelix (Haute-Loire). 470.
Immaculée-Conception (Sœurs de l'), La Norgard (Finistère). 476.
Immaculée-Conception (Sœurs de l'), Meysse (Ardèche). 684.
Immaculée-Conception (Sœurs de l'), Saint-Étienne-de-Montluc (Loire-Inférieure). 324.
Immaculée-Conception de Marie (Sœurs de l'), Saint-Fraimbault-de-Prières (Mayenne). 214.
Immaculé-Cœur de Marie (Sœurs de l'), Boulogne (Pas-de-Calais). 52.
Immaculée-Conception (Sœurs Pies de l'), Annecy (Haute-Savoie). 46.
Intérieur de Jésus et de Marie (Sœurs de l'), Marseille (Bouches-du-Rhône). 276.
Intérieur de Marie (Augustines de l'), Montrouge (Seine). 420.

J

Jésus (Sœurs de), Saint-Didier-la-Sauve (Haute-Loire). 470.
Jésus-Christ Bon-Pasteur (Sœurs de), Rouen (Seine-Inférieure). 530.
Jésus-Christ Bon-Pasteur et de Marie-Immaculée (Sœurs de), Nantes (Loire-Inférieure). 322.

M

Marie Réparatrice (Religieuses de), Nantes (Loire-Inférieure). 324.
Marie-Thérèse (Sœurs de), Limoges (Haute-Vienne). 224.
Miséricorde (Sœurs de la), Bordeaux (Gironde). 114.
Miséricorde (Sœurs de la), Hôpital Saint-Joseph, Château-Gontier (Mayenne). 210.
Miséricorde de Jésus (Hospitalières de la), Eu (Seine-Inférieure). 524.
Miséricorde (Sœurs de la), Kernisy (Finistère). 476.
Miséricorde (Sœurs de la), Louviers (Eure). 182.
Miséricorde (Sœurs de la), Montaigu (Puy-de-Dôme). 158.
Miséricorde (Sœurs de la), Paris (Seine). 418.
Miséricorde (Sœurs de la), Périgueux (Dordogne). 442.
Miséricorde (Sœurs de la), Pont-l'Abbé (Finistère). 472.
Miséricorde (Sœurs de la), Saint-Martin-des-Champs (Finistère). 472.
Miséricorde de Jésus (Sœurs de la), Auray (Morbihan). 650.
Miséricorde de Jésus (Sœurs hospitalières de la), Hôtel-Dieu de Château-Gontier (Mayenne). 210.
Miséricorde de Jésus (Hospitalières de la), Dieppe (Seine-Inférieure). 524.

Miséricorde de Jésus (Hospitalières de la), Fougères (Ille-et-Vilaine). 486.
Miséricorde de Jésus (Sœurs de la), Gouarec (Côtes-du-Nord). 542.
Miséricorde de Jésus (Sœurs de la), Guingamp (Côtes-du-Nord). 540.
Miséricorde de Jésus (Sœurs de la), Isigny (Calvados). 80.
Miséricorde de Jésus (Sœurs de la), Lannion (Côtes-du-Nord). 538.
Miséricorde de Jésus (Sœurs de la), Malestroit (Morbihan). 650.
Miséricorde de Jésus (Hospitalières de la), Rennes (Ille-et-Vilaine). 486.
Miséricorde de Jésus (Hospitalières de la), Vitré (Ille-et-Vilaine). 486.
Miséricorde du Refuge (Dames de la), Cahors (Lot). 126.
Missionnaires de Marie (Religieuses), Saint-Brieuc (Côtes-du-Nord). 546.
Mont-Carmel (Sœurs de Notre-Dame du), Arles (Bouches-du-Rhône). 12.

N

Nazareth (Dames de), Marseille (Bouches-du-Rhône). 278.
Norbertines, Bonlieu (Drôme). 626.
Notre-Dame (Sœurs de), Albi (Tarn). 22.
Notre-Dame (Sœurs de), Beaumont (Tarn-et-Garonne). 294.
Notre-Dame (Sœurs de), Bordeaux (Gironde). 114.
Notre-Dame (Sœurs de), (Aude). Carcassonne 140.
Notre-Dame (Sœurs de), Castelnaudary (Aude). 140.
Notre-Dame (Sœurs de), Caudebec (Seine-Inférieure). 528.
Notre-Dame (Sœurs de), Cavaillon (Vaucluse). 70.
Notre-Dame (Sœurs de), Châlons (Marne). 142.
Notre-Dame (Sœurs de), Chambriac (Loire). 264.
Notre-Dame (Sœurs de), Étampes (Seine-et-Oise). 658.
Notre-Dame (Sœurs de), Gray (Haute-Saône). 104.
Notre-Dame (Sœurs de), Grisolles (Tarn-et-Garonne). 292.
Notre-Dame (Sœurs de), Honfleur (Calvados). 78.
Notre-Dame (Sœurs de), La Flèche (Sarthe). 270.

Notre-Dame (Sœurs de), Langogne (Lozère). 282.
Notre-Dame (Sœurs de), Lautrec (Tarn). 22.
Notre-Dame (Sœurs de), Le Puy (Haute-Loire). 466.
Notre-Dame (Sœurs de), Limoges (Haute-Vienne). 224.
Notre-Dame (Sœurs de), l'Isle-Jourdain (Gers). 58.
Notre-Dame (Sœurs de), Lunéville (Meurthe-et-Moselle). 312.
Notre-Dame (Sœurs de), Masseube (Gers). 54.
Notre-Dame (Sœurs de), Mauriac (Cantal). 562.
Notre-Dame (Sœurs de), Millau (Aveyron). 502.
Notre-Dame (Sœurs de), Moulins (Allier). 300.
Notre-Dame (Sœurs de), Narbonne (Aude). 140.
Notre-Dame (Sœurs de), Pamiers (Ariège). 342.
Notre-Dame (Augustines de), Maison des Oiseaux, Paris (Seine). 412.
Notre-Dame (Augustines de), Abbaye-aux-Bois, Paris (Seine). 418.
Notre-Dame (Augustines de), Avenue de la Reine-Hortense, Paris (Seine). 420.
Notre-Dame (Sœurs de), Poitiers (Vienne). 452.
Notre-Dame (Sœurs de), Pradelles (Haute-Loire). 464.
Notre-Dame (Sœurs de), Reims (Seine-et-Marne). 480.
Notre-Dame (Sœurs de), Rodez (Aveyron). 498.
Notre-Dame (Sœurs de), Saint-Antoine (Isère). 200.
Notre-Dame (Sœurs de), Saint-Flour (Cantal). 562.
Notre Dame (Sœurs de), Saint-Geniez-Rive-d'Olt (Aveyron). 496.
Notre-Dame (Sœurs de), Saint-Julien-d'Emparre (Aveyron). 500.
Notre-Dame (Sœurs de), Saint-Léonard (Haute-Vienne). 226.
Notre-Dame (Sœurs de), Sallers (Cantal). 562.
Notre-Dame (Sœurs de), Toulouse (Haute-Garonne). 592.
Notre-Dame (Sœurs de), Tournemire (Aveyron). 498.
Notre-Dame (Sœurs de), Tournon (Ardèche). 682.

Notre-Dame (Sœurs de), Ussel (Corrèze). 608.
Notre-Dame (Sœurs de), Verdun (Meuse). 654.
Notre-Dame (Sœurs de), Versailles (Seine-et-Oise). 658.
Notre-Dame (Sœurs de), Vienne (Isère). 198.
Notre-Dame (Sœurs de), Villeneuve (Aveyron). 502.
Notre-Dame de l'Assistance (Sœurs de), Paris (Seine). 432.
Notre-Dame de Charité (Sœurs de), Marseille (Bouches-du-Rhône). 276.
Notre-Dame de Charité (Filles de), Paramé (Ille-et-Vilaine). 490.
Notre-Dame de Charité (Sœurs de), Rouen (Seine-Inférieure). 530.
Notre-Dame de Charité (Sœurs de), Saint-Vigor-le-Grand. 78.
Notre-Dame de Charité (Sœurs de), dites de Saint-Michel, Paris (Seine). 410.
Notre-Dame de Charité du Bon-Pasteur (Sœurs de), Le Mans (Sarthe). 270.
Notre-Dame de Charité du Refuge (Sœurs de), Besançon (Doubs). 100.
Notre-Dame de Charité du Refuge (Sœurs de), Blois (Loir-et-Cher). 108.
Notre-Dame de Charité du Refuge (Sœurs de), Montauban (Tarn-et-Garonne). 292.
Notre-Dame de Charité du Refuge (Sœurs de), Nantes (Loire-Inférieure). 326.
Notre-Dame de Charité du Refuge (Sœurs de), Rennes (Ille-et-Vilaine). 486.
Notre-Dame de Charité du Refuge Saint-Michel (Sœurs de), Lyon (Rhône). 242.
Notre-Dame-de-Fourvières (Sœurs de), Lyon (Rhône). 248.
Notre-Dame de la Charité (Sœurs de), Châtillon-sur-Seine (Côte-d'Or). 176.
Notre-Dame de la Charité (Sœurs de), Dijon (Côte-d'Or). 174.
Notre-Dame de la Charité (Sœurs de), Pont-l'Évêque (Calvados). 80.
Notre-Dame de la Charité (Sœurs de), Vitteaux (Côte-d'Or). 180.
Notre-Dame de la Compassion (Sœurs de), Castelsarrasin (Tarn-et-Garonne). 292.
Notre-Dame de Lourdes (Sœurs de), Galan (Hautes-Pyrénées). 588.
Notre-Dame Sainte-Marie, Grenoble (Isère). 198.
Notre-Dame des Anges (Sœurs de), Paris (Seine). 426.

Notre-Dame des Douleurs (Sœurs de), Tarbes (Hautes-Pyrénées). 588.
Notre-Dame des Sept-Douleurs (Sœurs de), Semur (Côte-d'Or). 176.
Notre-Dame de Sion (Religieuses de), Saint-Omer (Pas-de-Calais). 54.
Notre-Dame-des-Victoires (Sœurs de), Voiron (Isère). 204.
Notre-Dame du Calvaire (Sœurs de), Saint-Morillon (Gironde). 116.
Notre-Dame du Refuge (Sœurs de), Montpellier (Hérault). 296.
Notre-Dame du Refuge (Sœurs de), Narbonne (Aude). 140.
Notre-Dame du Refuge (Sœurs de), Saint-Brieuc (Côtes-du-Nord). 540.
Notre-Dame du Refuge (Sœurs de), dites Dames-Blanches, La Rochelle (Charente-Inférieure). 494.
Notre-Dame du Rosaire (Sœurs de), Chaudron (Maine-et-Loire). 40.

O

Oblates de Saint-François-de-Sales, Troyes (Aube). 606.
Oratoire de Marie-Immaculée (Filles de l'), sous le vocable de Petites-Sœurs des Champs, Gandalou (Tarn-et-Garonne).

P

Passionistes (Sœurs), Mamers (Sarthe). 272.
Petite-Providence (Sœurs de la), Le Puy (Haute-Loire). 470.
Petites Servantes des Pauvres-Malades, Lyon (Rhône). 256.
Petites Sœurs de Jésus, Précigné (Sarthe). 272.
Providence (Sœurs de la), Annonay (Ardèche). 682.
Providence (Sœurs de la), Limoges (Haute-Vienne). 222.
Providence (Sœurs de la), Mayenne (Laval). 214.
Providence (Sœurs de la), Mende (Lozère). 284.
Providence (Sœurs de la), Montbrison (Loire). 264.
Providence (Sœurs de la), Nantes (Loire-Inférieure). 322.
Providence du Bon-Pasteur (Sœurs de la), Douai (Nord). 136.

Purification (Sœurs de la), Tours (Indre-et-Loire). 600.

R

Rédemptoristes, Saint-Amand (Nord). 138.
Refuge (Sœurs du), Brest (Finistère). 476.
Refuge (Sœurs du), Caen (Calvados). 76.
Refuge (Sœurs du), Toulouse (Haute-Garonne). 592.
Refuge (Sœurs du), Tours (Indre-et-Loire). 598.
Refuge (Sœurs du), Valence (Drôme).
Refuge (Sœurs du), Versailles (Seine-et-Oise). 658.
Réparation (Dames de la), Cahors (Lot). 126.
Réparation (Sœurs de la), Lyon (Rhône). 258.
Réparation (Sœurs de la), Saint-Affrique (Aveyron). 514.
Réparation (Sœurs de la), Saint-Dizier (Haute-Marne). 208.

S

Sacré-Cœur de Jésus (Servantes du), Avenières (Isère). 204.
Sacré-Cœur de Jésus (Sœurs du), Cabot (Bouches-du-Rhône). 12.
Sacré-Cœur de Marie (Religieuses du), Baugé (Maine-et-Loire). 38.
Sacrés-Cœurs (Sœurs des), Recoubeau (Drôme). 624.
Sacrés-Cœurs de Jésus et de Marie (Sœurs des), Tours (Indre-et-Loire). 600.
Saint-Benoît (Dames de), de Notre-Dame de la Paix, Calais (Pas-de-Calais). 52.
Saint-Charles (Sœurs de), Le Puy (Haute-Loire). 468.
Saint-Cœur de Marie (Sœurs du), Beaune (Côte-d'Or). 180.
Saint-Cœur de Marie (Sœurs du), Chartres (Eure-et-Loire). 152.
Saint-Cœur de Marie (Sœurs du), Godoncourt (Vosges). 560.
Saint-Cœur de Marie ou de la Providence (Sœurs du Très-), La Flèche (Sarthe). 270.
Saint-Cœur de Marie (Augustines du), Paris (Seine). 422.
Saint-Dominique (Sœurs de), Bar-le-Duc (Meuse). 654.
Saint-Dominique (Sœurs de), Châlon-sur-Saône (Saône-et-Loire). 62.

Saint-Dominique (Sœurs de), Neufchâteau (Vosges). 558.
Saint-Dominique (Religieuses du second ordre de), Oullins (Rhône). 250.
Saint-Dominique (Religieuses du troisième ordre de), Vernaison (Rhône). 250.
Saint-Eutrope (Dames de), Avignon (Vaucluse). 70.
Saint-François (Sœurs de), Pelussin (Loire). 264.
Saint-François-d'Assise (Sœurs de), Amiens (Somme). 28.
Saint-François-d'Assise (Sœurs de), Caignac (Haute-Garonne). 594.
Saint-François-d'Assise (Sœurs de), Le Puy (Haute-Loire). 468.
Saint-François-de-Sales (Sœurs de), Auzitz (Aveyron). 516.
Saint-François des Récollets (Sœurs de), Doué (Maine-et-Loire). 38.
Saint-François-Régis (Sœurs de), Le Méplier (Saône-et-Loire). 64.
Saint-François-Régis (Sœurs de), Lyon (Rhône). 252.
Saint-Genis (Sœurs de), Saint-Genis-Terrenoire (Loire). 264.
Saint-Joseph (Hospitalières de), Avignon (Vaucluse). 66.
Saint-Joseph (Sœurs de), Baugé (Maine-et-Loire). 36.
Saint-Joseph (Sœurs Hospitalières de), Beaufort (Maine-et-Loire). 36.
Saint-Joseph (Sœurs de), Saint-Martin-de-Beaupréau (Maine-et-Loire). 38.
Saint-Joseph (Sœurs de), Bougé-Chambalud (Isère). 200.
Saint-Joseph (Sœurs de), dites de l'Union, Guéret (Creuse). 226.
Saint-Joseph (Sœurs de), dites Filles de Marie, La Besse (Aveyron). 502.
Saint-Joseph (Sœurs de), La Flèche (Sarthe). 268.
Saint-Joseph (Hospitalières de), Nîmes (Gard). 336.
Saint-Joseph (Sœurs de), Les Rousses (Jura). 330.
Saint-Joseph (Sœurs de), Saint-Julien-Vocance (Ardèche). 684.
Saint-Joseph (Sœurs de), Saint-Vallier (Drôme). 620.
Saint-Joseph (Sœurs de), Satillieu (Ardèche). 630.
Saint-Joseph (Sœurs de), Villevocance (Ardèche). 684.

Saint-Joseph de Bon-Secours (Sœurs de), Toulouse (Haute-Garonne). 594.
Saint-Joseph de la Providence (Sœurs de), La Rochelle (Charente-Inférieure). 492.
Saint-Joseph de l'Union (Sœurs de), Conques (Aveyron). 510.
Saint-Joseph de l'Union (Sœurs de), Naves-d'Aubrac (Aveyron). 514.
Saint-Joseph de l'Union (Sœurs de), Peyrusse (Aveyron). 514.
Saint-Joseph (Sœurs de), dites de l'Union, Rodez (Aveyron). 498.
Saint-Joseph (Sœurs de), Saint-Martin-de-Senne (Aveyron). 512.
Saint-Joseph de l'Union (Sœurs de), Saint-Pierre-de-Bessuejouls (Aveyron). 514.
Saint-Louis (Sœurs de), Caen (Calvados). 82.
Saint-Louis (Sœurs de), Vire (Calvados). 80.
Saint-Marcoul (Sœurs de), Reims (Marne). 480.
Saint-Martin (Sœurs de), Digne (Basses-Alpes). 170.
Saint-Nicolas (Sœurs Hospitalières de), Doué (Maine-et-Loire). 36.
Saint-Nom de Marie (Sœurs du), Toulouse (Haute-Garonne). 594.
Saint-Paul (Sœurs-Aveugles de), Paris (Seine). 422.
Saint-Pierre (Sœurs de), Le Puy (Haute-Loire). 470.
Saint-Roch (Sœurs de), Entraigues (Ardèche). 686.
Saint-Sacrement (Sœurs du), Aix (Bouches-du-Rhône). 10.
Saint-Sacrement (Sœurs du), Bernay (Eure). 186.
Saint-Sacrement (Sœurs du), Marseille (Bouches-du-Rhône). 278.
Saint-Sacrement (Sœurs du), Perpignan (Pyrénées-Orientales). 442.
Saint-Sépulcre (Religieuses du), Charleville (Ardennes). 480.
Sainte-Agonie (Sœurs de la), Mazamet (Tarn). 22.
Sainte-Catherine (Sœurs de), Langeac (Haute-Loire). 468.
Sainte-Claire (Sœurs de), Bastia (Corse). 14.
Sainte-Claire (Sœurs de), Béziers (Hérault). 298.
Sainte-Claire (Sœurs de), Cambrai (Nord). 136.
Sainte-Claire (Sœurs de), Châteauroux (Indre). 122.
Sainte-Claire (Sœurs de), Crest (Drôme). 626.
Sainte-Claire (Sœurs de), Évian (Haute-Savoie). 44.
Sainte-Claire (Sœur de), Gourdon (Lot). 124.
Sainte-Claire (Sœurs de), Lavaur (Tarn). 20.
Sainte-Claire (Dames de), Le Puy (Haute-Loire). 462.
Sainte-Claire (Sœurs de), Lyon (Rhône). 248.
Sainte-Claire (Sœurs de), Millau (Aveyron). 504.
Sainte-Claire (Sœurs de), Mur-de-Barrez (Aveyron). 504.
Sainte-Claire (Sœurs de), Nantes, (Loire-Inférieure). 324.
Sainte-Claire (Sœurs de), Périgueux (Dordogne). 442.
Sainte-Claire (Sœurs de), Perpignan (Pyrénées-Orientales). 444.
Sainte-Claire (Sœurs de), Poligny (Jura). 554.
Sainte-Claire (Sœurs de), Romans (Drôme). 626.
Sainte-Claire (Sœurs de), Toulouse (Haute-Garonne).
Sainte-Claire (Sœurs de), Valence (Drôme). 626.
Sainte-Croix (Sœurs de), Saint-Germain-Laprade (Haute-Loire). 468.
Sainte-Élisabeth (Dames de), Paris (Seine). 418.
Sainte-Élisabeth du Refuge de Notre-Dame de Compassion (Sœurs de), Lyon (Rhône). 246.
Sainte-Famille (Filles de la), La Délivrande (Calvados). 82.
Sainte-Famille (Sœurs de la), Séez (Orne). 572.
Sainte-Marie de Fontevrault (Sœurs de), Boulaur (Gers). 56.
Sainte-Marie de Fontevrault (Sœurs de), Brioude (Haute-Loire). 466.
Sainte-Marie (Sœurs de), dites de Saint-François, Douai (Nord). 132.
Sainte-Marthe (Sœurs de), Bagé-le-Châtel (Ain). 90.
Sainte-Marthe (Sœurs de), Beaujeu (Rhône). 242.
Sainte-Marthe (Sœurs de), Belleville (Rhône). 242.

Sainte-Marthe (Sœurs de), Châlon-sur-Saône (Saône-et-Loire). 60.
Sainte-Marthe (Sœurs de), Charlieu (Loire). 242.
Sainte-Marthe (Sœurs de), Châtillon-sur-Chalaronne (Ain). 90.
Sainte-Marthe (Sœurs de), Cluny (Saône-et-Loire). 60.
Sainte-Marthe (Sœurs de), Conches-les-Mines (Saône-et-Loire). 64.
Sainte-Marthe (Sœurs de), Dijon (Côte-d'Or). 174.
Sainte-Marthe (Sœurs de), Dommartin (Ain). 94.
Sainte-Marthe (Sœurs de), Lusignan (Vienne). 450.
Sainte-Marthe (Sœurs de), Montmerle (Ain). 94.
Sainte-Marthe (Sœurs de), Pont-de-Vaux (Ain). 90.
Sainte-Marthe (Sœurs de), Pont-de-Veyle (Ain). 94.
Sainte-Marthe (Sœurs de), Thoissey (Ain). 90.
Sainte-Marthe (Sœurs de), Tournus (Saône-et-Loire). 64.
Sainte-Marthe (Sœurs de), Villefranche (Rhône). 242.
Sainte-Ursule du Sacré-Cœur (Sœurs de), Périgueux (Dordogne). 438.
Saints-Anges (Sœurs des), Mâcon (Saône-et-Loire). 62.
Saints-Anges (Sœurs des), Rouen (Seine-Inférieure). 532.
Servantes de Marie, Paris (Seine). 424.
Servites, Le Raincy (Seine-et-Oise). 662.

T

Tiers ordre (Sœurs du), Marseille (Bouches-du-Rhône). 278.
Tiers ordre de Notre-Dame du Mont-Carmel (Sœurs du), Sauges (Haute-Loire). 468.
Tiers ordre de Saint-Dominique (Sœurs du), Marvejols (Lozère). 284.
Tiers ordre de Saint-Dominique (Sœurs du), Saint-Jean-de-Pourcharesse (Ardèche). 684.
Tiers ordre de Saint-François (Sœurs du), Paris (Seine). 436.
Tiers ordre de Saint-François (Sœurs du), dites de Sainte-Élisabeth, Lyon (Rhône). 256.

Trappistines, Blagnac (Haute-Garonne). 504.
Trappistines, Boissy-le-Sec (Eure-et-Loir). 152.
Trappistines, Bonneval (Aveyron). 514.
Trappistines, Laval (Mayenne). 214.
Trappistines, Lyon (Rhône). 258.
Trappistines, Maubec (Drôme). 624.
Trappistines, Ubexy (Vosges). 560.
Trappistines de Notre-Dame des Anges, Espira-de-l'Agly (Pyrénées-Orientales). 444.

U

Unies (Sœurs), Badaroux (Lozère). 286.
Unies (Sœurs), Chanac (Lozère). 286.
Unies (Sœurs), Chirac (Lozère). 284.
Unies (Sœurs), Marvejols (Lozère). 284.
Unies (Sœurs), Mende (Lozère). 284.
Union (Sœurs de l'), Saint-Parthem (Aveyron). 516.
Union-Chrétienne (Sœurs de l'), Champdeniers (Deux-Sèvres). 452.
Union-Chrétienne (Sœurs de l'), Mende (Lozère). 282.
Union-Chrétienne (Sœurs de l'), Poitiers (Vienne). 452.
Union (Sœurs de l'), dites de Saint-François, Saint-Geniez d'Olt (Aveyron). 508.
Union (Sœurs de l'), dites de Saint-François-de-Sales, Bozouls (Aveyron). 508.
Ursulines, Abbeville (Somme). 26.
Ursules, Aire (Landes), 6.
Ursulines, Aire-sur-la-Lys (Pas-de-Calais). 50.
Ursulines, Aix (Bouches-du-Rhône). 10.
Ursuline, Ambert (Puy-de-Dôme). 158.
Ursulines, Amiens (Somme). 26.
Ursulines, Angers (Maine-et-Loire). 38.
Ursulines, Annonay (Ardèche). 678.
Ursulines, Argentac (Corrèze). 608.
Ursulines, Auch, (Gers). 56.
Ursulines, Auvillars (Tarn-et-Garonne). 292.
Ursulines, Auxerre (Yonne). 576.
Ursulines, Avallon (Yonne). 576.
Ursulines, Avignon (Vaucluse). 68.
Ursulines, Avranches (Manche). 164.
Ursulines, Bayeux (Calvados). 78.
Ursulines, Bazas (Gironde). 114.
Ursulines, Beaugency (Loiret). 340.
Ursulines, Beaujeu (Rhône). 246.
Ursulines, Beaulieu (Corrèze). 608.

INDEX ALPHABÉTIQUE

Ursulines, Blois (Loir-et-Cher). 108.
Ursulines, Bordeaux (Gironde). 114.
Ursulines, Boulieu (Ardèche). 678.
Ursulines, Boulogne (Pas-de-Calais). 50.
Ursulines, Bourg-Argental (Loire). 244.
Ursulines, Bourges (Cher). 120.
Ursulines, Brignoles (Var). 188.
Ursulines, Brives (Corrèze). 608.
Ursulines, Caen (Calvados). 78.
Ursulines, Carhaix (Finistère). 474.
Ursulines, Charlieu (Loire). 264.
Ursulines, Château-Giron (Ille-et-Vilaine). 488.
Ursulines, Château-Gontier (Mayenne). 212.
Ursulines, Chirac (Lozère). 282.
Ursulines, Condom (Gers) 56.
Ursulines, Corbigny (Nièvre). 332.
Ursulines, Crémieu (Isère). 198.
Ursulines, Digne (Basses-Alpes). 170.
Ursulines, Dinan (Côtes-du-Nord). 540.
Ursulines, Évreux (Eure). 184.
Ursulines, Flavigny (Côte-d'Or). 178.
Ursulines, Gravelines (Nord). 136.
Ursulines, Grenoble (Isère). 196.
Ursulines, Hennebon (Morbihan). 650.
Ursulines, Ispagnac (Lozère). 282.
Ursulines, Lamballe (Côtes-du-Nord). 540.
Ursulines, Langon (Gironde). 114.
Ursulines, L'Arbresle (Rhône). 244.
Ursulines, Le Faouët (Morbihan). 652.
Ursulines, Le Havre (Seine-Inférieure). 528.
Ursulines, Lyon (Rhône). 244.
Ursulines, Maîche (Doubs). 102.
Ursulines, Marseille (Bouches-du-Rhône). 276.
Ursulines, Monistrol-sur-Loire (Haute-Loire). 466.
Ursulines, Montbard (Côte-d'Or). 178.
Ursulines, Montfort (Ille-et-Vilaine). 486.
Ursulines, Montigny-sur-Vingeanne (Côte-d'Or). 180.
Ursulines, Montpezat (Tarn-et-Garonne). 288.
Ursulines, Montmartin (Doubs). 98.
Ursulines, Morlaix (Finistère), 472.
Ursulines, Mortain (Manche). 164.
Ursulines, Nantes (Loire-Inférieure). 322.
Ursulines, Nevers (Nièvre). 332.
Ursulines, Nice (Alpes-Maritimes). 334.
Ursulines, Orchamps-Vennes (Doubs). 100.
Ursulines, Orléans (Loiret). 342.
Ursulines, Pau (Basses-Pyrénées). 84.
Ursulines, Pézenas (Hérault). 296.
Ursulines, Ploërmel (Morbihan). 650.

Ursulines, Pont-de-Beauvoisin (Isère). 202.
Ursulines, Quezac (Lozère). 286.
Ursulines, Quimper (Finistère). 474.
Ursulines, Quimperlé (Finistère). 474.
Ursulines, Quintin (Côtes-du-Nord). 542.
Ursulines, Redon (Ille-et-Vilaine). 488.
Ursulines, Reims (Marne). 480.
Ursulines, Rive-de-Gier (Loire). 266.
Ursulines, (premier monastère), Rouen (Seine-Inférieure). 528.
Ursulines, (deuxième monastère), Rouen (Seine-Inférieure). 532.
Ursulines, Saint-Chamond (Loire). 244.
Ursulines, Saint-Cyr-au-Mont-d'Or (Rhône). 244.
Ursulines, Saint-Jean-de-Bournay (Isère). 198.
Ursulines, Saint-Omer (Pas-de-Calais). 50.
Ursulines, Saint-Pol-de-Léon (Finistère). 474.
Ursulines, Saint-Saulve (Nord), 134.
Ursulines, Saint-Sever (Landes). 6.
Ursulines, Serverette (Lozère). 286.
Ursulines, Sommières (Gard). 336.
Ursulines, Sousceyrac (Lot) 124.
Ursulines, Tartas (Landes). 6.
Ursulines, Thoissey (Ain). 92.
Ursulines, Tonnerre (Yonne). 576.
Ursulines, Tréguier (Côtes-du-Nord). 540.
Ursulines, Trévoux (Ain). 92.
Ursulines, Tulle (Corrèze). 608.
Ursulines, Tullins (Isère). 196.
Ursulines, Valréas (Vaucluse). 70.
Ursulines, Vannes (Morbihan). 652.
Ursulines, Villefranche (Rhône). 260.
Ursulines, Viriville (Isère). 202.
Ursulines, Vitré (Ille-et-Vilaine). 484.
Ursulines-Augustines, Montauban (Tarn-et-Garonne). 288.
Ursulines de Sainte-Claire (Petites-), Lagarde (Dordogne). 440.
Ursulines (Petites-) de Sainte-Claire, Limoges (Haute-Vienne). 224.
Ursulines du Sacré-Cœur, Auch (Gers). 56.

V

Verbe-Incarné (Sœurs du), Azérables (Creuse). 226.
Verbe-Incarné (Sœurs du), Belmont (Loire). 266.
Verbe-Incarné (Sœurs du), Châtelus-Malvaleix (Creuse). 226.

Verbe-Incarné (Sœurs du), Évaux (Creuse). 224.
Verbe-Incarné (Sœurs du), Lyon (Rhône). 246.
Verbe-Incarné (Sœurs du), Saint-Junien (Creuse). 226.
Verbe-Incarné (Sœurs du), Saint-Yrieix Limoges (Haute-Vienne). 222.
Verbe-Incarné (Sœurs du), Sancerre (Cher). 120.
Verbe-Incarné (Sœurs du), Saint-Benoît-du-Sault (Indre). 120.
Victimes du Sacré-Cœur de Jésus, Marseille (Bouches-du-Rhône). 278.
Visitation (Sœurs de la), Aix (Bouches-du-Rhône). 12.
Visitation (Sœurs de la), Amiens (Somme). 26.
Visitation (Sœurs de la), Angers (Maine-et-Loire). 40.
Visitation (Sœurs de la), Annecy (Haute-Savoie). 44.
Visitation (Sœurs de la), Aurillac (Cantal). 562.
Visitation (Sœurs de la), Autun (Saône-et-Loire). 62.
Visitation (Sœurs de la), Avignon (Vaucluse). 70.
Visitation (Sœurs de la), Boulogne (Pas-de-Calais). 54.
Visitation (Sœurs de la), Bourg (Ain). 92.
Visitation (Sœurs de la), Brioude (Haute-Loire). 466.
Visitation (Sœurs de la), Caen (Calvados). 76.
Visitation (Sœurs de la), Chambéry (Savoie). 146.
Visitation (Sœurs de la), Chartres (Eure-et-Loir). 152.
Visitation (Sœurs de la), Clermont (Puy-de-Dôme). 158.
Visitation (Sœurs de la), Condrieu (Rhône). 258.
Visitation (Sœurs de la), Dijon (Côte-d'Or). 178.
Visitation (Sœurs de la), Dôle (Jura). 554.
Visitation (Sœurs de la), Dreux (Eure-et-Loir). 152.
Visitation (Sœurs de la), Gex (Ain). 92.
Visitation (Sœurs de la), Grasse (Alpes-Maritimes). 190.
Visitation (Sœurs de la), La Côte-Saint-André (Isère). 200.
Visitation (Sœurs de la), Langogne (Lozère). 286.
Visitation (Sœurs de la), Le Mans (Sarthe). 272.
Visitation (Sœurs de la), Le Puy (Haute-Loire). 466.
Visitation (Sœurs de la), Limoges (Haute-Vienne). 224.
Visitation (Sœurs de la), Lyon (Rhône). 258.
Visitation (Sœurs de la), Mâcon (Saône-et-Loire). 60.
Visitation (Sœurs de la), Marseille (Bouches-du-Rhône). 274.
Visitation (Sœurs de la), Marvejols (Lozère). 286.
Visitation (Sœurs de la), Mayenne (Mayenne). 214.
Visitation (Sœurs de la), Meaux (Seine-et-Marne). 280.
Visitation (Sœurs de la) Montélimar (Drôme). 624.
Visitation (Sœurs de la), Montluel (Ain). 92.
Visitation (Sœurs de la), Montpellier (Hérault). 298.
Visitation (Sœurs de la), Moulins (Allier). 300.
Visitation (Sœurs de la), Mur-de-Barrez (Aveyron). 500.
Visitation (Sœurs de la), Nancy (Meurthe-et-Moselle). 314.
Visitation (Sœurs de la), Nantes (Loire-Inférieure). 322.
Visitation (Sœurs de la), Nevers (Nièvre). 332.
Visitation (Sœurs de la), Nice (Alpes-Maritimes). 334.
Visitation (Sœurs de la), Orléans (Loiret). 342.
Visitation (Sœurs de la), Ornans (Doubs). 102.
Visitation (Sœurs de la), Paray-le-Monial (Saône-et-Loire). 62.
Visitation (Sœurs de la), Rue de Vaugirard, Paris (Seine). 418.
Visitation (Sœurs de la), Rue d'Enfer, Paris (Seine). 420.
Visitation (Sœurs de la), Périgueux (Dordogne), 440.
Visitation (Sœurs de la), Poitiers (Vienne). 450.
Visitation (Sœurs de la), Pont-Saint-Esprit (Gard). 338.
Visitation (Sœurs de la), Rennes (Ille-et-Vilaine). 490.
Visitation (Sœurs de la), Riom (Puy-de-Dôme). 158.

Visitation (Sœurs de la), Romans (Drôme). 624.
Visitation (Sœurs de la), Roubaix (Nord). 138.
Visitation (Sœurs de la) Premier et deuxième monastère, Rouen (Seine-Inférieure). 526.
Visitation (Sœurs de la) Saint-Ceré (Lot). 126.
Visitation (Sœurs de la), Saint-Étienne (Loire). 266.
Visitation (Sœurs de la), Saint-Flour (Cantal). 564.
Visitation (Sœurs de la), Saint-Marcellin (Isère). 200.
Visitation (Sœurs de la), Tarascon (Bouches-du-Rhône). 10.
Visitation (Sœurs de la), Thonon (Haute-Savoie). 46.
Visitation (Sœurs de la), Toulouse (Haute-Garonne). 592.
Visitation (Sœurs de la), Troyes (Aube). 606.
Visitation (Sœurs de la), Valence (Drôme). 624.
Visitation (Sœurs de la), Voiron (Isère). 200.

FIN

TABLE DES MATIÈRES

Introduction, par M. Keller v

Note. liii

Etat statistique et par diocèse des Congrégations religieuses en France.   1
Tableau synoptique. 710

        Index alphabétique des Congrégations et Communautés

       I. Hommes. — 1° Congrégations. 713
              —   2° Communautés. 715

      II. Femmes. — 1° Congrégations. 715
              —   2° Communautés. 723

www.ingramcontent.com/pod-product-compliance
Lightning Source LLC
Chambersburg PA
CBHW052034290426
44111CB00011B/1506